Psychologische Diagnostik

Theorie und Praxis psychologischen Diagnostizierens

von

Klaus D. Kubinger

HOGREFE · GÖTTINGEN · BERN · WIEN
TORONTO · SEATTLE · OXFORD · PRAG

Prof. Dr. Klaus D. Kubinger, geb. 1949. 1968-1973 Studium der Psychologie und Statistik in Wien. 1973 Promotion. 1985 Habilitation. Gastprofessor in Klagenfurt, Graz, Berlin und Potsdam. Seit 1998 Professor für Psychologische Diagnostik in Wien. Klinischer und Gesundheitspsychologe, Psychotherapeut (Systemische Familientherapie).

Bibliografische Information Der Deutschen Bibliothek

Die Deutsche Bibliothek verzeichnet diese Publikation in der Deutschen Nationalbibliografie; detaillierte bibliografische Daten sind im Internet über http://dnb.ddb.de abrufbar

© 2006 Hogrefe Verlag GmbH & Co. KG
Göttingen · Bern · Wien · Toronto · Seattle · Oxford · Prag
Rohnsweg 25, 37085 Göttingen

http://www.hogrefe.de
Aktuelle Informationen · Weitere Titel zum Thema · Ergänzende Materialien

Druck: AZ Druck und Datentechnik GmbH, Kempten
Printed in Germany
Auf säurefreiem Papier gedruckt

ISBN 3-8017-1693-7

Gewidmet *Annalena* und *Konstantin*

In Erinnerung und Würdigung meines lieben Freundes
und Kollegen *Jürgen Guthke*

"No two people are exactly alike; everyone
is unique. Even identical twins, who origina-
te from the same fertilized egg and hence
have identical heredities, differ in significant
ways. This is true whether they are reared in
the same or different environments. On the
other hand, in certain respects everyone is
similar to everyone else. Despite differences
in heredity, experiences, and culture, people
share certain physical and mental qualities
that distinguish them as human beings. Thus,
we are both unique and similar, possessing a
complex set of physical, mental, and behavioral characteristics that identify us as human
and endow us with individual personalities"
(Aikin, 1996, p. 3).

Aikin, L. R. (1996). *Personality Assessment*.
Seattle: Hogrefe & Huber.

Vorwort

Am Beginn des 3. Jahrtausends mag man sich die Frage stellen, welchen Wert es eigentlich (noch) hat, ein Lehrbuch zu schreiben. Als Verfasser eines solchen muss man nämlich kritisch reflektieren, dass die zu vermitteln versuchten Lehrinhalte für Studierende viel komfortabler, jedenfalls billiger, früher oder spätere garantiert aktueller und auch den didaktischen Bedürfnissen individuell besser angepasst aus dem Internet einzuholen sind. Denkt man noch einen Schritt weiter und ist das Lehrbuch einmal geschrieben, steht zu fürchten, dass es in kürzester Zeit raubkopiert und gratis im Internet angeboten wird; weder der Verlag lukriert dann aus dem Verkauf genug noch scheint der Verfasser des Lehrbuchs als Urheber auf – bzw. wird als solcher gar nicht wahrgenommen. Als Verfasser muss man aber auch reflektieren, dass mit dem Schreiben eines Lehrbuchs die wissenschaftliche Reputation leidet: Weltweit punkten bei akademischen Evaluationen Artikel in *high impact peer-reviewed* Journals, Lehrbücher werden kaum goutiert, das Verfassen solcher bestenfalls toleriert. Letztlich setzt sich ein lehrbuchverfassender Professor dem stillen oder doch deutlich artikulierten Vorwurf seines Rektors aus, er hätte besser vier bis sechs hochkarätige Artikel verfasst als zwei bis drei Jahre an einem Lehrbuch geschrieben; dem Renommee der eigenen Universität würde das mehr gebracht haben.

Wenn es also vermeintlich kaum jemand dem Verfasser dankt, dass er enorm viel akademisches Know-how, teilweise, trotz aller Vorbehalte, auch profunde wissenschaftliche Leistung in das Lehrbuch investiert hat; wozu dann wirklich heute noch ein Lehrbuch schreiben?

Die Antwort liegt nicht in den ziemlich bescheidenen Autorenhonoraren begründet. Auch nicht darin, dass lehrbuchverfassende Professoren eben nichts anderes (mehr) könnten – die lange Liste von Eigenzitaten im vorliegenden Lehrbuch mag manchen künftigen Buchrezensenten befremden, es entkräftet aber exemplarisch das Vorurteil, Lehrbuchverfasser forschten nicht auch. Hohes Engagement in das Fach und ausgeprägtes „Sendebewusstsein" kommt als Grund dem Ganzen schon näher, aber genügt – gemessen am Aufwand – wohl nicht ganz. Eher ist das Lehrbuchverfassen eigennützig insofern, als ein Hochschullehrer gerne mit Studierenden zu tun hat, die das betreffende Fach so internalisiert haben, dass mit ihnen ein vertiefendes Ausbilden möglich wird und bei einigen sogar in eine wissenschaftlich produktive Kooperation mündet, etwa über Diplomarbeiten und Dissertationen.

Im vorliegenden Fall kommt dazu, dass das Lehrbuch „eigentlich schon immer da" ist, nicht nur „im Kopf" des betroffenen Hochschullehrers: Als nunmehr 20 Jahre lang Ausbildungsleiter für das Prüfungsfach Psychologische Diagnostik mit gegenwärtig 14 Semesterwochenstunden Pflichtlehrveranstaltungen und fakultativ zusätzlich 16 Stunden im Wahlfach „Spezielle Psychologische Diagnostik" an der Universität Wien und also etwa 6000 Hauptfachstudierenden in Psychologie kam ich gar nicht umhin, mich konstruktiv der Herausforderung zu stellen, für die Qualitätssicherung der Lehre zu sorgen. Und so gab und gibt es zum aktuellen Lehrbuch deren etliche vorausgehende Skripten bzw. begleitende Lehrbücher (mit akzentuierten Themenschwerpunkten zur *Psychologischen Diagnostik*) sowie ein Handbuch vom Verfasser.

Wenn das Werk endlich vorliegt, fragt sich der Verfasser, wodurch ist es letztlich legitimiert? Betreffs Konkurrenzierung des Gebundenen, nämlich dem Lehrbuch, mit einem „Lose-Blatt-System", nämlich dem Internet, braucht nur ein einziges Argument bemüht zu werden: Wesentlicher Vorteil eines Lehrbuchs ist es, „aus einem Guss" geschrieben worden zu sein. Es baut didaktisch wohl überlegt auf, verwendet eine einheitliche, stringente Terminologie und bietet mit aufeinander abgestimmten Quer- und Rückverweisen eine in sich abgerundete Einführung ins Fach. Was dabei die Abgrenzung zu anderen Lehrbüchern zum selben Thema betrifft, ist das vorliegende dadurch gekennzeichnet, dass es einen besonders starken Bezug zur Praxis hat: Dem für das Prüfungsfach *Psychologische Diagnostik* zuständigen Arbeitsbereich in Wien ist eine *Test- und Beratungsstelle* angeschlossen, die eine modellhafte Schnittstelle von Forschung und Lehre und Praxis darstellt; sie erlaubt es, Studierende praxisnah auszubilden, lässt aber vor allem vorbildhaft wissenschaftliche Entwicklungen in die Praxis umsetzen, ohne dabei die Sachzwänge der Praxis aus den Augen zu verlieren – vielmehr ermöglicht sie es, den Praxisbedarf unmittelbar zu erkennen. In Bezug auf den wissenschaftlichen Erkenntniswert, der mit diesem Lehrbuch verbunden ist, lässt sich zweierlei sagen: Erstens offenbart gerade dieses Lehrbuch den Grundlagenforschungsbedarf der wissenschaftlichen Disziplin *Psychologische Diagnostik* als dem „Lehrfach", das psychologisches Diagnostizieren für die Praxis vorbereitet; dies tat auch schon ein vom Verfasser stammender Vorläufer dieses Lehrbuchs, was immerhin mitverantwortlich war, dass Grundlagenforschung zur *Psychologischen Diagnostik* heute intensiv betrieben wird – etliche nun hier zitierte Forschungsarbeiten aus dem genannten Arbeitsbereich dokumentieren das. Zweitens drängt sich bei kritischer Betrachtung mancher Forschungsansätze anderer psychologischer Disziplinen der Eindruck auf, dass diese gar nicht so exzellent sind, weil sie mangels Nutzung des *state-of-the-art* der *Psychologischen Diagnostik* öfters auch bloß artifizielle Ergebnisse liefern dürften; somit mag das Lehrbuch mittelbar zum Erkenntnisfortschritt der Psychologie führen.

Viele Personen tragen letztlich zum Zustandekommen eines solchen Werks bei. Die erste Adresse der Danksagungen soll – den obigen hochschulpolitischen Betrachtungen entsprechend – „mein" Rektor sein; ich danke ihm, Kollegen *Georg*

Winckler dafür, dass er bei Veröffentlichung dieses Lehrbuchs weder an der Erfüllung meines (eigentlichen) Forschungsauftrags noch meiner Aufgaben als Institutsvorstand zweifeln wird. Schafft der Rektor die Rahmenbedingungen, so bedarf es immer noch eines Initiators; ich danke dem Geschäftsführer des Hogrefe-Verlags, Herrn Dr. *Michael Vogtmeier*, für die Einladung und das in mich gesetzte Vertrauen, ein für den entsprechenden Markt attraktives Lehrbuch zu verfassen. Traditionell sage ich Dank allen Studierenden meiner Lehrveranstaltungen; sie sind nach wie vor ein wichtiges Regulativ für mein didaktisches Konzept, *Psychologische Diagnostik* zu vermitteln – stellvertretend seien diesmal meine beiden zwischenzeitlichen Mitarbeiterinnen in der genannten *Test- und Beratungsstelle* genannt, Frau Mag. *Martina Frebort* und Frau Mag. *Stefana Holocher-Ertl*. Dank gebührt auch den an die 30 Lehrenden im Prüfungsfach *Psychologische Diagnostik*, die alle zum Erreichen des angestrebten Qualitätsprofils engagiert beitragen – stellvertretend möchte ich meine Assistentinnen nennen, Dr. *Michaela Wagner-Menghin* sowie Dr. *Margarete Litzenberger*, Dr. *Tuulia Ortner* und Dr. *Ingrid Preusche*.

Der hauptsächliche Dank kommt denjenigen zu, die zahlreiche Recherchen aller Art vor allem im Zusammenhang mit den Verfahrensbeschreibungen und den Fallbeispielen erledigten und mich somit ganz wesentlich unterstützten. Es waren dies: Frau *Katja Körber*, teilweise im Rahmen ihres 6-Wochen-Praktikums am Arbeitsbereich; Frau Mag. *Elisabeth Unterfrauner*, teilweise in ihrer Funktion als Studienassistentin; Frau Mag. *Jasmin Klimacek* im Rahmen ihrer (vom *Arbeitsmarktservice* subventionierten) Jungakademiker-Stelle ebenso wie Frau Mag. *Christine Hohensinn* und Frau Mag. *Lale Khorramdel*, erstere der beiden letztgenannten später auch teilweise in ihrer Funktion als Studienassistentin. Schließlich zählt hierzu auch Herr Mag. *Joachim Fritz Punter*, der anfangs teilweise in seiner Funktion als Studienassistent daran mitarbeitete, am Ende, finanziert durch den Verlag, die Erstellung des druckfertigen Typoskripts übernahm; ihm, der mir nunmehr am „wer-weiß-wievielten" Großwerk redaktionell beistand, sei ganz besonders gedankt.

Klaus D. Kubinger
Wien, im Juni 2005

P.S.: Redaktionsschluss aller Recherchen war der 31.3.2005

Es ist dem Verfasser ein Bedürfnis, zu versuchen, einen bei Fertigstellung des Buches getroffenen redaktionellen Entschluss zu rechtfertigen: Das ursprünglich geplante Vorhaben, stets von dem/der PsychologIn, dem/der AutorIn, dem/der TestleiterIn und Ähnliches sowie im Plural von den Psychologen/innen usw. zu schreiben, erschien am Ende doch äußerst unkomfortabel für das Lesen des Textes; die also doch (wieder) gewählte Diktion, nämlich „der Psychologe" etc., soll daher in Anlehnung an den Berufsverband Deutscher Psychologen (1988, S. 2) verstanden werden: „Der Begriff ‚Diplom-Psychologe' wird hier als Gattungsbegriff verwendet. Er gilt für männliche und weibliche Kollegen. Diplom-Psychologe steht auch für Diplom-Psychologin."

Inhaltsverzeichnis

Vorwort   XI

1 Einführung   1
   1.1 Begriffsbestimmungen   1
   1.2 Geschichte   6
   1.3 Voraussetzungen   9
   1.4 Gesellschaftspolitische Kritik   12
   1.5 Rechtfertigung   14
   1.6 Themen, Verfahren und Populationen   17
   1.7 Grundsätze   24

2 Testtheoretische Grundlagen   33
   2.1 Objektivität   34
      2.1.1 Testleiterunabhängigkeit   35
      2.1.2 Verrechnungssicherheit   39
      2.1.3 Interpretationseindeutigkeit   43
   2.2 Reliabilität   45
      2.2.1 Paralleltest-Reliabilität   46
      2.2.2 Retest-Reliabilität   47
      2.2.3 Innere Konsistenz   48
   2.3 Validität   50
      2.3.1 Inhaltliche Gültigkeit   51
      2.3.2 Konstruktvalidität   53
      2.3.3 Kriteriumsvalidität   61
      2.3.4 Ein neues Validierungskonzept   64
   2.4 Normierung   64
      2.4.1 Eichen im Sinn von Relativieren   65
      2.4.2 Eichung im Sinn von Repräsentativerhebung   72
      2.4.3 Kriteriumsorientierte Diagnostik   76
   2.5 Skalierung   79
      2.5.1 Methoden der Skalierung   84
      2.5.2 Skalierung und Messgenauigkeit   92
      2.5.3 Skalierung und Eichung   93
   2.6 Ökonomie   94

2.6.1 Wirtschaftlichkeit und Aufwandsminimierung 94
2.6.2 Adaptives Testen 95
2.7 Nützlichkeit 107
2.8 Zumutbarkeit 111
2.9 Unverfälschbarkeit 114
2.10 Fairness 118

3 Formales 123
3.1 Gestaltungsweisen 124
3.1.1 Freies Antwortformat vs. Multiple-Choice-Format 124
3.1.2 Power- vs. Speed-and-power-Test 133
3.1.3 Gruppen- vs. Individualverfahren 136
3.1.4 Papier-Bleistift-Verfahren vs. Computerverfahren 137
3.2 Erhebungstechniken 149
3.2.1 Prüfen 150
3.2.2 Fragen 153
3.2.3 Beobachten 168
3.3 Prozess-Strategien 174
3.3.1 Untersuchungsstrategien 174
3.3.2 Entscheidungsstrategien 177

4 Inhalte 183
4.1 Leistungsdiagnostik 183
4.1.1 Intelligenz-Testbatterien 184
4.1.2 Spezielle Leistungstests 189
4.2 Persönlichkeitsdiagnostik 213
4.2.1 Faktorenanalytisch begründete Fragebogenbatterien 215
4.2.2 A-priori dimensionalisierte Fragebogenbatterien 223
4.2.3 Spezielle Persönlichkeitsfragebogen (-Batterien) 233
4.2.4 Objektive Persönlichkeitstests 256
4.2.5 Projektive Verfahren 264
4.3 Diagnostik hybrider Eigenschaften 275
4.3.1 Kreativitätstests 276
4.3.2 Soziale Intelligenztests 279
4.4 Biographie als mittelbare Diagnostik 283

5 Besondere Merkmalsträger 287
5.1 Gruppen und Teams 287
5.2 Arbeitsplätze 295

6   Gutachten   301
    6.1   Allgemeine Regeln zur Gutachtenerstellung   303
    6.2   Gestaltungsprinzipien im Detail   309
    6.3   Häufige Fehler bei Gutachten der Praxis   313
    6.4   Demonstrationsbeispiele psychologischer Gutachten   315

7   Themenbereiche psychologisch-diagnostischer Fragestellungen   345
    7.1   Ausbildungs- und berufsbezogene Eignungsdiagnostik   346
    7.2   Ausbildungs- und berufsbezogene Rehabilitationsdiagnostik   347
    7.3   Entwicklungsdiagnostik im frühen Kindesalter   348
    7.4   Forensisch-psychologische bzw. rechtspsychologische Diagnostik . .   350
    7.5   Neuropsychologische Diagnostik   352
    7.6   Gerontopsychologische Diagnostik   353
    7.7   Klinisch-psychologische Diagnostik   354

8   Ausstehende Grundlagenforschung zum diagnostischen Prozess   355
    8.1   Optimierung des diagnostischen Prozesses   356
    8.2   Compliance der Testperson   358
    8.3   Gendereffekte innerhalb des diagnostischen Prozesses   360
    8.4   Alternative Untersuchungsstrategien   361
    8.5   Perfektionierung der psychologischen Technologie   362

Anhang: Verfahrensbeschreibungen   367

Anhang: Diagnostik-Info-Check '05   405

Literaturverzeichnis   417

Verzeichnis der Verfahrensabkürzungen   441

Autorenverzeichnis   444

Sachwortverzeichnis   451

1 Einführung

Etliche Bezeichnungen finden sich im Sprachgebrauch, die von einander abzugrenzen sind, nämlich die Begriffe „Diagnostik" und „Psychologische Diagnostik"[1] vs. „klinisch-psychologische Klassifikation", aber auch „Diagnose" und „Prognose" sowie vor allem „psychologisches Diagnostizieren". Daher stehen am Beginn der Einführung

1. Begriffsbestimmungen.

Sodann ist *Psychologische Diagnostik* einführend zu betrachten unter dem Gesichtspunkt ihrer

2. Geschichte,
3. Voraussetzungen,
4. Themen, Verfahren und Populationen,
5. Gesellschaftspolitischen Kritik,
6. Rechtfertigung,
7. Grundsätze.

1.1 Begriffsbestimmungen

Als Ausgangspunkt hilfreich ist folgende Beschreibung: „Das Teilgebiet der Psychologie, das sich mit der Theorie, der Konstruktion und der Analyse von Diagnostikverfahren befasst, ist die *Psychologische Diagnostik*. In der traditionellen Einteilung der psychologischen Teilfächer ist die Diagnostik eng verwandt mit der Differentiellen Psychologie, die sich die Beschreibung und Erklärung von Unterschieden, insbesondere von interindividuellen Unterschieden, zum Ziel gesetzt hat. Die Diagnostik liefert die Verfahren, von denen die Differentielle Psychologie, aber auch die anderen psychologischen Disziplinen, wie die Allgemeine Psychologie, die Persönlichkeitsforschung und die Entwicklungspsychologie, Gebrauch machen" (Zimbardo & Gerrig, 1999, S. 558).

Diese Beschreibung ist zunächst dahingehend zu ergänzen, dass vor allem die Klinische Psychologie, aber auch die Arbeits- und Organisationspsychologie, die Pädagogische Psychologie, die Gesundheitspsychologie und die Forensische Psychologie ebenfalls wesentlichen Gebrauch machen von dem, was *Psychologische Diagnostik* bietet. Dann ist zu spezifizieren, dass es nicht nur um Unterschiede,

---

[1] *diagignóskein* (griechisch), genau kennen lernen, entscheiden, beschließen – *dia*, durch, getrennt; *gignóskein*, wissen

sondern auch um absolute Größen, vor allem Ressourcen (Potentiale) geht. Weiters interessiert nicht nur das „Beschreiben" und „Erklären", sondern besonders das „Messen", und zwar – ganz wichtig zu konkretisieren – psychischer bzw. psychologischer Phänomene. Schließlich ist von zentraler Bedeutung, dass *Psychologische Diagnostik* nicht nur die Forschung in den genannten anderen Teildisziplinen bedient bzw. versorgt, sondern allem voran: der Fallbehandlung in der Praxis gewidmet ist!

Wichtiger Hinweis

Je nach Menschenbild, also philosophisch-anthropologischer Annahme, kann das „Psychische" eines Menschen, das ist seine „Persönlichkeit"[2], als grundsätzlich „messbar" aufgefasst werden oder, (lediglich) phänomenologisch-betrachtend, als „erschließbar" durch „mitmenschliche Begegnungen" (zu letzterem vgl. z. B. Wellek, 1959). Wichtig ist, dass sich beide Standpunkte ergänzen.

Dabei leugnet der erste Standpunkt die Einzigartigkeit eines jeden Menschen keinesfalls, und doch trachtet sie, zweckorientiert, die Ähnlichkeit zu anderen Menschen zu quantifizieren. Um schlüssige Interpretationen und Rückschlüsse anstellen zu können, bedarf es nämlich des Nachweises immer wieder zutreffender Zusammenhänge von Beobachtungen der Psychologen einerseits und interessierenden Konsequenzen andererseits. Solche Gesetzmäßigkeiten lassen sich aber nur unter entsprechender Abstraktion des erfassbaren Informationsgehalts ableiten; d. h., zugunsten definitorischer Festlegungen muss auf die Nutzung bestimmter Informationen verzichtet werden. Der Lohn sind dementsprechend wissenschaftlich fundierte Entscheidungen (Interventionen/Maßnahmenvorschläge), welche letztlich explizit in den einschlägigen Berufspflichten/-ordnungen verlangt werden (Genaueres zu den einschlägigen Berufspflichten/-ordnungen für Psychologen s. weiter unten).

Auch wenn die folgende Beschreibung einigermaßen unpräzise ist, nützt sie doch, um die angestrebte Abgrenzung der relevanten Begriffe voranzutreiben: „Die Feststellung des Vorhandenseins oder Ausprägungsgrades psychologischer Merkmale (Eigenschaften, Fähigkeiten, Verhaltensweisen usw.) unter Beachtung bestimmter Kriterien bezeichnet man in der Psychologie als *Diagnose*. Diagnosen sind häufig mit *Prognosen* verknüpft: Kennt man die ... Eigenschaften ... eines Menschen, so sind unter Umständen Voraussagen über seine künftigen Merkmale, Erfolge bei verschiedenen Ausbildungen oder seine Bewährung bei unterschiedlichen Tätigkeiten möglich" (Zimbardo & Gerrig, 1999, S. 558). Diese Beschreibung macht eine Präzisierung der Begriffe „Eigenschaft", „Fähigkeit" und „Verhaltensweise" ihrerseits notwendig, was weiter unten erfolgen soll; die Auflistung künftiger Merkmale, wie Erfolge und Bewährung bei ausgewählten Themenbereichen, ist nicht annähernd repräsentativ.

Die Fallbehandlung in der Praxis ins Auge fassend geht es also um eine psychologische Untersuchung, das *psychologische Diagnostizieren*, zumeist eines Einzelnen. „Diagnostizieren in der Psychologie kann ... als das Aufstellen und Prüfen

---

[2]*persona* (lateinisch), die Rolle oder Maske eines Schauspielers

,idiographischer' Hypothesen verstanden werden" (Westmeyer, 2003, S. 87), wobei idiographische Hypothesen solche sind, „die sich auf konkrete Einzelfälle beziehen. Als Einzelfälle kommen im Bereich Psychologischer Diagnostik einzelne Personen (z. B. Klient, Patient), spezifische Gruppen von Personen (z. B. Paar, Familie, Schulklasse, Team) und ganze Organisationen (z. B. Betrieb, Behörde, Institution) in Frage. Die im Verlauf eines diagnostischen Prozesses ... einer Überprüfung unterzogenen und dabei gestützten und insofern [*sensu Popper*] bewährten idiographischen Hypothesen gehen in die psychologische Diagnose ein", bzw. genauer: machen die Diagnose aus.

Nach diesen Vorbetrachtungen kann nun eine erste Definition gegeben werden.

Psychologisches Diagnostizieren ist ein Prozess, der unter Zuhilfenahme verschiedener Verfahren zielgerichtete Informationen über psychische Eigenschaften des in Betracht stehenden Menschens gewinnen will; dieser Prozess bezieht sich auf:
- Klärung der Fragestellung
- Auswahl der diagnostischen Verfahren
- Anwendung und Auswertung der diagnostischen Verfahren
- Interpretation und Gutachtenerstellung
- Festsetzen der Intervention (des Maßnahmenvorschlags)

– mit dem Bezug zur Intervention ist impliziert, dass keine Diagnose ohne einen (der Fragestellung entsprechenden) Maßnahmenvorschlag erfolgt.

Zur Illustration
Jäger und Petermann (1995, S. 11) definieren *psychologisches Diagnostizieren* konkreter als „das systematische Sammeln und Aufbereiten von Informationen mit dem Ziel, Entscheidungen und daraus resultierende Handlungen zu begründen, zu kontrollieren und zu optimieren. Solche Entscheidungen und Handlungen basieren auf einem komplexen Informationsverarbeitungsprozeß. In diesem Prozeß wird auf Regeln, Anleitungen, Algorithmen usw. zurückgegriffen. Man gewinnt damit psychologisch relevante Charakteristika von Merkmalsträgern und integriert gegebene Daten zu einem Urteil (Diagnose, Prognose). Als Merkmalsträger gelten Einzelpersonen, Personengruppen, Institutionen, Situationen, Gegenstände etc." Damit wird auch deutlich – wie übrigens auch schon in den oben wiedergegebenen Ausführungen von Westmeyer (2003) –, dass grundsätzlich nicht nur einzelne Menschen „in Betracht stehen"; explizit wird darauf auch in Kapitel 5 Besondere Merkmalsträger eingegangen.

Demzufolge ist eine zweite Definition zu geben.

Psychologische Diagnostik ist die wissenschaftliche Disziplin („Lehrfach"), die *psychologisches Diagnostizieren* für die Praxis vorbereitet.

Die Abgrenzung zwischen *Psychologischer Diagnostik* und *Diagnostik* aus anderen Disziplinen heraus, vor allem der medizinischen Diagnostik, ist damit getroffen – innerhalb der Psychologenschaft und im Folgenden dieses Buches wird daher grundsätzlich das Attribut „psychologisch" der Bezeichnung Diagnostik hinzugesetzt.

Bemerkung am Rand

Gelegentlich findet man in der Literatur auch noch die Bezeichnung „Psychodiagnostik", welche – nach Einschätzung d. Verf. – aus der Tradition der ehemaligen DDR kommt. Dort gab es in Zeiten, in denen im westlichen deutschen Sprachraum *psychologisches Diagnostizieren* fast verpönt war, intensive Bemühungen um das Fach, was der Kultivierung dieser dort präferierten Bezeichnung förderlich gewesen sein mag.

Allerdings ist diese Bezeichnung den sog. „Psycho-Tests" einschlägiger Illustrierter assoziativ nicht mehr fern; „psychologisch" auf „psycho" verkürzt birgt also die Gefahr, den wissenschaftlichen Gehalt, den *Psychologie* hat, nicht mehr zu vermitteln.

Die Orientierung der *Psychologischen Diagnostik* – als „Verkörperung" von Theorie und Praxis *psychologischen Diagnostizierens* – am diagnostischen Prozess rückt die Intervention bzw. den Maßnahmenvorschlag deutlich in den Vordergrund. Damit distanziert sich das Fach *Psychologische Diagnostik* eindeutig vom herkömmlichen, klinisch-psychologischen Klassifizieren etwa gemäß ICD-10 (*Internationale Klassifikation psychischer Störungen – Version 10*; Dilling, Mombour & Schmidt, 2000) oder DSM-IV (*Diagnostic and Statistical Manual of Mental Disorders, 4th edition*; American Psychiatric Association, 1994), mit dem nicht primär Interventionen bzw. Maßnahmenvorschläge intendiert sind; klinisch-psychologisches Klassifizieren etwa gemäß ICD-10 oder DSM-IV kann im Zuge des diagnostischen Prozesses relevant sein, Ziel des diagnostischen Prozesses ist es nicht. Insofern wäre es angezeigt, in Zukunft gleich immer von (psychologischer) Klassifikation statt von *psychologischem Diagnostizieren* zu sprechen, wenn eigentlich (bloß) das Klassifizieren gemeint ist.

Bemerkung am Rand

Im Englischen gibt es den Begriff „psycho-diagnostics" praktisch nicht, so dass der im Deutschen nunmehr als „Klassifizieren" akzentuierte Begriff „diagnostics" (z. B. im „D" von DSM) kaum mit dem hier gemeinten psychologischen Diagnostizieren („assessment") konfundiert wird.

Bemerkung am Rand

In ihren zur Diskussion gestellten *Richtlinien für den diagnostischen Prozess* gehen Westhoff, Hornke und Westmeyer (2003) – unterstützt von der *European Association of Psychological Assessment* – sogar so weit, an das Ende des diagnostischen Prozesses gar noch die Evaluation der Intervention bzw. die Nachuntersuchung zu setzen.

Bisher wurde schon öfter von „Verfahren" gesprochen, die – laut obiger Definition – helfen sollen, zielgerichtete Informationen über psychische Eigenschaften eines Menschen zu gewinnen. Exakt ist es, von „psychologisch-diagnostischen Verfahren" zu sprechen. Umgangssprachlich werden sie jedoch zumeist als „Tests" bezeichnet. Obwohl psychologische *Tests*[3] letztlich nur eine besondere Untergruppe von psychologisch-diagnostischen Verfahren darstellen, so hilft in den ersten beiden Kapiteln dieses Buchs doch für didaktische Zwecke eine sehr umfassende Begriffsauslegung der Bezeichnung „Test". *Gustav A. Lienert*[4] (in der neuesten Auflage: Lienert & Raatz, 1998, S. 1) definiert:

> „Ein Test ist ein wissenschaftliches Routineverfahren zur Untersuchung eines oder mehrerer empirisch abgrenzbarer Persönlichkeitsmerkmale mit dem Ziel einer möglichst quantitativen Aussage über den relativen Grad der individuellen Merkmalsausprägung."

> **Erläuterung** zum Begriff „Persönlichkeitsmerkmal":
> „Merkmal" (statistisch betrachtet auch: „Variable") meint hier einen Oberbegriff von Eigenschaften (englisch: *trait*) sowie Erlebens- und Verhaltensweisen; der Begriff Eigenschaft seinerseits beinhaltet zum Beispiel auch (spezifische) Fähigkeiten. Entgegen der oft praktizierten Differenzierung in Leistungs- und Persönlichkeitsdiagnostik verwendet *Lienert* den Begriff „Persönlichkeit" für die Menge aller psychischen Merkmale eines Menschen.

Zur Präzisierung der Definition von *Lienert* ist allerdings noch der Bezug auf die Experimentelle Psychologie und damit auf das Experiment wichtig:

> Ein psychologischer *Test* erhebt unter standardisierten Bedingungen eine Informationsstichprobe über die Testperson, wobei die Idee der dem Experiment inhärenten Manipulation insofern Platz greift, als durch systematisch erstellte Fragen/Aufgaben interessierende Verhaltensweisen oder psychische Vorgänge ausgelöst werden –

die standardisierten Bedingungen sollen mögliche Störeffekte ausschalten.

---

[3]„Das Wort ‚Test' selbst ist etymologisch in mehrfacher Weise determiniert: es bezeichnet sowohl den Zeugen vor Gericht (‚testis') als auch den Ziegel (‚testa') bzw. den Schmelztigel, in dem die Echtheit von Metallen geprüft wird. Seiner gegenwärtigen Verwendung näher rückt das Wort durch den ‚Test Act' von 1673, welcher den Nachweis der Rechtsgläubigkeit der englischen Beamten durch den Religionseid vorschrieb. Im speziellen Sinn von Aufgaben zur Prüfung der persönlichen Eigenheit ist es von dem Amerikaner James McKeen CATTELL (1860–1944) eingeführt worden (1890), der dazu offenbar durch den englischen Biologen Sir Francis GALTON (1822–1911), einen Vetter Charles DARWINS, angeregt worden war" (Hofstätter, 1971, S. 136f.).

[4]Er war es, der 1961 mit der Veröffentlichung seines nunmehr als „Klassiker" geltenden Lehrbuchs die Ideen und Konzepte der psychologischen Testkonstruktion im deutschsprachigen Raum einführte.

Selbst bei umfassender Begriffsauslegung der Bezeichnung „Test" zählt auch noch anderes als so definierte Tests zu den psychologisch-diagnostischen Verfahren. Es ist dies zunächst

- *Anamneseerhebung*,
- *Exploration*,
- *Verhaltensbeobachtung*.

Während, vorläufig und ganz allgemein beschrieben, *Exploration* als das Erkunden bestimmter Sachverhalte und Stimmungen mittels qualifizierter Gesprächsführung bezeichnet werden kann, bezieht sich die *Anamneseerhebung* speziell auf das Erfragen der Kranken-, besser Vorgeschichte der untersuchten Person. Die (systematische) *Verhaltensbeobachtung* zielt auf einen persönlichkeitsbezogenen Informationsgewinn über die untersuchte Person durch das Wahrnehmen ihrer Aktionen oder Reaktionen ab.

Sodann sind zu den psychologisch-diagnostischen Verfahren zu zählen

- *Biographisches Inventar*,
- *Assessment-Center*,
- *Arbeitsplatzanalyse*.

Wieder vorläufig und recht allgemein beschrieben, fragt ein *Biographisches Inventar* nach solchen grundsätzlich überprüfbaren Informationen aus der Lebensgeschichte einer untersuchten Person, die einen Einblick in deren (leistungsbezogene) Zukunft versprechen. Das heute hinlänglich auch schon in der Öffentlichkeit bekannte *Assessment-Center* erfasst die Qualität der Bewältigungsversuche einer Person bei vorgegebenen berufsrelevanten Anforderungen. Die *Arbeitsplatzanalyse* als psychologisch-diagnostisches Verfahren untersucht die psychologischen Bedingungen und psychischen Voraussetzungen, die eine bestimmte berufsbezogene Tätigkeit an den Menschen stellt.

1.2 Geschichte

Die Anfänge dessen, was die heutige *Psychologische Diagnostik* begründet, orientierten sich bereits an der Experimentellen Psychologie. Für die erste Phase innerhalb dieser Anfänge ist charakteristisch, dass die Sinnesfunktionen untersucht wurden (Schwellenmessungen im optischen, akustischen, taktilen Bereich) oder Reaktionszeitmessungen erfolgten; mit dieser Phase fest verbunden sind die Namen *Francis Galton* und *James McKeen Cattell*. Später, und hier zählt vor allem der Name *Emil Kraepelin*, wurden auch komplexere Anforderungen, wie Rechenaufgaben, aber auch zum Beispiel Problemlöseaufgaben, Gedächtnisaufgaben oder psychomotorische Aufgaben an die Testperson gestellt, Anforderungen, die sich bis heute gehalten haben.

Entscheidende Impulse für eine Intelligenzdiagnostik gingen von *Alfred Binet* aus; gemeinsam mit *Theodore Simon* entwickelte er 1905 einen Test, der aus 30 nach ihrem Schwierigkeitsgrad abgestuften Aufgaben bestand. Er war an 50 „normalen" und 30 „schwachsinnigen" Kindern geeicht (um in Hinkunft minderbegabte Kinder in Spezialschulen unterrichten zu können).

Zur Illustration

Im sog. „Binet-Simon-Test" waren zum Beispiel für 8-Jährige Aufgaben enthalten, wie folgende:

- Das Kind kann den Unterschied zwischen zwei bestimmten Gegenständen aus dem Gedächtnis erklären;
- es kann rückwärts von 20 bis 0 zählen;
- es bemerkt Auslassungen in einem unvollständigen Bild;
- es kennt das Datum des Tages der Untersuchung;
- es spricht fünf vorgesagte Zahlen nach.

Für diese Aufgaben wurde festgestellt, dass sie jeweils 60-90 % der 8-Jährigen lösen; löst daher ein bestimmtes 8-jähriges Kind dementsprechend viele Aufgaben, so ist ihr nach *Binet* dasselbe „Intelligenzalter" wie ihr Lebensalter zuzuschreiben, andernfalls über- oder unterschreitet ihr Intelligenzalter das Lebensalter entsprechend.

Für die heutige Zeit nach wie vor bedeutend sind die mit Hilfe eigens entwickelter statistischer Methoden empirisch begründeten Erkenntnisse von *Louis L. Thurstone* sowie das Testkonzept von *David Wechsler*.

Noch immer gibt es Intelligenztests, die sich zurückgehend bis auf das Jahr 1931 an *Thurstones* berühmten „*Primary mental Abilities*" orientieren, wonach ganz bestimmte, voneinander unabhängige Fähigkeiten (je nach Leistungsanforderung mehr oder weniger) für intelligentes Verhalten verantwortlich zeichnen: *Verbal Comprehension*, *Word Fluency*, *Number*, *Space*, *Memory*, *Perceptual Speed* und *Reasoning* (schlussfolgerndes Denken).

Letztlich einem „pragmatischen Standpunkt bei der Entwicklung von Intelligenztests" entsprechen sämtliche Intelligenztests nach *Wechsler* (beginnend 1944), sowohl was die Zielgruppe (Kinder oder Erwachsene) betrifft als auch was die in verschiedene Sprachen übertragenen Versionen betrifft: *Wechsler* geht es darum, möglichst viele spezifische Fähigkeiten zu erfassen, um damit zu einem zuverlässigen Index der globalen Fähigkeit einer Testperson zu kommen. Dabei zielt er weniger auf die (in Hinblick einer globalen Fähigkeit wünschenswerten) Repräsentativität der geprüften Fähigkeiten, sondern nimmt diejenigen Aufgabenstellungen in seine Tests auf, die gemäß den damaligen theoretischen Ansprüchen als geeignet galten.

Im Gegensatz zu der damit angesprochenen Leistungsdiagnostik finden sich in der Geschichte zur Persönlichkeitsdiagnostik zwar ebenfalls bald die Namen *Francis Galton*, *Emil Kraepelin* und auch *Alfred Binet*: Ersterer versuchte Emotionen mittels Herzschlag und Pulsfrequenz zu messen; er setzte auch die Methode der Verhaltensbeobachtung von Personen in bestimmten sozialen Situationen ein und er verwendete, genauso wie etwas später *Kraepelin* sowie *Carl G. Jung*, die „Assoziationstechnik" zur Persönlichkeitserfassung – auf das jeweils vom Testleiter gebotene Wort soll die Testperson mit dem ihr als erstes einfallenden (anderen) Wort reagieren. Vor allem *Kraepelins* Beobachtungen und Beschreibungen von psychopathologisch Erkrankten (früher: „Geisteskranken") waren die Grundlage für das 1943 in den USA entwickelte und weltweit noch immer eingesetzte *Minnesota Multiphasic Personality Inventory* (MMPI). *Binet* widmete sich noch vor dem oben skizzierten Intelligenztest der Persönlichkeitsuntersuchung berühmter Personen und ließ diese Phantasiegeschichten zu Bildern erzählen, Deutungen von Tintenklecksen geben sowie analysierte deren Handschriften.

Und doch ist es *Raymond B. Cattell*, der mit Hilfe erster faktorenanalytischer Methoden (1949) nicht nur eines der bekanntesten und bis heute noch aktuellen psychologisch-diagnostischen Verfahren entwickelte (*Sixteen Personality Factors Questionnaire* – 16 PF), sondern damit auch das Vorbild für andere Persönlichkeitsfragebogen schuf: Ähnlich wie *Thurstone* versuchte er, voneinander unabhängige Eigenschaften zu entdecken, um die Vielfalt von Persönlichkeiten durch alle möglichen Kombinationen der Ausprägungsgrade in diesen Eigenschaften zu erklären.

Die Gegenwart der *Psychologischen Diagnostik* ist durch dreierlei geprägt: Erstens, und vordergründig deutlich erkennbar, durch die Nutzung des Mediums Computer für neue, innovative Verfahrenskonzepte (vgl. dazu insbesondere die Methode des *Adaptiven Testens* in Abschnitt 2.6.2, die Messung der *intellektuellen Lernfähigkeit* in Abschnitt 4.1.2 und das Konzept einer *experimentalpsychologischen Verhaltensdiagnostik* in Abschnitt 4.2.4). Zweitens durch die „gesellschaftspolitische Trendwende", nämlich den Menschen in seiner Rolle als zu begutachtende Person samt seinen Bedürfnissen angemessen zu berücksichtigen, in gewisser Weise partnerschaftlich, grundsätzlich förderungsorientiert zu begegnen (vgl. dazu die beiden Gütekriterien *Zumutbarkeit* und *Fairness* in Kapitel 2 Testtheoretische Grundlagen, aber vor allem den Anspruch auf Transparenz und Nachvollziehbarkeit des diagnostischen Prozesses in Kapitel 6 Gutachten). Drittens durch die Einsicht, dass bisher nicht gesehene oder unkritisch bewertete Probleme *psychologischen Diagnostizierens* zu ihrer Lösung endlich einer systematischen Grundlagenforschung bedürfen (vgl. dazu z. B. das Antwortverhalten untersuchter Personen bei Persönlichkeitsfragebogen in Richtung eigenen persönlichen Vorteils in Abschnitt 2.9 Unverfälschbarkeit oder den Rateeffekt bei Aufgaben mit vorgegebenen Antwortmöglichkeiten in Abschnitt 3.1.1; s. aber auch das eigene Kapitel 8 Ausstehende Grundlagenforschung zum diagnostischen Prozess).

1.3 Voraussetzungen

Als ein wesentliches Konzept der *Psychologischen Diagnostik* wurde bereits die Idee des Experiments angeführt. Darüber hinaus besteht der sachliche Ausgangspunkt *psychologischen Diagnostizierens* aber noch aus bestimmten Voraussetzungen bzw. Vorstellungen über den Zusammenhang von Verhalten und Eigenschaft.

Grundsätzlich ist nämlich zwischen tatsächlichem Verhalten und der „Verhaltensdisposition" einer Person strikt zu unterscheiden. Dabei ist unter Verhaltensdisposition gerade das präziser zu verstehen, was bisher ziemlich abstrakt als (psychische) „Eigenschaft" bezeichnet wurde: Bestimmte, einer Person letztlich zuzuschreibende, aber eben nicht direkt beobachtbare Eigenschaften machen – vor allem unter gewissen Bedingungen – bestimmte Verhaltensweisen (Handlungen) mehr oder weniger wahrscheinlich; andere Eigenschaften mehr oder weniger unwahrscheinlich. Eine Person, zum Beispiel, mit herausragender Fähigkeit im schlussfolgernden, logischen Denken als eine ihrer Eigenschaften, wird sich in (logisch lösbaren) Problemsituationen vermutlich bewähren, d. h. mit relativ hoher Wahrscheinlichkeit ein Verhalten zeigen oder Handlungen setzen, als Folge davon es zur Lösung kommt. Imponderabilien aller Art können aber dieses Verhalten, diese Handlungen auch (gelegentlich) verhindern. Daraus folgt: Mittels *psychologischen Diagnostizierens* sind schwerlich konkrete Handlungen vorauszusagen, bestenfalls die grundsätzliche Disposition dazu. – Es wird dementsprechend oft auch von „latenten" Eigenschaften gesprochen, weil sie sich nur mittelbar, über (typische) Verhaltensweisen manifestieren.

Selbst Eigenschaften müssen nicht stabil sein. Im Gegenteil, Ansätze wie kognitive Rehabilitationsprogramme oder gar die Psychotherapie implizieren die Möglichkeit der Veränderung aufs eindrucksvollste. Es ist daher genau zu unterscheiden, ob es sich um eine Eigenschaft handelt, die sich erfahrungsgemäß bloß in Folge gravierender *Life-events* entscheidend verändert (z. B. die Intelligenz; vgl. z. B. Lindenberger, 2000), oder um eine Eigenschaft, die einem vielfältigen, entwicklungspsychologischen Wandel – auch ohne *Life-events* – ausgesetzt ist (z. B. die Interessen; vgl. z. B. Buse, 1996).

Und auch auf einen relativ kurzen Zeitraum beschränkt, ist mit Situationseinflüssen zu rechnen. Unter Bezug darauf, dass psychologisch-diagnostische Verfahren eben stets nur eine Informations- bzw. Verhaltensstichprobe erfassen – um daraus (situationsüberdauernde) Eigenschaften einer Person abzuleiten, welche ihrerseits die Vorhersage (wahrscheinlich) künftigen Handelns erlauben sollen –, muss also immer erst der Nachweis der Repräsentativität dieser Stichprobe erbracht werden, bevor Prognosen zu verantworten sind.

Zusammengefasst wird die sich daraus ergebende Grundidee der *Psychologischen Diagnostik* in Präsentation 1 wiedergegeben.

Präsentation 1: Kurzfassung der Grundidee der Psychologischen Diagnostik. Es geht darum, angelehnt an die experimentelle Idee des systematischen Manipulierens, bei der untersuchten Person Verhalten (Reaktionen, gelegentlich auch Aktionen) zu provozieren. Dieses provozierte Verhalten stellt eine Verhaltensstichprobe der „Population" aller (gegenwärtig möglichen) Verhaltensweisen der Person dar und wird als das Produkt der eigentlich interessierenden, aber latenten Eigenschaft (Verhaltensdisposition) dieser Person aufgefasst bzw. als ein Ergebnis, das durch diese Eigenschaft (mit-) verursacht wurde. Mittels Umkehrschluss folgt, dass diese Person die interessierende Eigenschaft zu einem bestimmten Ausprägungsgrad haben muss, weil sie eben genau das konkrete Verhalten gezeigt hat. Mit, je nachdem, unterschiedlich stark eingeschränkter Sicherheit kann schließlich eine Prognose über das typische Verhalten dieser Person in der Zukunft gegeben werden.

Bemerkung am Rand

Mancherorts werden verschiedene Orientierungen *psychologischen Diagnostizierens* gegenübergestellt (vgl. z. B. Schuler & Höft, 2001): Der „Eigenschaftsansatz" ziele dabei auf die Erfassung von relativ stabilen Eigenschaften ab. Der „Simulationsansatz" konzentriere sich demgegenüber auf das Verhalten als solches. Und der „biographische Ansatz" interessiere sich für lebensgeschichtliche Fakten. Die in Präsentation 1 kurzgefasste Grundidee der *Psychologischen Diagnostik* betont dagegen das Wechselspiel von Verhalten und Eigenschaft. Nur selten genügt es also, Verhalten stichprobenartig zu beobachten um Verhalten in ziemlich den gleichen Situationen vorherzusagen. Am ehesten ist das bei dem psychologisch-diagnostischen Verfahren der (systematischen) Veraltensbeobachtung bzw. des Assessment-Centers der Fall. Immerhin stellen die beim biographischen Ansatz zumeist mittels Biographischen Inventars zu erhebenden Fakten – die sich ihrerseits allerdings auch auf früheres Verhalten beziehen – insofern eine Ergänzung zur Präsentation 1 dar, als mit ihnen alternativ versucht wird, das typische Verhalten einer Person für die Zukunft zu prognostizieren.

Aus den genannten Voraussetzungen sind bereits vorweg Grenzen und Möglichkeiten der *Psychologischen Diagnostik* an zu denken. Zweierlei Einstellungen der Öffentlichkeit, die nämlich beide den faktischen Möglichkeiten *psychologischen Diagnostizierens* nicht gerecht werden, dienen dazu: Die laienhafte „Gläubigkeit" an die *Psychologische Diagnostik* zum einen und die unsachliche Disqualifikation ihrer Relevanz als eine entscheidungsbegründende psychohygienische Methode zum anderen.

Eine typische Fehleinschätzung von Laien betrifft die Verbindlichkeit eines Testergebnisses für eine Prognose über einen sehr weit in der Zukunft liegenden Zeitpunkt – sind aber Prognosen aus dem vorhin Gesagten definitionsgemäß immer kritisch, so erst recht für die sehr ferne Zukunft. Eine andere betrifft die „Ehr-Furcht", Psychologen könnten mit ihren Verfahren alle Intimitäten einer Person erkennen – abgesehen davon, dass manche Eigenschaften einer Person je Fragestellung gar nicht interessieren, ist jedoch beim *psychologischen Diagnostizieren* regelmäßig die Bereitschaft der untersuchten Person nötig, sich typisch zu verhalten.

Zur Illustration

„Wer als Psychologe oder Psychologin kennt nicht die beiden Reaktions-Stereotypien von Laien auf die Mitteilung, ihr – typischer Weise in privater Gesellschaft zufällig (?) gefundener – Gesprächspartner ist vom Fach (Psychologie)? ‚Aha' vs. ‚Oje'! Der ersten Reaktion, also ‚aha', sei hier einmal die (neugierige) Erwartung unterstellt, (endlich) über die eigene Persönlichkeit aufgeklärt zu werden, über sie bzw. die eigenen Schwierigkeiten Klarheit zu erlangen, indem dieser Gesprächspartner einen selbst ziemlich schnell, und das bloß im belanglosen Gespräch, ‚durchschaue'. Und der zweiten Reaktion, also ‚oje', sei hier einmal unterstellt, sie rührt von der Erwartung, die eigene psychische Unzulänglichkeit, die intimen Geheimnisse würden dem Gegenüber völlig transparent werden, so bald dieser einen selbst mit den Blicken (und im Gespräch) erforscht … Wenn der Psychologie schon im privaten, kurzen Kontakt derart ‚allmächtige Qualitäten' zugeschrieben werden, wie erst müßte, diesen Erwartungen gemäß, das ‚Durchschauen' und ‚Erforschen' der Persönlichkeit mittels psychologischer Tests gelingen?" (Kubinger, 1997a, S. 21).

An Skepsis bzw. Vorurteilen gegenüber der *Psychologischen Diagnostik* wird von Laien vorgebracht (vgl. Kubinger, 1997a, S. 23): Zweifel an den Theorien der Psychologie, Zweifel an der Qualität der Tests, Zweifel an der Relevanz der Tests und Zweifel an der Richtigkeit der Diagnose. Entsprechende Vorbehalte sind je Fall sachlich angebracht und daher jeweils abzuklären. Die Grundlagen dazu bietet das vorliegende Buch.

Zur Illustration

Einer nicht-repräsentativen Umfrage an einer sehr kleinen Stichprobe zufolge finden sich folgende pauschalierende Urteile über *Psychologische Diagnostik* (Kubinger, 1997a, S. 23): „‚Psychologische Tests sind mir zu subjektiv', ‚Psychologische Tests sagen nichts aus', ‚Psychologische Tests sind ‚Interpretationssache", ‚Ich nehme psychologische Tests nicht ernst' bis hin zu ‚Psychologische Tests sind doch Humbug'" und „‚Was kann man nicht in einem guten Gespräch viel besser herausfinden als mit Tests?'"

Letztlich ist unabdingbare Voraussetzung für eine sachdienliche psychologische Untersuchung, dass alle in einer Fallbegutachtung involvierten Personen – das sind insbesondere die Testperson und der fallführende Psychologe, eventuell Angehörige, fachfremde Kollegen oder Vorgesetzte des Psychologen sowie der Auftraggeber – den wissenschaftlichen Methoden der *Psychologischen Diagnostik* angemessene

Brauchbarkeit zuerkennen (vgl. z. B. Hany, 2000). Sie müssen sich dabei darüber
bewusst sein, dass die Begutachtung Rollenzwänge mit sich bringt, die für eine
gewisse Zeit zu akzeptieren sind.

Bemerkung am Rand

„Außer Diskussion steht ..., daß manche Vorbehalte ... bloß ein *verständliches*
Mißtrauen aus sachlicher Unkenntnis darstellen: ‚Angst vor ‚Hinterlist‘ der Psychologen‘, ‚Angst vor dem Verlust der Autonomie‘, ‚Angst vor dem Mißbrauch der
Ergebnisse durch den Psychologen‘, ‚Angst vor Stigmatisierungen‘, ‚Angst vor zu-
fälligem ‚Versagen‘. Ihnen ist sowohl generell als auch (jedesmal) im speziellen
Umgang mit Testpersonen ‚aufklärerisch‘ zu begegnen; und zwar durch Trans-
parentmachung im Einzelfall (‚*was wird wie* und *wie lange warum* diagnostisch
getan?‘)“ (Kubinger, 1997a, S. 23).

1.4 Gesellschaftspolitische Kritik

Publikationen der 70er Jahre, wie zum Beispiel ein Buch, das schon im Titel fragt:
„Ist Psychodiagnostik verantwortbar?“ (Pulver, Lang & Schmid, 1978), waren Aus-
druck für die damals generelle Verunsicherung über den Wert der *Psychologischen
Diagnostik*. In „vielen Büchern und Zeitschriftenartikeln finden sich viele verein-
zelte kritische Anmerkungen, Hinweise auf Unzulänglichkeiten, Äußerungen des
Unmuts und der Unzufriedenheit bis hin zu Warnungen vor dem Einsatz von
Tests überhaupt bzw. vor bestimmten Verfahren. Andere Autoren verzichten dar-
auf, sich mit Einzelheiten lange herumzuärgern und abzuplagen, sie werfen den
Tests gleich vor, zur Herrschaftsstabilisierung, Legitimation von Ausbeutungsver-
hältnissen usw. zu dienen und auch für diese Zwecke konstruiert worden zu sein“
(Rexilius, 1978, S. 115).

Ohne Anspruch auf Vollständigkeit seien hier einige solcher sozialpolitischen
bzw. sozioökonomischen Argumentationen gegen die *Psychologische Diagnostik*
referiert. Zum einen gibt es Kritik hinsichtlich ihrer ursprünglichen Intentionen:

- *Francis Galton*, dem die „Geschichtsschreibung die Ehre zuteil werden ließ, als
  erster ‚Testkonstrukteur‘ zu gelten“ (Grubitzsch, 1991, S. 73), wird vorgewor-
  fen, seine Tests in die Dienste einer „sozialdarwinistischen Position“ zu stellen,
  wonach „die geistige Leistung erbbestimmt sei und sich sozialer Rang nach gene-
  tischem Potential einstelle“ – was in der kolonialen Expansionspolitik Englands
  (in der Mitte des 19. Jahrhunderts) half, „auf seiten der Herrschenden einen er-
  höhten Legitimationsbedarf“ abzudecken (S. 68).
- Der akute Mangel an qualifizierten Arbeitskräften zur Zeit der Jahrhundertwende veranlasste das französische Erziehungsministerium, *Alfred Binet* mit
  der Entwicklung eines Tests zur Unterscheidung normaler und „schwachsinni-
  ger“ Kinder zu beauftragen; Ziel war die Optimierung und Intensivierung der
  schulischen Ausbildung, womit die Unterweisung Minderbegabter in speziellen,

neu eingerichteten Sonderschulen verbunden war. Damit wird auch ihm eine Legitimierungsfunktion angelastet. „Die Frage der Zuordnung von Individuen zu Bildungsinstitutionen war ... nicht nur eine Frage der Anpassung individueller Ansprüche an institutionelle Angebote, sondern vielmehr eine Frage der Legitimierung und Legalisierung der *Tatsache*, dass eben *nicht* alle Individuen gleiche Zugangs*möglichkeit* zu allen Bildungsinstitutionen haben. Dieses wurde u. a. mittels der Behauptung der unterschiedlichen Abstufung von Bildungsfähigkeit, von Begabung, von Intelligenz ... erreicht" (Grubitzsch, 1991, S. 81). Und das, „... ohne daß zur Debatte stand, inwieweit das bestehende Bildungssystem die auszusondernden ‚Schwachsinnigen' eventuell produzierte" (S. 82).

- Ähnlich seien die Bemühungen von *Hugo Münsterberg* zu sehen, die Eignung von Individuen für bestimmte Tätigkeiten in Schule und Beruf festzustellen; wenn er zuversichtlich ist, „daß mit Hilfe von experimentellen Testversuchen eine zuverlässige Angleichung von Mann und Werk ermöglicht wird" (zit. nach Grubitzsch, 1991, S. 90), dann klingt darin die neue Ethik als Folge der zunehmenden Organisierung des Produktionsprozesses in den USA nach der Jahrhundertwende an, nämlich der „Pragmatismus, der die *Nützlichkeit* der menschlichen Tätigkeiten in Verbindung zu ihrem gewinnbringenden Beitrag zum gesellschaftlichen Leben hervorhob" (Grubitzsch, 1991, S. 91).

Zum anderen wird explizit die Nutzung zur Selektion ins Treffen geführt. Der Zweck *psychologischen Diagnostizierens* werde – auch in jüngerer Zeit – „nicht vom Getesteten, nicht vom Tester und vom Testkonstrukteur", sondern von außen, von Auftraggebern bestimmt, oft von gesellschaftlichen Institutionen (Rexilius, 1978, S. 113). „In diesem Sinn dienen Tests ... der *Stabilität ‚der Gesellschaft'*, die sich mit Hilfe von Tests gegen Fehlentscheidungen und unerwünschte Entwicklungen abzusichern hofft." Der aktuelle Leistungs- und Wissensbegriff stehe in unmittelbarem Zusammenhang mit Normen und Regeln, deren „materielle Grundlage das produktive Eigentum ist" und „an denen sich entscheidet, ob jemand auffällig ist, abweicht und einem diagnostischen Ausgrenzungs- und Heilungsprozeß unterworfen werden muß. Stört er das herrschende Leistungs- und Wissenssystem, wird er für dieses ‚gefährlich' und ‚angsterregend', weil er es durch sein Herausfallen wie durch sein Beispiel bedroht ..., und er muß stabilisiert werden, damit das System stabil bleibt."

Zum Dritten geht es um die Beschränkung der Autonomie einer Person. *Psychologische Diagnostik* im Auftrag Dritter impliziere ein ethisch bedenkliches Autonomieproblem, weil es nicht der Betroffene selbst ist, der die Schlussfolgerungen aus den diagnostischen Ergebnissen zieht. „Jede Einschränkung der Autonomie in einem angeblich überindividuellen Interesse bedarf der Rechtfertigung durch einen interindividuellen Konsens" (Lang, 1978, S. 29), wobei sich im gegebenen Zusammenhang die Frage stellt, „ob letzten Endes das Individuum für die Gemeinschaft oder die Gemeinschaft für das Individuum da sein soll."

Wottawa (2002, S. 3) resümiert den sozialpolitischen bzw. sozioökonomischen Aspekt der *Psychologischen Diagnostik* in seiner Entwicklung bis heute wie folgt: „Es zeigt sich seit 1789 mit einer Wellenlänge von im Mittel etwa 60 Jahren ein periodisches Schwanken zwischen der Betonung von ‚Gleichheit' (1789, 1848, 1918, 1968) und, in den Phasen dazwischen, eine stärkere Betonung von ‚Leistung', was zwangsläufig die Akzeptanz von Unterschieden beinhaltet. Der letzte Höhepunkt des Strebens nach ‚Gleichheit', die 1968er Bewegung, führte ja de facto zur Abschaffung der Eignungsdiagnostik an den meisten deutschsprachigen Universitäten, mit erheblichen Konsequenzen für den Arbeitsmarkt. Inzwischen hat sich der allgemeine gesellschaftliche Trend vollständig gewandelt, und man würde in Fortsetzung der bisherigen ‚Wellen' erwarten, dass man bis etwa 2028 nun wieder eine systematische Eignungsdiagnostik aufbauen kann. Für die Diagnostik hatte dieser Trend vor allem folgende Konsequenzen: Die Nachfrage nach (eignungs-) diagnostischen Instrumenten und Know-how ist seit 1990 massiv gestiegen, vor allem in der Wirtschaft."

Zur Illustration

„Aber auch andere brisante Fragestellungen dokumentieren das aktuelle Interesse der Öffentlichkeit daran, mittels *psychologischen Diagnostizierens* zum Teil gravierende Entscheidungen zu treffen bzw. vorzubereiten. Zu nennen ist hier der Einsatz der *Psychologischen Diagnostik* im Zusammenhang mit Sorgerecht, Arbeitsrecht und Verkehrsrecht, in der forensischen Begutachtung (etwa in Bezug auf Glaubwürdigkeit oder in Bezug auf eine Waffenbesitzberechtigung), bei Versicherungsfragen (etwa zur Identifizierung von Simulanten) oder zur Festlegung von Maßnahmen bei neurologischen Funktionsbeeinträchtigungen (etwa Teilleistungsstörungen)" (Jäger & Kubinger, 2001, S. 157f.).

1.5 Rechtfertigung

Selbstverständlich kann die Nachfrage allein nicht *Psychologische Diagnostik* bzw. bestimmte Arten *psychologischen Diagnostizierens* rechtfertigen. Die skizzierte Kritik ist also zu reflektieren, wobei letztlich die eigene ideologische Positionierung jedes potentiellen Anwenders psychologisch-diagnostischer Verfahren darüber entscheidet, ob er einen Auftrag zur Bearbeitung einer gegebenen Fragestellung übernimmt.

Wichtiger Hinweis

Für den einzelnen wird es wohl darum gehen, abzuwägen, ob die vielen Möglichkeiten eines wissenschaftlich fundierten und inhaltlich reiflich überlegten *psychologischen Diagnostizierens*, trotz gesellschaftspolitischer Skepsis, subjektbezogenen Wert haben können.

Wenn in der angeführten Kritik deutlich auf den Einsatz psychologisch-diagnostischer Verfahren zur Selektion Bezug genommen wird, dann ist zunächst einmal anzumerken, dass Selektionsdiagnostik zwar eine wesentliche, nicht aber die einzige Zielsetzung der Praxis ist. Immer mehr setzen sich Konzepte durch, die das Interesse der untersuchten Person selbst in den Mittelpunkt stellen. Sogar im Personalwesen gibt es massive Bestrebungen, im Zuge einer sog. „Personalentwicklung", den Mitarbeitern vermittels fundierter Diagnose die Chance zur Weiterbildung, aber auch zur „Persönlichkeitsentwicklung" zu geben. Gibt es für den damit vage angesprochenen Begriff kaum noch eine andere Bezeichnung als die der gelegentlich zu findenden „Modifikationsstrategie" *psychologischen Diagnostizierens* (z. B. Pawlik, 1976), so ist innerhalb der Pädagogischen Psychologie die Bezeichnung „förderungsorientierte Diagnostik" bereits etabliert (vgl. Kornmann, 2003): Sie ist so angelegt, dass mit der Diagnose mögliche Fördermaßnahmen unmittelbar aufgezeigt werden. Es scheint empfehlenswert, diese Bezeichnung generalisiert als Alternative zur Selektionsdiagnostik zu verwenden, und also zum Beispiel auch die „therapiegeleitende Diagnostik", wie sie innerhalb der Klinischen Psychologie alltäglich sein sollte, zu subsumieren.

> **Erläuterung** zum Begriff „Personalentwicklung":
> „... ein Oberbegriff für ein breites ... Spektrum von Maßnahmen zur Analyse, Planung, Förderung und Evaluation des gesamten personellen Potenzials einer Organisation ... Als praktische Zielsetzung im Vordergrund steht oft die Verbesserung der aufgaben- und tätigkeitsbezogenen fachlichen Qualifikation des Personals. Zu berücksichtigen sind aber auch Kompetenzen, die über den Bereich unmittelbarer fachlicher Qualifikationen hinausgehen, wie insbes. Kreativität, soziale Kompetenzen und Teamentwicklung" (*Dorsch Psychologisches Wörterbuch*; Häcker & Stapf, 2004, S. 694).

Eine solche „Horizonterweiterung" der *Psychologischen Diagnostik* von der Selektionsdiagnostik auf die förderungsorientierte Diagnostik relativiert offensichtlich vieles der angeführten gesellschaftspolitischen Kritik. Im Gegenteil, manche sozialpolitischen bzw. sozioökonomischen Bestrebungen sind erst mit einer förderungsorientierten Diagnostik möglich geworden. Als Beispiel sei hier bloß die Bewegung der kognitiven Frühförderung bzw. der kompensatorischen Erziehung im Vorschulalter genannt (vgl. z. B. Lückert, 1969), mit dem Bemühen um Chancengleichheit der Kinder aus unteren Sozialschichten. In gewisser Weise wird damit auch die Autonomie der untersuchten Person in den Vordergrund gerückt, also *psychologisches Diagnostizieren* ins subjektbezogene Interesse gesetzt.

Wichtiger Hinweis
Bei psychologischen Untersuchungen zu Fragestellungen innerhalb der Rechtspflege ist die Autonomie der untersuchten Person beschränkt: In der Regel findet dort ein *psychologisches Diagnostizieren* nicht aus eigenem Antrieb statt. Beispiele solcher Fragestellungen sind die Frage nach der Schuldfähigkeit von Angeklagten oder nach der Glaubhaftigkeit von Zeugenaussagen.

Bemerkung am Rand
Zweifellos besteht bei der Personalauswahl und bei vielen ähnlichen Fragestellungen insofern ein gewisser Zwang zur psychologischen Untersuchung und damit die Aufgabe der Autonomie des Kandidaten, als bei einer Weigerung die Chancen des Kandidaten auf ein Minimum reduziert werden – um ihr Image bemühte Wirtschaftsunternehmen pflegen daher im Sinn von Personalentwicklung eine Beratung aufgrund der erfolgten Begutachtung selbst von denjenigen Kandidaten, welche letztlich nicht ausgewählt werden.

Freilich besteht zum Beispiel auch bei Fragen der Schuladministration eines Kindes die Möglichkeit, dass andere, vor allem die Interessen der Schulbehörde in den Vordergrund rücken. *Psychologisches Diagnostizieren* läuft dann vordergründig in Gefahr, die Funktion der Ausgrenzung zu leisten. Genau genommen liegt es aber in der Verantwortlichkeit des Diagnostikers, solchen Interessen nicht Vorschub zu leisten, sondern die Entwicklungsperspektive des Kindes da mit jener dort zu vergleichen und nach wissenschaftlichen Erkenntnissen unter Berücksichtigung aller relevanten Umstände abzuwägen, welche von zwei Beschulungsweisen (Schultypen) dem Wohl des Kindes mehr zuträglich ist. Und das verlangt erst recht nach hochwertigen psychologisch-diagnostischen Verfahren, nämlich solchen, die nicht (nur) den gegenwärtigen, situativen und vielleicht spezifischen Grad an Fähigkeiten feststellen, sondern vor allem das entsprechende Potential bei optimaler Förderung.

Zur Illustration
Zu bedenken ist stets, dass genau so, wie eine permanente Überforderung in den Leistungsanforderungen für ein Kind problematisch ist, sich auch eine mittel- oder langfristig gegebene Unterforderung negativ auf seine Entwicklung auswirken kann. Ausgehend von einer offensichtlich gegebenen aktuellen Überforderung ist daher jedes Mal zu diagnostizieren, ob je Maßnahme absehbar mit einer Unterforderung zu rechnen ist. Dabei hilfreich sind zum Beispiel Tests zur Messung der Lernfähigkeit (s. dazu in Abschnitt 4.1.2), aber auch Verfahren, die indirekt das Ausmaß bisher zuteil gewordener Förderung erfassen, etwa durch die Gegenüberstellung besonders förderungsabhängiger Tests und weitgehend förderungsunabhängiger solcher (vgl. ein Fallbeispiel dazu in Abschnitt 2.4.3); ebenso wichtig kann es in diesem Zusammenhang sein, ein Testergebnis schichtspezifisch zu relativieren (vgl. dazu in Abschnitt 2.10 Fairness).

Nichtsdestotrotz spielt die Selektionsdiagnostik, insbesondere innerhalb der Arbeitswelt eine große Rolle. Und dazu zeigt zum Beispiel Althoff (1984), dass es naiv wäre, zu glauben, man könne bestimmte sozialpolitische bzw. sozioökonomische Bedingungen in der Gesellschaft eher erreichen, würde man die Möglichkeiten der *Psychologischen Diagnostik* nicht anwenden (s. die entsprechende Argumentation in Präsentation 2).

Präsentation 2: Voraussetzungen bei Eignungsentscheidungen (nach Althoff, 1984, S. 145 – gekürzt und mit Korrektur einer missverständlichen Formulierung).

- Zwischen Menschen bestehen inter- und intraindividuelle Unterschiede in der Kompetenz zur Bewältigung bestimmter Berufs- und Arbeitsaufgaben.
- Einschätzungen dieser Kompetenzunterschiede sind meist ausschlaggebend für personelle Wahlentscheidungen institutioneller oder individueller Art.
- Solche institutionellen oder individuellen Wahlentscheidungen sind unausweichlich; d. h. Eignungsdiagnostik und Personalauslese sind „natürliche" Vorgänge, die mit oder ohne Tests, mit oder ohne Psychologen ablaufen müssen.
- Personelle Entscheidungen implizieren stets Prognosen über die Bewährung der Betroffenen bei der Bewältigung bestimmter Aufgaben. Die Vorhersage künftiger beruflicher Leistungen und Verhaltensweisen ist das Ziel jeder Eignungsdiagnostik. Da weder die inneren „Dispositionen" noch die künftigen inneren und äußeren Verhaltensdeterminanten vollständig messbar bzw. voraussagbar sind, beinhalten Prognosen nur mehr oder weniger hohe Bewährungswahrscheinlichkeiten.
- Selbst- und Fremdattributionen von Kompetenzgraden und -unterschieden sind ein „naturwüchsiges" Geschehen. Keine Gesellschaft hat sich jedoch bisher bei bedeutsamen personellen Entscheidungen auf die Validität „naturwüchsiger" Entscheidungsprozeduren verlassen, sondern jeweils formelle Qualifikationseinschätzungen institutionalisiert. Der Zweck des Einsatzes von Psychologen und ihrer eignungsdiagnostischen Methoden im Rahmen einer solchen Institutionalisierung ist es unter anderem, die ohnehin notwendigen Entscheidungen sachgerechter vorzunehmen sowie Subjektivität und Willkür zu reduzieren.
- Durch Verzicht auf die Mitwirkung von Psychologen und den Einsatz von Tests wird kein einziger zusätzlicher Ausbildungs- oder Arbeitsplatz geschaffen, die notwendigen Auswahlentscheidungen würden dadurch aber undurchsichtiger, manipulierbarer und wahrscheinlich invalider.

1.6 Themen, Verfahren und Populationen

Bisher wurden zwar einzelne Themen, d. h. Fragestellungen, die *psychologisches Diagnostizieren* nach sich ziehen, angedeutet; zum besseren Verständnis hilft aber erst, dass irgendeine psychologisch-diagnostische Fragestellung explizit ausformuliert wird. Auch wurden die psychologisch-diagnostischen Verfahren bereits grob klassifiziert; ein genaueres Beispiel eines Verfahrens fehlt allerdings noch einleitend. Schließlich wurden auch schon verschiedene Populationen von untersuchten Personen angesprochen; beispielhaft relevante Kriterien, wonach innerhalb der *Psychologischen Diagnostik* zwischen bestimmten Personengruppen zu unterscheiden ist, stehen jedoch ebenfalls aus.

Zur Illustration möglicher Fragestellungen soll es an dieser Stelle genügen, zwei typische vorzustellen; entsprechende Betrachtungen sind nämlich so wichtig, dass ihnen ein eigenes Kapitel 7 Themenbereiche psychologisch-diagnostischer Fragestellungen gewidmet ist. Als Beispiel der Selektionsdiagnostik diene die Auswahl der Bewerber um Studienplätze bestimmter Studienfächer. Seitens des deutschen Hochschulrahmengesetzes wird diesbezüglich für die Vergabe u. a. folgendes Kriterium genannt: Das Ergebnis eines fachspezifischen Studierfähigkeitstests sowie das Ergebnis eines von der jeweiligen Hochschule durchzuführenden Gesprächs. Entscheidet sich eine Hochschule für Tests, lautet die Fragestellung bei jedem Kandidaten: „Fällt der Kandidat mit seinen Testergebnissen unter diejenige Gruppe der Besten, die als Kontingent vorgegeben ist?" Ob diese angestrebte Bestenauswahl (im Gegensatz zur Auswahl Geeigneter; vgl. dazu Genaueres in Abschnitt 3.3.2) nun mit eigens zu entwickelnden fachspezifischen Studierfähigkeitstests durchzuführen ist oder ob dazu auch einschlägig sonst eingesetzte Tests zählen und hier eingesetzt werden können, bedarf umfassender Überlegungen.

Als Beispiel zur förderungsorientierten Diagnostik sei auf Lern- oder Schulschwierigkeiten, Konzentrationsstörungen und Verhaltensauffälligkeiten bei Kindern eingegangen. Jede Fragestellung zu diesen Themen begründet während der Fallbehandlung mannigfache Hypothesen über Bedingungszusammenhänge, wovon eine das Phänomen der „Teilleistungsstörungen" betrifft. Ihm liegt die neuropsychologisch begründete Theorie zurückgehend auf *Alexander R. Luria* (vgl. z. B. Graichen, 1979) zugrunde, dass es zur Bewerkstelligung komplexer psychischer Funktionen, wie Gedächtnis, Wahrnehmung, Lernen, Intelligenz, Sprache oder Willkürbewegung, eines (gut koordinierten) Systems von Teilleistungsfähigkeiten bedarf. Diese beruhen ihrerseits auf einer basalen, d. h. nicht besonders komplexen neurologischen Funktionstüchtigkeit. So gesehen ergibt sich, dass auch nur eine einzelne, herausgelöste Funktionstüchtigkeitsstörung die genannten komplexen Funktionen beeinträchtigen, oft unmöglich machen kann; Schwierigkeiten in den Kulturtechniken Lesen, Schreiben und Rechnen sind häufig die Folge. Diese Behinderungen wiederum können die Leistungsmotivation des Kindes beeinflussen, was letztlich sogar zu Konzentrationsstörungen und/oder Verhaltensauffälligkeiten führen kann.

Zur Illustration

Jäger (1983, S. 65f.) demonstriert anhand einer von Eltern oft gestellten Frage: „Ist mein Kind schulreif?", die Aufgabe *psychologischen Diagnostizierens*, die gegebene Fragestellung zu klären bzw. zu präzisieren. Nach entsprechenden Recherchen und vor allem unter Berücksichtigung des Umstands, dass eine Prognose wegen vieler unbekannter Einflussfaktoren in der näheren und späteren Zukunft nicht verbindlich möglich ist, wird die psychologisch-diagnostische Fragestellung letztlich lauten: „Verfügt das Kind zum Zeitpunkt des Schuleintritts über die notwendigen wahrnehmungspsychologischen, kognitiven, motorischen, emotionalen sowie sozialen Voraussetzungen, so daß die Bedingungen gegeben sind, die einen Erfolg in der ersten Klasse wahrscheinlich machen?"

Ob überhaupt und, wenn ja, in welchem Teilleistungsbereich bei einem Kind eine Störung besteht, ist nur mit Tests zu beantworten, die dem Teilleistungsstörungskonzept entstammen – herkömmliche Intelligenztest, die gleich komplexe Leistungsanforderungen stellen und dabei häufig völlig undifferenziert bloß ein „allgemeines" Fähigkeitsniveau feststellen, können dies nicht. Ist jedoch einmal eine bestimmte Teilleistungsstörung diagnostiziert, bei ansonsten ausreichender Intelligenz, so zeigt die Erfahrung, dass eine solche Störung oder Schwäche mit gezielten Förderprogrammen weitgehend und zwar relativ schnell egalisiert werden kann.

Zur Illustration

An relevanten Teilleistungsbereichen lässt sich grob zwischen Motorik, Wahrnehmung und Sprache unterscheiden. Fast jede dieser sog. „Modalitäten" interessiert in Bezug auf Differenzierungs- und Gliederungsfähigkeit (Raum-Lage-Orientierung), Speicherfähigkeit, Serialität (Fähigkeit zur Aufeinanderfolge), besonders interessiert schließlich der intermodale Transfer. Wahrnehmung und Sprache sind sowohl auf die visuelle als auch auf die akustische Informationsverarbeitung gerichtet, Motorik und Wahrnehmung sowohl auf die visuelle als auch auf die taktil-kinästhetische.

Zur Illustration psychologisch-diagnostischer Verfahren, insbesondere eines *Tests*, soll es an dieser Stelle genügen, ein einfaches Beispiel zu geben. Im Laufe der weiteren Kapitel wird immer wieder zu verschiedenen Verfahren Bezug genommen. Vor allem in Kapitel 4 Inhalte werden etliche detailliert vorgestellt. Und viele im bisherigen Sinn definierte *Tests*, die langjährige Bedeutung haben oder diese für die Zukunft versprechen, sind zusätzlich in einem eigenen *Anhang: Verfahrensbeschreibungen* zusammengestellt. Dort werden sie in aller Kürze u. a. in Bezug auf ihr theoretisches Konzept und ihre Einsatzmöglichkeiten charakterisiert.

Der ZVT (*Zahlen-Verbindungs-Test*; Oswald & Roth, 1987) besteht aus vier Tafeln (Aufgaben) mit jeweils den Zahlen 1 bis 90 in unterschiedlicher Anordnung. Gefordert wird, diese Zahlen schnellstmöglich (in aufsteigender Reihe) durch Striche zu verbinden (vgl. in Abbildung 1.1 die erste von zwei Übungsaufgaben – diese sind zum Eingewöhnen und ermöglichen dem Testleiter die Kontrolle, ob die Instruktion verstanden wird). Über die Messintention, d. h. über die zu messen gesuchte Eigenschaft des ZVT wird Genaueres in Abschnitt 4.1.2 besprochen. Vorläufig genügt der Hinweis, dass die damit offensichtlich erfasste Schnelligkeit einer Person (bei einer kognitiv relativ anspruchslosen Aufgabenstellung) in der

Tradition von *Saul Sternberg* steht, wonach der beste Prädiktor für Intelligenzleistungen die Zeit ist, die für die Vorbereitung, die Kontrolle und die Ausführung der erkannten Lösung verwendet wird (vgl. z. B. Amelang & Bartussek, 2001).

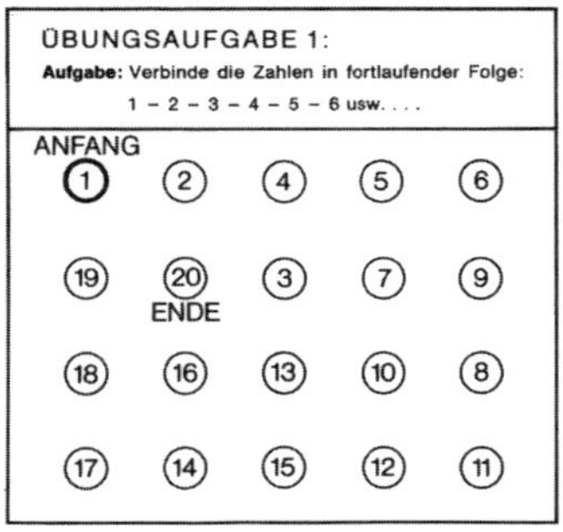

Abbildung 1.1: Die erste Übungsaufgabe des ZVT; die Zahlen sind schnellstmöglich (in aufsteigender Reihe) durch Striche zu verbinden (mit freundlicher Genehmigung des *Hogrefe Verlags*).

Zur Illustration

Wenn ein Laie bei der Testung einer Testperson mit dem ZVT zusieht, könnte er folgende Beobachtungen machen und Schlüsse ziehen:

- Die Anforderung des Zahlenverbindens ist grundsätzlich leicht, nur der Zeitdruck macht den Test zum „Problem".
- Die Testperson arbeitet unerwartet schnell (oder langsam), jedenfalls ist es höchstwahrscheinlich, dass andere Testpersonen andere Testleistungen erbringen.
- Bei der zweiten Aufgabe erfolgt gegenüber der ersten eine eindeutige Leistungsverbesserung, die Testperson dürfte (bestimmte Bearbeitungsstrategien) gelernt haben, sich vielleicht auch nur (noch) mehr anstrengen.
- Im Laufe des Tests, nach der zweiten und erst recht nach der dritten Aufgabe, wirkt die Testperson ermüdet, „gestresst", demotiviert oder frustriert, zumindest unkonzentriert, eventuell selbstkritisch und aggressiv – und auch diesbezüglich ist zu vermuten, dass verschiedene Testpersonen völlig anders reagieren.
- Für den Testleiter nicht vorhersehbar zeigt die Testperson gelegentlich „*black-outs*", d. h. sie hält im Arbeitsprozess inne und scheint die nächste gesuchte Zahl erst vergleichsweise spät wahrzunehmen.
- Insgesamt betrachtet schwanken die Testleistungen der Testperson bei den vier Aufgaben überraschend stark (oder überraschend wenig), so dass keine (oder eine sehr genaue) Voraussage über das weitere Testverhalten gemacht werden könnte.
- Nach einer insgesamt sehr kurzen Testzeit hat man relativ viel Information über die Testperson in Erfahrung gebracht.

All diese denkbaren Beobachtungen haben mit einigen Möglichkeiten und Grenzen psychologisch-diagnostischer Verfahrens zu tun: Zu aller erst ist wesentlich, dass ein solches Verfahren zwischen verschiedenen Personen auch tatsächlich differenziert, und nicht jede Person zu annähernd demselben Ergebnis kommt. Stets zu hinterfragen ist, ob das Zustandekommen eines Testergebnisses durch andere Eigenschaften als die intendierte oder durch besondere Umstände beeinflusst wird; laut obigen Beobachtungen könnten andere Eigenschaften die Lernfähigkeit der getesteten Person sein (vgl. dazu in Abschnitt 4.1.2), ihre Leistungsmotivation, Belastbarkeit, Frustrationstoleranz (vgl. das alles in Abschnitt 4.2.3), ihre Konzentrationsfähigkeit bzw. Fähigkeit zur Aufmerksamkeit (vgl. dazu in Abschnitt 4.1.2), aber auch ihr Selbstkonzept und ihr Aggressionspotential (vgl. dazu in Abschnitt 4.2.3). Außerdem ist genau abzuklären, ob das Testverhalten ein und derselben Person höchstens vernachlässigbar variiert und insbesondere deutlich weniger variiert als die Unterschiede zwischen verschiedenen Personen ausmachen.

Was die Produktqualität des ZVT betrifft, muss auf den *Anhang: Verfahrensbeschreibungen* verwiesen werden. Dies deshalb, weil zuvor erst in Kapitel 2 Testtheoretische Grundlagen darauf genauestens einzugehen ist, woran die Qualität eines psychologisch-diagnostischen Verfahrens gemessen wird. Letztlich geschieht dies anhand bestimmter Gütekriterien, die ihren Ausgang in der psychologischen Testtheorie nahmen, in der Zwischenzeit vielfach ergänzt wurden und heute insofern gesellschaftlich etabliert sind, als sie nahe daran sind, den Status von Rechtsverbindlichkeit zu haben (s. dazu in Abschnitt 1.7 Grundsätze).

Zur Illustration
Die offensichtliche Unwissenschaftlichkeit von Psycho-Tests veranschaulicht eindrucksvoll ein Beispiel aus der Illustrierten *Brigitte* (1984/14, S. 128–130). Gar gleich als „Psycho-*Spiel*" angekündigt, wird dort die (wohl vorwiegend weibliche) Leserschaft angehalten, mittels Fragebogen für sich selbst zu klären: „Wie emanzipiert sind Sie?" Bei 23 Fragen, teilweise mit Bildern versehen, muss jeweils diejenige von zumeist drei vorgegebenen Antworten angekreuzt werden, die für die Beantworterin „am ehesten zutrifft". Je nach gewählter Antwort ist am Ende von ihr selbst der entsprechende Punktwert aufzusummieren; schließlich gelangt sie in Abhängigkeit von diesem Ergebnis zur Interpretation. Die Fragen 2, 3 und 4 werden hier in der Präsentation 3 wiedergegeben; sie dienen als Grundlage der folgenden Einwände.

Abgesehen von der Unreflektiertheit, ob „Emanzipiertheit" überhaupt eine (situationsüberdauernde) Eigenschaft ist, wie diese zu definieren wäre und welche Fragen bzw. Verhaltensweisen für ihre Erfassung repräsentativ sind; abgesehen von der Unreflektiertheit, wofür die Messung des individuellen Grads an „Emanzipiertheit" relevant sein könnte bzw. welche Schlüsse und Konsequenzen die Befragten aus dem Ergebnis ziehen werden; schließlich abgesehen von polemischen Antwortvorgaben („Allein der Gedanke macht mir Angst") und der mangelnden Ausschließlichkeit der Antwortvorgaben (z. B. bei Frage 4: „Ja" *vs.* „Nur kurze

Zeit"): Woher kommen die antwortspezifischen Punktwerte? Wieso gibt es manchmal keine 2 Punkte, wohl aber 1 und 3 Punkte, wieso manchmal 0 und 2, 3
(4) Punkte und nicht auch 1 Punkt? Können zwei Frauen tatsächlich als gleich
„emanzipiert" bezeichnet werden, wenn sie sich in ihren Antworten durch nichts
unterscheiden als dadurch, dass die eine bei Frage 2 mit „Nein, warum auch" (3
Punkte) und bei Frage 3 mit „Ja" (0) antwortet, die andere bei Frage 2 mit „Auf jeden Fall" (0) und bei Frage 3 mit „Eigentlich kaum" (3)? Möglich wäre es, dass alle
diese Punktwerte und die Relationen zwischen ihnen empirisch abgeleitete sind; in
Anbetracht des dabei nötigen testtheoretischen Aufwands (vgl. in Abschnitt 2.5)
scheint dies für einen Psycho-Test allerdings äußerst unrealistisch.

Präsentation 3: Die Fragen 2, 3 und 4 von „Wie emanzipiert sind Sie?" (*Brigitte*,
1984/14, S. 128).

2 Behalten/Behielten Sie Ihren Namen auch im Falle der Eheschließung?

Auf jeden Fall..........................□ 0
Möglicherweise ....□ 1
Nein, warum auch ....□ 3

3 Glauben Sie, daß Sie in Ihrem Leben schon einiges erreicht haben
und einige Erfolge verbuchen können?

Ja.....................................□ 0
Im Grunde sehr wenige.................□ 2
Eigentlich kaum ....□ 3

4 Haben Sie schon einmal längere Zeit ohne eine feste Partnerschaft gelebt?

Ja.....................................□ 0
Nur kurze Zeit ....□ 2
Nein, nie..............................□ 3
Allein der Gedanke macht mir Angst ....□ 4

Was die Charakterisierung des ZVT betrifft, so ist er den Verfahren zur Leistungsdiagnostik, den sog. „Leistungstests", zuzurechnen und in Bezug auf typische Gestaltungsweisen ein sog. „Gruppenverfahren", und zwar ein sog. „Papier-Bleistift-
Verfahren". Gruppenverfahren können von einem einzigen Testleiter (eventuell unter Hinzuziehen von Hilfspersonal) mehreren Testpersonen gleichzeitig vorgegeben
werden, wohingegen „Individualverfahren" aufgrund ihrer besonderen Gestaltung
pro Testperson einen eigenen Testleiter erfordern – natürlich ist bei einem Gruppenverfahren auch die Einzelvorgabe möglich. Papier-Bleistift-Verfahren (*Paper-
pencil Tests*) werden gemäß der Bezeichnung ohne jede technische Unterstützung
vorgegeben; demgegenüber setzen „Computerverfahren" den Computer zur Testvorgabe ein – sie begründen aufgrund der technischen Möglichkeiten teilweise

ein neues *Genre* psychologisch-diagnostischer Verfahren (vgl. Genaueres in Abschnitt 3.1.4).

Zur Illustration relevanter Kriterien, wonach zwischen bestimmten Personengruppen zu unterscheiden ist, sollen einige wenige Beispiele genügen. Eine weitgehend komplette Kriteriumsliste ergibt sich indirekt aus Kapitel 7 Themenbereiche psychologisch-diagnostischer Fragestellungen.

Offensichtlich wichtig ist, zwischen Kindern und Erwachsenen zu unterscheiden. Entwicklungspsychologisch kann leicht erklärt werden, dass die Interaktion mit Kindern je nach erreichter Sozialisation anders geführt werden muss – zum Beispiel fehlt es Klein- und Vorschulkindern am sog. „objektiven Aufgabenbewusstsein", d. h., ihr Verhalten bei Leistungsanforderung hängt stark von emotionalen Bezügen ab. Aber auch Alte sowie Jugendliche, insbesondere aber viele Patienten neurologischer bzw. psychiatrischer Institutionen liefern nicht nur andere Themen und erfordern besondere Verfahren, sondern bedürfen gegebenenfalls auch extra geschulter Interaktionsstrategien seitens des Untersuchers. Personen mit einer anderen Muttersprache als Deutsch benötigen ebenfalls einen besonderen Zugang *psychologischen Diagnostizierens*. Und Manager nehmen bei Bewerbungen oft für sich in Anspruch, sich nicht (herkömmlich) testen zu lassen. Darüber hinaus ist grundsätzlich zu unterscheiden, ob Personen infolge der gegebenen Rechtslage, im weitesten Sinn also infolge einer autoritären Entscheidungen psychologisch untersucht werden, oder auf Anraten, jedoch unter emotionalem Druck, oder (gar) auf eigene Initiative hin. Neuerdings sind auch Personen einer herkömmlichen psychologischen Untersuchung solchen gegenüber zu stellen, die ein sog. „Self-Assessment" durchführen – beim Self-Assessment testet sich eine Person (zumeist über Internet) selbst und absolviert folglich den diagnostischen Prozess eigenverantwortlich und fachpsychologisch unkontrolliert, zumindest was Maßnahmen (-vorschläge) betrifft nicht individuell beraten.

Bemerkung am Rand

Im Zusammenhang mit Testentwicklungen, insbesondere aber auch im Zusammenhang mit Untersuchungen im Rahmen der Grundlagenforschung zur *Psychologischen Diagnostik*, ist eigentlich immer danach zu unterscheiden, ob die Testpersonen zur Teilnahme an der Testung ohne bedeutende Gegenleistung gebeten wurden oder sie in einem Kontext getestet wurden, in dem für sie vom Testergebnis etwas wesentliches abhängt, zum Beispiel eine Anstellung. Eindrucksvoll hat nämlich vor allem Karner (2002) gezeigt, dass die Testergebnisse entscheidend davon abhängen (auf diese Studie wird noch etwas genauer in Abschnitt 2.5.1 eingegangen). Am ehesten ist für Kinder zu erwarten, dass ihr Testverhalten unbeeinflusst vom Vorhandensein oder Nichtvorhandensein von Konsequenzen bleibt: Bei fachpsychologischer Testadministration sollte die entwicklungspsychologisch erklärbar hohe Neigung zu Neugierverhalten (Orientierungsverhalten) genutzt werden können.

1.7 Grundsätze

Analog dem hippokratischen Eid des Arztes könnte für den (psychologischen) Diagnostiker einfach die bereits abgeklungene Maxime gelten, nämlich dem subjektbezogenen Interesse zu dienen – stünden dem nicht, zumindest gelegentlich gut argumentierbare Ausnahmen entgegen. Und zumal *psychologisches Diagnostizieren*, anders als medizinisches, nicht unbesehen einer (einzigen) Berufsgruppe vorbehalten wird, welche allein kraft ihrer Ausbildungs- bzw. Berufsordnung zur seriösen und ethisch vertretbaren Ausübung dieser Tätigkeit verpflichtet wäre, bedarf es gewisser Reglementierungen zum Konsumentenschutz. Mit letzterem ist in diesem Zusammenhang gemeint, dass der Konsument (der Begutachtete, der Klient oder Patient; die Testperson) die Garantie hat, fachgemäß psychologisch begutachtet zu werden.

Zur Illustration

Nur wenige Gesetze oder Verordnungen regeln explizit, welchen Berufsgruppen psychologisches Diagnostizieren zusteht und welchen nicht. Zum Beispiel im *Amtsblatt des Hessischen Kultusministers* (1985/38; zitiert nach Tent & Stelzl, 1993, S. 237) heißt es: „Die Durchführung von Verfahren, deren Anwendung ein abgeschlossenes Studium der Psychologie voraussetzen, sind Lehrern in der Schule nicht gestattet"; in der Liste entsprechender Verfahren werden insbesondere Intelligenztests und Persönlichkeitsfragebogen genannt.

Das *Psychologengesetz* in Österreich (österreichisches BGBl. Nr. 360/1990) regelt die Ausübung des psychologischen Berufs im Bereich des Gesundheitswesens, wonach sinngemäß auszulegen ist: Lediglich die dem Gesetz entsprechenden sog. „*Klinischen Psychologen*" und „*Gesundheitspsychologen*" sind zum *psychologischen Diagnostizieren* (im Bereich des Gesundheitswesen) berechtigt – formalrechtlich definiert das Gesetz jedoch nur deren Qualifikation sowie deren Tätigkeiten.

Bei den Reglementierungen zum Konsumentenschutz ist zwischen verschiedenen Quellen zu unterscheiden, nämlich:

- grundgesetzlich verankerten Rechten, die „Würde des Menschen"[5] betreffend,
- gesetzlichen Einzelregelungen (thematischer oder „hoheitsgebietlicher" Art),
- berufsordnungsmäßig festgelegten ethischen Verpflichtungen im Rang von Vereinssatzungen bzw. Qualitätsstandards von Normungsinstituten
- fachautorisierten „Appellen".

Solche Reglementierungen vorweg zusammenfassend betrachtet, ergibt sich, dass je konkreter und strenger die Anforderungen ans *psychologische Diagnostizieren* seitens der vier genannten Quellen gestellt werden, umso weniger verbindlich sind sie. Zum Beispiel müssen sich nur diejenigen, nämlich Psychologen, an die Berufsordnung des BDP (*Berufsverband Deutscher Psychologinnen und Psychologen e. V.*) halten, welche dort auch (freiwillig) Mitglied sind; andere Psychologen

---

[5]Sinngemäß in der *Europäischen Konvention zum Schutz der Menschenrechte und Grundfreiheiten*, konkret genannt im *Grundgesetz* der Bundesrepublik Deutschland.

oder Personen anderer Profession sind daran nicht gebunden. Zum Beispiel müssen sich nur diejenigen Personen bei der berufsbezogenen Eignungsbeurteilung an die DIN 33430 (DIN Deutsches Institut für Normung e. V., 2002) halten, welche sich zuvor dazu verpflichtet haben; andere müssen das nicht.

Allerdings dürfen berufsordnungsmäßig festgelegte ethische Verpflichtungen im Rang von Vereinssatzungen gerade in Ermangelung verbindlicher Gesetze oder Verordnungen zum entsprechenden Konsumentenschutz in ihrer Tragweite nicht unterschätzt werden: Es „... können berufsethische Grundsätze, die in der Berufsordnung enthalten sind, Ausdruck einer einheitlichen und gefestigten Standesüberzeugung sein, die auch von der Allgemeinheit geteilt wird, und deren Verletzung allgemein als Verstoß gegen das Anstandsgefühl angesehen wird" (Fehnemann, 1995, S. 133). Wegen der besonderen Rechtsnähe ist die Situation ähnlich für die Qualitätsstandards von Normungsinstituten, namentlich der DIN 33430.

Wichtiger Hinweis

Das *Deutsche Institut für Normung e. V.* vertritt die Deutsche Normung sowohl im Inland als auch im Ausland: Gemäß eines Vertrags mit der Bundesrepublik Deutschland wird DIN-Normen eine besondere Bedeutung dahingehend eingeräumt, dass der Gesetzgeber im gegebenen Fall explizit auf diese hinweist.

Wegen der Beschränkung auf (Klinische und Gesundheits-) Psychologen einerseits und auf Österreich andererseits haben die grundsätzlich im Gesetzesrang stehenden Berufspflichten laut dortigem *Psychologengesetz* (österreichisches BGBl. Nr. 360/1990) für die allgemeinen Grundsätze *psychologischen Diagnostizierens* keinen anderen Stellenwert als die Berufsordnung des BDP und die DIN 33430: Sie begründen die „guten Sitten", d. h. den früher oder später allgemein verbindlichen Standard. Diese drei Reglementierungen ergänzen einander hervorragend: *Psychologengesetz* und Berufsordnung setzen berufsständische ethische Richtlinien fest (vgl. die Präsentationen 4 und 5), die DIN 33430 regelt konkret die *Anforderungen an Verfahren und deren Einsatz bei berufsbezogenen Eignungsbeurteilung*[6] (vgl. in Präsentation 6), wobei sie sich in wesentlichen Teilen auf die bereits angesprochenen Gütekriterien bezieht; damit erhalten diese (endlich) mehr an Gewicht als das eines bloß fachautorisierten Appells (vgl. zur rechtlichen Verbindlichkeit der DIN 33430 in Präsentation 7).

---

[6]Bei Drucklegung dieses Lehrbuchs befand sich die ÖNORM D 4000 *Anforderungen an Prozesse und Methoden in der Personalauswahl und -entwicklung* in der Begutachtungsphase. Im entsprechenden Entwurf lautet der Abschnitt *Analyse und Eignungsbeurteilung*: „Es gelten die Anforderungen der DIN 33430 sowie die ergänzenden Anforderungen des Anhangs A." Damit wird die DIN 33430 Teil einer Norm des *Österreichischen Normungsinstituts* – die angespochenen wenigen Ergänzungen stellen hauptsächlich nur Präzisierungen dar.

Präsentation 4: Berufspflichten der *Klinischen Psychologen* und *Gesundheitspsychologen* (aus dem *Psychologengesetz*, österreichisches BGBl. Nr. 360/1990 – gekürzt).

§ 13. (1) Klinische Psychologen und Gesundheitspsychologen haben ihren Beruf nach bestem Wissen und Gewissen und unter Beachtung der Entwicklung der Erkenntnisse der Wissenschaft auszuüben. Diesem Erfordernis ist insbesondere durch den regelmäßigen Besuch von in- oder ausländischen Fortbildungsveranstaltungen zu entsprechen.

(3) Klinische Psychologen und Gesundheitspsychologen dürfen psychologische Tätigkeiten nur mit der Zustimmung des Behandelten oder seines gesetzlichen Vertreters anwenden.

(4) Klinische Psychologen und Gesundheitspsychologen sind verpflichtet, dem Behandelten oder seinem gesetzlichen Vertreter alle Auskünfte über die Behandlung, insbesondere über Art, Umfang und Entgelt, zu erteilen.

(5) Klinische Psychologen und Gesundheitspsychologen haben sich bei der Ausübung ihres Berufes auf jene psychologischen Arbeitsgebiete und Behandlungsmethoden zu beschränken, auf denen sie nachweislich ausreichende Kenntnisse und Erfahrungen erworben haben.

§ 10. (4) Zur Ausübung des psychologischen Berufs berechtigte Personen dürfen psychologische Gutachten nur nach genauer Erhebung der im Gutachten zu beurteilenden Tatsachen nach bestem Wissen und Gewissen ausstellen.

Präsentation 5: Die wesentlichen *Ethischen Richtlinien der Deutschen Gesellschaft für Psychologie e. V. und des Berufsverbands Deutscher Psychologinnen und Psychologen e. V. – zugleich Berufsordnung des BDP*, soweit sie die *Psychologische Diagnostik* betreffen (in der Fassung von 1999; als Schriftenreihe ohne Jahresangabe erschienen im *Deutschen Psychologen Verlag* – gekürzt).

- Psychologen müssen ihre Klienten/Patienten über alle wesentlichen Maßnahmen und Behandlungsabläufe unterrichten und sich ihrer Einwilligung versichern.
- Heilkundlich und klinisch tätige Psychologen dürfen während einer therapeutischen Beziehung keine persönlichen Bindungen zu ihren Patienten eingehen; z. B. sind sexuelle Beziehungen zu Patienten unzulässig.
- Klienten/Patienten haben das Recht, ohne Gegenwart eines Dritten von einer Psychologin/einem Psychologen beraten oder behandelt zu werden.
- Psychologen sind in der Zusammenarbeit mit Angehörigen anderer Berufe loyal, tolerant und hilfsbereit.

- Angestellte oder beamtete Psychologen haben bei Begründung eines Dienstverhältnisses auf ihre eigenverantwortliche Berufsausübung hinzuweisen, insbesondere auf die ihnen kraft Gesetzes obliegende Schweigepflicht.
- Sie haben darauf hinzuweisen, daß ihre persönliche Verantwortung für Patient und Klient Grenzen der dienstlichen und fachlichen Aufsicht über ihre Arbeit bedingen kann und darauf hinzuwirken, daß insbesondere in der heilkundlich-klinischen Psychologie den Psychologen ein weisungsfreier Kernbereich bleibt.
- Sie haben darauf hinzuwirken, daß ethischen Anforderungen zuwiderlaufende und nicht fachgerecht zu erfüllende Aufgaben nicht abverlangt werden können.
- Dem Arbeitgeber soll eine Ausfertigung dieser ethischen Richtlinien übergeben werden.
- Psychologen sind nach § 203 StGB verpflichtet, über alle ihnen in Ausübung ihrer Berufstätigkeit anvertrauten und bekannt gewordenen Tatsachen zu schweigen, soweit nicht das Gesetz Ausnahmen vorsieht oder ein bedrohtes Rechtsgut überwiegt.
- Die Schweigepflicht von Psychologen besteht auch gegenüber Familienangehörigen der ihnen anvertrauten Personen.
- Ebenso besteht Schweigepflicht von Psychologen auch gegenüber ihren Kollegen und Vorgesetzten.
- Psychologen sind verpflichtet, über Beratungen und Behandlungen aussagefähige Aufzeichnungen zu erstellen.
- Allgemein gilt, daß die Erstellung und Verwendung von Gutachten und Untersuchungsberichten von Psychologen größtmögliche sachliche und wissenschaftliche Fundiertheit, Sorgfalt und Gewissenhaftigkeit erfordert.
- Gutachten und Untersuchungsberichte müssen für die Adressaten inhaltlich nachvollziehbar sein.
- Psychologen sind gehalten, darauf hinzuwirken, daß die Begutachteten ihr Gutachten bzw. den Untersuchungsbericht auf Wunsch einsehen können, sofern für ihn kein gesundheitlicher Schaden zu befürchten ist.
- Falls der Auftrag eine Einsichtnahme von vornherein ausschließt, müssen die Begutachteten vorab davon in Kenntnis gesetzt werden.

Zur Illustration

Dass die in der Berufsordnung des BDP geforderte eigenverantwortliche Berufsausübung weder selbstverständlich noch leicht in allen Fällen umzusetzen ist, zeigt folgendes: „Für die schulpsychologischen Dienste besteht insofern grundsätzliche Weisungsabhängigkeit, als ihnen untersagt oder auferlegt werden kann, bestimmte diagnostische Maßnahmen zu treffen oder bestimmte Methoden anzuwenden. Für die Wirksamkeit der Weisung ist dabei rechtlich unerheblich, ob der Weisungsbefugte über Fachkompetenz verfügt und die Weisung fachlichen Kriterien standhält. In einigen Bundesländern sind die Schulpsychologen jedoch im Hinblick auf die Datengewinnung und die Erstellung von Gutachten ausdrücklich weisungsfrei gestellt" (Tent & Stelzl, 1993, S. 239).

Zur Illustration

Dass die in der Berufsordnung des BDP geforderte Schweigepflicht nicht selbstverständlich ist, zeigt folgendes: „Ein rechtlicher Konfliktfall liegt bei Strafprozessen vor, da der § 53 StPO [für Deutschland] ein Zeugnisverweigerungsrecht aufgrund von Berufsgeheimnissen für Psychologen nicht vorsieht ... Es wird in der juristischen Literatur die Meinung vertreten, daß sich ein solches Verweigerungsrecht aus § 203 StGB [für Deutschland] ableiten läßt, ... [es] kann sich aber der Psychologe nicht mit Sicherheit auf eine solche Auslegung durch den zuständigen Richter verlassen und muß im Falle einer Verweigerung der Aussage gegebenenfalls mit Beugehaft rechnen" (Wottawa & Hossiep, 1987, S. 76).

Präsentation 6: Ziele und Qualitätskriterien der DIN 33430 (nach einer Zusammenstellung von Kersting, 2003, S. 3f. – gekürzt und in der Reihenfolge teilweise geändert).

Die Norm dient:

- dem Schutz der Kandidaten vor unsachgemäßer oder missbräuchlicher Anwendung von Verfahren zu Eignungsbeurteilungen,
- Personalverantwortlichen bei der Qualitätssicherung und -optimierung von Personalentscheidungen.

Hinsichtlich der Auswahl, Zusammenstellung, Durchführung, Auswertung und Interpretation der Verfahren fordert die DIN 33430 dass

- die zur Eignungbeurteilung eingesetzten Verfahren auf Grundlage einer Arbeits- und Anforderungsanalyse festgelegt werden,
- für jedes Verfahren (z. B. auch für Interviews und Assessment-Center) ausführliche Verfahrenshinweise (Manuale) vorliegen,
- die Regeln zur Auswertung und Interpretation und Entscheidung vorab festgelegt werden,
- die zur Eignungsbeurteilung herangezogenen Normwerte der Referenzgruppe der Kandidaten entsprechen,
- die Gültigkeit der eingesetzten Verfahren empirisch nachgewiesen ist
- die Gültigkeit der Normwerte spätestens alle acht Jahre überprüft werden,
- der gesamte Prozess der Eignungsbeurteilung, inklusive der Gütekriterien und Entscheidungsregeln, nachvollziehbar dokumentiert wird.

Präsentation 7: Zur rechtlichen Verbindlichkeit der DIN 33430 (aus Reimann, 2004b, S. 20ff. – gekürzt und mit geänderter Absatzgestaltung).

DIN-Normen haben zunächst keine Rechtsverbindlichkeit. Folglich ist auch die DIN 33430 nicht rechtsverbindlich. Eine Pflicht zur Anwendung der DIN 33430 gibt es nicht. Die Einführung und Umsetzung der DIN 33430 ist vollkommen freiwillig. Ein Arbeitgeber muss sie also nicht zwingend anwenden, ein Bewerber kann die Anwendung nicht einfordern. Dennoch kann die DIN 33430 verbindlich werden.

- Sie wird es dann, wenn sich z. B. Auftraggeber und Auftragnehmer vorher auf die Anwendung der DIN 33430 vertraglich einigen.
- Ein Anwender der DIN 33430 belegt, dass er bei der Auftragsbearbeitung die erforderliche Sorgfalt beachtet. – Berücksichtigt der Dienstleister die vertraglich vereinbarte DIN 33430 dagegen nicht, kann der Auftraggeber einen Schadenersatzanspruch geltend machen.
- Zwingend verbindlich kann die DIN 33430 nur dann werden, wenn entweder der Gesetzgeber darauf Bezug nimmt oder sie sich derart in der Praxis durchsetzt, dass sie als allgemeinverbindlicher Standard bezeichnet werden muss und sich auch gerichtliche Entscheidungen daran orientieren.
- Einen hohen Verbindlichkeitsgrad kann die DIN 33430 durch Betriebsräte erhalten. Nach [deutschem] BetrVG § 95 Absatz 2 kann der Betriebsrat in Unternehmen mit mehr als 500 Mitarbeitern die Aufstellung von Auswahlrichtlinien verlangen.
- Im öffentlichen Dienst kann die DIN 33430 wegen der Möglichkeit einer Konkurrentenklage zum harten Faktor werden. Nach Artikel 33 Absatz 2 GG [deutsches Grundgesetz] hat der Dienstherr den nach Eignung, Befähigung und fachlicher Leistung am besten geeigneten Bewerber für vakante Dienstposten auszuwählen. Abgelehnte Bewerber könnten klagen, dass der Auswahlprozess nicht den Qualitätsstandards der DIN 33430 entsprochen habe.
- In einigen [deutschen] Bundesländern gibt es bereits jetzt Verordnungen, für die die DIN 33430 maßgeschneidert ist. So fordert § 3 Absatz 2 der Ausbildungsverordnung gehobener nichttechnischer Dienst des Landes Nordrhein-Westfalen, dass die Auswahlmethode unter Berücksichtigung der in Wissenschaft und Praxis sich entwickelnden Erkenntnisse über Personalauswahlverfahren zu bestimmen ist.

Zur Illustration

Als Jurist der Fachhochschule des Bundes für öffentliche Verwaltung hat Wegener (2003, S. 10) in Bezug auf die DIN 33430 „keinen Zweifel daran, dass im behördlichen und gerichtlichen Alltag die neue DIN-Vorschrift trotz ihrer nachrangigen Rechtsqualität faktisch den Verwaltungsvorschriften gleichgestellt wird. Bei den

Behörden kommt hinzu, dass eine gleichförmige und stetige praktische Anwendung über Art. 3 [deutsches] GG zu einer sog. Selbstbindung der Verwaltung führen wird, mit anderen Worten alle vergleichbaren Fälle einheitlich nach dem neuen Standard beurteilt werden müssen."

Die Schaffung der DIN 33430 hat für den deutschsprachigen Raum endgültig geklärt, dass eine Beschränkung *psychologischen Diagnostizierens* auf (eine) bestimmte Berufsgruppe(n) nicht bei allen Fragestellungen realistisch (weil auch nicht vertretbar) ist. Vielmehr muss die fachgemäße Begutachtung durch Zertifizierungen bzw. Lizenzierungen des Begutachters garantiert werden, welche eine entsprechend qualifizierte Ausbildung bestätigen. Und diese wird bei bestimmten Anwendungsfällen über ein abgeschlossenes Psychologiestudium (Diplom; Master) hinausgehen müssen, bei bestimmten anderen Anwendungsfällen kann sie dagegen, sachlich begründet, aus weniger als einem abgeschlossenen Psychologiestudium bestehen; für viele Anwendungsfälle wird das Psychologiestudium (mit einem international üblichen Mindestausbildungsstandard) genau angemessen sein. Auf alle Fälle repräsentiert die DIN 33430 die Minimalerfordernisse an die Qualifikation zum *psychologischen Diagnostizieren*.

Zur Illustration
In Großbritannien liefern seit 1988 alle Testverlage laut Anweisung der *British Psychological Society* ihre Produkte nur an Personen aus, die über ein Zertifikat verfügen, das sie als einschlägig Ausgebildete legitimiert.

Der BDP hat (wieder gemeinsam mit der *Deutschen Gesellschaft für Psychologie, DGPs*) auch *Richtlinien für die Erstellung Psychologischer Gutachten* erarbeitet (Berufsverband Deutscher Psychologen, 1988).[7] [8] Abgesehen davon, dass es darin heißt: „Das Verfassen von psychologischen Gutachten gehört zu den zentralen psychologischen Tätigkeiten" (im Vorwort), legt es in Bezug auf Konsumentenschutz u. a. ergänzend fest (S. 2): Die Arbeit des Psychologen „muß gekennzeichnet sein durch Bemühen um Objektivität. Er muß die Freiwilligkeit einer Teilnahme an psychologischer Begutachtung respektieren, soweit dem nicht ein Gesetz oder eine andere förmliche Norm entgegensteht" (Genaueres zu Richtlinien der Gutachtenerstellung s. in Kapitel 6 Gutachten).
An fachautorisierten Appellen sei als Beispiel Haubl (1984, S. 73) zitiert:

---

[7]Sinngemäß auch enthalten in den 2002 vom sog. „Psychologenbeirat" (des österreichischen BM für Gesundheit und Frauen) verabschiedeten Richtlinien für die Erstellung von psychologischen Befunden und Gutachten (veröffentlicht in: *Psychologie in Österreich, 22*, Heft 5, 2002).

[8]Unter demselben Titel „Richtlinien für die Erstellung Psychologischer Gutachten" vertreibt der *Deutsche Psychologen Verlag* eine von Kühne und Zuschlag (2001) verfasste Broschüre; diese enthält zwar einzelne übereinstimmende Passagen, ist aber nicht nachweislich von BDP und DGPs autorisiert.

- „Du darfst psychologisches Wissen dann und nur dann zur Entscheidung lebens-praktischer Fragen heranziehen und an deinen Klienten und/oder Auftraggeber ‚fortgeben‘, wenn du erwartest, daß eine mit diesem Wissen begründete und durchgeführte Intervention im Lebenslauf des Klienten wenigstens in absehbarer Zeit zu einer Erweiterung seiner Selbsthilfefähigkeiten zu führen verspricht *und* dein Klient, nachdem er von dir über das Begutachtungsverfahren, dessen rechtliche und fachliche Grenzen, sowie über antizipierbare Konsequenzen verschiedener Begutachtungsausgänge informiert wurde, von seiner Chance überzeugt ist.“

Dieser Appell wird natürlich, wenn ein Gesetz oder eine andere förmliche Norm entgegensteht (vgl. in den *Richtlinien für die Erstellung Psychologischer Gutachten*), ungehört bleiben (müssen) – genau genommen betrifft der Appell aber ohnehin (nur) Begutachtungen bei lebenspraktischen Fragen. Und so formuliert Haubl (1984, S. 73f.) noch schärfer:

- „Der Psychologe soll nur in dem Fall eine psychologische Untersuchung durchführen, wenn er, unter Berücksichtigung aller ihm zur Verfügung stehenden Informationen ..., selbst – an Stelle des Klienten – der Begutachtung zustimmen würde.“

Schließlich konkretisiert Haubl (1984, S. 74) sehr wichtig:

- „Hypothesen und die ihnen zugeordneten Beobachtungs- und Befragungsmittel sollen so gewählt werden, daß sie gezielt streuen und den Psychologen zwingen, Pro- und Contra-Belege zu sammeln.“

Zur Einführung sei ergänzend bloß folgender Appell gegeben: Psychologisch untersuchte Personen sollten gebührlich über die eingesetzten Untersuchungsmethoden und -verfahren informiert werden, um bei ihnen nicht falsche Erwartungen über den Ablauf, den Inhalt und das Ende des diagnostischen Prozesses zu begründen. Auch was psychologisch-diagnostische Verfahren betrifft sollten sie über die zu bewältigenden Anforderungen prinzipiell informiert werden. Beispielhaft klärt etwa Horn (1986) in seinem Buch den Laien, insbesondere einen Stellenbewerber, über die häufigsten im Einsatz befindlichen Konzepte psychologisch-diagnostischer Verfahren auf, ohne allerdings die Originalinhalte der Verfahren oder gar die Lösungen von Aufgaben, die im praktischen Einsatz sind, zu verraten.

Bemerkung am Rand

Psychologisches Diagnostizieren hat nicht nur den Konsumentenschutz zu gewährleisten, sondern auch den Schutz psychologisch-diagnostischer Verfahren – es pervertiert selbstverständlich den diagnostischen Zweck, wenn Originalaufgaben öffentlich verbreitet oder gar zur Vorbereitung einer Testung geübt werden. Davon abgesehen bezieht sich der Schutz psychologisch-diagnostischer Verfahren unmittelbar auf ethische Grundsätze: „Ethische Verpflichtungen gegenüber dem geistigen Eigentum – soweit es nicht ohnehin durch Urheberrechte abgesichert ist – verlangen die Verwendung des Originalmaterials der Tests“ (Heyse, 2003a, S. 126).

2 Testtheoretische Grundlagen

Lienert (vgl. Lienert & Raatz, 1998) unterscheidet zwischen Haupt- und Nebengütekriterien von psychologisch-diagnostischen Verfahren. Unter erstere subsumiert er

1. Objektivität,
2. Reliabilität und
3. Validität,

unter letztere u. a.

4. Normierung,
6. Ökonomie und
7. Nützlichkeit.

Auf diese Gütekriterien wird im Folgenden eingegangen, teilweise allerdings mit bestimmten Modifikationen in der Definition bzw. mit einer Ausdifferenzierung der zu allgemein und unspezifisch gefassten Begriffe. Auch das *Testkuratorium der Föderation Deutscher Psychologenvereinigungen*[9] legt Gütekriterien fest (Testkuratorium der Föderation deutscher Psychologenverbände, 1986); von den dort genannten werden im Folgenden die

8. Zumutbarkeit,
9. (Un-) Verfälschbarkeit und
10. Fairness

berücksichtigt – hier erfolgt ebenfalls eine entsprechende Ausdifferenzierung der Begriffe. Schließlich gilt es, die Güte psychologisch-diagnostischer Verfahren aus dem Blickpunkt der

5. Skalierung

zu bewerten, wie er sich aus den Erkenntnissen der sog. „*Probabilistischen Testtheorie*" ergibt (vgl. z. B. Kubinger, 1989).

Obwohl bei der Besprechung dieser Gütekriterien immer von „Test" gesprochen wird, ist diese Bezeichnung im Folgenden sogar noch weiter als schon in Abschnitt 1.1 Begriffsbestimmungen ausgeführt aufzufassen: Eigentlich sind nämlich alle psychologisch-diagnostischen Verfahren gemeint – exklusiv auf *Tests* bezogen sind letztlich nur die Gütekriterien Normierung und Skalierung. Aus dem heraus verstehen sich auch die üblichen umfassend gemeinten Bezeichnungen „Testperson" (Tp – Testpersonen; Tpn), „Testleiter" (Tl), „Testtheorie" sowie

---

[9]Das ist ein 1985 gegründetes Gremium u. a. zum Schutz der Öffentlichkeit vor unzureichenden psychologisch-diagnostischen Verfahren und deren unqualifizierter Anwendung.

- „Testkennwert", für diejenige vorschriftsmäßig zu verrechnende Größe, welche die mit dem Test zu messen beabsichtigende Eigenschaft operationalisiert (im statistischen Sinn also: eine Variable);
- „Testwert", für ein ganz bestimmtes numerisches Ergebnis dieses Testkennwerts (im statistischen Sinn also: die konkrete Realisation einer Variable);
- „(Test-) Handbuch" (synonym: „Manual", „Handanweisung") für die Testleiteranweisung samt Darstellung der (test-) theoretischen Fundierung des psychologisch-diagnostischen Verfahrens.

> **Erläuterung** zu den Begriffen „Testkennwert" und „Testwert":
> Der wohl berühmteste Testkennwert ist der sog. „Intelligenzquotient" (IQ). Er ist, wie alle Testkennwerte, theoretisch für unendlich viele Tpn bestimmbar, und zwar gemäß besonderen (je nach Test verschiedenen) Verrechnungsvorschriften. Bei jeder Anwendung des Tests lassen sich zwar gewisse Testleistungen bzw. Testreaktionen (auch von einem Laien) direkt beobachten (und intuitiv bis spekulativ sogar interpretieren); doch kommt es vor allem, durch vorschriftsmäßige Auswertung, zu einem Testergebnis, das ist der für die betreffende Tp berechnete Testwert – bezogen auf den Testkennwert IQ kann das zum Beispiel einmal sein: $IQ = 110$.
>
> Statt von Testwert wird oft von „(Roh-) *Score*" (auch: „Rohwert") gesprochen; weil „Testwert" ganz allgemein zutreffend ist, und zwar insbesondere unabhängig davon, ob es sich um normierte oder (noch) nicht normierte Testergebnisse handelt (vgl. in Abschnitt 2.4 Normierung), ist allerdings die Gleichsetzung von Testwert und *Score* nur dann angebracht, wenn es sich beim gegebenen Testergebnis um die Anzahl gelöster Aufgaben (vgl.: „*to score a hit*") handelt. Demgegenüber ist der Begriff „Rohwert" etwas allgemeiner zu fassen, jedoch in jedem Fall auf nicht normierte Testergebnisse beschränkt.

Im Englischen werden Tests oft auch „Skalen" (von: Personen Skalieren) genannt, deutschsprachig findet sich diese Bezeichnung allerdings regelmäßig nur für die angesprochenen Persönlichkeitsfragebogen. Sind mehrere sog. „Untertests" zusammengefasst, spricht man von einer „Testbatterie", wobei auch im Deutschen oft die Bezeichnung *Subtest* statt Untertest gewählt wird; die sinngemäße Bezeichnung „Fragebogenbatterie" ist unüblich, wird aber trotzdem im Folgenden verwendet. Für die einzelnen Aufgaben, Fragen bzw. *Statements* gibt es aus dem Englischen den Oberbegriff „*Item*"!

2.1 Objektivität

Unter *Objektivität* eines Tests ist zu verstehen, dass die mit ihm gewonnenen Ergebnisse unabhängig vom Untersucher sind.[10]

---

[10]Sehr frei nach Lienert; s. wieder Lienert und Raatz (1998, S. 7).

Vom Idealfall ausgehend kann ein Test allerdings auch mehr oder weniger objektiv sein, so dass jeweils der Grad der Objektivität eines Tests interessiert.

Ein Test gilt demnach dann als objektiv, wenn verschiedene Untersucher (besser: Testleiter) bei der selben Tp zum selben Ergebnis gelangen. Diese Überlegung ist jedoch rein theoretischer Natur, weil Testwiederholungen im Regelfall nicht unter denselben Bedingungen erfolgen können – man bedenke allein den möglichen Übungseffekt!

Dabei geht es selbstverständlich nicht nur um die numerischen Ergebnisse, also den konkreten Testwert, sondern auch um die Objektivität der Interpretation des Testwerts. Um allfällige Einschränkungen der Objektivität innerhalb des diagnostischen Prozesses zu lokalisieren, wird häufig zwischen

1. Durchführungs-,
2. Auswertungs- und
3. Interpretationsobjektivität

unterschieden – zu beachten ist in diesem Zusammenhang, dass Testung, Auswertung und Interpretation von jeweils anderen Personen geleistet werden können.

2.1.1 Testleiterunabhängigkeit

Anstatt des Begriffs Durchführungsobjektivität ist es besser, von Testleiterunabhängigkeit zu sprechen. Es geht nämlich darum, inwieweit das Testverhalten der Tp und damit ihr Testergebnis unabhängig von zufälligen oder systematischen Verhaltensvariationen des Tl während der Testdurchführung ist: „Soll die Durchführungsobjektivität maximal hoch werden, dann muß die Instruktion an den Untersucher (schriftlich) so genau wie möglich festgelegt und die Untersuchungssituation so weit wie möglich standardisiert werden. Das läuft in aller Regel darauf hinaus, die soziale Interaktion zwischen Untersucher und Pb [Proband, besser: Tp; Anm. d. Verf.] auf ein unumgängliches Minimum zu reduzieren" (Lienert & Raatz, 1998, S. 8).

Bemerkung am Rand

Streng genommen ist der Begriff der „Durchführungsobjektivität" weiter gefasst als der der „Testleiterunabhängigkeit": Erstere zielt nämlich *auch* auf die Untersuchungssituation ab, also auf die räumlichen, zeitlichen, im weitesten Sinn auf die ergonomischen Bedingungen, unter denen die Testung erfolgt.

Zieht man die umfangreiche und bekannte Literatur zu Versuchsleitereffekten (z. B. Gniech, 1976) heran, so verwundert der Anspruch nicht, die soziale Interaktion zwischen Tl und Tp möglichst gering zu halten: Grundsätzlich ist davon auszugehen, dass jeder Experimentator (hier Tl) bestimmte Erwartungen über die Versuchsperson (hier Tp) ausbildet – allein schon wegen des sog. *„Halo*-Effekts". Aufgrund dieses Tl-Erwartungseffekts kommt es zu unwissentlichen Verstärkungen des Verhaltens der Tp, zumeist vermittels sog. „nonverbaler Kommunikation".

Erläuterung zum Begriff „Halo-Effekt":
„Der Beurteiler (z. B. Lehrer) hat die Tendenz, bei der Beurteilung einer Persönlichkeitseigenschaft sich von einem Gesamteindruck oder einer hervorstechenden
Eigenschaft leiten zu lassen" (*Lexikon der Psychologie*; Arnold, Eysenck & Meili,
1997, S. 841).

Erläuterung zum Begriff „nonverbale Kommunikation":
Darunter fallen (vgl. z. B. bei Gniech, 1976)

- Körperbewegungen bzw. kinästhetisches Verhalten (Gestik, Körperhaltung, Ge-
  sichtsausdruck, Augenbewegung und Kopfhaltung),
- Paralinguistische Qualitäten (Töne und Laute des Sprech- und Stimmappara-
  tes)
- „Proxemics", das ist der soziale bzw. persönliche Abstand gegenüber anderen.

Zur Illustration

Wie weit (nicht bewusste) nonverbale Verstärkungen gehen und wirken können,
zeigen zwei klassische Erkenntnisse der Psychologie (vgl. beide z. B. wieder bei
Gniech, 1976): Einerseits die nahezu 100 Jahre alte Entdeckung von *Pfungst*, dass
ein Pferd durch unbemerkte Spannungs- und Entspannungszustände des Beobachters zu richtigem „Rechnen" gebracht werden konnte; andererseits die Experimente von *Rosenthal*, in denen infolge manipulierter Einstellungen der „Lehrer"
zwei grundsätzlich gleiche Gruppen von Versuchsobjekten (Ratten, Schüler) zu
unterschiedlichen Leistungen gelangten (sog. „*Rosenthal*-Effekt").

Zur Illustration

Als Indiz für einen Halo-Effekt kann das Ergebnis einer Studie von Preusche
(2003) zu geschlechtsspezifischen Tl-Effekten gewertet werden. Insgesamt 465 Kinder wurden mit dem AID 2 (*Adaptives Intelligenz Diagnostikum – Version 2.1*;
Kubinger & Wurst, 2000), einem Individualverfahren, getestet. Es stellte sich
heraus, dass leistungsschwache Mädchen, die von männlichen Testleitern getestet
wurden, im Vergleich zu Mädchen, die von einem weiblichen Testleiter gestestet
wurden, einen signifikant höheren, also als besser zu interpretierenden Testwert
in der „(unteren Grenze der) Intelligenz*quantität*" erreichten. Das heißt, das Geschlecht der Tp, nämlich im Fall weiblich, beeinflusst den Tl je nach seinem eigenen
Geschlecht anders, so dass letztlich ein anderes Testergebnis für die Tp resultiert.
– Bei durchschnittlich leistungsstarken und besonders leistungsstarken Mädchen
wurde ein solcher Effekt jedoch nicht beobachtet. Auch für männliche Kinder
musste ein entsprechend heterosexueller Interaktionseffekt zwischen Tp und Tl
nicht festgestellt werden.

Bemerkung am Rand

Auf Grund der bewiesenen drastischen Versuchsleitereffekte ist es nachvollziehbar, dass in pharmakologischen Experimenten sog. „Doppel-Blind"-Studien durchgeführt werden, bei denen weder der Experimentator (der untersuchende bzw.
behandelnde Arzt) noch die Versuchsperson über die Zugehörigkeit zu einer von

mehreren Versuchs- bzw. Kontrollgruppen Bescheid weiß – dass sowohl der Tl als
auch die Tp über den Grund und Zweck einer Testung nicht Bescheid weiß, ist
für die psychologisch-diagnostische Situation freilich unrealistisch.

Insbesondere während der Instruktionsgebung, aber auch als Reaktion auf (verbales) Verhalten der Tp ist also mit Tl-Effekten zu rechnen. So bleibt es fraglich,
inwieweit selbst eine Testanweisung an den Tl nützt, die sein Vorgehen ganz genau
festlegt und alle situativen Möglichkeiten anspricht.

In Bezug auf die Testleiterunabhängigkeit sind Individualverfahren von vornherein gehandikapt. Einerseits ist ein situationsabhängiges Eingehen auf die Tp
(sozialisationsbedingt) unumgänglich, andererseits vom Testautor oft (theoriegeleitet) gerade beabsichtigt; zum Beispiel laut Manual zum AID 2 (Kubinger &
Wurst, 2000, S. 85) ist eine Testsituation zu schaffen, „die – vielleicht im Gegensatz zur Situation in der Schule – dem Kind/Jugendlichen Zeit, Zuwendung und
optimale Entfaltungsmöglichkeiten bietet. Zu einem angemessenen Leistungsstreben sollte die *Tp* also motiviert werden, ohne Prüfungsdruck zu provozieren."
Natürlich ist dabei zu befürchten, dass bestimmte Tl systematisch (leistungs-)
motivierender wirken als andere bzw. die jeweilige Kombination von Tl und Tp
spezifische motivationale Reaktionen hervorruft.

Zur Illustration

Wie erstens die Testleiterunabhängigkeit empirisch erfasst werden kann, und wie
groß sie beispielsweise zweitens ist, zeigt folgende Studie (s. Kubinger & Wurst,
2000). In einer balancierten Versuchsanordnung wurden Paare von Testleitern eingesetzt, um insgesamt 154 Kinder zweimal mit dem AID (Vorläufer des AID 2) zu
testen; weil ungefähr die Hälfte der Kinder zweimal den selben Tl hatte, die andere
Hälfte jeweils einen anderen, konnte der Übungseffekt vom Tl-Effekt rechnerisch
getrennt werden. Tabelle 2.1 zeigt für die 13 Testkennwerte der 11 Untertests des
AID (u. a.) die Tl-Effektparameter von 5 Tl-Paaren, wie sie mittels des multiplikativen Poisson-Modells von Fischer (vgl. Fischer, 1977) geschätzt wurden. Im
Idealfall müssten alle Parameterschätzungen den Wert 1 annehmen. Der extrems-
te, nämlich der größte Wert deutet mit 1,36 an, dass der Testwert im Fall des
zweiten Tl durchschnittlich um 1/3 besser ist als im Fall des ersten Tl. In T-Werte
(vgl. Abschnitt 2.4 Normierung) umgerechnet, bedeutet das eine mögliche Abweichung von 4 T-Werten (in Einheiten des IQ entspricht das Abweichungen von 6
IQ-Punkten). Allerdings ist der Tabelle zu entnehmen, dass von 13×5 Werten
insgesamt nur 7 signifikant sind, und genauer, dass lediglich in den Untertests 6
und 9 mehrmals signifikante Tl-Effekte beobachtet werden mussten. Obwohl mit
dieser nicht alle möglichen Tl-Paare, also Tl-Effekte, untersucht worden sind, sprechen diese Ergebnisse zumindest in Bezug auf die übrigen Testkennwerte für eine
leidlich hohe Objektivität – dem mit dem AID 2 vertrauten Psychologen ist einsichtig, dass der beobachtete Mangel an Objektivität der Untertests 6 und 9 auch
dem Problem der Auswertungsobjektivität (vgl. in Abschnitt 2.1.2) zugeschrieben
werden kann oder muss. Um die Tragweite solcher Belege abschätzen zu können,

seien entsprechende Ergebnisse bezüglich des HAWIK (*Hamburg-Wechsler Intelligenztest für Kinder*; Vorläufer des *Hamburg-Wechsler-Intelligenztests für Kinder III – HAWIK-III*; Tewes, Rossmann & Schallberger, 1999) genannt: Während im Manual kein Beleg zur Objektivität angeführt wird (auch nicht im Manual für den HAWIK III), konnte Schwarz (1986) mittels einer analog durchgeführten Studie feststellen, dass die Testwerte der mit den AID-Untertests 3, 9, 10 und 11 korrespondierenden Untertests *Rechnerisches Denken*, *Gemeinsamkeitenfinden*, *Mosaik-Test* und *Allgemeines Verständnis* des HAWIK (mehrmals) signifikante Tl-Effekte aufweisen – dabei wurde dort der zum Untertest 6 korrespondierende Untertest *Wortschatz-Test* nicht einmal vorgeben.

Tabelle 2.1: Die Schätzungen der Effektparameter im multiplikativen *Poisson*-Modell von *Fischer* zur Quantifizierung von Tl- und Übungseffekten in 13 Testkennwerten des AID. Signifikante Parameter sind fett gekennzeichnet ($\alpha = 0{,}05$; aus Kubinger & Wurst, 2000, S. 21).

Untertest	Testleiterpaar[a]					Übungs- effekt
	1-2	3-4	5-6	7-8	5-9	
1 Alltagswissen	0,96	0,96	1,04	1,00	0,98	**1,08**
2 Realitätssicherheit	0,97	1,05	1,02	1,07	0,96	**1,11**
3 Angewandtes Rechnen	0,92	0,94	1,05	1,06	0,95	1,03
4 Soziale und Sachliche Folgerichtigkeit	0,99	0,95	1,03	1,09	0,90	**1,12**
5 Unmittelbares Reproduzieren-numerisch						
„vorwärts"	0,93	0,97	1,17	0,84	1,08	1,03
„rückwärts"	0,99	1,00	0,84	0,96	0,97	1,03
6 Synonyme Finden	0,98	**0,85**	**1,18**	**1,36**	0,93	1,05
7 Kodieren und Assoziieren						
Kodiermenge	**1,14**	1,00	1,06	1,11	0,89	**1,21**
Assoziationen	1,01	1,02	0,99	0,98	0,99	**1,13**
8 Antizipieren und Kombinieren-figural	0,97	0,98	1,11	1,10	0,96	**1,19**
9 Funktionen Abstrahieren	0,92	0,96	1,04	**1,22**	**0,88**	1,04
10 Analysieren und Synthetisieren-abstrakt	1,21	0,94	1,13	1,19	**0,80**	**1,18**
11 Soziales Erfassen und Sachliches Reflektieren	1,03	1,02	1,10	0,95	0,97	1,03

[a] Code des jeweils ersten und zweiten Testleiters

Gruppenverfahren erlauben dagegen weit weniger Interaktion. Will man tatsächlich jede Interaktion zwischen Tp und Tl ausschalten, bleibt nur die Computerdiagnostik – und hier entsteht möglicherweise ein Tl-Effekt in Abhängigkeit davon, mit welchen Worten und welchem Verhalten die einweisende Hilfskraft die Tp an den Computer setzt.

Bemerkung am Rand

Selbst wenn man der Computerdiagnostik Testleiterunabhängigkeit attestiert, so muss die Testung keinesfalls objektiv im Sinn von fair sein: Manche Tpn mögen vom Medium Computer mehr (positiv oder negativ) „beeindruckt" sein als andere (s. zum Begriff „fair" in Abschnitt 2.10 Fairness).

Bemerkung am Rand

Ein in Bezug auf die Durchführungsobjektivität besonders problematisches Bei-spiel ist definitionsgemäß das psychologisch-diagnostische Verfahren *Assessment-Center*, weil: es „ist eine Seminarveranstaltung, in der eine Teilnehmergruppe hinsichtlich einer Vielzahl von Dimensionen von mehreren trainierten Beobach-tern gleichzeitig beurteilt wird. Dabei durchlaufen die Teilnehmer multimethodal angelegte Verfahren sowie unterschiedliche Übungen, die Arbeits- und Entschei-dungssituationen aus der beruflichen Realität simulieren. Abschließend werden die Einschätzungen des Beobachtergremiums mit dem Ziel gebündelt, Eignungs-voraussetzungen für bestimmte Aufgaben zu diagnostizieren und persönlichen Ent-wicklungsbedarf der Teilnehmer zu erkennen" (Hossiep, 2003, S. 44 – vgl. Genau-eres zum Assessment-Center im Abschnitt 3.2.3).

2.1.2 Verrechnungssicherheit

Mit Auswertungsobjektivität ist gemeint, dass die Reglementierung im Manual eines Tests, wie die einzelnen Testleistungen bzw. -reaktionen auf Items zu nume-rischen (oder kategorialen) Testwerten zu verrechnen sind, derart exakt festgelegt ist, dass jeder Auswerter zu denselben Ergebnissen kommt – insofern ist präziser von Verrechnungssicherheit zu sprechen.

Abbildung 2.1 gibt ein Beispiel des Testverhaltens eines Kindes im Test *Familie in Tieren* (Brem-Gräser, 2001), einem sog. „Projektiven Verfahren". Die Testan-forderung an die Tp lautet, die eigene Familie in Gestalt von beliebigen Tieren zu zeichnen. Es fällt hier sehr viel diagnostische Information an, die abhängig vom Tl verschieden beobachtet (ausgewertet) wird.

Erläuterung zum Begriff „Projektive Verfahren":

„... sind eine Gruppe von psychol. Techniken und Vorgehensweisen, die für sich in Anspruch nehmen, die grundlegende (zugrunde liegende, verborgene) Persönlich-keitsstruktur und die Motive eines Individuums aufzudecken, indem sie das Indi-viduum auffordern, sich mit Material oder Stimuli auseinanderzusetzen oder auf sie zu reagieren in einer freien, nicht festgelegten Weise ... Etwa um die Jahrhun-dertwende wurde mit dem Ausdruck Projektion die Tendenz eines Individuums bezeichnet, ,einer anderen Person eigene Gefühle, Gedanken oder Einstellungen zuzuschreiben oder in gewisser Weise die äußere Wirklichkeit als Repräsentanz solcher Gefühle zu betrachten'" (*Lexikon der Psychologie*; Arnold et al., 1997, S. 1690).

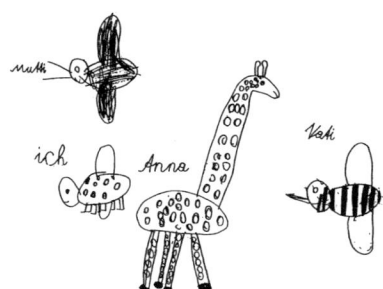

Abbildung 2.1: Beispiel zum Test *Familie in Tieren*; Zeichnung eines 7-Jährigen.

Am ehesten ist die Verrechnungssicherheit gegeben, wenn die Testleistung nur nach richtig oder falsch zu bewerten ist – vergleiche z. B. die Frage „Wie viele Beine hat ein Hund?" (aus dem AID 2). Doch auch hier gibt es Probleme: Nicht immer sind die möglichen Antworten eindeutig richtig oder falsch, insbesondere dann nicht, wenn, wie bei den meisten Individualverfahren, eine freie Beantwortung (sog. „freies Antwortformat") vorgesehen ist – vergleiche z. B. die Frage „Was ist das Gemeinsame an Polo und Trabrennen?" (aus dem AID 2); immer wieder geben Kinder hier Antworten, die (nur) teilrichtig sind, trotzdem muss sie der Tl als richtig oder falsch kategorisieren.

Zur Illustration
Wenn nicht alle möglichen Antworten per se richtig oder falsch sind – wie das der Fall ist bei der Frage „Was ist das Gemeinsame an Polo und Trabrennen?" –, bedarf es einer ganz genauen Anweisung an den Tl/Auswerter: „Zu achten ist darauf, daß bei zu weit gefaßten Oberbegriffen oder Funktionen nachgefragt wird (‚Sag' mir das genauer'); zum Beispiel bei *Polo* und *Trabrennen* – ‚beides sind Sportarten': das ist zu allgemein; als richtig gilt nur die funktionale Spezialität, nämlich ‚Pferd'" (Kubinger & Wurst, 2000, S. 134).

Sehen dagegen die Items eines Tests neben der Verrechnung vollständig richtiger Antworten auch die (adäquate) Verrechnung teilrichtiger Antworten vor, so erhöht sich, bei freiem Antwortformat, oft noch die Unsicherheit beim Auswerter bezüglich der zu vergebenden Testwerte – vergleiche z. B. die Frage „Warum muß man Steuern zahlen?" (aus dem HAWIE-R, *Hamburg-Wechsler Intelligenztest für Erwachsene Revision 1991*; Tewes, 1991); trotz der Antwortbeispiele, die in der Testanweisung für die Vergabe von 2 Punkten bzw. 1 Punkt angeführt sind, kann es beim Tl zu Entscheidungsschwierigkeiten kommen.

Bemerkung am Rand
Weniger an der mangelhaften Testanweisung als an der sprachlichen Inkompetenz des Testautors liegt es, wenn bestimmte Antworten auf bestimmte Items für den

Tl/Auswerter problematisch zu verrechnen sind: „Im sechsbändigen ‚Großen Wör-terbuch der deutschen Sprache' findet man das Wort WARUM erläutert durch ‚Aus welchem Grund?', das Wort WOZU durch ‚Zu welchem Zweck?' – und an den meisten Stellen des Tests [HAWIE-R; Anm. d. Verf.], an denen eine Warum-Frage gestellt ist, wird auch mit einer Darlegung von Gründen gerechnet ... Nicht so bei ... : ‚Warum muß man Steuern zahlen?' Wer hier den Grund nennt, nach dem eindeutig gefragt ist, also die zweifelsohne richtige Antwort: ‚Weil es Gesetz ist', erhält null Punkte. Die richtige Beantwortung der gar nicht gestellten Frage, wozu Steuereinnahmen denn gebraucht würden, erbringt dagegen die volle Punkt-zahl, zwei Punkte ... Auch wenn wir umgangssprachlich Warum-Fragen stellen, um den Zweck einer Handlung zu erfahren, wir können und dürfen nicht den ‚be-strafen', der in der Lage ist, die sprachlich sinnvolle Unterscheidung zu vollziehen" (Fay, 1993, S. 276f.).

Demgegenüber ist bei Items, die nach dem Prinzip der sog. „Mehrfachwahlant-wort" („*Multiple-Choice*-Format") konstruiert sind, die Verrechnungssicherheit ge-geben – weil es für den Auswerter keinerlei Ermessensfreiheit gibt, würden ver-schiedene Auswerter nur infolge von Auswertungsfehlern zu unterschiedlichen Er-gebnissen kommen.

Erläuterung zum Begriff „Mehrfachwahlantwort" („*Multiple-Choice*-Format"):
Beim *Multiple-Choice*-Format werden der Tp pro Item mehrere verschiedene Ant-wortmöglichkeiten angeboten, aus denen sie die passende auswählen soll. Im Ge-gensatz zu Leistungstests gibt es bei Persönlichkeitsfragebogen keine richtigen und keine falschen Antworten, sondern nur solche, die der Tp am ehesten entsprechen.

Zur Illustration
Eine Untersuchung von Hebenstreit (2000) demonstriert anhand von drei häufig eingesetzten Tests, mit welchen Auswertungsfehlern in der Praxis grundsätzlich zu rechnen ist. Die Autorin analysierte 184 Protokollbögen von ebenso vielen Tl zum AID, 107 zum *Test d2* (*Aufmerksamkeits-Belastungs-Test*; Brickenkamp, 2002) und 73 zum ZVT – die Protokollbögen entstammen zwar „nur" Gutachten von Psychologie-Studierenden, immerhin am Ende ihrer Diagnostik-Ausbildung, doch ist beachtenswert, dass jedes Gutachten vom Verfasser mit dem Satz un-terschrieben wurde: „*Ich versichere, dieses Gutachten nach sorgfältiger psycholo-gischer Testung und nach genauer Erhebung der im Gutachten zu beurteilenden Tatsachen nach bestem Wissen und Gewissen im Sinne der berufsethisch festge-schriebenen Richtlinien für die Erstellung psychologischer Gutachten abgefasst zu haben!*" Tabelle 2.2 stellt die wesentlichen beobachteten Fehler und ihre Auftritt-häufigkeiten zusammen. Zu beachten ist, dass beim AID die Auswertung zwar vergleichsweise kompliziert ist (es gibt mindestens 13 Testkennwerte, für die je-weils über zwei Tabellen die normierten Testwerte nachzuschlagen sind; teilweise ist in den Tabellen ein Interpolieren notwendig), beim *Test d2* jedoch nur mit Hilfe einer Schablone mehrere Male richtige bzw. falsche Markierungen zu zählen und

Tabelle 2.2: Art und Häufigkeit von Auswertungsfehlern beim AID, *Test d2* und ZVT
nach Hebenstreit (2000)

AID	23 Tl (12,5 %) machten Rechenfehler (beim Summieren)
($n = 184$ Tl)	21 Tl (11,4 %) ordneten in einer Tabelle einen falschen Wert zu
	75 Tl (40,8 %) machten Interpolierungsfehler beim Nachschlagen in einer Tabelle – und zwar im Durchschnitt 4,24 solche Fehler
Test d2	53 Tl (49,5 %) machten Fehler beim Auszählen mittels Schablone
($n = 107$ Tl)	31 Tl (29,0 %) machten Rechenfehler (beim Summieren)
	43 Tl (40,2 %) ordneten in der Normtabelle einen falschen Wert zu
ZVT	7 Tl (9,6 %) machten Rechenfehler (beim Summieren)
($n = 73$ Tl)	32 Tl (43,8 %) ordneten in der Normtabelle einen falschen Wert zu

danach aufzusummieren sind und beim ZVT überhaupt bloß vier Summanden gebildet werden müssen.

Für die Testbatterie AID stellte sich heraus, dass nur zwei Protokolle völlig fehlerfrei waren; werden Interpolationsfehler und Folgefehler nicht miteinbezogen, so wurden trotzdem nur 33, das sind 17,9 %, fehlerfrei ausgewertet. Meist führten die Auswertungsfehler zu einer numerischen Abweichung von (nur) 1 *T*-Wert, was, über alle Testkennwerte kumuliert, oft genug praktische Konsequenzen zeitigen könnte. Für den *Test d2* musste festgestellt werden, dass ebenfalls relativ wenige, nämlich lediglich 30 % der Auswertungen fehlerfrei waren. Ein Großteil der Fehler passierte hier beim Auflegen der Schablone und dem Auszählen der Markierungen. Die sehr einfache Auswertung des ZVT wurde von 84 % der Tl komplett richtig gemacht, was umgekehrt aber bedeutet, dass trotz aller Einfachheit immerhin noch in 16 % der Auswertungen Fehler auftreten. Vergleicht man die Häufigkeit der Fehler zwischen den drei Tests, so wurden im Mittel beim AID 11,3, beim *Test d2* 3,0 und beim ZVT 0,5 Auswertungsfehler pro Protokoll gemacht – sieht man von Interpolierungsfehlern und Folgefehlern ab, würden auch beim AID „nur" noch durchschnittlich 2,5 Fehler passieren.

Für die Praxis bedeuten diese Ergebnisse trotz aller Beschwichtigung, es handle sich bloß um studentische Gutachten, dass in jedem Fall der computerisierten Auswertung, so sie möglich ist, der Vorzug gegeben werden sollte.

Wieder gibt es grundsätzliche Unterschiede zwischen Individual- und Gruppenverfahren: Während Gruppenverfahren zumeist und fast notwendigerweise nach dem *Multiple-Choice*-Format gestaltet sind und insofern als verrechnungssicher gelten, werden Individualverfahren regelmäßig das viel aufschlussreichere freie Antwortformat benützen und folglich weniger verrechnungssicher sein.

Zur Illustration
Wie schon weiter oben angedeutet, könnten die in Tabelle 2.1 als Tl-Effekte interpretierten Parameter auch (nur) Ausdruck nicht eindeutig festgelegter Verrech-

nungsregeln sein – erfahrungsgeleitet ist letzteres gerade für die Testkennwerte mit mehr als einem signifikanten Parameter plausibel.

Im Übrigen sind Computerverfahren logischerweise immer verrechnungssicher (im oben definierten Sinn), selbst dann, wenn freie Antworteingaben vorgesehen wären.

2.1.3 Interpretationseindeutigkeit

Die Interpretationsobjektivität ist gegeben, wenn aus denselben Auswertungsergebnissen verschiedene „Interpreten" zum selben Schluss gelangen – dazu ist der Begriff Interpretationseindeutigkeit allerdings vorzuziehen.

Sie ist bei normierten Tests über die sog. „Prozentränge" jedes Mal gegeben: Zum Beispiel ist ein als Testwert erreichter Prozentrang von 95 % in einem Leistungstest eindeutig dahingehend zu interpretieren, dass nur 5 % der Referenzpopulation bessere Leistungen erzielen (Genaueres zum Prozentrang s. in Abschnitt 2.4 Normierung).

Bemerkung am Rand

Ein sehr problematisches „Beispiel" betreffs Interpretationseindeutigkeit gibt die WHO[11] im ICD-10 hinsichtlich der Klassifikation von Intelligenzminderung (vgl. die kurzgefasste Zusammenstellung in Präsentation 8): Die Umsetzung des Auswertungsergebnisses in eine (fachlich) allgemein bekannte Begrifflichkeit ist vollkommen gegeben; allerdings ist mit einem solchen „Übersetzungswerk" allein nichts für die Fallbehandlung gewonnen. *Psychologisches Diagnostizieren* als ein Prozess, wie in Kapitel 1 Einführung definiert, verlangt dagegen immer nach einem Festsetzen der Intervention, zumindest eines (der Fragestellung entsprechenden) Maßnahmenvorschlags. – Selbstverständlich sollten ICD-„Diagnosen" generell besser als das bezeichnet werden, was sie aus Sicht der *Psychologischen Diagnostik* sind, nämlich: Klassifikationen (vgl. in Abschnitt 1.1 Begriffsbestimmungen), die regelmäßig dazu dienen, durch einen einheitlich geregelten Sprachgebrauch zu garantieren, dass bestimmte relevant erscheinende Informationen eindeutig kommunizierbar sind.

Präsentation 8: Klassifikation für Intelligenzminderung laut WHO (ICD-10; Dilling et al., 2000) – kurzgefasste Zusammenstellung mit wörtlichen Zitaten.

F70 leichte Intelligenzminderung

„Wenn ausreichend standardisierte Intelligenztests angewendet werden, ist der IQ-Bereich von 50-69 ein Hinweis auf eine leichte Intelligenzminderung" (S. 256).

„*Dazugehörige Begriffe:*
— leichte geistige Behinderung

---

[11]WHO: „World-Health-Organization"

— leichte Oligophrenie
— Debilität
— Schwachsinn" (S. 257).

F71 mittelgradige Intelligenzminderung

IQ-Bereich von 35-49
„Dazugehörige Begriffe:
— Imbezillität
— mittelgradige geistige Behinderung
— mittelgradige Oligophrenie" (S. 258).

F72 schwere Intelligenzminderung

IQ-Bereich von 20-34
„Dazugehörige Begriffe:
— schwere geistige Behinderung
— schwere Oligophrenie" (S. 258).

F73 schwerste Intelligenzminderung

IQ-Bereich < 20
„Dazugehörige Begriffe:
— Idiotie
— schwerste geistige Behinderung
— schwerste Oligophrenie" (S. 259).

Dagegen sind Projektive Verfahren (fast definitionsgemäß) nicht interpretationseindeutig. Da sie regelmäßig an tiefenpsychologischen Theorien orientiert sind, obliegt es der (theoriegeleiteten, dennoch subjektiven) Deutung und Bewertung der Testreaktionen in Bezug auf den gesamten Kontext der Tp-Umwelt, zu welcher Interpretation der Tl schließlich gelangt.

Eine gegebene Interpretationseindeutigkeit gewährleistet übrigens nicht zwingend die Objektivität der diagnostischen Konsequenzen – im Folgenden als „Konsequenzverbindlichkeit" bezeichnet; dies wäre psychologisch auch selten verantwortbar.

Zur Illustration
Früher galt in der Schulverwaltung die strikte Handhabung, Kinder mit einem IQ unter 85 in jedem Fall der Sonderschule (für Lernbehinderte) zu überstellen; heute ist dagegen verbreitete Ansicht, eine solche Entscheidung von den besonderen Umständen abhängig zu machen.

Immerhin ist es technisch realistisch, Konsequenzverbindlichkeit mit Hilfe computerisierter diagnostischer Expertensysteme zu erreichen: Die Begutachtung wird durch die Testergebnisse determiniert, sie erfolgt quasi automatisiert.

Zur Illustration

Manche Anbieter von Computerdiagnostik-*Software* offerieren tatsächlich computerisierte diagnostische Expertensysteme. Präsentation 9 gibt als Beispiel das Computer-Gutachten einer Tp wieder, die sich einer Testung mit dem Testsystem der *Gesellschaft für Wirtschaftspsychologie und Organisationsdynamik* (Wien)[12] für die Funktionsgruppe „Verkauf" unterzog – ohne Kommentar zu Inhalt und Gestaltung der Testbatterie sei nur angemerkt, dass die betreffende Tp sämtliche Antworten willkürlich im Sinn von quasi-*zufällig* gab (vgl. dazu die sog. „Sinnhaftigkeitsprüfung" in Abschnitt 3.1.4).

Präsentation 9: Beispiel eines Computer-Gutachtens des Testsystems der Gesellschaft für Wirtschaftspsychologie und Organisationsdynamik (Wien).

Verkäuferische Fähigkeiten

- Die Testperson arbeitet gern systematisch und nach Plan. Sie schätzt eine gute Vorplanung und begrüßt klare Direktiven für die Verhandlungen.
- Die Testperson sieht sowohl die Reisetätigkeit, als auch die Büroarbeiten als Tätigkeit eines Verkäufers an.
- Die Testperson arbeitet gerne im Team und schätzt einen engen Kontakt mit Kollegen. Sie sieht ihre Verkaufstätigkeit nicht nur darin, bestehende Kunden zu sichern, sondern auch neue zu gewinnen.
- Sie sieht sich als Kundenberater und weniger als „Keiler". Die Testperson legt vor allem auf die Verkaufstechnik wert und vernachlässigt eher die Produktkenntnis.
- Die Testperson analysiert zuerst die Problemsituation des Kunden und erarbeitet im Anschluß die Lösung.
- Die Testperson versucht, in erster Linie mit den obersten Entscheidungsträgern zu verhandeln.

Bemerkung am Rand

Die sog. „kriteriumsorientierte Diagnostik" (vgl. in Abschnitt 2.4.3) gestaltet Tests nicht nur interpretationseindeutig, sondern auch konsequenzverbindlich: Wer eine bestimmte Leistungsanforderung erfüllt, wird in wohl definierter Weise als qualifiziert bezeichnet.

2.2 Reliabilität

Die Reliabilität eines Tests beschreibt den Grad der Genauigkeit, mit dem er ein bestimmtes Persönlichkeitsmerkmal misst, gleichgültig, ob er dieses Merkmal auch zu messen beansprucht.[13]

---

[12]Es handelt sich hier um eine *nicht*-publizierte und hinsichtlich ihrer Eigenschaften nur unzureichend dokumentierte Computer-Testbatterie (Quelle: GiroCredit, Wien, 1994), die ausschließlich von der genannten Gesellschaft vertrieben wird; in welchem Umfang sie zum Einsatz kommt, ist nicht bekannt.

Es geht also um die formale Exaktheit der Merkmalserfassung, um die Zuverlässigkeit, mit der das Ergebnis richtig, im Sinne von exakt ist – anschaulicher
spricht man daher von der „Messgenauigkeit" eines Tests: Unabhängig davon, was
gemessen wird, sollten die unter gleichen Bedingungen gewonnenen Testwerte ein
und derselben Tp übereinstimmen. Der aus der Experimentellen Psychologie damit anklingende Anspruch der theoretischen Reproduzierbarkeit ist allerdings für
die *Psychologische Diagnostik* allein wegen des Phänomens von Übungs- bzw.
Erinnerungseffekten schwer haltbar. Während bei physikalischen Messungen die
Wiederholung unproblematisch ist (vgl. z. B. das mehrmalige unmittelbar aufeinander folgende Messen der Körpertemperatur mittels Fieberthermometers – was
im allgemeinen nicht zu völlig gleichen Ergebnissen führt), ist eine (kurzfristige)
Testwiederholung psychologisch zumeist nicht vertretbar.

Die in der Zwischenzeit als *Klassische Testtheorie* bezeichnete ursprüngliche
Testkonstruktions-Lehre (begründet von Gulliksen, 1950) hat daher verschiede-
ne methodische Auswege gesucht, um die Messgenauigkeit eines psychologischen
Tests dennoch zu bestimmen. Es sind dies die im Folgenden näher ausgeführten
Berechnungen der sog.

1. Paralleltest-Reliabilität und
2. *Retest*-Reliabilität sowie der
3. inneren Konsistenz.

2.2.1 Paralleltest-Reliabilität

Die dabei zugrunde liegende Idee geht davon aus, dass zwar nicht eine Testwiederholung mit dem ursprünglichen Test möglich ist, jedoch eine mit einer völlig gleichwertigen Nachahmung des Tests (sog. „Paralleltest"). Die Korrelation
zwischen Test und Paralleltest, ermittelt anhand einer Stichprobe von Tpn, beschreibt dann das Ausmaß, in dem die Relationen der Testwerte (Messungen) der
einzelnen Tpn zueinander konstant bleiben (konstante Übungs- bzw. Erinnerungseffekte gehen, statistisch leicht ableitbar, in die Korrelation nicht ein): Im besten
Fall wird dabei allerdings nur die Konstanz der Ergebnis-Relationen eines Mess-
instruments (Tests) über die Zeit geprüft, nicht aber die Konstanz der Messung
an sich, wie im Beispiel des Fieberthermometers.

Der Haupteinwand gegen diese Methode besteht darin, dass die *Klassische Testtheorie* größte Probleme hat, Paralleltests überhaupt zu erstellen. So ist eigentlich
die Korrelation zwischen Test und Paralleltest nur ein Kriterium dafür, wie gut
die Konstruktion des Paralleltests gelungen ist, und weniger ein Kriterium für
die Exaktheit der Messungen. Soll daher die Paralleltest-Reliabilität als Güte-
terium herangezogen werden, dann muss an die Brauchbarkeit des Paralleltests
schlicht „geglaubt" werden, es sei denn, die einzelnen Items werden nur hinsicht-

---

[13]Frei nach *Lienert*; s. wieder Lienert und Raatz (1998, S. 9).

lich lösungsirrelevanter Gestaltungsmöglichkeiten variiert (z. B. ist das bei sog. „Matrizentest-Items" leicht möglich) – und da ist es sehr wahrscheinlich, dass individuell verschiedene Übungseffekte Platz greifen.

Erläuterung zum Begriff „Matrizentest-Items":
Dabei handelt es sich um einen typischen Repräsentanten des Faktors *Reasoning* nach *Thurstone*; die Tp muss innerhalb einer zumeist 3×3-Matrix die eine fehlende, aus den übrigen (acht) geometrischen Figuren logisch ableitbare Figur bestimmen – Abbildung 2.2 gibt als Beispiel ein Item des WMT (*Wiener Matrizen-Test*; Formann & Piswanger, 1979).

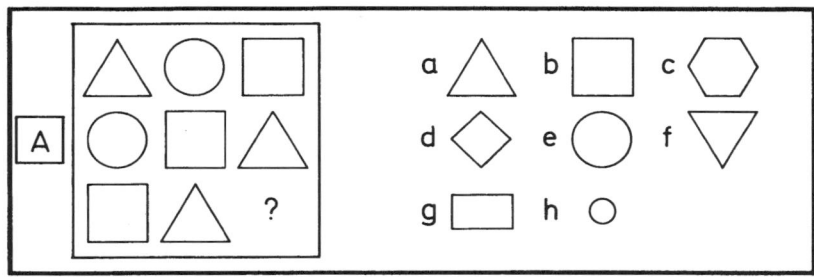

Abbildung 2.2: Item A des WMT; die Lösung ist „e" (mit freundlicher Genehmigung von *Beltz Test*).

Bemerkung am Rand
Die Konstruktion von Paralleltests mit Hilfe der *Probabilistischen Testtheorie* ist wesentlich einfacher als auf der Grundlage der *Klassischen Testtheorie* und methodisch eindeutig kontrollierbar. Da aber in deren Rahmen das Problem der Exaktheit einer Messung völlig anders als korrelationsstatistisch gelöst werden kann (vgl. in Abschnitt 2.5 Skalierung), ist dieser Umstand für die gegenwärtigen Betrachtungen belanglos.

2.2.2 Retest-Reliabilität   / Stabilität

Die Idee der kurzfristigen Wiederholung ein und desselben Tests wurde bereits als unrealistisch bezeichnet; trotzdem wird sie regelmäßig als Methode der Reliabilitätsbestimmung angeführt.

Über einen längeren Zeitraum hinweg, liefert die Korrelation zwischen Test und sog. „Retest" jedoch sehr wohl relevante Information über den Test bzw. die mit ihm gemessene Eigenschaft: In diesem Zusammenhang ist besser die Bezeichnung „Stabilität" zu verwenden.

Wichtiger Hinweis

Der Grundsatzdiskussion, inwieweit es überhaupt situationsüberdauernde Merkmale gibt (vgl. Mischel, 1973), stehen empirische Ergebnisse gegenüber: Längsschnittstudien zeigen, dass die kognitive Leistungsfähigkeit im Erwachsenenalter über lange Zeit nahezu konstant bleibt (vgl. Lindenberger, 2000), ähnliches gilt grundsätzlich für Persönlichkeitseigenschaften (Costa & McCrae, 1997) und ansatzweise sogar für politische Einstellungen (z. B. Alwin, Cohen & Newcomb, 1991).

Zur Illustration

Um zu zeigen, welche Bedeutung die Stabilität für die *Psychologische Diagnostik* hat, sei hier angeführt, dass jene des (am wenigsten objektiven) Untertests 6 aus dem AID mit 0,85 nach ungefähr einem Monat und mit 0,76 nach mehr als einem Jahr (Kubinger & Wurst, 2000) zwar relativ hoch ist, jede am Testergebnis orientierte Schlussfolgerung, die ferne Zukunft betreffend, aber mit Vorsicht gezogen werden muss (vgl. dazu schon in Abschnitt 1.3 Voraussetzungen).

2.2.3 Innere Konsistenz

Trivial ist schließlich die Idee, die Messgenauigkeit eines Tests danach zu beurteilen, wie sehr seine einzelnen Teile (Items) dasselbe messen – natürlich müssen die Items eines Tests immer innere Konsistenz zeigen, sollen sie alle zur Messung ein und derselben Eigenschaft dienen (die innere Konsistenz kann als „Homogenität" im Sinne der *Klassischen Testtheorie* bezeichnet werden): Passen die Items nicht zueinander, d. h. fehlt es ihnen an Einheitlichkeit, dann wird das Testergebnis (insbesondere bei Parallel- bzw. Retestung) von Zufälligkeiten besonders stark abhängen, was die Exaktheit der Messung reduziert.

Die bekannteste Methode zur Bestimmung der inneren Konsistenz ist die sog. „*Split-half*"-Methode (Testhalbierungsmethode). Hier werden die Items eines Tests in zwei Teile geteilt, zumeist in solche mit gerader und ungerader Itemnummer („*Odd-even*"-Methode), und die resultierenden Testwerte beider Testteile korreliert. Da dieses Ergebnis (r) einer Paralleltest-Reliabilität für einen Test mit nur halber Testlänge entspricht, muss es nach *Spearman* und *Brown* aufgewertet werden (vgl. z. B. bei Lienert & Raatz, 1998; dort finden sich auch andere, selten angewendete Formeln)[14]:

$$r_{tt} = \frac{2r}{1+r}$$

Wichtiger Hinweis

Die Richtigkeit der Formel nach *Spearman* und *Brown* zur Aufwertung einer Reliabilität für einen Test doppelter Länge setzt voraus, dass die Varianzen der beiden Testteile in der Population gleich groß sind.

---

[14]Die übliche Indizierung „*tt*" soll anzeigen, dass die Korrelation zwischen „*test*" und „*test*" bestimmt wurde.

Bemerkung am Rand

Als Testanwender kann man davon ausgehen, dass immer dann, wenn in einem Manual von *Split-half*-Reliabilität gesprochen wird, entsprechend *Spearman* und *Brown* korrigiert wurde.

Bloß eine Abschätzung, nämlich eine untere Grenze der Reliabilität, gibt das *Cronbach-alpha* (und zwar ohne wesentliche Voraussetzungen mit s^2 für die Varianz des Gesamttests, s_1^2 und s_2^2 für die Varianzen der beiden Testteile):

$$alpha = 2\left(1 - \frac{s_1^2 + s_2^2}{s^2}\right)$$

Eine andere Methode zur Bestimmung der inneren Konsistenz stellt die sog. „Konsistenzanalyse" dar: Anstatt einen Test in nur zwei Teile zu teilen, wird er hier in so viele Teile zerlegt wie er Items besitzt. Die bekannteste Formel dazu ist die *Kuder-Richardson*-Formel 20 (s. wieder Lienert & Raatz, 1998 mit p_i für die geschätzte Lösungswahrscheinlichkeit von Item i, $i = 1, 2, \ldots, k$):

$$KR20 = \frac{k}{k-1}\left[1 - \frac{\sum\limits_{i=1}^{k} p_i(1 - p_i)}{s^2}\right]$$

Wichtiger Hinweis

Die *Kuder-Richardson*-Formel 20 gilt nur für dichotom zu verrechnende Items (z. B. richtig/falsch) und setzt (unrealistischerweise!) voraus, dass sämtliche Interkorrelationen gleich sind; ist diese letzte Voraussetzung nicht erfüllt, liegt wieder bloß eine Abschätzung der Reliabilität vor.

Abgesehen davon, dass sich in den vielen Jahren der an der *Klassischen Testtheorie* orientierten *Psychologischen Diagnostik* die Reliabilitäts-Maße als Gütekriterien *per se* etabliert haben – „Ein für die Praxis geeignetes Verfahren weist Werte um 0.9 oder darüber auf. Falls die angegebenen Werte niedriger sind oder ganz fehlen, sollte auf den Einsatz dieses Verfahrens verzichtet werden" (Horn, 1986, S. 19) – ist es mit ihnen wesentlich anschaulicher auch möglich, den sog. „Standardmessfehler" (*SMF*) zu bestimmen. Mit ihm kann pro Tp v mit Testwert x_v das Konfidenzintervall berechnet werden, innerhalb dessen ihr wahrer, d. h. messfehlerbereinigter Testwert T_v liegen wird (und zwar bei festgelegter Irrtumswahrscheinlichkeit α). Bekanntlich lässt sich aus den Axiomen der *Klassischen Testtheorie* der Standardmessfehler wie folgt ableiten (vgl. z. B. Fischer, 1974):

$$SMF = \sqrt{s^2(1 - r_{tt})}$$

Das angesprochene Konfidenzintervall ergibt sich dann wie folgt (z_α laut Tabelle der Standardnormalverteilung; s. z. B. bei Rasch & Kubinger, 2005):

$$T_v^{1,2} = x_v \pm z_\alpha SMF$$

Zur Illustration

Für $r_{tt} = 0{,}80$ (und $\alpha = 0{,}05$) folgt bei einem Intelligenztest (also mit IQ_v statt x_v – wie in Abschnitt 2.4 Normierung näher ausgeführt wird, ist dann $s = 15$): $T_v^{1,\,2} = IQ_v \pm 1{,}96 \cdot 15\sqrt{0{,}20} = IQ_v \pm 13{,}1$; für $r_{tt} = 0{,}95$: $T_v^{1,\,2} = IQ_v \pm 1{,}96 \cdot 15\sqrt{0{,}05} = IQ_v \pm 6{,}6$. Das heißt, selbst bei hoch reliablen Tests muss mit einer im Vergleich zu physikalischen Messungen (Fieberthermometer) relativ großen Messungenauigkeit gerechnet werden.

Zur Illustration

Die für den Untertest 6 aus dem AID beobachtete *Split-half*-Reliabilität von 0,94 führt bei $\alpha = 0{,}05$ zu einer Messungenauigkeit von $\pm 4{,}8$ T-Werten (das entspricht 7,2 IQ-Punkten – zu den T-Werten und ihrem Zusammenhang mit IQ-Punkten s. in Abschnitt 2.4 Normierung).

Bemerkung am Rand

Zu beachten ist, dass – falls der Standardmessfehler in einem Manual überhaupt publiziert wird – er „naive“ Tl dazu verleitet, ihn *unmittelbar* als (halbe) Messungenauigkeit zu interpretieren: Wie statistisch leicht nachzuvollziehen ist, bedeutet dieses Vorgehen, weil z_α dabei gleich 1 gesetzt wird, eine Irrtumswahrscheinlichkeit α von ca. 0,33!

2.3 Validität

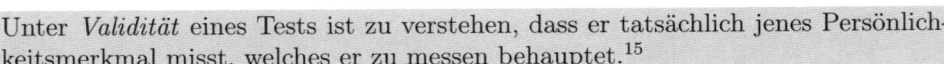

Unter *Validität* eines Tests ist zu verstehen, dass er tatsächlich jenes Persönlichkeitsmerkmal misst, welches er zu messen behauptet.[15]

Vom Idealfall ausgehend kann ein Test allerdings auch mehr oder weniger valide sein, so dass jeweils das Ausmaß der Validität eines Tests interessiert.

Während eine ansprechende Reliabilität notwendige, nicht aber hinreichende Bedingung für einen brauchbaren Test ist, stellt die Validität („Gültigkeit") ohne Frage das wichtigste Gütekriterium dar – gleichzeitig ist es dasjenige, welches auch heute noch am schwierigsten zu prüfen ist.

Zu unterscheiden sind verschiedene Konzepte bzw. Begriffe der Validität: Die
1. inhaltliche Gültigkeit, die
2. Konstruktvalidität und die
3. Kriteriumsvalidität;
diese werden im Folgenden abgehandelt sowie ganz kurz
4. ein neues Validierungskonzept.

---

[15]Sehr frei nach *Lienert*; s. wieder Lienert und Raatz (1998, S. 10).

2.3.1 Inhaltliche Gültigkeit

Von inhaltlicher Gültigkeit[16] eines Tests ist zu sprechen, wenn dieser selbst, quasi definitionsgemäß, das optimale Kriterium des interessierenden Merkmals darstellt. Zum Beispiel kann man einem Schulleistungstest „logische Validität" attestieren; einer sog. „Arbeitsprobe", zum Beispiel zur Textverarbeitung (Text nach Ansage oder Vorlage abtippen), „triviale Validität".

> **Erläuterung** zum Begriff „Arbeitsprobe":
> Eine „Arbeitsprobe zielt auf ein Arbeitsresultat ab, das auf der Grundlage einer Arbeitsanweisung oder Aufgaben- bzw. Problemstellung vom Psychologen gefordert wird. Das Resultat ist dabei ein Produkt, das unter Einsatz von deklarativem, prozeduralem und/oder metakognitivem Wissen zustande kommt. Der Teilbegriff ‚-probe' deutet an, dass einerseits ein Probehandeln verlangt und andererseits von allen möglichen Verhaltensweisen einer späteren Tätigkeit nur ein stichprobenartig beschriebener Ausschnitt geprüft wird. Im Vergleich zur Probearbeit ist die Auswirkung der Arbeitserfahrung auf das Resultat ziemlich gering. Arbeitsproben sind sehr nahe an der späteren Tätigkeit der Kandidaten orientiert" (Jäger, 2003a, S. 42).

Verwirrenderweise werden die Begriffe logische, triviale und inhaltliche Validität (Gültigkeit) oft synonym verwendet; logische und triviale Validität sind jedoch exakter Weise nur Spezialfälle der inhaltlichen Gültigkeit.

> **Zur Illustration**
> Inhaltliche Gültigkeit im Sinne von logischer Validität ist im Rahmen psychologischer Tests zum Beispiel dadurch zu erreichen, dass bei der Konstruktion der einzelnen Items eines Tests ganz bestimmte, definitorisch festgelegte Regeln Anwendung finden. Etwa beim WMT wurden die Items so erstellt, dass (nur) die richtige Anwendung dieser Regeln zur Lösung führt (vgl. das in Abbildung 2.3 wiedergegebene und in deren Legende kommentierte Item 6). Von denjenigen Tpn, welche viele Items lösen, ist – bis auf gegenteilige empirische Belege – anzunehmen, dass sie die fraglichen Regeln beherrschen.

Am leichtesten erreicht man inhaltliche Gültigkeit durch ein „Experten-*Rating*": Jedes einzelne Item wird dahingehend geprüft, ob es in Bezug auf die gegebene operationale Definition dessen, was der Test messen soll, passt. Hier stellt sich allerdings immer das Problem, wie die Qualifikation zum Experten erfolgt bzw. wie repräsentativ die Auswahl der Experten ist; die Gefahr der Tradierung bisheriger Gepflogenheiten und Auffassungen besteht in jedem Fall.

> **Zur Illustration**
> Für den Untertest *Alltagswissen* des AID wurden zum *Rating* Psychologen, die in der Schulpsychologie bzw. Berufs- und Bildungsberatung tätig sind, herangezogen,

---

[16]Selten, aber doch, findet sich auch die Bezeichnung: „Kontentvalidität", als unmittelbare Übersetzung aus dem Englischen.

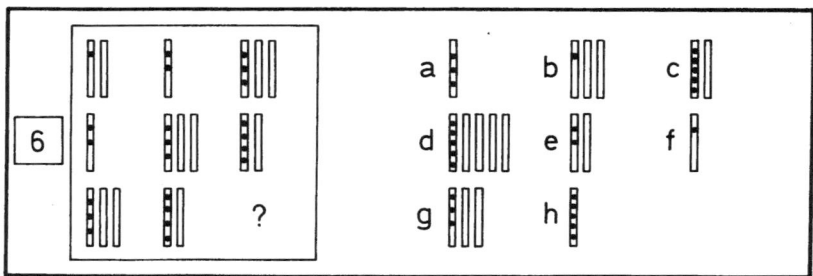

Abbildung 2.3: Item 6 des WMT (mit freundlicher Genehmigung von *Beltz Test*). Zur
Lösung („h") dieses Items kommt man laut Formann (1973) durch Anwenden folgender Regeln: „waagrecht und senkrecht", „Anzahl – Fortset-
zen", „Anzahl – Variieren".

um die vorgeschlagenen Items hinsichtlich ihrer Relevanz und Repräsentativität
bezüglich „Alltagswissen" abzuklären („Der Untertest 1 Alltagswissen soll die Fähigkeit prüfen, sich Sachkenntnisse über Inhalte anzueignen, die in der heutigen
Gesellschaft alltäglich sind" Kubinger & Wurst, 2000, S. 16).

Befremdlicherweise wird oft der Begriff der inhaltlichen Gültigkeit mit dem der
„Augenscheinvalidität" (*Face-validity*) verwechselt – auch von manchen Testautoren. Augenscheinvalidität meint jedoch nicht, dass ein Test augenscheinlich valide
ist, sondern (nur), dass es der Tp augenscheinlich klar ist, was mit dem Test zu
erfassen beabsichtigt ist; sie durchschaut die Messintention.

Bemerkung am Rand

Hohe Augenscheinvalidität kann von Vorteil sein. Bringt nämlich eine Tp dem
psychologischen Diagnostizieren Skepsis entgegen, ließe ein in Bezug auf die diagnostische Fragestellung augenscheinvalider Test noch am ehesten eine hohe Bereitschaft zur Testung erwarten; beispielsweise lassen sich Bewerber um Manager-
Stellen nur ungern testen, es sei denn mittels Computer-Simulationen, in denen
von der Tp u. a. „Geschicklichkeit" im Organisieren verlangt wird (vgl. Näheres
in Abschnitt 3.1.4). Hohe Augenscheinvalidität kann aber auch von Nachteil sein.
Gerade in der Personalauswahl kommt die Verfälschbarkeit herkömmlicher Persönlichkeitsfragebogen stark zum Tragen; hier werden Fragen gestellt, wie: „Ich
wache morgens meist frisch und ausgeruht auf" (Item 135 des *Deutschen* CPI,
California Psychological Inventory; Weinert, 1982), die vom Bewerber regelmäßig in Richtung (sozialer) Erwünschtheit bzw. in Richtung persönlichen Vorteils
beantwortet werden (vgl. dazu in Abschnitt 2.9 Unverfälschbarkeit).

Bemerkung am Rand

Der Begriff „ökologische Validität" (selten auch: „ökologische Repräsentativität")
zielt auf die Entsprechung *psychologischen Diagnostizierens* mit den Anforderungen der „natürlichen Lebensbedingungen" ab. So gibt es die Kritik, dass die übliche diagnostische Datenerhebung (bloß) labormäßige Ergebnisse liefert, die für

die psychosoziale Umwelt der Tp nicht repräsentativ sind. Vielmehr solle man
sich um die Beschreibung und Funktionsanalyse des Menschen unter Alltagsbe-
dingungen bemühen (vgl. z. B. Kaminski, 1988). Indem das gelänge, hätte das
eingesetzte psychologisch-diagnostische Verfahren wohl auch inhaltliche Gültigkeit. Bestes Beispiel scheint die (systematische) Verhaltensbeobachtung (im Feld)
zu sein, die eben reales Verhalten erfasst und nicht anstatt dessen nur ein verbal
berichtetes, wie das in Fragebogen der Fall ist (vgl. dazu Genaueres später, in
Abschnitt 3.2.3).

2.3.2 Konstruktvalidität

Erfüllt ein Test (nicht nur einen pragmatischen Anspruch, sondern) gewisse theoretische bzw. theoriegeleitete Vorstellungen in Bezug auf irgendein sog. „Konstrukt",
dann ist ihm Konstruktvalidität zuzusprechen.

Erläuterung zum Begriff „Konstrukt":
Unter (hypothetischen) Konstrukten versteht man „Merkmale, Zustände oder In-
stanzen, die nicht direkt beobachtbar sind, sondern aufgrund von (Verhaltens-) Beobachtungen erschlossen werden" (Tewes & Wildgrube, 1999, S. 209). Konstrukte
sind also allgemein anerkannte, aber eben nicht direkt beobachtbare „Phänomene",
wie z. B. Intelligenz, Angst oder Stress.

Zur Konstruktvalidierung eines Tests gibt es mehrere Ansätze, die im Folgenden
illustriert werden:

▶ Der klassische Ansatz über die Faktorenanalyse,
▶ der Ansatz von *Campbell* und *Fiske* sowie
▶ die nicht-korrelativen Ansätze.

Exkurs Faktorenanalyse:
Die Faktorenanalyse ist eine Methode der multivariaten Statistik zur Identifizierung derjenigen Anzahl und Art unabhängiger Dimensionen (Eigenschaften; auch
im Deutschen: „Traits"), sog. „Faktoren" (das sind Supra-Variablen), die zur Erklärung (im statistischen Sinn) einer größeren Anzahl korrelierender Variablen
ausreichen. Jede ursprünglich beobachtete Variable wird als Linearkombination
dieser Faktoren modellhaft angesetzt – insofern ist die Faktorenanalyse ein Modell, deren Grundannahme, das ist die genannte Linearkombination, allerdings
nicht prüfbar ist. Die Faktoren sind weder beobachtbar noch inhaltlich eindeutig,
sondern ergeben sich indirekt aus den Koeffizienten sämtlicher Linearkombinatio-
nen, das sind die Lösungen (sog. „Ladungen" – zu interpretieren wie Korrelationen,
und zwar zwischen den ursprünglichen Variablen einerseits und den resultierenden Faktoren andererseits) des dem Modell insgesamt entsprechenden homogenen
Gleichungssystems. Mit Hilfe der (derzeit immer noch fast exklusiv eingesetzten)
„Hauptkomponentenanalyse" gelangt man zu diesen Lösungen (iterativ) über die
Auflösung eines sog. „Eigenwertproblems", das ist eine komplexe Extremwertauf-
gabe.

Die Bestimmung der Anzahl der Faktoren ist ein erster Problembereich der Faktorenanalyse. Zumeist orientiert man sich als Anwender an der Zahl der sog. „Eigenwerte", die größer als 1 sind (der Eigenwert ist die Summe der quadrierten Ladungen pro extrahiertem Faktor – das ist gleichzeitig, weil eingangs sämtliche Variablenvarianzen auf 1 standardisiert werden, die durch diesen Faktor erklärte Varianz der Daten). Nur dann erklärt ein Faktor mehr an Varianz als jede einzelne Variable. Eine anschauliche Ergänzung wäre die (deskriptive) Prüfung, inwieweit mit den extrahierten Faktoren und deren Ladungen die ursprüngliche Korrelationsmatrix sämtlicher Variablen reproduziert werden kann.

Die (inhaltliche) Beschreibung der Faktoren, also deren „Art", ist ein zweiter Problembereich. Rechenbedingt werden die Faktoren nach der Größe der durch sie erklärten Varianz bestimmt. Dementsprechend laden fast alle Variablen in den ersten Faktoren relativ hoch, in den letzten extrahierten relativ niedrig. Um die Faktoren leichter interpretieren zu können, müssen sie (genauer: das ihnen in einem mehrdimensionalen Raum entsprechende rechtwinklige Koordinatensystem) daher rotiert werden, und zwar am besten gemäß dem „*simple-structure*" Prinzip nach *Thurstone* – die Punkte im mehrdimensionalen Raum, das sind die Variablen mit ihren Ladungen pro Faktor als Koordinaten, bleiben unverändert, nur das Achsensystem der Koordinaten wird gedreht. Im Wesentlichen geht es dabei darum, dass jeder Faktor sowohl sehr hohe als auch (viele) sehr niedrige Ladungen aufweist. Formalisiert kommt diesem Prinzip das sog. „Varimax-Kriterium" von *Kaiser* sehr nahe: Die Varianz der Ladungen innerhalb jedes Faktors soll möglichst groß sein. Während bis jetzt rechtwinklige (sog. „orthogonale") Rotationen gemeint waren, gibt es auch Techniken der schiefwinkligen (sog. „*oblique*") Rotation; natürlich erfüllen sie das *simple-structure* Prinzip leichter, allerdings auf Kosten anders gelagerter Interpretationsprobleme, nämlich dem korrelierender Faktoren, d. h. eben nicht rechtwinkliger Koordinatensysteme.

Erfolgt in der wissenschaftlichen Praxis je eine schiefwinklige Rotation, so findet sich regelmäßig eine zweite Faktorenanalyse, und zwar angewendet auf die auch als Primärfaktoren bezeichneten Faktoren erster Ordnung; das Ergebnis sind Sekundärfaktoren.

Da Faktoren innerhalb der Differentiellen Psychologie als Eigenschaften zu interpretieren sind, liegt es nahe, zum Zweck *psychologischen Diagnostizierens* Personen auch gemäß diesen (neuen) Eigenschaften zu beschreiben. Dies gelingt mit den ebenfalls bei einer Faktorenanalyse resultierenden sog. „Faktor-*Scores*"; sie geben den Ausprägungsgrad jeder Person pro Faktor an. Nicht nur problematisch, sondern schlicht falsch ist die davon abweichende, sehr häufig geübte Praxis (vgl. z. B. in Abschnitt 4.2.1), die Testkennwerte so festzulegen, dass sämtliche hoch ladenden Variablen eines Faktors gleichwertig verrechnet werden!

Genaueres zur Faktorenanalyse siehe bei Moosbrugger und Hartig (2003).

Der klassische Ansatz über die Faktorenanalyse

Als typisches Beispiel des faktorenanalytischen Ansatzes einer Konstruktvalidierung soll die Intelligenztheorie, besser: das theoretische Intelligenztestkonzept von

Wechsler dienen. Obwohl seine Ausführungen in mehrfacher Hinsicht widersprüchlich sind, ist doch verbindlich abzuleiten, dass er mit seinen Testbatterien zwei voneinander unabhängige Intelligenzaspekte erfassen will, nämlich die „verbale Intelligenz" einerseits und die „praktische (Handlungs-) Intelligenz" andererseits (s. nur die deutschsprachigen Versionen HAWIE-R sowie HAWIK-III).

Zur Illustration

_Wechsler_s Überlegungen zielen von vornherein nur auf die Messung der Intelligenz: Gerade für seinen pragmatischen Standpunkt, mehr am Produkt der Intelligenz als am Konstrukt selbst interessiert zu sein, haben auch Einflüsse große Bedeutung, die zwar nicht unmittelbar intellektueller Natur sind, jedoch mittelbar zum Zustandekommen intellektueller Leistungen beitragen. Explizit nennt er Trieb und Anreiz, in gewisser Weise ist aber auch das Gedächtnis und die Fähigkeit zur sozialen Anpassung zu subsumieren – „Intelligenz ist die zusammengesetzte oder globale Fähigkeit des Individuums, zweckvoll zu handeln, vernünftig zu denken und sich mit seiner Umgebung wirkungsvoll auseinander zu setzen" (Wechsler, 1956, S. 13). Die Berücksichtigung nicht-intellektueller Einflüsse kommt dabei nicht von ungefähr; Alexander (1935, zitiert nach Wechsler) gab mit seinen Versuchen, _Charles E. Spearman_s Zweifaktorentheorie zu prüfen, den Anlass. Er bestätigte zwar mittels Faktorenanalyse, dass alle Leistungstests durch einen gemeinsamen Faktor bestimmt werden, dieser reichte jedoch nicht aus, um die Korrelationsmatrix aller verwendeten Tests vollständig zu erklären. Alexander zieht daraus den Schluss, dass neben einem allgemeinen Faktor der Intelligenz je ein Faktor abstrakter und praktischer Fähigkeiten für alles intellektuelle Verhalten verantwortlich zeichnen – und selbst damit konnte die Korrelationsmatrix nicht hinreichend erklärt werden, so dass ihm ergänzende Faktoren, wie Temperaments- und Persönlichkeitsfaktoren, mitverantwortlich schienen. Bezugnehmend auf diese Argumentation geht Wechsler sogar soweit, dass er sagt: „Bisher haben Verfasser von Intelligenzskalen ... diese Faktoren als störende Elemente angesehen und so weit wie möglich zu beseitigen versucht. Die Erfahrung hat jedoch gezeigt, dass die Tests um so wirkungsloser in der Messung der allgemeinen Intelligenz sind, je erfolgreicher man bei der Beseitigung dieser Faktoren ist. Es werden keine Tests benötigt, bei denen die nicht-intellektuellen Faktoren ausgeschaltet sind (selbst wenn dieses möglich wäre), sondern im Gegenteil Tests, bei denen diese Faktoren deutlich vorhanden und objektiv abschätzbar sind. Die Handlungstests ... sind ein Versuch in dieser Richtung" (S. 22). Er trachtete also danach, Testbatterien zusammenzustellen, die aus zwei gleichwertigen Testteilen, dem Verbalteil und dem Handlungteil, bestehen, wobei letzterer vor allem die nicht-intellektuellen Determinanten intelligenten Verhaltens erfassen soll. Allerdings war es _Wechsler_s Absicht sicher auch, zwischen den abstrakten bzw. verbalen Fähigkeiten, also der Gewandtheit im Benutzen von Symbolen, und den praktischen Fähigkeiten, also der Geschicklichkeit im Handhaben von Objekten, zu differenzieren. Dass jeder der beiden Testteile seinerseits aus einer Reihe von Untertests besteht, soll dem Bestreben Rechnung tragen, auch möglichst viele spezifische Fähigkeiten im Sinne _Spearman_s zu erfassen. Dabei erhebt Wechsler keinesfalls den Anspruch, alles zu messen, was Intelligenz ausmache, „denn kein Test würde dazu gegenwärtig in der Lage sein. Wir können lediglich von einer Intelligenzskala verlangen, hinreichende Teile der Intelligenz zu messen, damit wir sie als einigermaßen zuverlässigen Index der globalen Leistungsfähigkeit des Prüflings benützen können" (S. 22). Er stellt sich daher erst gar nicht dem Problem, die Untertests in Hinblick auf ihre Repräsentativität auszuwählen; vielmehr wurden diejenigen Tests bzw. Items in die Testbatterien aufgenommen, welche sich in entsprechenden Voruntersuchungen als einigermaßen zuverlässig, gültig und trennscharf erwiesen haben. Das führte zu den berühmten elf ursprünglichen Untertests: *Allgemeines Wissen, Zahlennachsprechen, Wortschatz-Test, Rechnerisches Denken, Allgemeines Verständnis, Gemeinsamkeitenfinden* – das ist der Verbalteil; *Bilderergänzen, Bilderordnen, Mosaik-Test, Figurenlegen, Zahlen-Symbol-Test* – das ist der Handlungsteil. Die Durchschnittsleistung aller elf Untertests entspricht dem Intelligenzquotienten (Gesamt-*IQ*), die Durchschnittsleistung aller Untertests je Teil dem Verbal- bzw. Handlungs-*IQ*.

Sofern faktorenanalytische Ergebnisse überhaupt Hypothesen stützen können (vgl. zum Problem der Stichprobenabhängigkeit in Abschnitt 2.5 Skalierung), tun dies einigermaßen diejenigen bezüglich des HAWIK-III: Wenn man aus den Interkorrelationen, wie sie im Manual angegeben sind, eine Hauptkomponentenanalyse berechnet, resultieren zwei Faktoren mit einem Eigenwert deutlich größer als 1 (zusammen erklären sie etwa 53 % der Varianz; ein dritter Eigenwert beträgt 1,024!) und separieren dabei ladungsmäßig die Untertests des Verbalteils von denen des Handlungsteils (vgl. dazu Abbildung 2.4).

Mittlerweile wird regelmäßig versucht, bei einer Konstruktvalidierung zusätzlich zu konstruktnahen Tests („konvergente Validität", nach Campbell & Fiske, 1959) auch noch konstruktferne Tests („diskriminante Validität") in die Faktorenanalyse mit ein zu beziehen: Wenn der zu validierende Test im selben Faktor wie die ihm konstruktnahen Tests lädt und er gleichzeitig in denjenigen Faktoren gerade nicht lädt, welche durch die ihm konstruktfernen Tests bestimmt sind, ist die Konstruktvalidierung gelungen.

Der Ansatz von Campbell und Fiske

An sich sehen Campbell und Fiske (1959) vor, dass nicht nur konstruktnahe und konstruktferne Tests zusätzlich zum eigentlich interessierenden Test untersucht werden, sondern alle Tests auch unter verschiedenen Methoden/Bedingungen. Die daraus bestimmbaren Korrelationen bilden dann die sog. „*Multi-trait-multimethod*"- (MTMM-) Matrix. In ihr ist zwischen hetero- und monomethodischen Korrelationen einerseits sowie zwischen hetero- und mono*trait* Korrelationen andererseits zu unterscheiden.

Zur Illustration

Der BBT (*Begriffs-Bildungs-Test*; Kubinger, Fischer & Schuhfried, 1993; vgl. auch Alexandrowicz, 1999) soll die Fähigkeit erfassen, „„Redundanz zu erkennen', also

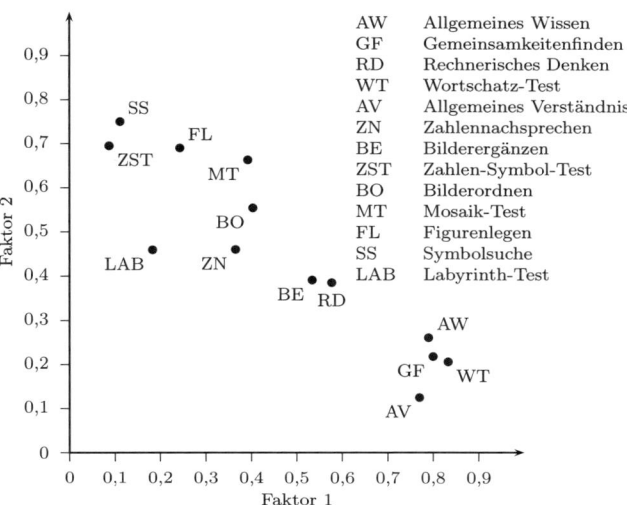

Abbildung 2.4: Graphische Darstellung der Ladungen der 13 Untertests des HAWIK-III in der Varimax-rotierten 2-Faktorenlösung für die Gesamtstichprobe (nach Tabelle C.12 bei Tewes et al., 1999).

eine Fülle von Information auf die wesentliche zu reduzieren" (S. 4); für seine Validierung wäre es denkbar, als konstruktnahen Test R einen Repräsentanten von *Reasoning* zu verwenden und als konstruktfernen einen Lern- (Fähigkeits-) Test L. Wie der BBT könnten sich dabei die beiden anderen Tests auf drei verschiedene Materialien (Methoden/Bedingungen) beziehen, zum Beispiel: i) figurales Material, ii) verbales Material und iii) numerisches Material.[17] Die resultierende MTMM-Matrix ist in Tabelle 2.3 schematisiert. Alle mono*methodischen*-mono*trait*-Korrelationen drücken die (Parallel- bzw. Retest-) Reliabilität des betreffenden Tests (in Bezug auf ein bestimmtes Material) aus. Die hetero*methodischen*-mono*trait*-Korrelationen sind als innere Konsistenz (bezogen auf die verschiedenen Materialien) aufzufassen. Und die mono*methodischen*-hetero*trait*-Korrelationen zwischen den konstruktnahen Tests entsprechen der konvergenten Validität, diejenigen zwischen den konstruktfernen Tests der diskriminanten Validität.

---

[17]Zur Simplifizierung sowie in Anlehnung an herkömmliche Ansätze (z. B. im *Berliner-Intelligenz-Strukturmodell* von Jäger, 1984) wurde hier als drittes Material numerisch genannt; zwar wäre es vom Testkonzept her theoretisch denkbar, beim BBT numerisches Itemmaterial einzusetzen, tatsächlich beinhaltet er aber (nur) zweifach zweigestufte Materialien, nämlich abstrakt *vs.* anschaulich gekreuzt mit figural *vs.* verbal: Abstrakte Figuren, anschauliche Figuren, sinnfreie Silben und sinnvolle Sätze.

Tabelle 2.3: Ein theoretisches Beispiel einer MTMM-Matrix. Die grau unterlegten Felder geben die monomethodischen Korrelationen an, die weißen Felder die heteromethodischen.

Materialien (Methoden/ Bedingungen)		Materialien (Methoden/Bedingungen)								
		i) figural			ii) verbal			iii) numerisch		
	Test	BBT	R	L	BBT	R	L	BBT	R	L
i) figural	BBT	$r_{BBTf,BBTf}$								
	R	$r_{BBTf,Rf}$	$r_{Rf,Rf}$							
	L	$r_{BBTf,Lf}$	$r_{Rf,Lf}$	$r_{Lf,Lf}$						
ii) verbal	BBT	$r_{BBTf,BBTv}$	$r_{Rf,BBTv}$	$r_{Lf,BBTv}$	$r_{BBTv,BBTv}$					
	R	$r_{BBTf,Rv}$	$r_{Rf,Rv}$	$r_{Lf,Rv}$	$r_{BBTv,Rv}$	$r_{Rv,Rv}$				
	L	$r_{BBTf,Lv}$	$r_{Rf,Lv}$	$r_{Lf,Lv}$	$r_{BBTv,Lv}$	$r_{Rv,Lv}$	$r_{Lv,Lv}$			
iii) numerisch	BBT	$r_{BBTf,BBTn}$	$r_{Rf,BBTn}$	$r_{Lf,BBTn}$	$r_{BBTv,BBTn}$	$r_{Rv,BBTn}$	$r_{Lv,BBTn}$	$r_{BBTn,BBTn}$		
	R	$r_{BBTf,Rn}$	$r_{Rf,Rn}$	$r_{Lf,Rn}$	$r_{BBTv,Rn}$	$r_{Rv,Rn}$	$r_{Lv,Rn}$	$r_{BBTn,Rn}$	$r_{Rn,Rn}$	
	L	$r_{BBTf,Ln}$	$r_{Rf,Ln}$	$r_{Lf,Ln}$	$r_{BBTv,Ln}$	$r_{Rv,Ln}$	$r_{Lv,Ln}$	$r_{BBTn,Ln}$	$r_{Rn,Ln}$	$r_{Ln,Ln}$

Nach Campbell und Fiske (1959) muss nun ein valider Test folgende Bedingungen erfüllen: _innere Konsistenz_

- Die heteromethodischen-monotrait-Korrelationen müssen bedeutend größer als null sein. Sind sie es nicht, messen die Methoden/Bedingungen verschiedene Konstrukte – nur multimethodisch messbare Konstrukte sind, definitionsgemäß, allgemein gültig, also für eine Persönlichkeitsdiagnostik interessant.
- Die heteromethodischen-monotrait-Korrelationen sollten größer sein als die monomethodischen-heterotrait-Korrelationen zwischen konstruktfernen Tests – im anderen Fall würden eher die Methoden/Bedingungen ein Konstrukt ausmachen als die intendierten „Konstrukte" selbst.
- Die heteromethodischen-monotrait-Korrelationen sollten größer sein als sämtliche heteromethodischen-heterotrait-Korrelationen zwischen konstruktfernen Tests – ansonsten ist die diskriminante Validität nicht gegeben.
- Die obigen drei Punkte müssen sinngemäß gelten, sofern heteromethodische-monotrait-Korrelationen durch „mono- bzw. heteromethodische-heterotrait-Korrelationen zwischen konstruktnahen Tests" ersetzt werden – dann ist die konvergente Validität erfüllt.

Allerdings genügt ein bloß deskriptiver Größenvergleich von Korrelationen nicht und eine Schlussfolgerung wäre kaum eindeutig. Deshalb ist es vorzuziehen, die MTMM-Matrix als das Ergebnis eines sog. „Linearen Strukturgleichungs"-Modells zu definieren, d. h., die für Konstruktvalidität sprechenden Zusammenhänge als Hypothese zu formalisieren. Je nachdem, ob sich das derart spezifizierte Modell in Bezug auf die empirisch gewonnenen Daten (Korrelationen) als gültig erweist oder nicht, kann die Hypothese der Konstruktvalidität aufrecht erhalten werden oder ist sie zu verwerfen (Genaueres s. z. B. bei Schermelleh-Engel & Schweizer, 2003). Dieser Ansatz findet sich aber bei publizierten Tests noch sehr selten realisiert.

Die nicht-korrelativen Ansätze

Demgegenüber sind auch nicht-korrelative Konstruktvalidierungen möglich.

- Erstens kommt die Analyse interindividueller Unterschiede in Frage, und zwar zwischen Gruppen, deren Gegenüberstellung direkt aus dem (vermeintlichen) Konstrukt abgeleitet wurde: Interessant sind dabei vor allem Extremgruppen (sog. „Extremgruppenvalidierung").

Zur Illustration

Bei der unpublizierten Computer-Simulation (vgl. in Abschnitt 3.1.4) _VAGO_ zur Messung des Konstrukts „Kooperatives Verhalten" – es geht um die erste Sitzung eines großen Planungsteams, bei der möglichst viele Anträge bezüglich der Gestaltung der Insel „Vago" (ein Phantasiename) in einem relativ eng vorgegebenen Rahmen simulierter Spielzeit vom Projektleiter, der Tp, bearbeitet werden sollen – geschah eine Extremgruppenvalidierung wie folgt (Gölzner, 1998): Unter Bezug auf eine Hypothese der sportpsychologischen Literatur, wonach Mannschaftssportler generalisiert kooperativeres Verhalten zeigen als Individualsportler, wurde dementsprechend eine Gruppe von 40 wettkämpferischen Mannschaftssportlern und auch eine Gruppe von 40 wettkämpferischen Individualsportlern getestet. Unter erstere fielen Volley-, Fuß- und Basketballer(innen), unter letztere Schwimmer, Leichtatlethen, Kampfsportler und Radrennsportler(innen). Die Auswertung mittels Diskriminanz- und anschließender Klassifikationsanalyse ergab, dass immerhin 72,5 % der Einzelsportler und 57,5 % der Mannschaftssportler durch die gefundene Diskriminanzfunktion richtig zugeordnet werden konnten, so dass *VAGO* zumindest für ein sog. „*Screening*" praktisch geeignet erscheint.

Erläuterung zum Begriff „Screening":
„Verfahren zur Selektion von Personen ... zwecks weiterer Analyse. Insbesondere wird bei einem sequentiellen Vorgehen die erste Phase einer Grobauslese als S. oder ‚Siebtestmethode' bezeichnet" (*Lexikon der Psychologie*; Arnold et al., 1997, S. 2016).

- Zweitens kommt die Analyse intraindividueller Unterschiede in Frage: Wird ein Test mehrmals (mit und ohne systematischer Variation der Durchführungsbedingungen) vorgegeben, so sollten bei habituellen Persönlichkeitsmerkmalen keine Veränderungen in den Testwerten resultieren; bei situationsabhängigen Verhaltensweisen, etwa der Stimmungslage, müssten jedoch entsprechend deutliche Unterschiede auftreten.

Bemerkung am Rand
Insbesondere wenn situative Bedingungen experimentell variiert werden, müssen sich bei einem validen Test deutliche Veränderungen zeigen. Ein diffiziles Problem dazu offenbart zum Beispiel die Belastbarkeitsdiagnostik. Mit Hilfe der Computerdiagnostik werden neuerdings besondere, die Tp experimentell manipulierende Aufgabenstellungen kreiert (vgl. dazu die sog. „Objektiven Persönlichkeits*tests*" in Abschnitt 4.2.4), von denen erwartet wird, dass sie insbesondere psychisch belasten. Weil jedoch vermutlich nicht alle Tpn durch diese Belastung auch tatsächlich in dem Sinn beansprucht werden, dass ihre Leistung und ihre Befindlichkeit wesentlich beeinflusst wird – sie sich im Gegenteil höchst belastbar erweisen –, sind die intraindividuellen Unterschiede der Testwerte zwischen der Bedingung „ohne" und „mit" experimentell manipulierter Belastung keinesfalls geeignet, die Konstruktvalidität in Bezug auf Belastbarkeit im Sinn von „wenig (psychisch) beansprucht" zu bestimmen. Es ist jedoch noch nicht geklärt, ob der Test überhaupt Belastung provoziert, die ihrerseits bei manchen Personen zu Beanspruchung führen kann. Wichtig ist daher, etwa mit Hilfe einer Analyse intraindividueller Unterschiede (konstruktvalidierend) zu prüfen, inwieweit der Test tatsächlich Belastung erzeugt. Für eine erste solche Testbatterie konnte Ortner (2001) anhand psychophysiologischer Messungen während der Testbearbeitung zeigen, dass zwischen den beiden Bedingungen „ohne" und „mit" experimentell manipulierter Belastung deutliche *intra*individuelle Unterschiede hinsichtlich relevanter physiologischer Parameter auftreten: Erhöhung der durchschnittlichen Hautleitfähigkeit, Absinken der Handtemperatur, Abnahme der Atemamplitude, Abnahme der Bauchatmung

im Vergleich zur Brustatemtätigkeit und Abnahme der durchschnittlichen Puls-
volumenamplitude. Wenn auch, wie bei psychophysiologischen Messungen üblich,
nichts über die inhaltliche Qualität einer psychophysiologischen Reaktion ausgesagt werden kann (vgl. z. B. Boucsein, 1991), so ist damit doch belegt, dass die
experimentelle Manipulation überhaupt irgendetwas bewirkt.

- Drittens kann durch Selbst- bzw. Fremdbeobachtung während der Bearbeitung
  des Tests, insbesondere durch Beobachtung des Entscheidungs- bzw. Lösungs-
  prozesses untersucht werden, inwieweit das intendierte Konstrukt erfasst wird.

Zur Illustration
So könnten etwa die von Formann (1973) definitorisch festgelegten Regeln zum
WMT durch die Methode des sog. „lauten Denkens" daraufhin geprüft werden,
ob tatsächlich ausschließlich die (richtige) Anwendung dieser Regeln zur Lösung
führt (vgl. nochmals Abbildung 2.3 in Abschnitt 2.3.1).

Erläuterung zum Begriff „lautes Denken":
„. . . Verfahren zur Analyse von Problemlöseprozessen. Im Ggs. zur Selbstbeobach-
tung . . . sollen die Probanden alle, auch ganz flüchtige Einfälle verlautbaren, das
Denken selbst wird dagegen nicht reflektiert" (*Lexikon der Psychologie*; Arnold et
al., 1997, S. 537).

Bemerkung am Rand
Im Zuge der Testkonstruktion ist die Beschaffung bestimmter qualitativer Informationen mit Hilfe der Methode des lauten Denkens ganz generell empfehlenswert:
In Vorversuchen sollten Tpn angehalten werden, während der Testbearbeitung
möglichst alle „inneren Vorgänge", Überlegungen und Einfälle zu verbalisieren –
und dabei weniger auf die Testleitung z. B. im Sinne einer raschen Bearbeitung
zu achten –, um eventuell validitätsmindernde Testeigenschaften zu erkennen.
Das betrifft Verständnisschwierigkeiten der Tpn – vor allem bei der Instruktion – sowie implizite Hypothesen der Tpn über das, was mit dem Test gemessen
wird. Darüber hinaus kann man auch Informationen gewinnen, die die Zumutbarkeit (vgl. in Abschnitt 2.8 Zumutbarkeit), Verfälschbarkeit (vgl. in Abschnitt 2.9
Unverfälschbarkeit) und Fairness (vgl. in Abschnitt 2.10 Fairness) eines Tests betreffen.

2.3.3 Kriteriumsvalidität

Alle bisher genannten Validierungsansätze tragen das Handikap, dass sie keine
statistische Kennzahl liefern, die das Ausmaß der Validität eines Tests absolut zu
bestimmen erlaubten. Insofern wäre der Nachweis einer Kriteriumsvalidität der
lediglich argumentierten inhaltlichen Gültigkeit bzw. Konstruktvalidität überlegen: Eine bestimmte als relevant angesehene Variable (sog. „Außenkriterium")
wird mit dem interessierenden Test korreliert. Das Problem liegt hier jedoch darin, ein geeignetes Außenkriterium überhaupt zu finden, sowie darin, dass dieses
seinerseits nicht hundertprozentig messgenau sein wird.

Die möglichen Außenkriterien können nach zwei Gesichtspunkten gruppiert werden:

- Die sog. „Übereinstimmungsvalidität"[18] bezieht sich auf die Korrelation mit einem anderen Test, der (angeblich) dasselbe Konstrukt erfasst.

  Bemerkung am Rand

  Bei der Übereinstimmungsvalidität stellt sich das Problem, dass entweder der (alte) Test, der als Außenkriterium fungiert, in Bezug auf die üblichen Gütekriterien mangelhaft ist – dann taugt er auch nicht als Außenkriterium; oder er entspricht ihnen – dann besteht für den zu validierenden (neuen) Test kein Bedarf (vgl. in Abschnitt 2.7 Nützlichkeit).

- Die sog. „Vorhersagegültigkeit" oder „prognostische Validität" bestimmt sich aus der Korrelation des fraglichen Tests mit einem Außenkriterium, das in der (fernen) Zukunft liegt (z. B. Prüfungserfolg); ein bestimmtes später beobachtbares Kriterium soll also vorhergesagt werden.

  Bemerkung am Rand

  Es stellt sich die Frage, wie fern die Zukunft sein darf, um eine Chance zum erfolgreichen Prognostizieren zu haben. Viele biologische, psychosoziale und psychische Bedingungsfaktoren werden nämlich umso unwahrscheinlicher wirksam und beeinflussen sich wechselseitig zunehmend weniger vorhersehbar, je mehr Zeit verstreicht.

  Dessen ungeachtet sind Auftraggeber *psychologischen Diagnostizierens* oft gerade an einer *langfristigen* Vorhersage interessiert, und da vor allem an punktuellen Ereignissen. Zum Beispiel würde ein Personalleiter gerne sicher gehen, dass ein heute als geeignet diagnostizierter Buchhalter auch in 30 Jahren verlässlich ist und nicht zum Defraudanten wird. Die Vorstellung, diese Sicherheit je zu erhalten, ist jedoch laienhaft bis naiv: Eine valide Prognose in Bezug auf ein einmaliges Verhalten, welches zwar schwer wiegt, aber allgemein selten auftritt, ist mit Hilfe psychologischer Tests völlig unrealistisch.

  Bemerkung am Rand

  Es ist nicht verwunderlich, dass Tests zur Personalauswahl selten prognostisch validiert werden können. Kaum ein Unternehmen wird Bewerber nur deswegen testen und ohne Beachtung des Testergebnisses anstellen, um nach einiger Zeit die für die statistische Auswertung notwendige Information zu beschaffen, welche sich davon bewährt haben und welche nicht. Und nutzt deshalb das Unternehmen die Testergebnisse doch sofort, also noch ohne Validitätsnachweis, dann wird es erst recht nicht diejenigen Bewerber anstellen, welche auf Grund des Testergebnisses ungeeignet scheinen – was wiederum nötig wäre, um am Ende den Prozentsatz der fälschlich als ungeeignet prognostizierten Bewerber in die Validitätsbestimmung mit ein fließen lassen zu können.

---

[18]Selten, aber doch, findet sich auch die Bezeichnung: „Konkurrente Validität", als unmittelbare Übersetzung aus dem Englischen.

Tatsache ist, dass die Validierungsversuche vieler einschlägiger Tests ziemlich unbefriedigend sind, zumindest was ihre prognostische Validität betrifft. Der Grund, warum dennoch auch wenig valide Tests für praktische Zwecke eingesetzt, ja sogar tatsächlich geeignet sind, lässt sich aus den berühmten *Taylor-Russel*-Tafeln ableiten. Aus Abbildung 2.5 ist zum Beispiel ersichtlich, dass Entscheidungen, basierend auf einem Test mit (realistischer) Validität von 0,35, nicht-validen, zufälligen Entscheidungen dann eindeutig überlegen sind, wenn die sog. „Selektionsquote" niedrig ist; und zwar gilt das vor allem für mittel hohe sog. „Grundraten" – unter Grundrate versteht man den Anteil der potentiell Geeigneten in der unausgelesenen Bewerberpopulation; unter Selektionsquote versteht man den Anteil der aufzunehmenden Bewerber im Verhältnis zur Bewerberzahl insgesamt.

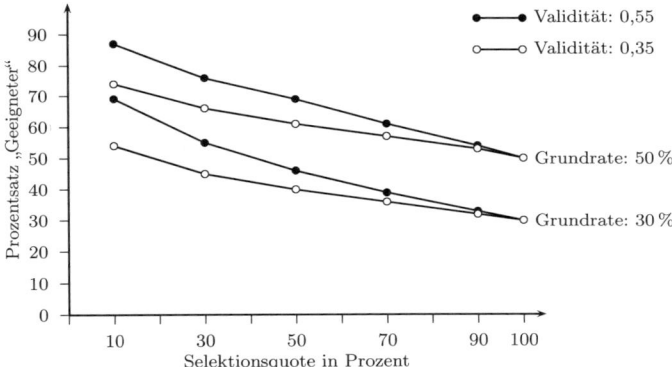

Abbildung 2.5: Prozentsatz geeigneter Bewerber unter den selektierten in Abhängigkeit von der Validität des Tests (0,55 bzw. 0,35) sowie der Selektionsquote und der Grundrate (nach den *Taylor-Russel*-Tafeln, z. B. bei Lienert & Raatz, 1998, S. 421).

Exkurs zu den *Taylor-Russel*-Tafeln:
Die *Taylor-Russel*-Tafeln sind hergeleitet aus der Verteilungsfunktion einer bivariaten Normalverteilung, wobei die eine Variable den interessierenden Testkennwert darstellt, die andere die Eignung als einer (angenommener Weise) ursprünglich normalverteilten Variable – die jeweilige Validität ist dabei der Korrelationsparameter der bivariaten Normalverteilung. Je nach Selektionsquote und Grundrate wird nun zur Bestimmung des Prozentsatzes der (zu erwartenden) selektierten Geeigneten sowohl die Randverteilung des Testkennwerts als auch die Randverteilung der Eignung mit einem *cutting point* versehen, um letztlich die resultierende bivariate „Fläche" zu integrieren.

Bessere Prognosen, etwa in Bezug auf die spätere berufliche Eignung, wird man regelmäßig dadurch erzielen, dass nicht nur ein einziger Test, sondern mehrere gleichzeitig herangezogen werden. Dann ist weniger die Validität der einzelnen Tests von Interesse, sondern die für die Testbatterie als Gesamtpaket. Fraglich ist dabei allerdings, wie die einzelnen Testkennwerte zueinander zu gewichten sind: Alle gleich oder entsprechend ihrer angenommenen Bedeutung bzw. ihres Validitätsbeitrags? Im vorzuziehenden letzten Fall wären die Gewichte so festzulegen, dass die prognostische Validität maximal wird.

Zur Illustration

Im Zusammenhang mit der Auswahl von Tierpflegeschülern versuchte Frebort (2002) dasjenige Gewichtungsschema für sämtliche Testkennwerte einer umfangreichen Testbatterie zu entdecken, welches die besten Prognosen hinsichtlich Schulnoten einerseits und *drop-out* andererseits erzielt. Durch aufwendiges, teilweise hypothesengeleitetes Erproben, teilweise durch systematisches Kombinieren beliebiger Gewichtungen immer wieder berechneter Regressionen konnte schließlich ein Maximalwert an Trefferrate entdeckt werden: In Bezug auf die Schulnote ergab sich ein multipler Korrelationskoeffizient von immerhin 0,67 ($n = 45$). Dabei stellten sich einige Testkennwerte als wenig bedeutend heraus, so dass eine Reduktion der Testbatterie möglich wurde. In Bezug auf das *drop-out*-Kriterium konnten 33 der 34 erfolgreichen Schüler(innen) sowie 7 der 10 Abbrecher richtig zugeordnet werden, was einer Trefferrate von 91 % entspricht.

2.3.4 Ein neues Validierungskonzept

Als „neues Validierungskonzept" stehe folgende Idee: Wenn ein Test valide sein soll, dann muss er mit seiner Diagnose zumindest zwischen zwei Gruppen differenzieren; in der modernen Differentialdiagnostik werden es sogar mehr als zwei Gruppen sein, die auch je nachdem unterschiedlich zu therapieren (zu fördern) sind. Verfügen wir nun über bewährte differentielle Therapie- (Förderungs-) Programme, so sollten diese, diagnosespezifisch eingesetzt, auch nur bei denjenigen Gruppen (besonderen) Erfolg zeigen, wofür sie gedacht sind. Gelingt dieser Nachweis nicht, so muss die (differentielle) Diagnose rückwirkend als nicht valide bezeichnet werden.

2.4 Normierung

Ein Test erfüllt das Gütekriterium Normierung, wenn für sein Bezugssystem zur Relativierung des individuellen Testergebnisses (die sog. „Normen") folgende Bedingungen gegeben sind:
- Die Normen sind gültig, d. h. nicht veraltet,
- die Population, für die die Normen gelten, ist definiert,
- die für die Erstellung der Normen herangezogene Stichprobe ist repräsentativ.

In Anbetracht der begrifflichen Verwechslungsgefahr, die selbst innerhalb der *Psychologischen Diagnostik* spätestens durch die Einführung der DIN-Norm 33430 (vgl. in Abschnitt 1.7 Grundsätze) im Zusammenhang gegeben ist, scheint es angebracht, besser von „Eichung" eines Tests zu sprechen, statt von „Normierung" – grundsätzlich stand für Normierung schon immer synonym: „Standardisierung", „Eichung" (vgl. im Englischen: *standardization*). Der Laie assoziiert wohl auch mit Eichung eines Tests leicht die bei physikalischen Messinstrumenten übliche Eichung, etwa von Präzisionswaagen. Demzufolge sind die sog. „Normen", im Regelfall ein Tabellenwerk, besser als Eichtabellen zu bezeichnen.

Bemerkung am Rand
Lienert (s. wieder Lienert & Raatz, 1998, S. 11) beschrieb Normierung als Gütekriterium noch wie folgt: „Unter den Güte-Kriterien der Normierung versteht man, daß über einen Test Angaben vorliegen sollen, die als Bezugssystem für die Einordnung des individuellen Testergebnisses dienen können." Entgegen dieser Definition hängt die Güte eines Tests heutzutage selbstverständlich nicht nur davon ab, *ob* er bzw. *dass* er, sondern *wie* er normiert/geeicht ist.

Eine Bewertung von Eichung als ein Nebengütekriterium, wie es *Lienert* tat (vgl. weiter oben), mag dabei durchaus Berechtigung haben. Erstens weil die Brauchbarkeit der Eichung erst dann zur Diskussion steht, wenn die Hauptgütekriterien und insbesondere auch das Gütekriterium Skalierung entsprechen. Und zweitens weil gelegentlich eine *norm*orientierte (d. h. an einer Eichung orientierte) Diagnostik gar nicht zur Diskussion steht: In mancher Hinsicht praktikabler ist nämlich eine *kriterium*orientierte Diagnostik (vgl. in Abschnitt 2.4.3).

Wenn zunächst die an einer Eichung orientierte Diagnostik außer Frage stehen soll, dann geht es primär um statistische „Techniken", mit denen Testwerte traditioneller Weise in Bezug auf die fragliche Population relativiert werden. Es geht aber auch um die Klärung und Abgrenzung der Begriffe „Norm" und „normal" vs. „Normen/Eichtabellen", um „Normwerte/Eichmaßstäbe" sowie um „Normieren/Eichen" im Sinn von „Relativieren" vs. „Normierung/Eichung" im Sinn von „Repräsentativerhebung".

2.4.1 Eichen im Sinn von Relativieren

In die statistischen Techniken des Eichens kann am besten anhand eines Beispiels eingeführt werden. Dazu diene der Untertest *Allgemeines Wissen* aus dem HAWIE-R.

Er besteht aus 24 Items, die alle nur hinsichtlich „richtig" oder „falsch bzw. nicht beantwortet" zu bewerten sind. Als Testkennwert X wird die Anzahl richtig beantworteter Items bestimmt. Das heißt, alle Testwerte x_v, $v = 1, 2, \ldots$, liegen zwischen 0 und 24. Da sich die Testwerte in der der Eichung zugrunde liegenden Stichprobe (Mittelwert $\bar{x}$ und Standardabweichung s; $N = 2000$) als nahezu normalverteilt herausstellten, ist jede lineare Transformation statistisch gerechtfertigt. Aus der Lehre der Statistik würde sich aufdrängen:

$$z = \frac{X - \bar{x}}{s}$$

Die standardnormalverteilte Variable z als ein „Eichmaßstab" („Normwert") könnte die relative Position einer Tp bzw. ihrer Testleistung hinsichtlich der entsprechenden „Referenzpopulation" adäquat beschreiben. Positive z-Werte bedeuteten überdurchschnittliche, negative z-Werte unterdurchschnittliche Testleistungen (die Transformation hat zur Folge, dass der Populationsmittelwert μ – eigentlich: der Mittelwert der Eichstichprobe – arbiträr auf 0 gesetzt wird, die Standardabweichung der Population, σ, arbiträr auf 1); z-Werte (absolut) größer als 1 bedeuteten eine Abweichung vom Populationsmittelwert um mehr als eine Standardabweichung.

Für alle seine Testbatterien verwendete Wechsler (1944) jedoch eine andere Transformation und legte also einen anderen Eichmaßstab fest; er führte die sog. „Wertpunkte" (W) ein:

$$W = \frac{X - \bar{x}}{s} \cdot 3 + 10$$

Die Transformation „mal 3" und „plus 10" ist willkürlich und entspricht dem Festlegen („Eichen" im Sinn von Relativieren) des Maßstabs samt Null- bzw. Bezugspunkt: Die derart definierten Wertpunkte bedingen einen Mittelwert in der Population von $\mu = 10$ und eine Standardabweichung von $\sigma = 3$.

Wichtiger Hinweis
Wird eine Variable X derart linear transformiert: $X^* = aX + b$, so folgt für den Mittelwert von X^* dieselbe Beziehung wie für X^* selbst; für die Varianz von X^* folgt: $s^2(X^*) = a^2 s^2(X)$.

Viel bedeutender als die Einführung der Wertpunkte – die ohnehin nur in den *Wechsler*-Testbatterien Anwendung finden – ist *Wechsler*s Definition des *IQ* (Intelligenz-„Quotienten") als einen weiteren Eichmaßstab. Die Summe der Wertpunkte in sämtlichen Untertests pro Person begründet eine neue Variable, nämlich $Y := \sum W_j$ ($j = 1, 2, \ldots$; mit Mittelwert $\bar{y}$ und Standardabweichung $s(Y)$); sie wird wie folgt transformiert:

$$IQ = \frac{Y - \bar{y}}{s(Y)} \cdot 15 + 100$$

Exkurs zum Intelligenzquotienten:
Die Bezeichnung „Intelligenzquotient" geht auf *Wilhelm [William] Stern* zurück und war ursprünglich tatsächlich als Quotient definiert: „Intelligenzalter" gebrochen durch Lebensalter („Intelligenzalter" ist nach Binet das Alter derjenigen

Referenzpopulation, welche durchschnittlich denselben Testwert erreicht wie die betreffende Tp). Seit *Wechsler* ist der „*IQ*" jedoch als Abweichungsmaß, eben in oben dargestellter Weise definiert. Von „Quotient" im mathematischen Sinn ist daher nicht mehr die Rede.

Bemerkung am Rand

Bemühungen, das „*Q*" in „*IQ*" alternativ zu nutzen, um den umgangssprachlich geläufigen Begriff für „Intelligenz" zwar beizubehalten, die Bedeutung der Abkürzung aber gleichzeitig psychologisch überzeugender zu machen, fruchteten bislang nicht: Die „(untere Grenze der) Intelligenz*quantität*", definiert schon 1985 im AID, wird zwar dort – und auch laufend im AID 2 – obligat interpretiert, Vorbild für andere Intelligenz-Testbatterien war sie jedoch noch nicht.

Bemerkung am Rand

Mittlerweile scheint sich der Begriff „*IQ*" in der Öffentlichkeit verselbständigt zu haben, indem insbesondere als Folge diverser medialer Aktionen Laien heutzutage regelmäßig vom „*IQ*-Test" sprechen, und damit wohl Intelligenztests meinen, wenn auch vielleicht bloß solche, welche jedermann ohne Psychologen leicht zugänglich sind.

Unter der Voraussetzung, dass alle Testkennwerte X_j schon normalverteilt waren, gilt, dass auch der Eichmaßstab IQ normalverteilt ist, und zwar mit $\mu = 100$ und $s = 15$ – das stimmt wegen der sog. „Flächentransformation" (vgl. unten) allerdings im Regelfall auch dann, wenn diese Voraussetzung nicht erfüllt ist.

Natürlich hätte auch für die Summe der Wertpunkte wieder die Transformation genügt: $z = \frac{(Y - \bar{y})}{s(Y)}$. Weil diese standardnormalverteilte Variable Element des Eichmaßstabs IQ ist und sich laut Tabelle der Standardnormalverteilung (s. z. B. Rasch & Kubinger, 2005) für $p = 0{,}01$ (bzw. $p = 0{,}05$; $p = 0{,}16$) der Tabellenwert $z_0 = 2{,}33$ (bzw. $z_0 = 1{,}645$; $z_0 = 1{,}00$) ergibt, folgt, für $z = z_0$ gesetzt, ein geeichter Testwert von $IQ = 2{,}33 \cdot 15 + 100 = 135$ (bzw. $IQ = 125$; $IQ = 115$). Das heißt zum Beispiel, dass nur 1 % der Referenzpopulation einen $IQ > 135$ erreichen.

Auf einen $IQ = 110$ kommt man über $z_0 = 0{,}67$; da diesem Tabellenwert $p = 0{,}25$ entspricht, fallen in das Intervall $90 \leq IQ \leq 110$ die mittleren 50 % der Referenzpopulation (vgl. auch weiter unten sowie die Abbildung 2.6). Leistungen innerhalb dieses Intervalls werden üblicherweise als „durchschnittlich" bzw. „normal" bezeichnet (oder: Sie stellen die „Norm" im Sinn von „das Normale" dar).

Erläuterung zum Begriff „normal":

„In der Umgangssprache bezeichnet man psychisch kranke Menschen als nicht normal. Normal sind demnach diejenigen, die gesund sind. Da tatsächlich auch die meisten Menschen gesund sind, ist es auch sehr oft nicht ausgesprochen falsch zu behaupten, eine Geisteskrankheit sei anormal, und zwar anormal im statistischen Sinne" (Dieterich, 1977, S. 196). Demgegenüber sind zum Beispiel „Psychopathen keine kranken Menschen, sondern solche, die bestimmte Eigenschaften in einer

Ausprägung haben, die eben statistisch nicht mehr normal ist." So kann sich natürlich der Normalitätsbegriff nicht am Gesundheitsbegriff orientieren: „Ebensowenig wie alle Erscheinungen, die selten genug vorkommen, als krankhaft angesehen werden können, gibt es auch Grund, alles das als gesund und normal zu betrachten, was sehr häufig vorkommt. Wenn ... bei etwa 50 % der Grundschulkinder ... ernstzunehmende Verhaltensstörungen diagnostiziert [werden], mag dies ruhig statistisch normal sein – gesund oder gut ist es gewiß nicht. Es mag statistisch normal sein, daß der Mensch einige Zähne hat, die von Karies befallen sind, dennoch sind diese Zähne nicht gesund. Es mag anormal sein, wenn ein Mensch im Laufe seines Lebens keinen einzigen Zahn plombieren lassen muß, trotzdem ist er gesund" (Dieterich, S. 197).

Bemerkung am Rand

Seit kurzem gibt es unter Praktikern Verunsicherung, was als „durchschnittliches" Testergebnis gilt. Zu einzelnen Verfahren (z. B. beim KFT 4-12+R, *Kognitiver Fähigkeitstest für 4. bis 12. Klassen, Revision*; Heller & Perleth, 2000) finden sich (verbindlich gemeinte) Interpretationsregeln in publizierten Manualen, diejenigen geeichten Testwerte als „durchschnittlich" zu interpretieren, welche innerhalb des Intervalls plus/minus einer Standardabweichung um den Mittelwert liegen. Weil $z_0 = -1,00$ einem $p = 0,1587$ entspricht und $z_0 = 1,00$ einem $p = 0,8413$, bedeutet dann „durchschnittlich" alles, was nicht gerade die niedrigsten etwa 16 % (exakt 15,87 %) der geeichten Testwerte innerhalb der Population betrifft und gleichzeitig nicht die höchsten über etwa 84 % (exakt 84,13 %); vielmehr bezieht sich „durchschnittlich" auf die mittleren etwa 68 % der geeichten Testwerte, also grob gesprochen auf 2/3 der Population. Selbstverständlich ist es, weil grundsätzlich willkürlich, egal, für welche Definition von „Durchschnitt" sich die Psychologenschaft entscheidet, für diese oder für die traditionelle *sensu Wechsler*; doch die Testverlage sollten angehalten sein, sich auf eine bestimmte Konvention festzulegen!

Abgesehen von den bereits erwähnten Transformationen haben sich in den zahlreichen Testpublikationen der letzten Jahrzehnte auch noch einige andere Transformationen und damit Eichmaßstäbe etabliert – allerdings ohne, dass die damit resultierenden (geeichten) Testwerte eine andere oder gar höhere praktische Rechtfertigung hätten. Mit einer Ausnahme beruhen sie alle ebenfalls auf den z-Werten. Da, wieder laut Standardnormalverteilungstabelle, z-Werte außerhalb des Bereichs $-3 \leq z \leq +3$ äußerst unwahrscheinlich sind (exakt beträgt die Wahrscheinlichkeit 2,7 Promille), kann auch der *praktisch* realisierbare Wertebereich dieser Eichmaßstäbe jedes Mal leicht berechnet und angegeben werden. Und für die bereits diskutierten sei dies jetzt nachgeholt:

- z-Werte; praktisch gilt: $-3 \leq z \leq +3$,
- Wertpunkte: $W = z \cdot 3 + 10$; praktisch gilt: $1 \leq W \leq 19$,
- Intelligenzquotient: $IQ = z \cdot 15 + 100$; praktisch gilt: $55 \leq IQ \leq 145$.

Ergänzend gibt es nun:

- Z-Werte (öfter „Standardwerte", SW, genannt): $Z = z \cdot 10 + 100$; praktisch gilt: $70 \leq Z \leq 130$,
- Centil-Werte: $C = z \cdot 2 + 5$; praktisch gilt: $-1 \leq C \leq 11$,
- Stanine-Werte („*standard-nine*"): $S = C$, mit $S = 1$ für $C \leq 1$ und $S = 9$ für $C \geq 9$, Stanine-Wert = 2 × 2 + 5
- Sten-Werte („*standard-ten*"): $St = z \cdot 2 + 5{,}5$; in 98,8 % aller Fälle: $1 \leq St \leq 10$,
- T-Werte[19]: $T = z \cdot 10 + 50$; praktisch gilt: $20 \leq T \leq 80$.

Schon aus den obigen Ausführungen zum IQ ist ersichtlich geworden, dass die Relativierung des Testwerts in Bezug auf die Referenzpopulation am anschaulichsten gelingt, wenn lediglich der Prozentsatz derjenigen Personen bestimmt wird, welche (noch) besser bzw. schlechter abschneiden. Aus diesem Grund wird als Eichmaßstab auch der sog. „Prozentrang" (PR) verwendet: Er entspricht der Verteilungsfunktion der Standardnormalverteilung an der Stelle z_0, das ist die Wahrscheinlichkeit, irgendeinen Wert $z \leq z_0$ zu erhalten. Für das Beispiel $IQ = 110$ folgte $z_0 = 0{,}67$, was einem Prozentrang von 75 % entspricht; und dieser ist dahingehend zu interpretieren, dass nur 25 % der Referenzpopulation bessere Leistungen erzielen. Die Prozentränge erlauben insofern also eine inhaltlich unmittelbar einsichtige Beschreibung des Testergebnisses. Allgemein gibt der jeweilige PR an: den relativen Anteil von Personen in der Referenzpopulation, die (denselben oder) einen niedrigeren Testwert erreichen.

Abbildung 2.6 stellt nun alle genannten Eichmaßstäbe graphisch gegenüber, so dass ein Ineinanderüberführen ganz leicht möglich ist. Zusätzlich werden die aus der (Standard-) Normalverteilung ableitbaren Prozentränge dargestellt, welche übrigens als einziger Eichmaßstab nicht einer linearen Transformation entstammen.

Die Prozentränge sind freilich auch bei nicht-normalverteilten Testwerten eruierbar, indem sie unmittelbar aus der Häufigkeitsfunktion der Eichstichprobe empirisch bestimmt werden. Und die T-Werte waren ursprünglich sogar dafür gedacht, nichtnormalverteilte Testwerte in normalverteilte zu transformieren. Zum Beispiel kann für einen bestimmten Testwert, dem ein Prozentrang von 5 % entspricht, leicht über die Standardnormalverteilungstabelle der zugehörige (normalverteilte) T-Wert errechnet werden: $T = -1{,}645 \cdot 10 + 50 = 33{,}6$. Dieses Vorgehen wird als Flächentransformation bezeichnet; sie könnte natürlich auch für alle übrigen Eichmaßstäbe erfolgen.

Diagnostisch wäre wohl mit den Prozenträngen das Auslangen zu finden. Für statistische Zwecke, d. h. wissenschaftliche Evaluationen aller Art, haben dagegen alle anderen, eben normalverteilten Eichmaßstäbe begründete Bedeutung.

Der geeichte Testwert für eine bestimmte Tp ist üblicherweise mit Hilfe entsprechender Eichtabellen im Manual nachzuschlagen: Jedem möglichen Testwert (Rohwert) ist dort der geeichte Wert zugeordnet – unter Umständen je nach Alter

---

[19]Zu Ehren von *Lewis M. Terman*, Autor der *Stanford-Binet-Simon Intelligence Scale*.

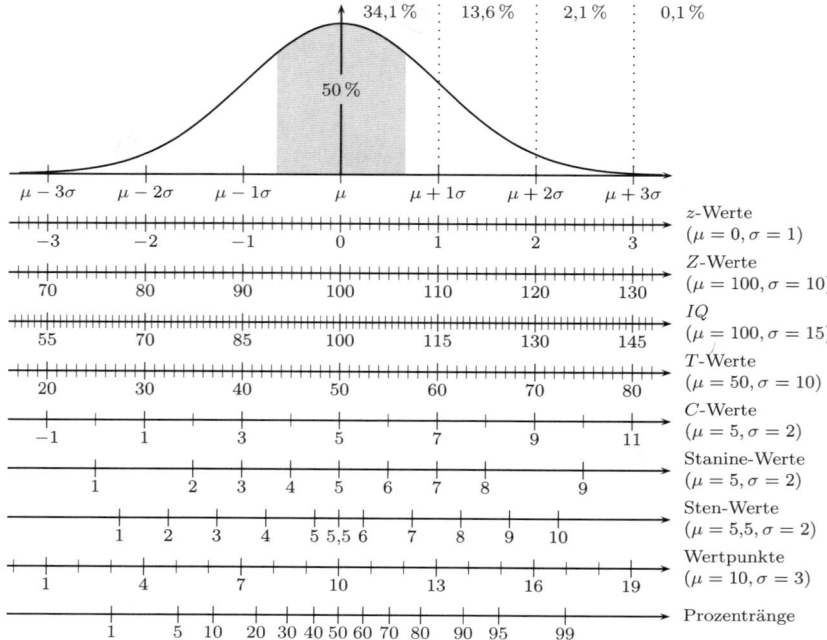

Abbildung 2.6: Die verschiedenen Arten heute üblicher Eichmaßstäbe.

und/oder Geschlecht in einer anderen Tabelle (das entsprechende Tabellenwerk stellt die „Normen" dar).

Bemerkung am Rand

Gelegentlich findet man statt Eichtabellen sog. „Nomogramme"; z. B. im WMT wird diese Form verwendet (vgl. Abbildung 2.7). Mit ihnen erspart man sich ein umfangreiches Tabellenwerk, weil etwa verschiedene Altersgruppen (Alters-Eichtabellen) simultan in ein und derselben Graphik dargestellt werden können. Abgesehen davon ist auf diese Weise ein unmittelbarer, anschaulicher Vergleich zwischen verschiedenen Gruppen möglich. Wesentlich für diese Nomogramme ist, dass sie in einem sog. „Wahrscheinlichkeitspapier" eingetragen sind und dass sich die Testwerte tatsächlich normalverteilen. Das Wahrscheinlichkeitspapier stellt eine logarithmische Transformation derart dar, dass die Verteilungsfunktion der Normalverteilung einer Geraden entspricht. Im Fall nicht-normalverteilter Testwerte würden im Wahrscheinlichkeitspapier kurvilineare Verläufe entstehen.

Bemerkung am Rand

In der Praxis kommt es gelegentlich zu voreiligen Schlussfolgerungen, was die Unterschiede zweier Testwerte betrifft. Wenn es zum Beispiel inhaltlich gerechtfertigt sein soll, bezüglich $IQ = 100$ und $IQ = 101$ von bedeutenden, d. h. statistisch signifikanten Unterschieden zu sprechen, dann dürfte sich das (einseitige)

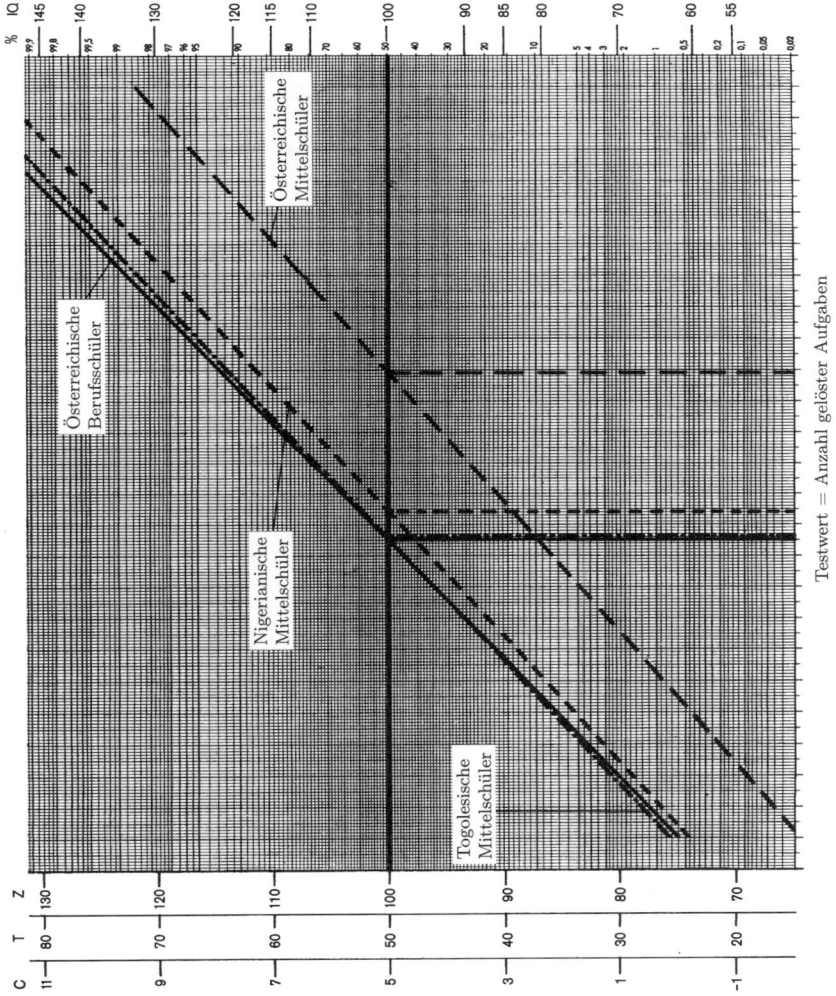

Abbildung 2.7: Ein Beispiel eines Nomogramms (aus dem WMT; für die Abdruckgenehmigung durch *Beltz Test* muss hier zur Wahrung der Urheberrechte auf die Angabe der genauen Abszissenwerte verzichtet werden).

Konfidenzintervall für die Person mit $IQ = 100$ höchstens (nicht ganz) bis 100,5 erstrecken; zusätzlich dürfte das (in die andere Richtung bestimmte einseitige) Konfidenzintervall für die Person mit $IQ = 101$ den Minimalwert 100,5 nicht erreichen/unterschreiten. Mit Hilfe der Formel des *SMF* lässt sich aus diesen Bedingungen die dabei notwendige Reliabilität von $r_{tt} = 0{,}9996$ leicht ausrechnen – ein garantiert unrealistisches Ergebnis.

Zur Illustration

Genügt einmal eine grobe Klassifizierung eines Testwerts in „durchschnittlich"
oder nicht („überdurchschnittlich" oder doch „durchschnittlich" bzw. „unterdurchschnittlich" oder doch „durchschnittlich"), so veranschaulicht Abbildung 2.8, wie
reliabel ein Test sein muss bzw. wie unreliabel er sein darf, um die getroffene
Klassifizierung mit 95 % Sicherheit auch statistisch abzusichern. Für einen beobachteten Testwert von $T = 50$ folgt, dass das (zweiseitige) Konfidenzintervall
erst ab einer Reliabilität von 0,87 innerhalb derjenigen Grenzen bleibt, die 25 %
der Population mit ihren Testwerten unterschreiten bzw. überschreiten (vgl. zur
Definition „durchschnittlich" weiter oben – Abbildung 2.8 bietet entsprechende
Informationen auch für die alternative Definition von „durchschnittlich", betrifft
also dann nicht 50 %, sondern etwa 2/3 der Population). Wollte man zum Beispiel
für einen Test mit einer Reliabilität 0,87 einen beobachteten Testwert mit 95 %
Sicherheit als „überdurchschnittlich" (bzw. „unterdurchschnittlich") klassifizieren,
müsste der T-Wert mindestens $T = 65$ betragen (dürfte der T-Wert maximal
$T = 35$ sein).

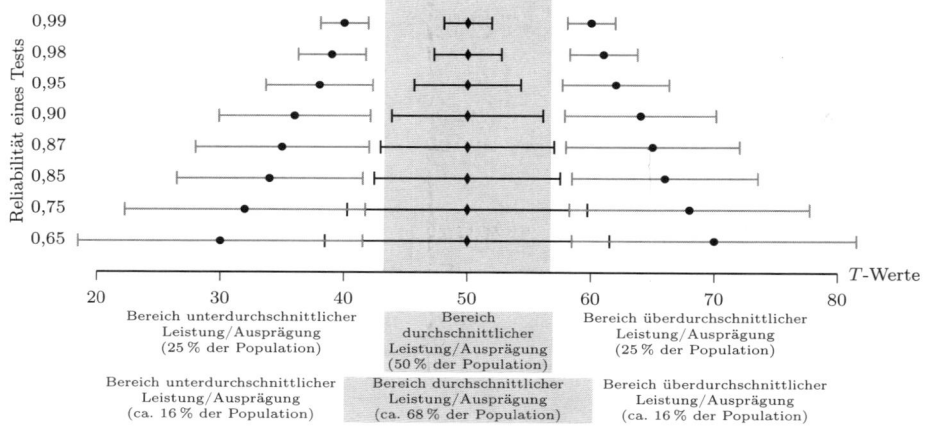

Abbildung 2.8: Ausgewählte T-Werte und deren Konfidenzintervalle ($\alpha = 0,05$, zwei-
seitig) in Abhängigkeit von der Reliabilität eines Tests, im Zusammen-
hang mit einer groben Klassifizierung in „unterdurchschnittlich", „durchschnittlich" und „überdurchschnittlich" (nach Wagner-Menghin, 2003c).

2.4.2 Eichung im Sinn von Repräsentativerhebung

Repräsentativität der Eichstichprobe zu erreichen, ist stets ein kritischer Punkt
der Testentwicklung. Auch besonders große Stichproben sind keine Garantie für

Repräsentativität. Und natürlich kann erst recht nicht durch besonders große Stichproben mangelnde Repräsentativität kompensiert werden – vereinzelt gewinnt jedoch der sorgfältige Leser von Manualen den Eindruck, als tendiere der Testautor zu einer solchen Kompensations-„Idee". Letzteres zumeist bei sog. „Anfallsstichproben", bei denen also eine Repräsentativerhebung gar nicht versucht wurde.

Bemerkung am Rand
Anerkennen muss man allerdings die Widrigkeiten, die die Aufgabe von Testautoren mit sich bringen: Ausreichend große und repräsentative Stichproben zu erhalten, ist heute sowohl stimmungsmäßig als auch rechtlich, in Schulen wie in Betrieben, erschwert oder gar – infolge reduzierter Forschungsmittel für Normierungen – unmöglich.

Besonders problematisch ist die fragliche Aktualität der Eichtabellen. Dass das „Niveau" einer gemessenen Eigenschaft einen steten Wandel durchmacht, ist nämlich deutlich belegt: Zahlreiche internationale Studien zeigen am Beispiel des IQ, dass sein Durchschnittswert – gemessen jeweils an ein und demselben Test – innerhalb von ca. 20 Jahren bis zu 25 Punkte ansteigt (vgl. Flynn, 1996).

Zur Illustration
Im Zuge der Entwicklung des AID 2 wurde der Frage nachgegangen, ob und in welchem Ausmaß nach rund 15 Jahren seit dem Erscheinen des Vorgängers, des AID, Verschiebungen im Leistungsniveau bei einzelnen Untertests stattfanden. Zum Beispiel für denjenigen Untertest, bei welchem vorgesprochene Folgen von zwei bis neun Ziffern von der Tp unmittelbar, und zwar in derselben Reihenfolge komplett reproduziert werden sollen (z. B.: 8-1-9-6-2-5), zeigte sich ein besonders deutlicher Abfall des durchschnittlichen Leistungsniveaus gegenüber früher: Die Anzahl in einer Folge richtig reproduzierter Ziffern liegt heutzutage, über das Alter hinweg, fast durchwegs um 1 niedriger. Waren es bei den 7-, 8-, 9- und 10-Jährigen früher 5, 5, 6 und 6 Ziffern, die durchschnittlich in einer Folge reproduziert werden konnten, so sind es jetzt nur mehr 4, 4, 5 und 5. Ein Nichtberücksichtigen dieses Umstands hieße also, Kinder in ihrer Leistungsfähigkeit im Vergleich zur Referenzpopulation wesentlich (teilweise bis zu 9 T-Werten!) zu unterschätzen (vgl. Genaueres bei Kubinger, 2001a)

So gesehen bringt die Initiative der DIN 33430 endlich eine verbindliche Reglementierung: „Die Angemessenheit der Normwerte [besser: Eichtabellen] ist spätestens alle 8 Jahre zu prüfen. Sollten zwischenzeitlich empirische Untersuchungen aufzeigen, dass die Normwerte die jeweilige Referenzgruppe nicht zutreffend beschreiben, so sind vor Ablauf dieser Frist Neunormierungen vorzunehmen. Ein Aktualisierungsbedarf von Normwerten ergibt sich z.B., wenn sich die durchschnittliche Ausprägung des Eignungsmerkmals ... in der Referenzgruppe ändert" (DIN Deutsches Institut für Normung e.V., 2002, S. 7; zur Rechtsverbindlichkeit der DIN 33430 s. im Abschnitt 1.7 Grundsätze).

Zur Illustration

Die Normierung des WIT (*WILDE-Intelligenz-Test*; Jäger & Althoff, 1983) bezieht sich auf eine sehr große Stichprobe von 3236 Tpn. Allerdings geht das Bemühen um eine repräsentative Stichprobe bis auf das Jahr 1962 zurück.

Ein besonderes Problem stellt sich schon lange für Österreich und die Schweiz, viel kürzer aber auch für die neuen fünf Bundesländer von Deutschland: Inwieweit sind die verwendeten Eichstichproben aus dem einen Staat (Staatsform; Land) für andere deutschsprachige Länder repräsentativ? Dazu finden sich allerdings nur wenige Studien.

Zur Illustration

Für die Testbatterie AID 2, also hinsichtlich der „Intelligenz", steht immerhin nachweislich fest, dass es keine Niveauunterschiede zwischen Deutschland und Österreich gibt (vgl. bei Kubinger & Wurst, 2000).

Vermutlich nicht mehr aktuell, das andiskutierte Problem aber deutlich illustrierend, ist ein Ergebnis von Stratemann (1991): In Bezug auf einzelne Persönlichkeitseigenschaften zwischen ehemaligen DDR-Bürgern und Bundesrepublik Deutschland-„Alt"-Bürgern wurden signifikante Unterschiede festgestellt, nämlich u. a. in der „Fähigkeit zum Erfolg". Erstere haben (bzw. hatten) diese Eigenschaft weniger stark ausgeprägt als letztere ($n \approx 700$). Übrigens interessierte noch vor der Wiedervereinigung Deutschlands in Bezug auf die Testbatterie AID, inwieweit deren Eichtabellen auch für die DDR gültig sind: Roloff (1988) beobachtete – zumindest für 7- bis 8-Jährige – kaum statistisch bedeutende Unterschiede (repräsentativ gewählte Stichprobe, $n = 105$). Allerdings musste Kersting (1996) noch deutlich später für eine Intelligenz-Testbatterie, deren Untertests im Gegensatz zum AID/AID 2 mit einer sehr knapp gehaltenen Zeitbeschränkung vorgegeben werden ($n = 853$), bei Erwachsenen feststellen, dass ehemalige DDR-Bürger mehr Items unbearbeitet ließen als BRD-„Alt"-Bürger und daher signifikant schlechtere Testwerte erzielten.

Während die Gewinnung einer repräsentativen Stichprobe Erwachsener regelmäßig besonders schwierig ist, sollte die Normierung für Schulkinder leichter gelingen. Die verfügbaren Schulverzeichnisse bzw. Schülerstatistiken helfen dabei. Trotzdem ist auch hier die Erhebung einer Zufallsstichprobe – von der bekanntlich mit hoher Wahrscheinlichkeit Repräsentativität erwartet werden darf – organisatorisch aufwendig. Und zu beachten ist, dass die Population der Schulkinder nicht identisch ist mit der Population aller Kinder im schulpflichtigen Alter!

Anstatt eine Zufallsstichprobe im klassischen Sinn zu erheben, genügt aber auch eine sog. „Klumpenerhebung"; das ist (mehr oder weniger) eine Vollerhebung einzelner „Klumpen" von „Datenträgern" – hier die einzelnen Schulen und deren Schulkinder. Wichtig ist nur, dass wenigstens die Klumpen zufällig gewählt werden, am besten nach regional festgelegten Quoten. Der Aspekt der „Quotenstichprobe" sollte zusätzlich in Bezug auf wesentliche Variablen Berücksichtigung finden, d.h. zum Beispiel die verschiedenen Schultypen, aber auch beide Geschlechter und die einzelnen Altersstufen sollten in der Stichprobe entsprechend ihren relativen Anteilen in der Population repräsentiert sein. Aus praktischen Gründen können aber nicht immer alle relevant erscheinenden Variablen bei der Planung der Stichprobenerhebung kontrolliert werden. Stellen sich nachträglich systematische Stichprobenverzerrungen heraus, besteht also mangelhafte Repräsentativität in Bezug auf eine bestimmte Variable, und korreliert diese Variable beachtlich mit der durch den Test erfassten Eigenschaft, müssen am Ende so viele Testpersonen mit der überrepräsentierten Merkmalsausprägung aus der ursprünglichen Stichprobe (zufällig) ausgeschieden werden, bis auch hinsichtlich dieser Variable Repräsentativität erreicht wird.

Zur Illustration

Die bei der Eichung der Testbatterie AID 2 vorgenommene Klumpenerhebung, verbunden mit festgelegten Quoten in Bezug auf Schultyp, Alter und Geschlecht, führte in Bezug auf die explizit nicht in der Stichprobenerhebung kontrollierte Variable Sozialschicht zu der in Tabelle 2.4 wiedergegebenen Verteilung – die Einteilung in verschiedene Schichten erfolgte traditionell nach *Kleining* und *Moore* und bezieht sich auf den Beruf des Vaters, bei vaterlosen Familien auf den der Mutter. Systematische Stichprobenverzerrungen sind nicht definitiv nachweisbar: Aus den Mikrozensusergebnissen können nämlich lediglich die Verteilungen nach der höchsten abgeschlossenen Schulbildung (in Österreich) bzw. nach dem allgemeinen Schulabschluss (in Deutschland) zum Vergleich herangezogen werden. Gelegentlich große Abweichungen sind also (auch) durch den Umstand zu erklären, dass die aktuelle Berufstätigkeit und der Bildungsabschluss keinesfalls zu eins korrelieren.

Tabelle 2.4: Die Verteilung der getesteten Kinder/Jugendlichen der Eichstichprobe im AID 2 auf die Sozialschicht im Vergleich zur höchsten abgeschlossenen Schulbildung in Österreich und im Vergleich zum allgemeinen Schulabschluss in Deutschland (aus Kubinger & Wurst, 2000, S. 68)

Schichtung nach *Kleining* und *Moore*	%	Österreich: Erwerbstätige	%	Deutschland: Bevölkerung	%
Obere Schichten	13,9	Hochschule	6,5	Hochschulreife	8,1
Mittlere Schichten	12,2	Höhere Schule	16,8	Fachhochschulreife	11,9
Untere Mittelschicht	25,4	Fachschule	11,5	Real-/Oberschulabschluss	27,1
Obere Unterschicht	41,5	Lehre	42,5	Hauptschulabschluss	51,4
Untere Schichten	7,0	Pflichtschule	22,9	ohne Schulabschluss	2,5

Selbstverständlich stören Mängel in der Repräsentativität nicht, wenn zwischen dem nicht-repräsentativen Merkmal und den Testwerten in der fraglichen Eigenschaft kein Zusammenhang besteht.

Bemerkung am Rand

Die bloße Annahme, es bestünde zwischen einem bestimmten Merkmal und der durch den Test erfassten Eigenschaft kein Zusammenhang, genügt regelmäßig nicht. Ohne empirischen Beleg, erscheint so zum Beispiel die Eichung des BIS-Tests (*Berliner Intelligenzstruktur-Test*; Jäger, Süß & Beauducel, 1997) an ($N = 476$) deutschschweizer Privatschülern kaum repräsentativ für die eigentlich angepeilte Population, nämlich deutschsprachige Jugendliche.

2.4.3 Kriteriumsorientierte Diagnostik

Abgesehen davon, dass der Normalitätsbegriff an sich problematisch ist (nicht alles, was „normal", d. h. üblich, gewöhnlich oder durchschnittlich ist, ist positiv – vgl. auch die Kontrastierung zu „gesund" weiter oben), ist in vielen Fällen die Relativierung eines Testwerts in Bezug auf die Referenzpopulation nicht zweckmäßig. Die Alternative ist kriteriumsorientiertes *psychologisches Diagnostizieren*:

> Kriteriumsorientierte Diagnostik bedeutet, dass andere Vergleichsmaßstäbe zur Interpretation eines Testwerts herangezogen werden als die Testwertverteilung in der Referenzpopulation.

Als möglicher Vergleichsmaßstab kommt entweder ein absolut festgelegter oder ein individuumsbezogener, relativ gewählter Ziel-Testwert in Frage.

Erläuterung zum Begriff „kriteriumsorientierte Diagnostik"
Häufig findet man die Unterscheidung in „soziale", „individuelle" und „sachliche Bezugsnorm" (z. B. Perleth, 2003). Danach stellt die Referenzpopulation eine soziale Bezugsnorm dar; und es wird *psychologisches Diagnostizieren* mit Bezug auf eine soziale „Norm" regelmäßig als „normorientierte Diagnostik" bezeichnet. Eine individuelle Bezugsnorm liegt zugrunde, wenn ein Testwert auf den entsprechenden Testwert einer früheren Testung bezogen wird, also eine individuelle Veränderung gemessen wird. Eine sachliche oder, eben, „kriteriumsorientierte" Bezugsnorm liegt *psychologischem Diagnostizieren* dann zugrunde, wenn der Testwert auf ein bestimmtes Kriterium (Lern- oder Therapieziel) bezogen wird.

Zur Illustration
Bei der Personalauswahl einer Schreibkraft nützt ein hoher Prozentrang dann wenig, wenn damit trotzdem ein bestimmtes Kriterium nicht erfüllt wird: Selbst im Fall, dass ein Kandidat in einem Test zur „Prüfung der Schreibkompetenz" den Prozentrang 98 % erzielt – d. h., im Vergleich zur Referenzpopulation herausragend abschneidet –, befriedigt das den Arbeitgeber nicht, so bald die relativ gute Leistung, absolut gesehen, viele Rechtschreibfehler beinhaltet.

Insbesondere für die pädagogisch-psychologische Diagnostik ist dieser Ansatz von Bedeutung, weil es dort sowohl in Bezug auf einen einzelnen Lernenden als auch auf eine Gruppe von Lernenden darum geht, die Voraussetzungen und Bedingungen für Lehr- und Lernprozesse zu ermitteln und zu analysieren, um den individuellen Lernerfolg zu optimieren. In der klinisch-psychologischen Diagnostik, im Zuge einer (psycho-) therapiegeleitenden Diagnostik, überzeugt der Ansatz ebenfalls.

Umgekehrt sind im Zuge einer förderungsorientierten Diagnostik (vgl. in Abschnitt 1.5 Rechtfertigung) etwa Teilleistungsstörungen nur unter Verwendung einer geeichten Testbatterie zu entdecken. Erkennen wir für ein bestimmtes Kind, dass es in Bezug auf die Referenzpopulation in einem bestimmten (Unter-) Test ein „Tief" hat, in allen anderen (Unter-) Tests jedoch „Hochs" (oder dort zumindest durchschnittliche Leistungen erbringt), so ist damit – und zwar erst damit – eine unmittelbar verwertbare Diagnose gewonnen. Ohne Bezug auf die Referenzpopulation wäre das (relative) Tief nicht identifizierbar. Als Beispiel veranschaulicht Abbildung 2.9 das sog. „Testprofil" eines Kindes im AID 2, also die graphische Übersicht aller T-Werte – in diesem Fall kann man von „Leistungsprofil" sprechen. Laut Manual weist dieses auf eine Teilleistungsstörung in der akustischen Speicherfähigkeit hin: Gute Ergebnisse beim manuell-visuellen Zuordnen von abstrakten zu konkreten Symbolen (Untertest 7) und beim Reproduzieren optisch gebotener Reizsequenzen (Zusatztest 5a) gepaart mit schlechten Testergebnissen beim Nachsprechen akustisch gebotener Zahlensequenzen (Untertest 5) sowie beim Einprägen akustisch dargebotener Silben (Zusatztest 5b); es besteht also keine generelle, sondern nur eine besondere Schwäche der Speicherfähigkeit.

Erläuterung zum Begriff „Testprofil":
„Ursprünglich versteht man unter Testprofil die graphische Darstellung von Ergebnissen eines Tests ... bei einem Individuum oder einer Gruppe von Individuen. Heutzutage verwendet man diesen Begriff auch ohne explizite graphische Darstellung immer dann, wenn die Schlussfolgerungen, die mit der Testung möglich sind, auf die detaillierte Gegenüberstellung der Ergebnisse in mehreren (Unter-) Tests bzw. Skalen bezogen werden (sog. ‚Profilinterpretation'). ... Die Bezeichnung ‚Profil' rührt – weil die mit Strichen verbundenen ... Testwerte auf Messskalen daran erinnern – von der Profildarstellung eines Menschenkopfs" (Herle, 2003, S. 337).

Bemerkung am Rand
Im übertragenen Sinn findet kriteriumsorientiertes *psychologisches Diagnostizieren* manchmal auch dann statt, wenn der Testwert auf eine Referenzpopulation bezogen wird: Insofern nämlich, als gelegentlich das Kriterium festgelegt werden muss, welche Referenzpopulation tatsächlich die relevante ist. Was zum Beispiel die Entwicklungsmöglichkeiten eines Kindes der unteren Sozialschicht betrifft, nützt die Orientierung an der Population aller altersgleicher Kinder wenig, die Orientierung an der Population von Kindern aus dieser Schicht unter Umständen viel: Wenn dieses Kind zwar allgemein Unterdurchschnittliches leistet, schichtspezifisch jedoch Überdurchschnittliches, ist die Prognose sicher gut.

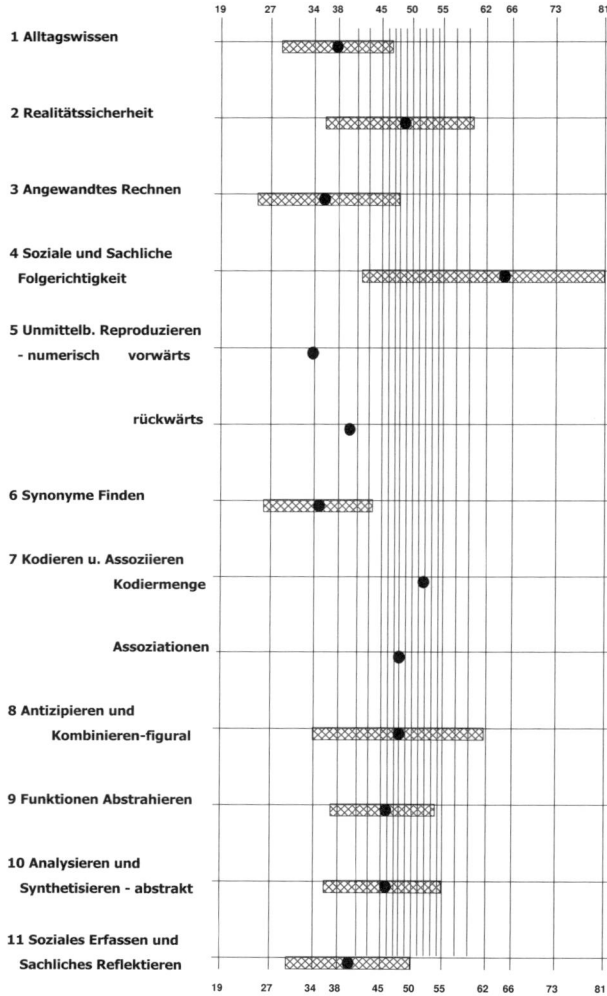

Abbildung 2.9: Das Leistungsprofil eines Kindes im AID 2 mit Diagnose „Teilleistungsstörung in der akustischen Speicherfähigkeit" (Zusatztests: 5a *Unmittelbares Reproduzieren*-figural/abstrakt: $T = 48$, 5b *Merken und Einprägen*: $T = 40$) (die Verwendung des Protokollbogens mit freundlicher
Genehmigung von *Beltz Test*).

Zur Illustration

Im Beispiel der Abbildung 2.9 ist über die Diagnose „Teilleistungsstörung in der
akustischen Speicherfähigkeit" zu erkennen, dass das Kind in den drei Untertests
Alltagswissen, Synonyme Finden und *Soziales Erfassen und Sachliches Reflektie-*

ren intraindividuell schlecht abschneidet. Das sind laut Manual genau die als „förderungsabhängig" bezeichneten Untertests des AID 2. Daraus ist zu schließen, dass das Kind, gemessen an seinen kognitiven „Anlagen", auffällig wenig gefördert ist. In diesem Fall scheint bei künftiger Förderung eine günstige Prognose gegeben.

2.5 Skalierung

Ein Test erfüllt das Gütekriterium *Skalierung*, wenn die laut Verrechnungsvorschriften resultierenden Testwerte die empirischen Verhaltensrelationen adäquat abbilden.

Es geht also um die Angemessenheit der im Manual eines Tests festgesetzten Reglementierung, wie die einzelnen Testleistungen bzw. -reaktionen einer Tp zu einem numerischen Testwert zu verrechnen sind. „Angemessenheit" erhebt dabei einen Anspruch auf „faktische Gegebenheit" – im Gegensatz zu „apodiktischer bzw. willkürlicher Festsetzung" – im Sinn der Theorie des Messens, wie sie der empirischen Psychologie allgemein zugrunde liegt.

Exkurs zur Theorie des Messens:
„Messen ist die Bestimmung der Ausprägung einer Eigenschaft eines (Meß-)Objekts (Gegenstand, Ereignis, Person, Situation, Beurteilungssachverhalt) und erfolgt durch eine Zuordnung von Zahlen zu Meßobjekten" (Orth, 1995, S. 286) – wobei allerdings eine „Zuordnung von Zahlen zu Meßobjekten ... nur dann eine Messung" ist, „wenn die Zahlen (,Meßwerte') empirische Sachverhalte ausdrücken, d. h. wenn die (numerischen) Beziehungen zwischen Meßwerten empirische Beziehungen zwischen den Meßobjekten ausdrücken" (S. 287).

Zur Illustration
Dass die laut Verrechnungsvorschriften resultierenden Testwerte nicht immer die empirisch feststellbaren Verhaltensrelationen adäquat widerspiegeln, demonstriert z. B. der Untertest *Allgemeines Wissen* des HAWIE-R. Er besteht aus 24, ungefähr der Schwierigkeit nach geordneten Items – von „Wieviele Monate hat ein Jahr?" bis „Wieviele Planenten hat das Sonnensystem?" Angenommen Tp D aus Deutschland löst alle Items bis inklusive zum 18.; Tp A aus Österreich löst auch die deutlich schwierigeren Items 19 und 20, nicht aber die Items 13 („Wer wählt bei uns den Bundeskanzler?"; richtige Antwort u. a.: Bundesrat), 14 („Wie viele Einwohner hat Deutschland?") und 18 („Wie viele Bundesländer hat Deutschland?"). Zu verrechnen wäre laut Manual die Anzahl gelöster Items, das ergibt für D den Testwert 18, für A den Testwert 17. Da nicht davon auszugehen ist, dass in diesem Untertest neben Wissen auch die Nationalität der Tp (mit) gemessen werden soll (vgl. dazu auch in Abschnitt 2.10 Fairness), wird die Verrechnung hier *ad absurdum* geführt.

Exkurs zur Begrifflichkeit von „Schwierigkeit":
Im einfachsten Fall, bei dichotom zu verrechnenden Items eines Leistungstests
(richtig *vs.* falsch), ergibt sich die (Item-) Schwierigkeit laut *Klassischer Testtheorie* als die relative Lösungshäufigkeit, mit der ein Item in der Eichstichprobe gelöst
wurde. Bei mehrkategoriell zu verrechnenden Items können zwar die relativen Häu-
figkeiten bestimmt werden, mit denen die einzelnen Kategorien in einer (Eich-)
Stichprobe realisiert wurden, die Bezeichnung als „Schwierigkeit" ist aber pro Kategorie unüblich. Demgegenüber wird die Bezeichnung „Schwierigkeit" häufig auch
bei dichotom zu verrechnenden Items eines Persönlichkeitsfragebogens verwendet,
obwohl es inhaltlich treffender wäre, vom „Grad der Herausforderung" zu sprechen, mit dem ein Item die Tp konfrontiert, in bestimmter Weise zu reagieren
(Kubinger, 1989).

Die Methoden der *Klassischen Testtheorie* sind völlig ungeeignet, einen Test hinsichtlich des so definierten Gütekriteriums Skalierung zu prüfen (zur Beweisfüh-
rung dieser Behauptung s. weiter unten). Das ist schließlich auch der Grund,
warum es innerhalb ihres Ansatzes dieses Gütekriterium gar nicht gibt (z. B. eben
nicht bei *Lienert*).

Dessen ungeachtet gibt es auch innerhalb der *Klassischen Testtheorie* gewisse Richtlinien für die Testkonstruktion, die mit „Skalierung" zu tun haben. Es
geht darum, wie Items zu Tests oder Untertests zusammengefasst werden sollen.
Zunächst betrifft das Versuche, pro (Unter-) Test eindimensionale Messungen zu
erzielen. An Methoden bietet die *Klassische Testtheorie* dafür folgende an:

- Innere Konsistenz,
- Faktorenanalyse,
- Interkorrelationen.

Bemerkung am Rand

Selbstverständlich strebt die *Klassische Testtheorie* nach eindimensionalen Messungen; Testwerte, die von mehreren Eigenschaften abhängen, wären nicht interpretierbar. Ein traditionelles Problem der *Psychologischen Diagnostik* ist zum Beispiel die Testung unter „*Speed-and-power*"-Bedingung (vgl. in Abschnitt 3.1.2); oft
genug werden also zwei Eigenschaften vermengt, nämlich die Fähigkeit, bestimmte Anforderungen – auch schwierige – grundsätzlich zu erfüllen, mit der Fähigkeit,
dies auch (hinreichend) schnell zu können.

Allerdings stellen eindimensionale Messungen nur die Voraussetzung für das
oben definierte Gütekriterium Skalierung dar – im obigen Beispiel widerspricht
der HAWIE-R diesem Gütekriterium, weil der Testwert eben nicht nur von einer
einzigen Eigenschaft, nämlich Wissen, abhängt. Skalierung als Gütekriterium bezieht sich zusätzlich, bei gegebener Eindimensionalität eines Tests, darauf, ob die
Verrechnung zu Testwerten empirisch begründet ist – so mag etwa die Vergabe
einer bestimmten Punktanzahl je nach Reaktion auf ein Item angemessen oder,
im Gegenteil, unangemessen sein (vgl. dazu auch das Beispiel eines Psycho-Tests
in Kapitel 1 Einführung).

Der Zielsetzung eindimensionaler Messungen entsprechend soll die innere Konsistenz eines Tests möglichst groß sein: Die Items ein und desselben Tests sollen gemeinsam auf einem einzigen Faktor laden und die Interkorrelationen aller Items nahezu 1 betragen.

Wichtiger Hinweis

Die (herkömmliche, weil auf Intervallskalen aufbauende) Faktorenanalyse funktioniert im beabsichtigten Zusammenhang allerdings höchstens bei nicht-dichotom zu verrechnenden Items. Testbatterien mit dichotom zu verrechnenden Items, die auf der Faktorenanalyse beruhen und insofern je Untertest Eindimensionalität gewährleisten, genügen den Ansprüchen der *Klassischen Testtheorie* nur vordergründig. Zum Beispiel Guttman (1955) hat schon vor langer Zeit gezeigt, dass die Anwendung der Faktorenanalyse auf dichotome Variablen stets zu artifiziellen Faktoren führt. Lange bekannt, aber kaum umgesetzt ist auch (vgl. z. B. Kubinger, 2003a), dass die Lösung des Problems die Verwendung eines anderen, besonderen Korrelationsmaßes wäre; der sog. „tetrachorischen" statt der obligaten *Pearson*-Korrelation. Und vor allem gäbe es im Rahmen der sog. „linearen Strukturgleichungsmodelle" Ansätze, die als Faktorenanalyse für dichotome Daten gelten können (vgl. z. B. Muthén & Christoffersson, 1981).

Zur Illustration

Phi ?

In Tabelle 2.5 ist ein empirisches Beispiel gegeben, welches laut ϕ-Koeffizienten einen Zusammenhang von 0,40 zwischen Item 1 und Item 2 anzeigt – zu beachten ist, dass sich die Formel der *Pearson*-Korrelation für dichotome Variablen auf die Formel des ϕ-Koeffizienten reduziert. Dieser Zusammenhang muss als mäßig betrachtet werden, bloß 16 % der Varianz beider Items ist wechselseitig erklärt. Innerhalb einer Faktorenanalyse führt dieser Zusammenhang tendenziell dazu, dass nicht beide Items hohe Ladungen auf demselben Faktor aufweisen. Formal zu bedenken ist allerdings, dass sich die beiden Items in ihren Schwierigkeiten deutlich unterscheiden, Item 1 viel öfter nicht gelöst wurde (80/100) als Item 2 (50/100). Dementsprechend kann bei gegebenen Itemlösungshäufigkeiten selbst im Fall eines idealen Zusammenhangs – wie er in der rechten oberen Vierfeldertafel in Tabelle 2.5 dargestellt ist – der ϕ-Koeffizient nicht 1 werden, sondern: $\phi_{max} = 0,50$! So gesehen, handelt es sich im empirischen Beispiel inhaltlich doch um einen relativ starken Zusammenhang, was aber eben nicht im Koeffizienten zum Ausdruck kommt. Lediglich im Fall, dass die beiden Randhäufigkeiten und damit die beiden Schwierigkeiten der Items gleich sind, kann es, im Idealfall, zu einem ϕ-Koeffizienten von 1 kommen (vgl. in Tabelle 2.5 die linke untere Vierfeldertafel). Die rechte untere Vierfeldertafel in Tabelle 2.5 demonstriert, dass das Maximum des ϕ-Koeffizienten umso größer wird, je ähnlicher die beiden Randverteilungen bzw. Schwierigkeiten der Items sind. Das bedeutet, dass diejenigen Items hoch gemäß ϕ-Koeffizienten korrelieren, welche gleich schwierig sind (und dieselbe Eigenschaft messen); solche Items laden dann gemeinsam hoch auf ein und demselben Faktor. Das schließt jedoch nicht aus, dass inhaltlich (auch noch) andere Items dazu passen, ohne dass diese auf dem gemeinsamen Faktor laden.

⎰ Insofern drückt jeder Faktor eher ein bestimmtes Schwierigkeitsniveau von Items
⎱ aus als deren inhaltlichen Zusammenhang.

Tabelle 2.5: Demonstration der maximal möglichen Höhe des ϕ-Koeffizienten in Abhängigkeit von den Randverteilungen der Lösungshäufigkeiten (Schwierigkeiten) zweier Items.

Empirisches Beispiel 1   Besetzung bei idealem Zusammenhang

    Item 1   Item 1

    + −   + −

Item 2 + 18 32 50   Item 2 + 20 30 50

   − 2 48 50   − 0 50 50

    20 80   20 80

    $\phi = 0{,}40$ $\phi_{\mathrm{max}} = 0{,}50$

Beispiel 2: Idealer Zusammenhang   Beispiel 3: Idealer Zusammenhang

    Item 1   Item 1

    + −   + −

Item 2 + 20 0 20   Item 2 + 30 20 50

   − 0 80 80   − 0 50 50

    20 80   30 70

    $\phi_{\mathrm{max}} = 1{,}00$ $\phi_{\mathrm{max}} = 0{,}65$

Des Weiteren fordert die *Klassische Testtheorie* bei der Itemzusammenstellung eines Tests auch,

- dass sich die Schwierigkeiten der Items gleichmäßig innerhalb des Intervalls 0,05 bis 0,95 verteilen;
- dass die sog. „Trennschärfeindizes" der Items (das sind die Korrelationen des Testwerts pro Item mit dem Testwert aus allen übrigen Items) sehr hohe Werte annehmen.

Zur Illustration

Zum Beispiel für das *Allgemeine Wissen* des HAWIK-R ergab die Untersuchung von Steuer (1988) zwar eine *Split-half*-Reliabilität von 0,93 und Schwierigkeiten, die zumindest im unteren Leistungsbereich die gestellte Forderung erfüllen. Die Trennschärfeindizes sind jedoch alle niedrig, maximal 0,64 (s. Tabelle 2.6). Betrachtet man allerdings die Schwierigkeiten genauer, so fällt auf, dass in den mittelschwierigen Bereich (zwischen 0,30 und 0,70) lediglich 8 der 33 Items fallen – den Ergebnissen liegen die Daten von 396 deutschen und 215 österreichischen Kindern aus verschiedenen Institutionen zugrunde; sowohl im Manual des HAWIK-R als auch im Manual des HAWIK-III finden sich keine entsprechenden Angaben.

Tabelle 2.6: Die relativen Lösungshäufigkeiten (Schwierigkeiten) und Trennschärfeindizes der Items im *Allgemeinen Wissen* des HAWIK-R (aus Steuer, 1988, S. 116).

Item-Nr.	Itemkurzbezeichnung	Lösungs-häufigkeit	Trennschär-feindex	Item-Nr.	Itemkurzbezeichnung	Lösungs-häufigkeit	Trennschär-feindex
1	Beine	0,99	0,12	18	Metall	0,18	0,56
2	Woche	0,89	0,47	19	Gewerkschaften	0,13	0,51
3	Thermometer	0,94	0,36	20	grüne Blätter	0,15	0,55
4	Jahreszeiten	0,90	0,41	21	Schallgeschwindigkeit	0,12	0,41
5	Monat	0,82	0,53	22	Rost	0,07	0,44
6	Volljährig	0,70	0,60	23	Weltbevölkerung	0,09	0,46
7	Farbe	0,68	0,48	24	Erdumfang	0,04	0,35
8	Kilometer	0,68	0,62	25	Radioaktivität	0,08	0,46
9	Karl der Große	0,67	0,51	26	Nadelbäume	0,06	0,42
10	Himmelsrichtung	0,69	0,64	27	Bundeskanzler	0,05	0,38
11	Öl	0,57	0,57	28	Regenbogen	0,06	0,46
12	Schaltjahr	0,47	0,52	29	Choral	0,03	0,34
13	Wochen	0,33	0,48	30	Weimarer Republik	0,02	0,32
14	Islam	0,27	0,53	31	absoluter Nullpunkt	0,02	0,31
15	Klavier	0,38	0,61	32	Gewitter	0,03	0,35
16	Orient	0,25	0,58	33	Sonnenlicht	0,01	0,19
17	Entfernung München–Hamburg/Wien–Salzburg[a]	0,18	0,47				

[a] „Wien–Salzburg" für die österreichischen Kinder

Die Methoden der *Klassischen Testtheorie* müssen jedoch grundsätzlich kritisiert werden. Sie sind alle extrem stichprobenabhängig. Tabelle 2.7 demonstriert, dass die Korrelation der Testwerte zweier Items (im Beispiel der ϕ-Koeffizient) für zwei Teilstichproben gänzlich andere Werte annehmen kann als für die Gesamtstichprobe. Auch die relativen Lösungshäufigkeiten p_i ändern ihren Wert drastisch in Abhängigkeit von der Zusammensetzung der Stichprobe. Somit wäre für die skizzierten Ansätze der *Klassischen Testtheorie* durch geeignete Stichprobenauswahl praktisch jeder (gewünschte) Wert erreichbar (manipulierbar) – diese Ansätze sind daher völlig wertlos.

Bemerkung am Rand

Abgesehen von der Stichprobenabhängigkeit der Korrelation als statistisches Maß des Zusammenhangs zweier Variablen und der damit in Verbindung stehenden Willfährigkeit des Ausmaßes der Reliabilität eines Tests, ist Folgendes an der

Tabelle 2.7: Ein konstruiertes Demonstrationsbeispiel zur Stichprobenabhängigkeit der *Klassischen Testtheorie*.

Stichprobe der Älteren				Stichprobe der Jüngeren		
		Item 1				Item 1
		+	−			+ −
Item 2	+	50	10	Item 2	+	4 20
	−	10	2		−	20 100

$\phi = 0$
$p_2 = \frac{60}{72} = 0{,}80$

$\phi = 0$
$p_2 = \frac{24}{144} = 0{,}17$

Gesamtstichprobe

		Item 1	
		+	−
Item 2	+	54	30
	−	30	102

$\phi = 0{,}42$
$p_2 = \frac{84}{216} = 0{,}39$

Klassischen Testtheorie zu bemängeln: Für den aus der Reliabilität ableitbaren Standardmessfehler (vgl. in Abschnitt 2.2.3), wie er an einer (vielleicht sogar repräsentativen) Stichprobe gewonnen wurde, ist schwerlich zu argumentieren, dass er für jede beliebige, zum Beispiel auch für geistig behinderte Tp gelten soll; man denke nur daran, dass vermutlich auch das Fieberthermometer je nach Temperatur unterschiedlich genau misst.

2.5.1 Methoden der Skalierung

Anders als die *Klassische Testtheorie* kann die *Probabilistische Testtheorie* durchaus prüfen, ob die gegebenen Verrechnungsvorschriften eines Tests zu Testwerten führen, die verhaltensadäquate Relation wiedergeben.

Im Folgenden geht es also endgültig um die „Verrechnungsfairness" eines Tests im Sinne eines Gütekriteriums.

Der einfachste Verrechnungsmodus sieht als Testkennwert die Anzahl gelöster Items vor – zum Beispiel wieder das *Allgemeine Wissen* des HAWIE-R. Das heißt, ungeachtet dessen, welche Items von einer Tp gelöst und welche nicht gelöst wurden, zählen nur die „Treffer". Fischer (1974, und später 1995) gibt dazu einen Beweis, wonach das (dichotome) logistische Testmodell von *Rasch* (der Einfachheit halber: *Rasch*-Modell) notwendigerweise gelten muss, damit dieser Verrechnungsmodus fair ist.

Exkurs zum sog. „Notwendigkeits-Beweis" des *Rasch*-Modells:
Die vereinfacht ausgedrückte Bedingung, dass das *Rasch*-Modell notwendigerwei-
se gelten muss, wenn die Anzahl gelöster Items ein faires Maß für die erbrachte
Testleistung sein soll, muss exakter Weise umformuliert werden zu: ... das *Rasch*-
Modell – oder eine monotone Transformation davon; das bedeutet allerdings keine
Einschränkung für das Folgende. Dann ist vorauszusetzen, dass es um eine einzi-
ge Eigenschaftsdimension geht, die mit dem Test erfasst wird, demzufolge diese
auch pro Person durch eine einzige Zahl (Parameter) repräsentiert werden kann.
Letzteres gilt sinngemäß für jedes Item. Weiters stellt die sog. „lokale stochastische
Unabhängigkeit" eine bedeutende Voraussetzung für die Gültigkeit des genannten
Beweises dar – allerdings eine, die inhaltlich durchaus zu rechtfertigen ist: Ob eine
Tp ein Item löst oder nicht löst, hängt, abgesehen vom Zufall, nur von ihrer Fähigkeit und von der Schwierigkeit des Items ab, nicht aber davon, welche anderen
Items sie schon gelöst hat oder noch lösen wird. Es sind zwar auch Tests denkbar,
bei denen die lokale stochastische Unabhängigkeit verletzt ist, weil sie entweder
erfolgsabhängige Lernprozesse bedingen oder weil ihre Items derart aufeinander
aufbauen, dass für die Lösung das Resultat eines vorangegangenen Items nötig
ist; solche Tests stehen aber jetzt nicht zur Diskussion.

Die Tragweite des Beweises liegt im Attribut „notwendigerweise". Mit ihm ist
nämlich der Umkehrschluss zwingend, dass Tests, für die das *Rasch*-Modell (in
noch näher zu definierender Weise) nicht gilt, auch nicht verrechnungsfair sind.
Möglich wäre es zwar, dass schlicht ein anderer Verrechnungsmodus verhaltensad-
äquat ist, zum Beispiel wenn die einzelnen Antworten itemspezifisch gewichtet
würden – bezüglich des festgelegten Verrechnungsmodus sind sie es jedenfalls dann
nicht.

Das *Rasch*-Modell beschreibt die Wahrscheinlichkeit, dass Tp v Item i löst („+"),
in Abhängigkeit des *Personen*parameters ξ_v, das ist die (wahre) Fähigkeit von v,
und des *Item*parameters σ_i, das ist die (wahre) Schwierigkeit von i:

$$P(+|\xi_v, \sigma_i) = \frac{e^{\xi_v - \sigma_i}}{1 + e^{\xi_v - \sigma_i}}$$

Weil sich dieses Modell als im statistischen Sinn stichprobenunabhängig heraus-
stellt, kann auch ein besonderer Modelltest abgeleitet werden – somit muss es nie
ungeprüft vorausgesetzt werden!

Exkurs zur sog. „Stichprobenunabhängigkeit" des *Rasch*-Modells:
Im Gegensatz zu anderen testtheoretischen Modellen erfüllt das *Rasch*-Modell
einen besonderen wissenschaftstheoretischen Ansatz, nämlich den, sog. „spezifisch
objektive" Vergleiche zu ermöglichen: Der Unterschied in den Fähigkeiten ξ_v und
ξ_w zwischen je zwei Personen v und w kann unabhängig davon bestimmt werden,
welche Items des Tests dafür herangezogen werden; bzw. umgekehrt und wichtiger, der Vergleich je zweier Items i und j bezüglich σ_i und σ_j ist unabhängig
davon, welche Stichprobe dafür verwendet wird. Das heißt, die Schätzungen der

Parameter sind insofern stichprobenunabhängig, als die Wahl der Stichprobe aus einer bestimmten Population für die statistische Inferenz dieser Parameter keine Rolle spielt.

Diese Tatsache kann für den Spezialfall eines Tests mit nur zwei Items leicht bewiesen werden, und zwar ausgehend vom zitierten Beweis, wonach bei Geltung des *Rasch*-Modells die Anzahl gelöster Items (S) einen fairen Testkennwert darstellt. Dazu seien die Betrachtungen auf Tpn beschränkt, die exakt ein Item gelöst haben ($S = 1$) – für die anderen Personen (mit $S = 2$ oder $S = 0$) ist der Test entweder zu leicht oder zu schwierig. Die Wahrscheinlichkeit für die unter Betracht stehenden Personen, dass sie Item i, nicht aber Item j lösen, beträgt dann jeweils:

$$
\begin{aligned}
P(+,-|S=1;\xi_v,\sigma_i,\sigma_j) &= \frac{P(+,-|\xi_v,\sigma_i,\sigma_j)}{P(+,-|\xi_v,\sigma_i,\sigma_j) + P(-,+|\xi_v,\sigma_i,\sigma_j)} \\
&= \frac{P(+|\xi_v,\sigma_i)\cdot P(-|\xi_v,\sigma_j)}{P(+|\xi_v,\sigma_i)\cdot P(-|\xi_v,\sigma_j) + P(-|\xi_v,\sigma_i)\cdot P(+|\xi_v,\sigma_j)} \\
&= \frac{1}{1 + \frac{P(-|\xi_v,\sigma_i)\cdot P(+|\xi_v,\sigma_j)}{P(+|\xi_v,\sigma_i)\cdot P(-|\xi_v,\sigma_j)}} \\
&= \frac{1}{1 + \left(1 - \frac{e^{\xi_v-\sigma_i}}{1+e^{\xi_v-\sigma_i}}\right)\frac{1+e^{\xi_v-\sigma_i}}{e^{\xi_v-\sigma_i}}\frac{e^{\xi_v-\sigma_j}}{1+e^{\xi_v-\sigma_j}}\left(1 - \frac{e^{\xi_v-\sigma_j}}{1+e^{\xi_v-\sigma_j}}\right)^{-1}} \\
&= \frac{1}{1 + \frac{e^{\xi_v-\sigma_j}}{e^{\xi_v-\sigma_i}}} = \frac{1}{1 + e^{\sigma_i-\sigma_j}}
\end{aligned}
$$

Es zeigt sich also anhand dieser Wahrscheinlichkeit tatsächlich, dass eine Berechnung der Itemparameter (bzw. ihrer Relation zueinander) unabhängig von jedem Personenparameter möglich und gleich ist; das bedeutet einen spezifisch objektiven Vergleich. Zum Beispiel für die Daten in Tabelle 2.7 folgt als Schätzung von $P(+,-|S=1)$: $10/20 = 1/2$ für die Stichprobe der Älteren, $20/40 = 1/2$ für die Stichprobe der Jüngeren und $30/60 = 1/2$ für die Gesamtstichprobe. Somit ergibt sich auch für die Schätzung von $1/(1+e^{\sigma_i-\sigma_j})$ jedes Mal $1/2$ (und deshalb $\hat{\sigma}_i - \hat{\sigma}_j = \ln 1 = 0$) – völlig im Gegensatz zur *Klassischen Testtheorie*.

Stellt sich dementsprechend einmal empirisch heraus, dass (abgesehen von zufallsbedingten Variationen) die Parameterdifferenz $\sigma_i - \sigma_j$ von Stichprobe zu Stichprobe verschieden ist, so stünde das im eindeutigen Widerspruch zu der eben abgeleiteten Konsequenz des *Rasch*-Modells; was heißt: Das *Rasch*-Modell kann nicht gelten – folglich wäre die zur Diskussion stehende Verrechnung nicht fair.

Bemerkung am Rand

Der wissenschaftstheoretische Vorteil des *Rasch*-Modells besteht nicht nur darin, dass spezifisch objektive Vergleiche an sich erstrebenswert sind, sondern auch im Umstand, dass es sich im Gegensatz zu anderen testtheoretischen Modellen um ein tatsächlich prüfbares handelt. Wie bereits ausgeführt (vgl. in Abschnitt 2.3.2) ist die (explorative) Faktorenanalyse mit dem Ansatz einer Linearkombination ein komplett unprüfbares Modell, so dass mit ihr gewonnene Ergebnisse stets unverbindlich bleiben. Zwar ebenfalls der *Probabilistischen Testtheorie* zuzuzählen sind die *Birnbaum-Modelle* (vgl. z. B. bei Kubinger, 1989), doch beinhalten auch sie keine Modellimplikationen – wie eben Stichprobenunabhängigkeit –, die mittels Modelltests prüfbar wären; sie erlauben lediglich „Anpassungstests" (sog. „*goodness of fit*" Tests), die feststellen, wie gut die beobachteten Daten durch das Modell erklärt werden können. Analog untersucht auch eine konfirmatorische Faktorenanalyse (vgl. z. B. Byrne, 1989) bloß die Güte der Anpassung der durch das hypothetisierte Modell vorhergesagten Daten an die beobachteten Daten.

Soll nun ein Test tatsächlich auf Geltung des *Rasch*-Modells geprüft werden, dann können dazu pro Item i die zweifach, anhand von zwei Personen-Teilstichproben, modellgemäß geschätzten Itemparameter miteinander verglichen werden (indem eigentlich nur Parameterdifferenzen zu schätzen sind, muss zuvor ein Maßstab willkürlich festgelegt werden, z. B. $\sum \hat{\sigma}_i = 0$). Am einfachsten geschieht dies mittels Graphik, in der die Parameterschätzungen pro Item in einem rechtwinkligen Koordinatensystem gegeneinander aufgetragen werden. Im theoretischen Idealfall ergibt sich dabei das Bild einer durch den Ursprung gehenden 45°-Geraden: Weil die Parameter dann pro Item identisch wären, entstünden nur Punkte, die auf dieser Geraden liegen. Weichen einzelne oder alle Punkte von der 45°-Geraden deutlich ab, so gilt für diese die Stichprobenunabhängigkeit nicht, also ist die gegebene Verrechnung auch nicht fair. – Inferenzstatistisch erfolgt der Modelltest des Rasch-Modells sinngemäß über einen *Likelihood*-Quotienten-Test (vgl. z. B. wieder bei Kubinger, 1989; dort, und vor allem bei Glas & Verhelst, 1995, sind auch noch andere Modelltests zum *Rasch*-Modell beschrieben).

Zur Illustration
Abbildung 2.10 soll einen Eindruck vermitteln, welches Bild der graphische Modelltest von psychologischen Tests zeigt, die in der Forschungspraxis als modellkonform qualifiziert werden. Es handelt sich um den Untertest 6 aus dem AID. Geprüft wurden nur (mehr) diejenigen Items, welche in der publizierten Testbatterie enthalten sind – bereits ausgeschieden sind solche, die sich in vorausgehenden Analysen als eben nicht modellkonform herausstellten. Über die Modellkonformität entschieden hat dabei allerdings in allen Fällen der genannte *Likelihood*-Quotienten-Test (das ist für die Items in Abbildung 2.10: $\chi^2 = 79,54$, $df = 48$); zugrunde liegen die Daten von 968 österreichischen und 350 deutschen (sowie etlichen schweizer) Kindern.

Obwohl, streng genommen, die Umkehrung nicht gilt, also im Fall, dass ein psychologischer Test den Modelltests standhält, die Geltung des *Rasch*-Modells nicht (zwingend) bewiesen ist – auf Grund des Falsifikationsprinzips in der Erkenntnislogik wäre dies auch gar nicht möglich –, wird sie üblicherweise dann als gegeben erachtet: Der „Grad der Bewährung" nach *Karl R. Popper* (vgl. z. B. Popper, 1976) ist für das Modell ausreichend!

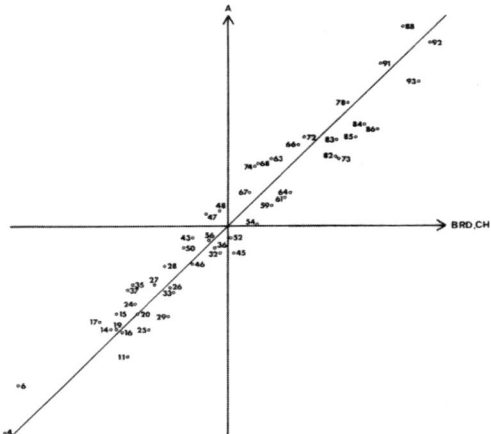

Abbildung 2.10: Die nach dem *Rasch*-Modell geschätzten Itemparameter des Untertests 6 aus dem AID für zwei Stichproben gegenübergestellt, und zwar
für Kinder aus Deutschland (und der Schweiz) einerseits und für Kinder aus Österreich andererseits – die Items sind ungefähr ihren Schwierigkeiten nach nummeriert (aus Kubinger & Wurst, 2000, S. 44 – mit
freundlicher Genehmigung von *Beltz Test*).

An publizierten Tests, die den zur Diskussion stehenden Verrechnungsmodus beinhalten und dem Modell laut Modelltests entsprechen, existieren nach wie vor nur
sehr wenige. International beachtete Intelligenz-Testbatterien, die gemäß *Rasch*-
Modell konstruiert wurden sind: BAS II (*British Ability Scales II*; Elliott, Smith &
McCulloch, 1996) und die amerikanische Version davon, DAS (*Differential Ability
Scales*; Elliott, 1990) sowie K-ABC[20] (*Kaufman Assessment-Battery for Children*;
die deutschsprachige Edition von Melchers & Preuß, 1991) bzw. (bislang[21]) exklusiv deutschsprachig AID 2.

Bemerkung am Rand
Den oben angeführten Intelligenz-Testbatterien könnten einige wenige spezielle
Leistungstests hinzugefügt werden; in anderen Kapiteln bereits mehrfach ange-
sprochen, zählt dazu der WMT. Problematisch dagegen, wenn auch gelegentlich

---

[20]Der aufmerksame Leser des Interpretationshandbuchs findet dort eine Andeutung, wonach
die Untertests auf Analysen nach dem *Rasch*-Modell beruhen. Bei genauem Studium der
Angaben zur Testkonstruktion ist dem Sachkundigen allerdings ersichtlich, dass sich das
nur auf die amerikanische Originalversion bezieht, aber selbst dort (Kaufman & Kaufman,
1983) finden sich keine Angaben, die die testtheoretische Analyse kritisch nachvollziehen
lassen würden.

[21]Zur italienischen Version s. vorläufig Punter (2003), zur ungarischen vorläufig Pocza (2003),
zur englischen vorläufig Steindl (2005) und zur türkischen Version (für in deutschsprachigen
Ländern lebende Kinder und Jugendliche) Uguz (2004).

versucht (vgl. z. B. den AVT, *Anstrengungsvermeidungstest*; Rollett & Bartram, 1998), ist das Bemühen, bei Persönlichkeitsfragebogen eine Konstruktion nach dem *Rasch*-Modell durchzuführen. Weil die dabei jeweils eigentlich interessierende Eigenschaft (z. B. „Extraversion") stets von einer zweiten Eigenschaft (nämlich der, „wahr zu antworten") überlagert wird, müssen theoretisch, und werden oft auch praktisch, alle eindimensional messenden Modelle scheitern. Karner (2002) zeigte, dass ein und derselbe Persönlichkeitsfragebogen dem *Rasch*-Modell bei Tpn einer wissenschaftlichen Studie entspricht, nicht aber bei Tpn einer Selektionssituation (s. Genaueres zur Verfälschbarkeit von Persönlichkeitsfragebogen in Abschnitt 2.9 Unverfälschbarkeit).

Regelmäßig erweisen sich Tests, die bei ihrer Entwicklung (noch) nicht entsprechend geprüft wurden und jahrelang im praktischen Einsatz stehen, eben nicht als verrechnungsfair: Das *Rasch*-Modell gilt nicht. Um nur einige bedeutende Beispiele zu nennen, sei auf die berühmten SPM (*Standard Progressive Matrices* von *John C. Raven*; vgl. z. B. das Manual dazu von Heller, Kratzmeier & Lengfelder, 1998a) verwiesen, für deren itemmäßig unveränderte frühere Auflage Kubinger, Formann und Farkas (1991) gravierende Modellabweichungen festgestellt haben; und nachweislich auf die früheren, itemmäßig nur teilweise veränderten Versionen zum HAWIK-III, für dessen betroffene Untertests laut der Monographie von Kubinger (1983) in Bezug auf den HAWIK und laut Steuer (1988) in Bezug auf den HAWIK-R dasselbe gilt.

Zur Illustration

Im Untertest *Allgemeines Wissen* des HAWIK-R etwa stellte sich heraus, dass einige Items in Abhängigkeit vom Geschlecht unterschiedliche (relative) Schwierigkeiten besitzen: Zum Beispiel das Item „Welche Farbe erhält man, wenn man die Farben Blau und Gelb miteinander vermischt?" fällt Mädchen relativ leichter als männlichen Kindern/Jugendlichen, beim Item „Wie viele Menschen gibt es auf der Welt?" ist es genau umgekehrt. Das zeigt, dass der Test mit diesen Items nicht eindimensional misst, sondern einzelne Items etwas ganz anderes als die intendierte Fähigkeit erfassen. Überspitzt formuliert, messen sie (bloß) das Geschlecht. – Günstigerweise finden sich beide diese Items in der aktuellen Version, im HAWIK-III, nicht mehr.

Ebenfalls für den Untertest *Allgemeines Wissen*, aber noch für den HAWIK, stellte sich heraus, dass das Item „Was mußt du tun, damit das Wasser kocht?" Kindern mit niedrigem Testwert, also leistungsschwachen Kindern, relativ leichter fällt als Kindern mit hohem Testwert, also leistungsstarken Kindern. Abgesehen davon, dass dieser Umstand (einseitig) die leistungsstarken Kinder benachteiligt, zeigt das sehr anschaulich, inwiefern ein Test mehr als nur eine einzige Eigenschaft erfasst Weil sogar die recht anspruchslose Antwort „auf den Herd stellen" als richtig gilt, misst dieses Item in hohem Ausmaß (auch) das „Anspruchsniveau" der Tp: Leistungsstarke Kinder/Jugendliche werden sich mit dieser Antwort nicht zufrieden geben; eine physikalisch fundierte fällt jedoch auch ihnen schwer. – Während dieses Item zwischenzeitlich, im HAWIK-R, nicht mehr existierte, ist es in der aktuellen Version, dem HAWIK-III, befremdlicherweise wieder enthalten.

Für bestimmte andere Verrechnungsmodi existieren innerhalb der *Probabilistischen Testtheorie* andere Modelle bzw. Verallgemeinerungen des *Rasch*-Modells, die teilweise analoge Bedeutung haben (vgl. wieder bei Kubinger, 1989). Wenn etwa, zusätzlich zur Bewertung in richtig/falsch, teilrichtige Antworten berücksichtigt und verrechnet werden, dann müssten sich die mit dem mehrkategoriellen mehrdimensionalen *Rasch*-Modell gewonnenen Itemkategorienparameter (für z. B. „teilweise richtig"/1 Punkt, „vollkommen richtig"/2 Punkte) über alle Items hinweg in der behaupteten Relation zueinander (im Beispiel 1 : 2) verhalten.

Entsprechende Modelltests bei Tests angewandt, die bei ihrer Entwicklung (noch) nicht daraufhin geprüft wurden, dokumentieren erfahrungsgemäß deutlich, dass die Verrechnungsfairness nicht gegeben ist.

Zur Illustration

Steuer (1988) beobachtete zwar für den Untertest *Gemeinsamkeitenfinden* im HAWIK-R im graphischen Modelltest (Abbildung 2.11) eine optimal angepasste Gerade mit einem Anstieg von 0,52 – die Schätzungen der Itemkategorienparameter, in einem Koordinatensystem gegeneinander aufgetragen, sollten im Idealfall die Relation 1 : 2 widerspiegeln –, jedoch liegen etliche Items ziemlich weit von dieser Geraden entfernt. Interessant ist dabei, dass zum Beispiel beim Item 21 („Was haben beide gemeinsam: Vulkanausbruch und Gewitterblitze") die 1-Punkt Antwort („in der Natur") absolut wesentlich schwieriger ist als die 2-Punkte Antwort („Naturereignis; Naturgewalten; Naturkatastrophen"). – Günstigerweise ist dieses Item in der aktuellen Version, dem HAWIK-III, nicht mehr enthalten.

Es ist einsichtig, dass umso strengere Voraussetzungen bzw. Modellansprüche an die Items zu stellen sind, je komplizierter der vorgesehene Verrechnungsmodus ist. So scheint es erst recht äußerst unwahrscheinlich, dass die Items eines nicht entsprechend konstruierten, lediglich „intuitiv" zusammengestellten Tests die implizierten Voraussetzungen erfüllen. Im Gegenteil, es ist höchst wahrscheinlich, dass die resultierenden Testwerte die empirischen Verhaltensrelationen nicht adäquat wiedergeben, d. h., der Test schlicht unfair misst.

Zur Illustration

Einen besonderen Verrechnungsmodus stellt die Bestimmung des *IQ* dar. Grundsätzlich entspricht ihm der durchschnittliche Testwert in den Untertests einer Intelligenz-Testbatterie (vgl. die in Abschnitt 2.4.1 gegebene Definition). Dabei ist es analog zu vorher unerheblich, in welchen Untertests eine Tp besonders gute und in welchen Untertests besonders schlechte Testleistungen erzielt bzw. ob sie vielleicht in allen Untertests dieselbe Leistung erbringt – alles gemessen an geeichten Testwerten.

Der *IQ* kann nun ebenfalls mit bestimmten Modellen der *Probabilistischen Testtheorie* auf Verrechnungsfairness geprüft werden – wenn auch diese Modelle nur

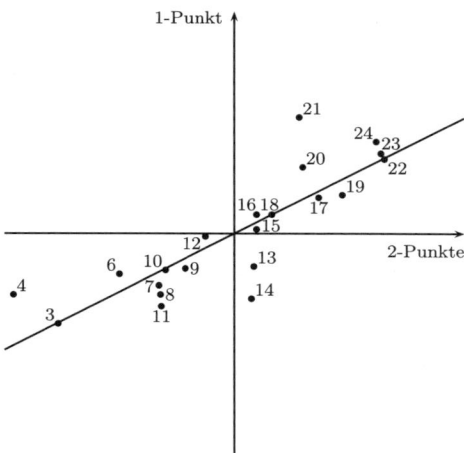

Abbildung 2.11: Die nach dem mehrkategoriellen mehrdimensionalen *Rasch*-Modell geschätzten Itemkategorienparameter im Untertest *Gemeinsamkeitenfin-
den* (HAWIK-R), für teilrichtige Antworten (1 Punkt) und vollkommen richtige Antworten (2 Punkte) gegenübergestellt (nach Steuer,
1988). Die optimal angepasste Gerade weist einen Anstieg von 0,52
auf – wegen relativer Antworthäufigkeiten von 0,00 bzw. 1,00 mussten
einige Items aus der Analyse ausgeschlossen werden.

hinreichend, aber nicht notwendig insofern sind, als ihre Geltung die bewusste
Verrechnungsvorschrift zwar legitimiert, jedoch die Angemessenheit der Verrechnungsvorschrift selbst in dem Fall gegeben sein könnte, dass das Modell für den
betroffenen Test nicht gilt. Immerhin sprechen, so gesehen, laut Kubinger und
Goethals (1988) die einschlägigen Modelltests in Bezug auf die Testbatterie AID
keinesfalls für den *IQ* als ein verrechnungsfaires Maß.

Bemerkung am Rand
Inhaltlich betrachtet mutet es ohnehin äußerst unrealistisch an, dass die bei der
Verrechnung zum *IQ* vorausgesetzte kompensatorische Wirkung tatsächlich greift.
Rein rechnerisch kann das „Tief" im einen Untertest durch ein entsprechendes
„Hoch" in einem anderen Untertest zwar ausgeglichen werden. Jeder Praktiker
würde aber, so gefragt, entschieden bestreiten, dass zum Beispiel ein Leistungs-
hoch beim Puzzle-Legen (Untertest *Antizipieren und Kombinieren*-figural aus dem
AID 2) ein beobachtetes Leistungstief beim abstrakten Denken (Untertest *Funk-
tionen Abstrahieren* aus dem AID 2) hinsichtlich lebens- oder gar schulrelevanter
Leistungsanforderungen kompensieren kann. In Anbetracht dessen verwundert das
(fast) obligate Festhalten am Konzept des *IQ* in Intelligenz-Testbatterien.

2.5.2 Skalierung und Messgenauigkeit

Innerhalb der *Probabilistischen Testtheorie* ist es auch möglich, die Messgenauigkeit eines Tests mit anderen Maßen als korrelativen zu bestimmen.

Da bei allen Modellen die Schätzung der Parameter nach der Maximum-*Likelihood*-Methode erfolgt, sind Erkenntnisse der Mathematischen Statistik anwendbar: Wenn aus unendlich vielen Stichproben einer bestimmten Population immer wieder derselbe Parameter geschätzt werden soll, so sind diese Schätzungen trivialer Weise nicht alle identisch, sondern unterliegen einer gewissen Streuung. Die Varianz dieser Schätzungen, zum Beispiel die des Personenparameters einer bestimmten Person v, ist dann gleich dem Kehrwert der sog. „Informationsfunktion" (vgl. z. B. Fischer, 1974); im Fall des *Rasch*-Modells ist dies

$$I_v = \sum_{i=1}^{k} P(+|\xi_v, \sigma_i) \cdot [1 - P(+|\xi_v, \sigma_i)]$$

$$= \sum_{i=1}^{k} \frac{e^{\xi_v - \sigma_i}}{1 + e^{\xi_v - \sigma_i}} \cdot \frac{1}{1 + e^{\xi_v - \sigma_i}} = \sum_{i=1}^{k} \frac{e^{\xi_v - \sigma_i}}{(1 + e^{\xi_v - \sigma_i})^2}.$$

Insbesondere bedeutet das, dass die Genauigkeit eines Testergebnisses pro Person unabhängig von den je sonst noch getesteten Personen bestimmt werden kann – sofern in die obige Formel die Parameterschätzungen anstatt der Parameter selbst eingesetzt werden. Im Vergleich zum Standardmessfehler der *Klassischen Testtheorie* spricht man (bei der Wurzel des Reziprokwerts der Informationsfunktion) besser von „Standardschätzfehler" (*standard error of estimation*).

Zur Illustration
Für den bereits mehrfach angesprochenen Untertest 6 aus dem AID 2 lässt sich zum Beispiel bei einer Irrtumswahrscheinlichkeit von 5 % ein Schätzfehler je nach ξ_v zwischen 3 bis 4 T-Werten (in den meisten Fällen) und 7 bis 8 T-Werten (bei besonders extremen Personenparametern) berechnen – übrigens, für die Praxis wichtig, sind im Manual des AID 2 die Standardschätzfehler pro ξ_v auch tatsächlich angeführt.

Bemerkung am Rand
Die *Probabilistische Testtheorie* kommt also grundsätzlich ohne das Konzept der Reliabilität aus – gleichwohl sie den Begriff „*reliability*" verwendet, allerdings bloß für die Korrelation zwischen den (im Zuge von Simulationsstudien als bekannt vorausgesetzten) Parametern ξ_v und deren (anhand des interessierenden Tests gewonnenen) Schätzungen.

Insbesondere bedarf es keiner Bestimmung der inneren Konsistenz: Indem sich die Items auf Grund des entsprechenden Modelltests als modellkonform erweisen, sind sie als „homogen" zu qualifizieren, d. h. messen alle dasselbe, und zwar eindimensional. Aus diesem Grund genügt bei dementsprechend konstruierten Tests die Angabe, dass die Reliabilität im Sinn von innerer Konsistenz infolge der Modellkonformität gegeben ist. Einer allfälligen Bestimmung der Stabilität tut dies jedoch keinen Abbruch.

Was schließlich Paralleltests betrifft, benötigt sie die *Probabilistische Testtheorie* weder zur Bestimmung der Genauigkeit eines Testergebnisses noch macht ihre Erstellung besondere Schwierigkeiten: Weil es nur darauf ankommt, über einen Pool von modellkonformen Items zu verfügen, kann jede Teilmenge daraus zu einem „Parallel"-Test, und zwar unabhängig von den Itemparametern zusammengefasst werden. Selbst bei extrem abweichenden Itemparametern ist jedes Mal die Schätzung der gesuchten Personenparameter möglich – lediglich der Schätzfehler variiert dann (vgl. Genaueres dazu in Abschnitt 2.6.1).

2.5.3 Skalierung und Eichung

Bereits in Abschnitt 2.4.2 wurde das Problem der Übertragung eines Tests in andere Kulturen, und sei es nur innerhalb des deutschsprachigen Raums, angesprochen. Für die Testbatterie AID 2, zum Beispiel, wurde auch ausgeführt, dass es zwischen der deutschen und der österreichischen Population keine Niveauunterschiede gibt.

Allerdings kann das Fehlen signifikanter Mittelwertsunterschiede (bzw. allgemeiner: Verteilungsunterschiede) nicht die Frage klären, ob ein Test innerhalb verschiedener Kulturen dasselbe misst. Immerhin könnte es ja sein, dass sich kulturelle Unterschiede nicht global, auf die (Gesamt-) Testleistung auswirken, sondern nur auf die einzelnen Items. Dann spricht zwar nicht das Gütekriterium Normierung gegen die Anwendung des Tests in einem anderen als der Eichstichprobe zugrunde liegenden Kulturbereich, aber, und das ganz grundsätzlich, das Gütekriterium Skalierung.

Zur Illustration

Im *Allgemeinen Wissen* des HAWIE-R lautet das Item 13: „Wer wählt bei uns den Bundeskanzler"; weil diesbezüglich zwischen Deutschland und Österreich (sowie der Schweiz) verfassungsbedingte Unterschiede bestehen, ist selbst dann mit Auswirkungen auf den Testwert zu rechnen, wenn der (österreichische) Tl die Antwort der Tp instruktionswidrig, aber inhaltlich richtig bewertet. Allerdings liegen dazu keine statistischen Belege vor.

Zur Illustration

Obwohl bei der Konstruktion des AID entsprechenden Fragen konsequent nachgegangen wurde – so mussten zum Beispiel in Bezug auf den Untertest *Alltagswissen* einige wenige Items laut Analysen nach dem *Rasch*-Modell für die endgültige Fassung ausgeschlossen werden, weil ihre Schwierigkeiten in Österreich und Deutschland deutlich verschieden waren – stellte sich später für eine niederländische Fassung des AID heraus, dass etliche Items dieser Fassung für eine weitgehend repräsentative belgische Stichprobe signifikant schwieriger, andere signifikant leichter sind als in der Eichstichprobe der (deutschsprachigen) Originalfassung: So fällt der belgischen Stichprobe etwa das Item „In welchem Monat wird Weihnachten gefeiert?" relativ schwerer, das Item „Welche Religion herrscht in Arabien vor?" relativ leichter als der Eichstichprobe.

Neuerdings findet man unter dem Stichwort „*Differential Item Functioning*" (vgl. z. B. Holland & Wainer, 1993) Bemühungen um Methoden, die die unterschiedliche Messqualität vereinzelter Items in diversen Subpopulationen festzustellen erlauben; schon länger spricht man vom sog. „*Item Bias*". Im Wesentlichen laufen brauchbare solche Methoden auf einschlägige oder eben besondere Modelltests zum *Rasch*-Modell hinaus (s. Waldherr, 2001; vgl. auch in Abschnitt 2.10 Fairness).

2.6 Ökonomie

Ein Test erfüllt das Gütekriterium *Ökonomie*, wenn er, gemessen am diagnostischen Informationsgewinn, relativ wenig Ressourcen (Zeit und Geld) beansprucht.

Bemerkung am Rand
Lienert (s. wieder Lienert & Raatz, 1998, S. 12) beschrieb Ökonomie als Gütekriterium noch wie folgt: „Ein Test ist dann *ökonomisch*, wenn er: eine kurze Durchführungszeit beansprucht, wenig Material verbraucht, einfach zu handhaben, als Gruppentest durchführbar, schnell und bequem auszuwerten ist." Diese ursprüngliche Auffassung von Testökonomie ist allein infolge der technischen Entwicklung, allem voran infolge der Existenz der Computerdiagnostik, nicht mehr haltbar.

2.6.1 Wirtschaftlichkeit und Aufwandsminimierung

Insofern, als Zeit Geld bedeutet, bestimmt sich Ökonomie im Sinn von Wirtschaftlichkeit über die Kosten der Untersuchung. Diese entstehen durch die Anschaffung eines Tests, durch Personalkosten des Tl, Anschaffungs- und Betriebs-/Verschleißkosten von Computern sowie schließlich durch den Verbrauch von Protokollbogen bzw. der Gebühr für die Nutzung computerisierter Tests.

Bemerkung am Rand
Zu beachten ist, dass die häufig geübte Praxis, Protokollbogen für den Eigenbedarf zu kopieren anstatt vom vertreibenden Testverlag zu kaufen, eine Verletzung des Copyrights bedeutet und strafbar ist. Beachtenswert sind in diesem Zusammenhang verlagsseitig versuchte Bemühungen, das Kopieren zwecklos zu machen.

Was die Ressource Zeit betrifft, ist allerdings genauer zu differenzieren. Nicht wirklich kann oder muss Zeit immer mit Kosten gleichgesetzt werden. Zunächst ist zu unterscheiden zwischen der Zeit, die eine psychologisch-diagnostische Untersuchung den Psychologen beansprucht, und der Zeit, die die Testung für die Tp dauert. Dann ist zu unterscheiden zwischen der Zeitspanne, in der der Tl bzw. Psychologe für eine Tp bereit sein muss, vielleicht ohne auch tatsächlich aktiv sein zu müssen – so kann etwa der Tl nebenbei anderes erledigen, während er grundsätzlich verfügbar ist für auftauchende Fragen einer Tp während einer Testung am Computer –, und der Nettozeit, also der Arbeitszeit des Tl bzw. Psychologen, die exklusiv für die Untersuchung pro Tp aufgeht. So muss eben getrennt werden zwischen der teureren Arbeitszeit des qualifizierten Psychologen, die eine psychologisch-diagnostische Untersuchung erfordert, und der billigeren Arbeitszeit einer eingeschulten Hilfskraft, etwa Tl oder Auswerter.

Außer Frage steht, dass die Sachlichkeit vorrangig ist, die Aufwandsminimierung nachrangig: Die Wirtschaftlichkeit eines Tests kann bei einer konkreten Fragestellung erst dann zu Buche schlagen und mit der eines anderen konkurrieren, wenn der Einsatz gerade dieses Tests sachlich gerechtfertigt ist, er die gestellte Frage tatsächlich beantwortet.

So gesehen verfehlt *psychologisches Diagnostizieren* seinen Zweck, sobald

- eine nicht ausreichend in die *Psychologische Diagnostik* ausgebildete Person als Tl fungiert,
- dort auf den Einsatz von Tests verzichtet wird, wo diese wertvolle diagnostische Information liefern würden,
- Tests verwendet werden, anstatt dass eine systematische Verhaltensbeobachtung (vgl. in Abschnitt 3.2.3) erfolgt, weil erst diese die relevante diagnostische Information erbringen würde,
- lediglich Tests zum Einsatz kommen, mit denen der Psychologe seit Jahren vertraut ist, die aber weniger diagnostische Information liefern als andere,
- ausschließlich Tests eingesetzt werden, die nach dem geltenden (Kranken-) Kassenvertrag abzurechnen sind, obwohl andere den diagnostischen Informationsgewinn steigern könnten,
- die Testauswahl primär danach erfolgt, dass die Vorgabe des Tests oder wenigstens seine Auswertung über Computer möglich ist.

2.6.2 Adaptives Testen

Wesentlich an der oben gegebenen Definition ist die Relativierung am diagnostischen Informationsgewinn. Das ermöglicht nämlich, Wirtschaftlichkeit und Informationsmenge gegeneinander abzuwägen, vorausgesetzt, Sachlichkeit ist gewährleistet. So wird für manche Fragestellung ein Zugewinn an diagnostischer Information gemessen an dessen Wirtschaftlichkeit lohnen oder gemessen an dessen Unwirtschaftlichkeit nicht lohnen. Umgekehrt interessiert oft auch, bei konstanter Wirtschaftlichkeit die relevante Informationsmenge zu maximieren. In diesem Zusammenhang setzt die *Probabilistische Testtheorie* einen besonderen Akzent von Testökonomie: Sie ermöglicht nämlich mit Hilfe des sog. „adaptiven Testens", dass ein Test trotz geringer Testlänge genau misst.

Wichtiger Hinweis

Innerhalb der *Klassischen Testtheorie* ist eine höhere Messgenauigkeit, das ist dort ein kleinerer Standardmessfehler, immer nur dadurch zu erzielen, dass der Test (mit passenden Items) verlängert wird. Man erkennt das unmittelbar anhand der allgemeinen bzw. ursprünglichen Formel von *Spearman* und *Brown* zur Testverlängerung (vgl. in Abschnitt 2.2.3); für $k \cdot t$ statt nur t Items verändert sich danach die Reliabilität zu

$$r_+ = \frac{k \cdot r_{tt}}{1 + (k-1) \cdot r_{tt}}.$$

Das Prinzip des adaptiven Testens ist am besten als Kontradiktion zur Kritik am konventionellen Testen zu verstehen. Die Nachteile des letzteren, insbesondere auf Leistungstests bezogen, sind folgende:

- Üblicherweise will man mit einem Test einen großen Alters- (bzw. Fähigkeits-) Bereich erfassen. Das erfordert viele Items, die von (sehr) leichten bis zu (sehr) schwierigen reichen (z. B. im *Allgemeinen Wissen* des HAWIE-R: „Wieviele Monate hat ein Jahr?" und „Wieviele Planenten hat das Sonnensystem?"). Obwohl es sich dann um einen recht langen Test handelt (dessen Bearbeitung eine hohe Anstrengungsbereitschaft erfordert), sind pro Tp nicht genug Items informativ – „informativ" ist dabei so zu verstehen: Der Tl weiß oft im vorhinein ziemlich sicher Bescheid, ob die Tp das betreffende Item lösen wird oder nicht, somit ist er über die Antwort wenig überrascht und hat kaum einen Informationsgewinn. Nur wenige Items sind dagegen insofern interessant, als es dem Tl ungefähr gleich wahrscheinlich erscheint, dass sie die Tp löst oder dass sie sie nicht löst. So gesehen ist es schlicht unökonomisch, einer Tp die für sie wesentlich zu leichten bzw. zu schwierigen Items überhaupt vorzugeben.

Bemerkung am Rand

Erste Bemühungen, diese unökonomische Vorgangsweise zu umgehen, gab es schon bei *Alfred Binet* und teilweise bei *Wechsler*: Bei *Binet* (s. z. B. *Stanford-Binet-Simon Intelligence Scale*, deutschsprachig letztmals von Lückert, 1965) wurde mit altersspezifischen Items begonnen und - sofern diese gelöst worden sind – alle leichteren Items als ebenfalls gelöst bewertet; im anderen Fall wurde solange auf leichtere Itemgruppen zurückgegriffen, bis (fast) alle gelöst werden konnten. Bei *Wechsler* gibt es nunmehr für seine Kinder-Testbatterie (deutschsprachig seit dem HAWIK-R) ebenfalls altersspezifische Einstiege für die nach aufsteigender Schwierigkeit geordneten Items – und bei allen seinen Testbatterien wird die weitere (Unter-)Testvorgabe abgebrochen, wenn eine bestimmte Anzahl unmittelbar aufeinander folgender Items nicht gelöst wurde. Grundsätzlich kritisch ist am Vorgehen von *Binet* und *Wechsler* jedoch, dass niemals Sicherheit darüber besteht, ob eine Tp ein bestimmtes Item löst bzw. nicht löst,

sondern eines von beiden bestenfalls hohe Wahrscheinlichkeit hat (laut *Rasch*-Modell beträgt die Lösungswahrscheinlichkeit genau dann 1, wenn $\xi_v = \infty$ gilt, d. h. die Tp v unendlich fähig ist, oder $\sigma_i = -\infty$ gilt, d. h. das Item i unendlich leicht ist).

- Will man – was in der Praxis eher die Regel als die Ausnahme ist – in den extremen Fähigkeitsbereichen messen und zwischen (zwei) Tpn genau differenzieren, die ähnlich leistungsstark sind, dann stehen dafür, trotz großer Testlänge, nur sehr wenige Items zur Verfügung (z. B. im *Allgemeinen Wissen* des HAWIK-III werden im unteren Fähigkeitsbereich, zwischen allen 6-Jährigen, nur vier bis fünf Items differenzieren; alle anderen sind für diese Altersgruppe generell zu schwierig). Das heißt, es ist nur zwischen ganz wenigen Leistungskategorien zu unterscheiden. Dabei verursachen die üblichen Zufallseinflüsse infolge der faktisch sehr geringen Testlänge drastische Standardmessfehler.
- Die Darbietung der Items in der Reihenfolge ihrer Schwierigkeiten kann motivationsbeeinträchtigend sein. Gibt es keine fähigkeitsentsprechenden Testeinstiege, so werden die wesentlich zu leichten Items am Anfang demotivierend wirken und – ob es ein bestimmtes Abbruchkriterium gibt oder nicht – praktisch jede Tp wird durch die am Ende zu schwierigen Items frustriert.

   ### Bemerkung am Rand
   Für alle Testbatterien von *Wechsler* muss provokant gefragt werden: Wie motiviert wird eine Tp mit jedem neuen Untertest beginnen, wenn sie jedes Mal den vorangehenden mit einem Leistungsversagen beendet?

- Wegen der großen Standardmessfehler von Untertests mit wenig informativen Items pro Fähigkeitsbereich ist bei Testbatterien die Interpretation des Leistungsprofils, d. h. das Identifizieren von „Hochs" und „Tiefs" (vgl. nochmals Abbildung 2.9, in Abschnitt 2.4.3), kaum möglich.
- Aus der Einsicht, dass jeweils nur wenige Items für eine bestimmte Tp informativ sind, ziehen manche Testautoren die Konsequenz, statt nur nach richtig/falsch zu bewerten, mehr- als zweikategoriell zu verrechnen: Sei es durch die Berücksichtigung teilrichtiger Antworten, sei es durch die Vergabe von Zeit-Gutpunkten bei besonders schnell erfolgten Lösungen. Aus Abschnitt 2.5 Skalierung ist um eine entsprechend große Problematik solcher Verrechnungen zu fürchten (zu den Zeit-Gutpunkten s. Genaueres in Abschnitt 3.1.2).

Dieser Kritik gemäß geht es um eine zum konventionellen Testen alternative Strategie der Testvorgabe. Die Idee muss sein, eben nicht allen Tpn dieselben Items vorzugeben, sondern nur diejenigen, welche der individuellen Fähigkeit adäquat sind. Die Itemauswahl muss also dem jeweiligen Leistungsvermögen angepasst, „adaptiert" sein. Obwohl erste Ansätze zum adaptiven Testen (sachlich unrichtig) versuchen, ohne die *Probabilistische Testtheorie* auszukommen, ist adaptives Testen unverzichtbar auf deren Erkenntnisse angewiesen – wie zu zeigen sein wird, ist anders die faire Bestimmung eines Testwerts nicht möglich.

Bemerkung am Rand

In gewisser Weise könnte man auch bei *Binet* und *Wechsler* von „adaptivem"
Testen sprechen; gemäß den heutigen internationalen Gepflogenheiten sind ihre
Testbatterien aber wegen des fehlenden Bezugs zur *Probabilistischen Testtheorie*
nicht unter diesem Begriff zu subsumieren.

Leider findet sich im deutschen Sprachraum sogar in jüngster Zeit das Attribut
„adaptiv" für Tests verwendet, bei denen der fragliche Testkennwert genauso wenig
durch die *Probabilistische Testtheorie* begründet ist: Die individuell verzweigenden
Lerntests der ehemaligen Arbeitsgruppe um *Jürgen Guthke* (s. in Abschnitt 4.1.2).

Grundsätzlich ist zwischen zwei Strategien beim adaptiven Testen zu unterscheiden: Dem

▶ Tailored-testing

und dem

▶ Branched-testing.

Beide sind (zunächst nur) für solche Leistungstests gedacht, die nach richtig/falsch
bewertet werden.

Tailored-testing

Hier wird pro Tp mit einem durchschnittlich schwierigen Item begonnen – dies und
alles folgende setzt voraus, dass die Schwierigkeiten bzw. Itemparameter sämtlicher Items (eines sehr großen Itempools) bereits aus Kalibrierungsstudien bekannt
bzw. hinreichend genau geschätzt worden sind. Je nachdem, ob die Tp dieses Item
löst oder nicht, bekommt sie als nächstes das schwierigste bzw. leichteste Item geboten[22]. In Abhängigkeit von der Leistungsgüte bei diesem Item wird für die Tp
dasjenige Item als nächstes ausgewählt, von welchem ein Ergebnis zu erwarten ist,
das (endlich) eine vorläufige Schätzung des fraglichen Personenparameters ermöglicht. Das ist dann der Fall, wenn die Tp zumindest je ein Item gelöst und nicht
gelöst hat – ansonsten spricht die bis dato gewonnene Information für $\xi_v = \infty$
bzw. $\xi_v = -\infty$. Sobald eine erste Schätzung vorliegt, wird in der Folge jeweils
genau dasjenige Item gewählt, welches in Bezug auf seine Schwierigkeit mit dem
Leistungsniveau der Tp korrespondiert, das ist dasjenige Item pro Person bzw.
aktueller Schätzung des Personenparameters, welches zur Informationsfunktion
(vgl. in Abschnitt 2.5.2) den maximalen Beitrag leistet.

Zur Illustration

Laut Informationsfunktion des *Rasch*-Modells bestimmt sich das jeweils als nächstes vorzugebende Item dadurch, dass es mit seinem Itemparameter σ_i folgende
Bedingung erfüllt:

$$\frac{e^{\hat{\xi}_v - \sigma_i}}{1 + e^{\hat{\xi}_v - \sigma_i}} \cdot \frac{1}{1 + e^{\hat{\xi}_v - \sigma_i}} = \text{Max!}$$

---

[22]Varianten sind denkbar; für das bessere Verständnis des Prinzips des *Tailored-testings* wird
die einfachste Vorgehensweise beschrieben.

– mit $\hat{\xi}_v$ für die aktuelle Schätzung des Personenparameters ξ_v der Person v. Theoretisch beträgt dieses Maximum 0,25. Dieses wird genau dann erreicht, wenn $\sigma_i = \hat{\xi}_v$ und folglich $P(+|\hat{\xi}_v, \sigma_i) = 1 - P(+|\hat{\xi}_v, \sigma_i) = 0{,}50$. Die Wahl jedes anderen Items als desjenigen, welches das Maximum erfüllt, würde bedeuten, dass die folgende Parameterschätzung weniger als praktisch möglich verbessert wird und der Schätzfehler größer als praktisch möglich bleibt.

Diese für die Person „maßgeschneiderte" (daher: tailored) Itemauswahlstrategie bringt es mit sich, dass relativ bald eine ungefähre Schätzung des Personenparameters gegeben ist, die mit jedem weiteren Item verbessert, d. h. genauer wird. Anders ausgedrückt: Die Schätzung $\hat{\xi}_v$ weicht vom wahren Parameter ξ_v mit Fortdauer des Tests immer weniger ab.

Einige technische Fragen stellen sich dazu:

- Wann ist die Testvorgabe zu beenden?
- Wie groß muss der Itempool sein?
- Wie sind die Testleistungen von Tpn, die völlig andere Items vorgegeben erhielten, vergleichbar?

Zu antworten ist wie folgt:

- Ein praktikables Kriterium besteht darin, die Vorgabe des Tests dann zu beenden, wenn die Differenz der Schätzungen ein und desselben Personenparameters bei zwei aufeinander folgenden Items nicht (mehr) größer ist als ein gewisser geringer, vorher festgelegter Betrag.
- Bei einem zu kleinen Item*pool* ist zu befürchten, dass dieses Kriterium nie erfüllt wird, weil die dafür benötigten informativen Items nicht bzw., mit Fortdauer des Tests, nicht mehr existieren. Immerhin lässt sich aus vorwiegend theoretischen Erfahrungen mit Hilfe von Simualtionen ableiten, dass mit 60–70 Items ziemlich sicher das Auslangen zu finden ist, wobei regelmäßig nach ca. 15 Items hinreichende Genauigkeit der geschätzten Personenparameter erreicht wird (einen genauen Überblick dazu gibt Wild, 1986; s. aber auch Hornke, 2001).
- Offensichtlich ist die Anzahl gelöster Items als Testwert ungeeignet: Ein und dieselbe Anzahl, zum Beispiel einmal bei leichten Items, das andere Mal bei schwierigen Items erzielt, würde die empirischen Verhaltensrelationen (die faktischen Testleistungen) nicht adäquat abbilden. Dagegen ist es möglich, den unbekannten Personenparameter ξ_v aus der jeweiligen Modellgleichung, also unter Berücksichtigung der getroffenen Itemauswahl, zu schätzen, sofern, wie vorausgesetzt, die Itemparameter bekannt sind.

Zur Illustration

Angenommen Person v hätte die Items 1, 5 und 9 vorgegeben erhalten und davon Item 1 sowie Item 9 gelöst, nicht aber Item 5; dann beträgt nach dem *Rasch*-Modell die Wahrscheinlichkeit für genau diese Testleistung

$$P(1^+, 5^-, 9^+|\xi_v, \sigma_1, \sigma_5, \sigma_9) = \frac{e^{\xi_v - \sigma_1}}{1 + e^{\xi_v - \sigma_1}} \cdot \frac{1}{1 + e^{\xi_v - \sigma_5}} \cdot \frac{e^{\xi_v - \sigma_9}}{1 + e^{\xi_v - \sigma_9}}$$

woraus mit Hilfe der Maximum-*Likelihood*-Methode eine Schätzung $\hat{\xi}_v$ relativ leicht bestimmt werden könnte. Diese wäre unmittelbar mit der analog gewonnenen Schätzung $\hat{\xi}_w$ von Person w zu vergleichen, welche etwa die Items 2 und 3 gelöst haben mag, nicht aber Item 4.

Die Vorteile des adaptiven Testens liegen auf der Hand:

- Bei gleicher Testlänge ist gegenüber einem konventionellen Test eine wesentlich größere Messgenauigkeit zu erreichen – bzw. ist dieselbe Messgenauigkeit zu erzielen, trotz stark gekürzter Testlänge. Die (theoretische) Erfahrung zeigt, dass ein halb so langer adaptiver Test ausreicht, um ebenso genau wie mit einem konventionellen Test zu messen (vgl. z. B. wieder bei Wild, 1986).

- Insbesondere wird beim adaptiven Testen in allen Fähigkeitsbereichen gleich genau gemessen – man bedenke, dass konventionelle Tests regelmäßig viele mittelschwierige Items beinhalten und also in diesem Bereich recht genau messen können, wohingegen sie in den extremen Fähigkeitsbereichen über jeweils zu wenige informative Items verfügen.

- Motivationale Beeinträchtigungen sind beim adaptiven Testen nicht zu erwarten. Weil für jede Tp die Auswahl der Items so erfolgt, dass sie diese (theoretisch) abwechselnd löst und nicht löst, sollte es anfänglich nicht zur Demotivation durch zu leichte Items, am Ende nicht zur Frustration durch zu schwierige Items kommen.

  ### Bemerkung am Rand

  Empirisch belegen ließ sich die (leistungs-) motivationale Überlegenheit des adaptiven Testens allerdings bis jetzt nicht: Laut Roßmann (1992) ergeben sich sowohl bei 6- bis 7-Jährigen als auch bei 12- bis 15-Jährigen weder signifikante Unterschiede hinsichtlich der Leistungsmotivation noch hinsichtlich der Testwerte in den einzelnen Untertests, wenn Items aus dem AID adaptiv oder konventionell vorgegeben werden.

  Immerhin erweist sich damit die gegenläufige Argumentation mancher Praktiker unbegründet, die vor allem für jüngere Kinder ins Treffen führen, dass diese zur Leistungsmotivation anfänglich besonders leichter Items bedürfen, wohingegen beim adaptiven Testen schon sehr bald relativ schwierige Items gestellt werden.

- Mit der höheren Messgenauigkeit pro Untertest löst sich auch das Problem der Interpretation des Leistungsprofils.

- Und weil beim adaptiven Testen (höchst) informative Items verwendet werden, bedarf es auch keiner mehrkategoriellen Verrechnung.

Jedoch birgt das adaptive Testen auch einige Nachteile:

- Es bedarf erstens einer größeren Anzahl von Items als konventionelles Testen, d. h. die Testkonstruktion ist aufwendiger. Es bedarf zweitens testtheoretischer Analysen im Sinne der *Probabilistischen Testtheorie* – allerdings, wie der Abschnitt 2.5 Skalierung zeigt, sachlich nicht im Gegensatz zum konventionellen Testen.

- Die Realisierung des *Tailored-testing* ist notwendigerweise an die Computerdiagnostik gebunden: Die beschriebene Schätzung der Personenparameter ist numerisch nur mittels Computer möglich, wobei zu beachten ist, dass eine solche Schätzung nach der Bearbeitung jedes Items erfolgen muss, um dementsprechend das nächste, bestgeeignete Item auszuwählen.

Beides zusammen erklärt, warum das Angebot an verlagsmäßig vertriebenen *Tailored*-Tests beschränkt ist. Im deutschsprachigen Raum ist daher das *Tailored-testing* für die Praxis (noch) nicht etabliert – sieht man von Großinstitutionen ab, die mit nicht allgemein vertriebenen Eigenentwicklungen arbeiten.[23]

Zur Illustration

Deutschsprachig waren die *Syllogismen* von Srp (1994) jahrelang das einzige verlagsmäßig vertriebene Verfahren dazu. Sie zum Beispiel kommen mit insgesamt 75 Items aus, wobei regelmäßig nach 10 bis 12 optimal ausgewählten Items hinreichende Messgenauigkeit erzielt wird.

Entgegen dem bisher angesprochenen *Rasch*-Modell sind theoretische Betrachtungen zum adaptiven Testen in der angloamerikanischen Literatur regelmäßig auf die *Birnbaum*-Modelle bezogen. Insbesondere wegen der bekannt großen Probleme bei der Parameterschätzung (s. z. B. Puchhammer, 1989), ist jedoch das *Rasch*-Modell den *Birnbaum*-Modellen grundsätzlich vorzuziehen.

Exkurs zu den *Birnbaum*-Modellen:

In Verallgemeinerung des *Rasch*-Modells lautet die Modellgleichung:

$$P(+|\xi_v; \sigma_i, \alpha_i, \beta_i) = \frac{\beta_i + e^{\alpha_i(\xi_v - \sigma_i)}}{1 + e^{\alpha_i(\xi_v - \sigma_i)}}, \qquad 3PL-Model$$

mit α_i als dem Item-Diskriminationsparameter des Items i – er entspricht einer unterschiedlichen Gewichtung richtiger Antworten bei der Bestimmung des Testwerts – und β_i als dem Item-Rateparameter – er entspricht dem Effekt, wie er beim *Multiple-Choice*-Format insofern gegebenen sein kann, als die richtige Antwort (bloß) zu erraten ist. Die bisher als Itemparameter bezeichneten σ_i müssen exakter Weise (ab jetzt) Item-Schwierigkeitsparameter heißen.

Sind alle $\beta_i = 0$ und alle $\alpha_i = 1$, so ergibt sich als Spezialfall das 1-PL Modell (ein-[item]parametrig-logistisches Modell), das ist das *Rasch*-Modell. Sind alle $\beta_i = 0$, nicht aber alle $\alpha_i = 1$, so folgt das 2-PL Modell (von *Birnbaum*). Die oben angeführte Formel bezeichnet man als das 3-PL Modell (von *Birnbaum*). Einen bisher wenig beachteten, aber denkbaren Fall stellt das sog. „*Rasch*-Modell mit Rateparameter" dar: Das ist $\alpha_i = 1$ für alle i, $\beta_i \neq 0$ (Genaueres zu diesem Modell sowie zu den *Birnbaum*-Modellen s. z. B. bei Kubinger, 1989).

Natürlich ist mit diesen, im Vergleich zum *Rasch*-Modell verallgemeinerten Modellvarianten ein *Tailored-testing*, wie oben beschrieben, sinngemäß möglich –

---

[23]Unter Zuhilfenahme von Internet-Suchmaschinen findet man zahlreiche Anbieter adaptiver Tests; zumindest für illustrative Zwecke sind dabei sogar *online*-Testungen möglich.

lediglich die theoretisch maximale Information ist nicht (immer) bei $\xi_v = \sigma_i$ bzw. $P(+) = P(-)$ gegeben.

Bemerkung am Rand

Durch die Verwendung (ausschließlich) informativer Items kann zwar ökonomisch insofern getestet werden, als mit wenigen Items das Auslangen zu finden ist und trotzdem genau gemessen wird; Wild (1989) entdeckte jedoch, dass – zumindest bezogen auf Matrizentest-Items – das *Tailored-testing* die Itembearbeitungszeiten bis auf das Doppelte erhöht. Ökonomisches Testen im Sinne des *Tailored-testing* bedeutet also nicht zwingend, dass mit der Verkürzung der Testlänge auch die Durchführungsdauer entsprechend verkürzt wird.

Bemerkung am Rand

Eine mögliche Erklärung für das Phänomen längerer Bearbeitungszeiten beim adaptiven Testen mag folgende sein: Tpn benötigen (bei manchen Materialien) zum „Aufwärmen" auch leichtere Items bzw. erwarten sie die Items der Schwierigkeit nach geordnet. Werden ihnen sehr bald recht schwierige Items vorgegeben oder kommen zwischendurch immer wieder auch leichte vor, so sind sie im ersten Fall noch nicht genug „eingestimmt", im zweiten Fall irritiert – in beiden Fällen verlängert sich die Zeit bis eine Reaktion gesetzt wird, unter Umständen auch deren Qualität, etwa falsch statt richtig. Formal bedeutete das, dass die Schwierigkeit eines Items jeweils von der Position innerhalb des Tests abhängt, an der es vorgegeben wird. Fraglich ist dann, ob es sich lediglich um Lerneffekte während der Testbearbeitung handelt oder ob noch eine andere als die zu messen intendierte Eigenschaft, etwa „Skeptizismus", die Lösungswahrscheinlichkeit beeinflusst. Ist letzteres aus Sicht der Skalierung schlicht fatal, indem der Test nicht (mehr) eindimensional misst (vgl. in Abschnitt 2.5.1), so ist ersteres jedenfalls beim adaptiven Testen folgenschwer: Die oben skizzierte Parameterschätzung von ξ_v muss artifiziell, sprich unfair sein, setzt diese doch positions*un*abhängige Itemparameter σ_i voraus. Für das konventionelle Testen wäre ersteres wenigstens solange unproblematisch, bis nicht individuell verschiedene Lerneffekte vorliegen – obwohl der resultierende Testwert selbst dann inhaltlich uneindeutig ist, weil für ihn doch keine situationsüberdauernde Eigenschaft verantwortlich zeichnet; umgekehrt wäre gerade die Feststellung individuell verschiedener Lerneffekte diagnostisch interessant.

Branched-testing

Hier handelt es sich gegenüber dem *Tailored-testing* um eine suboptimale Strategie, bei der nicht nach der Bearbeitung jedes einzelnen Items das aktuell informativste Item ausgewählt und als nächstes vorgegeben wird, sondern die Items in Gruppen zusammengefasst werden und zwischen diesen je nach Leistungsgüte in festverzweigter Weise verwiesen wird. So kann die Testvorgabe auch ohne Computer auskommen.

Als Beispiel eines derartig festverzweigten Vorgabeschemas ist jenes für mehrere Untertests des AID 2 in Abbildung 2.12 wiedergegeben. Danach wird je nach Alter der Tp mit einer anderen ersten Itemgruppe (bestehend aus fünf Items) begonnen. Löst die Tp davon höchstens ein Item, so ist zu schließen, dass diese Itemgruppe zu schwierig war, und die Tp wird zu einer leichteren Itemgruppe verwiesen; löst die Tp mindestens vier Items, dann war die Itemgruppe zu leicht und die Tp wird zu einer schwierigeren Itemgruppe verwiesen – nur in dem Fall, dass die Tp zwei oder drei, also ungefähr die Hälfte der Items gelöst hat, entspricht diese erste Itemgruppe dem Leistungsniveau der Tp, so dass eine ähnlich schwierige nächste Itemgruppe vorgegeben werden kann. Vorgesehen ist in diesem Schema, dass jede Tp zusätzlich zur Startgruppe zwei weitere Itemgruppen erhält, das sind insgesamt 15 Items.

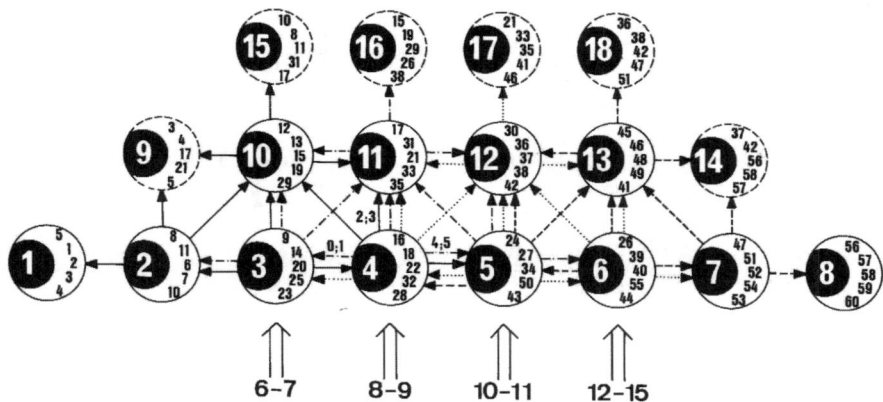

Abbildung 2.12: Das Vorgabeschema nach dem *Branched-testing* für mehrere Untertests im AID 2. Bei der Altersgruppe 8–9 sind die Verzweigungsregeln
genauer als bei den übrigen Altersgruppen ersichtlich, d. h., welche
Varianten in der Abfolge der Itemgruppen es je nach erbrachter Leistungsgüte der Tp gibt. Die fünf innerhalb jeder Itemgruppe angeführten Zahlen repräsentieren die Rangplätze der Items hinsichtlich ihrer
Schwierigkeit (aus Kubinger & Wurst, 2000, S. 39 – mit freundlicher
Genehmigung von *Beltz Test*).

Die unter anderem wieder zur Vergleichbarkeit der Testleistungen von Tpn mit jeweils anderen bearbeiteten Items erforderliche Bedingung, dass die Items einem Modell der *Probabilistischen Testtheorie*, am besten dem *Rasch*-Modell entspre-chen, erfüllen die betroffenen Untertests (vgl. in Abschnitt 2.6.1, insbesondere Abbildung 2.10).

Zur Illustration

Weil bei den Untertests des AID 2, die nach dem Vorgabeschema der Abbil-dung 2.12 administriert werden, standardmäßig vorgesehen ist, dass jede Tp nur drei Itemgruppen erhält, können einige Itemgruppen, nämlich die strichliert gekennzeichneten, jeweils auch Items enthalten, die in bestimmten anderen ebenfalls vorkommen. Somit genügen für dieses Vorgabeschema des AID 2 60 Items.

Dabei muss der Tl die Testvorgabe nicht selbständig entlang dieses Vorgabeschemas vollziehen, vielmehr wird er dementsprechend durch den Aufgabenkatalog dirigiert, indem er je nach Anzahl gelöster Items der Tp bei einer Itemgruppe zur nächsten Itemgruppe, eventuell vermittels Blättern im Aufgabenkatalog, verwiesen wird (vgl. beispielsweise für die Entscheidung nach der Itemgruppe **❸** im Untertest 1 die Abbildung 2.13).

6-7 Jahre

1 Nenne mir ein Tier, das ...

2 Wie wird eine Lokomotive ...

3 Welches Nagetier ...

4 Der Orang-Utan ist ...

5 Wieviele Tage hat ...

Block	Alter in Jahren			
RW	6-7	8-9	10-11	12-15
0; 1	❷	❷	-	-
2; 3	❿	❿	-	-
4; 5	❹	⓫	-	-

Abbildung 2.13: Ausschnitt aus dem Manual zum Untertest 1 des AID 2 samt Verzweigungsregeln für die Itemgruppe **❸**; zur Vermeidung übermäßiger Verbreitung wurden die Items hier aufs Unkenntliche gekürzt sowie ihre Lösungen entfernt (aus Kubinger & Wurst, 2000, S. 93 – mit freundlicher Genehmigung von *Beltz Test*).

Zur Illustration

Um die Messgenauigkeit des *Branched-testing* zu veranschaulichen, diene Abbildung 2.14. Für den Untertest 1 des AID wurde dazu pro ξ $(-10 \leq \xi \leq 10)$ der zu erwartende Standardschätzfehler berechnet – dieser resultiert aus der Summe aller je nach Startgruppe möglichen Standardschätzfehler (laut Informationsfunktion), wobei letztere jeweils mit der modellbedingten Wahrscheinlichkeit gewichtet sind, dass eine Person v mit $\xi_v = \xi$ gerade die fraglichen Testleistungen zeigt. Dementsprechend ergibt sich für jede Startgruppe in Abhängigkeit von ξ ein eigener Verlauf des (zu erwartenden) Standardschätzfehlers. Werden dem Personenparameter ξ (absichtlich oder grob „fahrlässig") extrem zuwiderlaufend gewählte Testeinstiege außer Betracht gelassen, ist nur die unten Umhüllende dieser vier Kurven zu interpretieren. Und sie kann gegenübergestellt werden dem entsprechenden Verlauf bei der denkbaren (konventionellen) Vorgabe sämtlicher 60 Items des Untertests. Genauso kann diese Umhüllende dem Verlauf bei der denkbaren (konventionellen) Vorgabe von 30 mehrheitlich mittelschweren Items dieses Untertests gegenübergestellt werden sowie dem bei 60 bzw. 15 optimal informativen Items des theoretischen Idealfalls.

„Lediglich in einem engbegrenzten Mittelbereich, der in Hinblick auf hohe Meßgenauigkeit für die diagnostische Praxis allerdings ziemlich unbedeutend erscheint, wird der Schätzfehler gegenüber der Vorgabe aller Aufgaben deutlich größer: Die Abweichung von 0,2 Einheiten des Fähigkeitsparameters entspricht (bei einer Irrtumswahrscheinlichkeit von 5 %) höchstens 2 *T*-Werten. Umgekehrt ist in den

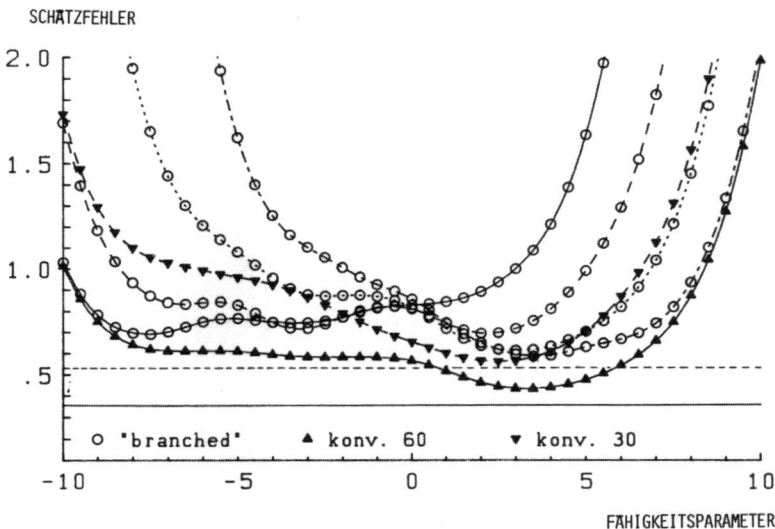

Abbildung 2.14: Der zu erwartende Standardschätzfehler beim *Branched-testing* im Untertest 1 des AID in Abhängigkeit vom Personenparameter ξ (und der Startgruppe); im Vergleich dazu zwei konventionelle Vorgaben unter Verwendung aller 60 bzw. 30 mehrheitlich mittelschwierigen Items sowie zwei adaptive Vorgaben unter Verwendung von 60 (durchgezogene Gerade) bzw. 15 (strichlierte Gerade) optimal informativen Items (aus Kubinger & Wurst, 2000, S. 40 – mit freundlicher Genehmigung von *Beltz Test*).

mehr relevanten, extremen Bereichen das ‚branched-testing' sogar der (typischen) konventionellen Vorgabe von 30 Aufgaben überlegen: Ein Genauigkeitsverlust beim konventionellen Testen von umgerechnet mindestens 3 T-Werten passiert relativ oft" (Kubinger & Wurst, 2000, S. 39f.).

Bemerkung am Rand
Ein für adaptives Testen testtheoretisch geeigneter Itempool bietet etliche zusätzliche Optionen.

Wieder auf die angesprochenen Untertests des AID 2 bezogen, kann z. B. auf Grund der (in extremen Fähigkeitsbereichen wesentlich) höheren Messgenauigkeit als in vergleichbaren konventionellen Tests unter nur geringem Verzicht dieser Messgenauigkeit sogar die Testlänge (Testdauer) noch deutlich verringert werden: „So sollten für viele Fragestellungen 10 statt 15 Aufgaben, also zwei statt drei Aufgabengruppen pro Testperson auslangen; zum Beispiel, wenn es im Sinne eines *Screening*-Verfahrens nur darum geht, festzustellen, ob sie über bestimmte Mindestfähigkeiten verfügt. Insbesondere in den nicht seltenen Fällen, daß eine Testperson sowohl die Start- als auch die nächste, zweite Aufgabengruppe mit jeweils zwei oder drei Lösungen meistert – was auf ziemlich optimal informative Aufgaben von Beginn an schließen läßt –, kann wohl auf die Vorgabe der dritten Aufgabengruppe verzichtet werden; eigentlich auch dann, wenn zumindest in der zweiten Aufgabengruppe zwei oder drei Aufgaben gelöst wurden, weil dies dafür spricht, daß die adaptiv ausgewählten Aufgabenschwierigkeiten bereits das ungefähre Leistungsniveau der Testperson tatsächlich erreicht haben" (Kubinger & Wurst, 2000, S. 40).

Sofern für entsprechende Itemkombinationen je nach Anzahl gelöster Items auch die zugehörigen (Schätzungen der) Fähigkeitsparameter ausgerechnet (und publik gemacht) sind, können sogar ziemlich beliebige konventionelle Testversionen aus dem fraglichen Itempool zusammengestellt werden, und darunter auch Kurzformen. Lediglich die Messgenauigkeit, und zwar je nach Fähigkeit verschieden, wird darunter leiden.

Schließlich ist für den in der Testpraxis häufigen Fall der Testwiederholung auch die Zusammenstellung von personenspezifischen oder personenunspezifischen Parallelformen möglich. So wieder beispielsweise im AID 2: „In Abhängigkeit von den bei der Ersttestung vorgegebenen Aufgabengruppen können pro Testperson für die Zweittestung solche anderen Aufgabengruppen ausgewählt werden, die dem individuellen Leistungsniveau zwar gut angepaßt sind, aber eben nur sehr wenige oder gar keine Aufgaben enthalten, die die Testperson schon kennt – welche Kombination von Aufgabengruppen das jeweils ist, kann dabei einer eigens zusammengestellten Tabelle entnommen werden" (Kubinger & Wurst, 2000, S. 41).

Die Strategie des *Branched-testing* wirft einige besondere „technische" Fragen auf:
- (a) Wie viele Startgruppen,
- (b) wie viele Verzweigungsschritte,
- (c) wie viele Verzweigungsmöglichkeiten und
- (d) wie viele Items pro Itemgruppe sind zu wählen?

Die Antworten – durch systematisches Variieren von Kubinger und Wild (1989) abgeleitet, und zwar wieder beispielhaft anhand des Item*pool*s zum Untertest 1 des AID – lauten:
- (a) Dem Zuwachs an Messgenauigkeit bei Verwendung einer immer größeren Anzahl von Startgruppen ist sehr bald eine Grenze gesetzt – für das gewählte Beispiel würden auch nur drei Startgruppen ausreichen.
- (b) und (c) Im Vergleich zu einer größeren Anzahl von Verzweigungsschritten ist (in Bezug auf die Messgenauigkeit) die größere Anzahl von Verzweigungsmöglichkeiten gewichtiger. So ist der Dreifachverzweigung, auf Kosten einer geringeren Schrittanzahl, gegenüber der Zweifachverzweigung der Vorzug zu geben.
- (b) und (d) Im Vergleich zu mehr Items pro Schritt ist eine größere Anzahl von Verzweigungsschritten gewichtiger. Der Ausgleich einer geringeren Anzahl von Verzweigungsschritten durch eine größere Anzahl von Items pro Itemgruppe gelingt (in Bezug auf die Messgenauigkeit) nicht.

Der Fall einer inadäquat gewählten Startgruppe, aus welchen Gründen auch immer, wirkt sich grundsätzlich auf die Messgenauigkeit aus (vgl. nochmals Abbildung 2.14). Allerdings ist zu beobachten, dass dies in weiten Bereichen kaum beachtlich ist.

Genauer zu hinterfragen ist aber noch, inwieweit für eine Tp eine „Kompensationsmöglichkeit" in Bezug auf die Schätzung ihres Personenparameters besteht, wenn sie infolge zufällig erbrachter Testleistungen zu einer der wahren Fähigkeit widersprechenden nächsten Itemgruppe gelangt. Im Beispiel des Vorgabeschemas in Abbildung 2.12 kann es zu einer schwerwiegenden Fehlzuweisung nur dann kommen, wenn die Tp zumindest zweimal innerhalb einer Itemgruppe (zufällig) versagt, d. h. Items weit unter ihrem Niveau nicht löst. Wenn die Fehlzuweisung lediglich auf Grund einer einzigen *a-priori* recht unwahrscheinlichen Nichtlösung beruht, divergieren Schwierigkeitsniveau der Itemgruppe und Fähigkeit der Tp dementsprechend wenig(er), so dass die Kompensationsmöglichkeit im weiteren Verlauf des Tests durchaus besteht – analoges gilt in der umgekehrten Richtung, wenn die Fehlzuweisung auf Grund extrem unwahrscheinlicher Lösungen erfolgt.

Zur Illustration
Für den Untertest 1 im AID 2 lässt sich eine Wahrscheinlichkeit von weniger als 0,5 Promille dafür berechnen, dass die Testung einer Tp mit einem Fähigkeitsparameter auf dem Niveau der Startgruppe 12–15 (vgl. nochmals die Abbildung 2.12) gemäß irgendwelcher Anweisungen bei Startgruppe 8–9 beginnt und aufgrund einer zufällig zu geringen Anzahl gelöster Items mit der Startgruppe 6–7 fortgesetzt werden muss.

2.7 Nützlichkeit

Ein Test ist dann *nützlich*,
- wenn für das von ihm gemessene Merkmal praktische Relevanz besteht und
- die auf seiner Grundlage getroffenen psychologischen Entscheidungen (Maßnahmen) mehr Nutzen als Schaden erwarten lassen.

Bemerkung am Rand
Während *Lienert* (s. wieder Lienert & Raatz, 1998, S. 13) noch spezifiziert: „Ein Test hat ... eine hohe Nützlichkeit, wenn er in seiner Funktion durch keinen anderen Test vertreten werden kann, und er hat eine geringe Nützlichkeit, wenn er ein Persönlichkeitsmerkmal prüft, das mit einer Reihe anderer Tests ebenso gut untersucht werden könnte", geht es eigentlich bloß um die Relevanz der Messung an sich: Ansonsten würde die Existenz eines psychologisch-diagnostischen Verfahrens zur Messung einer bestimmten Eigenschaft jedes Bemühen um ein alternatives obsolet machen, selbst wenn damit eines angestrebt wird, das die anderen Gütekriterien besser erfüllt.

Wesentlich ist der Begriff des Nutzens. Es geht darum, inwieweit ein Test beim *psychologischen Diagnostizieren* im Zusammenhang mit diversen Fragestellungen (oder auch nur im Zusammenhang mit einer bestimmten Fragestellung) von Nutzen ist, d. h. einen „Gewinn" bringt.

Zur Illustration

Die Betrachtungen zu den *Taylor-Russel*-Tafeln in Abschnitt 2.3.3 zeigten, dass die Anwendung eines Tests mit einer Validität von 0,35 bei einer mittleren Grundrate und niedriger Selektionsquote insofern einen Gewinn bringt, als dann – bei wiederholtem entsprechenden Vorgehen – der Prozentsatz selektierter Geeigneter höher als bei Zufallsentscheidungen ist. Dessen ungeachtet kann im Einzelfall die Anwendung des Tests (hohe) Kosten verursachen, die darauf beruhende Entscheidung aber falsch sein.

Grundsätzlich denkbar ist demgegenüber die Verwendung eines Tests, der zum Beispiel wegen seiner nicht gegebenen Validität zu einem geringeren Prozentsatz selektierter Geeigneter führt als dies bei Zufallsentscheidungen der Fall wäre: Bestünde der „Test" in der Messung des Körpergewichts und würden nur Kandidaten mit hohen „Testwerten" (großem Körpergewicht) für die Ausbildung zum professionellen Jockey ausgewählt werden, so wäre vermutlich eine Auswahl nach dem Zufall in Bezug auf die Geeigneten prozentuell erfolgreicher. In diesem Fall würde der „Test" nicht nur keinen Gewinn bringen, sondern sogar Schaden verursachen.

Selbstverständlich ist der Gewinn bzw. sind die Kosten des Einsatzes eines Tests nicht immer monetär zu sehen. Oft genug ist der volkswirtschaftliche Nutzen bzw. Gewinn oder der volkswirtschaftliche Schaden bzw. Verlust nicht in Geldeinheiten zu quantifizieren. Trotzdem spielen, zumindest implizit, nutzentheoretische Überlegungen bei der Auswahl und dem Einsatz eines psychologischen Tests immer eine Rolle.

Ausgangspunkt der entsprechenden Entscheidungstheorie ist eine Arbeit von Cronbach und Gleser (1965). Daraus wird klar, dass es Unterschiede macht, ob die angestrebte Diagnose im Interesse der Tp oder einer Institution liegt, ob und wie viele Interventionsalternativen es gibt, ob ein einziges Testergebnis oder mehrere verfügbar sind und ähnliches.

Im einfachsten Fall handelt es sich um Alternativentscheidungen, die sachlich richtig oder falsch sein können. Fehler sind dabei, genauso wie beim Hypothesenprüfen innerhalb der *Pearson-Neyman*-Statistik, auf zweierlei Art möglich: Entweder ein Faktum nicht (positiv) zu befunden oder trotz Fehlens des Faktums es doch (positiv) zu befunden. Läge in diesem Fall die Diagnose allein im Interesse der Tp und bestünde nur die Wahl zwischen Intervention-ja (ohne „Nebenwirkungen") und Intervention-nein, bräuchte man für die Entscheidung eigentlich gar kein Testergebnis; gibt es jedoch (auch) institutionelle Interessen, so müssen Effizienzbetrachtungen miteinbezogen werden.

Ein inhaltliches, empirisches Beispiel, nämlich Cerebralschadensdiagnostik bei Kindern, soll dies illustrieren. In Tabelle 2.8 ergibt sich aufgrund des zur Diskussion stehenden Tests in Summe eine Trefferrate von $0{,}13 + 0{,}51 = 0{,}64$ richtiger Entscheidungen. Die Nützlichkeit des Tests ist jedoch daraus allein nicht abzuschätzen. Das Beispiel zeigt nämlich folgendes:

- Im Interesse einer Tp würde es (unter Umständen) liegen, entweder weitere Untersuchungen zur besseren Absicherung welcher Entscheidung auch immer anzustellen; oder die in Frage kommenden Therapieprogramme auf jeden Fall einzusetzen.
- Dem institutionellen Interesse könnte man dagegen zunächst unterstellen, es müsse ihm tatsächlich (nur) um die gesamte Trefferrate gehen; diese wäre jedoch bei gegebener Grundrate cerebralgeschädigter Kinder von $0{,}13 + 0{,}07 = 0{,}20$ gegenüber der testbedingten Rate mit $0{,}64$ leicht zu erhöhen: Entweder durch die zufällige Entscheidung oder durch die spieltheoretisch optimierte Entscheidung. Im ersten Fall würde die Wahrscheinlichkeit dafür, dass das jeweils in Betracht gezogene Kind sowohl tatsächlich cerebralgeschädigt ist als auch rein zufällig als solches bezeichnet wird, $0{,}20 \cdot 0{,}20 = 0{,}04$ betragen, die Wahrscheinlichkeit, dass das Kind sowohl tatsächlich nicht cerebralgeschädigt ist als auch dem Zufall nach als nicht cerebralgeschädigt bezeichnet wird, $0{,}80 \cdot 0{,}80 = 0{,}64$, was in Summe $0{,}68 > 0{,}64$ ergibt. Im zweiten Fall bräuchte man bloß jedes Mal für nicht cerebralgeschädigt zu entscheiden, um auf eine Trefferrate von $0{,}29 + 0{,}51 = 0{,}80 > 0{,}64$ zu kommen. In einem anderen Beispiel mit geringerer Grundrate würde, so gesehen, ein Test praktisch überhaupt keine Chance haben, sich zu bewähren.
- Allerdings ist das institutionelle Interesse ziemlich sicher anders gelagert: Offensichtlich haben die beiden Treffermöglichkeiten (institutionell) differentielle Bedeutung bzw. liefern sie differentiellen Nutzen. So mag bei bestimmten Rahmenbedingungen eine hohe „Spezifität", das ist die Wahrscheinlichkeit einer negativen Diagnose bei tatsächlich negativem Zustand (hier: $\frac{0{,}51}{0{,}29+0{,}51} = 0{,}64$), relevant sein, eine hohe „Sensitivität", das ist die Wahrscheinlichkeit einer positiven Diagnose bei tatsächlich positivem Zustand (hier: $\frac{0{,}13}{0{,}13+0{,}07} = 0{,}65$), jedoch weitgehend irrelevant. In der Regel haben auch die beiden Fehlermöglichkeiten differentielle Bedeutung bzw. wirken dem angeführten Nutzen quasi als Schaden unterschiedlich entgegen.

Der Entscheidung über den Einsatz des Tests im gegebenen Zusammenhang muss also eine Nutzenfunktion zugrunde gelegt werden, d. h. für jede der vier Ergebnismöglichkeiten ist (explizit oder implizit) ein nutzentheoretischer Wert zu postulieren. Institutionen, die ihre entsprechende Nutzenfunktion explizit treffen, gehen damit zumindest nicht an die Öffentlichkeit; eher ist es so, dass innerhalb ein und derselben Institution erhebliche Unterschiede zwischen den Psychologen in Bezug auf ihre implizite Nutzenfunktion bestehen. Dementsprechend kann je nach Nutzenfunktion des Psychologen ein und derselbe Test für ein und dieselbe Fragestellung „nützlich" sein oder auch nicht.

Tabelle 2.8: Ein inhaltliches Beispiel mit den (geschätzten) Wahrscheinlichkeiten richtiger und falscher positiver sowie richtiger und falscher negativer Diagnosen (empirische Daten; vgl. Kubinger, 1984).

		Testdiagnose positiv	negativ
Tatsächlicher Zustand	cerebralgeschädigt	0,13	0,07
	nicht cerebralgeschädigt	0,29	0,51

Zur Illustration

Kubinger (1984) hat versucht, anhand einer größeren Stichprobe von Psychologen solche Nutzenfunktionen empirisch zu bestimmen, und zwar mittels der Paarvergleichs-Skalierungsmethode unter Anwendung einer Verallgemeinerung des BTL(*Bradley-Terry-Luce*)-Modells – damit waren eindimensionale Nutzenfunktionswerte (u_1 bis u_4) gewährleistet. Es stellte sich heraus, dass es zumindest zwei ziemlich gegensätzliche, typische Nutzenfunktionen gibt. Im Fall des Beispiels der Cerebralschadensdiagnostik bei Kindern resultierte der dementsprechende Gesamtnutzen

$$U = u_1(0,13) - u_2(0,07) - u_3(0,29) + u_4(0,51)$$

sogar einmal positiv, das andere Mal negativ.

Den Ergebnissen zufolge scheinen vor allem zwei Nutzenfunktionen relevant:

- Den Test bloß zu einem *Screening* einzusetzen, also zur grobklassifizierenden Vorauswahl mit dem Ziel, auch beim nur geringsten Verdacht den (befürchteten) Befund positiv zu diagnostizieren.
- Mit dem Test keinesfalls voreilig einen positiven Befund zu diagnostizieren, etwa um eine „Etikettierung auf Dauer" zu vermeiden.

In einer Nachfolgestudie hat Benesch (2000) unter anderem eine persönlichkeitsbezogene Fragestellung in Bezug auf typische Nutzenfunktionen untersucht: Belastbarkeit und Kontrollüberzeugung (vgl. in Abschnitt 4.2.4) bei indizierter Nierentransplantation. Auch hier finden sich zwei, den beiden eben genannten sinngemäß entsprechenden Nutzenfunktionen.

Cronbach und Gleser (1965) definieren nun den Gesamtnutzen U einer Entscheidung sehr allgemein, indem sie mehrkategorielle Diagnosen $j = 1, 2, \ldots$ sowie mehr als einen Test h zulassen, ferner Verteilungsannahmen des Testwerts X_h ($x \in X_h$) treffen und sowohl die Nutzenfunktion als auch die Kosten der Testung pro Testwert K_x als bekannt annehmen:

$$U = \sum_x \phi_x \sum_j f_{jx} \sum_v u_v p_{vjx} - \sum_x \phi_x K_x$$

mit ϕ_x als der Wahrscheinlichkeit des Testwerts x, f_{jx} als der Wahrscheinlichkeit der Diagnose j im Fall des Testwerts x, v als Ausprägung des Kriteriums in

Bezug auf welche diagnostiziert wird, u_v als den Nutzen von v und p_{vjx} als der Wahrscheinlichkeit von v im Fall der Diagnose j beim Testwert x.

Neue Ansätze innerhalb der *Klassischen Testtheorie* beziehen unmittelbar nutzentheoretische Strategien, etwa im Zusammenhang mit der Selektionsdiagnostik, mit ein. Sie suchen denjenigen Trennscore, bis zu dem Kandidaten als nicht geeignet und ab dem Kandidaten als geeignet zu bezeichnen sind, welcher den insgesamt zu erwartenden Nutzen optimiert (vgl. z. B. Mellenbergh & Linden, 1981) – immer wird dabei aber die Nutzenfunktion als bekannt vorausgesetzt.

2.8 Zumutbarkeit

Ein Test erfüllt das Gütekriterium *Zumutbarkeit*, wenn er die Testperson absolut und relativ zu dem aus seiner Anwendung resultierenden Nutzen in zeitlicher, psychischer (insbesondere energetisch-motivationaler und emotionaler) sowie körperlicher Hinsicht schont. (Sinngemäß nach dem Testkuratorium der Föderation deutscher Psychologenverbände, 1986).

Bemerkung am Rand
Erstmals als ein Gütekriterium angesprochen hat die Zumutbarkeit eines Tests das *Testkuratorium der Föderation Deutscher Psychologenvereinigungen*, und zwar, wie zitiert, 1986. Zum Beispiel in den sehr viel später ins Deutsche übertragenen, von der *American Psychological Association* 1985 erstellten „Standards für pädagogisches und psychologisches Testen" (Häcker, Leutner & Amelang, 1998) findet sich nicht einmal ein Stichwort dazu, geschweige denn eine verbindliche Differenzierung zwischen dem, was Tpn zumutbar ist, und dem, was ihnen nicht zumutbar ist. Dies dokumentiert wohl den historisch recht autoritären Zugang *psychologischen Diagnostizierens*.

Kritischer Einhalt gegenüber dem ist also geboten, was Tpn mit Tests (bzw. mit dem gesamten psychologisch-diagnostischen Prozess) zumutbar scheint, nämlich vermeintlich aus dem „Selbstverständnis" des Psychologen als Vertreter der Psychologie heraus. Viel von dem, was traditioneller Standard ist, mutet für Tpn nur fraglich zumutbar an.

Stets wird an die fachliche Erfahrung und Kompetenz des/der betrauten Psychologen/in zu appellieren sein, wie sie zum Beispiel in den *Richtlinien für die Erstellung Psychologischer Gutachten* (Berufsverband Deutscher Psychologen, 1988) gefordert ist: „Es liegt ... in der Verantwortung des jeweiligen Gutachters, welche Verfahren er aufgrund des aktuellen Forschungsstandes in der wissenschaftlichen Psychologie auswählt, welchen Umfang der Datenerhebung er für angemessen hält" (S. 3). Das betrifft auch die nachgeordnete Frage: Welche Pausengestaltung ist in diesem Zusammenhang zumutbar?

Bemerkung am Rand

Das aktuelle Verfahrensinventar der *Psychologischen Diagnostik* besteht aus Tests, zum Beispiel dem WIT (*WILDE-Intelligenz-Test*; Jäger & Althoff, 1983), die für Dutzend-Fragestellungen eine Testdauer von vier oder mehr Stunden vorsehen. So sehr dies, relativ zu dem aus der Anwendung resultierenden Nutzen, nur zweifelhaft zumutbar scheint, so ist doch für die Praxis zu bezweifeln, „daß dann, wenn Kurzformen oder alternative Verfahren hier vorgezogen werden, Argumente der Zumutbarkeit dafür verantwortlich sind und nicht bloß den Testleiter persönlich betreffende ökonomische Überlegungen" (Kubinger, 2001b, S. 97).

Allerdings ist der Definition zufolge eine verbindliche Differenzierung zwischen zu- und unzumutbar schwierig. Denn es geht jeweils um eine kritische Positionierung, was unter Nutzen, und zwar insbesondere in Bezug auf wen, zu verstehen ist. Indem es gegebenenfalls abzuwägen gilt, wo die Grenze zwischen dem subjekt- und dem gesellschaftsbezogenen Nutzen zu ziehen ist, greifen in *psychologisches Diagnostizieren* gesellschaftspolitische Werte bzw. Ideologien ein.

Zur Illustration

Betreffs des didaktisch beliebten Beispiels der Pilotenauswahl, wird man leicht Konsens finden, dass infolge gemeinschaftlich „höherer Interessen" als jener der Tp diese ziemlich starken Belastungen in psychischer wie physischer Hinsicht beim *psychologischen Diagnostizieren* ausgesetzt werden kann/muss. Geht es zum Beispiel um die Eignungsdiagnostik zum Lehrberuf, sind wahrscheinlich auch (politische) Einstellungen vorhanden, die ähnlich „höhere Interessen" zum Schutz der Entwicklungsmöglichkeiten von Kindern vorbringen; allgemeiner Konsens bei der Grenzziehung zwischen subjekt- und gesellschaftsbezogenem Nutzen scheint aber schwieriger als im Pilotenbeispiel. Und in einem dritten Beispiel wird vermutlich ein Hinweis auf „höhere Interessen" auf noch weniger verbreitetes Verständnis stoßen, wenn es nämlich um die Personalselektion bei Sekretärinnen geht.

Kubinger (2001b, S. 96–104) gibt einen Katalog von Fragen, um die es im Zusammenhang mit der Zumutbarkeit *psychologischen Diagnostizierens* geht – allgemeine Richtlinien zur Beantwortung dieser Fragen stehen allerdings (noch) aus:

- Welche Testdauer ist regelmäßig, welche in Ausnahmefällen – und das alles in Abhängigkeit verschiedener Populationen von Testpersonen (etwa Kinder, Erwachsene, Alte) – zumutbar?
- Ist die diesbezüglich zumutbare Testdauer für Leistungs- und Persönlichkeitsverfahren gleich anzusetzen?
- Ist eine obligatorische Intelligenztestung, wie sie in der Praxis vielerorts vorgenommen wird, zumutbar?
- Wie schwierige Aufgabenstellungen innerhalb von Leistungstests sind zumutbar?
- Wie weit in die „Tiefe" gehende Fragen zum persönlichen Intimbereich sind regelmäßig bzw. in welchen Ausnahmefällen zumutbar?

- Inwiefern sind bei Persönlichkeitsfragebogen regelmäßig bzw. in welchen Ausnahmefällen – und zwar in Abhängigkeit verschiedener Populationen von Testpersonen (etwa Kinder, Erwachsene, Alte) – dichotome Antwortformate zumutbar?

  ### Wichtiger Hinweis
  Bei Persönlichkeitsfragebogen mit Feststellungen oder Fragen, zu denen die Tp nur zweikategoriell reagieren kann (z. B. „stimmt" vs. „stimmt nicht"), wird auch von „*Forced-choice*"-Format gesprochen: Es bietet nicht die Möglichkeit einer neutralen Antwort oder die Möglichkeit des Nuancierens (s. Genaueres dazu in Abschnitt 3.1.1).

- Inwiefern sind Persönlichkeitsfragebogen wegen ihrer Durchschaubarkeit überhaupt zumutbar?

  ### Wichtiger Hinweis
  Im Sinne der Augenscheinvalidität bedeutet die für Persönlichkeitsfragebogen zumeist gegebene Durchschaubarkeit der Messintention, dass der Tp augenscheinlich klar ist, was mit dem Test zu erfassen beabsichtigt wird, so dass sie die Möglichkeit zum zweckorientierten Verfälschen hat (vgl. dazu nochmals das in Abschnitt 2.3.1 beispielhaft genannte Item: „Ich wache morgens meist frisch und ausgeruht auf") – mit Zumutbarkeit hängt dies insofern zusammen, als sich Tpn wegen der offensichtlichen Verfälschbarkeit (vgl. gleich unten in Abschnitt 2.9 Unverfälschbarkeit) unter Umständen nicht ernst genug genommen fühlen.

- Inwiefern sind Projektive Verfahren ohne jede Augenscheinvalidität überhaupt bzw. für welche Fragestellungen zumutbar?
- Inwiefern sind sog. „Objektive Persönlichkeits*tests*" mit dem Ziel geringer Augenscheinvalidität überhaupt bzw. für welche Fragestellungen zumutbar? –

(vorläufig vereinfacht ausgedrückt) versuchen Objektive Persönlichkeits*tests*, persönliche Stil-Merkmale aus dem beobachtbaren Verhalten bei bestimmten (Leistungs-) Anforderungen zu erschließen.

  ### Wichtiger Hinweis
  Objektive Persönlichkeits*tests* sind oft so angelegt, dass sie der Tp konzeptgeleitet vortäuschen, etwas bestimmtes zu messen, wohingegen die Messintention eine ganz andere ist. Oder sie trachten, die Tp experimentell zu manipulieren, d. h. bei der Tp absichtlich und gezielt zum Beispiel Stress oder/und Frustration zu provozieren (Näheres s. vor allem in Abschnitt 4.2.4) – Eine in diesem Zusammenhang gegebene Warnung, wie etwa von Kubinger und Ebenhöh (1996), wonach vor einer Anwendung eines solchen Verfahrens „jedesmal reiflich zu überlegen ist, ob diese[s] ... der Tp zugemutet werden kann/muß" (S. 7), löst jedoch nicht grundsätzlich das Problem.

- Inwieweit ist Computerdiagnostik regelmäßig bzw. in welchen Ausnahmefällen – und zwar in Abhängigkeit verschiedener Populationen von Testpersonen (etwa Kinder, Erwachsene, Alte) – zumutbar?

- Welcher psychologische Untersuchungsablauf ist zumutbar, welcher nicht?

Lassen wir die Themen Antwortformat bei Persönlichkeitsfragebogen und Computerdiagnostik vorläufig aus, weil darauf in anderen Kapiteln besonders eingegangen wird (s. Abschnitt 3.1.1 und Abschnitt 3.1.4), so lauten die wenigen Ergebnisse einzelner Studien zu den anderen angesprochenen Themen wie folgt:

- Bereits bei verhältnismäßig kurzen Pausen von etwa fünf Minuten während einer Testung tritt ein Erholungseffekt ein. Die Tp fühlt sich weniger müde und auch leistungsfähiger. Die Motivation, weitere Tests zu bearbeiten, nimmt allerdings mit Fortdauer der Testung ab und kann auch durch Pausen nicht erhöht werden (Weber, 1999).
- Die vorausgehende Bearbeitung eines Persönlichkeitsfragebogens wirkt sich auf die Testwerte in einem nachfolgenden Leistungstest nicht aus. Umgekehrt erweisen sich einzelne Skalen von Persönlichkeitsfragebogen („Spontane Aggressivität", „Emotionale Labilität") in ihren Testwerten verändert, wenn zuvor Leistungstests durchgeführt wurden (Hambros, 2002).

Während sich also die Zumutbarkeit eines Tests auf eine objektive Betrachtungsweise im Sinne ethischer Richtlinien *psychologischen Diagnostizierens* bezieht, geht es bei der ebenfalls als Gütekriterium vom Testkuratorium (1986) bezeichneten „Akzeptanz" um das Annehmen des Tests seitens der Tp, zumeist mit der Erwartung eines subjektiven Nutzens. Selbstverständlich ist es Berufspflicht des Psychologen (vgl. nochmals in Abschnitt 1.7 Grundsätze), die Akzeptanz der Tp dadurch anzustreben, dass ausreichende Erläuterungen gegeben werden, und zwar über den Zweck der Testung, über die Testdauer, die Aufgabenstellung sowie eventuell über die Auswertung, die Interpretation, vor allem aber über die mit dem Testergebnis verbundenen Konsequenzen.

Der Begriff der Akzeptanz wird immer häufiger (auch) auf die Bewertung eines Tests durch den Testanwender selbst bezogen, wobei dabei vor allem Wirtschaftlichkeit und Aufwandsminimierung (vgl. in Abschnitt 2.6.1) eine Rolle spielt.

2.9 Unverfälschbarkeit

Ein Test erfüllt das Gütekriterium der *Unverfälschbarkeit*, wenn die getestete Person ihr Testergebnis nicht oder nur unwesentlich nach eigenem Belieben beeinflussen kann.

Bemerkung am Rand

Das Testkuratorium der Föderation deutscher Psychologenverbände (1986, S. 359) definierte ursprünglich „Verfälschbarkeit" als das „Ausmaß, in dem ein Test die individuelle Kontrolle über Art und Inhalt der verlangten bzw. gelieferten Informationen ermöglicht."

Während die bei Leistungstests regelmäßig hohe Augenscheinvalidität nicht scha-
det, wird sie bei herkömmlichen Persönlichkeitsfragebogen zum psychologischen
Problem: Es ist zwar möglich, aber vergleichsweise selten wahrscheinlich, dass eine
Tp absichtlich schlechte Leistungen erbringt – in Relation zu ihrer wahren Fähigkeit absichtlich bessere Leistungen zu erzielen, vermag keine Tp (in einer standardisierten Testsituation in einem überzufälligen Ausmaß). Wie in Abschnitt 2.3.1
bereits ausgeführt, ist es dagegen nicht nur möglich, sondern in der Regel sogar sehr wahrscheinlich, dass eine Tp in Bezug auf ihre Persönlichkeit (sozial)
erwünscht bzw. zu ihrem persönlichen Vorteil antwortet.

Zur Illustration

Eine bedeutende Ausnahme von üblicherweise unverfälschten Testergebnissen bei
Leistungstests, stellen Testungen im Zusammenhang mit diversen Versicherungs-
ansprüchen dar. Hier erwarten (manche) Tpn für den Fall eines schlechten Ab-
schneidens besondere Vorteile (bzw. die Verhinderung bestimmter negativer Konsequenzen). Dementsprechend finden sich in jüngster Zeit intensive Bemühungen
um eine profunde „Simulationsdiagnostik" (eine Einführung gibt z. B. Heubrock,
2003; s. auch in Abschnitt 7.4 Forensisch-psychologische bzw. rechtspsychologische
Diagnostik).

Als praktisch wichtige Ausnahme von der grundsätzlichen Befürchtung um die
verfälschte Beantwortung von Persönlichkeitsfragebogen wird vielfach deren Anwendung im klinischen Bereich behauptet; wäre der Leidensdruck der Tp nur genügend groß und erwarte sie sich gerade durch das *psychologische Diagnostizieren*
Erkenntnisse, die ihr (direkt oder indirekt) zu Hilfe kommen, so sei eine authentische Beantwortung garantiert. Dass diese Behauptung sicher nicht pauschal gilt,
zeigt zum Beispiel der Übersichtsartikel von Franke (2002).

Dementsprechend ist für eine Persönlichkeitsdiagnostik die Undurchschaubarkeit
der Messintention seitens der Tp anzustreben. Die diagnostische Bedeutung der
durch einen Test provozierten Verhaltensweisen darf für die Tp nicht unmittelbar einsichtig sein, der Test also gerade nicht Augenscheinvalidität besitzen. Dies
kann durch die Art der Aufgabenstellung oder durch die Besonderheit der Verrechnung des beobachteten Testverhaltens gewährleistet werden. Versuche in diese
Richtung gibt es schon länger, eben im bereits mehrfach (zuletzt in Abschnitt 2.8
Zumutbarkeit) angesprochenen Zusammenhang Objektiver Persönlichkeits*tests*;
sie gehen primär auf *Raymond B. Cattell* zurück. In der deutschen Fassung seiner, in der Praxis allerdings niemals fußgefassten Testbatterie OA-TB 75 (*Objektive Testbatterie*; Häcker, Schmidt, Schwenkmezger & Utz, 1975; OA-TB für:
„Objective Analytic Test-Battery"), sind 50 Untertests enthalten.

Bemerkung am Rand

Gelegentlich werden auch die herkömmlichen Persönlichkeitsfragebogen als „objektive Persönlichkeitstests" bezeichnet; und zwar würden sie deshalb als „‚objektiv'
klassifiziert, da sie, zum Unterschied von projektiven (in diesem Sinn: subjektiven) Verfahren, eine hohe, meist vollkommene Objektivität der Skorung besitzen"

(Mittenecker, 1982b, S. 57). Allerdings vereinheitlicht sich heute die Auffassung in Richtung hier gemeinter Bedeutung: „Objektive Tests ... zur Messung der Persönlichkeit ... sind Verfahren, die unmittelbar das Verhalten eines Individuums in einer standardisierten Situation erfassen, ohne daß dieses sich in der Regel selbst beurteilen muß. Die Verfahren sollen ... keine ... Augenscheinvalidität haben. Das kann durch die Aufgabenwahl oder bestimmte Auswertungsmethoden erreicht werden" (Schmidt, 1975, S. 19).

Zur Illustration

Der Untertest *T 62* der OA-TB 75 etwa, besteht aus Items mit zwei unregelmäßigen Flächen, für welche die Tp unter insgesamter Zeitbeschränkung jeweils zu entscheiden hat, welche die größere ist – die dritte Möglichkeit ist, keine Entscheidung zu treffen. Die Flächenpaare sind so gestaltet, dass die richtige Antwort nicht offensichtlich ist, die Tp also grundsätzlich zum Raten verleitet wird. In Abbildung 2.15 wird genauer die Instruktion zur konzeptionell ähnlichen Aufgabenstellung im Untertest *Flächengrößen Vergleichen* aus der Computer-Testbatterie *Arbeitshaltungen* (Kubinger & Ebenhöh, 1996) wiedergegeben. Die Art der Aufgabenstellung zielt dabei, wie in Abschnitt 1.6 Themen, Verfahren und Populationen angesprochen, darauf ab, persönliche Stil-Merkmale aus dem *beobachtbaren* Verhalten bei bestimmten (Leistungs-) Anforderungen zu erschließen: Einer der Testkennwerte der *Arbeitshaltungen* setzt die Anzahl richtiger und falscher sowie nicht erfolgter Entscheidungen derart in Beziehung, dass die Tendenz einer Tp zu eher impulsivem oder eher reflexivem Verhalten quantifiziert werden kann.

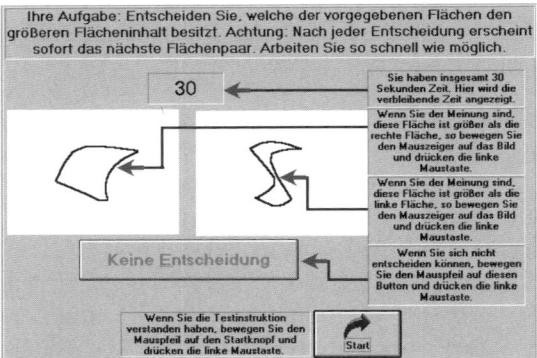

Abbildung 2.15: *Screenshot* der Instruktion zum Untertest *Flächengrößen Vergleichen* der *Arbeitshaltungen* (Kubinger & Ebenhöh, 1996; mit freundlicher Genehmigung von *Harcourt Test Services*)

Im Untertest *T 19* etwa, soll die Tp für etliche Tätigkeiten nach vier Kategorien beurteilen, wie viel Zeit sie dazu benötige (etwa Item 3: „Wie lange würden Sie brauchen, um 5 Seiten in einem Abenteuerroman zu lesen?" – mit den Antwortmöglichkeiten 2, 5, 10 und 20 Minuten). Unter anderem geht es hier um den

Testkennwert Anzahl der insgesamt gegebenen Antworten der 1. oder 4. Kategorie, also um eine Besonderheit der Verrechnung. Es soll damit quantifiziert werden, wie sehr die Tp zu extremen Urteilen neigt.

Weitere Beispiele Objektiver Persönlichkeits*tests* werden in Abschnitt 4.2.4 gegeben.

Bemerkung am Rand

Der Grund dafür, dass zumindest die deutsche Fassung der OA-TB 75 in der Praxis nicht fußgefasst hat, liegt daran, dass es an Belegen der Validität fehlt und vor allem keine Eichung vorgenommen wurde. In gewisser Weise aber auch daran, dass etliche der Untertests letztlich doch wieder bloß Fragebogen sind, die leicht durchschaubar anmuten.

Was die Unverfälschbarkeit Objektiver Persönlichkeits*tests* betrifft, gibt es eine frühe Arbeit zur OA-TB 75 von Häcker, Schwenkmezger und Utz (1979), die erstens nur für relativ wenige Testkennwerte signifikante Unterschiede feststellte zwischen Strafgefangenen, die in einer Realsituation (Auslese), und solchen, die im Rahmen eines Forschungsprojekts getestet wurden. Zweitens wird dort ein Experiment mit Verfälschungsinstruktion angeführt – ein Teil der Tpn wurde nicht standardmäßig, sondern mit der Instruktion getestet, in Richtung sozialer Erwünschtheit zu antworten: Die Ergebnisse weisen gegenüber herkömmlichen Persönlichkeits*fragebogen* auf eine etwas geringere Verfälschbarkeit der OA-TB 75 hin.

Weil die OA-TB 75 nicht als solche und schon gar nicht komplett untersucht wurde, ist das Ergebnis des Experiments von Kubinger (1995b) beweiskräftiger: Ausgehend von einem nicht-publizierten, herkömmlichen Fragebogen zur Messung der „Service-Orientierung" wurde versucht, jede der acht Skalen hauptsächlich mittels Untertests der OA-TB 75 konstruktspezifisch zu ersetzen. Sowohl der Fragebogen als auch die entsprechend umgesetzte Testbatterie Objektiver Persönlichkeits*tests* wurde in einem experimentellen Versuchsplan Psychologiestudierenden vorgegeben, und zwar der Kontrollgruppe standardmäßig, der Versuchsgruppe mit der Verfälschungsinstruktion, sich ganz genau in die Situation eines Bewerbers zu versetzen: „... Sie werden sich daher sehr bemühen, gut abzuschneiden". Während bezüglich aller Objektiver Persönlichkeits*tests* keine signifikanten Unterschiede zwischen Versuchs- und Kontrollgruppe festgestellt werden mussten, waren für sechs der acht Skalen des Fragebogens die Vergleiche signifikant, und zwar in zu erwartender Richtung.

Am aussagekräftigsten ist wohl die Studie von Hofmann und Kubinger (2001). Für die Arbeitshaltungen (vgl. oben bzw. genauer in Abschnitt 4.2.4) beträgt der Prozentsatz, mit dem Tpn die zu messen beabsichtigte Eigenschaft trotz allem durchschauen, für die meisten Testkennwerte etwa 25 %, höchstens, nämlich in einem einzigen Testkennwert, 41 %. Und selbst dann, wenn eine Tp die Messintention durchschaut, weicht der resultierende Testwert nicht systematisch ab.

Demgegenüber erkannten die Tpn die zu messen gesuchte Eigenschaft bei einem herkömmlichen Persönlichkeitsfragebogen (dem NEO-FFI; vgl. Genaueres dazu in Abschnitt 4.2.1) überwiegender Weise: Im günstigsten Fall waren es nur 68 %; es wurden jedoch bis zu 93 % beobachtet. Dazu mussten zwischen den Testwerten von Tpn, die den Fragebogen fast komplett durchschauten, und solchen, die höchsten einzelne von ihm gemessene Eigenschaften identifizieren, signifikante Mittelwertsunterschiede festgestellt werden.

Bemerkung am Rand

In Anbetracht der hier gegebenen Kritik an herkömmlichen Persönlichkeitsfragebogen überrascht das Überangebot solcher diagnostischer Verfahren für die Praxis. Sieht man von Projektiven Verfahren ab, denen man durchaus eine gewisse Undurchschaubarkeit der Messintention attestieren kann (vgl. die Anmerkung zur fehlenden Augenscheinvalidität in Abschnitt 2.8 Zumutbarkeit, s. aber vor allem in Abschnitt 4.2.5), so finden sich unter den verlagsmäßig vertriebenen psychologisch-diagnostischen Verfahren zur Persönlichkeitsdiagnostik neben Persönlichkeitsfragebogen im Wesentlichen nur die oben erwähnten *Arbeitshaltungen* als Vertreter Objektiver Persönlichkeits*tests sensu R. B. Cattell* – nicht einmal die ursprüngliche OA-TB 75 ist lieferbar.

2.10 Fairness

Ein Test erfüllt das Gütekriterium *Fairness*, wenn die resultierenden Testwerte zu keiner systematischen Diskriminierung bestimmter Testpersonen zum Beispiel aufgrund ihrer ethnischen, soziokulturellen oder geschlechtsspezifischen Gruppenzugehörigkeit führen. (Sinngemäß nach dem Testkuratorium der Föderation deutscher Psychologenverbände, 1986).

Das Kriterium, ob systematische Unterschiede in den Testwerten zwischen bestimmten Gruppen gegen die Fairness eines Tests sprechen oder nicht, ist freilich nur im Zusammenhang mit seiner Messintention zu sehen. Unfair (gegenüber bestimmten gesellschaftlichen Gruppen) ist ein Test also dann, wenn solche Unterschiede nichts mit der zu messen beabsichtigten Eigenschaft zu tun haben. In diesem Fall benachteiligen sie bestimmte Personen gegenüber anderen mit exakt derselben (wahren) Eigenschaft.

Konkret geht es um mögliche Benachteilungen durch testimmanente Bedingungen, wie Instruktion (z. B. sprachliche Verständlichkeit), technische Handhabung (z. B. Testreaktionen *via* Computer) und inhaltliche Details des Testmaterials (z. B. Bezug auf religiöse Wertmaßstäbe).

Zu unterscheiden ist insbesondere, ob „nur" einzelne Items bestimmte Gruppen von Tpn benachteiligen, also einen Item *Bias* aufweisen (vgl. nochmals zur Illustration in Abschnitt 2.5 Skalierung die systematische Benachteilung österreichischer

Tpn bei manchen Items im Untertest *Allgemeines Wissen* des HAWIE-R), oder ob
der Test insgesamt benachteiligt. In Bezug auf eine solche globale Benachteiligung
beschäftigt sich die *Psychologische Diagnostik* traditionell mit sozioökonomisch
bedingten Handikaps. Jahrzehnte alte Bemühungen in den USA um *Culture-Fair*
Tests (vgl. Näheres in Abschnitt 4.1.2) sind der Beweis dafür. An ursprünglichen
Testkonzepten wurde kritisiert, dass dabei Angehörige bestimmter Sozialschichten nicht nur in Bezug auf die im Test geforderte Sprachkompetenz gehandikapt
werden, sondern auch in Bezug auf die thematischen Aspekte des Tests.

Bemerkung am Rand

Wenn auch die Bemühungen um *Culture-Fair* Tests in Bezug auf ihre eigentliche
Zielsetzung in letzter Konsequenz scheiterten (s. eben in Abschnitt 4.1.2), haben
sie doch in einem bestimmten Zusammenhang große praktische Bedeutung: Weil
die entsprechenden Testkonzepte von der Materialgestaltung her ohne Sprache
auskommen, d. h. sowohl bei der Instruktion als auch bei der Itemlösung nicht,
zumindest nicht unmittelbar der (deutschen oder irgendeiner bestimmten) Sprache bedürfen, kann man ihnen „Sprech-Fairness" attestieren: Sie sind fair insofern,
als der Wortschatz bzw. der Stil des Sprechens der Tp belanglos ist. Dessen ungeachtet sind sie nicht sprachunabhängig, weil ihre Lösung in der Regel durch stilles
Verbalisieren erfolgt.

Zur Illustration

Als typisches Beispiel für *Culture-Fair* Tests können wieder Matrizentests, zum
Beispiel der WMT, angeführt werden (vgl. Abbildung 2.2 in Abschnitt 2.2.1).
Zwar ist dort, anders als im Test SPM (*Standard Progressive Matrices*; Heller et
al., 1998a), eine sprachfreie Instruktion nicht explizit vorgesehen oder gar eigens
im Manual angeführt, dennoch ist Sprachkompetenz nur so weit nötig, wie es das
Begreifen der Instruktion erfordert.

Die gegenwärtige europäische, kultur- und sprachintegrative Situation verlangt
nach Tests, die auch Personen mit einer anderen Muttersprache als Deutsch vorgegeben werden können. Daraus ist für die *Culture-Fair* Tests eine besondere
Nützlichkeit abzuleiten: Für sie muss regelmäßig bloß die theoretische Möglichkeit einer sprachfreien Instruktion in die Praxis umgesetzt werden. Und im AID 2
wird sogar bereits für sämtliche Untertests zur Messung von manuell-visuellen
Fähigkeiten sowie für zwei Zusatztests eine sprachfreie Instruktion im Manual
angeboten.

Bemerkung am Rand

In einem Experiment, welches die Angemessenheit der Eichung des AID 2 auch
für seine sprachfreie Instruktion prüfen sollte, stellte Koller (2001) für etliche
Kinder im Untertest *Realitätssicherheit* erhebliche Verständnisschwierigkeiten bei
der sprachfreien Instruktion fest. Es macht vor allem den jüngeren Tpn Probleme, zu begreifen, dass bei den Bildern dieses Untertests (vgl. als Beispiel dazu
Abbildung 3.7, in Abschnitt 3.2.1) auf wichtige fehlende (!) Details zu zeigen ist.

Insgesamt kann zwar aus den Untersuchungsergebnissen geschlossen werden, dass die beiden Instruktionen zu gleichen Ergebnissen führen und somit die Eichtabellen gültig sind, jedoch beschränkt sich diese Aussage auf diejenigen Tpn, welche die sprachfreie Instruktion überhaupt verstehen. Dies demonstriert, dass es nur vermeintlich simpel ist, bei nonverbalen Material eine geeignete sprachfreie Instruktion zu erstellen.

Zur Illustration

Was Unterschiede in den Testwerten einschlägiger Intelligenz-Testbatterien zwischen Angehörigen aus verschiedenen Sozialschichten betrifft, scheint sich eine interessante Entwicklung abzuzeichnen: Während im Manual des 1985 publizierten AID noch signifikante (und relevante) Unterschiede hinsichtlich aller Untertests zumindest in Bezug auf „Obere" *vs.* „Untere Sozialschicht" (lt. *Kleining* und *Moore*) angegeben sind – bis zu 11 *T*-Werten durchgehend zu Ungunsten der „Unteren Sozialschicht" (interpretierbar also als sozioökonomisches Handikap) –, wird im Manual des 2002 publizierten AID 2 explizit darauf hingewiesen, dass keine solchen Unterschiede (mehr) bestehen.

Gelegentlich findet man auch heute noch Skepsis der Computerdiagnostik gegenüber, was deren Einsatz insbesondere bei älteren Tpn betrifft (vgl. dazu auch in Abschnitt 2.8 Zumutbarkeit). Schlüssige Studien, deren Ergebnisse vor allem auch für die relevante Population in etwa fünf Jahren generalisiert werden könnten, liegen allerdings dazu nicht vor. So ist dieser Skepsis bloß entgegenzuhalten, dass Computerverfahren erstens erfahrungsgemäß seitens der Tpn außerordentlich gut akzeptiert werden und zweitens bei Fragestellungen der „neuropsychologischen Diagnostik" heute bereits obligat sind (vgl. z. B. bei Willmes, 2003).

Zur Illustration

Immerhin zeigt eine bereits ältere Studie von Hergovich (1994), dass selbst beim (Linien-) Zeichnen mit der Maus keine signifikanten Leistungsunterschiede zwischen Tpn mit und ohne Mauserfahrung bestehen, sobald ein entsprechendes Lernprogramm dem eigentlichen Computerverfahren vorausgeht.

Erläuterung zum Begriff „neuropsychologische Diagnostik":
„Neuropsychologische Diagnostik beschäftigt sich mit der wissenschaftlich fundierten, qualitativen und quantitativen Erfassung und objektiven Beschreibung aktueller kognitiver und affektiver Funktionsstörungen in Folge einer erworbenen Hirnschädigung oder Hirnfunktionsstörung anhand geeigneter psychologischer und spezieller neuropsychologischer Tests sowie den emotionalen Reaktionen eines Patienten auf diese Beeinträchtigungen und Störungen" (Willmes, 2003, S. 287).

Kaum reflektiert wird innerhalb der *Psychologischen Diagnostik* dagegen der Umstand, dass es verschiedene Wahrnehmungstypen gibt, d. h. zwar viele Tpn optisch besser als akustisch wahrnehmen, aber etliche Tpn akustisch besser als optisch. Insbesondere Gruppenverfahren und Computerverfahren stellen jedoch fast exklusiv visuelle Anforderungen an die Tp, was die Fairness entsprechender Tests in Bezug auf akustische Wahrnehmungstypen fragwürdig macht.

Zur Illustration

Fuchs (2000) untersuchte mit Hilfe eines Experiments die Auswirkungen der Instruktion als entweder visuell oder audiovisuell bzw. als visuell mit der Option, eine auditive Instruktion zuzuschalten. Im Anschluss an die Durchführung eines typischen Leistungstests wurden die zufällig den drei Bedingungen zugeordneten Tpn um eine Bewertung der erhaltenen Instruktion ersucht. Die Ergebnisse zeigten, dass die visuelle Instruktionsvariante positiver bewertet wird als die beiden audiovisuellen. Unabhängig vom gleichzeitig erhobenen Wahrnehmungstyp nutzten Tpn mit der Instruktionsvariante audiovisuell-optional die Möglichkeit äußerst selten, die auditive Instruktionen gezielt zuzuschalten. Trotz des objektivierbar längeren Zeitbedarfs für beide audiovisuellen Instruktionsvarianten kam es zu einer gleichermaßen (negativen) Beurteilung in Bezug auf den Aspekt „Zeitlicher Aufwand und Geschwindigkeit" der Instruktion über alle Instruktionsvarianten hinweg. Allerdings zeigte sich, dass eine „erzwungene" ausführliche Beschäftigung mit der Instruktion infolge des langsamen Sprechtempos bei der audiovisuellen Vorgabe das Instruktionsverständnis erhöht.

Selbstverständlich ist Tests auch dann Fairness zu attestieren, wenn eine signifikant von null abweichende, sachlich begründete Korrelation zwischen den Testwerten und der Zugehörigkeit zu einer gesellschaftlichen Gruppe besteht. Allerdings müssen dazu gruppenspezifische Eichtabellen angeboten werden, wie das regelmäßig in Bezug auf alters- und geschlechtsspezifische Unterschiede der Fall ist. Zum Beispiel bei Intelligenztests für Kinder werden so entwicklungspsychologisch begründete Niveauunterschiede nivelliert.

Bemerkung am Rand

Es stellt sich allerdings die Frage, ob es aus dem Güteanspruch der Fairness heraus beim *psychologischen Diagnostizieren* immer zweckmäßig ist, nachweislich bestehende Niveauunterschiede in den Testwerten durch entsprechende gruppenspezifische Eichtabellen zu nivellieren.

Was Defizite betrifft, die auf die Zugehörigkeit zu einer unteren Sozialschicht zurückgeführt werden können, spricht manches dafür, auch gruppenspezifisch geeichte Testwerte in die Interpretation mit ein zu beziehen (vgl. dazu schon in Abschnitt 2.4.3).

Was geschlechtsspezifische Niveauunterschiede betrifft, spricht einiges gegen den obligaten Einsatz gruppenspezifischer Eichtabellen: Zum Beispiel in Bezug auf die Messung der „Raumvorstellung", welche laut einschlägiger Literatur oftmals bei Frauen durchschnittlich weniger gut als bei Männern ausgeprägt ist, wird berufseignungsdiagnostisch wohl die absolute, nicht die geschlechtsspezifisch relativierte Qualifikation relevant. Die Benutzung geschlechtsspezifischer Eichtabellen würde die Entscheidung in einer Auswahlsituation *ad absurdum* führen, wenn es um eine Bestenauswahl, und nicht um eine Quotenregelung geht.

Ein besonderer Aspekt der Fairness bezieht sich auf den Einfluss der Testerfahrung einer Person: Manche Tests bevorteilen in hohem Grad Test*routinees* bzw.

viele Tests benachteiligen Tpn, die noch keine Erfahrung mit psychologischen Tests gemacht haben. Dabei geht es weniger um spezifische Übungs- bzw. Erinnerungseffekte, wie sie bei mehrmaliger Testung mit ein und demselben Test üblich sind, als vielmehr grundsätzlich um die Gewöhnung an und die Vertrautheit mit Items psychologischer Tests. Eigentlich sollten Tests daher auch hinsichtlich der „Erfahrungsunabhängigkeit" ihrer Testergebnisse geprüft werden.

Bemerkung am Rand

In letzter Zeit finden sich immer mehr Bemühungen, Testunerfahrenen grundlegende Informationen über psychologische Tests zukommen zu lassen – abgesehen von der großen Anzahl sog. „Testknacker" (vgl. beispielhafte Darstellungen daraus z. B. in Abschnitt 4.2.2), die in psychologisch nicht vertretbarer Weise die Lösungen vieler Testitems verraten bzw. gezielte Antwortvorschläge geben. Einerseits kann nochmals das bereits in Abschnitt 1.7 Grundsätze erwähnte vorbildliche Informationsbuch für Stellenbewerber von Horn (1986) genannt werden; andererseits gibt es öffentlich institutionalisierte bzw. privatwirtschaftlich organisierte Seminare unter anderem mit Test-Trainings zum Beispiel für Langzeit-Arbeitslose.

3 Formales

Bei der Abhandlung der Gütekriterien in Kapitel 2 Testtheoretische Grundlagen wurden, wenn von „Test" gesprochen wurde, fast immer alle psychologisch-diagnostischen Verfahren gemeint. Nun ist aber wieder zwischen den verschiedenen psychologisch-diagnostischen Verfahren zu unterscheiden. Das heißt, neben *Tests* sind *Anamneseerhebung, Exploration, Verhaltensbeobachtung, Biographisches Inventar, Assessment-Center* und *Arbeitsplatzanalyse* zu berücksichtigen. Allerdings wurde selbst in Abschnitt 1.1 Begriffsbestimmungen die dort eingeführte Bezeichnung „Test" für das Folgende zu weit ausgelegt. Ab jetzt ist es daher angebracht, innerhalb der Gruppe der *Tests* genauer zu differenzieren, nämlich in

- Tests im eigentlichen Sinn des Wortes (Prüfung), also Leistungstests aller Art und Objektive Persönlichkeits*tests*, sowie
- Persönlichkeitsfragebogen und
- Projektiven Verfahren.

Bei der Gestaltung bzw. Vorgabe von psychologisch-diagnostischen Verfahren gibt es nun typische Optionen, die über die genannten Gütekriterien hinaus die grundsätzliche, zumindest die fallweise Brauchbarkeit des jeweiligen Verfahrens prägen. Die folgenden Betrachtungen beziehen sich dementsprechend auf verschiedene Gestaltungsweisen von psychologisch-diagnostischen Verfahren:

1. Freies Antwortformat *vs. Multiple-Choice*-Format,
2. *Power- vs. Speed-and-power*-Test,
3. Gruppen- *vs.* Individualverfahren und
4. Papier-Bleistift-Verfahren *vs.* Computerverfahren.

> **Erläuterung** zu den Begriffen „*Power*" und „*Speed*":
> „*Power-test* ..., Tests der Leistungshöhe, ... haben entweder keine oder eine großzügig bemessene Zeitbegrenzung" (*Dorsch Psychologisches Wörterbuch*; Häcker & Stapf, 2004, S. 723). „*speed-test* ..., Tests, bei denen die Bearbeitungsgeschwindigkeit als Leistung bewertet wird. Der Schwierigkeitsgrad der Aufgaben ist dabei sehr niedrig" (S. 885). *Speed-and-power*-Tests beinhalten sowohl eine *Power*- als auch eine *Speed*-Komponente, stellen also anspruchsvolle Leistungsanforderungen unter Zeitdruck.

Außerdem gelten die folgenden Betrachtungen den drei diagnostischen Erhebungstechniken psychologisch-diagnostischer Verfahren, nämlich

1. Prüfen,
2. Fragen und
3. Beobachten.

Und schließlich geht es im Folgenden um allgemeine Prozess-Strategien, also strategische Optionen in der Abwicklung des diagnostischen Prozesses:

1. Untersuchungsstrategien,
2. Entscheidungsstrategien

Auch diesbezüglich gewinnen oder verlieren einzelne psychologisch-diagnostische Verfahren an Bedeutung.

3.1 Gestaltungsweisen

Selbstverständlich haben die einzelnen Untergruppen psychologisch-diagnostischer Verfahren nicht durchgängig die Option, nach Belieben alle Gestaltungsweisen zu variieren: Die Entscheidung *Power*- oder *Speed-and-power*-Test, zum Beispiel, ist definitionsgemäß nur für Tests zu treffen, nicht für Fragebogen und Projektive Verfahren, und nicht für alle übrigen psychologisch-diagnostischen Verfahren. Aber auch die einzelnen Gestaltungsweisen untereinander sind nicht völlig unabhängig.

3.1.1 Freies Antwortformat vs. Multiple-Choice-Format

Im gegebenen Zusammenhang wurden bereits mehrmals Vor- bzw. Nachteile des *Multiple-Choice*-Formats angedeutet:

- Zum einen im Zusammenhang mit der Verrechnungssicherheit eines Tests (in Abschnitt 2.1.2); dem Vorteil des *Multiple-Choice*-Formats, verrechnungssicher zu sein, steht der Nachteil gegenüber, diagnostisch weniger aufschlussreich als das freie Antwortformat zu sein.
- Zum anderen im Zusammenhang mit der Option Gruppen- vs. Individualverfahren (ebenfalls im Abschnitt 2.1.2); zweifelsfrei ist es von Vorteil, wenn infolge des *Multiple-Choice*-Formats ein Test als Gruppenverfahren konzipiert werden kann.
- Sodann im Zusammenhang mit dem 3-PL Modell (in Abschnitt 2.6.1); dem gravierenden Nachteil des *Multiple-Choice*-Formats, mehr oder weniger große Rateeffekte zu provozieren, könnte durch die Skalierung eines Tests nach diesem Modell begegnet werden.
- Schließlich im Zusammenhang mit der Zumutbarkeit von Tests (in Abschnitt 2.8 Zumutbarkeit); auch die Unmöglichkeit seitens der Tp, die Antworten nuanciert abzuwägen, gereicht dem (zweikategoriellen) *Multiple-Choice*-Format bei Persönlichkeitsfragebogen zum Nachteil.

Einiges davon bedarf eines ergänzenden Kommentars; und einige besondere Probleme des *Multiple-Choice*-Formats sind damit überhaupt noch nicht angesprochen.

Zu wiederholen ist, dass freilich auch Tests mit freiem Antwortformat verrechnungssicher sein können. Wenn es hier zu Beeinträchtigungen kommt, dann liegt das oft an Mängel der Testkonstruktion und nur gelegentlich am Testkonzept als solchem! Umgekehrt ist mit einem freien Antwortformat nicht jedes Mal ein „aufschlussreicheres" Diagnostizieren verbunden.

Zur Illustration

Beim ausschließlich mit freiem Antwortformat gestalteten AID 2 gibt es zur qualitativen Beurteilung der „Arbeitshaltungen" der Tp ein eigenes Beiblatt im Protokollbogen: Dieses soll dem Tl helfen, seine Beobachtungen über das Testverhalten der Tp im Anschluss an die Testung anhand vorgegebener Kategorien zu systematisieren, um so deren Arbeits- und Kontaktverhalten bei Leistungsanforderung besser beschreiben zu können (s. das Beiblatt in Abbildung 3.1). Es bezieht sich auf Auffälligkeiten in der Fein- und Grobmotorik, auf das Arbeitstempo, die (Dauer-) Aufmerksamkeit bzw. Ausdauer, vor allem aber auf das Sprachverhalten, das sprachliche Ausdrucksvermögen und insbesondere die Lautbildung. Darauf Bezug nehmend heißt es etwa in dem im Manual des AID 2 gegebenen Fallbeispiel: „Was die ‚*Arbeitshaltungen*' in bezug auf sein Arbeits- und Kontaktverhalten betrifft, wirkt er *traurig*; sein Sprachverhalten ist *wortkarg*. Bei Aufgabengruppen, die ihm leicht fallen, arbeitet er recht *zügig*, *bemüht* sich und ist *gut konzentriert*; bei schwierigen Aufgaben *verzagt* er dagegen sehr schnell, *gibt rasch auf*, d. h. möchte am liebsten aufgeben, und muß zum Weitermachen motiviert werden" (S. 72).

Demonstriert das Beispiel des AID 2, wie weit reichend der Informationsgewinn bei Verwendung eines freien Antwortformats sein kann – offensichtlich aber nur in Verbindung mit der Gestaltung als Individualverfahren –, so dient das folgende Beispiel der Gegendarstellung, nämlich dass es auch Tests gibt, die verrechnungssicher sind und sich dabei eines freien Antwortformats bedienen, ohne allerdings diagnostische Aufschlüsse der eben gezeigten Art zu liefern: Im VKT (*Verbaler Kreativitätstest*; Schoppe, 1975) wird versucht, die verbale „Produktivität" unter anderem dadurch zu erfassen, dass die Tp innerhalb von 90 Sekunden so viele Worte mit der Vorsilbe „ver-" anschreiben soll wie ihr einfallen – über die Anzahl produzierter Worte hinaus kann, insbesondere weil es sich um ein Gruppenverfahren handelt, keine wesentliche Information gewonnen werden.

Der Aspekt der Wirtschaftlichkeit des *Multiple-Choice*-Formats (nämlich die Gestaltung als Gruppenverfahren, die vergleichsweise kurze Bearbeitungsdauer je Item sowie der vergleichsweise geringe Auswertungsaufwand) stößt unter Umständen an inhaltliche Grenzen. Fällt lediglich diesem Aspekt zufolge die Entscheidung zugunsten des *Multiple-Choice*-Formats und weniger aus inhaltlichen Gründen (vgl. gleich unten), so ist grundsätzlich zu hinterfragen, ob damit überhaupt (noch) die intendierte Eigenschaft erfasst wird:

- Aus den Gedächtnisexperimenten der Allgemeinen Psychologie ist bekannt, dass bei der Prüfung gelernter Inhalte das „Wiedererkennen" leichter fällt als das „Reproduzieren", d. h. ersteres schon/noch bei Einprägungsgraden auftritt, die für letzteres nicht ausreichen (vgl. z. B. Zimbardo & Gerrig, 1999). Wenn es daher um Fähigkeiten geht, bestimmte (Wissens-) Anforderungen frei und selbständig zu leisten, dann ist das *Multiple-Choice*-Format verfehlt.

Beiblatt für Beobachtungen der
„Arbeitshaltungen"

(qualitative Beurteilung des Arbeits- und Kontaktverhaltens)

Leistungsmotivation	lustlos, desinteressiert	bemüht, leistungsfreudig	übertrieben leistungsorientiert
Arbeitseinstellung	sozialorientiert	(angemessen) sachorientiert, zielstrebig	extrem (spezifisch) sachorientiert, eifert
Aufmerksamkeit	fluktuierend, leicht ablenkbar	gut konzentriert	eingeengt, rigid
Ausdauer	gibt rasch auf, ermüdet schnell	gut ausdauernd	verbissen, findet kein Ende
Arbeitsgenauigkeit	oberflächlich, flüchtig	sorgfältig, genau	pedantisch, perfektionistisch
Arbeitstempo	langsam, schleppend	(angemessen) schnell, zügig	hektisch, hastig
Selbständigkeit	sucht Hilfe und Bestätigung	(altersentsprechend) eigenständig, lenkbar	lehnt Hilfen ab, eigenwillig
Selbsteinschätzung	unsicher, unterschätzt sich	sicher	überschätzt sich
Frustrationstoleranz	verzagt, regrediert	strengt sich verstärkt an, akzeptiert Versagen	lenkt ab, wird aggressiv, rationalisiert
Aufgabenkritik	überkritisch	problemangepaßt	unkritisch
Grundstimmung	traurig, gedrückt, ängstlich	ausgeglichen	gesteigert heiter, ausgelassen
Antrieb	antriebsschwach, träge	(angemessen) aktiv	überaktiv, getrieben
Kontaktverhalten	gehemmt, schüchtern	gut kontaktfähig	ungehemmt, distanzlos
Wahrnehmung	verwechselt, verdreht die Raumlage	sensumotorisch koordiniert	differenziert schlecht (optisch, akustisch)
Grobmotorik	bewegungsarm, schwerfällig	ruhig	unruhig, zappelig
Feinmotorik	undifferenziert, unkoordiniert, zittrig	geschickt	verkrampft, ungeschickt
Händigkeit	links dominant	rechts-links integriert	wechselhaft, beidhändig
Sprachverhalten	wortkarg, sprachscheu	kommuniziert angemessen	gesprächig, spricht übertrieben viel
Lautbildung	stottert, poltert	spricht deutlich	spricht undeutlich, stammelt, näselt
Sprachliches Ausdrucksvermögen	einfach, dysgrammatisch	differenziert	maniriert, gekünstelt

Abbildung 3.1: Das Beiblatt für Beobachtungen der „Arbeitshaltungen" aus dem AID 2 (aus Kubinger & Wurst, 2000; mit freundlicher Genehmigung von *Beltz Test*).

- Der Introspektion während der Itembearbeitung ist unschwer zu entnehmen, dass Tests, die nach dem *Multiple-Choice*-Format gestaltet sind, mehrere, qualitativ verschiedene Lösungsstrategien ermöglichen; das könnte dem Streben nach eindimensionalen Messungen zuwiderlaufen.

Zur Illustration

Wieder für Matrizentest-Items gesprochen, gibt es typischer Weise die eine Strategie, nämlich die Lösung in Gedanken zu konstruieren, um anschließend das gedankliche Ergebnis unter den Antwortmöglichkeiten zu suchen („Produktions"-

Strategie). Es gibt aber typischer Weise auch eine andere Strategie, nämlich alle Antwortmöglichkeiten sofort und der Reihe nach auf ihre Angemessenheit hin zu prüfen, bis die Lösung gefunden wird („Versuch-und-Irrtum"-Strategie). Sodann gibt es eine dritte Strategie, nämlich zunächst diejenigen, bereits bei oberflächlicher Betrachtung als nicht passend erkennbaren Antwortmöglichkeiten zu verwerfen, um daraufhin nur mehr die restlichen genauer zu prüfen („Falsifikations"-Strategie; vgl. zu allen Strategien abermals Abbildung 2.3 in Abschnitt 2.3.1). Noch weitere Strategien zu entwickeln, stehen dem Leser frei.

Bemerkung am Rand

Wenn Tests dem *Rasch*-Modell entsprechen, obwohl sie grundsätzlich mehrere Lösungsstrategien zulassen (wie z. B. der WMT), dann heißt das, dass es zur Lösung eines Items letztlich doch derselben Fähigkeit bedarf. Zwar überrascht ein solches Ergebnis den methodisch kritischen Betrachter, der Test misst aber fair.

Immerhin gibt es auch inhaltliche Gründe, die für das *Multiple-Choice*-Format sprechen. So ist bei manchen Testkonzepten die Aufgabenstellung erst über die Antwortmöglichkeiten definiert. Der Untertest *N-Test 1* aus dem KFT 4-12+R, zum Beispiel, verlangt von der Tp, pro Item eine gemeinsame Eigenschaft von drei Figuren herauszufinden, wobei diese erst durch die beigegebenen fünf Antwortmöglichkeiten bestimmt ist (vgl. ein Beispiel in Abbildung 3.2).

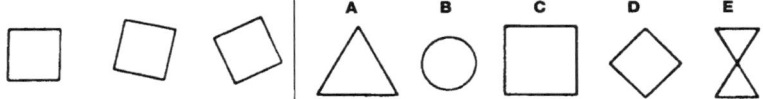

Abbildung 3.2: Item 3 des Untertests *N-Test 1* aus dem KFT 4-12+R (Form B); die Lösung ist „D" (mit freundlicher Genehmigung von *Beltz Test*).

Bemerkung am Rand

Kein inhaltlicher Grund für ein *Multiple-Choice*-Format ist etwa bei den Untertests *Sprichwörter* und *Gleiche Wortbedeutung* des WIT gegeben. Es ist zwar die Aufgabenstellung erst über die Antwortmöglichkeiten definiert: Die grundsätzlich undefinierten Lösungen (es gibt weder Sprichwörter noch Synonyme mit exakt gleicher denotativer *und* konnotativer Bedeutung) werden erst durch die beigegebenen fünf Antwortmöglichkeiten im Sinn von „relativ bestpassend" festgelegt (vgl. ein Beispiel in Abbildung 3.3); ein freies Antwortformat wäre jedoch genauso denkbar (vgl. z. B. den Untertest *Synonyme Finden* im AID 2).

Sehr oft unterschätzt wird die diagnostische Tragweite des Rateeffekts beim *Multiple-Choice*-Format. Die Wahrscheinlichkeit, dass ein Item eines Tests nur zufällig richtig beantwortet und insofern „gelöst" wird, ist offensichtlich umso größer, je

```
Gesundheit ist der größte Reichtum:

a)    Jeder ist seines Glückes Schmied
b)    Nichts ist so wertvoll wie die Gesundheit
c)    Der eine stirbt, der andere erbt
d)    Schmiede das Eisen, solange es heiß ist
e)    Gesundheit ist wie Gold
```

Abbildung 3.3: Beispiel-Item 106 des Untertests *Sprichwörter* aus dem WIT (gesucht sind zwei sinngleiche Sprichwörter zur Vorgabe). Die Lösung ist mit b) und e) relativ, im Vergleich zu den übrigen Antwortmöglichkeiten, bestpassend; denotativ und konnotativ exakt wird damit jedoch die Bedeutung des vorgegebenen Sprichworts nicht getroffen (mit freundlicher Genehmigung des *Hogrefe Verlags*).

weniger Antwortmöglichkeiten geboten werden. Im heute verfügbaren Testinventar der *Psychologischen Diagnostik* sind es zumeist fünf, nämlich die Lösung samt vier „Distraktoren". Für solche Tests beträgt die *a-priori* Ratewahrscheinlichkeit $1/5 = 20\,\%$, d. h., auch Tpn ohne jede entsprechend vorausgesetzte Fähigkeit würden durchschnittlich $1/5$ aller Items „lösen". Verschärft wird das Problem dadurch, dass für Tpn mit wenigstens minderer Fähigkeit nicht alle Antwortmöglichkeiten gleich plausibel sind, so dass von den fünf häufig eine, zwei, manchmal drei gemäß Falsifikationsstrategie richtiger Weise außer Betracht geraten, was die Ratewahrscheinlichkeit pro Item individuell bis auf $50\,\%$ erhöhen kann.

Bemerkung am Rand
Während manche Tests sogar nur drei Antwortmöglichkeiten vorsehen (z. B. der Untertest *Q-Test 1* des KFT 4-12+R), gibt es selten solche mit mehr als acht (exakt acht hat z. B. der WMT).

Zur Illustration
Um sich einen Eindruck zu machen, wie sehr sich der Rateeffekt bei einem bestimmten Test auswirkt, empfiehlt es sich für den potentiellen Anwender, dies systematisch zu prüfen: So könnte der resultierende (geeichte) Testwert bestimmt werden für den Fall, dass angenommener Weise die Tp stets eine bestimmte (z. B. die erste) Antwortmöglichkeit ankreuzt; oder für den Fall, dass sie ein bestimmtes Antwortmuster realisiert, etwa 1-2-3-4-5-1-2-3-4-5-1-2-3-4-5-...Zum Beispiel beim Untertest *Matrizen* des IST 2000 R (*Intelligenz-Struktur-Test 2000 R*; Amthauer, Brocke, Liepmann & Beauducel, 2001) ergibt sich für die erstgenannte Strategie (immer die zweite Antwortmöglichkeiten wählen) gemäß Eichtabelle (Form A; Gesamtstichprobe 41-Jährige und älter) ein Standardwert (*SW*) von $Z = 98$, für die zweitgenannte Strategie beim Untertest *Analogien* ein Standardwert von $Z = 99$ (vgl. zu einer solchen sog. „Sinnhaftigkeitsprüfung" insbesondere in Abschnitt 3.1.4).

Natürlich lässt sich die Anzahl der Antwortmöglichkeiten nicht beliebig erhöhen, um die *a-priori* Ratewahrscheinlichkeit gering zu halten. Dabei würden nämlich bald andere unerwünschte Phänomene zum Tragen kommen, wie Einflüsse der Merkfähigkeit, der Konzentration und unter Umständen der Leistungsmotivation.

Testtheoretisch am besten bekäme man den Rateeffekt wohl mit Hilfe des 3-PL Modells bzw. mit Hilfe des *Rasch*-Modells mit Rateparameter (vgl. in Abschnitt 2.6.2) in den Griff. Weil mit ihnen der gesuchte Personenparameter unter Berücksichtigung der itemspezifischen Rateparameter geschätzt wird, kommt es zu einer fairen Verrechnung der Testleistungen – vorausgesetzt, für alle Tpn gelten dieselben Rateparameter und es kommt nicht, wie zum Beispiel nach Zimmer (1984) zu vermuten, zu einem persönlichkeitsspezifischen Rate- bzw. Risikoverhalten.

Bemerkung am Rand

Zwei Fakten, die bereits in den Abschnitten 2.5.1 und 2.6.2 angesprochen wurden, ist abzuleiten, dass die *Birnbaum*-Modelle (insbesondere das 3-PL Modell – folglich auch das *Rasch*-Modell mit Rateparameter) ihrerseits nicht unproblematisch sind: Erstens ist ihre Geltung gar nicht analog zum *Rasch*-Modell prüfbar; zweitens sind die ihnen zugrunde liegenden Parameterschätzungen im allgemeinen zu ungenau. Letztlich würde die Anwendung des 3-PL Modells oder des *Rasch*-Modells mit Rateparameter einen testtheoretischen „Rückschritt" bedeuten: Beide Modelle sind zwar hinreichend, nicht aber notwendig für ein faires Messen. Das heißt, wie schlecht auch ein *goodness-of-fit*-Test ausfällt, irgendein anderer, bestimmter Verrechnungsmodus könnte, rein theoretisch gesprochen, fair sein (vgl. z. B. wieder bei Kubinger, 1989).

Bemerkung am Rand

Man könnte argumentieren, die Möglichkeit zu raten, hätte jede Tp, so dass die Angemessenheit der Verrechnung bei Verwendung des *Multiple-Choice*-Formats nicht besonders zur Diskussion stehen müsse. Tatsächlich qualifiziert der (gelegentlich beobachtbare) Fall – z. B. wieder beim WMT –, dass für einen Test mit *Multiple-Choice*-Format das *Rasch*-Modell gilt, die Anzahl gelöster Items als einen fairen Testwert: Die befürchteten Rateeffekte pro Item würden sich dann indirekt als (nahezu) null herausgestellt haben. Im anderen, realistischeren Fall allerdings, nämlich im Fall, dass zumindest einige Rateparameter (laut 3-PL Modell bzw. *Rasch*-Modell mit Rateparameter) wesentlich größer als null sind, geht die obige Argumentation ins Leere. Es besteht dann nämlich durchaus die Möglichkeit, dass von zwei Tpn mit unterschiedlichen Fähigkeiten die leistungsschwächere Tp zu einer höheren Anzahl „gelöster" Items gelangt als die leistungsstärkere: Indem die leistungsschwächere viele Lösungen derjenigen Items errät, bei welchen die leistungsstärkere Tp die Lösung (noch) fähigkeitsbedingt findet, und häufiger als die leistungsstärkere bei den für beide zu schwierigen Items zufällig die richtige Antwortmöglichkeit wählt.

Bestehen damit Zweifel, dass dem Problem des Rateeffekts beim *Multiple-Choice*-Format testtheoretisch voll befriedigend begegnet werden kann, dann bleiben zur

Lösung des Problems nur psychologisch-diagnostische, nämlich (neue) inhaltliche oder formal-gestalterische Mittel.

Dazu gibt es erstens die Idee, unter den Antwortmöglichkeiten nicht nur eine, sondern zwei richtige vorzusehen, wobei das Item nur dann als gelöst zu werten ist, wenn tatsächlich auch beide gewählt werden. Für insgesamt fünf Antwortmöglichkeiten beträgt dann die *a-priori* Ratewahrscheinlichkeit immerhin nur mehr $\binom{5}{2} = 1/10$ (z. B. beim Untertest *Sprichwörter* des WIT wurde diese Variante realisiert; vgl. nochmals Abbildung 3.3).

Zweitens gibt es die Idee, durch besondere Instruktionen oder Antwortmöglichkeiten die Tp vom Raten abzuhalten. Zum Beispiel im 3DW (*Dreidimensionaler Würfeltest*; Gittler, 1990) lauten zwei Antwortmöglichkeiten der insgesamt acht: *„Ich weiß die Lösung nicht"* und *„Kein Würfel richtig"* (keine der übrigen Antwortmöglichkeiten stimmt). Allerdings kreiert dies andere, besondere Probleme bzw. offene Fragen – sieht man davon ab, dass sich für Tpn, die ihr Nichtwissen nicht zugeben wollen, die *a-priori* Ratewahrscheinlichkeit wieder gegenüber herkömmlichen acht Antwortmöglichkeiten erhöht, weil dann nur mehr sieben zum Raten zur Auswahl stehen:

- Hängt der Erfolg solcher Antwortmöglichkeiten vielleicht gar von der Persönlichkeit der Tp ab? Oder lassen sich alle Tpn gleichermaßen insofern beeinflussen, als sie dem Tl (dem Testautor) tatsächlich vertrauen, Items ohne richtige Antwortmöglichkeit kämen überhaupt vor? Und lassen sich alle Tpn gleichermaßen insofern beeinflussen, als sie dem Tl (dem Testautor) tatsächlich vertrauen, die Verrechnung honoriert es wirklich, wenn sie, anstatt eine falsche Antwort infolge Ratens zu riskieren, besser die Unfähigkeit zur Lösung zugeben?
- Inwieweit ist es ethisch vertretbar bzw. zumutbar, wenn alle Items doch eine Lösung haben und diese durch eine der (sechs) übrigen Antwortmöglichkeiten auch tatsächlich angeboten wird?

Bemerkung am Rand

Trotz der grundsätzlich kritisch zu sehenden Antwortmöglichkeiten *„Ich weiß die Lösung nicht"* und, sinngemäß, *„Kein Lösungsvorschlag ist richtig"*, entspricht der 3DW dem *Rasch*-Modell. Das lässt darauf schließen, dass im gegebenen Einzelfall diese Antwortmöglichkeiten die faire Verrechnung von Testwerten in Form der Anzahl gelöster Items nicht beeinträchtigen. Für andere Tests mit solchen Antwortmöglichkeiten ist dies damit allerdings nicht garantiert.

Relativ neu ist drittens der Ansatz einer sequentiellen statt der üblichen simultanen Vorgabe der Antwortmöglichkeiten. Wenn der Tp jede konstruierte Antwortmöglichkeit einzeln nach einander vorgegeben wird, also ohne die übrigen Antwortmöglichkeiten gleichzeitig darzubieten, und die Tp dabei strikt der Reihe nach pro Antwortmöglichkeit zu entscheiden hat, ob diese richtig oder falsch ist, kann insgesamt die Wahrscheinlichkeit einer bloß zufälligen, nicht fähigkeitsbedingten „Lösung" drastisch reduziert werden. In den *Syllogismen* ist diese Idee umgesetzt.

Zur Illustration

Im (Computer-) Test *Syllogismen* werden pro Item die jeweils vier formal möglichen Schlüsse (aus zwei Prämissen) soweit nacheinander vorgegeben, bis die Tp entscheidet, dass die gebotene Antwortmöglichkeit richtig ist, oder bis auch die vierte Antwortmöglichkeit für falsch befunden wird – das Korrigieren bzw. Zurückgreifen auf bereits als falsch beurteilte Antwortmöglichkeiten ist nicht möglich. Zwar beträgt die *a-priori* Ratewahrscheinlichkeit 0,50 in dem Fall, dass bereits die erste Antwortmöglichkeit stimmt; und kommt die richtige Antwortmöglichkeit an zweiter Stelle, beträgt die fragliche Wahrscheinlichkeit noch immer $1/4$. An dritter bzw. gar an vierter Stelle jedoch beläuft sie sich nur mehr auf $1/8$ bzw. $1/16$ – zum Beispiel $1/16$ deshalb, weil dann viermal, und zwar unabhängig voneinander, zufällig die richtige Entscheidung getroffen werden müsste. Dementsprechend wurde bei den 75 Items die richtige Antwortmöglichkeit an erster Stelle nur 7 Mal positioniert, an zweiter Stelle ebenfalls relativ selten, nämlich 17 Mal, und an dritter und vierter Stelle 26 bzw. 25 Mal. Damit beträgt der Erwartungswert der Anzahl zufällig gelöster Items 12,5, das entspricht einer Ratewahrscheinlichkeit von 0,1675 ($\approx 1/6$), ist also dem Fall herkömmlicher sechs Antwortmöglichkeiten vergleichbar.

Bemerkung am Rand

Goethals (1989) hat die sequentielle Vorgabe für den Untertest *Gleiche Wortbedeutung* des WIT versucht, scheiterte aber: Das *Rasch*-Modell gilt, anders als bei den *Syllogismen*, nicht. Eine Erklärung – über diejenige hinaus, dass der WIT bei seiner Erstellung gar nicht dem Rasch-Modell gemäß zu konstruieren versucht wurde – mag sein, dass hier, anders als bei Tests mit logisch eindeutigen Lösungen wie eben bei den *Syllogismen*, die Persönlichkeit der Tp eine Rolle spielt. Die grundsätzlich undefinierten Lösungen von Tests, die nach Synonymen fragen (vgl. oben), provozieren vielleicht manche Tpn länger als andere, auf ein (noch) besser passendes Wort bei der sequentiellen Vorgabe zu hoffen bzw. zu warten, so dass sie die vom Testautor gemeinte Lösung versäumen.

Die Problematik des *Multiple-Choice*-Formats ist für Persönlichkeitsfragebogen kaum eine andere als für Tests. Im Zusammenhang mit ihnen ist es zwar nicht sinnvoll, von „Rateeffekt" zu sprechen; immerhin können auch hier die Antworten zufällig zustande kommen, wenn der Tp keine der vorgegebenen Antwortkategorien passend erscheint. Der Zufälligkeit nahe kommt das beliebige, also willkürliche Ankreuzen einer Tp, ohne dass sie den Iteminhalt überhaupt liest/erfasst. Bemerkenswert ist bei Persönlichkeitsfragebogen, dass praktisch nie acht Antwortmöglichkeiten geboten werden, eher nur fünf oder vier, häufig drei und oft sogar nur zwei (vgl. zum *Forced-choice*-Format auch in Abschnitt 2.8 Zumutbarkeit). Insbesondere leistet das *Multiple-Choice*-Format bestimmten Antworttendenzen (sog. „*response sets*") Vorschub, wie der Akquieszenz-Tendenz (Ja-Sage-Tendenz) oder der Tendenz zur Mitte. Sprechen solche Tendenzen zwar an sich bereits für bestimmte Persönlichkeitseigenschaften, so sind es in der Regel nicht diese, die (zumindest nicht auf solche Art und Weise) vom Testautor zu erfassen versucht werden (vgl. aber dazu das bereits mehrfach angesprochene Konzept der Objektiven Persönlichkeits*tests*, vor allem in Abschnitt 4.2.4).

Erläuterung zum Begriff „Response Set":
„... ist die Bezeichnung für alle jene Einflüsse, die sich durch bestimmte Antwortstereotypien der Testperson verfälschend auf die intendierte Dimension eines Tests auswirken. Es werden dabei zwei grundlegende Formen unterschieden: 1. *Formale* R.s umfassen alle jene Tendenzen, die durch die spezielle Form der Antwortvorgabe bedingt sind. Einige der wichtigsten sind: Acquiescence oder Ja-Sage-Tendenz, Raten, zufällige Beantwortung, Positionseffekte, Extreminitätseffekte, Neutralitätseffekte (zentrale Tendenz). 2. *Inhaltliche* R.s sind jene Tendenzen, die eine verfälschende Antwort aufgrund des spezifischen Inhalts eines Items oder eines Tests hervorrufen ... Die wichtigsten Tendenzen dieser Art sind: Simulation und Dissimulation, defensive Einstellung, soziale Erwünschtheit, Abweichungsreaktionen, Lügen"[24] (*Lexikon der Psychologie*; Arnold et al., 1997, S. 1903). Mit „Dissimulation" ist gemeint: „... die Verheimlichung, Leugnung, Bagatellisierung des Vorhandenseins körperlicher oder seelischer Erkrankungen bzw. sonstiger Symptome" (S. 382).

Was die fehlende oder auch nur begrenzte Möglichkeit des Nuancierens der Antworten bei Persönlichkeitsfragebogen betrifft, ist folgendes zu reflektieren:

- Zwar ist offensichtlich jede Entscheidung einer Tp für die allenfalls gegebene neutrale (mittlere) Antwortmöglichkeit diagnostisch weniger informativ als eine Entscheidung zwischen zwei Alternativen; fraglich ist jedoch, ob die Aussicht auf den diagnostischen Gehalt bei Items mit *Forced-choice*-Format in Relation zum Risiko einer (subjektiven) Überforderung der Tp, mit allen denkbaren Konsequenzen, tatsächlich lohnt?

Zur Illustration
Obwohl zwischenzeitlich die Interpretation der empirischen Ergebnisse von Karner (1993) relativiert werden muss – laut neuesten Belegen (Karner, 2002) dürfte es eher an der Unverbindlichkeit der mit der Testung in Zusammenhang stehenden Konsequenzen liegen als an der möglichst großen Anzahl von Antwortmöglichkeiten, dass sich Persönlichkeitsfragebogen im Sinne des *Rasch*-Modells tatsächlich eindimensional messend herausstellen (vgl. dazu nochmals in Abschnit 2.5.1); die psychologische Erklärung, das *Forced-choice*-Format führe dazu, dass die eigentlich interessierende Eigenschaft von der individuellen Neigung zu „Reaktanz" überlagert wird, ist bestechend.

---

[24]Mit „zufällige Beantwortung" als Gegensatz zu „Raten" ist richtig: „willkürliche Beantwortung" gemeint.

Erläuterung zum Begriff „Reaktanz":

Umgesetzt auf *psychologisches Diagnostizieren* bedeutet das aus der Sozialpsychologie bekannte Reaktanz-Phänomen (s. z.B. Dickenberger, Gniech & Grabitz, 1993), dass (manche) Tpn auf die mit dem dichotomen Antwortformat verbundene „Freiheitsbeschränkung" (früher oder später) untypisch bzw. willkürlich und unter Umständen ihren wahren Eigenschaften zuwiderlaufend reagieren.

Bemerkung am Rand

Nebenbei hat Karner (1993) eine testtheoretisch außergewöhnliche Entdeckung gemacht: Verwendet man bei einem Persönlichkeitsfragebogen ein kontinuierliches Antwortformat (sog. „Analogskala" – d.h. die Tp kann jeden beliebigen Punkt zur graduellen Abstimmung zwischen zwei Extremwerten wählen –, so zeigt die Auswertung sowohl in Bezug auf eine Verallgemeinerung des *Rasch*-Modells, nämlich dem Modell für kontinuierliche Antwortskalen von *Müller* (vgl. wieder Kubinger, 1989), als auch in Bezug auf das *Rasch*-Modell selbst (und zwar auf die im nachhinein dichotomierten Antworten) Modellgeltung. Das heißt, abgesehen von der Genauigkeit der Schätzung des gesuchten Personenparameters, ist es (beim untersuchten Persönlichkeitsfragebogen) formal egal, ob die Antworten dichotom oder kontinuierlich verrechnet werden. – Subjektiv, also für die Tpn, schien es nach dieser Studie dagegen nicht egal, ob die Antworten dichotom oder kontinuierlich gegeben werden können, weil keine Modellgeltung für solche Daten beobachtet wurde, die von denselben Items, jedoch mit *Forced-choice*-Format stammten.

- Wird aus guten Gründen auf eine neutrale (mittlere) Antwortmöglichkeit verzichtet, will man jedoch wenigstens mehrfach abstufende Antwortmöglichkeiten (z.B. insgesamt vier statt nur zwei), so ist dann fraglich, ob dies tatsächlich allen Persönlichkeiten gerecht wird. Oder gibt es auch Tpn, die bei (zu) vielen Antwortmöglichkeiten vor das Problem der „Qual der Wahl" gestellt werden?

Zur Illustration

Hambros (2002) stellte zwar in schriftlichen Interviews mit Tpn hinsichtlich einer kritischen Stellungnahme zum Antwortformat für eine recht große Stichprobe ($n = 244$) keine signifikanten Unterschiede zwischen einem Persönlichkeitsfragebogen mit dichotomen Antwortformat (FPI-R, *Freiburger Persönlichkeitsinventar – Revidierte Fassung*; s. Fahrenberg, Hampel & Selg, 2001) und einem mit vierkategoriellen Antwortformat (TPF, *Trierer Persönlichkeitsfragebogen*; Becker, 1989) fest, in einem ergänzend durchgeführten, eigens erstellten Satzergänzungs-Verfahren wurden allerdings im Anschluss an den vierkategoriell zu beantwortenden Persönlichkeitsfragebogen signifikant mehr Aussagen registriert, die als „Frustration" zu kodieren waren. Auch blieben bei diesem Persönlichkeitsfragebogen signifikant mehr Items unbeantwortet als beim dichotom zu beantwortenden.

3.1.2 Power- vs. Speed-and-power-Test

Wie das *Multiple-Choice*-Format für die Gestaltung eines (Leistungs-) Tests als Gruppenverfahren von Vorteil ist, so ist auch die Begrenzung der Bearbeitungszeit dafür mindestens günstig. Gruppenverfahren erzwingen praktisch die Gestaltung als *Speed-and-power*-Test – sofern, wie das terminologisch hier vorausgesetzt wird, damit exklusiv Papier-Bleistift-Verfahren und nicht Computerverfahren angesprochen sind. Insbesondere der Einsatz mehrerer Tests bzw. einer Testbatterie innerhalb einer einzigen Sitzung macht es bei der Vorgabe in der Gruppe fast unmöglich, jeder Tp jeweils ein individuelles Zeitbudget einzuräumen – eine für alle Tpn ungestörte, psychologisch-diagnostisch vertretbare Testsituation wäre in diesem Fall nämlich nur schwer zu gewährleisten.

Bemerkung am Rand

Die Beurteilung, dass ein individuelles Zeitbudget störend auf die Testsituation wirken würde, findet sich bei der Vorgabe eines Persönlichkeitsfragebogens in der Gruppe regelmäßig bestätigt: Weil hier jeder Zeitdruck verfehlt wäre, kommt es für manche Tpn (und auch für den Tl) zu „unerträglichen" Wartezeiten – so gesehen gelangen Persönlichkeitsfragebogen, in der Gruppe vorgegeben, erst recht an die Grenzen der Zumutbarkeit (vgl. nochmals in Abschnitt 2.8 Zumutbarkeit).

Bemerkung am Rand

Zusammen mit anderen Tests vorgegeben, macht das insofern auch *Power*-Tests Probleme: Zum Beispiel im 3DW wird unter anderem deswegen die Möglichkeit einer Kurzform angeboten, wobei, um nicht doch eine *Speed*-Komponente mit einzubringen, größtes testtheoretisches *Know-how* eingesetzt werden muss. So heißt es im Manual (Gittler, 1990, S. 49): „Der frühestmögliche Abbruchszeitpunkt ist dann gegeben, wenn die am langsamsten arbeitende Testperson $k = 8$ Aufgaben bearbeitet hat … Voraussetzung ist allerdings, daß die Testteilnehmer über den geplanten Testabbruch nicht informiert sind; sie erhalten dieselbe Power-Instruktion wie in der Langform des 3DW. Damit ergibt sich für den Testleiter das Problem, eine geeignete Formulierung zu finden, die es den Testpersonen halbwegs verständlich macht, daß der Test nun – im Gegensatz zu der eingangs gegebenen Instruktion – vorzeitig abgebrochen werden muß."

Ebenfalls wie beim *Multiple-Choice*-Format stoßen *Speed-and-power*-Tests dann an inhaltliche Grenzen, wenn allein der wirtschaftliche Aspekt, nämlich die Gestaltungsmöglichkeit als Gruppenverfahren, verantwortlich für die Begrenzung der Bearbeitungszeit ist. Wieder ist zu fragen, ob damit überhaupt (noch) die intendierte Eigenschaft erfasst wird:

- Offensichtlich schneiden Tpn nur dann in einem *Speed-and-power*-Test gut ab, wenn sie sowohl leistungsstark als auch schnell arbeiten. Geht es daher, wie oft, (nur) darum, dass hochwertige bis herausragende Leistungen überhaupt vollbracht werden, so ist die Gestaltung als *Speed-and-power*-Test verfehlt – es könnte nämlich sein, dass die schnellere von zwei Tpn, mit geringerer Fähigkeit, zwar viele Items nicht löst, aber, weil sie mehr bearbeitet, immer noch mehr als die langsamere, fähigere Tp.

- Umgekehrt sind natürlich die Ursachen für schlechte Testleistungen in einem *Speed-and-power*-Test nicht eindeutig identifizierbar; liegt es am Mangel an Fähigkeit oder am Mangel an Schnelligkeit (oder an beiden)? Abgesehen davon, dass damit keine förderungsorientierte Diagnostik möglich ist, läuft eine solche Kontaminierung zweier Eigenschaftsdimensionen, wie immer, dem Streben nach Eindimensionalität zuwider (vgl. nochmals in Abschnitt 2.5 Skalierung).

Bemerkung am Rand
Selbstverständlich qualifiziert der (gelegentlich beobachtbare) Fall – z. B. wieder beim WMT –, dass für einen *Speed-and-power*-Test das *Rasch*-Modell gilt, die Anzahl gelöster Items als einen fairen Testwert.

Bemerkung am Rand
Versuche, mit Hilfe neuer Modelle im Rahmen der *Probabilistischen Testtheorie* die Separierung der *Speed-* von der *Power*-Komponente zu bewerkstelligen, um pro Tp zwei Testwerte zu erhalten, fanden entweder (noch) keine Resonanz oder scheiterten schlicht an ihrer Komplexität (vgl. Kubinger, 1989).

Es mag manchmal nicht am wirtschaftlichen Aspekt liegen, sondern inhaltlich begründet sein, dass *Speed-* und *Power*-Komponente kontaminiert werden; nämlich dann, wenn hochwertige Leistungen allein den gestellten Anforderungen nicht genügen, diese vielmehr auch schnell zu erbringen sind. Bei Raumvorstellungsaufgaben, etwa, schiene dies im Zuge einer Piloten-Selektion angebracht.

Eigentlich ist genauer zu differenzieren zwischen *Speed-and-power*-Tests, bei denen die insgesamte Bearbeitungszeit beschränkt ist, so dass nicht alle Tpn wirklich alle Items bearbeiten, und solchen, bei denen jedes einzelne Item mit einer *Speed*-Komponente versehen ist, d. h., jede Tp bearbeitet jedes Item zeitlich befristet, ohne es notwendigerweise auch (richtig oder falsch) zu beantworten. Erstere Variante findet sich hauptsächlich bei Gruppenverfahren, letztere ausschließlich bei Individualverfahren. Dort hat die *Speed*-Komponente regelmäßig den Zweck, die (vielen) wenig-informativen Items eines Tests informativer zu machen, indem besonders schnell erfolgte Lösungen mit Zeit-Gutpunkten belohnt werden. Die Tragweite der testtheoretischen Probleme ist jedoch in beiden Fällen gleich.

Zur Illustration
Wie differenziert die Vergabe von Zeit-Gutpunkten konzipiert sein kann, soll der Untertest *Mosaik-Test* des HAWIK-III verdeutlichen. Die Aufgabenstellung lautet, unter Verwendung von (4 oder 9) Würfeln, deren Seiten unterschiedlich gestaltet und gefärbt sind (rot oder weiß; einfärbig oder diagonal zweifärbig), ein Muster laut Vorlage nachzubauen. Die Tp erhält (mit Ausnahmen) pro Item 0 Punkte, wenn keine Lösung erfolgt, oder 4 bis 7 Punkte je nachdem, wie schnell sie zur Lösung kommt. Diese völlig willkürlich anmutende Verrechnung sollte natürlich Anlass zu Analysen gemäß *Probabilistischer Testtheorie* geben; nur leider ist deren Methodeninventar damit überfordert: Die Annahme, dass *Speed-* und *Power*-Komponente in fairer Weise eindimensional verrechenbar sind, ist im Fall

des gegebenen, komplizierten Verrechnungsmodus gar nicht prüfbar (s. Genaueres bei Kubinger, 1989) – der Zweifel an ihrer Plausibilität muss bleiben.

Als Beispiel eines (*Speed-and-power-*) Tests, bei dem die testtheoretischen Analysen die Vergabe von Zeit-Gutpunkten empirisch rechtfertigen, kann nur der Untertest *Antizipieren und Kombinieren*-figural aus dem AID 2 genannt werden.

Was übrigens *Speed*-Tests betrifft, so wird die Entscheidung für sie ausschließlich inhaltlich bestimmt. Der ZVT ist ein Beispiel dazu (s. nochmals in Abschnitt 1.6 Themen, Verfahren und Populationen).

3.1.3 Gruppen- vs. Individualverfahren

Über das aufschlussreichere Diagnostizieren hinaus, wie es weiter oben ausführlich diskutiert wurde, wird seitens der Psychologen an Argumenten für Individualverfahren immer eines ins Treffen geführt, nämlich die Einsatzmöglichkeit ganz besonderer Testmaterialien, wie zum Beispiel Puzzles – sofern, wie das terminologisch hier vorausgesetzt wird, damit nicht Computerverfahren angesprochen sind.

Zur Illustration
Stellvertretend auch für andere Intelligenz-Testbatterien (für Kinder und Jugendliche) heißt es im AID 2: „Wesentlicher Unterschied des AID gegenüber Gruppentests ist ... die besondere Vorgabe-, Prüf- und Beobachtungsmöglichkeit bzw. Materialbeschaffenheit einzelner Untertests: Einige erfordern manuell-gestalterische Reaktionen seitens der Testperson! Damit bietet ... [die Testbatterie] die Möglichkeit, die Fertigkeit eines Kindes/Jugendlichen im Umgang mit Worten und Symbolen direkt mit derjenigen zu vergleichen, Gegenstände zu handhaben und visuelle Gestalten zu erfassen. Und insbesondere mit diesen Untertests ermöglicht er es, ‚Intelligenz‘ in einem mit einer anderen Person (d. i. der/die Testleiter/in) interaktiven Prozeß zu erfassen – was nicht nur im klinischen Bereich bedeutend scheint" (Kubinger & Wurst, 2000, S. 13).

Wenn es auch Tpn geben mag, die die Testsituation innerhalb einer Gruppe aus Gründen der „Anonymität" einer Einzeltestung vorziehen (wissenschaftliche Studien, wie sich diese Einstellung auf die Testergebnisse auswirkt, fehlen allerdings), so liegt doch der Vorteil eines Gruppenverfahrens hauptsächlich in den oben genannten wirtschaftlichen Aspekten sowie der mutmaßlichen Testleiterunabhängigkeit (vgl. in Abschnitt 2.1.1).

Amelang und Zielinski (2002) führen, sinngemäß, drei Nachteile von Gruppenverfahren an:

• Benachteiligung von Tpn mit reduzierter Lesefertigkeit (wegen der obligaten schriftlichen Fassung des Gruppenverfahrens).

Bemerkung am Rand
Die zitierten Autoren nennen auch die reduzierte Rechtschreibfähigkeit der Tpn als mögliches Handikap bei Gruppenverfahren. Das von ihnen gegebene Beispiel

zeigt allerdings weniger ein Problem von Gruppenverfahren auf, als, wieder einmal, das Problem mangelnder Eindimensionalität infolge konzeptioneller Fehler: „Die Probanden sollen ... ihre Wortschatzkenntnisse dadurch dokumentieren, dass sie bei dem erkannten Wort den eingebauten Rechtschreibfehler markieren. Ist jemandem nun zwar ein seltener Begriff bekannt, nicht aber seine Schreibweise, so nützen ihm seine Kenntnisse wenig" (Amelang & Zielinski, 2002, S. 405). Offensichtlich werden auch hier gleich zwei Eigenschaften erfasst bzw. wird die eigentlich interessierende durch eine andere überlagert.

- Gefahr des Abschreibens der Tpn untereinander,
- Störung der Tp durch die anderen Tpn.

3.1.4 Papier-Bleistift-Verfahren vs. Computerverfahren

Auf die Erweiterung der Option Individual- vs. Gruppenverfahren um Computerverfahren wurde bereits mehrfach hingewiesen (vgl. insbesondere in Abschnitt 2.1 Objektivität). Wegen der prinzipiell anderen Bedingungen und Konsequenzen *psychologischen Diagnostizierens* mit Hilfe der Computerdiagnostik waren also schon bisher bei der Unterscheidung in Individual- und Gruppenverfahren ausschließlich Papier-Bleistift-Verfahren gemeint – etliche Vor- und Nachteile beider Verfahrenstypen verlieren sich nämlich, wenn bloß ein und dasselbe Computerverfahren einmal in einer *stand-alone* Anordnung (quasi: Individualtestung), das andere Mal in einem (vernetzten) Mehrtestplatzsystem (quasi: Gruppentestung) vorgegeben wird.

Zur Illustration

Allein was das Gütekriterium Ökonomie betrifft, ist genaue Unterscheidung angebracht: Eine lange Durchführungszeit ist – anders als bei einer Papier-Bleistift-Testung – im Fall der Computertestung für den Tl nicht automatisch unökonomisch; und sie betrifft auch kaum die ökonomischen Interessen der Tp, eher das Problem der Zumutbarkeit. Genauso verliert die herkömmlich als ökonomisch bezeichnete Gruppentestung gegenüber der Computerdiagnostik für den Tl viel an Attraktivität, weil seine permanente Anwesenheit bei letzterer ohnehin nicht notwendig ist.

Um solche prinzipiell anderen Möglichkeiten und Grenzen der Computerdiagnostik gegenüber Papier-Bleistift-Verfahren geht es im Folgenden.

Die Entwicklung der Computerdiagnostik seit Ende der 1980er Jahre betrachtend, ist zu bemerken, dass die anfängliche Skepsis gegenüber dem Nutzen dieser Technik für die *Psychologische Diagnostik* heute einer oftmals kritiklosen „Euphorie" gewichen ist. Letztere wird getragen von Psychologen, die den Aufwand einer herkömmlichen Testung scheuen, bis hin zu Kunden *psychologischen Diagnostizieren*, die meinen, mit einem Computer müsse doch alles möglich sein und dies sogar billigst.

Zur Illustration

Booth (1995) drückt die Sorge aus, ob die „Computertechnologie nicht eine Art Verarmung der Psychologischen Diagnostik mit sich bringe, indem sie Diagnosen weniger intuitiv, unflexibel und weniger human mache. Die tiefer liegenden Gründe für solche Kritik mögen auf Seiten der meisten Diagnostiker ebenso in der fehlenden Vertrautheit mit dieser Technik liegen wie auch im latenten Unbehagen wurzeln, daß sie den Diagnostiker ersetzen oder zumindest dessen Bedeutung beim diagnostischen Entscheidungsprozeß vermindern können" (S. 186).

So sehr anfangs die Entscheidung Papier-Bleistift-Verfahren *vs.* Computerverfahren – wenn dies überhaupt eine Alternative war, ging es doch ursprünglich lediglich computergestützt um die Übernahme der Auswertung eines Papier-Bleistift-Tests durch den Computer – von wirtschaftlichen Aspekten getragen wurde, so interessiert die *Psychologische Diagnostik* heute vorrangig der inhaltliche Aspekt. Die mediumsgerechte Nutzung des Computers öffnet den Zugang zu bisher nicht erfassbaren Eigenschaften, sie erlaubt immer schon geprüfte Eigenschaften unter komplexen Bedingungen zu untersuchen, wie es eher ökologisch valide Aussagen erwarten lässt als mit Papier-Bleistift-Verfahren. Testprozeduren sind möglich, die Aktionen und Reaktionen, insbesondere Reaktionszeiten verwerten lassen, die bestimmte Eigenschaften überhaupt erst treffend abbilden.

Bemerkung am Rand

Kubinger (1995a) gab noch eine Systematisierung der Computerdiagnostik, die heute deren Geschichte gut illustriert. Danach kann die Funktion des Computers innerhalb der *Psychologischen Diagnostik* dreierlei Art sein:
- der Computer zur Vereinfachung der Auswertung,
- der Computer zur Steuerung peripherer Geräte,
- die Verwendung des Computers zur Testvorgabe,

wobei letztere ihrerseits in drei Varianten zu gliedern ist:
- die (bloß) computerunterstützte Vorgabe von psychologisch-diagnostischen Verfahren,
- die Computervorgabe von Papier-Bleistift-Verfahren,
- die Vorgabe originärer Computerverfahren,

und originäre Computerverfahren selbst dreifach zu unterteilen sind, und zwar in
- die sog. „Computer-Simulationen",
- Verfahren, die den Computer mediumsgerecht nutzen,
- die per Gelegenheit als Computer-Version erstellten Verfahren.

Im ersten Fall dient der Computer tatsächlich nur dazu, die oft umständliche Auswertung von Papier-Bleistift-Tests, vor allem das Benutzen von Schablonen und das Nachschlagen in Normtabellen zu übernehmen. Im zweiten Fall verwendet man den Computer zur Steuerung von Geräten insbesondere zur Messung physiologischer bzw. neurophysiologischer/-psychologischer Parameter. Mit (bloß) computerunterstützter Testvorgabe ist gemeint, dass der Computer nicht den Tl ersetzt, auch nicht phasenweise, sondern ihm nur bei der Vorgabe im Sinne eines

Expertensystems hilft. Und während es sich bei der Computervorgabe von Papier-Bleistift-Verfahren um die zwischenzeitlich häufigste Variante handelt, liegt die Zukunft der Computerdiagnostik – abgesehen von *per* Gelegenheit als Computer-Version erstellten Verfahren, also solchen, die von ihrem Konzept her genauso gut als Papier-Bleistift-Verfahren verfasst werden hätten können – wohl in der mediumsgerechten Nutzung des Computers, worunter eigentlich auch die Computer-Simulationen fallen.

Erläuterung zum Begriff „Computer-Simulation":
Sie erinnern einerseits an die frühen Arbeitsproben (vgl. in Abschnitt 2.3.1), andererseits an Computerspiele. Versucht wird also, das Verhalten der Tp in möglichst (berufs-) realistisch nachgeahmten komplexen Aufgabenstellungen zu erfassen. Eine gewisse Ähnlichkeit besteht auch zu den bereits als klassisch zu bezeichnenden komplexen Problemlösungssituationen *à la* „Lohhausen" (Dörner, Kreuzig, Reither & Stäudel, 1983), nur dass bei Computer-Simulationen im Rahmen der *Psychologischen Diagnostik* weniger intellektuelle als vielmehr organisatorische Fähigkeiten abgeprüft werden.

Wie sehr auch die Verfahren, die den Computer mediumsgerecht nutzen, inhaltlich interessieren, betreffs der Unterscheidung Papier-Bleistift- *vs.* Computerverfahren – eigentlich: Vorgabe eines psychologisch-diagnostischen Verfahrens mittels Papier und Bleistift oder mittels Computer – sind an dieser Stelle (zunächst) nur solche Verfahren Thema, die sowohl als auch vorgegeben werden können.

Bemerkung am Rand
Die Anfänge der Forschung zur Computerdiagnostik waren davon geprägt, die Äquivalenz von ursprünglich Papier-Bleistift-Verfahren und deren Computer-Versionen zu untersuchen. Zum Beispiel Kubinger und Farkas (1991) beobachteten für die computerisierten SPM deutlich niedrigere Testwerte als für das Original, und zwar durchschnittlich um fast 13 *IQ*-Punkte – sie führten dies auf den „stressevozierenden" Charakter des Computers zurück, der die Tpn zu vorschnellen und letztlich falschen Reaktionen verleitet. Jedenfalls wären danach die Eichtabellen des Originals für die Computer-Version schlicht unangemessen. Zwischenzeitlich häufen sich jedoch die Befunde, die vor allem wegen der sorgfältiger versuchten 1 : 1 Umsetzung von der Papier-Bleistift- auf die Computer-Vorgabe keine Niveauunterschiede bei Leistungstests feststellen (vgl. z. B. Klinck, 2003). In Bezug auf Persönlichkeitsfragebogen konnten demgegenüber bereits Bader, Hofmann und Kubinger (1993) für den *Gießen-Test* (Beckmann, Brähler & Richter, 1991) zeigen, dass die Computerisierung kaum Effekte zeigt.

Dennoch läuft prinzipiell die Vorgabe jedes ursprünglichen Papier-Bleistift-Verfahrens am Computer solange Gefahr, völlig artifizielle Schlussfolgerungen zu provozieren, bis eine Äquivalenzprüfung dies nicht ausdrücklich ausschließt. Um tatsächlich die Computer-Version mit dem Original als äquivalent bezeichnen zu können, muss nämlich folgendes erfüllt sein (s. auch Wagner-Menghin, 2003a):

- beide Versionen messen dieselbe Eigenschaftsdimension (je nach Verrechnungsvorschrift gilt z. B. das *Rasch*-Modell für beide Versionen getrennt sowie für
  beide Versionen insgesamt),
- der Mittelwert der Testwerte (in jeweils repräsentativen Stichproben) stimmt
  für beide Versionen überein,
- die Verteilung der Testwerte (in jeweils repräsentativen Stichproben) stimmt
  für beide Versionen überein – zumindest die Standardabweichung.

Verlagsmäßig organisierte Anbieter von psychologisch-diagnostischen Verfahren
für den deutschsprachigen Raum sind im Wesentlichen nur die beiden Unternehmen *Hogrefe Verlag* (mit dem *Hogrefe TestSystem*) und *Dr. G. Schuhfried GmbH*
(mit dem *Wiener Testsystem*). Zusammen bieten sie heute fast alle für eine Computerisierung infrage kommenden Papier-Bleistift-Verfahren in Computer-Version
an.

Obwohl im *Wiener Testsystem* anfangs exklusiv und mittlerweile noch immer
auch ein sog. „Lichtgriffel" als Eingabemedium dient(e) – mit seiner Hilfe kann die
jeweilige Antwort von der Tp direkt am Bildschirm angetippt werden –, ist heutzutage das Standard Eingabemedium, international über alle Anbieter hinweg,
die Maus. Für besondere Testkonzepte, mit besonderen Reaktionsanforderungen
an die Tp gibt es auch spezielle Eingabemedien, sog. Tp-„Panels", das sind eigens konstruierte Bedienungsgeräte mit zumeist leicht bedienbaren Tasten und
(Dreh-) Schaltern. Ausnahmsweise findet auch die übliche PC-Tastatur Anwendung. Waren früher Bestrebungen in Gange, Standards betreffs der Bildschirme,
vor allem ihrer Größe, zu etablieren, so zählen heute selbst Notebooks, trotz ihres LCD-Bildschirms zum Standard. Allerdings begründen gerade die technischen
Umsetzungen von Papier auf *Screen* einerseits und von Bleistift auf Maus und
ähnliches andererseits psychologische Bedingungen, die ein Für oder ein Wider
bedeuten bei der Entscheidung: Vorgabe mit Papier und Bleistift oder am Computer.

Gegen die Tastatur spricht offensichtlich, dass Tpn, die im Umgang mit dem
Computer (insbesondere) in Bezug auf Textverarbeitung wenig Routine haben,
gehandikapt sind – sie sich zumindest gehandikapt fühlen und in der Folge davon
vielleicht verunsichert oder ängstlich agieren.

Bemerkung am Rand
Ein Problem besondere Art besteht beim Testen mit der Tastatur bzw. auf einem
Notebook. Nämlich die Gefahr des Kopierens der Test-*Software* und, schwerwiegender, die Gefahr des Kopierens der Datenbanken seitens (unbeaufsichtigter)
Tpn. Auch die Gefahr des Implementierens von Computer-Viren durch die Tp ist
größer als sonst. Allerdings stellt die Gefahrenursache wohl mehr ein eingebautes
Disketten- oder CD-Rom-Laufwerk dar als die Tastatur für sich.

Das gegen die Tastatur gebrachte Argument der mangelnden Routine als Handikap für manche Tpn galt früher grundsätzlich erst recht für die Maus. Heutzutage verfügen jedoch die meisten relevanten Populationen von Testpersonen über ausreichend Routine. Allerdings, wenn die Bearbeitungszeit der Items eine Rolle spielt und/oder feinmotorische Anforderungen an die Tp gestellt werden, scheinen Personen mit „intermodalen" Leistungsproblemen im optisch-kinästhetischen bzw. optisch-propriozeptiven Bereich dessen ungeachtet benachteiligt (vgl. aber die bereits in Abschnitt 2.10 Fairness zitierte Studie von Hergovich, 1994 wonach selbst beim Zeichnen mit der Maus keine Benachteiligung von Tpn ohne Mauserfahrung festgestellt werden musste, sofern ein entsprechendes Lernprogramm dem Test vorausgeht).

Ohne dass noch Studien darüber vorliegen oder gar Anbieter Tl und Tpn dazu animieren würden, nämlich auf Notebooks statt der Maus das *Touch Pad* zu verwenden, kann gegenwärtig davon bloß abgeraten werden: Tpn ohne entsprechende Routine scheinen selbst bei simplen Antwortmodi, etwa beim alternativen Anklicken auf nur zwei Buttons, ziemlich überfordert.

Bemerkung am Rand

Theoretisch möglich ist es, insbesondere anstatt eines Lichtgriffels einen sog. *Touch Screen* zu verwenden, auf dem die Tp ihre Antworten direkt mit dem Finger antippt. Der Vorteil wäre hier, wie beim Lichtgriffel, dass die Arbeitssituation weitestgehend an die Bearbeitungsweise mit Papier und Bleistift angelehnt ist, speziell dann, wenn der Bildschirm nach hinten, fast in die Waagrechte gekippt wird. – Einen Nachteil stellt für beide Eingabemedien die gesondert erforderliche *Hardware* dar, mit der nicht nur zusätzliche Kosten verbunden sind, sondern auch eine zusätzliche, und zwar mechanische Defektmöglichkeit.

Die Entscheidung für eine Computer- und gegen eine Papier-Bleistift-Testung muss also in reiflicher Abwägung der angesprochenen psychologischen Bedingungen je Zielpopulation und Fragestellung immer wieder neu getroffen werden. Dabei ist auch zu berücksichtigen, dass manche Zielpopulationen gerade nur dann Akzeptanz für eine Testung entwickeln, wenn diese am Computer erfolgt: Für sie gewinnt *psychologisches Diagnostizieren* erst dadurch an positivem Image oder sie werden nur so von der Objektivität der Testung überzeugt – auf die Testleiterunabhängigkeit und die Verrechnungssicherheit bei der Computerdiagnostik wurde bereits hingewiesen (vgl. in den Abschnitten 2.1.1 und 2.1.2). Nachrangig ist die Wirtschaftlichkeit der erforderlichen Zeit des Tl sowie das Faktum entscheidend, dass Auswertungsfehler vermieden werden können.

Bemerkung am Rand

Gelegentlich fällt die Entscheidung für ein ganz bestimmtes und gegen ein ganz bestimmtes anderes psychologisch-diagnostisches Verfahren allein auf Grund der Verfügbarkeit eines Auswertungsprogramms. Entscheidend ist dabei also die Aufwandsminimierung der Auswertung, nicht eigentlich die Wirtschaftlichkeit der Testvorgabe. Hier ist jedoch zu bedenken, dass jeder (zum Beispiel) das Statistik-Programmpaket SPSS beherrschende Psychologe die relativ simplen Auswertungs-

schritte des inhaltlich vielleicht mehr überzeugenden Verfahrens leicht selbst pro-
grammieren kann – auch die dazu nötige Eingabe der Eichtabellen ist als SPSS-
Syntax nicht extrem aufwendig. Um dies zu demonstrieren ist in Präsentation 10 das entsprechende Programmlisting zur Persönlichkeits-Fragebogenbatterie
Gießen-Test, allerdings lediglich für die Skala *Soziale Resonanz*, wiedergegeben.
Diese Skala besteht aus sechs Items in Form von Statements, zu denen die Tp
siebenfach abgestuft Stellung beziehen muss (die sieben Kategorien lauten zwar
„links" 3, 2, 1 und 0 sowie „rechts" 1, 2, 3; verrechnet werden diese Kategorien
jedoch pro Item mit 1 bis 7 Punkten bzw. mit 7 bis 1 Punkte je nachdem, ob eine
entsprechende Umpolung wegen der inhaltlich in umgekehrter Richtung gepolten
Formulierung des Items notwendig ist):

9	„Ich habe den Eindruck, daß andere mit meiner Arbeits- leistung im allgemeinen eher besonders zufrieden	3 2 1 0 1 2 3	eher unzufrieden sind."
16	„Ich schätze, es gelingt mir eher schwer	3 2 1 0 1 2 3	eher leicht, mich beliebt zu machen."
23	„Ich glaube, ich bin eher darauf eingestellt, daß man mich für minderwertig	3 2 1 0 1 2 3	für wertvoll hält."
27	„Ich glaube, ich lege kaum	3 2 1 0 1 2 3	sehr viel Wert darauf, schön auszusehen."
33	„Ich habe den Eindruck, es gelingt mir eher schlecht	3 2 1 0 1 2 3	eher gut, meine Interessen im Lebenskampf durchzuset- zen."
37	„Ich habe den Eindruck, ich habe es sehr schwer	3 2 1 0 1 2 3	sehr leicht, auf andere anzie- hend zu wirken."

Der *Gießen-Test* ist weder geschlechtsspezifisch noch altersspezifisch geeicht. Dessen ungeachtet beinhaltet die SPSS-Syntax in Präsentation 10 bloß zur Demonstration auch Abfragen nach dem Geschlecht und dem Alter. Ausgegangen wird davon,
dass für eine einzige Tp neben der Angabe ihres Geschlechts und Alters sämtliche
angekreuzte Kategorien der Nummerierung der Items nach in ein SPSS-Datenfile
eingegeben sind, und zwar mit 1 bis 7, wobei die Umkodierung noch nicht vorgenommen wurde. Per Analogie sollte es jedem Psychologen leicht möglich sein, für
beliebige andere psychologisch-diagnostische Verfahren Auswertungsprogramme
zu verfassen. In Bezug auf PC-Skills besser vertraute Psychologen mögen sich sogar ein Scanner-Programm verfassen, um nicht einmal mehr die Daten eintippen
zu müssen.

Präsentation 10: Das Programmlisting einer SPSS-Syntax zur Skala *Soziale Resonanz* aus dem *Gießen-Test*; obwohl die Eichtabellen für beide Geschlechter sowie

alle Altersgruppen gelten, wurde die Syntax so verfasst, dass Abfragen nach dem
Geschlecht sowie nach zwei Altersgruppen getätigt werden. Die gewählten Variablen-
bezeichnungen müssen mit dem entsprechenden SPSS-Datenfile übereinstimmen.

```
/* Schritt 1: Umpolung von item9 in item9u */

RECODE item9 (1=7) (2=6) (3=5) (4=4) (5=3) (6=2) (7=1) INTO item9u.
EXECUTE.


/* Schritt 2: Bildung des Testwerts (Punktsumme) aus den Items 9,
16, 23, 27, 33 und 37 */

COMPUTE rw_sr = item9u + item16 + item23 + item27 + item33 + item37.
EXECUTE.


/* Schritt 3: Umrechnung der Testwerte in T-Werte je alters- und
geschlechtsspezifischer Eichtabelle */

DO IF (sex = 0 AND alter <= 40).
RECODE rw_sr
        ( 6= 5) ( 7= 7) ( 8= 9) ( 9=11) (10=13)
        (11=15) (12=17) (13=19) (14=21) (15=23)
        (16=25) (17=26) (18=28) (19=30) (20=32)
        (21=34) (22=36) (23=38) (24=40) (25=42)
        (26=44) (27=46) (28=47) (29=49) (30=51)
        (31=53) (32=55) (33=57) (34=59) (35=61)
        (36=63) (37=65) (38=66) (39=68) (40=70)
        (41=72) (42=74)
INTO tw_sr.
ELSE IF (sex = 0 AND alter > 40).
RECODE rw_sr
        ( 6= 5) ( 7= 7) ( 8= 9) ( 9=11) (10=13)
        (11=15) (12=17) (13=19) (14=21) (15=23)
        (16=25) (17=26) (18=28) (19=30) (20=32)
        (21=34) (22=36) (23=38) (24=40) (25=42)
        (26=44) (27=46) (28=47) (29=49) (30=51)
        (31=53) (32=55) (33=57) (34=59) (35=61)
        (36=63) (37=65) (38=66) (39=68) (40=70)
        (41=72) (42=74)
INTO tw_sr.
ELSE IF (sex = 1 AND alter <= 40).
RECODE rw_sr
        ( 6= 5) ( 7= 7) ( 8= 9) ( 9=11) (10=13)
        (11=15) (12=17) (13=19) (14=21) (15=23)
```

```
            (16=25)  (17=26)  (18=28)  (19=30)  (20=32)
            (21=34)  (22=36)  (23=38)  (24=40)  (25=42)
            (26=44)  (27=46)  (28=47)  (29=49)  (30=51)
            (31=53)  (32=55)  (33=57)  (34=59)  (35=61)
            (36=63)  (37=65)  (38=66)  (39=68)  (40=70)
            (41=72)  (42=74)
INTO tw_sr.
ELSE IF (sex = 1 AND alter > 40).
RECODE rw_sr
            ( 6= 5)  ( 7= 7)  ( 8= 9)  ( 9=11)  (10=13)
            (11=15)  (12=17)  (13=19)  (14=21)  (15=23)
            (16=25)  (17=26)  (18=28)  (19=30)  (20=32)
            (21=34)  (22=36)  (23=38)  (24=40)  (25=42)
            (26=44)  (27=46)  (28=47)  (29=49)  (30=51)
            (31=53)  (32=55)  (33=57)  (34=59)  (35=61)
            (36=63)  (37=65)  (38=66)  (39=68)  (40=70)
            (41=72)  (42=74)
INTO tw_sr.
END IF.
EXECUTE.
```

Bemerkung am Rand

Betreffs der Verfälschbarkeit herkömmlicher Persönlichkeitsfragebogen könnte man vermuten, Tpn seien eher bereit, dem Computer gegenüber persönliche und intime Fragen offen und ehrlich zu beantworten als einem (physischen) Tl gegenüber. Allerdings zeigten Menghin und Kubinger (1996), dass selbst besondere Tabu-Themen (z. B.: „Wenn ich einen Körperbehinderten sehe, dann blicke ich beschämt weg"; „Ich verweile länger als zu meiner Notdurft nötig auf der Toilette"), die in einen einschlägigen Persönlichkeitsfragebogen eingestreut wurden, in der Computer-Version nicht systematisch anders beantwortet werden als in der Papier-Bleistift-Version.

Gibt es also Tpn, deren Bereitschaft zu einer psychologischen Testung wesentlich vom Einsatz eines *high-tech* Produkts abhängt, dann wird für sie die simple Übertragung von Papier-Bleistift-Verfahren auf den Computer zu wenig überzeugend sein. Analoges gilt für potentielle Auftraggeber von psychologischen Testungen (vgl. dazu die Begriffe Augenscheinvalidität und ökologische Validität in Abschnitt 2.3.1). Für solche Fälle werden Verfahren, die den Computer mediumsgerecht nutzen, nicht nur inhaltlich interessant, sondern auch attraktiv für die Entscheidung Papier-Bleistift- oder Computerverfahren.

Mediumsgerechte Nutzung des Computers innerhalb der *Psychologischen Diagnostik* so breit aufgefasst, dass es dabei um Itemkonzepte geht, für die der Computer zumindest günstig, wenn nicht notwendig ist, führt zu etlichen Beispielen, die bereits praktisch umgesetzt sind. Im Wesentlichen geht es dabei um die Nutzung der technischen Möglichkeiten für besondere Testmaterialien, für die (begleitende) Erfassung der Item-Reaktionszeiten oder insbesondere für die erforderliche Rechenleistung zur Bestimmung eines Testwerts:

- Viele mehr oder weniger komplexe Reizanordnungen, die über die Zeit variieren, sind mit dem Computer technisch möglich und auch in einzelnen Tests genutzt, um Aufmerksamkeit und Konzentration oder Reaktionsschnelligkeit zu prüfen (vgl. etliche Beispiele dazu in Abschnitt 4.1.2).

- Soll ein Test ausschließlich *Power* erfassen, dann ist dies im Gegensatz zu einer Papier-Bleistift-Testung als Gruppenverfahren, wo regelmäßig eine *Speed*-Komponente mit einfließt (vgl. in Abschnitt 3.1.2), mit Hilfe des Computers ganz leicht möglich. Zum Beispiel beim Computertest MTA (*Mechanisch-Technisches Auffassungsvermögen*; Liedl, 1998) wurde diese Möglichkeit bereits genutzt.

- Zur Reduzierung der sonst sehr hohen *a-priori* Ratewahrscheinlichkeit beim Einsatz des *Multiple-Choice*-Formats ist es mittels Computer auch leicht möglich, die Antwortmöglichkeiten, anstatt wie üblich simultan, nunmehr sequentiell vorzugeben – was ohne Computer schlicht unpraktisch wäre. Der Computertest *Syllogismen* setzt diese Möglichkeit bereits um (vgl. nochmals in Abschnitt 3.1.1).

- Um Tpn bei Persönlichkeitsfragebogen ein beliebiges Nuancieren ihrer Antworten zu ermöglichen (vgl. die Diskussion zum Reaktanz-Phänomen beim *Forced-choice*-Format in Abschnitt 3.1.1), bietet sich auf Grund der mit Hilfe des Computers völlig unproblematischen Auswertung an, als Antwortformat eine Analogskala einzusetzen – egal ob die Antworten nachträglich ohnehin dichotomiert werden oder nicht. Mit dem *Big Five Plus One Persönlichkeitsinventar* (B5PO; Holocher-Ertl, Kubinger & Menghin, 2003) ist ein entsprechendes Verfahren auch bereits am Markt.

- Zum *Tailored-testing* bedarf es unbedingt der Rechenleistung des Computers, weil für die optimale Auswahl des jeweils als nächstes vorzugebenden Items pro Tp zuvor noch der fragliche Personenparameter jedes Mal gemäß Modellgleichung *online* geschätzt werden muss (vgl. nochmals in Abschnitt 2.6.1). Auch dafür steht der Computertest *Syllogismen* als Beispiel.

- Überhaupt ist der Einsatz des Computers dafür günstig, individuell je nach Leistungsgüte verzweigend die Itemauswahl vorzunehmen. So konzipieren die Lerntests *sensu Guthke* (vgl. Näheres in Abschnitt 4.1.2) fehlerspezifische Hilfestellungen pro Item.

- Erst recht erfordern die bereits mehrfach angesprochenen Computer-Simulationen eine komplexe Interaktion zwischen Tp und Computer, wobei letzterer ebenfalls nicht nur agiert sondern auch auf das jeweilige Verhalten der Tp reagiert. Was ihren praktischen Einsatz betrifft, ist allerdings einzuschränken, dass die meisten der bisher ohnehin sehr wenigen, von Psychologie-Verlagen vertriebenen Verfahren zwischenzeitlich wieder vom Markt genommen wurden. Das liegt jedoch weniger am Prinzip dieses neuen *Genres* psychologisch-diagnostischer Verfahren als vielmehr daran, dass die Verfahren zu wenig ausgereift angeboten wurden, d. h., nicht die mit den neuen Möglichkeiten gleichzeitig verbundenen Probleme psychologisch grundlegend ausgetestet wurden: Sog. „Sinnhaftigkeitsprüfungen" in Bezug auf den Zusammenhang zwischen Testverhalten und Testwert fanden nicht ausreichend statt. Dazu kommt, dass selbst klassische Gütekriterien, nämlich Validität und Eichung, nicht einmal den Standards einschlägiger Verfahren entsprochen haben. Am bekanntesten ist vermutlich *ILICA* (Möseneder & Ebenhöh, 1996 – „Ilica", ein Phantasiename), wozu es zumindest etliche Erfahrungsberichte gibt; zum Beispiel Herle (1999) dokumentiert die enttäuschend niedrige Wiederholungsreliabilität (eine umfassende Kritik an *ILICA* s. bei Funke, 1999).

Zur Illustration

Bei der Computer-Simulation *ILICA* wird zur Erfassung von Planungsstrategien bzw. zur Messung der Ablenkbarkeit beim Versuch, die Planung in die Realität umzusetzen („Selbstverwaltungsfähigkeit"), die individuelle Gestaltung eines freien Tages verfolgt: Der Tp werden einerseits viele Optionen zur Gestaltung geboten – z. B. verschiedene Freizeitaktivitäten –, andererseits erhält sie einige Vorgaben, die sie erfüllen sollte – z. B. den Besuch der kranken Mutter im Spital. Außerdem ereilen sie diverse Überraschungen, die den Tagesablauf beeinflussen – z. B. bittet die Nachbarin um Aufsicht auf ihr Kind. Immerhin diskriminiert das Verfahren signifikant zwischen erfolgreichen und „wenig(er) erfolgreichen" Psychologiestudierenden sowie zwischen erfolgreichen und „wenig(er) erfolgreichen" Berufstätigen verschiedenster Berufssparten.

Kritisch ist jedoch, dass die Abhängigkeiten zwischen nachfolgenden und vorausgehenden Entscheidungsmöglichkeiten nicht systematisch untersucht sind. So ist nicht sicher gestellt, dass anfänglich „negative" oder bloß suboptimale Entscheidungen in den entsprechenden Testkennwerten überhaupt je und das auch noch angemessen im späteren Verlauf egalisiert werden können (vgl. auch zu den testtheoretischen Problemen von *ILICA* bei Kubinger, 1993).

Erläuterung zum Begriff „Sinnhaftigkeitsprüfung":

Derzeit gibt es noch keinerlei Dokumentation darüber, wie eine Computer-Simulation daraufhin systematisch zu analysieren ist, welche Auswirkungen auf die einzelnen Testkennwerte alle denkbaren Antwortstrategien („taktierenden Maßnahmen") einer Tp haben können, alle doch nicht vermeidbaren Instruktionsmissverständnisse sowie alle willkürlich untypischen Reaktionen zu Beginn. Um die resultierenden Testwerte für eine Tp jedoch sinnvoll, d. h. in Richtung der zu messen intendierten Eigenschaft interpretieren zu können, sind solche Analysen aber wichtige Voraussetzung. Ganz simple Sinnhaftigkeitsprüfungen beziehen sich darauf, alle denkbaren *response sets* (etwa: immer die erste Reaktionsmöglichkeit wählen; die Reaktionensmöglichkeiten gemäß einem bestimmten Muster abwechseln) auszuprobieren – ein Vorgehen, das sich übrigens generell, bei allen psychologisch-diagnostischen Verfahren empfiehlt (vgl. nochmals das Problem des Rateeffekts beim *Multiple-Choice*-Format in Abschnitt 3.1.1). Wichtig ist in diesem Zusammenhang auch, die Reaktions- und Bearbeitungszeiten insgesamt sowie pro Item systematisch zu variieren. Schließlich scheint es wichtig, im Verlauf der Testung mehrfach widersprüchliche Reaktionen zu setzen bzw. zu Beginn inhaltlich andere als am Ende. Nur dann, wenn die dabei resultierenden Testwerte solche Testverhaltensweisen zu identifizieren erlauben, haben sie ihre Sinnhaftigkeitsprüfung bestanden.

- Die ebenfalls bereits mehrfach angesprochenen Objektiven Persönlichkeits*tests* nutzen jüngst tatsächlich die mit dem Computer gebotene Möglichkeit, die Tp experimentell zu manipulieren. Beispielsweise wird mit Hilfe von gezielt gegebenen Rückmeldungen – und zwar teilweise in Abhängigkeit vom konkreten Testverhalten – versucht, bei der Tp Stress oder/und Frustration zu provozieren, um Belastbarkeit bzw. Frustrationstoleranz zu messen (vgl. Genaueres in Abschnitt 4.2.4).

Bemerkung am Rand
Ähnlich wie für Computer-Simulationen gilt für Objektive Persönlichkeits*tests* die besondere Notwendigkeit der Sinnhaftigkeitsprüfung. Darüber hinaus ist zu prüfen, ob die experimentelle Manipulation tatsächlich greift und nicht etwas anderes provoziert wird als intendiert ist. Krapf (2003) demonstriert beispielhaft, wie mit Hilfe der Methode des lauten Denkens, kombiniert mit einem strukturierten Interview im Anschluss an eine Testwiederholungen, dieser Frage nachgegangen werden kann.

Den prinzipiellen Möglichkeiten einer mediumsgerechten Nutzung des Computers wird dies alles jedoch noch lange nicht gerecht. Zwar existieren nicht viel mehr als erste Ansätze dazu, aber in baldiger Zukunft ist doch noch mit folgendem zu rechnen:

- Eine didaktisch theoriegeleitet programmierte Instruktion sollte durch ausgeklügeltes Abfragen und individuelles Verweisen zu allfällig notwendigen Zusatzinformationen gewährleisten, dass die Tp die Testanweisung auch wirklich versteht bzw. die Aufgabenstellung auch tatsächlich begreift. Bei Papier-Bleistift-Verfahren, insbesondere in der Gruppe vorgegeben, muss man heute doch noch immer gewärtig sein, dass manche Tpn trotz fehlenden Instruktionsverständnisses an die Bearbeitung eines Verfahrens herangehen, einfach deshalb, weil sie sich ihr Unverständnis nicht zuzugeben getrauen. Derzeit bieten die meisten Computerverfahren lediglich die Möglichkeit, die Testanweisung wiederholt zu konsumieren.

Zur Illustration
Unsystematischen Beobachtungen zufolge lesen (computererfahrene) Tpn die Instruktion am Computer oft nur oberflächlich. Neben kritischen Äußerungen betreffs der vermeintlich uneindeutigen Anweisung – verbunden mit reduzierter Anstrengungsbereitschaft – suchen sie dann Unterstützung seitens eines (physischen)

Tl und sind, wenn sie diese nicht erhalten, unter Umständen mehr gehandikapt als es irgendjemand bei einer Papier-Bleistift-Vorgabe sein würde. Testautoren müssen daher in Zukunft sowohl diesem Umstand durch detailliertes Abprüfen durchführungsrelevanter Instruktionsinhalte mehr Rechnung tragen als auch dem Umstand, dass Tpn Computerverfahren gelegentlich andere Erwartungshaltungen entgegenbringen als Papier-Bleistift-Verfahren.

- Als Option für die Tp könnte dieser angeboten werden, die herkömmlich optisch gegebene Instruktion auditiv (*via* Kopfhörer) zu unterstützen. So würde gewährleistet sein, dass Tpn, die akustische Informationsübertragungen präferieren oder glauben, diese zusätzlich effizient nutzen zu können, keinesfalls benachteiligt werden (vgl. dazu auch in Abschnitt 2.10 Fairness). Bisher realisiert wurden bimodal gegebene Instruktionen (teilweise auch die Itemvorgabe selbst) nur bei Großinstitutionen wie zum Beispiel der Deutschen Bundeswehr.
- Da es insbesondere für *Tailored-testing* notwendig ist, über möglichst viele, am besten (theoretisch) unendlich viele Items zu verfügen, könnte anhand bestimmter itemgenerierender Regeln der Computer selbst laufend neue Items konstruieren – vorausgesetzt, diese Regeln haben bekannte Schwierigkeitsparameter zum Beispiel gemäß dem *linearen-logistischen-Test-Modell* (LLTM) von *Fischer* (vgl. z. B. Kubinger, 1989), so dass daraus genau diejenige Schwierigkeit für ein Item zusammengesetzt werden kann, welche aktuell gebraucht wird. Zwar gibt es dazu seit langem Vorarbeiten (s. z. B. Hornke & Rettig, 1989) und jüngst auch von Arendasy und Gittler (2003) einen konkreten Versuch, Konstruktionsroutine ist diese Idee allerdings bis heute nicht.
- Abgesehen vom *Tailored-testing* könnte diese Möglichkeit zumindest für die Erstellung sehr vieler Paralleltests genutzt werden, was dann vorteilhaft ist, wenn bestimmte Institutionen Exklusiv-Testformen einsetzen möchten oder aber die Verbreitung von Items bzw. ihrer Lösungen unter potentiellen Tpn weitestgehend verhindert werden soll.
- Vorstellbar sind schließlich auch an Animationen angelehnte Testmaterialien, die etwa in Form dreidimensional sich im Raum bewegender Körper die Fähigkeit zur Raumvorstellung bzw. zur Raumlageorientierung auf besondere Art prüfen lassen würden.

Bemerkung am Rand

Wohl immer schwierig oder sogar unlösbar wird es sein, Tests, die intentional den praktischen Umgang der Tp mit bestimmten Materialien prüfen wollen, auf den Computer zu übertragen, ohne dabei grundsätzlich andere Eigenschaften als im Original zu erfassen. Lediglich bei Redtenbacher (1992) findet sich bisher ein Versuch, einen („Papier-Bleistift"-) Klötzchen-Lege-Test mit Hilfe zusätzlicher, eigens konstruierter *Hardware* zu adaptieren – mittlerweile blieb es allerdings bei der Erstellung eines Prototyp-Testplatzes: Der Test ist trotz technischen Gelingens weder im Forschungs- noch im praktischen Einsatz.

3.2 Erhebungstechniken

Alle verschiedenen psychologisch-diagnostischen Verfahren (*Anamneseerhebung, Exploration, Verhaltensbeobachtung, Biographisches Inventar, Assessment-Center, Arbeitsplatzanalyse* sowie für *Test* genauer: Tests, Persönlichkeitsfragebogen und Projektive Verfahren) lassen sich nach den drei genannten Erhebungstechniken Prüfen, Fragen und Beobachten charakterisieren.

Allerdings sind nur einige dieser Verfahren eindeutig einer einzigen Erhebungstechnik zuzuordnen (z. B. definitionsgemäß: Tests dem Prüfen, Persönlichkeitsfragebogen dem Fragen, Verhaltensbeobachtung dem Beobachten), andere sind dies grundsätzlich nicht (z. B. Assessment-Center). Die Möglichkeit, zwischen allen drei Erhebungstechniken zu wählen, bietet sich nur innerhalb der Persönlichkeitsdiagnostik an. Genau genommen wird aber auch in der Leistungsdiagnostik nicht nur geprüft: So können bestimmte Fähigkeiten auch mittels (standardisierter) Fragebogen erfragt werden, nämlich innerhalb eines Biographischen Inventars.

> **Bemerkung am Rand**
>
> Ansätze, die Intelligenz sogar mit Hilfe Projektiver Verfahren zu „messen", müssen demgegenüber als absurd bezeichnet werden, obwohl: „Daß Niveau und Arbeitsweise der Intelligenz durch die FDV [Form-Deute-Verfahren, insbesondere das *Rorschach*-Form-Deute-Verfahren; Anm. d. Verf.] erfaßt werden können, sind seit Anbeginn mit diesen Techniken verbundene Erwartungen" (Mittenecker, 1982a).

Die Alternative, Prüfen einerseits oder Fragen bzw. Beobachten andererseits, ist demnach nicht identisch mit der Alternative: Leistungs- *vs.* Persönlichkeitsdiagnostik!

Als grenzwertig zwischen Prüfen und Beobachten sind Objektive Persönlichkeits*tests* zu werten: In bisher vereinfachter Weise wurden sie ja im Abschnitt 1.6 Themen, Verfahren und Populationen als der Versuch definiert, persönliche Stil-Merkmale aus dem beobachtbaren Verhalten bei bestimmten (Leistungs-) Anforderungen zu erschließen.

> **Bemerkung am Rand**
>
> In gewisser Weise sind Objektive Persönlichkeits*tests* aber auch als grenzwertig zwischen Fragen und Beobachten zu werten: Betrachtet man nämlich ein in Abschnitt 2.9 Unverfälschbarkeit gegebenes Beispiel, nämlich den Untertest *T 19* der OA-TB 75, so wird nach einer graduell abgestuften Einschätzung eigentlich irrelevanter Inhalte gefragt; beobachtet wird, in welchem Ausmaß diese Schätzungen extrem ausfallen.

Wenn auch solche Abgrenzungsfragen zunächst nur von akademischem Interesse scheinen, fördern sie doch ein besseres Begreifen der verfahrensspezifischen Testsituation. Diese wird nämlich von der Erhebungstechnik maßgebend beeinflusst. Tpn akzeptieren in der Regel durchaus, geprüft zu werden; sie wissen darum, sich bewähren zu müssen. Werden sie gefragt, haben sie wenigstens noch die Kontrolle darüber, welche Informationen sie dem Tl liefern. Wird jedoch ihr Verhalten beobachtet, ist für die meisten Tpn nicht transparent, welche Informationen der Tl sammelt und vor allem wie er sie interpretiert.

Bemerkung am Rand
So betrachtet wird der Vorteil des Prüfens deutlich: Argumente gegen *psychologisches Diagnostizieren* infolge großen Unbehagens seitens der Tpn in Bezug auf die mangelhafte Transparenz der Untersuchung gelten wohl nicht pauschal, sondern selektiv vorrangig den Erhebungstechniken Fragen und Beobachten.

Bemerkung am Rand
Die angesprochene Abgrenzung bei Objektiven Persönlichkeits*tests* ist in diesem Sinn deshalb wenig relevant, weil die Beobachtungssituation als solche der Tp nicht offenbar wird. Umgekehrt führt dies genau zur Frage der ethischen Verantwortbarkeit (vgl. auch nochmals in Abschnitt 2.8).

3.2.1 Prüfen

Außer bei Tests kommt es nur innerhalb des Assessment-Centers zum Prüfen im einschlägigen Sinn: So bei der wohl bekanntesten Übung daraus, dem zwar obligaten, aber nirgends verbindlich reglementierten sog. „Postkorb" (*In-basket*, *Mail-box*), bei dem anhand des Abarbeitens eines Stapels an Post die Fähigkeit einer Tp zur Arbeitskoordination bzw. Arbeitsorganisation erfasst werden soll.

Erläuterung zum Begriff „Postkorb":
„Charakteristisch für das Postkorbverfahren ist, daß der Bewerber mit dem Inhalt eines Postkorbes konfrontiert wird, der Aufgaben enthält, die in einer vorgegebenen Zeit zu bearbeiten sind. Typische Aufgaben sind Aktenvermerke, Notizen von Vorgesetzten und Kollegen, Briefe, Notizen über Telefongespräche oder Besprechungen, Terminvereinbarungen, etc. Er wird instruiert, welche Position innerhalb eines Unternehmens oder auch einer sozialen Institution er einzunehmen hat. Ein beigefügtes Organigramm vermittelt ihm die Organisationsstruktur des Unternehmens, manchmal ergänzt durch eine kurze Beschreibung der Entwicklungsgeschichte des Unternehmens. Er wird gebeten, sämtliche Entscheidungen und Vorhaben zu notieren. Diese schriftlichen Aufzeichnungen werden dann zur Beurteilung der Leistung des Bewerbers herangezogen" (Roest, Scherzer, Urban, Gangl & Brandstätter, 1989, S. 8).

Bis jetzt schon demonstrierte Prüfmodalitäten von Tests waren:
- „Verbinde die Zahlen" (ZVT; s. nochmals Abbildung 1.1).
- Items der Art „Wie viele Beine hat ein Hund?" (AID 2, Untertest *Alltagswissen*).
- Items der Art „Was ist das Gemeinsame an Polo und Trabrennen?" (AID 2, Untertest *Funktionen Abstrahieren*).

- Matrizentest-Items (WMT; s. zum wiederholten Male Abbildung 2.3).
- „Suche Worte mit ‚ver-'" (VKT, Untertest *Wortanfänge*).
- „Suche das Gemeinsame in den Figuren" (*N-Test 1* des KFT 4-12+R; s. nochmals Abbildung 3.2).
- „Suche sinngleiche Sprichwörter" (*Sprichwörter* des WIT; s. nochmals Abbildung 3.3).
- „Suche ein sinngleiches Wort" (*Gleiche Wortbedeutung* des WIT; s. jetzt ein Item in Präsentation 11).
- „Lege Mosaik nach Vorlage" (*Mosaik*-Test des HAWIK-III; s. jetzt ein Foto des Testmaterials des ähnlich konzipierten Untertests *Analysieren und Synthetisieren*-abstrakt aus dem AID 2, in Abbildung 3.4).

Abbildung 3.4: Das Testmaterial des Untertests *Analysieren und Synthetisieren*-abstrakt aus dem AID 2 (die Aufnahme mit freundlicher Genehmigung von *Beltz Test*).

Bis jetzt noch nicht demonstrierte, weitere typische Prüfmodalitäten sind:

- Items der Art „Das Gegenteil von Hoffnung ist …" (IST 2000 R, Untertest *Satzergänzung*).
- Items der Art „Warum ist es gut, eine Sonnencreme zu benutzen?" (AID 2, Untertest *Soziales Erfassen und Sachliches Reflektieren*).
- „Erkenne die zusammengehörigen Begriffe" (z. B. *Gemeinsamkeiten* des IST 2000 R; s. in Präsentation 11).
- „Bilde eine Analogie" (z. B. *Analogien* des IST 2000 R; s. in Präsentation 11).
- Items der Art „… wiederhole … 8-1-5" (AID 2, Untertest *Unmittelbares Reproduzieren*-numerisch).
- „Lerne alle Einzelheiten (Zahlen, Namen, Figuren) auswendig" (z. B. *Gedächtnis* des WIT; s. Abbildung 3.5).
- „Bemerke fortlaufend bestimmte Signale/Symbole" (z. B. *Test d2*; Brickenkamp, 2002; s. in Präsentation 11).

- „Kodiere Symbole/Buchstaben/Zahlen zu Figuren/Zeichen nach Vorlage" (z. B. *Kodieren und Assoziieren* des AID 2; s. Abbildung 3.6).
- „Addiere fortlaufend die Zahlen" (z. B. *Arbeitskurve – Mainzer Revision*; Christiansen, 1983; s. in Präsentation 11).
- Items der Art „Auf einem Leuchter brennen 4 Kerzen. Ich blase 3 aus. Wie viele brennen noch?" (AID 2, Untertest *Angewandtes Rechnen*).
- „Setze die Zahlen-/Buchstaben-/Figurenfolge fort" (z. B. *Zahlenreihen* des IST 2000 R; s. in Präsentation 11).
- „Suche den fehlenden Teil" (z. B. *Realitätssicherheit* des AID 2; s. Abbildung 3.7).
- „Ordne die Bilder zu einer logischen Bildgeschichte" (z. B. *Soziale und Sachliche Folgerichtigkeit* des AID 2; s. Abbildung 3.8).
- „Lege Puzzle ohne Vorlage" (z. B. *Antizipieren und Kombinieren*-figural des AID 2; s. Abbildung 3.9).
- „Entdecke gegebene Teilfiguren in der Figur" (z. B. *Figurenauswahl* des IST 2000 R; s. Abbildung 3.10).
- „Erkenne den Fehler/falschen Teil" (z. B. *Spiegelbilder* des WIT; s. Abbildung 3.11).
- „Erkenne den zur Vorlage passenden Würfel" (z. B. 3DW; s. Abbildung 3.12).
- „Suche den aus einer Faltvorlage erzeugbaren geometrischen Körper" (z. B. *Abwicklungen* des WIT; s. Abbildung 3.13).
- „Ersetze in der Rechnung die Symbole durch Zahlen" (z. B. *Rechnen in Symbolen*; Schmotzer, Kubinger & Maryschka, 1994; s. in Präsentation 11).
- „Erkenne die Drehrichtung von Zahnrädern" (z. B. MTP, *Mannheimer Test zur Erfassung des physikalisch-technischen Problemlösens*; Conrad, Baumann & Mohr, 1980; s. Abbildung 3.14).

Präsentation 11: Einige noch nicht exemplifizierte typische Prüfmodalitäten (mit verbalen Materialien); andere siehe im Text bisher.

Gleiche Wortbedeutung des WIT, Beispiel-Item 34 (gesucht ist unter a) bis e) ein sinngleiches Wort zu folgendem):

Kopf

a) Haar   b) Haupt   c) Körper   d) Mensch   e) Hut

Lösung: b)

Gemeinsamkeiten des IST 2000 R, erstes Beispiel-Item (gesucht sind unter a) bis f) diejenigen beiden Worte, welche begrifflich am nächsten stehen):

a) Messer   b) Butter   c) Zeitung   d) Brot   e) Zigarre   f) Armband

Lösung: b) und d)

Analogien des IST 2000 R, Beispiel-Item 1 (gesucht ist unter a) bis e) dasjenige Wort, welches den Analogieschluss richtig ergänzt):

Wald : Bäume = Wiese : ?

a) Gräser   b) Heu   c) Futter   d) Grün   e) Weide

Lösung: a)

Test d2, die ersten Items (durchzustreichen sind alle d mit insgesamt 2 Strichen):

```
       ||   ||   ||          |
d   d   p   d   d   d   p   p  ...
||  |        |        ||  ||  |
```

Arbeitskurve – Mainzer Revision, die ersten Items (gefragt ist die Summe je zweier aufeinander folgender Zahlen):

9 1 6 2 7 ...

Lösung: 10, 7, 8, 9, ...

Zahlenreihen des IST 2000 R, Beispiel-Item 2 (gesucht ist die logisch ableitbare nächste Zahl):

9 7 10 8 11 9 12 ?

Lösung: 10

Rechnen in Symbolen, Item 8 (gesucht ist die logisch ableitbare Zahl für das gefragte Symbol):

$\otimes \triangledown \cdot \otimes \triangledown = \otimes \triangledown \triangledown$ $\qquad$ $\triangledown = ?$

Lösung: 0

Besondere Prüfmodalitäten gibt es bei Computerverfahren, die den Computer mediumsgerecht nutzen; sie werden genauer entweder im Zuge der Messung von Aufmerksamkeit und Konzentration bzw. Reaktionsschnelligkeit (in Abschnitt 4.1.2) ausgeführt oder im Zusammenhang mit Objektiven Persönlichkeits*tests* (in Abschnitt 4.2.4).

3.2.2 Fragen

Die Erhebungstechnik des Fragens ist variantenreich:
- Fragen in Persönlichkeitsfragebogen (inklusive Interessenfragebogen; vgl. in Abschnitt 4.2.3) zielen auf die (reflektierte) Selbsteinschätzung einer Tp bezüglich ihrer Eigenschaften und typischen Erlebens- und Verhaltensweisen ab.
- Fragen in Projektiven Verfahren provozieren (bestimmte wie unbestimmte) Stimmungslagen, aus denen heraus die Tp agieren muss.

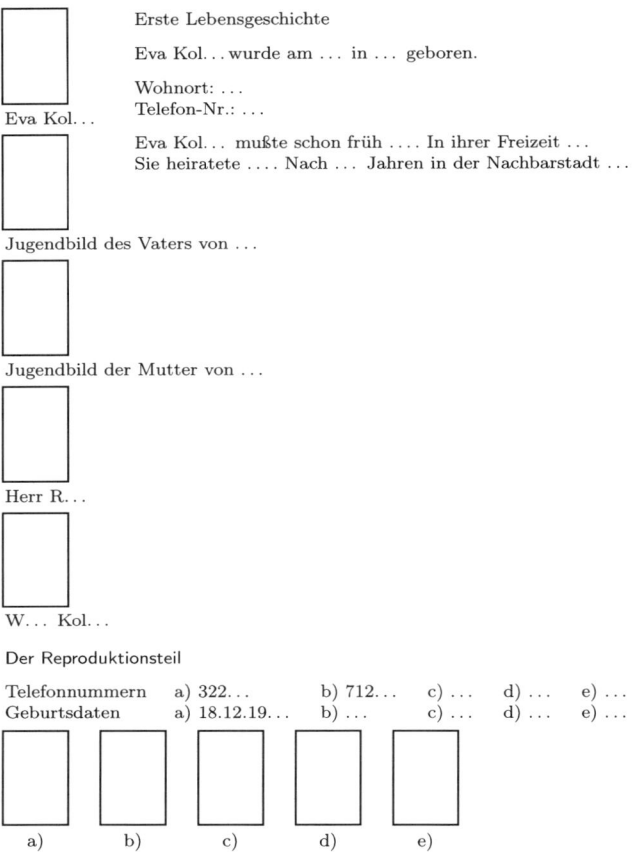

Abbildung 3.5: Die Prüfmodalität des Untertests *Gedächtnis* aus dem WIT; zur Vermeidung übermäßiger Verbreitung wurden hier sowohl die Angaben zum Lernteil als auch die Items im Reproduktionsteil aufs unkenntliche gekürzt (nach Jäger & Althoff, 1983).

Bemerkung am Rand

Indem von „agieren" gesprochen wird, es also nicht exklusiv um verbale Reaktionen geht, liegen (manche) Projektive Verfahren erhebungstechnisch eigentlich auch grenzwertig zwischen Fragen und Beobachten.

- Fragen in Biographischen Inventaren betreffen historische Fakten über bestimmte Lebensereignisse der Tp (d. h. sie verlangen nach keiner Selbsteinschätzung, wiewohl sie erinnerungsabhängig sind).

Vorlage

Abbildung 3.6: Ausschnitt der Vorlage zum Untertest *Kodieren und Assoziieren* aus dem AID 2; zur Vermeidung übermäßiger Verbreitung wurden nur vier der zwölf Figuren samt Symbol ausgewählt (mit freundlicher Genehmigung von *Beltz Test*).

Abbildung 3.7: Item „Haus" des Untertests *Realitätssicherheit* aus dem AID 2; die Lösung ist: „Fenster" (mit freundlicher Genehmigung von *Beltz Test*).

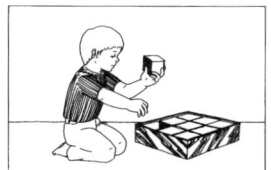  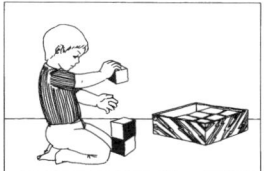

Abbildung 3.8: Item „Bausteine" des Untertests *Soziale und Sachliche Folgerichtigkeit* aus dem AID 2; die Lösung ist: rechtes-linkes-mittleres Bild (mit freundlicher Genehmigung von *Beltz Test*).

Bemerkung am Rand

Biographische Inventare haben formal große Ähnlichkeit mit Persönlichkeitsfragebogen. Ein Unterschied liegt jedenfalls in ihrer (vermutlich) geringeren Verfälschbarkeit, die darin begründet ist, dass die Information über viele der gefragten Fakten grundsätzlich auch anderweitig eingeholt bzw. kontrolliert werden könnte.

- Fragen im Zuge der Anamneseerhebung beziehen sich auf (kranken-) entwicklungsgeschichtliche Ereignisse der Tp und sind insofern ebenfalls biographischer Natur, zielen jedoch in besonderem Maß auf eine im Zusammenhang erlebte subjektive Sicht der Dinge ab.
- Fragen im Zuge der Exploration dienen der Klärung der (subjektiv gegebenen, aktuellen) Sachlage mit dem Ziel der Entscheidungsvorbereitung (innerhalb des diagnostischen Prozesses).

①-1

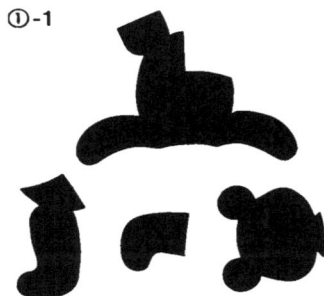

Abbildung 3.9: Vorlage zum Item „Bär" des Untertests *Antizipieren und Kombinieren-figural* aus dem AID 2 (mit freundlicher Genehmigung von *Beltz Test*).

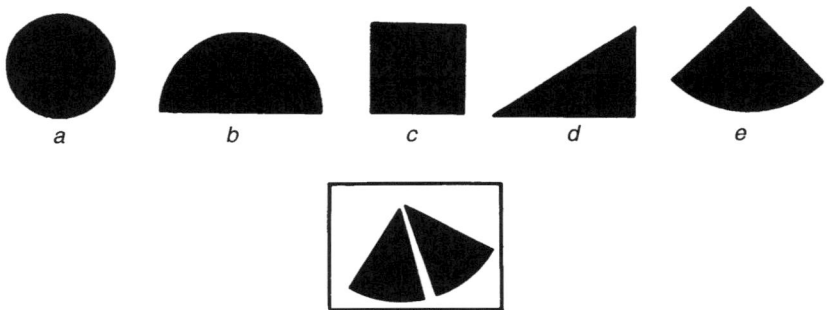

a   b   c   d   e

Abbildung 3.10: Zweites Beispiel-Item des Untertests *Figurenauswahl* aus dem IST 2000 R; die Lösung ist „e" (mit freundlicher Genehmigung des *Hogrefe Verlags*).

a   b   c   d   e

Abbildung 3.11: Beispiel-Item 145 des Untertests *Spiegelbilder* aus dem WIT; die Lösung ist „e" (mit freundlicher Genehmigung des *Hogrefe Verlags*).

- Fragen im Assessment-Center, soweit sie über die bisher angesprochenen Fragen hinausgehen, beziehen sich auf theoretische Überlegungen und grundsätzliche Problemlösestrategien der Tp zu vorgegebenen Konfliktsituationen.
- Fragen zur Erstellung eines Soziogramms erfordern von der Tp sozial- bzw. emotionsbezogene oder leistungsbezogene Wahlen sowie Ablehnungen von Personen ihres Umfelds.
- Fragen im Zuge einer Arbeitsplatzanalyse zielen auf Faktisches der Arbeits-

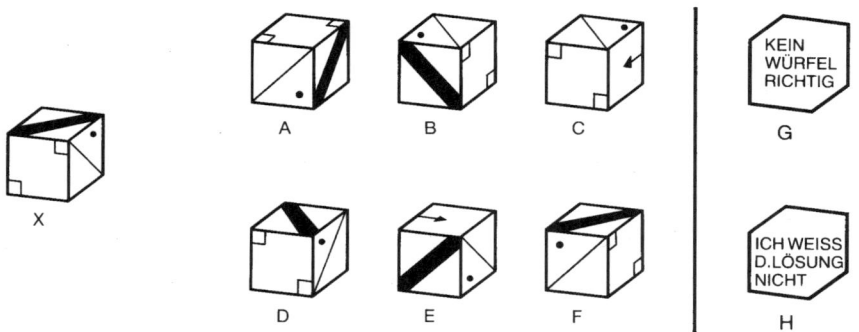

Abbildung 3.12: Beispiel-Item I des 3DW; die Lösung ist „B" (mit freundlicher Genehmigung von *Beltz Test*).

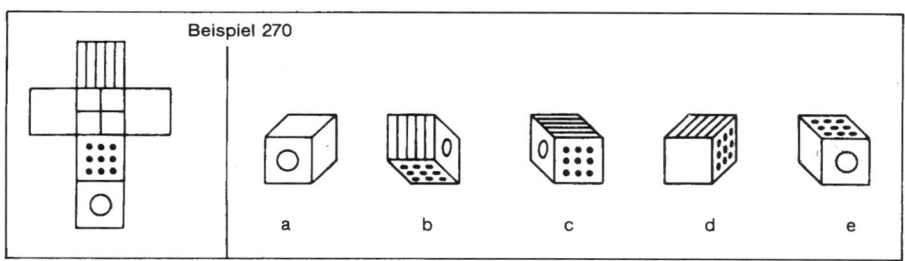

Abbildung 3.13: Beispiel-Item 270 des Untertests *Abwicklungen* aus dem WIT; die Lösung ist „e" (mit freundlicher Genehmigung des *Hogrefe Verlags*).

Abbildung 3.14: Item X des MTP; die Lösung ist „G" und „K" (mit freundlicher Genehmigung des *Hogrefe Verlags*).

routinen einer konkreten beruflichen Position ab, wobei es in Bezug auf deren Häufigkeit und Bedeutung durchaus zu subjektiven Einschätzungen kommt.

Im Folgenden seien typische und besondere Fragemodalitäten demonstriert; dabei geht es hauptsächlich um

▶ Fragemodalitäten der Persönlichkeitsfragebogen –

Biographisches Inventar und Arbeitsplatzanalyse werden erst später und separat, in eigenen Abschnitten abgehandelt (in Abschnitt 4.4 Biographie als mittelbare Diagnostik bzw. Abschnitt 5.2 Arbeitsplätze), das Assessment-Center im Rahmen

der Erhebungstechnik Beobachten im Abschnitt 3.2.3 – und das Soziogramm im
Abschnitt 5.1 Gruppen und Teams. Sodann geht es um einige
▶ Fragemodalitäten der Projektiven Verfahren.
Schließlich werden die Prinzipien von
▶ Anamneseerhebung und Exploration
in aller Ausführlichkeit abgehandelt.

Fragemodalitäten der Persönlichkeitsfragebogen

Typische Fragen aus Persönlichkeitsfragebogen werden in den Abschnitten 4.2.1
bis 4.2.3 in großer Anzahl wiedergegeben, so dass an dieser Stelle eine einzige Frage
genügt: „Reden Sie manchmal über Dinge, von denen Sie nichts verstehen?" (aus
dem EPP-D, *Eysenck Personality Profiler – Deutsche Form*; Eysenck, Wilson &
Jackson, 1998).

An besonderen Fragemodalitäten brauchen hier nur zwei genannt zu werden, obwohl sie selten bis praktisch gar nicht Anwendung finden: Die Gegenüberstellung
von wenigstens drei qualitativ unterschiedlichen Inhalten (Statements) einerseits
und die sog. „Q-Sort"-Methode andererseits.

Zum Beispiel im BIT II (*Berufs-Interessen-Test II*; Irle & Allehoff, 1984) soll
durch die Gegenüberstellung von jeweils vier nicht bloß quantitativ differierenden
Inhalten, zwischen denen die Tp wählen muss, die relative Verhaltenstendenz
bzw. die Inhaltspräferenz erfragt werden; es geht nicht um das absolute Niveau
der Verhaltenstendenz jedes einzelnen Inhalts, insbesondere deshalb, um allfällige
response sets weitgehend auszuschließen.

Zur Illustration

Im BIT II (nämlich in den Formen AA und AB) ist pro Item zwischen vier Tätigkeiten zu entscheiden, und zwar einerseits in Bezug darauf, welche die Tp am
liebsten tun würde, und zweitens in Bezug darauf, welche ihr am wenigsten gefällt.
Dabei werden die insgesamt 100 Tätigkeiten in 81 verschiedenen Viererkombina-
tionen der Entscheidung ausgesetzt (s. in Abbildung 3.15 die Illustrations-Graphik
des Protokollbogens).

Demselben Zweck dient die Q-Sort-Methode. Hier hat die Tp Kärtchen (meist eine
Anzahl zwischen 50 und 100) mit Statements auf mehrere vorgegebene Kategorien
(zumeist neun) zu verteilen. Die Kategorien drücken aus, wie sehr die Inhalte der
Kärtchen zum Beispiel auf die Tp zutreffen und reichen etwa von „Aussagen,
die überhaupt nicht zutreffen" bis zu „Aussagen, die besonders typisch sind und
genau zutreffen". Bei der Sortierung der Kärtchen erhält die Tp oft Vorgaben zur
Häufigkeitsverteilung, zum Beispiel eine Mindestanzahl und eine Maximalanzahl
von Kärtchen pro Kategorie (vgl. zur Illustration in Abbildung 3.16).

Fragemodalitäten der Projektiven Verfahren

Das *Rorschach*-Form-Deute-Verfahren (Rorschach, 1992) fragt lapidar bezüglich
aller seiner Items vom Inhalt symmetrischer Tintenkleckse: „Was könnte das sein?"

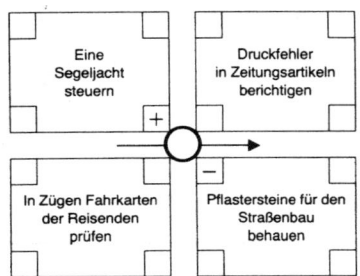

Abbildung 3.15: Die Graphik zur Illustration der Aufgabenstellung beim BIT II (aus dem Protokollbogen; mit freundlicher Genehmigung des *Hogrefe Verlags*).

12. Ich bin bereit, bei Streit mit Verwandten/Bekannten immer zu meinem Partner zu halten.
13. Ich kann mir vorstellen, meinem Partner oft Komplimente zu machen.
14. Mein Partner kann in der Partnerschaft seine eigenen Interessen und Hobbys bewahren.
15. Meinem Partner zuliebe würde ich mit ihm schlafen, auch wenn ich gerade wenig Lust habe.
16. Mir ist wichtig, daß sich mein Partner auf mich verlassen kann.

Aussagen, die besonders typisch sind und genau zutreffen							
Aussagen, die sehr zutreffen							
. . .							
Aussagen, die mittelmäßig charakteristisch sind							
. . .							
Aussagen, die kaum zutreffen							
Aussagen, die überhaupt nicht zutreffen							

Abbildung 3.16: Die Q-Sort-Methode als besondere Fragemodalität. Ausschnitt aus dem FAN (Fragebogen zu Angebot und Nachfrage in Partnerschaften; unpubliziert, s. vorl. Atria et al., 2002), Teil *Mein Angebot an den Partner in einer Partnerschaft* – die Nummern der insgesamt 50 Items sind mit Bleistift in die vorgegebenen Kästchen einzutragen (und allenfalls zu korrigieren), wobei jede Antwortkategorie mindestens drei, maximal jedoch sieben Items enthalten soll.

Bei dem bereits in Abbildung 2.1 illustrierten Projektiven Verfahren *Familie in Tieren* wird die Tp sinngemäß gefragt, wie deren Familie aussähe, wenn sie eine Tierfamilie wäre.

Im TAT (*Thematischer Apperzeptionstest*; Revers, 1973) stellt der Tl bei allen Items, das sind Bilder von Menschen (-gruppen) in vieldeutigen Situationen, sinngemäß die Frage, welche Geschichte damit verbunden sein könnte (s. dazu die Bildtafel 1 in Abbbildung 3.17).

Der PFT (*Rosenzweig Picture-Frustration Test*; Rosenzweig, 1957, s. aber insbesondere Rauchfleisch, 1993) fragt die Tp pro Item nach der Antwort, welche die eine gezeichnete Person zu der anderen gezeichneten Person in der entsprechenden Konfliktsituation geben könnte (s. Item 2 in Abbildung 3.18).

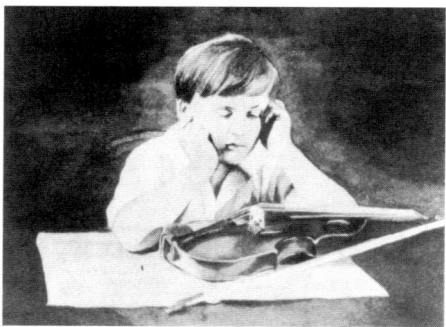

Abbildung 3.17: Bildtafel 1 des TAT (aus Murray, 1991; mit freundlicher Genehmigung von *Harvard University Press*).

Abbildung 3.18: Item 2 des PFT (mit freundlicher Genehmigung des *Hogrefe Verlags*).

Bemerkung am Rand

Es finden sich auch Bemühungen um nichtsprachliche Persönlichkeitsfragebogen, vor allem von Paunonen, Jackson und Keinonen (1990). Dabei muss die Tp in Bezug auf eine besonders markierte Strichfigur die Wahrscheinlichkeit (etwa siebenkategoriell abgestuft) einschätzen, mit der sie selbst dasselbe Verhalten zeigen würde (vgl. als ein Beispiel ein Item zur Messung von „*Aggressive Behavior*" in Abbildung 3.19). Oberflächlich betrachtet sind solche Items den Items von Projektiven Verfahren (vgl. etwa in Abbildung 3.17 zum TAT) sehr ähnlich. Allerdings wird im ersten Fall vorausgesetzt, dass jede Tp die bildlich dargestellte Situation eindeutig und übereinstimmend erfasst, so dass es sich lediglich um die „Übersetzung" von einer Schrift- in eine Bildsprache handelt; im zweiten Fall ist die dargestellte Situation dagegen explizit uneindeutig konzipiert, um in Abhängigkeit von der Individualität der Tp alle beliebigen Gefühle, Gedanken oder Einstellungen zu provozieren. Übrigens, zum Beispiel Amelang, Schäfer und Yousfi (2002) beobachteten eine mittlere Korrelation zwischen sprachlichem und nichtsprachlichem

Persönlichkeitsfragebogen von nur 0,46; das könnte darauf zurückzuführen sein, dass die gewählte Bildsprache doch nicht eindeutig und übereinstimmend erfasst wird.

Abbildung 3.19: Ein Item eines nichtsprachlichen Persönlichkeitsfragebogens (nachgezeichnet aus Paunonen et al., 1990).

Anamneseerhebung und Exploration

Einleitend, in Abschnitt 1.1 Begriffsbestimmungen, wurden die beiden Begriffe „Anamnese"[25] und *Exploration* nur sehr oberflächlich differenziert, am ehesten so, dass die *Anamneseerhebung* eine spezielle *Exploration* darstellt. Allerdings findet sich in der Literatur oft auch eine genaue Differenzierung beider Begriffe, zum Beispiel:

- „*Exploration*, ein aus der medizinischen Fachsprache stammender Begriff für das Eruieren psychopathologischer Erscheinungen mittels Befragung des Patienten. In die Psychologie wurde dieser Begriff für die Ermittlung normaler psychischer Vorgänge … übertragen … Je nachdem, für welche Zwecke die E. verwendet wird, unterscheidet man zwischen … der E., bei der Unklarheiten, Widersprüche und Lücken einer diagnostischen Untersuchung beseitigt werden sollen, um weitere Hinweise zur Interpretation von Testergebnissen zu erhalten, und der E. als diagnostischer Methode zur Untersuchung von Persönlichkeitseigenschaften, Interessen, Werthaltungen, Einstellungen, Problemen und Denkweisen des Pb. Wird die E. als diagnostische Methode verwendet, so lässt sich die allgemeine oder informierende E., welche Tatsachenmaterial, Daten etc. liefern soll und eventuell Hinweise für die Gestaltung der Untersuchung, der Auswahl der Tests ergibt, von der gezielten E. zur Aufhellung bestimmter Probleme und Zusammenhänge unterscheiden. Für diesen Anwendungsbereich der E. stellen sich dann die Fragen nach den Testgütekriterien der E." (*Dorsch Psychologisches Wörterbuch*; Häcker & Stapf, 2004, S. 285).
- „*Anamnese* … Vorgeschichte eines Tatbestandes, insbes. einer Erkrankung, einer Störung … kann man zwischen somatischer A., welche … die biologische Entwicklung sowie die der Familie mit einschließt, biographischer A. und sozioökonomischer A. unterscheiden. Da die anamnestischen Daten Bestandteil

---

[25]Griechisch: *anamnesis*, die Erinnerung.

des diagnostischen Prozesses sind und ... Wesentliches zur diagnost. Urteils-
findung beitragen, muss die A. im Hinblick auf die Testgütekriterien wie ein
Test behandelt werden" (*Dorsch Psychologisches Wörterbuch*; Häcker & Stapf,
2004, S. 41).

Aus Gründen der Präzision empfiehlt sich, anstatt von (psychologischer) „Anamnese" besser von der „Sammlung der typischerweise mit dem gegebenen Sachverhalt in Verbindung stehenden Informationen" zu sprechen (vgl. Kubinger &
Deegener, 2001). So definiert, geht es eindeutig nicht nur um den klinischen Bereich. Gemeint sind vor allem Informationen über diejenigen Bedingungen, welche die Entwicklung der Persönlichkeit, ihre Differenzierung und Strukturierung
hemmen, schützen oder stimulieren, also Informationen über Risikofaktoren, protektive oder entwicklungsfördernde Faktoren. Grob kategorisiert interessieren biologische, psychosoziale und psychische Chancen oder Risiken.

Sodann empfiehlt sich, statt des Begriffs „Exploration" den Begriff „entscheidungsorientiertes Gespräch" nach Westhoff und Kluck (2003, S. 82) zu verwenden:

> „Ein entscheidungsorientiertes Gespräch ist ein Gespräch, das zur Vorbereitung
> von möglichst zufriedenstellenden Entscheidungen nach Kriterien der psychologi-
> schen Wissenschaft geplant, durchgeführt und ausgewertet wird."

Oft sind Abgrenzungsversuche schwierig, weil beides, „Sammlung von Informationen" und „Vorbereitung von Entscheidungen", fließend ineinander übergehen.

Zur Illustration

Dass beim *psychologischen Diagnostizieren* Anamneseerhebung und Exploration
oft eng zusammenspielen, dokumentiert zum Beispiel Kubinger (2003b, S. 252)
bei der Vorstellung seines *Systemisch Orientierten Erhebungsinventars*: „Der ...
vorgestellte Leitfaden für ein Erkundungsgespräch gemäß systemischen Denkens
verfolgt ... zwei Ziele: Das der Informationssammlung und das der Vorbereitung
von möglichst zufrieden stellenden (Prozess-)Entscheidungen."

Insbesondere unterstützt durch diverse publizierte Anamnesefragebogen (vgl. z. B.
einige bei Kubinger & Deegener, 2001) ist die *Sammlung der typischerweise mit
dem gegebenen Sachverhalt in Verbindung stehenden Informationen* weitgehend
unproblematisch: Es geht grundsätzlich (nur) um ein Abfragen von Fakten. Demgegenüber zielt das entscheidungsorientierte Gespräch auch auf Erwartungen und
Vorstellungen ab, und birgt damit (für den unroutinierten Diagnostiker) die Gefahr, die diagnostische Situation zur Intervention zu missbrauchen. Aus diesem
Grund bedarf es eines der Fragestellung sorgfältig angemessenen Gesprächsleitfadens. Er verhindert, dass das entscheidungsorientierte Gespräch unsachgemäß
abdriftet: „Es gibt seit Jahrzehnten zahlreiche Untersuchungen in der Psychologie,
die alle belegen, dass ungeplante und nicht oder schlecht vorbereitete Gespräche

fehlerhafte und verzerrte Informationen zur Folge haben. Solche Gespräche sind, auch wenn so genannte Experten sie durchführen, nicht auf dem Stand der psychologischen Wissenschaft" (Westhoff & Kluck, 2003, S. 82; vgl. Genaueres in Präsentation 12).

Präsentation 12: Was ein entscheidungsorientiertes Gespräch nicht ist oder nicht anstrebt (aus Westhoff & Kluck, 2003, S. 83).

Probanden äußern zwar immer wieder spontan in oder nach entscheidungsorientierten Gesprächen, dass sie nun bestimmte Sachverhalte besser verstünden. Dies ist jedoch nur ein willkommener, aber unbeabsichtigter Nebeneffekt. In der entscheidungsorientierten Gesprächsführung ist es kein Ziel, die Probanden zu belehren. Zwar bekommen sie alle notwendigen Informationen, die sie brauchen, um alles bei der Begutachtung richtig verstehen zu können, doch werden sie in nichts ausgebildet.

In entscheidungsorientierten Gesprächen geht es nicht darum, Standpunkte zu klären oder einander von irgendetwas zu überzeugen wie in Diskussionen, Debatten oder beim Zank. Merken Psychologen, dass sie in solche Arten der Gesprächsführung verfallen, so können sie daran sicher erkennen, dass sie nicht mehr entscheidungsorientiert arbeiten.

Diagnostische Gespräche können daran kranken, dass nicht nur in der Aufwärmphase sondern auch im weiteren Verlauf sich sehr viel „unterhalten" wird. Damit meinen wir den Austausch von Informationen, die mit der eigentlichen Zielsetzung, wie sie in der Fragestellung vorgegeben ist, nichts mehr oder nur noch sehr am Rande zu tun haben. Solche Unterhaltungen wie an der Theke, am Stammtisch oder in Pausen haben dort ihren Wert, wo sie hingehören. In diagnostischen Gesprächen ermüden sie nur und lenken vom Thema ab.

Entscheidungsorientierte Gespräche können therapeutische Effekte haben oder führen durch das systematische Vorgehen zu Einsichten, die auch in Beratungen angestrebt werden. Diese Nebeneffekte sind willkommen, werden aber nicht angestrebt. In Therapien und Beratungen soll Menschen geholfen werden, Verhaltensprobleme zu lösen. Dies setzt immer voraus, dass zunächst diagnostiziert wurde, worin diese Probleme bestehen und welche Bedingungen sie bewirken. Jede verantwortungsbewusste Therapie und Beratung bedarf einer zutreffenden Diagnose als Grundlage. Dafür sind in jeder Diagnostik entscheidungsorientierte Gespräche unverzichtbar.

Wenn auch die genaue Ausformulierung eines Leitfadens manchmal übertrieben erscheint, garantiert doch erst sie, auch dem Experten, die vollständige Informationssammlung. Dabei geht es keinesfalls um ein starres Abfragen *à la* Fragebogen, bei dem die Tp etwa nicht ihren Bedürfnissen nach berichten könnte.

Zur Illustration

Wiesflecker und Kubinger (2005) gingen der Frage, inwieweit ein strukturierter Gesprächsleitfaden in einem psychologischen Erstgespräch tatsächlich mehr diagnostisch relevante Informationen liefert als eine „intuitiv-unstrukturierte" Gesprächsführung – wie sie vor allem von unroutinierten Psychologen regelmäßig erfolgt – mit einem eindrucksvoll durchgeführten Experiment nach: Schüler und Schülerinnen übernahmen die Rollen von Jugendlichen aus frei konstruierten Fallgeschichten mit typischen Problemen; $n = 20$ Psychologiestudierende am Ende ihrer Diagnostikausbildung führten die Erstgespräche mit den Jugendlichen durch, wobei eine Hälfte der Studierenden mit einem Leitfaden arbeitete, die andere „intuitiv" vorging – alle wussten nicht, dass die Jugendlichen Rollen spielten. Die eindeutige Überlegenheit des Leitfadens gegenüber der „intuitiv-unstrukturierten" Gesprächsführung stellte sich in zweierlei Hinsicht heraus, nämlich eben hinsichtlich der Validität (es werden wesentlich mehr für die Fallbehandlung relevante Informationen erfasst), aber auch hinsichtlich der Ökonomie (es werden weit weniger Irrelevanzen erhoben, also Informationen, die für die psychologische Untersuchung keine Bedeutung haben).

Bemerkung am Rand

„Die meisten Anfänger in Gesprächsführung halten die Ausformulierung eines Leitfadens zunächst für überflüssig. Doch die Erfahrung, dass sie sich nach kurzer Zeit im ungeplanten und nicht vorbereiteten Gespräch sehr hilflos fühlen, belehrt sie eines besseren" (Westhoff & Kluck, 2003, S. 83). Insbesondere die konkrete schriftliche Ausformulierung nicht nur aller Fragen, sondern auch der Ein- und Überleitungen „wird von Anfängern oft für überflüssig erachtet. In Übungen merken sie dann aber sehr schnell, dass sie unter Gesprächsbedingungen schlechter formulieren können als bei der Planung" (S. 84).

Abgesehen vom Appell zu einer „hehren Haltung" – die eine „Atmosphäre der Offenheit und des Vertrauens" schafft –, vom Gebot, ein „partnerschaftliches Verhältnis" mit den Klienten anzustreben, der Mahnung zur „Sensibilisierung gegenüber der eigenen Beobachtungsgabe und Beurteilungsweise" verbunden mit der Forderung nach „Selbstkritikfähigkeit, -erfahrung und -infragestellung", dem Aufruf zu „Takt, Achtung und Wertschätzung" sowie abgesehen von impliziten und expliziten „Lasterkatalogen" (vgl. Kubinger & Deegener, 2001), finden sich im Zusammenhang mit einer qualifizierten mündlichen *Sammlung der typischerweise mit dem gegebenen Sachverhalt in Verbindung stehenden Informationen* nur wenige Verhaltensanweisungen in der Literatur. Etwas konkretere Prinzipien führen aber zum Beispiel Westhoff und Kluck (2003) an, vor allem: kurze, verständliche Erklärungen; einfaches, klares, genaues Deutsch; Vermeidung von Fremdwörtern und Fachausdrücken; Vermeidung von Suggestivfragen.

Zur Illustration

Kubinger und Deegener (2001, S. 25f.) geben folgenden „Lasterkatalog" der Gesprächsführung im Zusammenhang mit psychologischer Anamnese (und Exploration):

- *Monologisieren* (ausschweifend Reden),
- *Dirigieren* (Ratschläge Erteilen),
- *Dogmatisieren* (Lehrsätze Vermitteln),
- *Distanzieren* (Fachsprache Benutzen),
- *Umfunktionieren* (vom Thema Ablenken),
- *Fixieren* (unangemessenes Beharren am Thema),
- *Involvieren* (sich selbst Miteinbringen),
- *Bewerten* (für gut oder schlecht Befinden),
- *Moralisieren* (sittliche Grundsätze Vorhalten),
- *Etikettieren* (Eigenschaften Zuschreiben),
- *Generalisieren* (unzulässig Verallgemeinern),
- *Debattieren* (Streitgespräch Führen),
- *Bagatellisieren* (Problemschwere Mißachten),
- *Intellektualisieren* (Emotionen Ignorieren),
- *Abschalten* (nicht Zuhören),
- *Identifizieren* (Distanz Aufgeben).

Die Gefahren, insbesondere allzu intuitiv geführter Gespräche – wie sie gelegentlich, vor allem früher zur Erstellung eines „ganzheitlichen Persönlichkeitsbildes"
(z. B. bei Wellek, 1959) propagiert wurden – liegen in den psychoanalytischen Phä-
nomenen „Projektion" und „Gegenübertragung". Aber auch ohne Bezug auf diese
Phänomene werden Gefahren offenbar: „Häufig nehmen Interviewer von sich an,
sie seien ihren Gesprächspartnern gegenüber ‚neutral' eingestellt. Wie jedoch die
umfangreiche Literatur zur Personenwahrnehmung, zu Vorurteilen und Stereoty-
pien oder impliziten Persönlichkeitstheorien zeigt, gibt es keine globale neutrale
Voreinstellung" (Westhoff & Kluck, 2003, S. 92f.). Demgegenüber bietet, laut
Westhoff und Kluck, ein nach einem genau ausformulierten Leitfaden geführtes
(entscheidungsorientiertes) Gespräch „die Chance, sich Gesprächspartnern gegenüber möglichst fair einzustellen" (S. 93).

Erläuterung zum Begriff „Projektion":
„... die unbewusste Verlagerung von Triebimpulsen, eigenen Fehlern, Wünschen,
Schuld- und ähnlichen Gefühlen auf andere Personen und Situationen oder Gegen-
stände. Diese (fälschliche) Wahrnehmung hilft in der Regel, die implizit erlebte
Angst zu verringern" (*Dorsch Psychologisches Wörterbuch*; Häcker & Stapf, 2004,
S. 735).

Erläuterung zum Begriff „Gegenübertragung":
„*Übertragung* ist das allg. Phänomen der Wahrnehmung oder Interpretation ge-
genwärtiger Situationen im Lichte vergangener Situationen ... In der psychoanalytischen Terminologie ... wurde zuerst das Phänomen der gefühlsmäßigen
Einstellung des Patienten zum Psychotherapeuten in Analogie zur gefühlsmäßigen Einstellung des Patienten zu seinen frühen und frühesten (intrafamiliären)
Bezugspersonen darunter verstanden ... im Zustand der *Gegenübertragung* ...

verkennt der Psychotherapeut seine Beziehung zum Patienten im Lichte eigener ungelöster Konflikte" (*Lexikon der Psychologie*; Arnold et al., 1997, S. 2384f.).

Etwas konkreter als dies die grobe Einteilung in biologische, psychosoziale und psychische Chancen oder Risiken tut, beschreiben Westhoff und Kluck (2003) diejenigen Fragenbereiche, welche im Zuge der *Sammlung der typischerweise mit dem gegebenen Sachverhalt in Verbindung stehenden Informationen* interessieren bzw. in einem entscheidungsorientierten Gespräch zu thematisieren sind: Umgebungsbedingungen, Organismusbedingungen, kognitive, emotionale, motivationale sowie soziale Bedingungen. Demgegenüber pragmatisch listet Boerner (2004) im Wesentlichen folgende Themen auf:

- Formaler Rahmen der Entwicklung und der Lebensumstände,
- Verhältnis zu Eltern und Geschwistern,
- Entwicklungsauffälligkeiten und einschneidende Lebensereignisse,
- Sozialkontakte seit der Kindergartenzeit,
- Schule, Ausbildung und Beruf,
- Interessen und Hobbys,
- Zukunftserwartungen.

Zur Illustration

In einem publizierten Fallbeispiel zu der Fragestellung: „Konzentrationsstörungen – was kann man dagegen tun?", illustrieren Westhoff und Hagemeister (1997), wie ein Gesprächsleitfaden der jeweiligen Fragestellung sorgfältig anzumessen ist (vgl. in Präsentation 13).

Präsentation 13: Der wesentliche Ausschnitt eines Gesprächsleitfadens im Zusammenhang mit der Fragestellung bei Frau Andrea M., 20 Jahre: „Konzentrationsstörungen – was kann man dagegen tun?" Die Fragen beziehen sich auf Organismusbedingungen, Umgebungsbedingungen, kognitive, emotionale, motivationale sowie soziale Bedingungen (nach Westhoff & Hagemeister, 1997, S. 136f. – hier teilweise sehr frei umformuliert, nämlich direkt an die Klientin gerichtet).

Körperliche Bedingungen:
- Körperliche Gesundheit ist eine Voraussetzung für konzentriertes Arbeiten. *Wie, Frau M., ist Ihr Gesundheitszustand, was beeinträchtigt Sie körperlich?*
- Um konzentriert arbeiten zu können, muss man ausreichend und erholsam schlafen. *Wie sehen Ihre Schlafgewohnheiten aus?*
- Im Laufe des Tages verändert sich die Leistungsfähigkeit von Menschen, was sich auf die Konzentration auswirkt. *Wann im Laufe eines Tages sind Sie mehr, wann weniger leistungsfähig?*

*Umgebungs*bedingungen:
- In einer ruhigen, ungestörten Umgebung kann man leichter konzentriert lernen und arbeiten als in einer störenden Umgebung. *Unter welchen Bedingungen lernen bzw. arbeiten Sie?*

Intellektuelle Bedingungen:
- Wenn man von Arbeiten intellektuell überfordert wird, können die Leistungen genau wie bei Konzentrationsstörungen sinken. Wenn man von Arbeiten intellektuell unterfordert wird, ist es schwierig, mit den Gedanken bei der Sache zu bleiben, so dass sich leicht Fehler einstellen. *Um festzustellen, wie die intellektuellen Anforderungen an Sie, Frau M., und Ihre intellektuelle Leistungsfähigkeit zueinander passen, sind beide zu ermitteln. Beschreiben Sie die Anforderungen genauer, die an Sie gestellt sind; wir werden Sie später in Bezug auf Ihre intellektuelle Leistungsfähigkeit testen.*
- Wenn man grundlegende Fertigkeiten nicht beherrscht, die bei der Arbeit vorausgesetzt werden, ist es schwer, konzentriert zu arbeiten. *Haben Sie Schwierigkeiten mit Fertigkeiten, die bei ihrer Arbeit vorausgesetzt werden?*
- Um erfolgreich arbeiten zu können, muss man gewohnheitsmäßig der Aufgabe angemessen arbeiten können. *Wie sieht Ihr Arbeitsstil aus, das heißt, wie arbeiten Sie gewöhnlich?*
- Personen können sich unterschiedlich gut konzentrieren, also unterschiedlich schnell und mit unterschiedlich vielen Fehlern über längere Zeit hinweg Tätigkeiten, die sie gut können, ausführen. *Daher ist Ihre generelle Konzentrationsfähigkeit festzustellen; wir werden Sie später auch diesbezüglich testen.*

Motivationale Bedingungen:
- Wenn man sich für seine Arbeit interessiert, fällt es leichter, konzentriert zu arbeiten. *Wofür interessieren Sie sich?*
- Wünsche und Ziele, die man verfolgt, können zu Leistungen anspornen, Ängste und Befürchtungen können hemmen. *Welche Wünsche und Ziele, Ängste und Befürchtungen haben Sie?*

Emotionale Bedingungen:
- Persönliche Probleme können jemanden so beschäftigen, dass er sich nicht mehr konzentrieren kann. *Haben Sie persönliche Probleme, die Sie hindern, konzentriert zu arbeiten?*
- Menschen kommen mit auftretenden Schwierigkeiten unterschiedlich gut zurecht. *Wie stark, meinen Sie, sind Sie emotional belastbar, und wie gehen Sie mit Belastungen um?*

Soziale Bedingungen:
- Menschen orientieren sich auch an dem, was die ihnen wichtigen Personen erwarten. *Welche Einstellung haben die Menschen, die Ihnen wichtig sind, zu Ihrer Ausbildung und Ihrer Arbeit?*
- Wenn jemand so viele Verpflichtungen hat, dass zu wenig freie Zeit übrig bleibt, kann dies einen Menschen überfordern und dazu führen, dass er sich nicht mehr so gut konzentrieren kann. *Welche Verpflichtungen haben Sie?*

Bemerkung am Rand

Im Regelfall nicht mit psychologischem Diagnostizieren zu verwechseln ist das sog. „Vorstellungsgespräch" im Zuge der Personalauswahl. Zum Beispiel Hesse und Schrader (2002) stellen die typischen Themen samt Fragen dazu zusammen;

diese lauten im Wesentlichen: *Bewerbungsmotive und Leistungsmotivation* („Was reizt Sie an dieser Aufgabe?"), *Beruflicher Werdegang* („Warum sollten wir gerade Sie einstellen?"), *Persönlicher, familiärer und sozialer Hintergrund* („Was sagt Ihr Lebenspartner zu Ihren Plänen?" bzw. „Wie sieht Ihre aktuelle Lebenssituation aus?"), *Gesundheitszustand, Berufliche Kompetenz, Arbeitskonditionen* sowie *Fragen des Bewerbers* (im Sinn von: „Was wollen Sie über unseren Betrieb wissen?"). – „Es sind nur solche Fragen erlaubt, die arbeitsbezogen sind, also in direktem Zusammenhang mit dem zu besetzenden Arbeitsplatz stehen. Leider halten sich nicht alle Arbeitgeber daran. Deshalb hat das Bundesarbeitsgericht [Deutschlands; Anm. d. Verf.] entschieden, daß bestimmte Fragen im Vorstellungsgespräch, etwa nach der Zugehörigkeit zu einer politischen Partei, nicht wahrheitsgemäß beantwortet werden müssen, wenn der Bewerber davon ausgehen muss, daß von einer bestimmten Antworttendenz die Vergabe des Arbeitsplatzes abhängen könnte. Der Bewerber hat also eine Art Notwehrrecht auf Lüge" (S. 398).

3.2.3 Beobachten

Grundsätzlich ist zwischen Gelegenheitsbeobachtungen und der sog. „systematischen Verhaltensbeobachtung" zu unterscheiden.

Gelegenheitsbeobachtungen werden im Zuge *psychologischen Diagnostizierens* immer eine begleitende Rolle spielen. Ihnen kommt keine andere Funktion zu als die der Gewinnung eines (qualitativen) „Eindrucks", unter Umständen zum Hypothesenbilden über bestimmte Bedingungszusammenhänge; oft spiegeln sie nur die Erwartungsenttäuschungen des Beobachters wider. Zum Zweck der Systematisierung solcher Gelegenheitsbeobachtungen kann nochmals das in Abschnitt 3.1.1 erwähnte Beiblatt (zum AID 2) für Beobachtungen der „Arbeitshaltungen" als Beispiel genannt werden (vgl. Abbildung 3.1 in Abschnitt 3.1.1).

Bemerkung am Rand

Eher dem Fragen, und doch auch den Gelegenheitsbeobachtungen zuzuordnen sind verhaltensbezogene Einschätzskalen, wie zum Beispiel die MVL (*Marburger Verhaltensliste*; Ehlers, Ehlers & Makus, 1978): Hier werden retrospektiv ganz bestimmte Verhaltensweisen erhoben – im Beispiel des genannten Elternfragebogens wird etwa gefragt, an wie vielen Tagen innerhalb der letzten zwei Wochen das Verhalten „Wirft sich auf den Boden und schreit, wenn es etwas nicht bekommt oder tun darf" beim betreffenden Kind beobachtet wurde.

Die systematische Verhaltensbeobachtung erhebt dagegen einen an der experimentellen Psychologie orientierten, wissenschaftlichen Anspruch:

„*Verhaltensbeobachtung*, ... die auf das Verhalten eines oder mehrerer Menschen gerichtete, nicht dem Zufall überlassene, methodisch kontrollierte Wahrnehmung ... mit der Absicht, dadurch etwas für die Persönlichkeit Charakteristisches zu erfahren" (*Lexikon der Psychologie*; Arnold et al., 1997, S. 2454).

Sie wird in der Regel nur durch einen nichtbeteiligten, nur passiv teilnehmenden Beobachter zu bewerkstelligen sein. Dem am Geschehen, insbesondere am Testen beteiligten, d. h. aktiv teilnehmenden Beobachter werden nämlich, infolge Überforderung, zumeist nur Gelegenheitsbeobachtungen gelingen. Weil er involviert ist, wären seine Versuche systematischer Verhaltensbeobachtungen jedenfalls wesentlich (mehr) von Beobachtungsfehlern bedroht; ganz abgesehen davon, dass ihm das sofortige Aufzeichnen erschwert ist, was in der Folge wieder (mehr) Protokollfehler provozieren würde.

Exkurs zu Beobachtungsfehlern:
Das grundsätzliche Problem der Verhaltensbeobachtung liegt im Umstand begründet, dass kein Geschehen vollständig erfassbar ist. So wird jeder Beobachter je nach seinen (unwillkürlichen) Wertungen bestimmte (andere) Verhaltensweisen selektieren, d. h. wahrnehmen bzw. zur „Beobachtung" bringen. Und folglich kann es passieren, dass irgendetwas Relevantes übersehen wird. Schließlich gibt es noch zwei weitere, typische Fehlermöglichkeiten beim Beobachten: Erstens, eine an sich richtig festgestellte Verhaltensweise wird nicht der richtigen, sondern einer anderen Person zugeordnet; zweitens, eine an sich richtig beobachtete Verhaltensweise wird im zeitlichen Ablauf falsch eingeordnet.

Bemerkung am Rand
Fehler beim Protokollieren des Beobachteten sind dagegen bei sorgfältiger Einschulung und unter Verwendung technischer Hilfsmittel (Video-Aufzeichnung) weitgehend, allerdings auch nie völlig auszuschließen.
   Zu bedenken ist übrigens, dass der Zeitaufwand der Protokollierung, wenn sie nicht simultan zum Geschehen, sondern erst hinterher, beim noch- bzw. mehrmaligen Betrachten allfälliger Video-Dokumentation erfolgt, ein Vielfaches der Beobachtungszeit ausmacht.

Sachlich bedenklich ist, dass jeder anwesende Beobachter, ob passiv oder gar aktiv teilnehmend, das Verhalten der beobachteten Person generell beeinflusst (vgl. nur das in Abschnitt 2.1.1 diskutierte Problem der Testleiterunabhängigkeit). Die Lösung scheint demnach die, dass die Beobachter eben nicht anwesend sind: Sie könnten *via* Videokamera oder Einwegspiegel beobachten und protokollieren. Allerdings wird das für viele Personen wenig daran ändern, dass sie sich beobachtet fühlen bzw. ihr typisches Verhalten dem Beobachter absichtlich oder unabsichtlich, bewusst oder unbewusst vorenthalten. Und die Idee, eine Person von einem nicht anwesenden Beobachter beobachten zu lassen, ohne sie darüber zu informieren, besticht nur theoretisch: „Eine heimliche Aufzeichnung entspräche weder dem geltenden Recht noch der partnerschaftlichen Grundeinstellung zum Probanden" (Westhoff & Kluck, 2003, S. 87). Damit steht der Wert der systematischen Verhaltensbeobachtung grundsätzlich in Frage.

Bemerkung am Rand

Es mag auch Personen geben, denen der nicht anwesende Beobachter deswegen unangenehmer als der anwesende ist, weil sie bei ersterem jede Kontrolle über dessen eigenes Verhalten verlieren.

Dem eben gehegten Zweifel am Wert der systematischen Verhaltensbeobachtung steht die regelmäßig zu machende Erfahrung gegenüber, dass beobachtete Personen ziemlich regelmäßig und relativ bald die Anwesenheit des Beobachters „vergessen", ignorieren bzw. sich durch ihn eben nicht mehr beeindrucken lassen, insbesondere dann, wenn Situation und/oder Thema sie persönlich involvieren.

Offensichtlich liegt der Vorteil beim Beobachten, d. h. bei der systematischen Verhaltensbeobachtung, im Vergleich zum Fragen, d. h. im Vergleich zu (Persönlichkeits-) Fragebogen, darin, dass reales und nicht bloß verbal bekundetes Verhalten erfasst wird: Dabei geht es nicht nur um die im Fragebogen vielleicht absichtlich falsch gegebene Darstellung des persönlichkeitsspezifischen Verhaltens, sondern auch um die (unbewusst) „verzerrte" Wahrnehmung desselben infolge einer trügerischen Haltung den eigenen Eigenschaften gegenüber (vgl. zum sog. „Selbstkonzept" in Abschnitt 4.2.3).

Wichtiger Hinweis

Indem reales und nicht bloß verbal bekundetes Verhalten erfasst wird, kann dieses – sofern durch systematische Verhaltensbeobachtung erfasst – stets als Außenkriterium dienen, um die Kriteriumsvalidität eines Persönlichkeitsfragebogens zu bestimmen.

Ist von daher die Relevanz *psychologischen Diagnostizierens* mit Hilfe einer systematischen Verhaltensbeobachtung unmittelbar gegeben und ist für die damit gewonnenen Ergebnisse prinzipiell Gültigkeit zu erwarten, so ist doch jedes Mal extra die Stabilität der gewonnenen Ergebnisse im Hinblick auf deren situationsüberdauernde Aussagekraft abzuklären.

Systematische Verhaltensbeobachtung muss letztlich in irgendeine Kategorisierung münden, um die unüberschaubare Vielfalt gewonnener Informationen zu verdichten. Das in der Literatur nach wie vor bekannteste Kategoriensystem stammt von *Robert F. Bales* (vgl. deutschsprachig am besten: Bales & Cohen, 1982). Seine „Interaktionsanalyse" wurde zwar ursprünglich als „Test" des Sozialverhaltens vorgestellt, jedoch niemals als diagnostisches Verfahren verwertet – wie es überhaupt an Kategoriensystemen für die *Psychologische Diagnostik* nichts allgemein Verbindliches gibt.

Bemerkung am Rand

Die Kategorisierung bedeutet eine dritte Fehlerquelle im Zusammenhang mit systematischer Verhaltensbeobachtung. Sie gilt es, analog zu derjenigen des Protokollierens, durch gründliche Einschulung zu minimieren, d. h., die einzelnen Kategorien hinlänglich operational zu definieren, um weitgehende Übereinstimmung zwischen verschiedenen Beurteilern zu gewährleisten.

Zur Illustration

Strunz (2002) musste feststellen, dass selbst bei einem äußerst sorgfältig erstellten, mehrfach verbesserten Kategoriensystems sowie trotz eines extrem aufwendigen Beobachtertrainings nicht jene Übereinstimmungsgüte erreicht werden kann, wie sie eigentlich zu fordern wäre: Die sog. „Inter*rater*-Reliabilität" erreichte ihren höchsten Wert bei einem *Kappa*-Koeffizienten von nur 0,76, wobei auch Werte bis hinunter zu 0,24 resultierten. Interessant ist, dass für inkorrekte Kategorisierungen und somit geringe Übereinstimmungen vor allem das fälschliche Nichtkodieren, also das „Übersehen" von beobachtbaren Verhaltenseinheiten verantwortlich zeichnet.

Immerhin zeigte sich, dass Gelegenheitsbeobachtungen, wie sie vom Pflegepersonal der beobachteten Patienten gemacht wurden, wenig mit den Ergebnissen der systematischen Verhaltensbeobachtung übereinstimmen: In Bezug auf verbale Verhaltenseinheiten korreliert dieses zwar noch zu 0,60, in Bezug auf physische Verhaltenseinheiten jedoch nur zu −0,03.

Sogar das in der Literatur als modellhaftes Beispiel gehandelte Kategoriensystem von *Bales* trifft die Grundsatzproblematik der Verhaltensbeobachtung: Dem wissenschaftlich objektiven Erkenntnisstreben entsprechend ist wesentlich, dass im ersten Schritt ausschließlich Fakten beobachtet und keine Deutungen gegeben werden – ob diese auch theorie- bzw. erfahrungsgeleitet sind oder eben gar intuitiv-spekulativ (vgl. nochmals die psychoanalytischen Phänomene Projektion und Gegenübertragung bei der Darstellung von Anamneseerhebung und Exploration in Abschnitt 3.2.2). Nun beinhaltet aber *Bales'* Kategoriensystem Kategorien, wie: „zeigt Befriedigung", „zeigt passive Ablehnung" und „zeigt Spannung"; immerhin könnten den für die gegebenen Deutungen verantwortlichen Beobachtungen (z. B.: „lacht", „schüttelt den Kopf" und „zittert") auch andere Emotionen zugrunde liegen.

Zur Illustration

Dem Prinzip „Beobachten, ohne zu Interpretieren" besser gerecht wird das *Indexsystem zu Störung des Sozialverhaltens* von Strunz (2002), durch entsprechend objektivierbare Operationalisierungen. Es versucht, die für die klinische Praxis oft obligate Klassifikation von Kindern gemäß einschlägiger Klassifikationsschemata in Bezug auf „Verhaltensauffälligkeiten" (Aggression) mit Hilfe einer systematischen Verhaltensbeobachtung zu bewerkstelligen; bisher bestand diesbezüglich ein Manko an objektiven Kriterien. Als Ausgangspunkt dienten die Diagnoserichtlinien zu „Störung des Sozialverhaltens" nach ICD-10 und DSM-IV. Das Kategoriensystem beinhaltet folgende Kategorien:

• *Aggression verbal gegen Peer-Mitglieder,*
• *Aggression verbal gegen Erwachsene,*
• *Aggression verbal gegen sich selbst,*
• *Aggression verbal gegen Gegenstände,*
• *Aggressives Verhalten verbal verdeckt,*
• *Ungehorsam, Verweigern,*

- *Aggression verbal unspezifisch,*
- *Aggression physisch gegen Peer-Mitglieder,*
- *Aggression physisch gegen Erwachsene,*
- *Aggression physisch gegen sich selbst,*
- *Aggression physisch gegen Gegenstände,*
- *Provozieren physisch Peer-Mitglieder,*
- *Provozieren physisch Erwachsene,*
- *Aggression physisch unspezifisch,*
- *kein kodierbares Verhalten.*

Dabei sind beispielsweise zwei Verhaltenseinheiten wie folgt genauer definiert:

Aggression verbal gegen Peer-Mitglieder: beschimpfen, anschreien oder anbrüllen, bedrohen, z. B.: „Du Trottel", „Du Vollidiot", „Feigling", „Wenn du das machst, dann kannst du 'was erleben!", „Ich hau' dir gleich eine runter!", „Schleich' dich!"

Aggression physisch gegen Erwachsene: beißen, kratzen, an den Haaren ziehen, bespucken, Ohrfeige geben, schlagen, mit der offenen Hand oder der Faust schlagen, verprügeln, boxen, treten, wegstoßen, zu Boden reißen, festhalten, beinstellen, „in den Schwitzkasten nehmen".

Bemerkung am Rand

Einen besonderen Verhaltensbereich stellt die (Fein-) Motorik dar, insbesondere die Schreibbewegung, die sich in der Handschrift manifestiert. Wie hinlänglich, auch unter Laien bekannt ist, versucht die „Graphologie" dieses spezifische Ausdrucksverhalten des Menschen diagnostisch auszunutzen und zieht Rückschlüsse über die Persönlichkeit des jeweiligen Schreibers. Grillmayr (1981) demonstrierte allerdings eindrucksvoll, wie unbegründet derartige Schlüsse sind: Die beiden hinsichtlich ihres Bildungsniveaus parallelisierten Gruppen von Personen, die einerseits wegen schwerer Straftaten in einer Strafanstalt inhaftiert, andererseits „berufsbewährt" waren, konnten anhand eines handschriftlich verfassten Standardtextes nur durch einen einzigen von $n = 9$ praktisch tätigen Graphologen überzufällig richtig zugeordnet werden, und zwar obwohl ihnen das Verhältnis der Personenanzahl beider Gruppen bekannt war.

In gewisser Hinsicht der systematischen Verhaltensbeobachtung zuzuzählen ist auch das Assessment-Center (AC). Eine kurze Beschreibung wurde bereits in Abschnitt 2.1.1 gegeben; prägnant definiert, kann gesagt werden:

Assessment-Center ist ein psychologisch-diagnostisches Verfahren, das künftige (berufliche) Anforderungssituationen zu simulieren versucht, um die Eignung einer Person an deren Verhalten beobachtbar zu machen.

Typische Übungen sind dabei Vorträge, Präsentationen, führerlose Gruppendiskussionen, sog. „Rollenspiele" und das bereits in Abschnitt 3.2.1 erwähnte Postkorbverfahren.

Bemerkung am Rand
Manchmal wird Assessment-Center auch so definiert (z. B. Schuler, 1991), dass
ihm die im Zuge des *psychologischen Diagnostizierens* begleitend eingesetzten
anderen psychologisch-diagnostischen Verfahren, nämlich einschlägige Tests und
Persönlichkeitsfragebogen, als eine eigene „Übung" einverleibt werden.

Erläuterung zum Begriff „Rollenspiel":
„Im Rahmen von *Rollenspielen* simulieren die Gesprächspartner eine dialogische
Interaktionssituation im innerbetrieblichen Kontext oder auch in einer externen
Kundensituation . . . Es kann sich hierbei z. B. um Verkaufs- oder Mitarbeiterge-
spräche handeln. Denkbar sind auch Verhandlungen, Reklamationen oder Beurtei-
lungen" (Hossiep, 2003, S. 47). – Ursprünglich bezieht sich dieser psychologische
Begriff auf eine „spezielle Gruppe des kindlichen Spiels, deren Wesen darin besteht,
bestimmte soziale Rollen aus der Erwachsenenwelt nachzugestalten" (*Fachlexikon
Psychologie*; Clauss, 1995, S. 400).

Üblicherweise wird jeder Teilnehmer am Assessment-Center gemeinsam mit anderen durch Führungskräfte des jeweiligen Unternehmens beobachtet. Letztere
werden dazu intensiv geschult. Die Idee, gerade sie als Beobachter einzusetzen,
zielt auf eine höhere ökologische Validität ab.

Solange es innerhalb der mehr oder weniger standardisierten Übungen beim
Beobachten konkreten Verhaltens nach vorgegebenen Richtlinien bleibt, ist das
Assessment-Center tatsächlich der systematischen Verhaltensbeobachtung zuzuordnen. Sobald es aber an Systematik fehlt, vor allem wenn psychologische Laien
im Überschwang ihrer Eindrücke pauschal beurteilen anstatt konzeptgeleitet zu
beobachten, mutet das Assessment-Center doch bestenfalls als ein Verfahren für
Gelegenheitsbeobachtungen an.

Selbstverständlich stellt sich auch hier die kritische Frage, inwieweit die beobachteten Verhaltensweisen situationsüberdauernd sind. Immerhin könnte die
gegebene Gruppenzusammensetzung, zum Beispiel allein in Bezug auf die Ge-
schlechterverteilung, sowie die Individualität der (anwesenden) Beobachter die
beobachtete Person zu untypischen Aktionen und Reaktionen veranlassen. Und
dabei geht es noch gar nicht um die Interpretationseindeutigkeit. „Durch die Besonderheiten situativer Übungen muss die Durchführungsobjektivität des ACs als
kaum gegeben bezeichnet werden" (Hossiep, 2003, S. 51).

Bemerkung am Rand
Die Belege zur Validität des Assessment-Centers sind skeptisch zu betrachten:
„Der Einwand, einen Bewerber, dem im AC Potential zugeschrieben wurde, werde
später im Unternehmen kaum jemand als unfähig beurteilen wollen (zumal, wenn
man selbst unter den Beurteilern war) hat sicher seine Berechtigung" (Hossiep,
1994, S. 96). „Die berichteten empirischen Untersuchungen lassen häufig Wünsche
hinsichtlich Qualität, Quantität und Longitudinalität in erheblichem Ausmaß offen" (S. 102).

3.3 Prozess-Strategien

Bereits in Abschnitt 2.7 Nützlichkeit wurden ausführliche Überlegungen in Bezug auf nutzentheoretische Strategien angestellt, die über die Brauchbarkeit eines konkreten psychologisch-diagnostischen Verfahrens im Zusammenhang mit einer gegebenen Fragestellung entscheiden bzw. den Untersuchungsablauf festlegen. Ergänzend sind noch weitere strategische Betrachtungen innerhalb des diagnostischen Prozesses relevant. Dabei ist die Trennung in

1. Untersuchungsstrategien und
2. Entscheidungsstrategien

didaktisch zwar wieder zweckmäßig, allerdings in der Praxis nicht immer eindeutig zu ziehen, weil sich beides gegenseitig häufig beeinflusst.

3.3.1 Untersuchungsstrategien

Wesentlich bei der Planung der psychologischen Untersuchung, nach der Klärung der Fragestellung und noch vor bzw. im Zuge der Auswahl der psychologisch-diagnostischen Verfahren, ist es, strategisch festzulegen, ob

- ein „Anforderungsprofil" eigens erstellt werden muss oder ein solches explizit vorliegt.

   Erläuterung zum Begriff „Anforderungsprofil":
   „Im Rahmen der Erstellung psychologischer Gutachten ... stellt sowohl die Beschreibung der entsprechenden (Anforderungs-) Dimensionen als auch die Festlegung der notwendigen Ausprägungen einen unerlässlichen Bestandteil dar" (Ortner, 2003, S. 20). Entsprechend dem Leistungsprofil einer Tp (vgl. z. B. nochmals Abbildung 2.9 in Abschnitt 2.4.3) stellt das Anforderungsprofil pro Beruf (Arbeitsplatz) oder Ausbildung, gegebenenfalls auch pro Interventionsprogramm oder gesetzlich geregelter Befähigkeitsqualifizierung, diejenigen Bedingungen zusammen, die ein Kandidat (mindestens) erfüllen muss.

   Bemerkung am Rand
   Im Personalwesen geben Auftraggeber zumeist psychologisch unqualifiziert definierte Anforderungen. Wichtige Aufgabe des auftragübernehmenden Psychologen ist es dann regelmäßig, die zu stellenden Anforderungen gemeinsam mit dem Auftraggeber psychologisch-diagnostisch angemessen zu operationalisieren. Hilfreich ist dazu anfangs eine allgemeine Sammlung von Kriterien bzw. Attributen zur Kandidatenbeurteilung. Laut Jeserich (2000) beziehen sich Anforderungsprofile im Personalwesen letztlich zumeist auf folgende psychologische Konstrukte: Kognitive Fähigkeiten (z. B. schlussfolgerndes Denken; Gedächtnis – s. in Abschnitt 4.1.2), Arbeitshaltung (z. B. Leistungsmotivation, Frustrationstoleranz, Belastbarkeit – s. alles in Abschnitt 4.2.3), „Sozialkompetenz" (z. B. Kontaktfähigkeit, Kooperationsbereitschaft, Durchsetzungsfähigkeit – s. in Abschnitt 4.3.2), sog. „Selbstkonzept" (s. in Abschnitt 4.2.3) und administrative Kompetenz (z. B.

Organisationsfähigkeit, Entscheidungssicherheit). Für sehr viele Berufe wenigstens grobe Hinweise auf die Anforderungen geben die Broschüren bzw. Homepages der *Bundesagentur für Arbeit* in Deutschland und das *Arbeitsmarktservice* (AMS) in Österreich.

Im wiederholten Fall ein und derselben Fragestellung innerhalb kürzesten Zeitraums ist das Anforderungsprofil wohl gegeben, sonst ist es zumeist wenigstens in Bezug auf seine Aktualität und praktische Bewährung zu reflektieren oder besser: empirisch zu evaluieren.

Gerade im Zusammenhang mit dem Anforderungsprofil ist zu klären, ob

• zur Festlegung der Anforderungen zuvor eine Tätigkeitsanalyse unternommen werden muss

– vgl. insbesondere zur sog. „Arbeitsplatzanalyse", als eine psychologisch-diagnostische Methode zur Untersuchung anderer Merkmalsträger als physische Personen, Genaueres in Abschnitt 5.2 Arbeitsplätze.

Unter Umständen bereits im Zuge der Klärung der Fragestellung ist strategisch zu überlegen,

• wie und wo innerhalb des diagnostischen Prozesses die *Sammlung der typischerweise mit dem gegebenen Sachverhalt in Verbindung stehenden Informationen* erfolgen soll, um einen optimalen Untersuchungsablauf zu versprechen.

Zwar fehlt es dazu an Grundlagenkenntnissen, so dass der Praktiker in Bezug auf Effizienz und Zumutbarkeit nach eigenem Gutdünken entscheiden muss; aber diese Fragen stehen an:

• Soll die Problemdarstellung seitens der betroffenen Person(en) und die vollständige *Sammlung der typischerweise mit dem gegebenen Sachverhalt in Verbindung stehenden Informationen* am selben Tag erfolgen?
• Soll diese Sammlung als unstrukturierte Erhebung oder als strukturierte erfolgen?
• Wenn als strukturierte, mit oder ohne einen (bewährten) Anamnesefragebogen?
• Wenn mit einem Anamnesefragebogen, dann zur Befragung durch den Psychologen oder zum selbständigen Ausfüllen durch die untersuchte Person (angehörige/erziehungsberechtigte Person)?
• Wenn zum selbständigen Ausfüllen durch die untersuchte Person (angehörige/erziehungsberechtigte Person), dann vor Ort oder zuhause?
• Wenn sowohl eine Eigen- als auch eine Fremdanamnese durch Befragung angestrebt wird, soll dies unter Beisein der jeweils anderen Person erfolgen oder getrennt nacheinander?
• Wenn getrennt nacheinander, in welcher Reihenfolge?
• Wenn zuhause, dann schon vor dem persönlichen Erstkontakt mit dem Psychologen?

Bemerkung am Rand

„*Das Mitschreiben* während des Gespräches wird von einer Reihe psychologischer Autoren ... und bereits früher von FREUD als untunlich und die Äußerungsbereitschaft des Pt. [Patient, besser: Tp; Anm. d. Verf.] hemmend angesehen. FREUD hat seine, doch wohl noch heute klassischen Analysenprotokolle, jeweils am Abend eines Arbeitstages angefertigt, und vielfach wird heute der Gesprächsinhalt nach einem Gespräch in den Pausen zwischen zwei Interviews niedergelegt. Dem widersprechen nun experimentelle Untersuchungen ... über den Informationsverlust bei nachträglicher Aufzeichnung. Dieser entspricht etwa den Ergebnissen der EBBINGHAUSschen Gedächtniskurve und beträgt bereits nach dem beendeten Gespräch 30 % und nach 2 Tagen 39 %. Allerdings werden wesentliche und gesprächsstrukturelle Daten relativ sicher festgehalten. Ohne Störung des Gesprächskontaktes können sicher innerhalb einer Anamnese relativ äußerliche, dabei aber meist dokumentationstechnisch harte Daten schriftlich fixiert werden" (Schraml, 1975, S. 287).

Zu Beginn des diagnostischen Prozesses muss zwischen den beiden Untersuchungsstrategien entschieden werden, ob

• entweder ein psychologisches Gutachten oder bloß ein Befund zu erstellen ist
– erst die Interpretation des Befundes und regelmäßig das Festsetzen des Maßnahmenvorschlags machen das Produkt der diagnostischen Arbeit zum psychologischen Gutachten im eigentlichen Sinn (vgl. genauer die Definition von „Befund" in Kapitel 6 Gutachten).

Ziemlich früh innerhalb des diagnostischen Prozesses ist es auch noch eine Strategiefrage, ob

• das Gutachten an den Klienten bzw. den Auftraggeber ausgehändigt wird oder ihm bloß die wesentlichen Ergebnisse vorgestellt und interpretiert werden; und wenn das Gutachten ausgehändigt werden soll, ob dieses bereits vor der Abschlussbesprechung (Beratung) oder erst danach fertig gestellt wird
– s. auch dazu Genaueres in Kapitel 6 Gutachten.

Wenn im Zuge der Auswahl der psychologisch-diagnostischen Verfahren auch inhaltliche Gründe hauptverantwortlich sein sollten, ob

• die Testungen am Computer oder mit Hilfe von Papier-Bleistift-Verfahren durchgeführt werden,

so handelt es sich dabei doch manchmal um eine strategische Frage im Sinn von: Computerdiagnostik prinzipiell nein *vs.* unbedingt. So stehen aus organisatorischen Gründen vielleicht nicht genügend Computer zur Verfügung; oder, umgekehrt, sie stehen zur Verfügung und „mögen" explizit genützt werden (grundsätzliche Vor- und Nachteile des Einsatzes von Computern beim *psychologischen Diagnostizieren* wurden bereits in Abschnitt 3.1.4 besprochen).

3.3.2 Entscheidungsstrategien

Hinsichtlich des Maßnahmenvorschlags als der letzten Entscheidung im diagnostischen Prozess stehen noch vor der Auswahl der psychologisch-diagnostischen Verfahren (bzw. im Zuge ihrer Positionierung innerhalb des Untersuchungsablaufs) verschiedene Strategiewahlen an. Zunächst ist die Relation der einzelnen Anforderungen abzuklären, d. h. festzulegen, ob

- die Anforderungen völlig gleichwertig nebeneinander bestehen oder sie hierarchisch gewertet sind.

Bemerkung am Rand

Im Zusammenhang vor allem mit klinisch-psychologischen Fragestellungen mag der Begriff „Anforderung" unpassend erscheinen. Trotzdem hat auch bei solchen Fragestellungen die Frage Relevanz, ob die einzelnen zu messen beabsichtigenden Eigenschaften für die letztlich festzulegende Intervention bzw. den letztlich zu gebenden Maßnahmenvorschlag als gleichwertig zu betrachten sind oder bestimmte Eigenschaften dafür mehr, andere dafür weniger beachtenswert sind.

Dabei ist die Handhabung dieser Strategiefrage in der Praxis allerdings so einzuschätzen, dass sehr selten explizit festgelegte Regeln über die Wertigkeit der einzelnen Eigenschaften im Zusammenhang mit dem zu treffenden Maßnahmenvorschlag Anwendung finden. Üblich ist es vielmehr, zunächst alle – wenn doch schon untersuchten – Eigenschaften bzw. Anforderungsbedingungen als unbedingt wichtig zu evaluieren. Im Personalwesen findet sich regelmäßig die lapidare Aussage seitens des Auftraggebers: „Alle Anforderungen sind wichtig!" Am Ende wird dann doch häufig (irgendwelchen) einzelnen (Test-) Ergebnissen größere Wichtigkeit zugesprochen. Ein solches, letztlich intuitives Vorgehen wird oft als sog. „klinische Urteilsbildung" zu rechtfertigen versucht. Fachlich gesehen, insbesondere im Vergleich zu einer sog. „statistischen Urteilsbildung", scheint dieses Vorgehen jedoch äußerst problematisch: Unterschiedliche Wertigkeiten einzelner Eigenschaften im Zusammenhang mit der gegebenen Fragestellung müssen transparent sein, und zwar von Anfang an.

Erläuterung zu den Begriffen „statistische" und „klinische Urteilsbildung":

Statistische Urteilsbildung meint die Strategie, diejenigen Gesetzmäßigkeiten für einen individuellen Fall entscheidungsbegründend zu nutzen, welche in vorausgegangenen Untersuchungen an mehr oder weniger großen Stichproben beobachtet wurden. Demgegenüber beruft sich die (durchaus über den klinischen Bereich hinausgehende) klinische Urteilsbildung auf eine Verwertung der gewonnenen quantitativen und qualitativen Ergebnisse entsprechend dem Fachwissen und der Erfahrung bzw. der Intuition des Psychologen, ohne dass die Regeln der Urteilsbildung explizit genannt werden oder überhaupt bekannt sind – „Bei der Orientierung an impliziten Regeln werden ... Annahmen gemacht bzw. subjektive ‚Theorien' entwickelt, die sich einer Überprüfung verschließen" (Jäger, 2003d, S. 352).

Bemerkung am Rand

Zwar kann es nicht technokratisches Ziel *psychologischen Diagnostizierens* sein,
Maßnahmenvorschläge automatisiert, ohne Abwägen fachpsychologisch relevanter
Rahmenbedingungen zu treffen. Eine Bewußtmachung implizit gesetzter Nutzenfunktionen oder Urteilsregeln sowohl individuell, seitens jedes Psychologen, als
auch allgemein, seitens des Fachs *Psychologische Diagnostik*, scheint aber das Min-
deste, um Kontrolle über die Intuition bei Urteilsbildungen zu gewinnen! Darüber
hinaus dürfte die vorschnelle Rechtfertigung einer klinischen Urteilsbildung Forschungsansätze behindern, die an der modellhaften Rekonstruktion praktisch ge-
troffener Entscheidungen arbeiten; immerhin könnten solche Entscheidungsrekon-
struktionen theoriebildend sein und sogar Vorbild für psychologisch-diagnostische
Expertensysteme werden.

Die Festlegung, ob alle Anforderungen gleich oder nicht gleich bedeutend sind,
ist (eigentlich wieder untersuchungs-) strategisch wichtig, um gegebenenfalls abzuklären, ob

• eine stufenweise, ergebnisabhängige (*more stage*-) Testung stattfinden kann.

In der Mehrzahl psychologischer Untersuchungen erfolgt die Datenerhebung gebündelt, also die Testung aller fraglichen Eigenschaften gleichzeitig bzw. unabhängig vom Testergebnis unmittelbar nacheinander. Im Fall hierarchisch festgesetzter
Anforderungen ist dies jedoch extrem unwirtschaftlich. Vielmehr drängt sich dann
eine Entscheidungsstrategie auf, die gleichfalls hierarchisch konzipiert ist: Erfüllt
die Tp eine wesentliche Anforderung nicht, kann die Untersuchung beendet werden.

Dieses Vorgehen ähnelt zwar dem eines Screenings (vgl. in Abschnitt 2.3.2),
allerdings ist im Gegensatz dazu hier eine Strategie mit terminaler, also endgülti-
ger Entscheidung gemeint, die auf einer exakten, nicht unbedingt kostengünstigen
Messung von nur einzelnen Eigenschaften beruht.

Eine solche Strategie der Testung von Eigenschaften geordnet nach einer Hierarchie der Anforderungen ist jedoch ihrerseits von der Entscheidungsstrategie
abhängig, dass

• jede einzelne Anforderung unabdingbar ist und die Anforderungen nicht wechselseitig kompensierbar sind.

Es ist also zwischen kompensatorischen und konjunktiven, d. h. gewisse Mindestansprüche auf jeden Fall zu erfüllenden Anforderungen zu unterscheiden. Kann
im ersten Fall also eine geringere Ausprägung in der einen Eigenschaft durch ein
entsprechendes „Mehr" in einer anderen Eigenschaft wettgemacht werden, so gilt
im anderen Fall ein „multiples Minimum-Kriterium": Wer eine bestimmte Anforderung nicht in bestimmtem Mindestausmaß erfüllt, ist auszuscheiden.

Bemerkung am Rand

Obwohl in der Praxis zumeist die kompensatorische Strategie verfolgt wird, ist sie
„immer dort dysfunktional, wo in jedem Teilbereich bestimmte Mindestleistungen

unabdingbar vorliegen müssen, um eine Tätigkeit erfolgreich ausführen zu können. Beispielsweise kann ein Chirurg nicht mangelnde feinmotorische Kompetenz durch Intelligenz kompensieren, ein Pilot nicht fehlende Sehtüchtigkeit durch gute räumliche Orientierung" (Amelang & Zielinski, 2002, S. 438).

Wieder auch untersuchungsstrategisch bezogen ist die Frage, ob
- die psychologisch-diagnostischen Verfahren lediglich für ein *Screening*, eine grobklassifizierende Vorauswahl eingesetzt werden sollen.

Zumeist aus Kostengründen kann es günstig sein, die fraglichen Eigenschaften nicht derart exakt zu messen, dass ein mit möglichst geringem Messfehler behafteter Testwert resultiert, sondern nur soweit genau, dass die Tp diesbezüglich zumindest in eine Richtung (positiv *vs.* negativ) qualifiziert bzw. ausgeschlossen werden kann. Je nach Ergebnis können dann weitere, kostspielige(re) Untersuchungen (unter Umständen mit messgenaueren Verfahren) durchgeführt werden.

Bemerkung am Rand

Die oben angesprochene Strategie, bei hierarchisch geordneten Anforderungen der Reihe nach die fraglichen Eigenschaften abzutesten, um gegebenenfalls die Untersuchung zu beenden, und die Strategie des *Screenings* mögen theoretisch als Varianten einer „Sequentiellen Diagnostik" aufgefasst werden, obwohl darunter herkömmlich eher verstanden wird, dass es im Zuge einer Fallbehandlung zu wiederholten Testungen kommt, zur Verlaufskontrolle oder um gesetzte Maßnahmen zu evaluieren.

Innerhalb jeder Selektionsdiagnostik ist für den diagnostischen Prozess wesentlich, auch zu unterscheiden zwischen den beiden Strategien
- Bestenauswahl *vs.* Auswahl Geeigneter,

obwohl die Wahl zwischen den beiden regelmäßig bereits durch die konkrete Fragestellung festgelegt wird. Entweder ist die Auswahl auf eine bestimmte Anzahl zu vergebender „Plätze" beschränkt oder diese sind eben nicht explizit, zumindest nicht durch den Auftraggeber kontingentiert. Eine Bestenauswahl erfolgt zum Beispiel, wenn zehn Programmierer in einem Wirtschaftsunternehmen aufgenommen werden und sich dafür mehr als zehn grundsätzlich Geeignete befinden. Ein Maßnahmenvorschlag im Sinn einer Auswahl Geeigneter erfolgt zum Beispiel, wenn ein Schüler dahingehend diagnostiziert werden soll, ob er für die Schulbildung in einem Gymnasium geeignet ist. Die Aufgabe des Psychologen ist für die beiden Strategien verschieden. Im allgemeinen fällt es mit Hilfe des verfügbaren Inventars psychologisch-diagnostischer Verfahren wesentlich leichter, die anforderungsmäßig besten auszulesen, als alle potentiell Geeigneten valide zu prognostizieren (vgl. nochmals die *Taylor-Russel*-Tafeln in Abschnitt 2.3.3).

Einen Unterschied, insbesondere noch im Zuge der Klärung der Fragestellung, macht auch die Unterscheidung zwischen den beiden Strategien
- norm- *vs.* kriteriumsorientierte Diagnostik.

Die kriteriumsorientierte Diagnostik fordert den Psychologen insofern mehr ab, als ein Kriterium (in der Regel das Lern- oder Therapieziel; vgl. in Abschnitt 2.4.3) erst einmal fachlich begründbar festgelegt werden muss, bevor mit der Untersuchung begonnen wird. Zum Beispiel: „Wie lange muss ein Rehabilitant nach einem Schädel-Hirn-Trauma einfache Sortieraufgaben fehlerfrei lösen können, um am Arbeitsmarkt zumindest für wenig anspruchsvolle Arbeitsplätze in Produktionsbetrieben vermittelbar zu sein?"

Grundsätzlich zu unterscheiden ist, und darauf wurde bereits mehrfach hingewiesen (vgl. insbesondere wieder in Abschnitt 2.4.3), zwischen den beiden Strategien

• förderungsorientierte Diagnostik *vs.* Selektionsdiagnostik.

Während der diagnostische Prozess innerhalb der Selektionsdiagnostik regelmäßig eine Standardprozedur (über mehrere Tpn hinweg) erlaubt, erfordert die förderungsorientierte Diagnostik oft eine ergebnisabhängige Auswahl weiterer psychologisch-diagnostischer Verfahren, um die geeigneten Fördermaßnahmen festlegen zu können.

Zur Illustration

Leiss (2003) validierte, dass im Zuge einer mehr oder weniger Routinetestung mit dem AID 2 bei Dutzendfragestellungen tatsächlich bestimmte Teilleistungsstörungen diagnostiziert werden können (vgl. das Beispiel in Abbildung 2.9, in Abschnitt 2.4.3), zumindest im Sinne eines *Screening*-Verfahrens. Allerdings werden dabei lediglich die Bereiche „Merkfähigkeit" und „Serialität" derart differenziert erfasst, dass keine weitere Abklärung mit spezifisch messenden Tests notwendig wird. Dagegen sollte der mit dem AID 2 gewonnene Verdacht auf eine Teilleistungsstörung in Bezug auf die Bereiche „Figur-Hintergrundwahrnehmung", „Gliederung" und „Differenzierung" doch erst zusätzlich, mit spezifischen Tests abgesichert werden, bevor die entsprechende Diagnose definitiv gestellt wird.

Bemerkung am Rand

Förderungsorientierte Diagnostik bezieht sich auch auf den Ansatz des sog. *Testing the Limits*: Hier geht es um die Feststellung derjenigen optimalen Bedingungen pro Tp, welche zu einer Verbesserung der Testleistungen führen, sei es durch alternative Itempräsentationen, sei es durch Wiederholungen oder Hilfestellungen (vgl. zu standardisierten individuellen Hilfestellungen pro Item die Lerntests *sensu Guthke* in Abschnitt 4.1.2).

Schließlich ist es eine entscheidungsstrategische Frage, ob

• der einmalige Einsatz der ausgewählten psychologisch-diagnostischen Verfahren für die Beantwortung der Fragestellung ausreicht oder dieselben Verfahren ein zweites Mal administriert werden sollen.

Zahlreiche Studien im Zusammenhang mit Wiederholungstestungen belegen eindrucksvoll, dass regelmäßig die Ergebnisse einer zweiten Testung zwischen verschiedenen inhaltlich relevanten, zum Beispiel klinischen Gruppen besser differenzieren als die Ergebnisse der ersten Testung (vgl. in Abschnitt 4.1.2). Für

Eigenschaften, bei denen dies zutrifft, liefert also erst die Zweittestung eine aussagekräftige diagnostische Information.

Zur Illustration

Kliegl, Smith und Baltes (1986) haben festgestellt, dass beim Erinnern sehr langer
Wortreihen bei der Ersttestung kaum Unterschiede zwischen jüngeren und älteren
Erwachsenen bestehen. Während sich aber der Leistungszuwachs bei der Zweit-
testung für die älteren Personen recht bescheiden auswirkt, ist er für die jüngeren
Personen so groß, dass sich die Verteilungen der Testwerte beider Gruppen dann
fast nicht mehr überlappen.

Bemerkung am Rand

Eigentlich bezieht sich *Testing the Limits* nicht nur darauf, unter welchen förderlichen Bedingungen die Leistung steigerbar ist, sondern auch darauf, unter
welchen belastenden Bedingungen sie noch immer akzeptabel ist. Insbesondere
die Leistungsfähigkeit unter psychischer Belastung, etwa bei extern gesteuerten
Stressbedingungen interessiert (vgl. dazu Genaueres in Abschnitt 4.2.4).

4 Inhalte

Nach der Diskussion aller testtheoretischen Grundlagen sowie vieler formaler Gesichtspunkte können endlich auch Inhalte exemplifiziert werden, denen sich die *Psychologische Diagnostik* widmet. Die einleitend angedeutete Polarisierung in „Leistungs-" Diagnostik einerseits und „Persönlichkeits-" Diagnostik andererseits hat sich zwar traditionell für didaktische Zwecke bewährt, ist allerdings in letzter Konsequenz, für die praktische Fallbehandlung nicht nötig. Überhaupt sind schon bestimmte Eigenschaften, nämlich Kreativität und Soziale Intelligenz, nicht eindeutig entweder dem Leistungsbereich oder dem Persönlichkeitsbereich zuzuzählen.

Eben nur des anfangs besseren Verständnisses wegen, wird im Folgenden der Systematik nachgegangen:
1. Leistungsdiagnostik,
2. Persönlichkeitsdiagnostik,
3. Diagnostik „hybrider" Eigenschaften.

Was Inhalte betrifft, ist schließlich auch auf die Biographie einer Person einzugehen; deren, vor allem bildungsmäßige und berufliche Vergangenheit interessiert beim *psychologischen Diagnostizieren* insofern, als sie Rückschlüsse (Prognosen) auf künftige Leistungen bzw. Verhaltensweisen – und damit auf die zugrunde liegenden Eigenschaften – verspricht. Das heißt, es geht um
4. Biographie als mittelbare Diagnostik.

4.1 Leistungsdiagnostik

Psychologische Leistungsdiagnostik ist nach wie vor geprägt durch den Einsatz von Intelligenztests – außerhalb der akademischen Psychologie populär seit neuestem „IQ-Tests" bezeichnet. Praktisch gesehen handelt es sich dabei stets um eine Zusammenstellung von mehreren Untertests zu einer Testbatterie. Darüber hinaus gibt es spezielle Leistungstests, zum Beispiel bezogen auf die Messung der Aufmerksamkeit oder, gesellschaftlich immer mehr relevant, auf die Messung bestimmter neuropsychologischer Funktionstüchtigkeiten. Beide Gruppen,
1. Intelligenz-Testbatterien wie
2. spezielle Leistungstests,
sind deutlich dadurch gekennzeichnet, dass sie die kognitiven Fähigkeiten eines Menschen zu erfassen suchen; insofern wäre der Oberbegriff „Kognitionsdiagnostik" angemessen.

4.1.1 Intelligenz-Testbatterien

Wie es der *Psychologischen Diagnostik* an einer entsprechend einheitlichen und verbindlichen Terminologie mangelt, so mangelt es ihrem Inventar in diesem Zusammenhang auch an inhaltstheoretischer Fundierung. Wohl haben alle Intelligenz-Testbatterien eine gewisse „Affinität" zu herkömmlichen Intelligenztheorien; strikt nach einer bestimmten Theorie konstruierte Testbatterien gibt es mit Ausnahme des *Berliner-Intelligenz-Struktur Tests* nicht (vgl. aber zum BIS-Test kritisch in Abschnitt 2.4.2). Die meisten haben zwar Bezug zu entweder *Thurstone* oder *Wechsler*, letztlich fügen sich die Testautoren jedoch, nach einer inhaltlich wohlüberlegten und sorgfältig angelegten Testkonstruktion, der Faktizität der resultierenden Faktorenstruktur bzw. sie verfolgen gleich nur praktische Zwecke. Zum Beispiel lautet „die intelligenztheoretische Position des AID 2: Ihm liegt der pragmatische Standpunkt zugrunde, ziemlich viele (komplexe und basale) Fähigkeiten, die für ‚intelligentes' Verhalten verantwortlich scheinen, zu erfassen" (Kubinger & Wurst, 2000, S. 14).

Zur Illustration

„In vager Anlehnung an Cattell (1987) und seiner Investmenttheorie (‚Wissen ist investierte Intelligenz') kann im Zusammenhang mit dem AID 2, d.h. im Sinne des ... pragmatischen Ansatzes, ‚Intelligenz' definiert werden als: das Bündel aller kognitiven Voraussetzungen, die notwendig sind, um Wissen zu erwerben und Handlungskompetenzen zu entwickeln – wobei ‚Kognition' sich bezieht auf ‚jeden Prozeß, durch den das Lebewesen Kenntnis von einem Objekt erhält oder sich seiner Umwelt bewußt wird ...: Wahrnehmung, Erkennen, Vorstellen, Urteilen, Gedächtnis, Lernen, Denken, ... Sprache' (*Lexikon der Psychologie* ...)" (Kubinger & Wurst, 2000, S. 30).

So gesehen ist eine Systematisierung der verfügbaren Intelligenztest (-Batterien) statt nach intelligenztheoretischer Orientierung nach Einzel- *vs.* Gruppenverfahren, was die Praxis betrifft, viel relevanter.

Als typischen Repräsentanten von Gruppenverfahren wird im Folgenden näher eingegangen auf den
▶ IST 2000 R,
als typischen Repräsentanten von Einzelverfahren auf den
▶ AID 2.
Im *Anhang: Verfahrensbeschreibungen* finden sich darüber hinaus folgende weitere Vertreter wenigstens in Bezug auf „technische" Daten sowie Informationen zu den Gütekriterien erfasst: KFT 4-12+R, PSB-R 4-6, PSB-R 6-13, WIT (alles Gruppenverfahren), HAWIE-R, HAWIK-III, K-ABC (alles Einzelverfahren).

IST 2000 R

Ein typisches Beispiel, wie „konglomeratisch" die Konzeption neuerer Intelligenz-Testbatterien ist, gibt der IST 2000 R, der auf den explizit an *Thurstone* angelehnten IST („Intelligenz-Struktur-Test") von 1953 zurückgeht. In der nunmehrigen Version orientieren sich die Autoren nicht nur an *Thurstone*, sondern auch an *R. B. Cattell* sowie an *Guilford* bzw. Jäger (1984). Im Endeffekt liegt der Testbatterie ein hierarchisches Intelligenzmodell zugrunde, welches mit zwölf Untertests in erster Ebene „Schlussfolgerndes Denken" und „Wissen" differenziert, in zweiter Ebene verbale, numerische und figurale „Intelligenz" und verbales, numerisches und figurales „Wissen" – sowie „Merkfähigkeit". Dazu werden die Testwerte jeweils anderer Untertests aufsummiert; für die Dimensionen auf erster Ebene können davon abweichend auch Faktor-*Scores* (vgl. in Abschnitt 2.3.2) bestimmt werden. Nicht alle Untertests (s. deren Zuordnung zu den übergeordneten Intelligenzdimensionen samt Hinweis auf die jeweiligen Prüfmodalität in Präsentation 14) sind obligatorisch vorzugeben, vielmehr bilden die ersten neun das Grundmodul, welches allerdings insbesondere „Wissen" dann nicht mehr erfasst. Obwohl im Manual nichts über den Einsatzbereich des IST 2000 R ausgesagt wird, drängt sich wohl – insbesondere aus der Tradition heraus – die Anwendung bei allen berufsbezogenen Fragestellungen auf; Eichtabellen gibt es jedenfalls für 15- bis 51-Jährige (und ältere).

Präsentation 14: Liste der Untertests des IST 2000 R samt Zuordnung zu übergeordneten Intelligenzdimensionen; außer die Prüfmodalität wurde in Abschnitt 3.2.1, insbesondere in der dortigen Präsentation 11 bereits vorgestellt, wird sie in dieser Liste prägnant beschrieben.

- *Satzergänzung* $\longrightarrow$ verbale „Intelligenz" $\longrightarrow$ „Schlussfolgerndes Denken"
- *Analogien* $\longrightarrow$ verbale „Intelligenz" $\longrightarrow$ „Schlussfolgerndes Denken"
- *Gemeinsamkeiten* $\longrightarrow$ verbale „Intelligenz" $\longrightarrow$ „Schlussfolgerndes Denken"
- *Rechenaufgaben* $\longrightarrow$ numerische „Intelligenz" $\longrightarrow$ „Schlussfolgerndes Denken"
  Simple Gleichungen mit einer Unbekannten sind zu lösen.
- *Zahlenreihen* $\longrightarrow$ numerische „Intelligenz" $\longrightarrow$ „Schlussfolgerndes Denken"
- *Rechenzeichen* $\longrightarrow$ numerische „Intelligenz" $\longrightarrow$ „Schlussfolgerndes Denken"
  In der Regel drei Zahlen der linken Seite einer Gleichung sind so mit einschlägigen Rechenoperationen zu verknüpfen, dass die Zahl auf der rechten Seite der Gleichung resultiert.
- *Figurenauswahl* $\longrightarrow$ figurale „Intelligenz" $\longrightarrow$ „Schlussfolgerndes Denken"
- *Würfelaufgaben* $\longrightarrow$ figurale „Intelligenz" $\longrightarrow$ „Schlussfolgerndes Denken" (vgl. den 3DW in Abbildung 3.12 in Abschnitt 3.2.1)
- *Matrizen* $\longrightarrow$ figurale „Intelligenz" $\longrightarrow$ „Schlussfolgerndes Denken" (vgl. den WMT in Abbildung 2.2 in Abschnitt 2.2.1)
- *Merkfähigkeit (verbal)* $\longrightarrow$ „Merkfähigkeit"
  Fünf Oberbegriffe mit je zwei bis drei Beispielen müssen auswendig gelernt werden.
- *Merkfähigkeit (figural)* $\longrightarrow$ „Merkfähigkeit"
  Zweimal 13 paarweise angeordnete Figuren sind assoziativ miteinander zu verknüpfen.

- *Wissenstest* $\longrightarrow$ verbales, numerisches, figurales „Wissen" $\longrightarrow$ „Wissen" (vgl. den Untertest *Alltagswissen* aus dem AID 2)

- Positiv anzumerken ist, dass entgegen den meisten vergleichbaren Testbatterien der IST 2000 R eben wegen des grundsätzlich neu reflektierten intelligenztheoretischen Konzepts keinen *IQ* als Maß einer „allgemeinen" Intelligenz anbietet – allerdings steht zu fürchten, dass Anwender von ausschließlich dem Grundmodul den dabei bestimmbaren „Gesamtwert" (in Standardwerten, also *Z*-Werten) dementsprechend interpretieren.

Genaue „technische" Daten sowie Informationen zu den Gütekriterien finden sich im *Anhang: Verfahrensbeschreibungen*. In Ergänzung dazu ist folgende Kritik explizit anzubringen:

- Wie die meisten vergleichbaren Testbatterien auch, wird im IST 2000 R die testtheoretische Tragweite des gewählten Verrechnungsmodus pro Untertest weder reflektiert noch geprüft. Gemäß den Ausführungen zum Gütekriterium Skalierung in Abschnitt 2.5.1 ist es daher sehr wahrscheinlich, dass für sie alle nicht Verrechnungsfairness gegeben ist – insbesondere in Anbetracht des Umstands, dass es sich um *Speed-and-power*-Tests handelt und es also zu einer Kontaminierung zweier Eigenschaftsdimensionen kommt (vgl. in Abschnitt 3.1.2).

AID 2

Inhaltlich ist die Testbatterie AID 2 innovatorisch am weltweit verbreiteten, bis auf das Jahr 1939 zurückgehende Testkonzept von *Wechsler* orientiert (vgl. nochmals Genaueres in Abschnitt 2.3.2). Abgesehen von etlichen konzeptionellen Modifikationen der Aufgabenstellung pro Untertest sowie der Bereicherung um einige Zusatztests zum *Screening* von ausgewählten Teilleistungsstörungen (s. die Definition der mit dem jeweiligen Unter-/Zusatztest gemessenen Fähigkeiten samt Beschreibung der jeweiligen Prüfmodalität in Präsentation 15), realisiert die Testbatterie AID 2 – deutschsprachig nach wie vor einmalig – adaptives Testen als Papier-Bleistift-Verfahren (vgl. insbesonders Abbildung 2.12 in Abschnitt 2.6.2). Zielpopulation sind Kinder und Jugendliche (6- bis 16-Jährige). Die Einsatzmöglichkeiten beziehen sich laut Manual auf: Schulpsychologie, Berufs- und Ausbildungsberatung, Klinische Psychologie sowie, wegen der Existenz einer sprachfreien Instruktion für manche Unter-/Zusatztests, auf diverse Fragestellungen bei fremdsprachigen Tpn.

Präsentation 15: Definition und Beschreibung der Prüfmodalität für sämtliche Untertests bzw. Zusatztests des AID 2 (aus Kubinger & Wurst, 2000, S. 16ff. – teilweise gekürzt und um den Verweis zur entsprechenden Abbildung in Abschnitt 3.2.1 ergänzt).

- *Alltagswissen* soll die Fähigkeit prüfen, sich Sachkenntnisse über Inhalte anzueignen, die in der heutigen Gesellschaft alltäglich sind.
  Der Testperson werden (mündlich) Fragen gestellt, die sie (mündlich) zu beantworten hat.

- *Realitätssicherheit* soll prüfen, inwieweit die Wirklichkeit um Dinge des Alltags verstanden wird bzw. kontrolliert werden kann.
  Der Testperson wird auf Bildkarten jeweils ein Gegenstand mit einem fehlenden Detail gezeigt, das sie entdecken muss (s. Abbildung 3.7).

- *Angewandtes Rechnen* soll weitgehend unabhängig von schulischen Rechenfertigkeiten prüfen, inwieweit die Testperson bei der Problemlösung alltäglicher Aufgabenstellungen durch entsprechende Schlussfolgerungen die passenden Rechenoperationen anzuwenden imstande ist.
  Die Testperson muss Textrechnungen lösen.

- *Soziale und Sachliche Folgerichtigkeit* soll die Fähigkeit ... [erfassen], die Abfolge sozialen Geschehens bzw. alltäglicher Sachgegebenheiten zu verstehen und zu kontrollieren.
  Die Testperson erhält ungeordnete Bildfolgen jeweils einer anderen Geschichte; die Bilder muss sie logisch richtig ordnen (s. Abbildung 3.8).

- *Unmittelbares Reproduzieren*-numerisch soll die Kapazität der seriellen Informationsverarbeitung (im verbal-akustischen Bereich) messen.
  Der Testperson werden Zahlenfolgen vorgesagt; die jeweiligen Zahlen muss sie in vorbestimmter Reihenfolge komplett wiedergeben.

- *Synonyme Finden* soll das elementare Sprachverständnis prüfen, nämlich inwieweit die Testperson die Bedeutung sprachgebundener Begriffe erfasst bzw. über einen Wortschatz verfügt, der solche Begriffe alternativ ausdrücken lässt.
  Der Testperson werden mündlich Worte geboten, für die sie jeweils ein anderes Wort mit (ziemlich) derselben Bedeutung anzugeben hat.

- Kodieren und Assoziieren ... [soll] zwei voneinander partiell unabhängige Fähigkeiten ... [erfassen]: Die Informationsverarbeitungsschnelligkeit und die Fähigkeit zum inzidentellen Lernen.
  Die Testperson hat zuerst nach einer Vorlage Symbole zu kodieren, später aus dem Gedächtnis heraus (s. Abbildung 3.6).

- *Antizipieren und Kombinieren*-figural soll schlussfolgerndes Denken in der Hinsicht prüfen, Teile eines (konkreten) Ganzen erkennen und dieses Ganze gestalten zu können.
  Der Testperson werden Teile jeweils einer Figur vorgelegt, die sie zusammenzusetzen hat (s. Abbildung 3.9).

- *Funktionen Abstrahieren* soll die Fähigkeit ... [erfassen], durch Abstraktion zu einer Begriffsbildung zu gelangen.
  Der Testperson werden jeweils zwei Objekte genannt, deren gemeinsame wesentliche Funktion sie erkennen und beschreiben muss.

- *Analysieren und Synthetisieren*-abstrakt soll die Fähigkeit prüfen, komplexe (abstrakte) Gestalten durch eine geeignete Strukturierung reproduzieren zu können.

> *Der Testperson werden geometrische Muster vorgegeben, die sie mit den verschiedenen Seiten von Würfeln nachlegen muss (s. Abbildung 3.4).*
> - *Soziales Erfassen und Sachliches Reflektieren* soll ... [prüfen], inwieweit die Testperson Sachzusammenhänge der „gesellschaftlichen" Umwelt begreift bzw. inwieweit sie sozialisiert in dem Sinn ist, dass sie über sozial angepasste Verhaltensweisen und gesellschaftliche Bedingungen Bescheid weiß.
> *Der Testperson werden Fragen gestellt, die sie zu beantworten hat.*
> - *Unmittelbares Reproduzieren*-figural/abstrakt soll die Kapazität der seriellen Informationsverarbeitung (im visumotorischen Bereich) messen.
> *Der Testperson werden jeweils Bilder einer Bildertafel in bestimmter Reihenfolge vorgetippt, was sie komplett und in derselben Aufeinanderfolge nachzumachen hat.*
> - *Merken und Einprägen* soll die Behaltenskapazität erfassen, wie sie durch eine einmalige Wiederholung der Reizdarbietung erreichbar ist.
> *Der Testperson werden Wortlisten von sinnfreien Silben vorgesagt, die sie reproduzieren muss.*
> - *Strukturieren*-visumotorisch soll die Fähigkeit erfassen, komplexe (abstrakte) Gestalten in elementare Teilkomponenten zerlegen zu können.
> *Der Testperson wird jeweils ein geometrisches Muster vorgegeben, das sie durch Linienzüge in ihre Bestandteile gemäß den verschiedenen Seiten eines Würfels auflösen muss.*

- Entsprechend der bereits in Abschnitt 2.5.1 geführten Argumentation gegen den *IQ* wird diesem im AID 2 auch grundsätzlich eine Absage erteilt und ausschließlich die Profilinterpretation in Bezug auf die Leistungen in den einzelnen Untertests bzw. die Interpretation von Leistungshöhen und -tiefen propagiert. Dies ermöglicht unmittelbar förderungsorientierte Diagnostik.

Genaue „technische" Daten sowie Informationen zu den Gütekriterien finden sich im *Anhang: Verfahrensbeschreibungen.* In Ergänzung dazu ist folgende Kritik explizit anzubringen:

- Das zugrunde gelegte intelligenztheoretische Konzept ist – eben abgesehen von seinem pragmatischen Wert – gerade wegen der Orientierung am historischen Testkonzept von *Wechsler* erkenntnistheoretisch ungenügend. Weder ist die Aussagekraft der einzelnen Untertests zueinander empirisch oder theoretisch je Fragestellung abgesichert noch ist die prognostische Validität der gesamten Testbatterie in Bezug auf typische (Erfolgs-) Kriterien untersucht.

Bemerkung am Rand

Intelligenztest-Batterien, die im Gegensatz zum AID 2 am traditionellen Konzept des *IQ* festhalten, also eine kompensatorische Wirkung der einzelnen Untertests in Bezug auf die „Intelligenz" einer Tp voraussetzen, entledigen sich stillschweigend des Problems, die wechselseitige Aussagekraft der Untertests (je Fragestellung) zu evaluieren. Sie bürden sich gleich ein in Bezug auf das Gütekriterium Skalierung

noch viel größeres Problem auf, nämlich dass der dem *IQ* entsprechende durchschnittliche Testwert über alle Untertests hinweg äußerst wenig wahrscheinlich
verrechnungsfair ist (vgl. nochmals genau in Abschnitt 2.5.1).

Was Untersuchungen zur prognostischen Validität in Bezug auf typische (Er-
folgs-) Kriterien betrifft, ist anzumerken, dass es grundsätzlich allen Intelligenztests an solchen Untersuchungen mangelt.

• Der versuchten Erfassung ausgewählter Teilleistungsstörungen ist ähnlich vorzu-
werfen, dass dem AID 2 ein Bezug zu theoretisch fundierten Störungsmodellen
fehlt.

4.1.2 Spezielle Leistungstests

Unter spezielle Leistungstests fallen insbesondere auch solche, die zwar gelegentlich als „Intelligenztest" bezeichnet werden, jedoch – sofern sie überhaupt Intelligenz in intelligenztheoretisch fundierter Tradition messen – lediglich einen speziellen Aspekt, einen einzelnen Intelligenzfaktor erfassen. Umgekehrt gibt es auch
Testbatterien mit mehreren Untertests, die nur auf spezielle Leistungen abzielen.

Die kritische Durchsicht des Verfahrensinventars der *Psychologischen Diagnostik* vermittelt den Eindruck, die einzelnen psychologisch-diagnostischen Verfahren
sind kaum am Bedarf der Fallbehandlung bei typischen Fragestellungen orientiert,
sondern eher gemäß gelegentlicher Forschungsinteressen entwickelt worden. Eine
praxisorientierte Systematisierung von typischen Repräsentanten spezieller Leistungstests drängt sich daher nicht auf. Vielmehr erhebt die im Folgenden versuchte Systematik, im Wesentlichen nach den Intelligenzfaktoren von *Thurstone*,
bestenfalls den Anspruch, didaktisch hilfreich zu sein:

▶ Verbal Comprehension
▶ Space
▶ Memory
▶ Perceptual Speed
▶ Reasoning
▶ (Intellektuelle) Lernfähigkeit
▶ Aufmerksamkeit und Konzentration
▶ Technisches Verständnis
▶ Entwicklungstests

Wichtiger Hinweis

Aus den vielen faktorenanalytischen Arbeiten von Thurstone wurde eine am bekanntesten; sie führte zu den oft zitierten sieben „*Primary mental Abilities*": *Verbal Comprehension*, *Word Fluency*, *Number*, *Space*, *Memory*, *Perceptual Speed*
und *Reasoning* (s. Genaueres z. B. bei Amelang & Bartussek, 2001).

Verbal Comprehension

Abgesehen davon, dass grundsätzlich jede Intelligenz-Testbatterie zumindest einen entsprechenden Untertest beinhaltet – vgl. die bereits zu illustrativen Zwecken genannten Untertests: *Sprichwörter* und *Gleiche Wortbedeutung* aus dem WIT, *Gemeinsamkeiten* und *Analogien* aus dem IST 2000 R (s. in Präsentation 11 in Abschnitt 3.2.1), mit Abstrichen auch *Funktionen Abstrahieren* aus dem AID 2 –, findet sich als spezieller Leistungstest zu *Verbal Comprehension* einschlägig vor allem der WST (*Wortschatztest*; Schmidt & Metzler, 1992).[26] Nichtsdestotrotz ist seine Zuordnung zu gerade diesem Intelligenzfaktor von *Thurstone* nicht eindeutig: Indem die Aufgabenstellung (bloß) die ist, Worte wieder zu erkennen, also nicht, wie bei anderen entsprechenden Tests, eine (unter Umständen durch vorgegebene Antwortmöglichkeiten unterstützte) Wort-Reproduktion verlangt wird, kommt auch stark *Memory* zum Tragen.

Letzteres erfolgt mit Absicht, weil Gedächtnisinhalte geprüft werden sollen, die relativ früh in der Ontogenese gelernt und bis ins hohe Alter behalten werden. Damit ist insbesondere der Einsatz des Tests in der neuropsychologischen Diagnostik zweckmäßig, insbesondere in der sog. „gerontopsychologischen Diagnostik", zum Beispiel bei fraglicher sog. „Demenz": Die solcherart geprüften kognitiven Leistungen bleiben im Fall relativ lang erhalten, so dass die Abschätzung des prämorbiden Intelligenzniveaus bei leichter bis mittelschwerer Beeinträchtigung möglich ist.

Zur Illustration

Pro Item des WST muss aus sechs vorgegebenen Wortkonstruktionen die einzige reale herausgefunden werden. Für das Item 1 ist das: Rondie – Unidase – Orisal – Ironie – Nirol – Ikomie (die Lösung lautet „Ironie").

Erläuterung zum Begriff „gerontopsychologische Diagnostik":
Neuropsychologische Diagnostik bei Personen mit höherem Lebensalter hat sich zu einer eigenständigen Spezialdisziplin entwickelt Sie verfolgt vor allem die Absicht, „individuelle altersgemäße und pathologische Merkmalsausprägungen und Entwicklungen ... psychischer Funktionsbereiche differenziert zu erfassen (Statusdiagnostik) und Leistungsreserven, Kompetenzen sowie Entwicklungspotentiale fest zu stellen (i. S. einer Kompetenzdiagnostik)" (Gunzelmann & Oswald, 2003, S. 169).

Erläuterung zum Begriff „Demenz":
„*Demenz, Dementia* (lat. *mens*, Verstand), erworbene, dauernde Intelligenzminderung, im Ggs. zum angeborenen Intelligenzmangel (Schwachsinn) und im Ggs. zu vorübergehenden Intelligenzstörungen ... Je nach der intellektuellen Funktion, welche herabgesetzt wird, unterscheidet man: (1) mnestische D.: Verfall der Merkfähigkeit und des Gedächtnisses; (2) strukturelle D.: Verlust des logischen

---

[26] Der MWT (Form B, *Mehrfachwahl-Wortschatz-Intelligenztest*; Lehrl, 1999) folgt demselben Testkonzept, ist aber, anders als der WST, nicht gemäß *Rasch*-Modell konstruiert.

Aufbaus des Denkens; (3) apperzeptive D.: Verlust der Fähigkeit zum Festhalten einer Zielvorstellung beim Denken und zur Trennung des Wesentlichen vom Unwesentlichen" (*Dorsch Psychologisches Wörterbuch*; Häcker & Stapf, 2004, S. 188).

Außer dem WST gibt es neuerdings den *Lexikon-Wissen Test* (LEWITE; Wagner-Menghin, 2004); auf ihn wird noch besonders in anderem Zusammenhang einzugehen sein (vgl. in Abschnitt 4.2.4). Beide Tests, WST und LEWITE sind hinsichtlich ihrer genauen „technischen" Daten bzw. Informationen zu den Gütekriterien im *Anhang: Verfahrensbeschreibungen* erfasst.

Als eine besondere Untergruppe sog. „Entwicklungstests" (vgl. weiter unten) ist im weitesten Zusammenhang mit *Verbal Comprehension* auch noch auf Sprachentwicklungstests hinzuweisen. Am bekanntesten ist wohl der *Heidelberger Sprachentwicklungstest* (HSET; Grimm & Schöler, 1991 – eigentlich eine Testbatterie), der bei Kindern zwischen dem 3. und 9. Lebensjahr Sprachverständnis bzw. Sprachbegabung erfasst.

Zur Illustration

Im Untertest *Korrektur semantisch inkonsistenter Sätze* des HSET müssen unlogische Sinnzusammenhänge erkannt und korrigiert werden. Zum Beispiel Item 3 lautet: „Mit diesem Geschenk haben wir der Mutter eine große Liebe gemacht" (die Lösung lautet statt „Liebe": „Freude").

Erläuterung zum Begriff „Entwicklungstest":

Ursprünglich auf Kinder, insbesondere auf Säuglinge und Kleinkinder beschränkt, manchmal als eigenständiges Gebiet der neuropsychologischen Diagnostik im Kindes- und Jugendalter aufgefasst, bezieht sich Entwicklungsdiagnostik heute auf Status und Prognose der psychischen Reifung eines Menschen sowie eventueller Störungen in diesem Verlauf, und zwar prä-, peri- und postnatal bis hin zum Erwachsenenalter bzw. über die gesamte Lebensspanne eines Menschen hinweg. Dessen ungeachtet ist das Inventar entsprechender psychologisch-diagnostischer Verfahren, eben Entwicklungstests, deutlich auf die (frühe) Kindheit konzentriert. Sie beschäftigen „sich mit der wissenschaftlich fundierten Einschätzung motorischen, kognitiv-sprachlichen, emotionalen und sozialen Verhaltens von Kindern" (Fuiko & Wurst, 2003, S. 119).

Bemerkung am Rand

Die kognitiv (-sprachlich) orientierten Untertests einschlägiger Entwicklungstests bzw. -Testbatterien sind inhaltlich und konzeptionell durchaus wie diejenigen aus Intelligenz-Testbatterien oder eben wie (andere) spezielle Leistungstests gestaltet. Andererseits sind sie typische Beispiele zur Diagnostik „hybrider" Eigenschaften, indem vor allem das emotionale und soziale Verhalten von Kindern in gewisser Weise (auch) auf Persönlichkeitsdiagnostik abzielt.

Fraglos erfassen (Unter-) Tests zu *Verbal Comprehension* eine zwar bildungsmitbedingte, aber eindeutig kognitiv-operative Fähigkeit, die zu einschlägigen Intelligenzdefinitionen passt; zur Beantwortung von Fragestellungen, die das „Talent

zum (Fremd-) Sprachenerwerb" oder das „Geschick zur sprachlichen Ausdrucks-
prägnanz" einer Tp betreffen, sind sie alle letztlich ungeeignet.

Space

Unmittelbar aus der Tradition des Forschungsansatzes von *Thurstone* ist das
Vorhandensein eines Raumvorstellungstests eigentlich in jeder einschlägigen Intelligenz-Testbatterie abzuleiten: Ob als räumliches Vorstellungsvermögen, als
„Raumvorstellung", als Fähigkeit zur Vorstellung räumlicher Relationen, „Raum-
Lage-Orientierung" oder, gleich englisch, als *Spatial Ability* bezeichnet, die ent-
sprechende Fähigkeit wird regelmäßig als eine wichtige Komponente von „Intel-
ligenz" in solchen Testbatterien abgeprüft. An Untertests, für die das zutrifft,
wurden bereits veranschaulicht (in Abschnitt 3.2.1): Die *Spiegelbilder* des WIT
(Abbildung 3.11) sowie die *Abwicklungen* des WIT (Abbildung 3.13), und be-
denkt man, dass der 3DW ursprünglich eine Weiterentwicklung des Untertests
Würfelaufgaben eines Vorläufers des IST 2000 R darstellt, so eben auch dieser
Untertest (vgl. Abbildung 3.12). Gewisse Aspekte von Raumvorstellung („Raum-
Lage-Orientierung") erfassen auch die bereits veranschaulichten Untertests *Ana-
lysieren und Synthetisieren*-abstrakt (Abbildung 3.4) *Antizipieren und Kombinie-
ren*-figural (Abbildung 3.9) aus dem AID 2 – beachte jedoch deren Definition in
Präsentation 15 (in Abschnitt 4.1.1).

Der angesprochene 3DW ist nun ein eigenständiger, spezieller Leistungstest zur
Messung des räumlichen Vorstellungsvermögens, laut Manual für die Eignungsdiagnostik bei Berufs- und Ausbildungsberatung und für die Personalauslese.

Ein Unikat von Testmaterial bieten die *Schlauchfiguren* (Stumpf & Fay, 1983)
dar. Pro Item müssen zwei fotografisch dargestellte Ansichten ein und desselben
durchsichtigen Würfels mit dem Inhalt eines gewundenen Schlauches dahingehend
verglichen werden, von welcher Position der einen Ansicht des Würfels aus die
zweite entstehen würde: von rechts, von links, von unten, von oben oder von
hinten.

Beide Tests, 3DW und *Schlauchfiguren*, werden hinsichtlich ihrer genauen „technischen" Daten sowie ihrer Informationen zu den Gütekriterien im *Anhang: Verfahrensbeschreibungen* beschrieben.

Bemerkung am Rand

Problematisch an der Konstruktion von (Papier-Bleistift-) Raumvorstellungstests
ist, dass sie Gefahr laufen, mehr schlussfolgerndes Denken (*Reasoning*; vgl. weiter
unten) als tatsächlich räumliches Vorstellungsvermögen zu prüfen: Die aufwendigen Entwicklungsarbeiten zum 3DW galten gerade dem Bemühen, Items auszu-
sondern, die nicht nur raumvorstellungsmäßig, sondern auch schlicht logisch zu
lösen sind (s. Genaueres bei Gittler, 1990).

Memory

Tatsächlich mit dem Schwerpunkt auf Gedächtnis, und nicht auf „intellektuelle Lernfähigkeit" *sensu Guthke* (vgl. ausführlich weiter unten) bezogen, ist der fast schon als klassisch zu bezeichnende LGT-3 (*Lern- und Gedächtnistest*; Bäumler, 1974) der einzige allgemein einsetzbare Gedächtnistest (eigentlich eine Testbatterie), der eigenständig, d. h. nicht als Teil einer Intelligenz-Testbatterie vertrieben wird. Es geht darum, dass vorgegebenes Lernmaterial unter standardisierten Testbedingungen, mit einfachen, individuell eben verfügbaren (zumindest impliziten) Lerntechniken gelernt werden muss, um es in der Folge langfristig aus dem Gedächtnis abrufen zu können. Von den bereits als typisch in Bezug auf ihre Prüfmodalität in Abschnitt 3.2.1 vorgestellten Untertests aus einschlägigen Intelligenz-Testbatterien fallen hierunter: *Gedächtnis* aus dem WIT (vgl. Abbildung 3.5) sowie *Merkfähigkeit (verbal; figural)* aus dem IST 2000 R.

> **Erläuterung** zum Begriff „intellektuelle Lernfähigkeit":
> Während es beim *psychologischen Diagnostizieren* von Gedächtnisfähigkeiten herkömmlich um das (Auswendig-) Lernen zwar neuartigen, aber simplen Lernstoffs geht – vgl. daher auch die Aussage im Manual des als „Lern- und Gedächtnistest" titulierten LGT-3, wonach statt von „Lernfähigkeit" genauso auch von „rascher Auffassungsgabe und Einprägungsfähigkeit" (Bäumler, 1974, S. 7) gesprochen werden könne –, geht es bei den weiter unten ausführlich behandelten sog. „Lerntests" zur Messung der „intellektuellen Lernfähigkeit" um das initiierte oder auch nicht initiierte Ausbilden bestimmter Bearbeitungsstrategien in ziemlich komplexen Problemlösesituationen.

Die Untertests des LGT-3 beziehen sich auf figurales, verbales (richtig: lexikalisches) und numerisches Material: Entweder muss ein in einen *Stadtplan* eingezeichneter Weg (innerhalb der Zeiteinheit) gelernt (und später aus dem Gedächtnis in eine neue Stadtplanvorlage eingezeichnet) werden oder es müssen *Türkisch*-Vokabel gelernt werden, zeichnerisch dargestellte *Gegenstände* (die letztlich lexikalisch zu reproduzieren sind), *Telefonnummern* bestimmter Einrichtungen, Daten und Fakten zu einem Krankenhaus-Bau sowie die Umrandungen von Piktogrammen als *Firmenzeichen*. Die Prüfmodalität dieser Untertests entspricht entweder einer derjenigen, welche in Abschnitt 3.2.1 als typisch angeführt wurden, oder beinhaltet ein freies Antwortformat – worunter eben auch das Einzeichnen des auswendig gelernten Wegs im (schematisch gehaltenen) Stadtplan fällt. Zielpopulation sind Jugendliche ab 16 Jahren und Erwachsene, der Einsatzbereich laut Manual vor allem die Berufs- und Bildungsberatung.

Genaue „technische" Daten sowie Informationen zu den Gütekriterien des LGT-3 finden sich im *Anhang: Verfahrensbeschreibungen*. In Ergänzung dazu ist folgende Kritik explizit anzubringen:

- In Anbetracht zumindest zweier Gedächtnisfaktoren, wie sie der Autor feststellt (und zwar Verbal- und Figuralfaktor), ist die Bestimmung eines (allerdings untertestspezifisch gewichteten) Gesamttestwerts als „Lern- und Gedächtnisstandard" wieder widersprüchlich.

- Ungeachtet dessen, dass gar keine Ergebnisse zur Skalierung, d. h. zur Frage der Angemessenheit der Verrechnungsvorschriften pro Untertest vorliegen, sind die Ursachen geringer Testleistungen sowieso nicht differenzierbar in entweder Lern- oder Gedächtnisschwäche – unter Umständen ist auch beides gegeben.

Bemerkung am Rand

Leider ist das Konzept des LGT-3 in Bezug darauf, das das Verfahren, für die Praxis relevant, durchaus differentialdiagnostisches Potential haben könnte, zu unsystematisch. Es werden zwar zwei verschiedene Lernmodi verlangt, freie Produktion einerseits und Paarassoziationslernen andererseits, und es werden, wie ausgeführt, sowohl figurales als auch lexikalisches und numerisches Material eingesetzt, dies alles jedoch nicht systematisch genug miteinander kombiniert, um differentialdiagnostisch, und damit förderungsorientiert, Fallbehandlung betreiben zu können.

Berger (1999) hat demgegenüber versucht, alle relevant erscheinenden Komponenten zu entsprechenden Untertests zu kombinieren. An unterschiedlichen Lernmaterialien wurden gewählt: numerisch, lexikalisch, figural, numerisch/lexikalisch, lexikalisch/figural, numerisch/figural; an unterschiedlichen Lernmodi: freie Reproduktion, Paarassoziationslernen. Die so entstandene Testbatterie (12 Untertests) wurde darauf hin untersucht, inwieweit die einzelnen Untertests eindimensional im Sinne des *Rasch*-Modells messen bzw. inwieweit nicht einzelne Kombinationen zusammengefasst dies tun – zum Beispiel tatsächlich alles mit figuralen Materialien eine einzige, gemeinsame Gedächtnisfähigkeit misst. Als Ergebnis dieser testtheoretischen Analysen stellte sich heraus, dass ersteres, unter Ausscheiden jeweils ganz weniger Items der Fall ist, letzteres jedoch nicht: Jede Kombination von Material und Lernmodus erfasst etwas spezifisches und ist von daher für sich informativ.

Von den bereits näher angesprochenen Untertests diverser Intelligenz-Testbatterien erfasst auch noch das *Merken und Einprägen* aus dem AID 2 *Memory*; schließlich – allerdings, wie der Name ausdrückt, nur das Kurzzeitgedächtnis – auch noch die Unter- bzw. Zusatztests *Unmittelbares Reproduzieren*-numerisch und *Unmittelbares Reproduzieren*-figural/abstrakt, beide ebenfalls aus dem AID 2 (beachte jedoch deren genaue Definition in Präsentation 15).

Obwohl wieder der Begriff „Lernen" beide Tests etikettiert, prüfen der NVLT (*Nonverbaler Lerntest*; Sturm & Willmes, 1994a) und der VLT (*Verbaler Lerntest*; Sturm & Willmes, 1994b) primär, oder zumindest auch, eine Gedächtniskomponente. Es geht um ein Merken im Sinn von Einprägen simpler Wahrnehmungsinhalte in einer Art und Weise, dass später eine Wiedererkennensleistung dieser Wahrnehmungsinhalte möglich wird: Sinnfreie geometrische Figuren bzw. Neologismen (z. B.: KANTUG) werden je drei Sekunden lang am Bildschirm geboten, wobei sich diese in einer sehr langen Folge zum Teil bis zu sieben Mal wiederholen. Die Tp muss erkennen, ob es sich bei der jeweils gebotenen Figur bzw. bei

dem Neologismus um eine Wiederholung oder um eine Erstdarbietung handelt.
– Kritisch ist dabei jedenfalls die hohe *a-priori* Ratewahrscheinlichkeit; genaue
„technische" Daten und Informationen zu den Gütekriterien sind im *Anhang: Verfahrensbeschreibungen* angeführt.

Bemerkung am Rand

Wie Bäumler (1974) betreffs LGT-3 von „rascher Auffassungsgabe und Einprägungsfähigkeit" spricht (vgl. oben), so passt auch betreffs NVLT und VLT diese Bezeichnung für die damit gemessene Fähigkeit (vielleicht besser). Eigentlich passt „rasche Auffassungsgabe und Einprägungsfähigkeit" auch zum zweiten Testkennwert des Untertests *Kodieren und Assoziieren* aus dem AID 2, der laut Manual „die Fähigkeit zum inzidentellen Lernen" (Kubinger & Wurst, 2000, S. 17; s. auch in Präsentation 15 in Abschnitt 4.1.1) erfasst: Der Test besteht aus einem Repertoire von zwölf anschaulichen Objekten, die in unsystematischer Reihenfolge dargeboten werden und zu denen die Tp die laut Vorlage zugehörigen geometrischen Symbole möglichst schnell zeichnen muss (vgl. nochmals Abbildung 3.6 in Abschnitt 3.2.1); und danach soll die Tp die Kodierungen zu den zwölf Objekten ohne Vorlage vornehmen, so dass neben der Kodiermenge mit Vorlage die Anzahl richtiger Kodierungen ohne Vorlage erhoben wird – ohne dass es in der Instruktion explizit lautete, die Vorlage (auswendig) zu lernen, werden trotzdem je Tp mehr oder weniger Objekt-Symbol Assoziationen ausgebildet.

Erläuterung zum Begriff „inzidentelles Lernen":

„... unbeabsichtigtes Lernen. Obwohl die Auffassungen über das i. L. teilweise widersprüchlich sind, sprechen viele Versuchsergebnisse für die spontane Organisation von Lernmaterialien und entsprechende Lernerfolge ohne Lernabsicht" (*Fachlexikon Psychologie*; Clauss, 1995, S. 220).

Für vielfältige Fragestellungen in der neuropsychologischen Diagnostik, zum Beispiel wieder zur Demenz, gibt es spezielle Tests. Dazu zählt, wohl am bekanntesten, die Testbatterie BAT (*Berliner Amnesietest*; Metzler, Voshage & Rösler, 1992) – illustrativ aufbereitete Fallbeispiele zum BAT finden sich in Kubinger und Teichmann (1997).

Vor allem bei einschlägigen Leistungsproblemen in Schule und Berufsausbildung wäre es oftmals relevant, die Art und Weise zu diagnostizieren, mit der jemand an die Aufgabe herangeht, sich komplexes Lernmaterial zu merken. Das heißt, es geht dann weniger um die Gedächtniskapazität einer Tp als um ihre Lernstrategie(n). Mit der Verfügbarkeit der Computerdiagnostik gibt es dazu auch bereits einen ersten Ansatz. Die oft zitierte, aber nie veröffentlichte Computer-Testbatterie LAMBDA („*L*ernen auswendig, *M*erken, *B*elastbarkeit, *D*enken *a*nalytisch" von *Kubinger* und *Maryschka*; s. am besten Ortner, 2002) verlangt das Auswendiglernen eines Organigramms, wobei die Tp selbst darüber entscheidet, wann sie sich der Prüfphase aussetzen möchte. In dieser hat sie falsche Elemente zu korrigieren, und zwar in so vielen Wiederholungsschritten wie sie eben braucht, um fünfmal hintereinander die (jeweils anderen) eingebauten Fehler richtig zu stellen (vgl. in Abbildung 4.1). Unter anderem vermag diese Testbatterie dann die Tp entsprechend ihren Wiederholungsschritten samt Fehlern und Lerndauer einem von vier verschiedenen Lerntypen zuzuordnen: Dem Erfolgreichen, dem Unsicheren, dem Langsamen und wenig Erfolgreichen sowie dem Anstrengungsvermeider. – Ähnliche Lerntypen haben unlängst mit grundsätzlich analogen Testkonzepten Fill Giordano (2004) und Unterfrauner (2004) festgestellt.

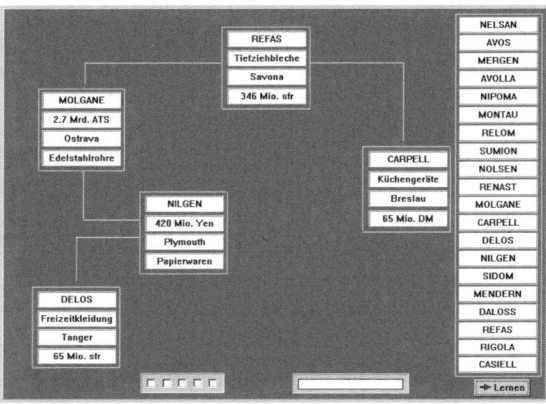

Abbildung 4.1: *Screenshot* zur Prüfphase in der Computer-Testbatterie LAMBDA. Falsche Elemente im Organigramm sind aus der rechten Auswahlliste durch Anklicken richtig zu stellen.

Zur Illustration
In einer Pilotstudie (vgl. bei Ortner, 2002) wurde hinsichtlich LAMBDA eine Extremgruppenvalidierung versucht. Studierende der Studienrichtungen Chemie bzw. Physik und Studierende der Rechtswissenschaften bzw. Medizin unterscheiden sich signifikant, und zwar derart, dass letztere bessere Ergebnisse erzielen: Die offensichtlich verschiedenen Lernbedürfnisse und – damit verbunden – Lernstrategien der beiden Extremgruppen sind durch LAMBDA reproduzierbar.

Bemerkung am Rand
Offensichtlich tangiert das Diagnostizieren des Lerntyps nicht nur den Leistungsbereich, sondern insbesondere den Persönlichkeitsbereich: Zum Beispiel ist der Lerntyp des Anstrengungsvermeiders nicht zwingend auf ein Fähigkeitsdefizit zurück zu führen, vielmehr Ausdruck einer Persönlichkeitseigenschaft.

Perceptual Speed
In klassischer Weise *Perceptual Speed* misst der ZVT (vgl. in Abschnitt 1.6, insbesondere die Abbildung 1.1). Im Untertitel heißt er auch: Ein spezifischer Intelligenztest zur Messung der „kognitiven Leistungsgeschwindigkeit". Und im Zusammenhang mit ihrem heuristischen Intelligenzmodell repräsentiert er nach Meinung

seiner Autoren den Faktor „Informations-Verarbeitungsgeschwindigkeit" (s. Roth, Oswald & Daumenlang, 1980). Im Gegensatz zu den meisten anderen Tests, die *Perceptual Speed* erfassen, dürfte der ZVT wegen seiner extremen Leichtigkeit der Aufgabenstellung, nämlich die Zahlen 1 bis 90 der Reihe nach zu verbinden, exklusiv die individuelle Schnelligkeit prüfen (genaue „technische" Daten sowie Informationen zu den Gütekriterien finden sich im *Anhang: Verfahrensbeschreibungen*).

Von den bereits näher angesprochenen Untertests diverser Intelligenz-Testbatterien erfasst explizit Informationsverarbeitungsgeschwindigkeit noch der erste Testkennwert des Untertests *Kodieren und Assoziieren* im AID 2 (vgl. in Präsentation 15 in Abschnitt 4.1.1) – wobei eben dort auch die motorische Schnelligkeit etwas mehr zum Tragen kommt als beim ZVT; außerdem geht es um eine kognitiv höherwertige Aufgabenstellung, nämlich um das Umsetzen von Objekt-Symbol-Verknüpfungsregeln, über die die Tp keine Vorerfahrung besitzt.

Wichtiger Hinweis

„In der mental speed-Theorie ... wird die Geschwindigkeit der Informationsverarbeitung als Basisprozess der Intelligenz angenommen ... Intelligenz wird auf einen einzigen Faktor, die Allgemeine Intelligenz, reduziert. Die Annahme ist, dass eine höhere Informationsverarbeitungsgeschwindigkeit die Wahrscheinlichkeit reduziert, dass das kognitive System überladen wird, was zu Fehlern bei der Informationsverarbeitung führen würde (neuronale Effizienzhypothese). Eine weitere Vermutung ist, dass bei schnellerer Informationsverarbeitung pro Zeiteinheit mehr Information aufgenommen werden kann. Summiert über einen langen Zeitraum hinweg, sollen dadurch erhebliche interindividuelle Differenzen im Wissen und in den Fähigkeiten resultieren" (Süß, 2003, S. 221).

Abgesehen von einschlägigen beruflichen Anforderungen, die ihre Messung notwendig machen, und abgesehen vielleicht von bestimmten klinischen Fragestellungen (etwa im Zusammenhang mit der Abklärung und Behandlung von Depression) sowie insbesondere von neuro- bzw. gerontopsychologischen Fragestellungen, ist die Informationsverarbeitungsgeschwindigkeit überall dort gefragt, wo sie als Voraussetzung für alle kognitiven (Höchst-) Leistungen angesehen wird.

Andere Tests, die *Perceptual Speed* erfassen, tun dies dagegen mit der Absicht, die beobachtete Leistung als Ausdruck von (Dauer-) „Aufmerksamkeit" und/oder „Konzentration" zu interpretieren. Dessen ungeachtet weist ihre Aufgabenstellung regelmäßig ebenfalls einen sehr geringen Schwierigkeitsgrad auf; und dabei geht es regelmäßig auch um Fehler, die bei unaufmerksamem bzw. unkonzentriertem Arbeiten passieren. Solche Tests werden weiter unten näher besprochen.

Reasoning

Als ein typischer Repräsentant von Reasoning wurden schon in Abschnitt 2.2.1 die Matrizentests genannt, wovon WMT und SPM[27] als publizierte Tests auch bereits konkret angesprochen wurden. Andere, weiter oben unmittelbar als entsprechende Repräsentanten erwähnte Tests sind die Untertests *Analogien* und *Zahlenreihen* sowie offenbar *Matrizen* aus dem IST 2000 R. Der BBT wurde zumindest als konstruktnahe zu *Reasoning* bezeichnet (vgl. in Abschnitt 2.3.2). Sodann ist der Test *Rechnen in Symbolen*, der in Abschnitt 3.2.1 bei der Illustration verschiedener Prüfmodalitäten aufgelistet wurde, dem Faktor *Reasoning* zuzurechnen, genauso wie der bereits zweimal erwähnte, bis jetzt allerdings noch nicht inhaltlich präzisierte Test *Syllogismen* (vgl. insbesondere in Abschnitt 3.1.1): Der formalen Logik entnommen, besteht ein „Syllogismus" bekanntlich aus drei Aussagen, nämlich zwei Prämissen und einer Konklusion; Aufgabe ist, aus den beiden Prämissen zur richtigen Konklusion zu kommen (s. jetzt Item 3 der Syllogismen in Abbildung 4.2).

	Einige Berufstätige sind Mütter
	Alle Mütter sind Hausfrauen
A	Alle Hausfrauen sind Berufstätige
B	Einige Hausfrauen sind Berufstätige
C	Alle Hausfrauen sind keine Berufstätige
D	Einige Hausfrauen sind keine Berufstätige

Abbildung 4.2: Item 3 der Syllogismen. Unter den beiden Prämissen stehen vier Konklusionen zur Auswahl; die Lösung ist „B").

So weit betrachtet, lässt sich aus dem Verfahrensinventar der *Psychologischen Diagnostik* folgende Definition ableiten:

Reasoning ist die Fähigkeit, Gesetzmäßigkeiten oder logisch zwingende Zusammenhänge erkennen und zweckentsprechend verwerten zu können.

Reasoning-Tests haben eine hohe Affinität zu den *Culture-fair* Tests (deutsch, schlecht: „kulturfreie" Tests). Das hängt damit zusammen, dass die typischen *Reasoning*-Tests ein Testmaterial benutzen, das (auch) sprachfrei administriert werden kann. Und dieser Umstand wiederum liefert den Bezug zu der Intelligenztheorie von *R. B. Cattell*, welche bekanntlich die beiden Faktoren *Fluid* und *Crystallized* (general) Intelligence polarisiert, wovon ersterer traditionell mit seinen *Culture-Fair* Tests assoziiert ist. Sie erheben den Anspruch, insofern *culture fair*

---

[27]Bisher wurde dazu nur das eine verfügbare Manual von Heller et al. (1998a) zitiert, beachte jedoch die Existenz eines zweiten Manuals, von Bulheller und Häcker (1999), das auch eine erstmals erstellte Parallelform sowie eine „*SPM-Plus-Version*" mit etwas schwierigeren Items betrifft.

zu sein, als sie Material und Aufgabenstellungen verwenden, die, der Absicht gemäß, vom kulturspezifischen Kontext (weitgehend) unabhängig sind. Insbesondere sollten sie unabhängig von der soziokulturellen Lerngeschichte einer Tp sein. Die durchaus den *Reasoning*-Tests zuzuzählenden Untertests der Testbatterie CFT 20 („*Grundintelligenztest Skala 2*"; Weiß, 1998; im englischen Original von *Cattell*: *Culture Fair Intelligence Test*) *Series*, *Classifications*, *Matrices* und *Topologies* versuchen dies wie folgt: *Series* ist ähnlich den Zahlenreihen des IST 2000 R (s. nochmals in Präsentation 11, in Abschnitt 3.2.1), hier allerdings mit Figuren statt Zahlen. *Classifications* fordert die Einteilung geometrischer Figuren in zwei Klassen derart, dass vier von fünf Figuren etwas Gemeinsames haben, in etwa analog zum Untertest *N-Test 1* des KFT 4-12+R (s. nochmals Abbildung 3.2 in Abschnitt 3.1.1). *Matrices* versteht sich von selbst. *Topologies* verlangt die Identifizierung desjenigen geometrischen Gebildes (aus fünf zur Auswahl), welches in Bezug auf Lage, Anordnung bzw. Relation seiner Einzelteile mit einem vorgegebenen Gebilde äquivalent ist (vgl. in Abbildung 4.3).

Wichtiger Hinweis

R. B. Cattell (s. z. B. Cattell, 1973) nimmt mit seinem weitgehend heuristischen Ansatz – eher einem Modell als einer Theorie zur „Intelligenz" – Gegenposition zu *Spearman* ein: Danach gibt es nicht die (eine) „allgemeine" Intelligenz, sondern zwei, weithin wirksame „Intelligenzen", wovon die erste sich in der Fähigkeit niederschlägt, neue Probleme zu meistern, ohne dass es dazu im hohen Ausmaß früherer Lernerfahrung bedürfte (*fluid*); während die zweite diejenige ist, welche sich durch vorausgehende Lernerfahrungen kristallisiert hat. Sie ist „die Sammlung gelernter Kenntnisse, die sich ein Mensch angeeignet hat, in dem er seine ,flüssige Intelligenz' beim Lernen in der Schule anwandte. Die ,kristallisierte Intelligenz' ist gewissermaßen das Endprodukt dessen, was ,flüssige Intelligenz' und Schulbesuch gemeinsam hervorgebracht haben" (S. 268).

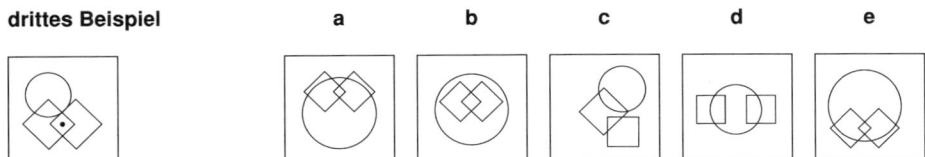

Abbildung 4.3: Drittes Beispiel-Item des Untertests *Topologies* aus dem CFT 20. Gesucht ist diejenige Flächenkonstellation, in welcher es Punkte gibt, die in einer äquivalenten Relation zu den einzelnen Flächenteilen stehen wie der Punkt im vorgegebenen Gebilde; die Lösung ist „c" (mit freundlicher Genehmigung des *Hogrefe Verlags*).

Bemerkung am Rand

Mit Hilfe der Zusatztests des CFT 20, nämlich einem *Wortschatztest* und einem *Zahlenfolgentest*, ist es möglich, für eine Tp die Relation ihrer *Fluid* und *Crystallized Intelligence* zu diagnostizieren – dabei wird, anders als zumeist sonst, davon ausgegangen, dass auch der *Zahlenfolgentest* wegen der Bezugnahme auf die Kulturtechnik Rechnen, *Crystallized Intelligence* erfasst.

War das Bestreben, *Fluid* und *Crystallized Intelligence* gemeinsam in einer Testbatterie zu messen, im CFT 20 erstmalig, so findet es sich zwischenzeitlich immer häufiger: Zum Beispiel im AID 2 und im IST 2000 R wird dies ebenfalls explizit versucht. Die Relevanz für eine förderungsorientierte Diagnostik liegt auf der Hand. Große Abweichungen in der einen Richtung sind prognostisch positiv, in der anderen Richtung prognostisch negativ zu werten: Überragen die Testleistungen in wenig erfahrungsabhängigen Tests diejenigen in besonders erfahrungsabhängigen, so ist noch ein weiteres „Kristallisieren" der Intelligenz möglich (und zu erwarten); im umgekehrten Fall dürften Umweltbedingungen und/oder Arbeitshaltungen bereits mehr an intelligentem Verhalten hervorgebracht haben als durch die „ursprüngliche" Intelligenz zu erklären ist.

Offensichtlich sind also *Reasoning*-Tests und *Culture-Fair* Tests nicht identisch: Etwa der oben genannte Untertest *Analogien* ist wegen der Verwendung sprachlichen Materials definitionsgemäß nicht *culture fair*; und auch die Syllogismen sind es vermutlich nicht, obwohl die sprachliche Einkleidung dort konzeptionell belanglos ist.

Genaue „technische" Daten, insbesondere Informationen, die die Gütekriterien betreffen, finden sich zu den angesprochenen Tests WMT, SPM, *Rechnen in Symbolen, Syllogismen* und CFT 20 im *Anhang: Verfahrensbeschreibungen*[28]. Darüber hinaus werden dort auch noch folgende *Reasoning*-Tests entsprechend abgehandelt: APM (*Advanced Progressive Matrices* von *Raven*; beachte die Existenz von zwei Manualen: Heller, Kratzmeier & Lengfelder, 1998b, sowie Bulheller & Häcker, 1998), AMT (*Adaptiver Matrizentest*; Hornke, Etzel & Rettig, 1997) und CFT 1 („*Grundintelligenzskala 1*"; Cattell, Weiß & Osterland, 1997).

Exkurs zur Begrifflichkeit von „culture fair":

Deutschsprachig gibt es innerhalb der *Psychologischen Diagnostik* verschiedene Übersetzungsversuche von *culture fair*, bloß kultur-„fair" nicht. Zumeist wird von „kulturfrei", wie angesprochen, oder von „kulturunabhängig" gesprochen. Dass „Kulturunabhängigkeit" grundsätzlich nicht zu erreichen ist, lässt sich nicht nur daraus ableiten, dass manche Kulturen gar keine Erfahrung mit den rechtwinkelig gestalteten Formen und Figuren haben, wie sie in den bewussten Tests obligat sind, sondern auch daraus, dass selbst der Autor der deutschen Fassung des CFT 20 diese oder eine ähnliche Bezeichnung ablehnt und sich eben für „Grundintelligenztest" entschieden hat.

---

[28] Der ebenfalls angesprochene BBT erfüllte in Abschnitt 2.3.2 einen wichtigen didaktischen Zweck, steht aber nirgends in Anwendung; er ist daher in diesem Anhang nicht enthalten.

Einer der Qualitäten des WMT liegt gerade darin, dass dieser Test laut Analysen nach dem *Rasch*-Modell in Österreich und in Westafrika (Togo und Nigeria) nachweislich eindimensional, und zwar dieselbe Fähigkeit misst. Das heißt aber nicht, dass der Test „kulturfrei" oder *culture fair* ist: Im Mittel schneiden die österreichischen Tpn (nicht nur signifikant, sondern auch deutlich) besser ab.

Kulturübergreifend fair dürften Tests also niemals sein. Werden sie allerdings nur innerhalb ein und desselben Kulturkreises angewendet, ist dies jedoch irrelevant. Umgekehrt, wertet man Unterschiede im Sozialmilieu ebenfalls als „kulturelle" Unterschiede und ahnt insofern „kultur"-bedingte Handikaps bestimmter Personengruppen in der „Kristallisation" ihrer Intelligenz, so stellt sich die Frage, ob die zur Diskussion stehenden Tests (wenigstens) milieuunabhängig sind. Die Antwort kann lauten: In gewisser Hinsicht ja, weil milieubedingte, sozioökonomische Handikaps bekannter Weise hauptsächlich auf Defizite in der (Hoch-) Sprache zurückzuführen sind (vgl. z. B. Bernstein, 1959) und die Sprache bei diesen Tests eben nicht unmittelbar benötigt wird (beachte die Ausführungen zur Verwendung der Sprache bei *Culture-Fair* Tests in Abschnitt 2.10 Fairness und vgl. die dort gewählte Bezeichnung: „Sprech-Fairness"). Andererseits sind auch diese Tests nachweislich erfahrungsabhängig (s. z. B. Guthke, 1977), d. h., die Testergebnisse dort sind davon abhängig, wie vertraut die Tp mit entsprechenden Aufgabenstellungen bzw. mit entsprechend abstrakten Materialien ist. Weil in diesem Zusammenhang zumindest die Spielwarenindustrie mit ihrem Förderspielangebot relevant wird, kommen erst recht wieder, wenn vermutlich auch weniger, Milieuunterschiede zum Tragen.

(Intellektuelle) Lernfähigkeit

Sog. „Lerntests" im Zusammenhang mit dem Konstrukt der intellektuellen Lernfähigkeit *sensu Guthke* (beginnend mit den frühen 1970er Jahren, vgl. aber am besten bei Guthke & Wiedl, 1996) begründen einen gegenüber der herkömmlichen „Statusdiagnostik" grundsätzlich anderen Zugang *psychologischen Diagnostizierens*, nämlich eine „Prozessdiagnostik".

Die übliche Statusdiagnostik muss, um Prognosen über künftiges Leistungsverhalten überhaupt treffen zu können, folgende Annahme treffen: Das bis zum Testzeitpunkt Gelernte ist nicht nur für das gegenwärtige Leistungsvermögen repräsentativ, sondern auch für die weitere Entwicklung; und zwar insofern, als

- das gegenwärtige Wissen und Können Voraussetzung für künftiges „Aneignen" ist,
- das gegenwärtige Wissen und Können das Ausmaß des bisher Gelernten als Beweis von „Lernfähigkeit" ausdrückt.

Während nun herkömmliche Leistungstests, darunter die Intelligenztests, auf die Feststellung der momentanen Leistung abzielen, wollen Lerntests die Fähigkeit zur Leistungssteigerung infolge von unmittelbar gegebenen Lernanregungen prüfen. Es geht also um Tests, die nicht nur eine Ausgangsleistung provozieren, sondern die die Entwicklung der dieser Ausgangsleistung zugrunde liegenden Fähigkeit erfassen, indem die Lösung eines Items bei immer komplexeren Aufgabenstellungen von der bei dem vorausgehenden Item gewonnenen Einsicht abhängig ist. Da es also um Entwicklung bzw. Veränderung von Fähigkeiten innerhalb einer psychologischen Untersuchung geht, wird von „Prozessdiagnostik" gesprochen.

Zur Illustration

„Nehmen wir an, wir hätten das geistige Alter zweier Kinder bestimmt (‚Intelligenzalter' . . .), das acht Jahre beträgt. Wenn wir dabei nicht stehenbleiben (wie in der herkömmlichen Testmethode . . .), sondern zu ermitteln versuchen, wie die beiden Kinder Aufgaben lösen, die für die folgenden Altersstufen bestimmt sind und die sie nicht selbständig lösen können, wenn wir ihnen durch Hilfsfragen den Beginn der Lösung usw. erleichtern, dann wird sich erweisen, daß eines der Kinder in der Zusammenarbeit Aufgaben bis zum 12. Jahr, das andere bis zum 9. Jahr löst. Diese Divergenz zwischen dem geistigen Alter oder dem aktuellen Niveau der Entwicklung, das mit Hilfe selbständig zu lösender Aufgaben bestimmt wird, und dem Niveau, das das Kind bei der nicht selbständigen, sondern gemeinschaftlichen Lösung von Aufgaben erreicht, bestimmt . . . den Bereich der nächsten Entwicklung des Kindes" (Wygotski, 1964; zit. nach Guthke, 1977, S. 96). Und es „werden sich zwischen den beiden Kindern in der Schule viel mehr Unterschiede herausstellen, die durch die Abweichung in ihren Zonen der nächsten Entwicklung bedingt sind, als [Übereinstimmungen, die] durch das gleiche gegenwärtige Entwicklungsniveau bedingt [sind] . . . "

Grundsätzlich ist mit den Lerntests eine bessere Verhaltensrepräsentation in Bezug auf die Lernfähigkeit einer Tp gegeben. Es werden also vermutlich eher relevante Verhaltensweisen im Sinn ökologischer Validität (vgl. in Abschnitt 2.3.1) erhoben als mit allen herkömmlichen Tests. Die Folge davon sollte eine eher valide Lernerfolgsprognose sein. Darüber hinaus ist vor allem für Kinder mit milieu- bzw. sozioökonomisch bedingten Handikaps zu erwarten, dass sie in Lerntests ihr intelligenzmäßiges Potential entfalten können.

Exkurs zur diagnostischen Zielsetzung von Lerntests:

„Entweder geht es um die Erfassung einer ‚neuen' Eigenschaft im Sinne einer ‚modifiability' (s. Feuerstein, Rand & Hoffman, 1979) bzw. der intellektuellen Lernfähigkeit als ‚Intelligenzpotenz' (s. Guthke, 1977, 1980). Oder es geht darum, die Intelligenz umfassender in ihrer gesamten ‚Spielbreite' . . . zu untersuchen, so dass Lerntests als Intelligenztests angesehen werden, die Intelligenz mit Hilfe veränderter Testprozeduren dynamisch erfassen und somit dem ursprünglichen Verständnis von ‚Intelligenz als die Fähigkeit zu lernen' (Thorndike, 1924) gerechter wird" (Beckmann, 2003, S. 269).

Das ursprüngliche Konzept von Lerntests beinhaltet einen Vor- (Prä-) und einen Nach- (Post-) Test, mit dazwischen liegender Lernphase. Die Lernphase enthält allgemeine Lösungshinweise oder spezifische, auf den jeweiligen Fehler abgestimmte Denkhilfen – obwohl auch Vorgaben versucht wurden, bei denen lediglich eine

Rückmeldung („richtig" oder „falsch") über die Qualität der Testleistung erfolgte, ohne weitere Hilfestellung.

Der einhellige Tenor der Ergebnisse von Studien zur Konstruktvalidität der Lerntests in Bezug auf „Lernbehinderung" lautet (vgl. Guthke & Wiedl, 1996): Den nicht vorhandenen oder nur geringen Unterschieden zwischen lernbehinderten und leistungsmäßig unauffälligen Kindern im Prätest stehen drastische Unterschiede im Posttest gegenüber – was schließen lässt, dass Lernbehinderten die Lernhilfen und Rückmeldungen weniger nützen als Kindern ohne besondere Lernprobleme.

Heute haben sich Lerntests der (ehemaligen) Arbeitsgruppe um *Guthke* durchgesetzt, die spezifische Hilfestellungen während einer einzigen Testvorgabe geben, also, wenn nötig, pro Item. Danach führen sie die Tp fehlerorientiert zu angemessenen weiteren Items, das sind solche, die der Tp die Gelegenheit bieten, die aktuell gewährte Hilfestellung erfolgreich umzusetzen, bzw. dem Psychologen Information liefern, inwieweit die Hilfestellung durch die Tp genutzt werden kann. Am Ende sollten alle Tpn das Lernziel gelernt haben, d. h., die inhaltliche Aufgabenstellung meistern. Alle diese Tests sind in der Computer-Testbatterie ACIL (*Adaptive Computergestützte Intelligenz-Lerntestbatterie*; Guthke, Beckmann, Stein, Vahle & Rittner, 1995; s. auch Beckmann & Guthke, 1999) zusammengefasst. Für einen Untertest davon, *Adaptiver Figurenfolgen-Lerntest*, ist in Abbildung 4.4 als Beispiel wiedergegeben, welcher Art die Hilfen sind.

Bemerkung am Rand

Schon im Zusammenhang mit dem adaptiven Testen, in Abschnitt 2.6.2, wurde darauf hingewiesen, dass die Bezeichnung „adaptiv" in den Lerntests *sensu Guthke* irreführend ist. Deren, zwar (irgendwie) antwortabhängige Testprozedur entstammt nicht den Konstruktionsprinzipien der *Probabilistischen Testtheorie*. Sie benötigen auch gar nicht die Möglichkeiten der *Probabilistischen Testtheorie* zum fairen Vergleich der Testleistungen verschiedener Tpn, die verschiedene Items bearbeitet haben, weil sie schlicht an einer „Beschreibung" bzw. Typisierung des Lernverhaltens einer Tp interessiert sind – bzw. daran, wie schwierig Items für eine bestimmte Tp sein können, so dass sie sie bei individuell angepassten Hilfestellungen lösen kann.

Die Testbatterie ACIL, bestehend aus den Untertests *Adaptiver Figurenfolgen-Lerntest*, *Adaptiver Analogien-Lerntest* und *Adaptiver Zahlenfolgen-Lerntest*, wird im *Anhang: Verfahrensbeschreibungen* genauer in Bezug auf „technische" Daten und Informationen zu den Gütekriterien beschrieben.

In Ergänzung dazu ist folgende Kritik explizit anzubringen:

• Einerseits wird je Untertest die Anzahl bearbeiteter Items verrechnet, andererseits die Anzahl der gegebenen Hilfen – weniger lernfähige Tpn benötigen mehr Hilfen und mehr Items zum Erreichen eines höheren Leistungsniveaus; die Summe beider ergibt die „Schrittzahl", welche zwischen zwölf, bei optimalem

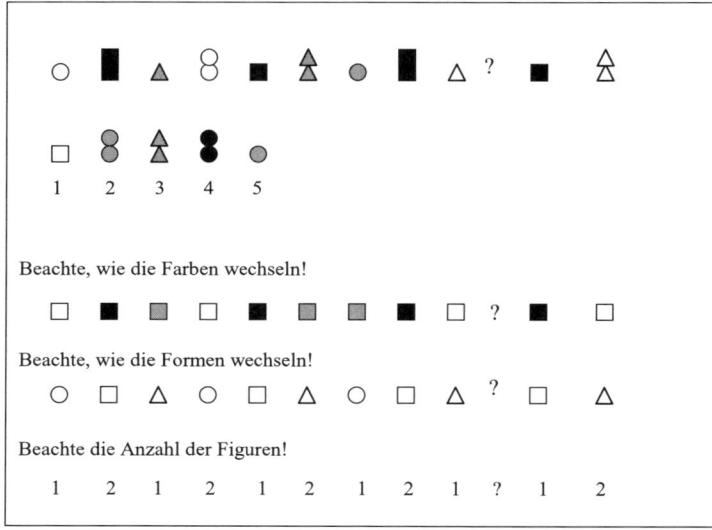

Abbildung 4.4: Demonstrationsitem des Adaptiven Figurenfolgen-Lerntests samt drei fehlerspezifischen Hilfen (nach Guthke et al., 1991). Wählt die Tp als Antwort „4", wird sie aufgefordert, die Farbabfolge noch einmal genau anzusehen, wählt sie „3", die Abfolge der Formen, und wählt sie „5", den Wechsel von jeweils einer und zwei Figuren; entscheidet sich die Tp für „1", also für eine Figur, die mit der Lösung kein gemeinsames Merkmal hat, werden alle drei Hilfen geboten – die Lösung ist „2".

Leistungsverlauf, und 132, im schlechtesten Fall, liegt. Abgesehen vom äußerst fragwürdigen Erfüllen des Gütekriteriums Skalierung, ist bei den (besonders) leistungsstarken Tpn damit kaum etwas über deren Lernfähigkeit zu sagen, vielmehr wieder nur eher über ihre Ausgangsleistung. Insofern ist langfristig von einer Eichung qualitativer Auswertungsmöglichkeiten mehr zu erwarten, damit verbunden von der Interpretation des Lernverlaufs in Bezug auf Fehlerart, Lerngewinn und Bearbeitungszeit.

Bemerkung am Rand
Unter dem Oberbegriff „dynamisches Testen" fassen übrigens Guthke und Wiedl (1996) Konzepte zusammen, die, aufbauend auf der Idee der beschriebenen Lerntests, aber über den Intelligenzbereich hinausgehend, zur Persönlichkeitsdiagnostik gedacht sind.

Aufmerksamkeit und Konzentration
Nach wie vor findet man in der Literatur keine allgemein akzeptierte Definition von „Aufmerksamkeit" und „Konzentration", schon gar nicht eine deutliche

Abgrenzung der beiden Begriffe. Die *Psychologische Diagnostik* verwendet daher praktisch beide synonym. Wichtig ist allerdings, sie beide dahingehend zu verstehen, dass es beim *psychologischen Diagnostizieren* um die Messung einer Eigenschaft (Fähigkeit), also um etwas situationsüberdauernd Charakterisches einer Tp geht, und nicht (nur) um einen momentanen Zustand, wie die Begriffe im Alltag hauptsächlich gemeint sind: „konzentriere dich"; „sei jetzt einmal aufmerksam"; „ich kann mich jetzt nicht konzentrieren"; „nur wer jetzt aufmerksam ist, wird das verstehen". Streng genommen, müsste also von „Konzentrationsfähigkeit" bzw. von der „Fähigkeit zur Aufmerksamkeit" gesprochen werden.

Bemerkung am Rand

Laiendiagnosen, lautend auf „Konzentrationsstörung" oder ähnliches, werden vermutlich häufiger als gerechtfertigt gestellt: „Für den Schüler ist die Attribuierung von Minderleistungen auf Konzentration entlastend, weil dieses Konstrukt weniger sozialer Wertung unterliegt als zum Beispiel Intelligenz (dumm) und Anstrengungsbereitschaft (faul); für den Lehrer ist diese Zuschreibung entlastend, weil er für die ,Konzentrationsschwäche' nicht verantwortlich gemacht werden kann" (Kleber, 1978, S. 396).

Im Wesentlichen nach Wagner-Menghin (2003b, S. 250) ist folgende Definition zweckmäßig:

Konzentration bzw. Aufmerksamkeit bezeichnet die Fähigkeit, einer ausgewählten Handlung mit ausreichender (situationsangepasster) Stetigkeit und Präzision nachgehen zu können und andere, dafür irrelevante Dinge außer Acht zu lassen.

Zum Beispiel differenzieren Schuri, Keller und Matthes von Cramon (1994) Aufmerksamkeit vor allem aus klinisch-praktischen Überlegungen heraus noch in „selektive Aufmerksamkeit", „geteilte Aufmerksamkeit" und „Daueraufmerksamkeit" (zusätzlich auch in: „kognitive Verarbeitungsgeschwindigkeit"; vgl. oben die Informationsverarbeitungsgeschwindigkeit) – bei Brickenkamp (2002) finden sich anstatt der Begriffe „selektive" und „geteilte" Aufmerksamkeit die Begriffe „konzentrative (besser: fokussierende)" Aufmerksamkeit, das ist die auf eine Handlung bzw. auf ein Objekt gerichtete Aufmerksamkeit, und „distributive", das ist auf mehrere Handlungen bzw. Objekte verteilte Aufmerksamkeit.

Tests zur Messung von Aufmerksamkeit bzw. Konzentration - im Folgenden einfachheitshalber „Konzentrationstests" bezeichnet – fächern also eine breite Palette von gemessenen Eigenschaften auf. Ihre Aufgabenstellungen können trotzdem grob in (im weitesten Sinn) Durchstreich-Aufgaben und einfache Rechenaufgaben eingeteilt werden.

Im deutschsprachigen Raum der bekannteste Test überhaupt ist nach wie vor der *Test d2*, der erstmals 1962 auf den Markt gekommen ist: Er beinhaltet typische Durchstreich-Aufgaben (s. nochmals in Präsentation 11 in Abschnitt 3.2.1).

Als wesentlichen Testkennwert bietet er die Anzahl richtig durchgestrichener Zeichen abzüglich der fälschlich durchgestrichenen Zeichen. Eine besondere Attraktivität besitzt dieser Test (schon immer) in der Möglichkeit, die „Arbeitskurve" (das ist der Verlauf der Bearbeitungsmengen in mehreren Teilzeiten) bzw. die Schwankungsbreite (das ist die Differenz zwischen größter und kleinster Bearbeitungsmenge in allen Teilzeiten) zu bestimmen.

Kritisch ist beim – lange vor einem „Legasthenie-Bewusstsein in der Psychologie" entstandenen – *Test d2* die von der Tp geforderte optische Differenzierungsfähigkeit von *d* und *p*.

Einem mindestens ebenso gravierenden Kritikpunkt am *Test d2* begegnet der nach demselben Prinzip gestaltete FAIR (*Frankfurter Aufmerksamkeits-Inventar*; Moosbrugger & Oehlschlägel, 1996): Von der Tp wird verlangt, alle Zielitems (Material ist übrigens statt *d* und *p*: *Kreis* und *Quadrat*) miteinander zu verbinden, so dass sie nicht instruktionswidrig und unkontrollierbar die verschiedenen Arten von Zielitems sukzessiv suchen kann.

Zur Illustration

Während eine Tp beim *Test d2* instruktionswidrig, aber regelmäßig unkontrollierbar, die Aufgabenstellung, nämlich alle „d mit insgesamt 2 Strichen" durchzustreichen, auch so bewerkstelligen kann, dass sie zunächst alle *d* mit oben 2 Strichen, dann alle *d* mit unten 2 Strichen und schließlich dann alle *d* mit oben und unten je einem Strich sucht – was üblicher Weise die Anzahl richtig durchgestrichener Zeichen erhöht –, wird sie beim FAIR dazu angehalten, alle Items strikt der Reihe nach zu bearbeiten und darüber zu entscheiden, ob es sich um ein Zielitem handelt oder nicht (vgl. in Abbildung 4.5 einen Ausschnitt aus der Instruktion).

Abbildung 4.5: Instruktionsbeispiel aus dem FAIR (Form B). Alle Items, die die Bedingungen erfüllen: Kreis mit 2 Punkten oder Quadrat mit 3 Punkten, sind der Reihe nach miteinander zu verbinden (mit freundlicher Genehmigung des Verlags *Hans Huber*).

Beide Tests, *Test d2* und FAIR, sind im *Anhang: Verfahrensbeschreibungen* genauer in Bezug auf „technische" Daten und Informationen zu den Gütekriterien beschrieben.

Sehr selten eingesetzt, aber ein typisches Beispiel eines Konzentrationstests mit einfachen Rechenaufgaben, ist die *Arbeitskurve – Mainzer Revision* (s. in Präsentation 11). Zu kritisieren ist diesbezüglich, dass nur mehr die Tradition für Rechenaufgaben im Zusammenhang mit Konzentrationstests spricht, heutzutage aber die geforderten Rechenleistungen viele Personen in einem beträchtlichen Ausmaß überfordern. Jedenfalls sind solche Rechenaufgaben energetisch-motivational und emotional problematisch, also fraglich zumutbar. Weil dieser Test außerdem für den Tl in Bezug auf die Auswertung ungebührlich aufwendig ist, wäre eine vergleichbare Variante als Computertest, die ALS (*Arbeitsleistungsserie* aus dem *Wiener Testsystem* der *Dr. G. Schuhfried GmbH*; ohne Autor, 1986), jedenfalls vorzuziehen.

Überhaupt sind den Computerverfahren im Zusammenhang mit der Messung von Aufmerksamkeit bzw. Konzentration zumindest hohe Wirtschaftlichkeit (vgl. in Abschnitt 2.6.1), wenn nicht Nützlichkeit zuzusprechen. So gibt es vor allem die Tests *Cognitrone, Daueraufmerksamkeit, Signal-Detection* und *Vigilanz* (alle aus dem *Wiener Testsystem* und ohne Autor, 1986), wobei sich die Tests *Cognitrone, Signal-Detection* und eigentlich auch *Daueraufmerksamkeit* (beachte die unglückliche Namenswahl) auf selektive bzw. fokussierende Aufmerksamkeit beziehen, der Test *Vigilanz* definitionsgemäß auf Daueraufmerksamkeit.

> **Exkurs** zur Begrifflichkeit „Vigilanz":
>
> „Vigilanz ... ist ... der Zustand oder der Grad der Bereitschaft, kleine Veränderungen, die in der Umwelt in zufallsverteilten Zeitintervallen auftreten, zu erkennen und auf sie zu reagieren. V. ist also die Beobachtungsleistung bei längerdauernden Beobachtungssituationen. Manche Autoren unterscheiden zwischen V. und Daueraufmerksamkeit. In diesem Fall wäre unter V. ein aufmerksames Beobachten zu verstehen, das selten ein Reagieren erfordert, unter Daueraufmerksamkeit eher ein aufmerksames Beobachten, wobei ein häufigeres Reagieren erforderlich ist" (*Dorsch Psychologisches Wörterbuch*; Häcker & Stapf, 2004, S. 1016).

Beim Test *Cognitrone* muss die Tp pro Item entscheiden, ob die gegebene Figur unter den zur Auswahl stehenden Figuren enthalten ist oder nicht (s. zur Illustration Abbildung 4.6).

Beim Test *Signal-Detection* muss jeweils dann eine Reaktionstaste gedrückt werden, wenn in der laufend wechselnden, komplexen Punktkonfiguration ein Quadrat bestimmter Größe auftaucht (s. zur Illustration Abbildung 4.7).

Beim Test *Daueraufmerksamkeit* muss die Tp jeweils bei demjenigen Item eine Reaktionstaste drücken, welches eine bestimmte Anzahl von Dreiecken bietet, die auf der Spitze stehen (s. zur Illustration Abbildung 4.8).

Und beim Test *Vigilanz* hat die Tp die Aufgabe, einen kreisförmig sich bewegenden Punkt zu beobachten, um die Reaktionstaste in den sehr seltenen Fällen zu drücken, dass der Punkt sich doppelt so schnell/weit bewegt wie sonst üblich.

Was die Messung der Fähigkeit zur geteilten Aufmerksamkeit betrifft, gibt es keine einschlägigen Tests, obwohl in der Praxis sicher Bedarf daran besteht.

Für alle vier Tests, *Cognitrone, Daueraufmerksamkeit, Signal-Detection* und *Vigilanz*, finden sich die genauen „technischen" Daten sowie Informationen zu den Gütekriterien im *Anhang: Verfahrensbeschreibungen*.

- Alle angesprochenen Konzentrationstests sind dadurch geprägt, dass stets die (Reaktions-) Schnelligkeit der Tp im Vordergrund steht. Für Anforderungen,

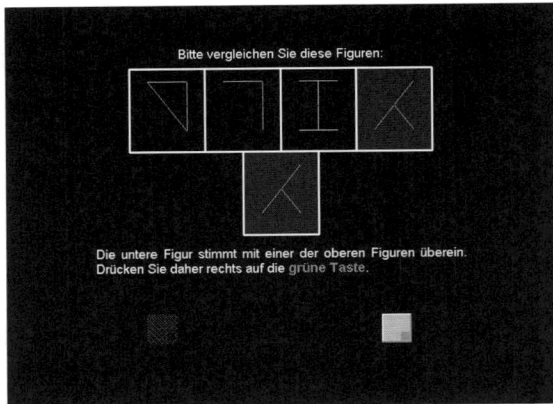

Abbildung 4.6: *Screenshot* aus der Instruktion zum Test *Cognitrone* (mit freundlicher Genehmigung von *Dr. G. Schuhfried GmbH*).

die Aufmerksamkeit (Konzentration) ohne Zeitdruck verlangen, eignen sie sich alle nicht, geschweige denn für kognitiv anspruchsvollere Anforderungen.

Lediglich der Test INKA (*Inventar komplexer Aufmerksamkeit*; Heyde, 2000) erfordert höhere kognitive Fähigkeiten, indem die Aufgabenstellung des Durchstreichens von bestimmten Zeichen (-Kombinationen) daran gebunden ist, die fraglichen Zeichen zuvor laut Code (laufend anders) umzukodieren (vgl. Abbildung 4.9) – im Übrigen ist die verfügbare Bearbeitungszeit für den Test sehr großzügig bemessen.

Auch INKA ist hinsichtlich der genauen „technischen" Daten sowie Informationen zu den Gütekriterien im *Anhang: Verfahrensbeschreibungen* erfasst.

Bemerkung am Rand

Zu kritisieren ist am Test INKA, dass auch er (noch) keine alltägliche, nämlich ökologisch valide, kognitive Aufgabenstellung beinhaltet. Dagegen versuchte erstmals Schnepp (1998), ein Testkonzept zur Prüfung der Fähigkeit zu entwickeln, einen angemessen informativen Text in zumutbarer Zeit, unter konzentrationsgünstigen Bedingungen, zu lesen, zu verstehen und in wesentlichen Belangen zu behalten bzw. schlussfolgernd zu verarbeiten: Für drei jeweils ca. 600 Worte umfassende Geschichten wird der Tp genügend Zeit zum Lesen eingeräumt; danach erfolgt die Vorgabe der (dem *Rasch*-Modell entsprechenden) Items, nämlich Fragen zum Inhalt (vgl. Abbildung 4.10).

Technisches Verständnis

Kaum theoretischen Überlegungen, Erkenntnissen oder empirischen Befunden abgeleitet sind Tests zum „technischen Verständnis", sondern bloß der Notwendigkeit in der Praxis, diese Fähigkeit für gewisse Berufsanforderungen abzuklären.

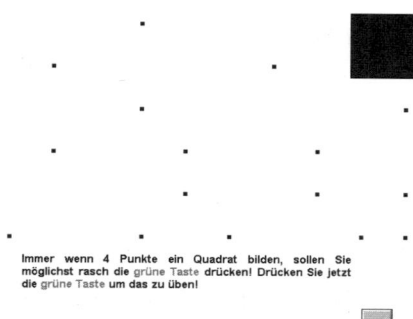

Abbildung 4.7: *Screenshot* aus der Instruktion zum Test *Signal-Detection* (mit freundlicher Genehmigung von *Dr. G. Schuhfried GmbH*).

> *„Technisches Verständnis* ... [ist] das Erfassenkönnen von Ursache-Wirkungs-
> Zusammenhängen technischer (naturwissenschaftlicher) Art sowie von techni-
> schen Konstruktionsprinzipien" (*Dorsch Psychologisches Wörterbuch*; Häcker &
> Stapf, 2004, S. 940).

Man unterscheidet auch technisch-konstruktives Denken und technisch-prakti-
sches Handeln. Dementsprechend wird technisches Verständnis häufig als ein spezieller Aspekt der sog. „praktischen Intelligenz" aufgefasst, obwohl oder weil die
Korrelation einschlägiger Tests mit herkömmlichen Intelligenz-Testbatterien nahezu null ist.

Bemerkung am Rand
So betragen die Korrelationen des MTP mit den Untertests des AID laut Manual (vgl. Kubinger & Wurst, 2000) zwischen $-0,02$ und maximal 0,34 (nämlich
mit dem Untertest *Analysieren und Synthetisieren*-abstrakt) – nur weitere zwei
Untertests korrelieren mit dem MTP zu mehr als 0,20.

Erläuterung zum Begriff „praktische Intelligenz":
„Unter ‚praktischer Intelligenz' verstand man zunächst praktisch-manipulatives
Handlungsgeschick, das in der sogenannten Psychotechnik der zwanziger und dreißiger Jahre mit Proben der praktisch-technischen Intelligenz erstmals im größeren
Umfang untersucht wurde. Man ließ die Probanden in der Berufsberatung und Eignungsdiagnostik beispielsweise aus Einzelteilen kleine Zählwerke oder Pumpwerke
zusammenbauen. Neben ‚Handgeschick' spielte hierbei das mechanisch-technische
Verständnis eine besondere Rolle. Später wurde das Letztere lieber mit paper and
pencil-Tests untersucht, wobei zu Zeichnungen von technischen Geräten und Ab-
läufen Fragen zu beantworten sind ... Diese mehr technisch-praktische oder ‚ma-
nipulative Intelligenz' ist aber zu unterscheiden von einer Form der ‚praktischen

Abbildung 4.8: *Screenshot* aus der Instruktion zum Test *Daueraufmerksamkeit* (mit freundlicher Genehmigung von *Dr. G. Schuhfried GmbH*).

Intelligenz', die auch technisch unpraktische und eher ungeschickte Menschen im hohen Maße besitzen können und die erst in den letzten Jahren stärkere Bedeutung gefunden hat ... Gemeint ist hier eine gewisse Lebensklugheit oder Cleverness, die sich vor allem im Alltag bei der Lösung von Berufsproblemen und in der sozialen Durchsetzung zeigt" (Guthke, 1996, S. 104).

Einschlägige Tests erfordern die Anwendung einfacher physikalischer Grundprinzipien auf relativ alltagsnahe Problemstellungen. So gibt es die typische Aufgabenstellung, die Drehrichtung von Zahnrädern in komplizierten Übersetzungs-„Maschinen" zu erkennen – vgl. dazu aus dem MTP, dem zwischenzeitlich bedeutendsten Vertreter solcher Tests, nochmals Abbildung 3.14 in Abschnitt 3.2.1 Ein anderes Beispiel einer Aufgabenstellung, nämlich aus dem Computertest MTA, zeigt Abbildung 4.11.

Beide Tests, MTP und MTA, werden im *Anhang: Verfahrensbeschreibungen* hinsichtlich ihrer „technischen" Daten sowie hinsichtlich der Informationen zu den Gütekriterien genauer beschrieben.

Bemerkung am Rand

Wie bei der Eignungsdiagnostik in Bezug auf extreme spezifische berufliche Anforderungen an Raumvorstellung (Raum-Lage-Orientierung), Informationsverarbeitungsgeschwindigkeit (Reaktionsschnelligkeit) oder Aufmerksamkeit (Konzentration) – etwa bei der Pilotenauswahl –, sind auch bei extrem hohen technischen beruflichen Anforderungen die einschlägigen Tests grundsätzlich nicht geeignet; sie sind nicht diskriminativ genug. Ihr Einsatz wäre vergleichbar mit dem Einsatz herkömmlicher Intelligenz-Testbatterien bei geistig schwer Behinderten: Im einen Fall würden die Tpn regelmäßig (fast) alle Items lösen können (müssen), im anderen Fall würden die Tpn regelmäßig kaum irgend ein Item lösen; der Informationsgewinn durch den Test ist praktisch null. Zum Beispiel für die Pilotenauswahl

Umwandlungstabelle																						
	B	*C*	*D*	*F*	*G*	*H*	*J*	*K*	*L*	*M*	*N*	*P*	*Q*	*R*	*S*	*T*	*V*	*W*	*X*	*Y*	*Z*
wird zu	Z	R	K	G	L	T	P	W	H	B	M	Q	Y	N	F	D	C	S	J	X	V

Vorgaben	Suchreihe	Buchstaben
B, TH	RFLPHZRKLMHGZFDFVNYVXGJDTHTVXGFSQWZXYKLMNBHGFRFDTHLSWCJ	*HGJWF*

Abbildung 4.9: Ausschnitt aus der Instruktion des Tests INKA. Die Tp muss für diese Zeile wegen der Vorgaben *B*, *TH* im Kopf laut Umwandlungstabelle *B* in **Z** und *TH* in **DT** kodieren, um darauf hin den jeweils links von **Z** oder **DT** stehenden Buchstaben zu notieren – dem ersten **Z** geht ein H voraus, dem nächsten **Z** ein G usw. Ein Item (Zeile) gilt nur dann als gelöst, wenn die zu notierende Zeichenfolge (hier: HGJWF) komplett richtig ist (mit freundlicher Genehmigung von *Harcourt Test Services*).

> Warum soll Georg in den Sandwaggon springen?
> Wie wollen die anderen Kinder Georg überreden, zu springen?
> Angenommen, Wolfgang wäre noch nicht gesprungen. Was hätte das für Folgen?
> Wer hat den Klub der Sandspringer gegründet?
> Weswegen kommen die Kinder auf die Idee, in den Sandwaggon zu springen?

Abbildung 4.10: Ausgewählte fünf von 17 Items zu einer der drei Geschichten eines neuartigen Testkonzepts zur Messung von Aufmerksamkeit (aus Schnepp, 1998).

gibt es daher verschiedene spezielle Testkonzepte (etwa „Flugsimulator"), die allerdings im allgemeinen nicht der Öffentlichkeit der Psychologenschaft zugänglich sind.

Entwicklungstests

Sieht man von einigen wenigen speziellen Entwicklungstests ab (s. weiter oben im Zusammenhang mit *Verbal Comprehension*; eine Übersicht über die wichtigsten Entwicklungstests für das Säuglings-, Kleinkind- und Vorschulalter findet sich bei Rennen-Allhoff & Allhoff, 1987), so gab es bis Ende des letzten Jahrtausends deutschsprachig keine allgemeinen Entwicklungs-Testbatterien, die an die Tradition der berühmten *Kleinkindertests* von *Charlotte Bühler* und *Hildegard Hetzer* – zurückgehend bis auf das Jahr 1932 – anschließen und theoretisch wie testtheoretisch sowie in Bezug auf die Aktualität der Eichung und der Breite des erfassten Altersbereichs befriedigen.

Bemerkung am Rand

Eine testtheoretische Analyse von Fuiko (2003) zeigte für die häufig eingesetzten beiden Testbatterien *Bayley Scales of Infant Development II* und *Denver II Ent-*

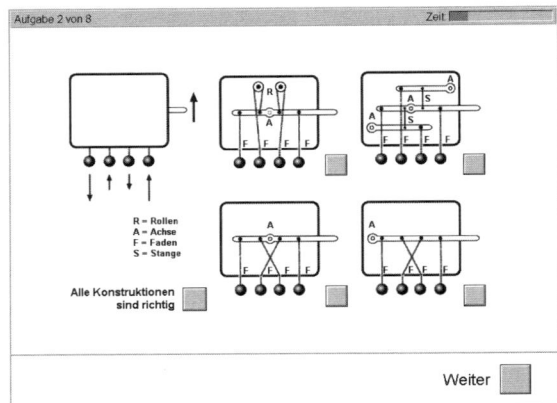

Abbildung 4.11: *Screenshot* des Item 2 aus dem Test MTA. Der obere, linke Apparat wird am Bildschirm gemäß den angegebenen Pfeilen animiert und die Tp muss entscheiden, welche der vier Konstruktionen dies genau so bewerkstelligt; die Lösung ist „links-unten" (mit freundlicher Genehmigung von *Dr. G. Schuhfried GmbH*).

wicklungsskalen – die allerdings in keiner autorisierten deutschsprachigen Version, verlagsmäßig vertrieben aufliegen – sowie für die *Griffiths-Entwicklungsskalen* (Brandt & Sticker, 2001) recht deutlich, dass in der vorliegenden Form sämtliche Untertests das Gütekriterium Skalierung nicht erfüllen: In Bezug auf das *Rasch*-Modell zeigen sich gravierende Modellabweichungen.

Mit dem *Entwicklungstest 6 Monate – 6 Jahre* (ET 6–6; Petermann & Stein, 2005) und dem *Wiener Entwicklungstest* (WET; Kastner-Koller & Deimann, 2002) – für 3 bis 6 Jahre – bereichern nun zwei Testbatterien das Verfahrensinventar der *Psychologischen Diagnostik*. Als entwicklungsrelevant erfassen sie weitgehend übereinstimmende Bereiche, die theoretisch inhaltlich und empirisch begründet sind. So überprüft der ET 6–6 mit entsprechenden Untertests die *Körpermotorik*, *Handmotorik*, *kognitive Entwicklung*, *Sprachentwicklung*, *soziale Entwicklung* und die *emotionale Entwicklung*. Der WET prüft mit seinen Untertests *Motorik*, *visuelle Wahrnehmung/Visumotorik*, *Lernen und Gedächtnis* sowie *kognitive Entwicklung*, *Sprachentwicklung* und *sozial-emotionale Entwicklung*. Beide erheben den Anspruch, ein differenziertes „Entwicklungsprofil" für jedes Kind zu gewinnen, um nicht nur Problembereiche sondern auch Stärken und damit im Sinne einer förderungsorientierten Diagnostik Kompensationsmöglichkeiten zu erkennen.

Zur Illustration

Der WET erfasst unter *Motorik* sowohl die Grobmotorik (z. B. ein Item verlangt „einbeiniges Stehen mit geschlossenen Augen") als auch die Feinmotorik (z. B. ein Item verlangt „das Schließen einer Gürtelschnalle" am eigens bereitgestellten Teddybären). Die *sozial-emotionale Entwicklung* wird mittels Fotos von Personen erfasst, deren mimischer Gefühlsausdruck zu erkennen ist. Wie schon weiter oben angesprochen sind die kognitiv (-sprachlich) orientierten Untertests inhaltlich und konzeptionell mit Intelligenz-Testbatterien vergleichbar.

Insbesondere *psychologisches Diagnostizieren* bei jüngeren Kindern als Schulkindern erfordert regelmäßig eine besondere Zusatzqualifizierung, die hier nicht vorausgesetzt und nicht vermittelt werden kann (vgl. aber z. B. Baumann & Niemann, 2001). Besondere Anforderungen an den Psychologen drücken sich schon allein darin aus, dass Entwicklungsdiagnostik und neuropsychologische Diagnostik im Kindes- und Jugendalter eng aneinander grenzen: So geht es bei letzterer um Beeinträchtigung der normalen Entwicklung bei erworbenen Hirnschädigungen, aber vor allem um Entwicklungsverzögerungen und -behinderungen aufgrund abweichender Hirnentwicklung.

4.2 Persönlichkeitsdiagnostik

Anders als bei Intelligenz-Testbatterien beziehen sich psychologisch-diagnostische Verfahren zur Erfassung von „charakterlichen" Eigenschaften (Persönlichkeit im engeren Sinn) heutzutage ziemlich universell und das sogar international auf das „*Big Five*-Persönlichkeitsmodell" (vgl. z. B. Amelang & Bartussek, 2001): Heute im Wesentlichen mit den Namen *Paul T. Costa* und *Robert R. McCrae* verbunden, nimmt man also, faktorenanalytisch wiederholt gestützt, an, Menschen unterscheiden sich wesentlich hinsichtlich der Faktoren: *Neurotizismus* (besser: Emotionale Stabilität), *Extraversion*, *„Offenheit für Erfahrung"*, *„Verträglichkeit"* und *„Gewissenhaftigkeit"*.

Die Entstehung des *Big Five*-Persönlichkeitsmodells geht auf die Sedimentationshypothese zurück, welche besagt, dass „alle Aspekte individueller Differenzen, welche bedeutsam, interessant oder nützlich sind oder waren, in die Sprache Eingang gefunden haben; je bedeutender eine solche individuelle Differenz, desto größer die Wahrscheinlichkeit, daß sie ein gesondertes Wort hervorbrachte. Die Sedimentationshypothese impliziert, daß ... Lexika ... das Universum aller bedeutenden individuellen Unterschiede abdecken" (Borkenau & Ostendorf, 1993, S. 5).

Ein solcher „lexikalischer" Ansatz diente schon *Raymond B. Cattell* als Grundlage für die Persönlichkeits-Fragebogenbatterie[29] 16 PF [-R] (vgl. unten). Viele nachfolgende Untersuchungen nahmen seine Daten als Grundlage für weitere Analysen. So auch die oft zitierten Studien von Tupes und Christal (s. am besten

---

[29]Wie schon einleitend in Abschnitt 1.6 Themen, Verfahren und Populationen ausgeführt, ist der Begriff „Persönlichkeits-Fragebogenbatterie" bis *dato* unüblich, obwohl er in Analogie zu Intelligenz-Testbatterien gebraucht, oft dem besseren Verständnis dienen würde, nämlich wenn mehrere Persönlichkeitseigenschaften in jeweils einer eigenen Skala abgefragt werden.

1992), die Reanalysen und Analysen von insgesamt acht verschiedenen Stichproben vornahmen und dabei stets fünf Faktoren feststellten. Letztlich schließen
Costa und *McCrae* aus kulturvergleichenden und verhaltensgenetischen Studi-
en mit dem aktuellen Repräsentanten des *Big Five*-Persönlichkeitsmodells, der
Persönlichkeits-Fragebogenbatterie NEO-PI [-R] (vgl. ebenfalls unten), auf eine
biologisch begründete universale Gültigkeit der *Big Five* (vgl. Becker, 1999).

Neuere Forschungsergebnisse zusammengefasst, bietet sich zwar kein so einheit-
liches Bild (vgl. Block, 1995) – so kommt Becker (2002) zu einem „Four-plus-X-
factor" Modell, das dem Umstand Rechnung tragen soll, dass mindestens vier
generell replizierbare Faktoren existieren, aber je nach Art und Anzahl erhobe-
ner Aspekte, Facetten, Skalen bzw. Items der Persönlichkeit auch entsprechend
mehr Faktoren extrahiert werden können; nichtsdestotrotz bedeutet das *Big Five*-
Persönlichkeitsmodell zum aktuellen Forschungsstand die Basis allen *psychologischen Diagnostizierens* im Persönlichkeitsbereich.

Bemerkung am Rand

Theoretisch an die Aufgabe herangegangen, ein Beschreibungssystem zur Persönlichkeit eines Menschen erstellen zu wollen – wobei sogar der Einzigartigkeit jedes
einzelnen Genüge geleistet werden soll –, führt uns zu einem simplen Rechen-
beispiel: Wie viele (unabhängige) Dimensionen braucht man zur Darstellung der
Unterschiede sämtlicher Individuen? Setzen wir dazu voraus, dass innerhalb jeder
Dimension eine Abstufung in $k = 5$ Kategorien zweckmäßig ist. Dann folgt für
eine Population der Größe $P = 100$ Millionen wegen $P = k^d$ die Anzahl $d = 12$
(exakt: 11,44) Dimensionen – nach Umformen von $P = k^d$ gilt $d = \frac{\log P}{\log k}$. Das
heißt, nehmen wir mit *Thurstone* sieben existente Fähigkeitsfaktoren an, bleiben
fünf weitere zur Beschreibung der Persönlichkeit (nach einer Idee von Hofstätter, 1971). Das heißt, ein Persönlichkeitsmodell mit ungefähr fünf Faktoren ist
durchaus praktikabel.

Die beiden bereits genannten psychologisch-diagnostischen Verfahren 16 PF und
NEO-PI signalisieren bereits, dass die Persönlichkeitsdiagnostik von Persönlichkeitsfragebogen dominiert wird, und dabei insbesondere von faktorenanalytisch
begründeten Fragebogenbatterien. Allerdings gibt es auch nicht-faktorenanaly-
tisch begründete Persönlichkeits-Fragebogenbatterien, also *a-priori* „dimensionalisierte", bei denen die mit den einzelnen Skalen zu messen beabsichtigten Persönlichkeitskonstrukte nicht empirisch, sondern (von vornherein) theoriegeleitet festgelegt worden sind. Dann finden sich noch Persönlichkeitsfragebogen (-Batterien)
zu speziellen Persönlichkeitskonstrukten; diese sind selten, selbst wenn mehrdimensional, faktorenanalytisch begründet. Immerhin gibt es außer dem traditionellen Zugang der Persönlichkeitsdiagnostik mittels Persönlichkeitsfragebogen auch
denjenigen mittels der bereits mehrfach angesprochenen Objektiven Persönlichkeits*tests*; sie waren zwar ursprünglich faktorenanalytisch begründet, sind aber
heute, wenn mehrdimensional messend, durchweg *a-priori* konzipiert. Schließlich
zählen zur Persönlichkeitsdiagnostik die Projektiven Verfahren.

Zur Illustration

Wenn von *a-priori* dimensionalisierten Persönlichkeits-Fragebogenbatterien gesprochen wird, die theoriegeleitet bestimmte Persönlichkeitskonstrukte zu erfassen
suchen, dann betrifft dies grundsätzlich die biologisch begründeten Persönlichkeitskonstrukte zum ersten, die emotionspsychologischen zum zweiten, die verhaltenstheoretischen zum dritten und die kognitiven Persönlichkeitskonstrukte zum
vierten (vgl. diese Einteilung z. B. bei Amelang & Bartussek, 2001). Vor allem zu
den letzten drei genannten gibt es aber auch spezielle Persönlichkeitsfragebogen
(-Batterien).

Zu allen damit eingeführten fünf Verfahrenstypen –
1. Faktorenanalytisch begründete Fragebogenbatterien,
2. A-priori dimensionalisierte Fragebogenbatterien,
3. Spezielle Persönlichkeitsfragebogen (-Batterien),
4. Objektive Persönlichkeits*tests*,
5. Projektive Verfahren
– werden im Folgenden ausführliche Betrachtungen angestellt, und zwar betreffs
inhaltlicher Orientierung sowie konkreter Ausformung.

4.2.1 Faktorenanalytisch begründete Fragebogenbatterien

Aus der historischen Bedeutung heraus und weil es sich bei ihr nach wie vor um
eine weltweit sehr häufig eingesetzte Persönlichkeits-Fragebogenbatterie handelt,
wird im Folgenden näher eingegangen auf das Verfahren
▶ 16 PF-R;
der Bedeutung des *Big Five*-Persönlichkeitsmodell entsprechend auch auf das Verfahren
▶ NEO-PI-R.
Im *Anhang: Verfahrensbeschreibungen* finden sich darüber hinaus folgende weitere
Vertreter wenigstens in Bezug auf „technische" Daten sowie Informationen zu den
Gütekriterien erfasst: B5PO, EPP-D, FPI-R, *Gießen-Test*, PFK 9-14, TIPI.

16 PF-R

Die langjährige Prozedur, die letztlich zur Publikation des 16 PF (*Sixteen Personality Factors Questionnaire*) 1949 mündete, ist weitläufig bekannt: Ausgehend
von *Allport* und *Odbert* und nahezu 18000 persönlichkeitsrelevanten Begriffen des
„*Webster's New International Dictionary*" wurden die hinsichtlich der Anzahl „16"
berühmten Faktoren gewonnen. Dabei wird in der Literatur allerdings oft unklar,
missverständlich oder falsch dargestellt, wie letztlich die Festlegung auf genau
16 Faktoren erfolgte: *Cattell* setzte zunächst ausgewählte Items nur zur Fremdbeurteilung ein und errechnete in verschiedenen Studien (immer ungefähr) 12
Faktoren; erst umformuliert zur Selbstbeurteilung resultierten analoge 12 und zusätzlich 4, von ihm als „*questionnaire-specific*" bezeichnete Faktoren (s. Genaueres
bei Bartussek, 1996).

In der deutschsprachig aktuellen Fassung des 16 PF-R (*16-Persönlichkeits-Faktoren-Test Revidierte Fassung*; Schneewind & Graf, 1998) heißen die Faktoren grundsätzlich anders als früher (vgl. in Präsentation 16 die inhaltliche Beschreibung der entsprechenden Skalen, einzelne Beispielitems sowie den verrechnungsmäßig vorgeschriebenen Punktwert pro Antwortkategorie).

Präsentation 16: Beschreibung der Faktoren (Skalen) des 16 PF-R inklusive Beispielitem und Punktwert pro Antwortkategorie (aus Schneewind & Graf, 1998, S. 67ff. – seitens des Verlags *Hans Huber* wurde die Genehmigung zur Wiedergabe nur für drei Beispielitems gegeben, so dass weitere Items entfallen müssen).

Wärme: warmherzig, aufmerksam für die Gefühle von anderen vs. reserviert, unpersönlich und distanziert

„*Es würde mir mehr Spaß machen, ein Berater bzw. eine Beraterin zu sein als ein Architekt bzw. eine Architektin.*

- *stimmt*   ☐ 3
- *?*   ☐ 2
- *stimmt nicht*"   ☐ 1

Logisches Schlussfolgern: hoch vs. niedrig

Emotionale Stabilität: emotional stabil, ausgeglichen vs. stimmungslabil

„*Wenn eine Kleinigkeit nach der anderen schief geht,*

- *habe ich das Gefühl, daß ich damit einfach nicht zurechtkomme*   ☐ 1
- *?*   ☐ 2
- *mache ich wie gewohnt weiter*"   ☐ 3

Dominanz: dominant, durchsetzungsfähig, sich selbst behauptend vs. nachgiebig, kooperativ, konfliktvermeidend

Lebhaftigkeit: lebhaft, spontan, gesellig vs. ernst, zurückhaltend, bedacht

Regelbewusstsein: regelbewusst, pflichtbewusst vs. unangepasst, nonkonformistisch

Soziale Kompetenz: sozial kompetent, kontaktstark vs. scheu, schüchtern

Empfindsamkeit: empfindsam, gefühlvoll, sentimental vs. sachlich, unsentimental, robust

Wachsamkeit: wachsam, misstrauisch, skeptisch vs. vertrauensvoll, arglos

Abgehobenheit: abgehoben, träumerisch, phantasievoll, ideenreich vs. lösungsorientiert, praktisch, auf dem Boden der Tatsachen stehend

Privatheit: verschlossen, diskret vs. offen, geradeheraus, natürlich

Besorgtheit: besorgt, selbstzweifelnd, verletzlich vs. selbstsicher, selbstzufrieden, selbstbejahend

Offenheit für Veränderung: offen für Veränderung, experimentierfreudig, aufgeschlossen für Neues vs. am Gewohnten haftend, traditionalistisch

Selbstgenügsamkeit: selbstgenügsam, einzelgängerisch, zurückgezogen vs. sozial orientiert, anschlussfreudig

Perfektionismus: perfektionistisch, planvoll, selbstdiszipliniert, ordentlich vs. flexibel, wenig Wert auf Ordnung/Perfektion/Disziplin legend

„Ich finde ...

- *manche Arbeiten müssen einfach nicht so sorgfältig erledigt werden wie andere* ☐ 1
- *?* ☐ 2
- *jede Arbeit sollte gründlich erledigt werden, wenn man sie macht"* ☐ 3

Anspannung: angespannt, reizbar, nervös, getrieben vs. entspannt, ruhig, gelassen, geduldig

Die Itemzusammenstellungen pro Skala erfolgten bei der ursprünglichen deutschen Version (Schneewind, Schröder & Cattell, 1983) auf Basis der Trennschärfen, wobei auch berücksichtigt wurde, dass möglichst niedrige Korrelationen der Skalen untereinander entstehen. Die daran anschließende Faktorenanalyse bezog sich auf die zu jeweils sechs Items aufgeteilten Halbskalen. So „wurde aufgrund des ... Eigenwertabfalldiagramms entsprechend dem Scree-Test ... die Entscheidung getroffen, die ersten 16 ... Faktoren ... beizubehalten" (Schneewind et al., S. 14). „Anschließend erfolgte eine hypothesenorientierte Zielrotation ... In einem weiteren Schritt wurden die 16 untereinander korrelierenden Primärdimensionen ... einer Faktorenanalyse mit anschließender orthogonaler Rotation unterzogen. Dabei ergaben sich ... 5 Sekundärfaktoren, die als globalere Persönlichkeitsdimensionen zu interpretieren sind" (Schneewind et al., S. 12). Im Zuge der Revision erfolgte dieselbe Prozedur mit dem Unterschied, dass auch die fünf Sekundärfaktoren untereinander (schwach) korrelieren.

Bemerkung am Rand

Der kritische Leser der Konstruktionsbeschreibung der deutschen Fassung kann sich nicht des Eindrucks erwehren, dass weitgehend dieselben 16 (!) Faktoren wie im englischen Original erfasst werden sollen, so dass es sich eigentlich um ein *a-priori* Verfahren handelt, nicht um ein faktorenanalytisch begründetes.

Zielpopulation sind Erwachsene ab 18 Jahren, die Einsatzmöglichkeiten beziehen sich laut Manual vor allem auf die Arbeits-, Betriebs- und Berufspsychologie.

Genaue „technische" Daten sowie Informationen zu den Gütekriterien finden sich im *Anhang: Verfahrensbeschreibungen*. In Ergänzung dazu ist folgende Kritik explizit anzubringen:

- Obwohl die Darstellung der faktorenanalystischen Ergebnisse so abgefasst wurde, dass eine geglückte Konstruktvalidierung von 16 Faktoren anmutet, muss der aufmerksame Betrachter des Manuals (zum 16 PF) an der aus dem sog. *Scree*-Test gezogenen Schlussfolgerung der Autoren zweifeln: Zunächst lässt das Eigenwert-Kriterium erkennen, dass die Interpretation von mehr als fünf Faktoren wenig sinnvoll ist – was sich letztendlich in Form der fünf Sekundärfaktoren auch bei den Autoren manifestiert. Bereits der sechste Eigenwert zeigt an, dass ein fakultativer 6. Faktor weniger Varianz erklären würde als jede einzelne der 32 Halbskalen. Aber vor allem der *Scree*-Test – macht man sich die Mühe und rekonstruiert ihn aus den Angaben des Manuals – lässt deutlich erkennen, dass für lediglich fünf Faktoren zu entscheiden ist. Im Manual zum 16 PF-R finden sich dann auch gar keine entsprechenden Ausführungen mehr. Macht man sich jedoch wieder die Mühe, aus Informationen des Manuals eine Faktorenanalyse für die 16 Skalen zu rechnen, dann spricht diesmal das Eigenwert-Kriterium und der *Scree*-Test sogar nur für vier Faktoren (vgl. in Abbildung 4.12).

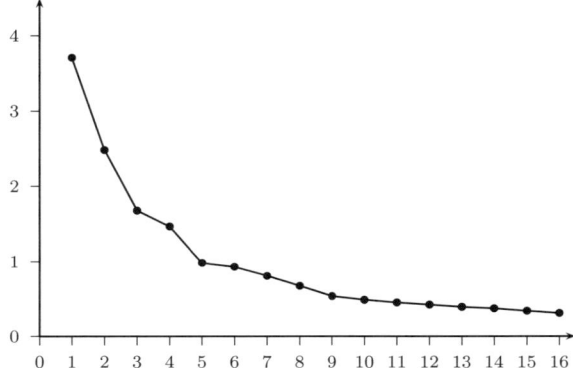

Abbildung 4.12: Der *Scree*-Test für den 16 PF-R (rekonstruiert aus der Korrelations-matrix der 16 Skalen nach Schneewind & Graf, 1998; auf der Abszisse die 16 Faktoren der vollständigen Lösung, auf der Ordinate der Eigen-wert).

Erläuterung zum „*Scree*-Test":
Beim Scree-Test handelt es sich um eine von Cattell (1966) vorgeschlagene Gra-phik, in der die Eigenwerte (der vollständigen Faktorenlösung) der Größe nach aufgetragen werden. Mit der Betrachtung beim kleinsten beginnend, zeigt sich dann so lange ein annähernd kontinuierlicher Verlauf bis der entsprechende Fak-tor nicht mehr bloß zufällig mehr Varianz (das ist der Eigenwert) erklärt als der vorhergehende: Es resultiert ein „Knick" im Verlauf. Faktoren mit größeren Ei-genwerten als der „Knick"-Faktor werden als inhaltlich bedeutsam interpretiert. Horn (1965) hat ergänzend dazu vorgeschlagen, auch den Eigenwertverlauf simu-lierter Daten von wechselseitig unabhängig modellierten Variablen einzuzeichnen. Danach wären alle Faktoren mit solchen Eigenwerten bedeutend, die oberhalb des Eigenwertverlaufs der simulierten Variablen liegen.
    Eine solche Prüfung wurde vom Verfasser in Bezug auf den 16 PF-R nicht vorgenommen; sie fiele aber erfahrungsgeleitet gegen die 16-Faktorenlösung aus.

- Bei schiefwinkligen Rotationen, wie sie offensichtlich im Anschluss an die Faktorenanalyse von Schneewind et al. durchgeführt wurde, muss stets nach dem psychologischen Erklärungswert gefragt werden. Im Streben nach wissenschaftlicher Ökonomie, im Sinn von Reduktion redundanter Datenstrukturen in informative, geht es doch in der ursprünglichen Zielsetzung der Faktorenanalyse um den „wenigst-dimensionalen Raum", der mit seinen rechtwinkligen Koordinaten alle Datenpunkte hinreichend genau abbilden kann. Zweifellos gelingt ein solches Abbilden der Datenpunkte mit schiefwinkligen Koordinaten genauer, benötigt werden dafür aber (in der Regel wesentlich) mehr Dimensionen und die Interpretation korrelierender Faktoren fällt schwerer – auch beim 16 PF-R wird keine Anleitung gegeben, wie die Korrelationen zwischen den 16 Faktoren bei der Interpretation des „Persönlichkeitsprofils" zu berücksichtigen sind. Und wie zur Bestätigung dieser Kritik an schiefwinkligen Rotationen werden am Ende regelmäßig, so auch hier, unabhängige Supra-Faktoren bestimmt.

  ### Bemerkung am Rand
  Aus psychologischer Sicht darf bezweifelt werden, dass Menschen überhaupt in der Lage sind, Testergebnisse korrelierender Faktoren adäquat, also entsprechend der genauen numerischen Größe der Korrelation, zueinander in Beziehung setzen und bewerten zu können. Viel wahrscheinlicher ist es, dass mehrere Testkennwerte vom Psychologen immer wie unabhängige Größen interpretiert werden, denn: wie denkt man in nicht-rechtwinkligen Koordinatensystemen?

- Was die Übereinstimmungsvalidität in Bezug auf einen Repräsentanten des *Big Five*-Persönlichkeitsmodells betrifft, so ist diese sehr gering: Die höchste Korrelation zwischen 16 PF-R und NEO-FFI (vgl. weiter unten) beträgt 0,67; 16 der 25 Korrelationen sind < 0,20. Bemerkenswert ist, dass die Beziehungen mit NEO-FFI sowie FPI-R und PRF (vgl. ebenfalls weiter unten bzw. im *Anhang: Verfahrensbeschreibungen*) von den Autoren als Beleg der Konstruktvalidität des 16 PF-R interpretiert werden; das stellt nämlich in letzter Konsequenz die Nützlichkeit des 16 PF-R stark in Frage!
- Die Empfehlung der Autoren zum Einsatz in „Anwendungsfeldern wie Arbeits-, Betriebs- ... Psychologie" (Schneewind & Graf, 1998, S. 7) ignoriert traditionell das Phänomen der Verfälschbarkeit.

NEO-PI-R

Weil es bei *Costa* und *McCrae* ursprünglich gar nur drei Faktoren waren, nämlich *Neurotizismus*, *Extraversion* und „*Offenheit für Erfahrung*" („*open versus closed to experience*"), sind ihre Fragebogenbatterien immer auch durch die Buchstabenkette *N-E-O* geprägt. Letztlich gibt es für den deutschsprachigen Raum, nach einer „Durststrecke" mit dem ohne Eichung publizierten NEO-FFI (*NEO-Fünf-Faktoren Inventar*; Borkenau & Ostendorf, 1993), den NEO-PI-R (*NEO-Persönlichkeitsinventar nach Costa und McCrae, Revidierte Form*; Ostendorf & Angleitner, 2004).

Jeder der fünf bereits eingangs angeführten Faktoren (also zusätzlich zu *N-E-O* noch „agreeableness", das ist *Verträglichkeit*, und „*conscientiousness*", das ist *Gewissenhaftigkeit*) wird im NEO-PI-R durch sechs Skalen (je acht Items) erfasst, die sich auf „spezifische Facetten" des jeweiligen Faktors beziehen (s. die einzelnen Facetten samt Charakterisierung durch typische Adjektiva sowie einzelne Beispielitems in Präsentation 17). Die Zusammenfassung je Faktor erfolgt für verschiedene Alters- und Geschlechtsgruppen über die Summierung der Skalenrohwerte. Solche Gruppierungen nicht berücksichtigend, können jedoch auch pro Faktor Faktor-*Scores* bestimmt werden (vgl. in Abschnitt 2.3.2) – das Antwortformat ist einheitlich fünfkategoriell („starke Ablehnung" – „Ablehnung" – „neutral" – „Zustimmung" – „starke Zustimmung"), die mit 0 bis 4 Punkten gewichtet werden.

Präsentation 17: Liste der 30 Facetten (Skalen) des NEO-PI-R sowie deren Zuordnung zu den fünf Faktoren samt typischen Adjektiva als Eigenschaftsbeschreibung (aus Ostendorf & Angleitner, 2004, S. 34ff. – teilweise gekürzt); seitens des *Hogrefe Verlags* wurde die Genehmigung zur Wiedergabe von Beispielitems beschränkt, so dass je Faktor nur jeweils eines angeführt werden kann.

Neurotizismus
Ängstlichkeit: ängstlich, beunruhigt, schreckhaft.

Reizbarkeit: leicht aufgebracht, empfindlich, explosiv
„Ich ärgere mich oft darüber, wie andere Leute mich behandeln."

Depression: bedrückt, bekümmert, depressiv

Soziale Befangenheit: befangen, beschämt, gehemmt

Impulsivität: dranghaft, genusssüchtig, triebhaft

Verletzlichkeit: gestresst, hilflos, leicht aus der Fassung und in Panik zu bringen

Extraversion
Herzlichkeit: aus sich herausgehend, freundlich, freundschaftlich

Geselligkeit: geschwätzig, gesellig, gesprächig
„Ich gehe Menschenansammlungen aus dem Weg."

Durchsetzungsfähigkeit: bestimmend, dominant, energetisch

Aktivität: energievoll, rührig, hastig

Erlebnissuche: abenteuerlustig, draufgängerisch, erlebnishungrig

Positive Emotionen: ausgelassen, begeisterungsfähig, enthusiastisch

Offenheit für Erfahrung
Offenheit für Fantasie: einfallsreich, erfinderisch, fantasievoll

Offenheit für Ästhetik: empfindungsfähig, künstlerisch, kunstsinnig

Offenheit für Gefühle: einfühlsam, empfänglich, empfindsam

Offenheit für Handlungen: beweglich, experimentierfreudig, flexibel

Offenheit für Ideen: analytisch, bildungshungrig, ideenreich
„*Ich habe oft Spaß daran, mit Theorien oder abstrakten Ideen zu spielen.*"

Offenheit für Werte- und Normensysteme: aufgeschlossen, freizügig, kritisch

Verträglichkeit

Vertrauen: arglos, gutgläubig, leichtgläubig

Freimütigkeit: aufrichtig, freiheraus, freimütig

Altruismus: altruistisch, aufopferungsvoll, gefällig
„*Manche Leute halten mich für selbstsüchtig und selbstgefällig.*"

Entgegenkommen: entgegenkommend, großmütig, gutwillig

Bescheidenheit: anspruchslos, bedürfnislos, begnügsam

Gutherzigkeit: barmherzig, gütig, gutmütig

Gewissenhaftigkeit

Kompetenz: effektiv, entscheidungsfähig, informiert
„*Ich bin für meine Umsicht und meinen gesunden Menschenverstand bekannt.*"

Ordnungsliebe: gepflegt, ordentlich, organisiert

Pflichtbewusstsein: genau, gewissenhaft, lauter

Leistungsstreben: arbeitsam, arbeitsfreudig, arbeitssüchtig

Selbstdisziplin: ausdauernd, beharrlich, konsequent

Besonnenheit: achtsam, besonnen, planvoll

Bemerkung am Rand

Die Eigenschaftsbeschreibung im NEO-PI-R mit Hilfe typischer Adjektiva entspringt der Tradition des *Big Five*-Persönlichkeitsmodells, welches nachhaltig auch auf Ergebnissen aufbaut, die eben mit sog. „Adjektivlisten", also Listen mit Eigenschaftswörtern gewonnen wurden. Die Tp hat hier die Aufgabe, das jeweilige Adjektiv, die jeweilige Eigenschaft (z. B. „aktiv") als mehr oder weniger auf sie zutreffend zu bewerten. Im vorliegenden Fall ergibt sich wegen der umfangreichen Entwicklungsarbeiten auch mit Adjektivlisten, die letztlich zum (deutschsprachigen) NEO-PI-R geführt haben, wohl eine gute Übereinstimmung zwischen den zur Interpretation angebotenen persönlichkeitsbeschreibenden Adjektiva und den mit den einzelnen Items tatsächlich erfassten Faktoren – die Items zielen konkreter als Adjektiva auf Verhaltens- und Einstellungsweisen der Tp ab, indem diese anschaulich in typische Situationen eingekleidet sind.

Grundsätzlich ist jedoch eine vom genauen Iteminhalt abweichende Interpretation bei Persönlichkeitsfragebogen deshalb problematisch, weil die Begrifflichkeit der jeweils gemessenen Eigenschaft nicht notwendigerweise über umgangssprachlich konnotierte Benennungen transportiert werden kann: Regelmäßig haben auch umgangssprachlich benutzte Ausdrücke einen für verschiedene Personen unterschiedlichen Bedeutungsgehalt (vgl. dazu auch in Kapitel 6 Gutachten).

Zur Illustration

Selbst die psychologische Fachterminologie bleibt nicht davor gefeit, Eingang in die Umgangssprache zu finden, aber dort einen Bedeutungswandel oder zumindest eine gewisse Simplifizierung durchzumachen. Ein gutes Beispiel ist die von *Jung* stammende Bezeichnung „Extraversion" bzw. „extravertierter Typ". Diese Bezeichnung hat sich in der Alltagssprache eingebürgert und verselbständigt, d. h., sie wird verwendet, ohne verbindlichen Bezug zu ihrer ursprünglichen oder zwischenzeitlich fachlich modifizierten Begrifflichkeit. Und selbst wenn man die Bezeichnung „Extraversion" innerhalb der Wissenschaftssprache, insbesondere innerhalb der *Psychologischen Diagnostik* hinterfragt, ergeben sich wenigstens punktuelle Differenzen (Präsentation 18 listet dazu drei verschiedene Definitionen von „Extraversion" aus drei Manualen einschlägiger Persönlichkeitsfragebogen auf). Dieser Umstand zeigt mit Nachdruck, dass Testwerte nicht nach einer vom TI selbstverstandenen Begrifflichkeit eines gebräuchlichen Wortes interpretiert werden dürfen, sondern strikt nach der Definition, wie sie im Manual eines konkreten psychologisch-diagnostischen Verfahrens gegeben wird – oder, fast noch besser, direkt angelehnt an einzelne Iteminhalte (z. B. „die untersuchte Person gibt sich als jemand, der gerne viele Leute um sich herum hat" – Item 37 des NEO-PI-R).

Präsentation 18: Die Definition von „Extraversion" im NEO-PI-R, im EPP-D und im MBTI.

NEO-PI-R:

„Dem alltäglichen Sprachgebrauch entsprechend lassen sich Personen mit hoher Ausprägung als gesellig, gesprächig, freundlich, unternehmensfreudig und aktiv beschreiben. Extravertierte mögen die Gesellschaft anderer, sie fühlen sich wohl in Gruppen, sind aber auch durchsetzungsfähig, selbstbewusst, dominant, lieben aufregende Situationen und Stimulierungen. Sie neigen zu Optimismus, sind eher heiter gestimmt und sind gute Unterhalter" (Ostendorf & Angleitner, 2004, S. 40).

EPP-D (*Eysenck Personality Profiler – Deutsche Form*):

„Der typische Extravertierte sucht sozialen Anschluß, liebt Parties, hat viele Freunde, braucht eine Vielzahl von Menschen, mit denen er sprechen kann. Er befaßt sich ungern mit der eigenen Person. Extravertierte brauchen andauernd Erregung, suchen Veränderungen oder Risiken. Sie sind im allgemeinen impulsiv. Extravertierte lieben das Leben (easy going), machen und mögen Witze, haben in jeder Situation den richtigen ‚Spruch' bereit und lachen viel. Extravertierte bevorzugen es, in Bewegung zu sein und vielerlei Sachen zu unternehmen. Sie tendieren zur Aggressivität und sind launisch. Sie haben ihre Gefühle nicht immer unter Kontrolle und neigen zu Unzuverlässigkeit" (Eysenck et al., 1998, S. 21).

MBTI (*Myers-Briggs Typenindikator*):

„Der MBTI . . . wurde entwickelt, um die Theorie von C. G. Jung für die Praxis nutzbar zu machen" (Briggs & Briggs Myers, 1995, S. 5): „Nach außen orientierte (extravertierte) Personen orientieren sich vorwiegend an der Außen- bzw. Umwelt,

> d. h., sie tendieren dazu, Wahrnehmung und Beurteilung auf Menschen und Gegen-
> ständliches zu richten" (S. 6).

Zielpopulation sind 16- bis 50-Jährige und darüber, die Einsatzmöglichkeiten beziehen sich laut Manual auf: Klinische Anwendungsfelder, insbesondere im psychotherapeutischen Kontext, gesundheitspsychologische Fragestellungen sowie, nach-
gereiht, Berufsberatung, Arbeits- und Organisationspsychologie. Zu letzterem Ein-
satzgebiet wird ausführlich Bezug genommen auf Literatur zur prognostischen
Validität von Persönlichkeitseigenschaften, allerdings auch zum vorsichtigen Gebrauch gemahnt: „Der NEO-PI-R wurde in seiner amerikanischen und deutschen
Fassung an freiwilligen Testpersonen normiert, die unter keinem Druck standen,
sich in sozial erwünschter Weise darzustellen" (Ostendorf & Angleitner, 2004,
S. 69). Dass sich Personen in Ausleseuntersuchungen in besonders positiver Form
beschreiben, sei „immer möglich".

- Etwas Attraktives am NEO-PI-R ist die Möglichkeit seines Einsatzes zur Fremdeinschätzung, so dass „Selbst-" und „Fremdbild" diagnostisch zu vergleichen
  sind. Dies ist, zumindest mit dafür eigens vorgesehenen Formen von Fragebogen,
  erstmals wieder seit dem *Gießen-Test* realisiert.

Genaue „technische" Daten sowie Informationen zu den Gütekriterien finden sich
im *Anhang: Verfahrensbeschreibungen*.

4.2.2 A-priori dimensionalisierte Fragebogenbatterien

Wenn auch hauptsächlich nur zur Klassifikation eines Krankheitsbilds innerhalb
klinischer Fragestellungen eingesetzt, also ohne dass primär Interventionen bzw.
Maßnahmenvorschläge (vgl. in Abschnitt 1.1 Begriffsbestimmungen) damit intendiert wären, muss doch wegen seiner weltweiten Verbreitung im Folgenden näher
eingegangen werden auf die Persönlichkeits-Fragebogenbatterie
▶ MMPI-2;
wegen der Umsetzung eines für praktische Zwecke besonders brauchbaren theoretischen, nämlich motivationspsychologischen Ansatzes – trotz Überalterung seiner
Eichung – auch die Persönlichkeits-Fragebogenbatterie
▶ PRF.
Im *Anhang: Verfahrensbeschreibungen* findet sich darüber hinaus folgender weiterer Vertreter wenigstens in Bezug auf „technische" Daten sowie Informationen zu
den Gütekriterien erfasst: BIP.

Bemerkung am Rand
Unsystematischen Beobachtungen des Verfassers zufolge, sind Anbieter – diese zumeist Wirtschaftswissenschaftler, jedenfalls nicht Psychologen – im Verkauf „psychologischer" Verfahren für Fragestellungen des Personalwesens erfolgreich, wel-

che als einschlägig aufgebaute Fragebogen eine „Persönlichkeits"-Typisierung erlauben und dabei regelmäßig auf der *a-priori* dimensionalisierten Persönlichkeits-Fragebogenbatterie MBTI (*Myers-Briggs Type Indicator*) aufbauen. Davon abgesehen wird die deutsche Fassung dieser Fragebogenbatterie (seit 1991 von einem psychologischen Fachverlag verlegt und vertrieben; vgl. die aktuelle Fassung von Briggs & Briggs Myers, 1995[30]) wohl auch selbst ziemlich verbreitet eingesetzt. Sie beruht im Wesentlichen auf *Jung* bzw. seiner Typenlehre (vgl. auch Präsentation 18). Die vier polarisierenden Skalen *Extraversion/Introversion, Sinnliche/Intuitive Wahrnehmung, Analytische/Gefühlsmäßige Beurteilung* und *Beurteilung/Wahrnehmung* geben in Kombination 16 mögliche Typen. Auch wenn es (nur) um die Typ-Zuschreibung einer Tp geht, disqualifiziert sich das Konzept solcher Fragebogenbatterien für den routinemäßigen Einsatz eigentlich von selbst, solange es, wie im Zusammenhang üblich, keine Eichtabellen gibt. Die Beschreibung des Typischen einer Person klärt natürlich nicht, wie häufig dieses in der Bevölkerung realisiert ist.

MMPI-2

Die ursprüngliche Zielsetzung des MMPI (*Minnesota Multiphasic Personality Inventory*) aus dem Jahre 1943 (deutsche *Übersetzung* samt Eichung 1963) lag in der psychiatrischen Kategorisierung bzw. in der Differenzierung zwischen „normal" und „abnormal", d. h. in der Erfassung psychischer Störungen wie in einem psychiatrischen Interview, nur ökonomischer im Sinn von aufwandsminimierend. Trotzdem findet die Persönlichkeits-Fragebogenbatterie MMPI bzw. deren Nachfolgerin MMPI-2 (in der deutschen Überarbeitung von Engel, 2000) gelegentlich ihre Anwendung auch in der „Normal"-Population, was schon Guilford (1970, S. 175) als „recht ungeschickt, wenn nicht sogar – wegen der pathologischen Kategorisierungen – äußerst peinlich" kommentiert.

Zur Illustration

In der Durchführungsverordnung vom 20.6.1997 zum österreichischen Waffengesetz 1996 (BGBl. I Nr. 12/1997) wird explizit die Persönlichkeits-Fragebogenbatterie MMPI (allerdings eine Kurzform davon) als eine von zwei Optionen legitimiert, um im Rahmen einer psychologischen Untersuchung durch behördlich besonders registrierte Einrichtungen zu begutachten, „ob ein Mensch dazu neigt, insbesondere unter psychischer Belastung mit Waffen unvorsichtig umzugehen oder sie leichtfertig zu verwenden" (zit. aus den Nachrichten des *Report Psychologie 10*/97, S. 22).

Die Konstruktion des MMPI orientierte sich am Konzept der inhaltlichen Gültigkeit, und zwar aus der Sicht klinischer Syndrome: Bezogen auf die klassifizierbaren psychiatrischen Diagnosegruppen wurden jeweils diejenigen Items aus

---

[30]Die Persönlichkeits-Fragebogenbatterie MBTI wurde zwischenzeitlich durch eine sinngemäß weiterentwickelte Batterie GPOP (*Golden Profiler of Personality*; Bents & Blank, 2004) ersetzt.

ursprünglich 1000 der entsprechenden Skala des MMPI zugeordnet, welche sich
als typisch herausstellten. Wenn zum Beispiel ein überwiegender Prozentsatz „Depressiver", dagegen nur ein geringer Prozentsatz „Normaler" der Aussage eines
Items zustimmten, wurde dieses Item als ein für Depression sprechendes interpretiert. Letztlich beinhaltet die Fragebogenbatterie MMPI-2 567 Items. Etwa 350
davon werden nicht nur einer, sondern mehr als einer Skala zugerechnet, woraus
sich hohe Skalen-Interkorrelationen ergeben. Die Skalen heißen bzw. versuchen zu
messen: *Hypochondrie, Depression, Hysterie/Konversionsstörung, Psychopathie,
Soziopathie, antisoziale Persönlichkeitsstörung, männliche/weibliche Interessen,
Paranoia, Psychasthenie, Schizophrenie, Hypomanie, Soziale Introversion.* Über
diese Basis-Skalen hinaus bietet das Verfahren noch von diesen als völlig unabhängig behauptete – leider nicht entsprechend nachvollziehbare –, faktorenanalytisch
gewonnene Inhalts-Skalen bzw. zur Erweiterung des Anwendungsbereichs gewisse Zusatzskalen (z. B. eine *Angst*-Skala betreffs körperlicher Beschwerden, wie
Herzklopfen und Schlafstörungen, bzw. eine *Eheproblem*-Skala), wobei diese alle
in der Praxis wohl wesentlich seltener ausgewertet bzw. angewendet und damit
interpretiert werden.

Offensichtlich kritisch sind die zahlreichen befremdlichen Items, wozu vor allem
solche zählen, die den Intimbereich betreffen und stark die Zumutbarkeit des
MMPI-2 bezweifeln lassen.

Zur Illustration

Präsentation 19 gibt die Vorstellung des MMPI in einem „Testknacker" (Paczensky, 1976) kurz gefasst wieder. Es handelt sich dabei um eine journalistisch pointierte Beschreibung dieser Fragebogenbatterie, gedacht als Information oder Hilfestellung bzw. eigentlich als Anleitung für Bewerber, „Wie man Karriere-Tests
erfolgreich besteht" – so der Untertitel. Laut Informationsstand des Verfassers,
ganz entgegen des im Manual des MMPI-2 explizit genannten Anwendungsbereichs, wird zwar MMPI bzw. MMPI-2 heutzutage nicht (mehr) allzu häufig zur
Personalauswahl herangezogen, und trotzdem konzentriert sich die (bereits 30
Jahre alte) Kritik der Autorin des „Testknackers" genau darauf; dieser Umstand
nimmt der Kritik jedoch nichts an Brisanz: Auch für klinische Fragestellungen
gilt die vorgebrachte Skepsis der Zumutbarkeit.

Präsentation 19: Kurz gefasste Zusammenstellung von wörtlichen Zitaten zum
MMPI aus einem „Testknacker" – im Fall, dass konkrete Items angesprochen werden,
sind diese hier in Bezug auf den MMPI-2 aktualisiert [*akt*].

„Schon der Anblick des Mammut-Inventars ist geeignet, Furcht und Schrecken zu
erwecken, denn es enthält 560 Fragen [tatsächlich: 567; Anm. d. Verf.], die mit
‚stimmt', ‚stimmt nicht' oder ‚zweifelhaft' [tatsächlich: ‚richtig', ‚falsch' oder ‚weiß
nicht', im MMPI-2 nur mehr: ‚richtig' oder ‚falsch' Anm. d. Verf.] zu beantworten
sind. Darunter finden sich so abenteuerliche Behauptungen wie: ... ‚*Meine Seele*

verläßt manchmal meinen Körper' oder *'Manchmal bin ich von bösen Geistern beses-sen'*, die einen sensiblen Probanden sehr verschüchtern können: Will man ihn etwa zur Aufnahme ins Irrenhaus testen?" (Paczensky, 1976, S. 85). „Diese Vermutung ist gar nicht so abwegig, denn tatsächlich wurde der MMPI[31] in der psychiatrischen Heilanstalt von Minnesota ersonnen, um die verschiedenen Geisteskranken besser voneinander trennen zu können. ... Jede halbwegs intelligente Testperson wird ... kaum in Versuchung kommen, den abartigsten Sätzen zuzustimmen.

'Ich glaube, ich bin ein verdammter Mensch.'
'Ich höre oft Stimmen, ohne zu wissen, woher sie kommen.' [akt]
'Ich höre seltsame Dinge, wenn ich allein bin.'
'Man hat mir gesagt, daß ich schlafwandle.'
'Manchmal kommen mir seltsame Gerüche.'
'Alles schmeckt gleich.'

Diese Fragen sind schon recht befremdend, doch enthält der MMPI noch ganz andere Delikatessen. [Einzelne] ... Fragen befassen sich mit Verdauungsvorgängen, die man im allgemeinen nicht mit seinem Arbeitgeber besprechen möchte, wie etwa:

'Ich leide selten unter Verstopfung.' [akt] ...

Mit gleichem Feingefühl bohrt sich der Fragebogen auch ins Liebesleben des Probanden:

'Ich bin wegen meines sexuellen Verhaltens nie in Schwierigkeiten geraten.' [akt]
'Mein Sexualleben ist zufriedenstellend.' ...
'Viele meiner Träume handeln von Sex.' [akt] ...

Natürlich sind diese und ähnliche Fragen eine Unverschämtheit. Kein Vorgesetzter, kein Personalchef würde wagen, sie mündlich im Einstellungsgespräch zu stellen, und kein vernünftiger Bewerber würde sie beantworten." (S. 85f.).

„Die Seelenschnüffelei des MMPI macht selbst vor dem Jenseits nicht Halt und erwartet Auskünfte über das Maß an christlicher Frömmigkeit, die sonst nur der Beichtvater erfährt:

'Ich glaube an ein Leben nach dem Tode.'" (S. 86).

„Keine Angst: der MMPI ist keine uneinnehmbare Festung, wenn man sich nicht von der ... Drohung mit der Lügenskala ... schrecken läßt. Gerade die grobe Taktlosigkeit vieler Fragen macht es leicht, sie im sozial angepaßten Sinn zu beantworten. Wer sich die Grundregeln des gewitzten Bewerbers vor Augen hält, das Idealprofil eines erstrebenswerten Charakters deutlich im Sinn hat, der kann hier kaum zu schädlichen Punktwerten kommen.

Um Karriere zu machen, muß man innen und außen fit sein, also: ... keine ... Gebrechen, die im Lauf des Inventars angeboten werden. Natürlich hat man auch keine sexuellen Probleme; alle Fragen in dieser Richtung werden verneint.

Allerdings: *'ab und zu lache ich über einen unanständigen Witz'* – das darf man zugeben, um nicht als weltfern ... zu gelten.

... Die gröberen Geisteskrankheiten sind relativ leicht zu meiden; schwieriger wird es bei der Männlichkeitsskala des MMPI, auf der kontrolliert wird, ob man sich wie ein richtiger Mann oder eine richtige Frau verhält. Dieser Unterschied wird auf dem geduldigen Fragebogenpapier mit seltsamen Maßstäben gemessen, die sich nicht unbedingt aus dem gesunden Menschenverstand oder der Lebenserfahrung des Probanden ableiten lassen. Hier einige Hinweise, wie man antworten muß, um dem richtigen Geschlecht zugezählt zu werden:

	Maskulin	*Feminin*
Ich gehe gerne ins Theater	stimmt nicht	stimmt
Ich habe keine besondere Angst vor Schlangen [*akt*]	stimmt	stimmt nicht
Ich glaube, der Beruf eines Bibliothekars/einer Bibliothekarin würde mir gut gefallen [*akt*]	stimmt nicht	stimmt
Manchmal eilten meine Gedanken schneller voraus, als ich sie aussprechen konnte [*akt*]	stimmt nicht	stimmt
Ich gehe sehr gerne auf die Jagd [*akt*]	stimmt	stimmt nicht
Ich wäre gerne Mitglied in mehreren Vereinen [*akt*]	stimmt	stimmt nicht
Ich habe nie in meinem Leben gern mit Puppen gespielt [*akt*]	stimmt	stimmt nicht
Ich liebe Gedichte	stimmt nicht	stimmt
Ich bin in der Liebe enttäuscht worden	stimmt nicht	stimmt
. . .		
Ich habe volles Selbstvertrauen [*akt*]	stimmt	stimmt nicht
Ich glaube, ich empfinde stärker und tiefer als die meisten Menschen [*akt*]	stimmt nicht	stimmt
Ich wäre gern Soldat(in) [*akt*]	stimmt	stimmt nicht
Manchmal hab ich Lust, eine Schlägerei mit jemandem anzufangen	stimmt	stimmt nicht
. . .		

Es sind insgesamt 56 [*akt*] Fragen, an denen Männlein und Weiblein unterschieden werden. Sie sind an der Durchschnittsnorm ermittelt worden, die vermutlich vor 15 Jahren im Saarland galt oder vor 20 Jahren in Minnesota [vgl. das Erscheinungsjahr dieses ,Testknackers': 1976; Anm. d. Verf.]. Ein moderner junger Mann, der vielleicht Theater und Lyrik schätzt, Liebeskummer kennt und sich weder fürs Schießen noch fürs Prügeln erwärmen kann, sollte solche Neigungen lieber verbergen, denn er handelt sich sonst eine ,feminine Tendenz' ein . . .

Weibliche Bewerber hingegen sind nicht verpflichtet, sich unbedingt ans sexuelle Rollenschema zu halten. Sie können sich unbesorgt zu lustigen Gesellschaften, Vereinsmeierei und Jagdlust bekennen, ohne als Lesbierinnen verdächtigt zu werden. Bei Frauen bedeutet ein hoher Maskulinitätswert, daß sie selbstsicher, spontan und tüchtig sind, also für Führungspositionen wie geschaffen. Hier wird das alte Klischee am Leben gehalten, daß nur Mannweiber etwas leisten, daß Weiblichkeit mit Hilflosigkeit einhergeht. Wer aus der Rolle fällt, muß mit Strafpunkten rechnen, das gilt vor allem für Männer, die sich nicht mehr am Ideal der Kruppstahl-Härte orientieren

> mögen. Die Psychologen, die dem MMPI vertrauen, berufen sich auf die Statistik,
> die ein für allemal entschieden hat, daß etwa Schlangenfurcht und Theaterleiden-
> schaft unmännlich sind, daß ein rechter Kerl gern zur Flinte greift usw. Wer nicht
> am bewährten Verhalten klebt, ist abnorm und muß die nachteiligen Folgen tragen
> – oder beim Fragebogenausfüllen ein bißchen schwindeln" (S. 88ff.)

In Bezug auf die ursprüngliche Zielsetzung des MMPI extrem kritisch ist der
Umstand, dass die entsprechende, auf *Kraepelin* zurückgehende Konzeption bereits 60 Jahre zurückliegt. „Explizite und operational definierte Kriterien haben
zwischenzeitlich jedoch die nosologischen Klassen des Kraepelinschen Klassifikati-
onssystems abgelöst und multiaxiale Beschreibungssysteme wie das ICD-10 oder
das DSM-IV mit substanziellen Veränderungen bei den Kriterien zu einzelnen
Störungen, einer differenzierteren Bezeichnung der Subtypen, psychopathologi-
schen, taxonomischen und nosologischen Entscheidungsregeln sowie Veränderungen in der Nomenklatur hervorgebracht. So gesehen wird die Fragebogenbatterie
MMPI-2 der modernen psychiatrischen Diagnostik nicht mehr gerecht" (Hank &
Schwenkmezger, 2003, S. 298).

Der Verfälschbarkeit gewärtig, enthält die Persönlichkeits-Fragebogenbatterie
MMPI-2 eigene „Validitätsskalen" – die unglückliche Bezeichnung bezieht sich
nicht darauf, dass diese Skalen (definitionsgemäß) valide wären, vielmehr sollen
sie es erlauben, die Interpretierbarkeit, also die Gültigkeit der gewonnenen Testwerte in den Basis-Skalen beurteilen zu lassen: Zunächst sind das eine „Lügen"-
Skala (die Items beziehen sich auf Verhaltensweisen, die in der Realität vermuteter Weise selten, obwohl sozial erwünscht, gezeigt werden oder die in der Realität vermuteter Weise häufig, obwohl sozial unerwünscht, gezeigt werden), eine
„Seltenheits"(*[in-]frequency*)-Skala (die Items haben Inhalte, die von etwa 10 %
der Eichstichprobe einheitlich als „falsch" beantwortet wurden; *„Es wäre besser,
wenn fast alle Gesetze abgeschafft würden"*) und eine „Korrektur"-Skala (die Items
zielen auf Eigenschaften ab, die vermuteter Weise häufig geleugnet bzw. beschö-
nigt werden; *„Zuweilen möchte ich am liebsten etwas kaputtschlagen"*). Bei der
Lügenskala geht es laut Manual nicht um die allgemeine Tendenz zur Lüge, sondern darum, dass deutlich erhöhte T-Werte „mit hoher Wahrscheinlichkeit ein
durchgängiges Testverhalten wider[spiegeln], das die normale Aussagekraft der
klinischen Skalen negativ beeinflusst" (Engel, 2000, S. 26). Die Seltenheitsskala
soll dagegen zur Identifikation von Tpn mit auffälligem Antwortverhalten insofern

---

[31]Der wörtlichen Übersetzung nach handelt es sich bei dieser Fragebogenbatterie um ein „In-
ventar", bedürfte also des sächlichen Substantivs. Allerdings ist es in der deutschsprachigen
Psychologenschaft – wie auch hier im gegebenen Zitat gepflegt – weit verbreitet, Tests bzw.
Fragebogen generell mit einem männlichen Substantiv zu apostrophieren, unabhängig vom
Namen des Verfahrens. Dies wohl deshalb, weil das Affix: „der" Test bzw. „der" Fragebogen,
zwar unausgesprochen bleibt, aber eigentlich stets im semantischen Raum steht.

dienen, als bei diesen die vorausgesetzte Motivation zur gewissenhaften Beantwortung der Fragen bzw. die dafür notwendige intelligenzmäßige Mindestausstattung
nicht gegeben ist oder gravierende Leseschwäche sowie insbesondere ein Mangel
an Realitätsbezug vorliegt. Mit der Korrekturskala soll schließlich „die Tendenz
wieder[ge]geben [werden], auf subtile Art und Weise Antworten so zu wählen, daß
sie möglichst wenig auf psychische Probleme hinweisen" (S. 27). Gegenüber dem
MMPI neue, weitere Skalen, die die Motivation zur gewissenhaften Beantwortung
der Fragen abklären wollen – allerdings „vorsichtig angewendet werden [sollten]
bis mehr empirische Evidenz vorliegt" (S. 29) –, sind unter anderem die Skala
zur Erfassung der Beantwortungsinkonsistenz und die Skala zur Erfassung der
Zustimmungstendenz; erstere besteht aus Paaren von inhaltlich ähnlichen oder
gegensätzlichen Items, zweitere aus solchen gegensätzlichen Inhalts, wobei alle
diese jeweils an verschiedenen Stellen der Fragebogenbatterie geboten werden.

Zur Illustration
Die Abfassung von Lügenskalen grundsätzlich sowie speziell von der des MMPI
bzw. MMPI-2 sei in Präsentation 20 wieder durch die kritische Darstellung in
dem schon angesprochenen „Testknacker" (Paczensky, 1976) kommentiert.

Präsentation 20: Kurz gefasste Zusammenstellung von wörtlichen Zitaten zum
„Lügen"-Wert im MMPI aus einem „Testknacker" – im Fall, dass konkrete Items
angesprochen werden, sind diese hier in Bezug auf den MMPI-2 aktualisiert [akt].

„Die meisten Fragebogen enthalten ... Trickfragen, deren Ergebnis auf einer geson-
derten Lügenskala eingetragen wird. Man erkennt Sie manchmal an der unvorsich-
tigen Formulierung, wenn z. B. von ‚niemals‘ oder ‚immer‘ die Rede ist. ‚Ich sage
immer und unter allen Umständen die Wahrheit‘ – wer mag das schon von sich
behaupten?" (Paczensky, 1976, S. 93).

„Im MMPI, der als Muster für viele andere Fragebogen gelten kann, sind die
Lügenfallen nicht ganz so offensichtlich. Sie lauern dort, wo man sich zu kleinen
Schwächen bekennen soll, die außerordentlich häufig sind. Von den 567 [akt] Fragen
des MMPI gehören 15 in diese Kategorie:
‚*Manchmal denke ich an Dinge, die zu schlecht sind, um darüber zu reden.*‘
‚*Ich sage nicht immer die Wahrheit.*‘
‚*Ich werde manchmal wütend.*‘
‚*Wenn ich mich nicht wohl fühle, bin ich manchmal reizbar.*‘ [akt]
‚*Wenn ich ohne Bezahlung in ein Kino hereinkönnte und sicher wäre, nicht gesehen
zu werden, dann würde ich es wahrscheinlich tun.*‘
‚*Ich lerne gern bedeutende Leute kennen, weil ich mich dann selbst wichtig fühle.*‘
‚*Manchmal stimme ich bei Wahlen für Leute, von denen ich sehr wenig weiß.*‘
‚*Manchmal klatsche ich ein wenig.*‘
‚*Ab und zu lache ich über einen unanständigen Witz.*‘
‚*Ich mag nicht jeden leiden, den ich kenne.*‘ [akt]
‚*Manchmal möchte ich am liebsten fluchen.*‘

> ‚Ich lese nicht jeden Tag alle Leitartikel in der Zeitung.'
> ‚Manchmal verschiebe ich etwas auf morgen, was ich heute tun müßte.'
> ‚Meine Tischmanieren sind zu Hause nicht ganz so gut wie auswärts in Gesellschaft.'
> [akt]
> ‚Ich würde beim Spiel lieber gewinnen als verlieren.'
> Um als aufrichtiger Charakter abzuschneiden, sollte man mindestens die Hälfte dieser netten kleinen Fehler eingestehen. Einige darf man ruhig abstreiten, denn ein allzu niedriger Lügenwert ist auch nicht erstrebenswert. Wer alles zugibt, gilt als ängstlich" (S. 93f.).

Bemerkung am Rand

Über die Verfälschbarkeit von Lügenskalen ihrerseits liegen kaum Ergebnisse vor, jedoch ist ihre Durchschaubarkeit zumeist kaum geringer als die inhaltlicher Skalen (vgl. nochmals die Ausführungen zur Verfälschbarkeit von Persönlichkeitsfragebogen in Abschnitt 2.9 Unverfälschbarkeit).

Was die Gütekriterien des MMPI-2 betrifft resümiert die vom *Testkuratorium der Föderation Deutscher Psychologenvereinigungen* beauftragte Testrenzension von Hank und Schwenkmezger (2003, S. 302): „Eine immer wieder gegen den MMPI ... vorgebrachte Kritik der unzureichenden psychometrischen Gütenachweise ... gilt nach wie vor: Bedeutsame empirische Nachweise zur Messgenauigkeit und Validität des MMPI-2 fehlen." Der insgesamt hier vorgebrachten Kritik entsprechend kann im *Anhang: Verfahrensbeschreibungen* auf eine genaue Darstellung „technischer" Daten sowie Informationen zu den Gütekriterien verzichtet werden.

Bemerkung am Rand

Dass die Diskussion über den Wert des MMPI bzw. MMPI-2 nicht nur sachlich geführt wird (vgl. auch noch andere Rezensionen, wie vor allem von Angleitner, 1997, Punter & Kubinger, 2002, und Kupfer & Brähler, 2002), sondern gelegentlich sogar polemisch, zeigen die Bezeichnung des MMPI als „psychometric nightmare" (Rodgers, 1975) oder die Aussage in einer Replik auf eine Testrezension: „Angleitner hat in seiner Rezension in besonderer Weise die methodischen Schwächen des MMPI betont. Seine Kritik geht von theoretisch wichtigen Desiderata der modernen Testkonstruktion aus, bedenkt aber nicht deren oft nur geringe Auswirkung auf die diagnostische Praxis" (Engel, 1997, S. 14).

- In Ergänzung zur angesprochenen Kritik sei nur noch folgende gegeben: In Anbetracht der wenigstens heutzutage allgemein akzeptierten Notwendigkeit einer Überprüfung der interkulturellen Äquivalenz von psychologisch-diagnostischen Verfahren (s. Wagner-Menghin, 2003a; vgl. insbesondere die Ausführungen zum *Differential Item Functioning* in Abschnitt 2.5.3) ist das Konzept befremdlich, wonach es „bei einem ‚Klassiker' wie dem MMPI nicht sinnvoll [schien], eine nationale Version zu entwickeln, die zwar nach den Grundsätzen des Originals, ansonsten aber vollständig neu konstruiert ist" (Engel, 1997, S. 6). Eine verfehlte Messqualität etlicher Items in der deutschen Version ist daher eher mehr als wenig wahrscheinlich.

PRF

Die *Deutsche Personality Research Form* (PRF; Stumpf, Angleitner, Wieck, Jackson & Beloch-Till, 1985) stellt eine gründliche Bearbeitung der amerikanischen Originalversion aus dem Jahre 1967 dar. Diese bezieht sich auf *Henry Murray* und dessen motivationspsychologisch begründete Persönlichkeitstheorie.

Wichtiger Hinweis

Murray (1938) interpretiert den Menschen als einen aktiven Organismus, der nicht nur auf den Druck der Situation reagiert, sondern bestimmte Situationen auch aufsucht und gestaltet, „. . . in jedem Falle aber die Auswirkungsmöglichkeiten der jeweiligen Situation auf die eigenen Bedürfnisbelange auffaßt und entsprechend agiert" (Heckhausen, 1989, S. 66). Das Individualtypische einer Person werde demnach gefunden, wenn man die Person „über Situationen und über die Zeit hinweg beobachtet." *Murray* definiert zwei zentrale Begriffe, „Motiv" (Bedürfnis), englisch: *Need*, auf der Personenseite, und (besser nicht zu übersetzen): *Press* auf der Situationenseite; *Press* ist dabei derjenige Zielzustand, welchen die jeweilige Situation erhoffen bzw. als in Verlust zu geraten befürchten lässt. „*Need* und *press* entsprechen sich thematisch; ein *press* ruft das entsprechende *need* hervor, ein *need* sucht seinen ihm entsprechenden *press*" (Heckhausen, S. 67). – Im Rahmen der Motivationspsychologie überwindet bzw. verbindet *Murray* damit übrigens die alternativen Motivationstheorien, wonach die „Motivation" zum Handeln entweder dispositionell (*Trait*-mäßig) begründet sei oder durch situationsbezogenes Lernen.

An möglichen Motiven unterscheidet er zwischen primären (Bedürfnissen) und sekundären, sog. „psychogenen". Darunter fallen (unter anderem; sowie hier schon in geringer Abänderung, umgesetzt in der PRF; vgl. bei Stumpf et al., 1985):

Selbsterniedrigung	*Leistungsstreben*
Geselligkeit	*Aggressivität*
Autonomiestreben	*Bedürfnis nach Abwechslung*
Sorgfalt	*Mißtrauen*
Dominanzstreben	*Ausdauer*
Bedürfnis nach Beachtung	*Risikomeidung*
Impulsivität	*Hilfsbereitschaft*
Ordnungstreben	*Spielerische Grundhaltung*
Beachtung von Sinnesqualitäten	*Soziales Anerkennungsbedürfnis*
Anlehnungsbedürfnis	*Allgemeine Interessiertheit*

Die endgültige Auswahl der PRF-Items (in der Originalversion) erfolgte aus einem anfänglichen Itempool von ca. 3000 primär nach dem Konzept der inhaltlichen Gültigkeit, und zwar mittels Experten-*Rating* einerseits und der Fremdeinschätzung von fiktiven Personen mit extremer Ausprägung in ausgewählten Konstrukten andererseits. Sekundär erfolgte die Auswahl (klassisch) testtheoretisch, und zwar hinsichtlich der inneren Konsistenz, der Item-„Schwierigkeit" sowie der konvergenten und diskriminanten Validität (insbesondere in Bezug auf die soziale Erwünschtheit). Faktorenanalytische Auswertungen (auf Itemebene) dienten nur der nachträglichen Absicherung der Skalen.

Zur Illustration

Im Folgenden wird als ein Beispiel die Personenbeschreibung einer fiktiven Person mit wenig *Autonomiestreben* gegeben. Im Zuge der Fragebogenentwicklung sollten nun unabhängige Beurteiler diese Person in Bezug auf inhaltlich relevante Items des ursprünglichen Itempools fremdeinschätzen:

„Alex Reed arbeitet im Werbebüro einer großen Versicherungsgesellschaft. Obwohl er für die Werbeauslagen seiner Firma verantwortlich ist, sucht er stets den Rat seiner Mitarbeiter und Vorgesetzten, bevor er eine Entscheidung trifft. Normalerweise hält er eine Versammlung ab, in der sich jeder über die geplanten Werbemaßnahmen äußern kann, und man kommt dann zu einer Gruppenentscheidung, die er seinem Vorgesetzten zur Genehmigung vorlegt. Alex macht es besondere Freude, sein Büro als Team zu organisieren, in dem die einzelnen in allen Arbeitsabschnitten zusammenarbeiten.

Alex hat seiner Familie immer sehr nahe gestanden. Neulich kaufte er eine Wohnung in der Nähe seiner Eltern, um sie öfter besuchen zu können. Er hat auch einige Geschwister, mit denen er regelmäßig bei Familientreffen zusammenkommt. Alex, seine Frau und seine Kinder stehen einander sehr nahe. Gemeinsam planen sie Tätigkeiten, an denen die ganze Familie teilnehmen kann. Alex' Freunde beschreiben ihn als kooperativ, konventionell und angenehm im Umgang" (aus Stumpf et al., 1985, S. 9).

Bemerkung am Rand

Bei der Übertragung auf deutsche Verhältnisse ging es den Autoren darum, „zunächst die psychologische Äquivalenz der Übersetzung in für die Praxis hinreichendem Maße zu gewährleisten und sodann zu prüfen, ob die deutsche Version innerhalb ihres Kulturkreises ähnliche Eigenschaften ... aufweist wie die Originalversion" (Stumpf et al., 1985, S. 33). „Den Weg der Adaptierung markieren zwei Äquivalenzprüfungen (zwischen denen eine grundlegende Revision der Übersetzung erfolgte), zwei Validierungsstudien, auf die eine Kürzung der deutschen PRF-Version folgte, drei weitere Validierungs-Untersuchungen und eine Arbeit zur Verfälschbarkeit von PRF-Skalenwerten." Durch den abschließenden Wegfall der Skalen *Selbsterniedrigung, Autonomiestreben, Bedürfnis nach Abwechslung, Sorgfalt, Mißtrauen* und *Beachtung von Sinnesqualitäten* „sind die wesentlichen ... Mängel im ursprünglichen Konstruktionssystem ... in der deutschen PRF behoben" (S. 44).

Als Beispiele der 14 mal 16 Items der PRF sollen hier die ersten vier der Fragebogenbatterie genügen; es sind solche zu den Skalen *Leistungsstreben, Geselligkeit*,

Aggressivität und *Dominanzstreben* (auf alle ist mit „richtig" oder „falsch" zu antworten – Form KA):

> *„Ich ärgere mich über mich selbst, wenn ich etwas nicht gründlich gelernt habe."*
> *„Ich versuche, so oft wie möglich in der Gesellschaft von Freunden zu sein."*
> *„Es macht mir nicht viel aus, wenn mich jemand in einer Diskussion aussticht."*
> *„Ich versuche, andere unter meinen Einfluß zu bekommen, anstatt zuzulassen, daß sie mich kontrollieren."*

Die zur Kontrolle von Antworttendenzen entwickelte Skala Infrequenz beinhaltet 10 Items (z. B. „Ich kann mit beiden Händen gleich gut und schnell schreiben").

Die PRF ist für Personen ab 17 Jahren bei psychologischen Fragestellungen innerhalb der Berufs- und Bildungsberatung und des Personalwesens gedacht, geeignet vielleicht auch bei bestimmten arbeits- bzw. organisationspsychologischen Fragestellungen. Explizit heißt es im Manual: „Verhaltensauffälligkeiten und -störungen im klinischen Sinn sollen in der PRF nicht erfaßt werden" (Stumpf et al., 1985, S. 8).

Genaue „technische" Daten sowie Informationen zu den Gütekriterien finden sich im *Anhang: Verfahrensbeschreibungen.* Kritisch sei an dieser Stelle ergänzt:

- Der vorbildhafte, weil sich endlich wieder auf *Campbell* und *Fiske* besinnende MTMM-Ansatz (vgl. in Abschnitt 2.3.2) zeigt leider inhaltlich nicht voll befriedigende Ergebnisse.

4.2.3 Spezielle Persönlichkeitsfragebogen (-Batterien)

Zur besseren Systematisierung der großen Anzahl von speziellen Persönlichkeitsfragebogen (und -Batterien) sei zunächst ein inhaltliches Modell postuliert, welches ziemlich allgemein das Zustandekommen einer Leistung zu beschreiben versucht. Es geht also um die modellhafte Erklärung des Leistungsverhaltens. Interessanterweise können nämlich mit einem solchen Modell (fast) alle speziellen Persönlichkeitskonstrukte angesprochen und inhaltlich in Zusammenhang gebracht werden. Ohne dass dies ursprünglich bezweckt ist, wird damit ein strategisches Konzept *psychologischen Diagnostizierens* vorgeschlagen, für Fragestellungen zur Abklärung der Ursachen von „Leistungsversagen" – eigentlich auch für Fragestellungen zur Prüfung, inwieweit die psychologischen Voraussetzungen für bestimmte Leistungserfolge gegeben sind. Einzuschränken ist dabei, dass es sich bei dem Modell eben um eines aus der Sicht der *Psychologischen Diagnostik* handelt, d. h. daran orientiert ist, welche psychologisch-diagnostischen Verfahren oder wenigstens welche ersten Verfahrenskonzepte verfügbar sind. Andere, hier nicht berücksichtigte Modellvariablen, wie sie vor allem die Sozialpsychologie und die Pädagogische Psychologie ergänzen könnten, seien jedem unbenommen, hinzuzufügen.

Obwohl das Modell (s. nun Abbildung 4.13) vielleicht am meisten im Zusammenhang mit schulischem Leistungsversagen überzeugt, sollte es doch unmittelbar auch auf andere Bereiche anwendbar sein.

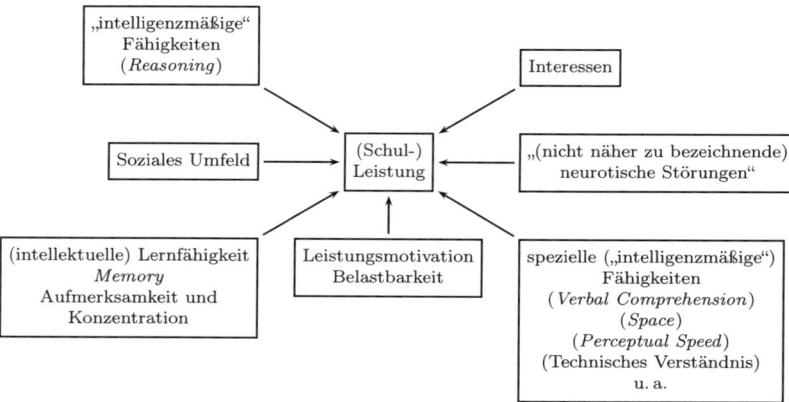

Abbildung 4.13: Ein Erklärungsmodell des Leistungsverhaltens: „Intelligenzmäßige" Fähigkeiten, soziales Umfeld, „(nicht näher zu bezeichnende) neurotische Störungen" und andere Determinanten des Leistungsverhaltens.

Der Einfluss des sozialen Umfelds auf das konkrete Leistungsverhalten einer Person steht wohl außer Frage (vgl. dazu auch in Abschnitt 5.1 Gruppen und Teams).

Nehmen wir „intelligenzmäßige" Fähigkeiten (insbesondere *Reasoning*) wie auch spezielle („intelligenzmäßige") Fähigkeiten als selbstverständliche Bedingungsgrößen jedes Leistungsverhaltens von der nochmaligen Betrachtung für das folgende aus. Gruppieren wir weiters die (intellektuelle) Lernfähigkeit, das Gedächtnis (*Memory*) sowie die Aufmerksamkeit und Konzentration, alles ebenfalls schon abgehandelt, zu „ergänzend notwendigen kognitiven Leistungsdeterminanten"; kalkulieren wir die Interessen einer Person als wesentliche Bedingungsgröße für Leistungsverhalten mit ein und berücksichtigen „(nicht näher zu bezeichnende) neurotische Störungen" als letzte Erklärungskategorie von Leistungsversagen (-hemmung) vor allem für den Fall, dass keine andere Erklärung gefunden werden kann: So sind spezielle Persönlichkeitseigenschaften unschwer aus den üblichen Stellenanforderungen abzuleiten: Leistungsmotivation und Belastbarkeit. Allerdings vermögen etliche weitere psychologische Konstrukte, die im Folgenden ebenfalls anzusprechen sind, in ihrer Gesamtheit die Restkategorie „(nicht näher zu bezeichnende) neurotische Störungen" zumindest für viele Fallbehandlungen zu ersetzen: U. a. Leistungsangst, Kontrollüberzeugung, Frustrationstoleranz und die Fähigkeit zum Befriedigungsaufschub sind Eigenschaften, die, einmal in ihrem Ausmaß für eine Person diagnostiziert, es oft nicht mehr nötig machen, als Erklärung für Leistungsversagen die genannte Restkategorie heranziehen zu müssen.

Die Besprechung der damit direkt und indirekt angesprochenen speziellen Persönlichkeitsfragebogen (-Batterien) richtet sich im Folgenden nach inhaltlichen Zusammenhängen der entsprechenden Eigenschaften (Konstrukte):

▶ Leistungsmotivation,
▶ Leistungsangst,
▶ Kontrollüberzeugung,
▶ Belastbarkeit,
▶ Aggressivität,
▶ Kognitive Stile,
▶ Interessen.

Leistungsmotivation

Durchaus aufbauend auf *Murray* ist es heute üblich, zu unterscheiden zwischen „Motiv" als (situationsüberdauernde) Disposition einer Person zu bestimmtem Handeln (das ist also Motiv als *Trait*) und „Motivation" als die momentane, (situationsbedingt) aktualisierte Tendenz zu bestimmtem Handeln (vgl. z. B. wieder Heckhausen, 1989). Interessant ist dann im Zusammenhang mit „Leistungsmotivation" – oft schlechthin als „Motivation" bezeichnet –, die verschiedenen Motive, die für ein bestimmtes, situationsüberdauerndes, d. h. für eine Person als „typisch" erachtetes Leistungsverhalten verantwortlich gemacht werden könnten, differentialdiagnostisch abzuklären: Schon auf Atkinson (1957) gehen zwei prägnante Motive zurück, nämlich „Hoffnung auf Erfolg" und „Furcht vor Misserfolg".

Ersteres Motiv bewegt Personen dazu, Leistungssituationen zwecks Bewährung (extra und gezielt) aufzusuchen, zweiteres, solche Situationen zu meiden (beachte den Zusammenhang mit Angst). In Leistungssituationen, die von außen gestellt werden und für eine Person als Faktum gegeben sind, wird dementsprechend – aber auch in Abhängigkeit von der Erfolgserwartung – zwischen zwei Möglichkeiten entschieden: Nämlich nach dem Erfolg zu streben oder die Aufgabe nicht bzw. nicht angemessen zu bearbeiten. Insofern ist Leistungsmotivation am ehesten den verhaltenstheoretischen Persönlichkeitskonstrukten zuzuordnen.

An Persönlichkeitsfragebogen (-Batterie) dazu ist zwar jene des LMT-J (*Leistungsmotivationstest für Jugendliche*; Hermans, 1976) als „Klassiker" zu bezeichnen – sie beinhaltet die Skalen *Leistungs- und Erfolgsstreben, positive (leistungsfördernde)* und *negative (leistungsmindernde) Erfolgsbesorgtheit* sowie eine Skala *Soziale Erwünschtheit*; allerdings ist sie, wie auch die kaum jüngere Form für Erwachsene, vor allem in Bezug auf seine Eichung extrem überaltert. Somit ist die Persönlichkeitsfragebogen-Batterie LMI (*Leistungsmotivationsinventar*; Schuler, Prochaska & Frintrup, 2001), obwohl ziemlich neu, gegenwärtig konkurrenzlos. Sie beinhaltet insgesamt 17, je 10 Items umfassende Skalen, darunter auch „berufserfolgsrelevant" bezeichnete wie Dominanz (*„Ich entscheide gern, was andere tun sollen"*; siebenkategorielles Antwortformat von „trifft gar nicht zu" bis „trifft vollständig zu"). Wohl im engeren Sinn die Leistungsmotivation betreffen vor allem

Skalen, wie: *Beharrlichkeit, Engagement, Erfolgszuversicht, Leistungsstolz, Lernbereitschaft, Schwierigkeitspräferenz* und *Wettbewerbsorientierung.* Beispielhafte Items dazu lauten (in der Reihenfolge der genannten Skalen):

> „*Wenn ich mir etwas vorgenommen habe, dann setze ich alles daran, es doch noch zu schaffen.*"
>
> „*Andere sagen, dass ich viel mehr arbeite als nötig.*"
>
> „*Auch vor einer schwierigen Aufgabe rechne ich immer damit, mein Ziel zu erreichen.*"
>
> „*Es macht mich stolz und glücklich, eine schwierige Aufgabe gut gemeistert zu haben.*"
>
> „*Wenn ich etwas Neues erfahre, bemühe ich mich, mir möglichst viel davon zu merken.*"
>
> „*Mit einer schwierigen Aufgabe beschäftige ich mich gern über längere Zeit hinweg.*"
>
> „*Es ärgert mich, wenn andere besseres leisten als ich.*"

Das theoretische Konzept mutet pragmatisch, nicht theoriegeleitet an. Das LMI wird im *Anhang: Verfahrensbeschreibungen* genauer in Bezug auf „technische" Daten und Informationen zu den Gütekriterien beschrieben. In Ergänzung dazu ist folgende Kritik explizit anzubringen:

- Die ausdrückliche Nennung der Berufseignungsdiagnostik als Einsatzbereich ignoriert bzw. verharmlost das Phänomen der Verfälschbarkeit von Persönlichkeitsfragebogen.
- Befremdlich ist, dass abgesehen von einer Profilinterpretation auch noch ein Gesamt-Testwert zur Interpretation angeboten wird, für dessen inhaltliche Bedeutung im Manual keine überzeugenden Argumente und für dessen Berechtigung aus Sicht des Gütekriteriums Skalierung vor allem keine Belege angeführt werden.

Obwohl in gewisser Weise ebenfalls ein (Persönlichkeits-) Fragebogen, in gewisser anderer Weise jedoch ein Projektives Verfahren und deshalb als sog. „semiprojektives Verfahren" bezeichnet, ist das *Multi-Motiv-Gitter für Anschluss, Leistung und Macht* (MMG; Schmalt, Sokolowski & Langens, 2000). Es wird daher erst im Zusammenhang mit Projektiven Verfahren (s. Abschnitt 4.2.5) inhaltlich näher beschrieben. Analoges gilt für Objektive Persönlichkeits*tests* (s. Abschnitt 4.2.4), die Leistungsmotivation zu erfassen suchen.

> **Erläuterung** zu „semi-projektiven Verfahren":
> Diese bedienen sich der grundsätzlich mehrdeutigen Stimuli von Projektiven Verfahren, ohne allerdings den Tpn eine freie Reaktion zu ermöglichen (vgl. die einführende Erläuterung zu Projektiven Verfahren in Abschnitt 2.1.2); vielmehr werden mehrere Beschreibungsvorschläge der Situation bzw. Statements der agierenden Personen wie in einem Persönlichkeitsfragebogen zur Auswahl gestellt. Im gegebenen Fall sind die Stimuli schematisierte Zeichnungen, durchaus in Anlehnung

an den TAT (vgl. nochmals die Abbildung 3.17, in Abschnitt 3.2.2; Genaueres zum TAT s. in Abschnitt 4.2.5); zu 14 Zeichnungen werden jeweils dieselben acht Beschreibungsvorschläge gegeben (z. B.: „*Hierbei Stolz empfinden, weil man etwas kann*") – daher auch der Name „Gitter".

Leistungsangst

Wenn analog zu Motiv und Motivation zwischen Ängstlichkeit als *Trait* und Angst als momentaner Zustand unterschieden wird, dann interessiert innerhalb der *Psychologischen Diagnostik* vorrangig die Ängstlichkeit, also die (situationsüberdauernde) Disposition, „vergleichsweise leicht, oft und intensiv in Angstzustände zu geraten" (Amelang & Bartussek, 2001, S. 463). Sie zählt zu den emotionspsychologischen Persönlichkeitskonstrukten.

Bemerkung am Rand

In der Literatur findet man die Begriffe: Furcht, Angst, (Erregung, Stress) und Ängstlichkeit, alle selten definiert und oft als Synonym verwendet. Um die verständliche Irritation eines Laien anzudeuten, seien nach Amelang und Bartussek (2001) nur zwei widersprechende Auffassungen von Furcht und Angst gegenübergestellt. Einerseits die Auffassung, dass sich „Furcht" auf eine bekannte, „Angst" auf eine dem Individuum unbekannte Gefahrenquelle bezieht, wobei beides als unangenehm, im Sinn einer physiologischen Erregung erlebt wird. Andererseits die Auffassung (vor allem von *Charles D. Spielberger* vertreten), dass „Furcht" etwas Kognitives sei, nämlich das Erkennen einer physischen oder psychischen Gefahr, einer als „Stress" bezeichneten Reizkonstellation, während „Angst" die emotionale Reaktion auf das (vermeintliche) Erkennen einer Gefahr ist.

Explizit dieser Zweiteilung gerecht zu werden, versucht *Spielberger*s weit verbreiteter Fragebogen STAI (*State-Trait-Angstinventar*; Laux, Glanzmann, Schaffner & Spielberger, 1981). Zwei Skalen differenzieren zwischen *Trait* und Zustand (*State*). In der Zwischenzeit ist dieser Fragebogen zwar zum Standard innerhalb klinischer Forschungsarbeiten geworden, mehr als zu einer groben, nämlich durchschnittlichen Beschreibung einer bestimmten Patientengruppe taugt er allerdings nicht: Für die Fallbehandlung sind wohl zu wenige relevante Informationen abzuleiten, die zur Beantwortung einer Fragestellung und zu einem begründeten Maßnahmenvorschlag führen könnten.

Anders als denkbare klinische Verfahren zur Erfassung von Persönlichkeitsstörungen im Bereich F4 des ICD-10 (neurotische-, belastungs- und somatoforme Störungen), interessiert bei Fragestellungen im Zusammenhang mit Leistungsversagen nicht ein allgemeiner Angst- bzw. Ängstlichkeitsfragebogen, sondern einer, der spezifisch auf das Leistungsverhalten abzielt. Zumindest mit seiner Skala *Angst vor Bewährungssituationen*, einer von zehn Skalen zur Erfassung von spezifischer und allgemeiner Ängstlichkeit („Angstneigung"), bezieht sich der IAF (*Interaktions-Angst-Fragebogen*; Becker, 1997) darauf. Zum Beispiel lautet ein

Item: „Sie werden von Ihrem Vorgesetzten bei der Arbeit beobachtet" (bei sieben-kategoriellem Antwortformat, „ziemlich angenehm" bis „äußerst unangenehm").

Bemerkung am Rand

Insbesondere wegen der im letzten Jahrzehnt entstandenen Verfügbarkeit etlicher standardisierter klinischer Interviewhefte verlieren spezielle Persönlichkeitsfrage-bogen zur Erfassung von Persönlichkeitsstörungen – wie eben zum Beispiel der Fra-gebogen STAI – ihre Bedeutung für die Fallbehandlung selbst im Zusammenhang mit dem klinisch-psychologischen Klassifizieren (vgl. dazu bereits in Abschnitt 1.1 Begriffsbestimmungen). „Am bekanntesten und international am häufigsten einge-setzt ist das *Composite International Diagnostic Interview* (CIDI) ... offizielles WHO-Instrument. Im CIDI sind alle Symptom- und klinisch relevanten Zusatz-fragen explizit vorgegeben, sodass fast ausschließlich die Antworten des Patienten als Beurteilungsgrundlage dienen und nur in Ausnahmen die klinischen Entschei-dungen des Untersuchers ... Daher kann das CIDI ... auch von trainierten Laien nach einem einwöchigen Training eingesetzt werden ... Ziel ist jeweils herauszu-finden, ob das Symptom für die Diagnose [besser: Klassifikation; Anm. d. Verf.] klinisch relevant, das heißt einerseits schwerwiegend genug, und nicht besser durch andere Ursachen erklärbar ist" (Wittchen, Freyberger & Stieglitz, 2001, S. 113).

Ein im DAI (*Differentielles Leistungsangst Inventar*) umgesetztes Modell zur dif-ferentiellen Leistungsangstdiagnostik entwickelten Rost und Schermer (1997). Es beinhaltet die vier Bereiche *Angstauslösung, Angstmanifestation, Angstcopingstra-tegien* sowie *Angststabilisierung*. Damit wird also ein differentialdiagnostischer Ansatz zum Zweck förderungsorientierter Diagnostik verfolgt, und nicht nur ein allgemeines Ausmaß an Ängstlichkeit erfasst: Interventionen bieten sich je nach dem unmittelbar an. Vor allem die Mechanismen der *Angststabilisierung* schei-nen für Fallbehandlungen wichtig zu erkennen, wurden aber vor dem Erscheinen des DAI im Verfahrensinventar der Psychologischen Diagnostik nicht beachtet. Die einzelnen Skalen je angesprochenem Bereich samt Itembeispielen gibt Abbil-dung 4.14.

Zur Illustration

Rost und Schermer (1987) kritisieren in ihrem Grundsatzartikel die regelmäßi-ge Konfundierung unterschiedlicher Angstaspekte in herkömmlichen Fragebogen. „Manche Fragen vermengen sogar drei Komponenten (Auslösung, Erscheinungs-weisen und Konsequenzbedingungen), wie es z. B. das folgende Statement ... de-monstriert: ,*Nervosität* während eines *Tests* verhilft mir zu *besserer Leistung*'" (S. 18).

IAF und DAI finden sich hinsichtlich ihrer „technischen" Daten sowie hinsichtlich der Informationen zu den Gütekriterien im *Anhang: Verfahrenbeschreibungen* ge-nauer beschrieben.

Bereich	Skala	Itembeispiele
Angstauslösung	*Repertoire-Unsicherheit*	Ich habe Angst, ... da es mir schwer fällt, mich systematisch vorzubereiten.
	Wissensbezogene Angstauslösung	Ich habe Angst, ... wenn ich die Aufgabenstellung nicht verstehe.
	Sozialbezogene Angstauslösung	Ich habe Angst, ... wenn ich an der Tafel stehe und mich alle anschauen.
Angst-manifestation	*Physiologische Manifestation*	Wenn ich Angst habe, ... bricht mir der Schweiß aus.
	Emotionale Manifestation	Wenn ich Angst habe, ... fühle ich mich allein gelassen.
	Kognitive Manifestation	Wenn ich Angst habe, ... vergesse ich bereits gekonntes.
Angst-copingstrategien	*Strategie Gefahrenkontrolle*	Um meine Angst zu bewältigen, ... lese ich den Stoff vor dem Einschlafen nochmals durch.
	Strategie Situationskontrolle	Um meine Angst zu bewältigen, ... melde ich mich krank.
	Strategie Angstkontrolle	Um meine Angst zu bewältigen, ... nehme ich mir vor, mich zu entspannen, wenn ich nicht mehr weiter weiß.
	Strategie Angstunterdrückung	Um meine Angst zu bewältigen, ... rede ich mir gut zu, dass es schon klappen wird
Angst-stabilisierung	*Externale Stabilisierung*	Andere nehmen auf meine Angst starke Rücksicht.
	Internale Stabilisierung	Allein der Gedanke an eine Prüfung/Klassenarbeit/Klausur macht mich schon nervös.

Abbildung 4.14: Das Modell zur differentiellen Leistungsangstdiagnostik von Rost und Schermer (1997), exemplifiziert an den Skalen und Itembeispielen des DAI; die Items haben ein fünfkategorielles Antwortformat („fast nie" bis „fast immer" bzw. „sehr schwach" bis „sehr stark").

Kontrollüberzeugung

Das den verhaltenstheoretischen Persönlichkeitskonstrukten zuzuzählende Konstrukt der „Kontrollüberzeugung" geht auf die soziale Lerntheorie von *Julian B. Rotter* zurück. Stark vereinfacht versteht *Rotter* Persönlichkeit als ein „Gefüge" von Reaktionsmöglichkeiten im Kontext sozialer Beziehungen (vgl. z. B. Amelang & Bartussek, 2001). In seiner Verhaltensgleichung setzt er die Wahrscheinlichkeit, dass eine Person v in einer Situation s die Reaktion bzw. das Verhalten x zeigt, als (mathematisch nicht definierte) Funktion folgender Parameter an: Erstens der Erwartung, die diese Person darüber hat, dass das Verhalten x in Situation s zur Verstärkung (Belohnung) b führt, zweitens dem Verstärkerwert, den die Verstärkung b in Situation s für Person v hat. Demnach kann individuell unterschiedliches Verhalten (zum Teil) zurückgeführt werden auf unterschiedliche Erwartungshaltungen, das sind generalisierte, aus der individuellen Lerngeschichte stammende Erwartungen. Unter anderem wurde eine dieser (generalisierten) Erwartungshaltungen innerhalb der Sozial- und der Differentiellen Psychologie erforscht, eben die Kontrollüberzeugung betreffs „*Locus of Control of Reinforcement*": Die Einstellung einer Person darüber, wer oder was ihr Leben kontrolliert.

Ausgehend vom sog. „IPC-Konzept", nämlich drei Aspekte mittels einer Fragebogenbatterie zu erfassen: inwieweit eine Tp den „Ort der Kontrolle für erlebte
Ereignisse" in sich selbst verankert sieht (I: *internal*), bei „mächtigen" anderen
(P: *external*: „*powerful others*") oder im Phänomen der Zufälligkeit (C: *external*: „*chance*"), hat sich deutschsprachig der FKK (*Fragebogen zu Kompetenz- und
Kontrollüberzeugungen*; Krampen, 1991) etabliert. Er enthält die Skalen *Generalisiertes Selbstkonzept eigener Fähigkeiten, Internalität in generalisierten Kontrollüberzeugungen, Sozial bedingte Externalität* und *Fatalistische Externalität*. Diese
beinhalten (in der Reihenfolge der genannten Skalen) Items wie beispielsweise
folgende (sechskategorielles Antwortformat; „sehr falsch" bis „sehr richtig"):

> *„Ich komme mir manchmal taten- und ideenlos vor."*
> *„Es hängt hauptsächlich von mir ab, ob sich andere Menschen nach meinen Wün-
> schen richten oder nicht."*
> *„Ich habe das Gefühl, daß vieles von dem, was in meinem Leben passiert, von an-
> deren Menschen abhängt."*
> *„Zufällige Geschehnisse bestimmen einen großen Teil meines Lebens und Alltags."*

Einen weniger generalisierten, sondern spezifischen Aspekt der Kontrollüberzeugung erfasst der FKL (*Fragebogen zur Kausalattribuierung in Leistungssituationen*; Keßler, 1988). In gewisser Weise stellt dieser aber auch einen Leistungsmo-
tivationsfragebogen dar (vgl. die Skalen: *Anstrengung bei Erfolg, Begabung bei
Erfolg, Schwierigkeiten bei Erfolg, Zufall bei Erfolg, Anstrengung bei Mißerfolg,
Begabung bei Mißerfolg, Schwierigkeiten bei Mißerfolg, Zufall bei Mißerfolg*).

Bemerkung am Rand
Für den klinischen Einsatzbereich interessant, jedoch kaum im praktischen Einsatz ist der KKG (*Fragebogen zur Erhebung von Kontrollüberzeugung zu Krankheit
und Gesundheit*; Lohaus & Schmitt, 1989). Es scheint immerhin einsichtig, dass
die entsprechende Art von Kontrollüberzeugung das Gesundheitsvorsorgeverhal-
ten eines Menschen sowie die *Compliance* (Mitmachbereitschaft) des Patienten
maßgeblich beeinflusst.

Mit der Skala *Generalisiertes Selbstkonzept eigener Fähigkeiten* im FKK wird
auch Bezug zu einem zentralen Begriff der Persönlichkeitspsychologie genommen, dem des sog. „Selbstkonzepts". Damit verfolgt diese Fragebogenbatterie auch
einen differentialdiagnostischen Ansatz insofern, als die Kontrollüberzeugung betreffs *Locus of Control of Reinforcement* als ein Teil des Selbstkonzepts einer
Person demjenigen Teil betreffs ihrer Fähigkeiten gegenübergestellt werden kann.
Noch genauer auf das Selbstkonzept, also auf die Selbstwahrnehmung und die
Einstellung zur eigenen Person, allerdings bestenfalls nur indirekt auf die Kontrollüberzeugung geht die Fragebogenbatterie FSKN (*Frankfurter Selbstkonzeptskalen*; Deusinger, 1986) ein. Unter anderen erfasst sie die Skalen *Selbstkonzept*

der allgemeinen Leistungsfähigkeit, Selbstkonzept der Verhaltens- und Entschei-
dungssicherheit, Selbstkonzept der eigenen Standfestigkeit gegenüber Gruppen und
bedeutsamen anderen, Selbstkonzept zur Wertschätzung durch andere und *Selbst-*
konzept über Gefühle und Beziehungen zu anderen.

> **Erläuterung** zum Begriff „Selbstkonzept":
> „Selbstkonzept ... die Gesamtheit der selbstbezogenen Informationen bzw. das
> zu einem bestimmten Zeitpunkt gegebene Resultat der informationsverarbeiten-
> den Prozesse als internes Modell (auch implizite Selbst-Theorie) über die eigene
> Person ... Durch Selbstreflexion bilden sich relativ dauerhafte Wahrnehmungs-,
> Bewertungs- und Handlungstendenzen in der Person-Umwelt-Beziehung aus. In
> der kognitiven Repräsentation ist dies vergleichbar mit dem ... Konstrukt der
> sozialen Einstellung. Das S. ist ein Bezugssystem sozialer Kognitionen ... und
> somit ein wichtiges Orientierungsmittel, zugleich auch ein Bezugsrahmen für die
> Integration neuer Erfahrung" (*Fachlexikon Psychologie*; Clauss, 1995, S. 414).

Beispielsweise folgende Items (in der Reihenfolge der genannten Skalen) sind in
den FSKN enthalten (sechskategorielles Antwortformat, von „trifft sehr zu" bis
„trifft gar nicht zu"):

> *„Ich bin bestimmt so leistungsfähig und intelligent wie andere."*
> *„Ich bin eigentlich ziemlich sicher in der Einschätzung meiner Fähigkeiten".*
> *„Wenn ich mich in einer Gruppe befinde, traue ich mich nicht, etwas zu sagen."*
> *„Ich habe wenig Ansehen bei meiner Familie."*
> *„Ich fühle mich als Person meinen Freunden unterlegen."*

Für die Fragebogenbatterien FKK, FKL und FSKN sind im *Anhang: Verfah-*
renbeschreibungen „technische" Daten sowie Informationen zu den Gütekriterien
genauer wiedergegeben. In Ergänzung dazu ist folgende Kritik explizit anzubringen:
• Die FSKN sind in Bezug auf ihre Eichung offensichtlich extrem überaltert und
  über den klinischen Einsatzbereich hinaus nicht ausreichend erprobt.

Belastbarkeit

Im weitesten Sinn den biopsychologisch begründeten Persönlichkeitskonstrukten
ist das auf das Erleben von „Stress" bezogene Konstrukt der „Belastbarkeit" zuzurechnen. Während Stress ganz allgemein wieder als Zustand aufgefasst werden
kann – und zwar als intensiver, zumeist unangenehmer Spannungszustand in Form
unspezifischer somatischer, biochemischer und psychophysiologischer Reaktionen
des Organismus auf gewisse exogene und/oder endogene Reize –, ist Belastbarkeit
eine (mehr oder weniger stabile) Eigenschaft. Bezeichnet man nämlich psychisch
und physisch auf den Menschen einwirkende Faktoren als Belastung, dann kann
es als kurz- oder längerfristige Folge davon zu einer Beanspruchung des Menschen
kommen. Daraus ergibt sich die Definition (vgl. auch schon in Abschnitt 2.3.2):

Belastbarkeit ist das Ausmaß, in dem es einer Person gelingt, den Belastungen standzuhalten, d. h. ihre gegebene Beanspruchung gering zu halten und somit Leistung und Befindlichkeit unbeeinflusst zu lassen. (In Anlehnung an Schrott, 2003).

Assoziativ dazu passt der SVF (*Stressverarbeitungsfragebogen*; Janke, Erdmann & Kallus, 2002). Er geht von der Eigenschaft einer Person aus, eine individuelle Präferenz für gewisse Stressverarbeitungsstrategien zu haben. Es wird demnach angenommen, dass bei einer länger dauernden und/oder stärkeren Abweichung vom normalerweise gegebenen psychischen und somatischen Zustand bzw. physiologischen Erregungsniveau jede Person ganz bestimmte (andere) Copingstrategien mit dem Ziel einsetzt, die psychosomatische Ausgangslage wieder herzustellen bzw. eine noch stärkere Abweichung zu verhindern. Die nun mit dem SVF erhobenen 20 Copingstrategien reichen von *Bagatellisierung* und *Ersatzbefriedigung* über *Soziales Unterstützungsbedürfnis* bis zu *Aggression* und *Pharmakaeinnahme*, die jeweils in einer eigenen Skala mit beispielsweise folgenden Items erfragt werden (in der Reihenfolge der genannten Skalen; fünfkategorielles Antwortformat, von „gar nicht" bis „sehr wahrscheinlich"):

> *„Wenn ich durch irgendetwas oder irgendjemanden beeinträchtigt, innerlich erregt oder aus dem Gleichgewicht gebracht worden bin*
> *... sage ich mir, alles ist halb so schlimm."*
> *... esse ich etwas Gutes."*
> *... sehe ich zu, daß jemand anderes mich bei der Lösung unterstützt."*
> *... neige ich dazu, mit anderen Leuten aneinanderzugeraten."*
> *... nehme ich Beruhigungsmittel."*

Der SVF erfasst also weder die Kapazität der Ressourcen zur Stressbewältigung noch die Effizienz der eingesetzten Copingstrategien. Das heißt, es geht nicht um die Feststellung und Quantifizierung, wie leicht, oft und intensiv eine Person in Stress gerät, sondern darum, wie genau sie, wenn Stress einmal vorhanden ist, damit umgeht. Dasselbe gilt freilich für die grundsätzlich später erschienene Version für Kinder und Jugendliche, SVF-KJ (*Stressverarbeitungsfragebogen von Janke und Erdmann angepasst für Kinder und Jugendliche*; Hampel, Petermann & Dickow, 2001).

Schon eher Belastbarkeit oder „Stressresistenz" erfasst die Fragebogenbatterie AVEM (*Arbeitsbezogenes Verhaltens- und Erlebensmuster*; Schaarschmidt & Fischer, 2003). Abgesehen von Testergebnissen in einzelnen Skalen liefert sie eine Typisierung in folgende vier Erlebens- und Verhaltensmuster:

- Typ G: Gesundheitsförderliches Verhalten und Erleben, d. h. deutliche, aber nicht übermäßige Ausprägung im Arbeitsengagement bei erhaltener Distanzierungsfähigkeit gegenüber den Arbeitsproblemen; offensives Bewältigungsverhalten und Widerstandsfähigkeit bei Belastungen; positives Lebensgefühl.

- Typ S: Schonungsorientiertes Verhalten und Erleben, d. h. geringes Arbeitsengagement bei starker Distanzierung gegenüber den Arbeitsproblemen; psychische Widerstandsfähigkeit gegenüber Belastungen; (relative) Zufriedenheit.
- Risikotyp A: Gesundheitsgefährdendes Verhalten und Erleben (im Sinn des bekannten sog. „Typ-A-Verhaltens"), d. h. überhöhtes Engagement und geringe Distanzierung in Bezug auf die Arbeitsprobleme; verminderte psychische Widerstandsfähigkeit gegenüber Belastungen; eingeschränktes Lebensgefühl.
- Risikotyp B: Gesundheitsgefährdendes Verhalten und Erleben (im Sinn eines sog. „Burnout"-Syndroms), d. h. reduziertes Engagement bei zugleich eingeschränkter Distanzierungsfähigkeit gegenüber den Arbeitsproblemen; starke Resignationstendenz und verminderte Widerstandsfähigkeit gegenüber Belastungen; deutlich eingeschränktes Lebensgefühl.

> **Erläuterung** zum Begriff „Typ-A-Verhalten":
> „... Verhaltensweise, die sich unter anderem durch ausgeprägtes Zeitdruckerleben, Ruhelosigkeit, besonderes Anspruchsniveau, Rivalität, Aggressivität auszeichnet. T. soll das Risiko für koronare Herzerkrankungen erhöhen und mit physiologischen Parametern korrelieren" (*Fachlexikon Psychologie*; Clauss, 1995, S. 480).

> **Erläuterung** zum Begriff „*Burnout*":
> „... ‚Ausbrennen', Syndrom, das bei professionellen Helfern als Folge von Überlastung auftritt, u. a. gekennzeichnet durch emotionale Erschöpfung, Dehumanisierung (zynisch abwertende Haltung gegenüber dem Hilfesuchenden) und das Gefühl, der beruflichen Aufgabe nicht mehr gewachsen zu sein" (*Dorsch Psychologisches Wörterbuch*; Häcker & Stapf, 2004, S. 157).

Wie aus der Typenbeschreibung hervorgeht, erfassen die elf (faktorenanalytisch gewonnenen) Skalen unter anderem die *Subjektive Bedeutsamkeit der Arbeit*, den *Beruflichen Ehrgeiz*, die *Verausgabungsbereitschaft*, die *Distanzierungsfähigkeit* und *Resignationstendenz (bei Misserfolg)*. Beispielsweise folgende Items (in der Reihenfolge der genannten Skalen) sind in AVEM enthalten (fünfkategorielles Antwortformat, von „trifft völlig zu" bis „trifft überhaut nicht zu"):

> *„Die Arbeit ist für mich der wichtigste Lebensinhalt."*
> *„Ich möchte beruflich weiter kommen, als es die meisten meiner Bekannten geschafft haben."*
> *„Wenn es sein muss, arbeite ich bis zur Erschöpfung."*
> *„Zum Feierabend ist die Arbeit für mich vergessen."*
> *„Wenn ich keinen Erfolg habe, resigniere ich schnell."*

Laut obiger Definition erfasst aber AVEM höchstens indirekt die Belastbarkeit einer Person. Es wird nicht miteinbezogen, ob und in welcher Intensität Belastung auf die Tp einwirkt, sondern nur der Grad bzw. die Art und Weise ihrer Beanspruchung. Im Übrigen betonen die Autoren nachdrücklich, dass AVEM nicht zur

Selektionsdiagnostik geeignet ist, sondern nur zur Einschätzung aktuell für die Tp gesundheitsförderlicher bzw. -gefährdender Bedingungen der konkreten Arbeitstätigkeit.

Bemerkung am Rand
Obwohl die Erfassung bzw. Früherkennung von *Burnout* sogar volkswirtschaftlich, nicht nur individuell gesundheitspolitisch betrachtet besonders relevant scheint, gibt es außer dem verschiedentlich unautorisiert übersetzten *Burnout*-Inventar von Maslach und Jackson (1986) lediglich das kaum im praktischen Einsatz stehende *Beanspruchungsscreening bei Humandienstleistern* (BHD; Hacker & Reinhold, 1999).

Bemerkung am Rand
Belastbarkeit im Sinn der hier gegebenen Definition messen in gewisser Weise am besten manche Konzentrationstests. Zumeist muss nämlich dort die Tp über einen längeren Zeitraum hinweg ein bestimmtes Leistungsverhalten erbringen – so ist auch der Untertitel beim *Test d2* verständlich: „Aufmerksamkeits-Belastungs-Test". Insofern kommen Konzentrationstests den Objektiven Persönlichkeits*tests* ziemlich nahe (vgl. die Ansätze zur Messung der Belastbarkeit mittels Objektiver Persönlichkeits*tests* in Abschnitt 4.2.4).

Bemerkung am Rand
Zwar ebenfalls nicht Belastbarkeit im definierten Sinn, aber ein interessanter Versuch, das Modell zur differentiellen Leistungsangstdiagnostik von Rost und Schermer (1997) auf eine differentielle Stressdiagnostik zu übertragen, stellt das – erst in Erprobung befindliche – DSI (*Differentielles Stress Inventar*; Lefèvre & Kubinger, 2005) dar. Erfasst werden die Bereiche *Stressauslösung*, *Stressmanifestation*, *Coping* und *Stressstabilisierung*.

SVF, SVF-KJ und AVEM werden bezüglich „technischer" Daten sowie Informationen zu den Gütekriterien im *Anhang: Verfahrensbeschreibungen* genauer dargestellt.

Aggressivität
Den emotionspsychologischen Persönlichkeitskonstrukten zuzurechnen ist die Aggressivität (das „Aggressionspotential") einer Person, und zwar als Eigenschaft verstanden. Die Aggression selbst wäre dann die in einer bestimmten Situation auf der Aggressivität der Person basierende realisierte Handlung. Für die *Psychologische Diagnostik* ist die Aggressionstheorie von Kornadt (1982) bedeutend. Sie beruht auf der Unterscheidung zweier Motive, die mit entsprechenden Aggressivitätseigenschaften verknüpft sind: „Aggressionsmotiv" und „Aggressionshemmungsmotiv".

Die theoretischen Überlegungen dazu beginnen bei einem situativ ausgelösten Ärger infolge von Behinderung, Bedrohung oder zugefügtem Schmerz. Die resultierende Motivation zur Setzung aggressiver Akte wird allerdings vor der Umsetzung zu einer tatsächlichen Handlung von kognitiven Bewertungen konkurrenziert. Eine solche kognitive Bewertung ist zum Beispiel die Antizipation möglicher negativer Folgen. Das heißt, kognitive Bewertungen beeinflussen ihrerseits, ob es zur Ausübung einer aggressiven Handlung tatsächlich kommt oder nicht. Der Ausgang hängt letztlich davon ab, wie stark die beiden widerstreitenden Motive, Aggressionsmotiv und Aggressionshemmungsmotiv, individuell ausgeprägt sind. Für *psychologisches Diagnostizieren* schiene nun eine differentialdiagnostische Betrachtungsweise in Bezug auf das eigenschaftsbedingte Übergewicht eines der beiden Motive hilfreich. Schließlich mag ein vergleichsweise überhöhtes Aggressionshemmungsmotiv erklären, warum jemand mit völlig aggressionsfreier Vergangenheit, punktuell und überraschend einen aggressiven Akt setzt. Allerdings gibt es kaum der dargestellten Theorie entsprechend konzipierte psychologisch-diagnostische Verfahren (vgl. aber Burkhardt, Zumkley & Kornadt, 1987).

Am ehesten dieser Aggressionstheorie gerecht wird der FAF (*Fragebogen zur Erfassung von Aggressivitätsfaktoren*; Hampel & Selg, 1975), der nämlich unter anderem eine Skala *Gewissensstrenge mit Aggressionshemmungen* enthält. Seit seinem Erscheinen ging dieser Fragebogen allerdings weitgehend im FPI-R auf, ohne dass allerdings der differentialdiagnostische Aspekt der Aggressivität noch berücksichtigt wäre.

Bezogen auf den Ausgangspunkt der skizzierten Aggressionstheorie, nämlich Ärger, versucht die Fragebogenbatterie STAXI (*State-Trait-Ärgerausdrucks-Inventar*; Schwenkmezger, Hodapp & Spielberger, 1992) in strenger Analogie zum STAI *Eigenschaftsärger* einerseits und den *aktualisierten, situationsbezogenen Ärger* als Zustand andererseits zu erfassen. Ergänzt wird das Verfahren um das dispositionelle Ausdrucksverhalten im Fall des Ärgers, das ist *nach innen gerichteter Ärger* oder *nach außen gerichteter Ärger* und die *Ärgerkontrolle*. Beispielsweise folgende Items (in der Reihenfolge der genannten Skalen) sind im STAXI enthalten (vierkategorielles Antwortformat, von „überhaupt nicht" bis „ziemlich sicher" bzw. „fast nie" bis „fast immer"):

> *„Ich werde schnell ärgerlich."*
> *„Ich bin ungehalten".*
> *„Ich fresse Dinge in mich hinein."*
> *„Ich werde laut."*
> *„Ich halte meine Gefühle unter Kontrolle."*

Allerdings wird die Fragebogenbatterie STAXI eher nur für den Einsatz in der Forschung, weniger für Fallbehandlungen beworben – analog zum STAI sind dafür zu wenige relevante Informationen für die Beantwortung einer Fragestellung bzw. für einen begründeten Maßnahmenvorschlag ableitbar. Immerhin erfüllt das Verfahren STAXI mit den zusätzlichen Skalen den differentialdiagnostischen Anspruch besser als das Verfahren STAI, so dass STAXI doch im *Anhang: Verfahrensbe-*

schreibung hinsichtlich seiner „technischen" Daten sowie seiner Informationen zu den Gütekriterien erfasst wird.

Im Zusammenhang mit Aggressivität und Ärger steht die sog. „Frustrationstoleranz", ein Begriff, der in der Praxis für viele Fragestellungen relevant, als psychologisches Konstrukt jedoch (noch) nicht etabliert ist. Frustrationstoleranz so verstanden, dass es nicht oder eben doch in enttäuschenden Situationen zur Aggressionsmotivation kommt, kann über entsprechende Aggressivitäts-Skalen verschiedener Persönlichkeits-Fragebogenbatterien (z. B. FPI-R, PRF) erfragt werden; Frustrationstoleranz so verstanden, dass es in enttäuschenden Situationen nicht oder doch zu Ärger kommt, eben mit dem STAXI. Und schließlich Frustrationstoleranz überhaupt so eng definiert, dass es zu keinem (wesentlichen) Leistungsabfall infolge von Leistungsversagen kommt, kann mit Hilfe Objektiver Persönlichkeits*tests* erfasst werden (vgl. die Ansätze zur Messung der Frustrationstoleranz mittels Objektiver Persönlichkeitstests in Abschnitt 4.2.4) – wobei dieses Leistungsverhalten wiederum mit der Leistungsmotivation bzw. mit den Motiven „Hoffnung auf Erfolg" und „Furcht vor Misserfolg" zusammenhängt.

> **Erläuterung** zum Begriff „Frustrationstoleranz":
> Frustration ist „das Erlebnis der wirklichen oder vermeintlichen Benachteiligung, der Zurückversetzung, des Zukurzkommens bei enttäuschter Erwartung". Dementsprechend ist „Frustrationstoleranz die Fähigkeit, Frustration über eine längere Periode auszuhalten in dem Sinne, dass weder der Versuch gemacht wird, die Spannungen indirekt zu mildern noch das Motiv auf ursprüngliche Weise zu befriedigen" (*Dorsch Psychologisches Wörterbuch*; Häcker & Stapf, 2004, S. 331).

> **Bemerkung am Rand**
> Frustration kann infolge von Belastung als Beanspruchung aufgefasst werden, somit ist Frustrationstoleranz ein besonderer Aspekt der Belastbarkeit eines Menschen. Obwohl beide Konstrukte zusammenhängen, ist damit offensichtlich, dass nicht jede Belastung, die Beanspruchung für eine Person bedeutet, auch Frustration bedeuten muss.

> **Bemerkung am Rand**
> Das selten genannte Konstrukt der sog. „Fähigkeit zum Befriedigungsaufschub" („Delay of Gratification") kann als spezieller Aspekt der Frustrationstoleranz angesehen werden. Nach Mischel (1974) bezieht sich diese Fähigkeit darauf, die Verzögerung des Erhalts positiver Verstärkungen aushalten zu können. Allerdings mangelt es der *Psychologischen Diagnostik* an Verfahren, dieses Konstrukt zu erfassen, obwohl Nachfrage dafür besteht: „. . . zahlreiche Schwierigkeiten des zwischenmenschlichen Lebens wie Aggressionen und sozial abweichendes Verhalten, Scheitern im Beruf und mangelnde Perspektive in der Lebensgestaltung mit der unzureichenden Selbstkontrolle Einzelner, [scheinen mit] ihrem Defizit an Befriedigungsaufschub oder, was gleichbedeutend ist, ihrem Unvermögen zu selbstauferlegten Frustrationen zusammenhängen oder daraus zu erklären sein. Von daher ist

eine detaillierte Befassung mit diesem Konzept angezeigt" (Amelang & Bartussek, 2001, S. 526).

Kognitive Stile

Unter kognitive Persönlichkeitskonstrukte bzw. sog. „kognitive Stile" fallen vor allem Reflexivität *vs.* Impulsivität, Feldab- *vs.* Feldunabhängigkeit und Repression *vs.* Sensitization; in gewisser Weise auch Rigidität *vs.* Flexibilität. Es geht also um formale Besonderheiten der Informationsverarbeitung, nämlich auf welche individuell typische Art und Weise diese erfolgt. Die *Psychologische Diagnostik* ist diesbezüglich geprägt durch die Arbeiten von *Jerome Kagan* und seinem (für den deutschsprachigen Markt nie verlagsmäßig vertriebenen) *Matching Familiar Figures Test* (s. z. B. Amelang & Bartussek, 2001) zum kognitiven Stil Reflexivität *vs.* Impulsivität sowie durch die Arbeiten von *Hermann A. Witkin* und seinem (ebenfalls für den deutschsprachigen Markt nie verlagsmäßig vertriebenen) *Embedded Figures Test* (s. z. B. Amelang & Bartussek, 2001) zum kognitiven Stil Feldab- *vs.* Feldunabhängigkeit.

> **Erläuterung** zum Begriff „kognitiver Stil":
> „... Bezeichnung für die von einem Menschen durchgängig und beständig bevorzugte Art der Informationsverarbeitung" (*Fachlexikon Psychologie*; Clauss, 1995, S. 238). Das heißt, dass „sich Individuen beim Vollzug kognitiver Operationen (also beim Wahrnehmen, Begriffsbilden und Denken) gesetzmäßig voneinander unterscheiden. Derartige Unterschiede fielen zunächst beim Wahrnehmen auf und wurden als Wahrnehmungsstil (perzeptiver Stil) bezeichnet."

Der kognitive Stil Reflexivität *vs.* Impulsivität differenziert Personen danach, ob sie in Problemsituationen entweder langsam und fehlerarm oder schnell und fehlerreich arbeiten. Das ursprüngliche Testprinzip besteht darin, dasjenige Bild aus einer Reihe von sehr ähnlichen Bildern zu finden, welches einem Vorlagebild in allen Einzelheiten gleicht. Registriert wird dabei die Zeit bis zur ersten Reaktion sowie ein allfälliger Fehler. Dieses Prinzip zielt damit bereits auf Objektive Persönlichkeits*tests* ab. Eine entsprechende Umsetzung wird daher auch erst in deren Zusammenhang illustriert (s. in Abschitt 4.2.4). Nichtsdestotrotz gibt es in manchen Fragebogenbatterien Skalen, die – zumindest als *Impulsivität* bezeichnet –, diesen kognitiven Stil zu erfragen versuchen (z. B. PRF).

> **Bemerkung am Rand**
> Wichtig ist bei kognitiven Stilen, trotz persönlicher Präferenz für einen der beiden jeweiligen Pole, beide grundsätzlich neutral zu bewerten. Nur je nach Anforderungen wird eine Person mit starker Ausprägung in einem bestimmten der beiden Pole erfolgreicher sein. So wird für die berufliche Anforderung eines Buchhalters Impulsivität ungünstig sein, umgekehrt für die berufliche Anforderung eines Vertreters Reflexivität.

Der kognitive Stil Feldab- *vs.* Feldunabhängigkeit meint, dass bei einer Person des feldabhängigen (Wahrnehmungs-) Stils die Wahrnehmungsumgebung – in diesem Zusammenhang (Um-) „Feld" bezeichnet – einen (zu) starken Einfluss ausübt und vom wahrzunehmenden Zielobjekt ablenkt, wohingegen bei einer Person des feldunabhängigen Stils die Wahrnehmung auf das wahrzunehmende Zielobjekt (leicht) fokussiert werden kann. Das ursprüngliche Testprinzip besteht darin, aus einer komplexen figuralen Gestalt eine einfache Figur wahrnehmungsmäßig heraus zu lösen, zu identifizieren (vgl. in Abbildung 4.15 ein Beispiel). Feldabhängige Personen tun sich dabei schwer und scheitern oft, feldunabhängigen Personen fällt eine solche Aufgabenstellung leicht. Das zielt ebenfalls auf Objektive Persönlichkeits*tests* ab. Eine entsprechende Umsetzung liegt mit dem *Gestaltwahrnehmungstest* (Hergovich & Hörndler, 1994) auch vor. Mit ihm wurde übrigens gezeigt, dass feldabhängige Personen in ihren (Wahrnehmungs-) Urteilen durch das soziale Umfeld wesentlich beeinflussbarer sind als feldunabhängige. Was nun Persönlichkeitsfragebogen betrifft, können sie also bestenfalls über diese Schiene, nämlich über den Zusammenhang zwischen dem kognitiven Stil Feldab- *vs.* Feldunabhängigkeit und einer gewissen Sozialbezogenheit, das zur Diskussion stehende Konstrukt erfassen.

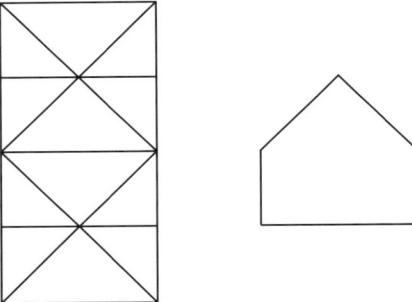

Abbildung 4.15: Ein Beispiel zur Erfassung des kognitiven Stils Feldab- vs. Feldunabhängigkeit (nach Item 7 des *Gestaltwahrnehmungstests*; Hergovich & Hörndler, 1994). Aufgabe für die Tp ist es, für die linke komplexe figurale Gestalt zu erkennen, ob überhaupt bzw. wo genau das Zielobjekt „Häuschen" (rechte Figur) enthalten ist.

Bemerkung am Rand

Nach Witkin und Goodenough (1977) orientieren sich feldabhängige Personen generell mehr an anderen bzw. interessieren sich stärker für andere als feldunabhängige und streben in Konfliktsituationen nach Konsens bzw. schließen sich der Meinung anderer Personen an. So gesehen schreibt man ihnen mehr sog. „Sozialkompetenz" (vgl. in Abschnitt 4.3.2) zu.

Der kognitive Stil Repression *vs.* Sensitization geht – abgesehen von der entsprechenden Einteilung gemäß der Abwehrmechanismen von *Sigmund Freud* (vgl. Amelang & Bartussek, 2001) – auf die Wahrnehmungsexperimente von Bruner und Postman (1947) zurück. Sie beobachteten beim Experimentieren zum Phänomen „*perceptual defense*" überraschender Weise, dass es nicht nur Personen gibt, die bei der tachistoskopischen Darbietung von emotional- bzw. angstbesetzten Wörtern gegenüber neutralen Wörtern verlängerte Erkennungszeiten haben, sondern auch Personen mit verkürzten Erkennungszeiten. Wieder zielt ein allfälliges Testprinzip auf Objektive Persönlichkeits*tests* ab; und Turnheim (1999) ist eine entsprechende Umsetzung als Computerverfahren prototypisch auch bereits gelungen. Was Persönlichkeitsfragebogen betrifft, so ist – wenn man nicht wieder in einschlägigen Persönlichkeits-Fragebogenbatterien nach konstruktnah scheinenden Skalen sucht – zu berichten, dass zwar eine entsprechend bezeichnete R-S-Skala von Byrne, Barry und Nelson (1963; zumindest deutschsprachig nie verlagsmäßig vertrieben) existiert, diese jedoch lediglich aus etwa 100 Items des MMPI besteht.

Nicht in der Literatur durchgehend dazugezählt, jedoch gleichfalls als eine Persönlichkeit kennzeichnende Art, Informationen zu verarbeiten, und damit als kognitiver Stil zu bezeichnen, ist die Polarisierung in Rigidität *vs.* Flexibilität (im Denken). Versteht man Flexibilität als spontane Verhaltensoptimierung – zielführende Verhaltensmuster sind zwar verfügbar und es wird durch die Umweltbedingungen auch gar keine Verhaltensänderung herausgefordert, trotzdem zeigt eine Person effiziente Verhaltensmodifikationen (vgl. z.B. Schmuck, 1996) –, so ist Rigidität zu verstehen als die mehr oder weniger weitgehende Unfähigkeit, erlernte bzw. eingefahrene Denk- und Handlungsweisen (und Einstellungen) zu ändern. Bezieht man sich insbesondere auf die aus der Entwicklungspsychologie bekannten sog. „Umfüllaufgaben" von *Abraham S. Luchins*, so ist erst recht wieder die Affinität zu Objektiven Persönlichkeits*tests* offensichtlich (vgl. ganz genau dazu in Abschnitt 4.2.4). Fasst man das Konstrukt nicht wieder sehr breit auf und bringt es zum Beispiel mit dem Faktor *Offenheit für Erfahrung* des NEO-PI-R in Verbindung, dann findet man in der Literatur an Fragebogen nur das *Kirton Adaption-Innovation Inventory* (Kirton, 1987; deutschsprachig verlagsmäßig nicht vertrieben).

Bemerkung am Rand

Einleitend in dieses Kapitel wurde ein Erklärungsmodell des Leistungsverhaltens vorgestellt. Dabei zählten unter anderem „(nicht näher zu bezeichnende) neurotische Störungen" zu entsprechenden Determinanten. Ergänzt wurde dort aber schon, dass einer solchen unspezifischen Restkategorie etliche Konstrukte, wie Leistungsangst, Kontrollüberzeugung, Frustrationstoleranz und die Fähigkeit zum Befriedigungsaufschub, entnommen werden können, d. h. spezifischer als Erklärung für Leistungsversagen herhalten können. Genauso oder noch mehr sind nun die hier angeführten kognitiven Stile aus der unspezifischen Restkategorie herauszulösen. Sie bieten Erklärungen für festgestelltes Leistungsversagen an, die insbesondere nicht zwingend negativ wertend sind, wie das der krankheitsbezogene Begriff „neurotisch" grundsätzlich ist. Vielmehr beschreiben sie persönlichkeitsmäßig bedingte Eigenarten einer Person, wie diese denkt bzw. wie diese an die Lösung von Problemen herangeht.

Interessen

Zumindest im Zusammenhang mit Fragestellungen der (frühen Ausbildungs- und Berufs-) Laufbahnberatung sind die Interessen der betroffenen Person ein zentrales Thema *psychologischen Diagnostizierens*; wie auch immer sie letztens erfasst und wie genau sie überhaupt erhoben werden, für die letztlich getroffene Maßnahme sind sie jedenfalls mitbestimmend.

Bemerkung am Rand

Dem praktischen Bedarf und der Nachfrage widersprechend sind traditionell die meisten Interessenfragebogen explizit theorielos konzipiert: „Eine *Theorie der Berufs-Interessen* erscheint den Autoren [des BIT II; Anm d. Verf.] abwegig; sie existiert auch nicht" (Irle & Allehoff, 1984, S. 6).

Praktisch betrachtet geht es beim *psychologischen Diagnostizieren* der Interessen einer Person um Fragestellungen im Zusammenhang mit Leistungsansprüchen, und zwar um Leistungsansprüche anderer an diese Person. Fraglich ist dann, inwieweit die persönlichkeitsmäßig gegebenen Interessen der Person für die Erfüllung der an sie gestellten Leistungsansprüche förderlich sind.

Letztlich können Interessen so definieren werden (im Wesentlichen nach Bergmann & Eder, 1992, S. 7):

Interessen sind relativ stabile, kognitiv, emotional und werthaft in der Persönlichkeit verankerte Handlungstendenzen, die sich nach Art, Generalisiertheit und Intensität unterscheiden.

Das heißt, Interessen hängen von der kognitiven Struktur und der emotionalen Grundstimmung einer Person ab; aber auch davon, dass sie die Auseinandersetzung mit dem fraglichen Thema als persönlich bedeutsam erlebt und zwar auch ohne äußere Veranlassung dazu. Was die Generalisiertheit betrifft, ist gemeint, dass sich Interessen auf sehr eng begrenzte Aspekte eines Themas beziehen können oder universell auf (fast) alle diese Aspekte.

Die gegebene Definition hat Bezug zu *John L. Holland* und seinem mittlerweile sehr bekannten sog. „Hexagon Modell". Er nimmt sechs Grundhaltungen des Menschen („Persönlichkeitsorientierungen") gegenüber seiner Umwelt an, was sich in ebenso sechs Interessensarten ausdrückt (vgl. z. B. Holland, 1997):

• Praktisch-technische (*realistic*) Interessen; R
• Intellektuell-forschende (*investigative*); I

- Künstlerisch-sprachliche (*artistic*); A
- Soziale (*social*); S
- Unternehmerische (*enterprising*); E
- Konventionelle Interessen (*conventional*); C.

Zur Illustration

Personen mit konventionellen Interessen bevorzugen laut *Holland* Tätigkeiten, bei denen der strukturierte und regelhafte Umgang mit Fakten und Daten im Vordergrund steht, z. B. Aufzeichnungen führen (ordnend-verwaltende Tätigkeiten).

Dabei sind diese sechs Interessensarten zueinander in einem bestimmten, hexagonalen Zusammenhang zu sehen (vgl. in Abbildung 4.16; je mehr Interessensarten auf dem Hexagon zwischen je zwei Interessensarten angeordnet sind, umso weniger „verwandt" sind letztere).

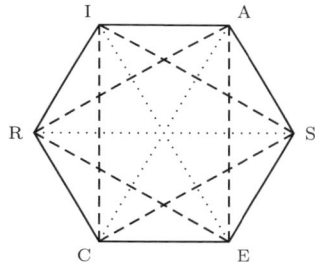

Abbildung 4.16: Die hexagonale Anordnung der sechs Interessensarten nach Holland.

Je nachdem, wie genau die Interessensarten bei einer einzelnen Person strukturiert sind, ergibt sich ein anderer (Interessens-) Typ. Dabei ist der Typ mehr oder weniger zu differenzieren, nämlich danach, ob allein das vorrangige Interesse einer Person betrachtet wird oder zusätzlich auch das an zweiter oder gar an dritter Stelle stehende Interesse. Eine solche Typisierung strebt nun die Fragebogenbatterie AIST (eigentlich: AIST/UST; *Allgemeiner Interessen-Struktur-Test/Umwelt-Struktur-Test*; Bergmann & Eder, 1992) mit namensgleichen Skalen an. Beispielsweise folgende Items in der Reihenfolge der genannten Skalen sind darin enthalten (fünfkategorielles Antwortformat, von „Das interessiert mich sehr; das tue ich *sehr* gerne" bis „Das interessiert mich gar nicht; das tue ich *nicht* gerne"):

> „*mit Maschinen oder technischen Geräten arbeiten*"
> „*in einem Laboratorium Experimente durchführen*"
> „*etwas nach künstlerischen Gesichtspunkten gestalten*"
> „*andere Menschen betreuen oder pflegen*"
> „*eine Gruppe bei der Arbeit leiten*"
> „*eine Buchhaltung führen*".

Ist der AIST, soweit betrachtet, kaum mehr als ein (immerhin theoriegeleitetes) psychologisch-diagnostisches Verfahren zur Persönlichkeitsbeschreibung, so wird er im Zusammenhang mit dem gemeinsam als Einheit publizierten UST für die Praxis von Fallbehandlungen durchaus nützlich. Nach *Holland* gibt es den sechs Persönlichkeitsorientierungen entsprechende sechs Arten von (Berufs-) Umwelten, so dass die Kongruenz zwischen Person und Umwelt bestimmt werden kann. Der UST erhebt dabei als analog gestalteter Fragebogen die Vorstellungen der Tp über die Bedeutung verschiedenster Tätigkeiten im Zusammenhang mit dem von ihr präferierten Beruf (bzw. der von ihr präferierten Berufsausbildung). Damit ist nicht nur die Feststellung des Informiertheitsgrads der Tp über den präferierten Beruf (oder die präferierte Berufsausbildung) möglich, sondern vor allem die Bestimmung des Grads der Passung zwischen eigenen Interessen und erwarteten Anforderungen. Dieser Grad der Passung wird über die Distanzen im Hexagon der Abbildung 4.16 quantifiziert.

Zur Illustration
Holland sieht vier Abstufungen der Kongruenz: „Wenn z. B. eine praktisch-technisch orientierte Person (R) einen praktisch-technischen Beruf (R) ergreift, dann liegt maximale Person-Umwelt-Kongruenz vor; ergreift dieselbe Person (R) einen intellektuell-forschenden (I) oder konventionellen Beruf (C), dann ergibt sich eine mittlere und bei einem künstlerisch-sprachlichen (A) oder unternehmerischen (E) Beruf niedrige Kongruenz. Ergreift ein R-Typ einen sozialen Beruf (S), so handelt es sich um eine inkongruente Wahl" (Bergmann & Eder, 1992, S. 11).

- Positiv zu werten ist der offensichtliche förderungs- (besser: entwicklungs-) orientierte Aspekt *psychologischen Diagnostizierens* mit dem AIST. Zumindest ist es denkbar, eine der vielen Erklärungsmöglichkeiten für Leistungsversagen damit abzuklären. Darüber hinaus sollte es auch möglich sein, nach dem Konzept der sog. „Berufswahlreife" für eine untersuchte Person mit Hilfe von AIST und UST abzuklären, inwiefern ein angedachter Berufs- (ausbildungs-) Wunsch „reif" insofern ist, als dieser reiflich in Bezug auf alle entscheidungsrelevanten Kriterien reflektiert wurde. Ist schon keine Passung zwischen Interessenstyp und vermuteter Tätigkeitsanforderung eines Berufs (oder einer Ausbildung) gegeben, kann wohl nicht von Berufswahlreife bei der betreffenden Person gesprochen werden.

Erläuterung zum Begriff „Berufswahlreife":
Seifert (1984, S. 188f.) versteht darunter die „Fähigkeit und Bereitschaft zur Inangriffnahme und zur effektiven Bewältigung der mit der Berufswahl zusammenhängenden phasentypischen beruflichen Entwicklungsaufgaben." Als effektiv definiert er dasjenige Verhalten, „das zu erwünschten (subjektiv und objektiv befriedigenden) personalen Resultaten (Handlungskonsequenzen) führt, insbesondere zur *Zufriedenheit* mit dem gewählten Beruf beziehungsweise der gewählten Laufbahn,

zur psychosozialen Angepasstheit beziehungsweise Integration und zum beruflichen Erfolg entsprechend den eigenen Erwartungen." Etwas einfacher kann gesagt werden: Ein Berufswunsch ist so lange unreif, wie es an der Einsicht mangelt oder gar nicht die Fähigkeit dazu besteht, zu erkennen, dass bzw. welche genauen Anforderungen im Laufe der Ausbildung gegeben sind.

Zur Illustration

Selbstverständlich ist auch im Zusammenhang mit einer Berufsberatung zum Psychologen eine Untersuchung der Berufswahlreife angezeigt. An der *Test- und Beratungsstelle* des Arbeitsbereichs Psychologische Diagnostik, Fakultät für Psychologie der Universität Wien, wurde dazu ein Gesprächsleitfaden erstellt, der sich dort auch im praktischen Einsatz bei entsprechender Fragestellung befindet. Er soll hier, allerdings ohne genaue Auswertungs- und Interpretationsanweisung als Beispiel wiedergegeben werden:

- Was hat Sie auf die Idee gebracht, Psychologe/in werden zu wollen?
- Wie lange haben Sie diesen Berufswunsch schon?
- Kennen Sie jemanden, der Psychologe/in ist?
- Was sind Ihrer Ansicht nach ihre Stärken und Schwächen, die Sie für die Tätigkeit als Psychologe/in mitbringen?
- Welche berufliche Tätigkeit könnten Sie sich noch vorstellen, sollten Sie den Berufswunsch Psychologe/in nicht realisieren können?
- Wissen Sie, wie die Studienbedingungen an der Universität sind?
- Welche Dauer planen Sie für das Studium ein?

Freilich ist dieser oder ein geringfügig ergänzter bzw. modifizierter Leitfaden auch für andere akademische Berufe geeignet.

Bemerkung am Rand

Sowohl was eigenschaftsbezogene Anforderungen überhaupt als auch Interessen und auch die Berufswahlreife betrifft, ist stets zwischen der Berufstätigkeit und der Berufsausbildung zu unterscheiden: Nicht alle Berufsausbildungen stellen (nur) diejenigen Anforderungen, wie sie im späteren Beruf benötigt werden.

Genauere „technische" Daten und Informationen zu den Gütekriterien des AIST/ UST werden im *Anhang: Verfahrensbeschreibungen* wiedergegeben. In Ergänzung dazu ist folgende Kritik explizit anzubringen:

- Zu kritisieren ist, dass der theoriegeleitete Ansatz des AIST gegenüber anderen, theorielosen Interessenfragebogen zu keinen grundsätzlich anderen Fragen führte.

Grundsätzlich zu Interessenfragebogen ist jedenfalls noch zu hinterfragen:

- Genügt ein normorientiert festgestellt hohes Interesse in einem bestimmten Interessensbereich, um im entsprechenden Beruf oder in der entsprechenden Berufsausbildung Erfolg zu haben bzw. darin Befriedigung zu finden?
- Sind die mit Interessenfragebogen festgestellten Interessen stabil und werden Interessen nicht (auch erst) „*by doing*" geprägt, d. h. im Zuge der Ausführung einer bestimmten Tätigkeit?

Die Antworten darauf lassen an der Nützlichkeit von Interessenfragebogen deutlich zweifeln: Selbstverständlich genügt auch ein extrem hohes Interesse nicht für einen Berufs- (oder Ausbildungs-) Erfolg und für Arbeitszufriedenheit (oder Zufriedenheit mit und in der Ausbildungsphase). Immer wieder ist zu beobachten, dass erst über einen eingenommene Arbeitsplatz oder eine erfolgte Berufswahl intensives Interesse entsteht, das schließlich frühere Interessen ablöst. So muss wohl letztlich bei einer psychologischen (Ausbildungs- und Berufs-) Laufbahnberatung die leistungsbezogene Eignung den Ausschlag geben.

Geht man umgekehrt davon aus, dass die leistungsbezogene Eignung gegeben ist, dann spricht wieder einiges für das Erheben der Interessen. Soll das über eine Exploration hinausgehen, ist aber noch immer die Zweckmäßigkeit zu hinterfragen:

- Ist es der Tp überhaupt vorstellbar zu machen, was bestimmte von ihr zu beurteilende Tätigkeiten tatsächlich bedeuten?
- Kann ein Interessenfragebogen überhaupt sämtliche heute (und später) relevanten, d. h. beruflich verwertbaren Interessensbereiche abdecken?
- Besteht eine sehr hohe Wahrscheinlichkeit, dass die Tp im Fragebogen mit neuen Interessensbereichen konfrontiert wird, um dann ihr diesbezügliches Interesse in Relation zu anderen Interessensbereichen stellen zu können?
- Werden die bekundeten Interessensbereiche nicht bloß über soziale Erwünschtheit internalisiert?

Interessenfragebogen setzen offensichtlich viel an Vorstellungskraft und Informiertheit voraus. Zum Beispiel „*mit Maschinen oder technischen Geräten arbeiten*" bedeutet oft, unter starker Lärm- und Staubbelastung, teilweise unter Zeitdruck arbeiten zu müssen; eine zustimmende Antwort ist aber nicht dahingehend eindeutig zu interpretieren, ob sie in Unkenntnis üblicher solcher Arbeitsbedingungen oder trotz Kenntnis gegeben wurde.

Infolge der laufend stattfindenden Veränderungen der Arbeitswelt sind mit Sicherheit nicht alle künftigen (berufsbezogenen) Interessensbereiche in Interessenfragebogen abzudecken. Selbst die gegenwärtigen relevanten zu erfassen, ist schwierig genug, obwohl immerhin in der Fragebogenbatterie GIS (*Generelle Interessen-Skala*; Brickenkamp, 1990) mit „Kommunikationstechnologie" ein relativ junger Interessensbereich erfasst wird.

Gemessen zum Beispiel an den sechs Interessensarten nach *Holland*, mutet es nicht sehr wahrscheinlich an, dass eine Tp mit für sie wesentlich neuen Interessensbereichen konfrontiert wird bzw. sie über den resultierenden Interessenstyp sehr überrascht ist.

Bemerkung am Rand

Der Anlass einer psychologischen Untersuchung mag oft die Frage sein „was soll ich werden?", ebenso oft verbunden mit der elterlichen Einschätzung „er interessiert sich für überhaupt nichts" oder „er interessiert sich nur für ..." Bei bloß oberflächlicher Problemanalyse muss man sich als untersuchender Psychologe fragen:

Steckt hinter der Frage „was soll ich werden?“ eines Jugendlichen nicht eigentlich „was gibt es denn alles?“ Ist die Behauptung, „interessiert sich für nichts“
vielleicht zurückzuführen auf die Einstellung „wenn die Berufschancen generell
schlecht sind, wozu also sich für etwas interessieren?“; bzw. auf die Einstellung
„die allgemeinen Lebensperspektive (in unserer heutigen Gesellschaft) ist wenig
ermutigend, wozu also sich für etwas interessieren?“ Oder ist es so, dass der Jugendliche eigentlich denkt: „Ich wüsste schon, was mich interessiert, das wollen
aber meine Eltern nicht“ bzw. „ich wüsste schon, was mich interessiert, dafür bin
ich aber wahrscheinlich nicht geeignet“.

Im Übrigen mag die Frage „was soll ich werden?“ als „Test“ für den Psychologen gedacht sein, unter dem Motto: „Ich warte einmal ab, was mir geraten wird,
vielleicht bestärkt mich das in meinem noch vagen Berufswunsch“ bzw. „ich warte
einmal ab, was mir geraten wird, vielleicht entdeckt er etwas Neues für mich, auf
das ich allein nicht gekommen wäre – verrate ich dagegen meinen vagen Berufswunsch, sucht er mir nichts Neues.“

Und schließlich ist zu bedenken, dass gelegentlich die Motivation für einen Beruf
(oder eine Berufsausbildung) größer als das Interesse daran ist. Das mag am
Prestigestreben der Tp liegen, am Wunsch der Eltern oder am Vorbild der Peers.
Dann ist es natürlich verlockend, die Items eines Interessenfragebogens so zu
beantworten, wie es zum gehegten Berufswunsch passt. Interessenfragebogen sind
freilich verfälschbar.

Die Verwendung einschlägiger Interessenfragebogen im Zuge der Laufbahnberatung ist also kritisch zu sehen. Wichtiger als ihr obligater Einsatz scheint es,
seitens des Psychologen zu gewährleisten, dass die Tp über die mit einem bestimmten Beruf verbundenen Gegebenheiten ausreichend informiert wird.

Im Zusammenhang mit dem oben gegebenen Erklärungsmodell des Leistungsverhaltens mögen herkömmliche Interessenfragebogen auch wenig Beitrag leisten,
wenn es um Leistungsversagen geht. Eine Ausnahme davon – abgesehen vom
weiter oben positiv hervorgehobenen AIST im Verbund mit dem UST – bietet
vielleicht die GIS. Sie vermag zwischen drei Verhaltensmodalitäten pro Interessensbereich zu unterschieden, und zwar der rezeptiven, der reproduktiven und der
kreativen Beschäftigung. Damit könnte zum Beispiel erkannt werden, dass das einerseits offensichtliche Interesse an einem bestimmten Bereich sich andererseits
(nur) auf eine bestimmte Art der Beschäftigung bezieht und auf eine bestimmte
andere Art eben nicht. Beispielsweise zur bereits genannten Kommunikationstechnologie lauten drei entsprechende Items (sechskategorielles Antwortformat, von
„kein“ bis „hohes Interesse“):

> „Sich über neue Computer informieren.“
> „Mit Computern spielen oder arbeiten.“
> „Computerprogramm erstellen.“

Auch für die GIS finden sich genauere „technische“ Daten sowie Informationen zu
den Gütekriterien im *Anhang: Verfahrensbeschreibungen.*

4.2.4 Objektive Persönlichkeitstests

Bereits mehrfach, vor allem in Abschnitt 2.9 Unverfälschbarkeit, wurde auf das Konzept sowie die prinzipielle Zielsetzung Objektiver Persönlichkeits*tests* eingegangen. Insbesondere wurde auch schon darauf hingewiesen, dass sich unter den verlagsmäßig vertriebenen psychologisch-diagnostischen Verfahren kaum mehr als die *Arbeitshaltungen* als Vertreter Objektiver Persönlichkeits*tests* finden. Diese Computer-Testbatterie soll daher im Folgenden näher beschrieben werden.

Weil aber Objektive Persönlichkeits*tests*, wie ebenfalls bereits ausgeführt, grundsätzlich nicht bzw. weit weniger verfälschbar sind als Persönlichkeits*fragebogen*, soll im Folgenden auch auf diverse andere solche Verfahren bzw. Verfahrenskonzepte eingegangen werden, um einen Einblick in die zu erwartende Entwicklung zu geben.

Vorauszuschicken ist, dass entgegen den ursprünglichen Konzepten von *R. B. Cattell* der Begriff „Objektiver Persönlichkeits*test*" nunmehr besser soweit konkretisiert wird, als es dabei immer um die objektive, am besten mittels Computer erfolgte Registrierung des Arbeits- und Prozessverhaltens einer Tp bei theoriegeleiteten (psychologischen) Aufgabenstellungen geht (vgl. auch die schon in Abschnitt 2.8 Zumutbarkeit vereinfacht gegebene Beschreibung):

Objektive Persönlichkeitstests versuchen, persönliche Stilmerkmale aus dem beobachtbaren Verhalten bei bestimmten (Leistungs-)Anforderungen zu erschließen, wobei die Registrierung der Art und Weise der Problembearbeitung der Computer übernimmt.

Dabei bezieht sich die Registrierung der Art und Weise der Problembearbeitung durch den Computer zum Beispiel auf die Bearbeitungsschnelligkeit und den -verlauf, auf allfällige Korrekturen, stereotype Reaktionen bzw. Aktionen. Diese Definition kommt dem sehr nahe, was Cronbach (1970) „*performance-tests of personality*" nennt.

Bemerkung am Rand
„Weil damit jedoch nicht eigentlich ‚Persönlichkeit' gemessen, sondern ‚nur' Verhalten *beobachtet* wird, mag die Bezeichnung ‚*experimentalpsychologische Verhaltensdiagnostik*' treffender sein; für die Tp würde diese Bezeichnung psychologisches Diagnostizieren (wieder) insofern zumutbar machen, als zwar nicht augenscheinlich klar ist, *was* der Test, aber *wie* der Test prüft" (Kubinger, 1997d, S. 761).

Die Computer-Testbatterie *Arbeitshaltungen* setzt einen Ausschnitt des in der Entwicklungs- bzw. Pädagogischen Psychologie häufig verwendeten, allerdings – wenn überhaupt – nur salopp definierten Begriffs der „Arbeitshaltung" diagnostisch um. Generell zielt der Begriff wohl auf das Arbeits- und Kontaktverhalten einer Person bei Leistungsanforderung ab. Als Computer-Testbatterie kann sich

dieses psychologisch-diagnostische Verfahren allerdings lediglich dem Arbeitsverhalten im Sinn von „Arbeitstugenden" widmen. Und dabei baut es auf einem
motivationspsychologischen Ansatz auf bzw. auf dem Ansatz kognitiver Stile (vgl.
nochmals in Abschnitt 4.2.3).

Der erste Untertest der *Arbeitshaltungen* versucht den kognitiven Stil Reflexivität *vs.* Impulsivität zu erfassen; er wurde in Abschnitt 2.9 Unverfälschbarkeit
genauer beschrieben (vgl. Abbildung 2.15). Mit ihm soll zwischen Personen, die
in Problemsituationen langsam und fehlerarm arbeiten, und solchen, die schnell
und fehlerreich arbeiten, differenziert werden, wobei, wie grundsätzlich bei kognitiven Stilen, diese Polarisierung nicht wertend bzw. nicht für alle Fragestellungen
generalisiert in bestimmter Richtung als „besser oder schlechter" zu verstehen ist.

Der motivationspsychologische Ansatz der *Arbeitshaltungen* zielt auf Leistungsmotivation, „Anspruchsniveau" und Frustrationstoleranz ab.

Der Untertest *Figuren Unterscheiden* versucht das Konstrukt „Leistungsmotivation" im Sinn von *David C. McClelland*, nämlich als die „Auseinandersetzung
mit einem Tüchtigkeitsmaßstab" zu erfassen: Es geht darum, etwas möglichst gut
oder besser als andere oder als bisher zu machen.

Erläuterung zum Begriff „Leistungsmotivation" nach McClelland:
„Im reinen Fall ist Leistungsgüte oder Leistungsmenge ein Ziel um seiner selbst
willen, sei es, daß die Sache es verlangt, man es ihr schuldig zu sein glaubt oder
daß man darin seine Tüchtigkeit erweisen will. Natürlich spielen in der Regel auch
mancherlei Nebenziele mit, die nicht leistungsthematischer Natur sind – wie etwa
Ansehen erringen oder materiellen Gewinn erzielen. Aber immer muß es im Kern
um Leistungsansprüche gehen, die der Handelnde selbst als verbindlich ansieht
und einlösen möchte" (Heckhausen, 1989, S. 231).

Bemerkung am Rand
Im Sinn von Murray (vgl. in den Abschitten 4.2.2 und 4.2.3) wäre es wohl ange-
brachter, hier nicht von Leistungsmotivation zu sprechen, sondern von „Leistungsstreben". Versucht wird ja, die situationsüberdauernde Disposition einer Person
zu bestimmen, in ihrem Handeln am Erbringen einer Leistung orientiert zu sein.

Um die zu messen gesuchte Eigenschaft nicht mit besonderen kognitiven Fähigkeiten zu vermischen, wurde die entsprechende Leistungsanforderung völlig
anspruchslos gestaltet, wobei auch die Informationsverarbeitungsgeschwindigkeit
der Tp keine Rolle spielen soll: Aufgabe ist es, fortlaufend und grundsätzlich unbe-
schränkt in gleichmäßig zügigem Tempo jeweils diejenige von vier sehr einfachen
geometrischen Figuren anzuklicken, welche zu den übrigen nicht passt. Das Attribut eines Objektiven Persönlichkeits*tests* gewinnt dieser Untertest dadurch, dass
es der Tp freisteht, die permanent explizit gebotene Möglichkeit des Testabbruchs
zu nutzen oder eben nicht – und das insbesondere in Anbetracht diverser Rückmeldungen, die sie erhält: Unter anderem wird sie auf ihr weniger „konzentriertes"
bzw. weniger gleichmäßiges Arbeiten, um das es schließlich geht, hingewiesen.

Zur Illustration

Nach insgesamt 170 bearbeiteten Items mit jeweils vier Figuren erfolgt eine erste Rückmeldung darüber, dass die Tp bereits „recht erfolgreich" ist, „aber andere Personen hier noch weiter arbeiten". Nach insgesamt 425 bearbeiteten Items erfolgt eine zweite Rückmeldung, die daran erinnert, dass die Tp den Test beenden kann, wenn ihr ein konzentriertes und gleichmäßiges Arbeiten nicht mehr möglich ist; dabei wird der Tp allerdings zu bedenken gegeben, dass es immer jemanden gibt, der noch weiter gearbeitet hat. Eine dritte Rückmeldung – „Sie verlieren offenbar die Konzentration!" – wird mehrmals gegeben, und zwar immer dann, wenn (mindestens 150 Items bearbeitet wurden und) die Dauer zwischen zwei Bearbeitungsschritten größer ist als der Mittelwert plus dreimal der Standardabweichung aller vorherigen Bearbeitungszeiten.

Hierbei ist eine lineare Interpretation des resultierenden Testwerts, nämlich Anzahl richtig bearbeiteter Items, in Richtung „besser oder schlechter" nicht selbstverständlich. Weil es sich um eine extrem anspruchslose Aufgabenstellung handelt, muss die zu messen intendierte Leistungsmotivation ab einem nicht näher bestimmbaren Punkt unter Umständen als andere Persönlichkeitseigenschaft interpretiert werden, etwa als „Tendenz zur sachunkritischen Auftragserledigung" oder gar als „Autoritätsgläubigkeit". In der praktischen Anwendung hat sich daher bewährt, lediglich eine gewisse Anzahl an bearbeiteten Items als Beweis für das geforderte Mindestmaß an Leistungsmotivation abzuverlangen und danach den Test vom Tl aus abzubrechen (vgl. z. B. Frebort, 2002).

Der Untertest *Symbole Kodieren* zielt zum einen auf die Differenzierung der beiden dispositionalen Motive Hoffnung auf Erfolg und Furcht vor Misserfolg ab (vgl. nochmals in Abschnitt 4.2.3). Versucht wird, über das selbstgesetzte „Anspruchsniveau" (bezüglich der Menge der angestrebten Leistung) die erfolgsaufsuchende oder misserfolgsvermeidende Motivation einer Tp zu erfassen. Bekanntlich präferieren Erfolgsmotivierte leistungsadäquate, bewährungsträchtige Aufgaben, Misserfolgsmotivierte leistungsmäßig (zu) leichte oder (zu) schwierige, nämlich bewährungsirrelevante Aufgaben (vgl. z. B. wieder Heckhausen, 1989). Um bei der Bestimmung der jeweiligen Präferenz einer Tp den resultierenden Testwert nicht mit ihrer Fähigkeit zu vermischen, die eigene Leistungsmöglichkeit überhaupt richtig einschätzen zu können, muss sie dabei unmittelbar zuvor Erfahrung über ihr Leistungsniveau gewinnen können. So lautet die Aufgabenstellung für die Tp, eine herkömmliche Kodieraufgabe (vgl. z. B. im AID 2, in Abschnitt 3.2.1 Abbildung 3.6) in fünf Etappen zu bearbeiten, wobei nach der jeweiligen Rückmeldung über die erbrachte Leistung die Tp aufgefordert wird, die Anzahl richtiger Kodierungen zu prognostizieren, welche sie in der jeweils nächsten Etappe zu leisten erwartet – die Differenz zwischen erbrachter Leistung und Prognose legt dann das Anspruchsniveau fest. Der Untertest *Symbole Kodieren* versucht aber noch, gleichzeitig Frustrationstoleranz zu erfassen. Definiert man Frustration als ein Erlebnis der wirklichen oder vermeintlichen Vereitelung einer Motivbefriedigung (vgl. z. B. wieder bei Heckhausen, 1989), so geht es um die Eigenschaft einer Person, Frustrationen über einen längeren Zeitraum auszuhalten, ohne das ursprüngliche Ziel der Motivbefriedigung, die Motivation, aufzugeben. Innerhalb der geschilderten Aufgabenstellung wird dazu die Tp ab der 3. Etappe, und zwar vor der geforderten Prognose, einer Frustrationsbedingung ausgesetzt, nämlich fälschlich darüber informiert, dass andere Personen hier durchschnittlich besser abschneiden (vgl. in Abbildung 4.17 den schematisierten Testablauf). Dadurch wird eine Kollision von (vermeintlichem) Leistungsniveau der Tp und ihrem Anspruchsniveau provoziert. Der Testwert für Frustrationstoleranz bezieht sich nun im Wesentlichen auf die Differenz zwischen fünfter und zweiter prognostizierter Leistung. Das Vorzeichen zeigt an, ob sich die Tp durch die wiederholt negativen Rückmeldungen gravierend beeindruckt zeigt oder nicht. Darüber hinaus differenziert die Höhe einer positiven Differenz zwischen Tpn, die mehr oder weniger frustrationstolerant sind.

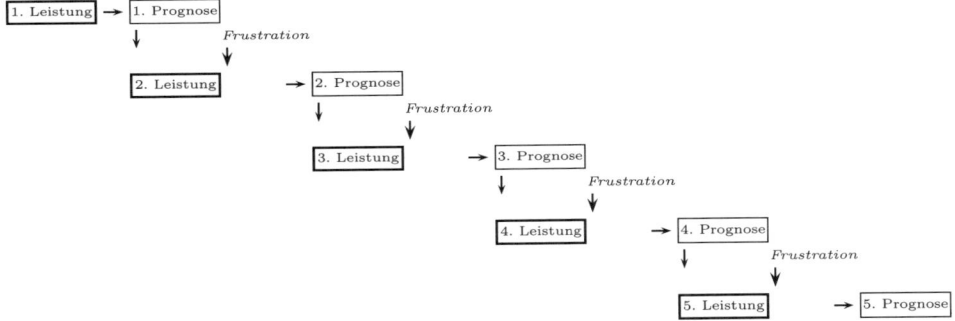

Abbildung 4.17: Schematisierter Testablauf des Untertests *Symbole Kodieren* der Computer-Testbatterie *Arbeitshaltungen* (aus Kubinger & Ebenhöh, 1996; mit freundlicher Genehmigung von *Harcourt Test Services*).

Die Einsatzmöglichkeiten beziehen sich grundsätzlich auf alle beliebigen Fragestellungen, für deren Klärung die erfassten Eigenschaften relevant sind, vor allem aber in der Personalauswahl. Bis zu welchem Alter abwärts diese Computer-Testbatterie eingesetzt werden kann, ist noch nicht untersucht – eine Eichung für Kinder gibt es jedenfalls (noch) nicht.

Die *Arbeitshaltungen* können als Paradebeispiel dafür gelten, wie durch systematische Manipulation von Versuchbedingungen ähnlich psychologischen Experimenten das fragliche Verhalten einer Tp untersucht werden kann.

- Einigen Untersuchungen gemäß beschreiben die *Arbeitshaltungen* Persönlichkeitsdimensionen, die über jene des mit Persönlichkeits*fragebogen* erfassten *Big Five*-Persönlichkeitsmodells hinausgehen (vgl. vor allem Kubinger & Litzenberger, 2003); es scheint, als würden die *Arbeitshaltungen* imstande sein, die Variabilitäten zwischen verschiedenen Persönlichkeiten ergänzend zu erklären.

Genaue „technische" Daten sowie Informationen zu den Gütekriterien finden sich
im *Anhang: Verfahrensbeschreibungen*. In Ergänzung dazu ist folgende Kritik explizit anzubringen:

- Selbstverständlich birgt das Konzept, Frustration experimentell zu erzeugen,
  die Gefahr, an die ethischen Grenzen der *Psychologischen Diagnostik* zu stoßen
  (vgl. dazu nochmals in Abschnitt 2.8 Zumutbarkeit).
- Einige Untersuchungen zur Kriteriumsvalidität erbrachten zufriedenstellende
  Ergebnisse, und sicher kann die inhaltliche Gültigkeit der einzelnen Untertests
  der *Arbeitshaltungen* gut argumentiert werden. In diesem Zusammenhang fehlt
  es aber noch an überzeugenden Beweisen, dass zum Beispiel der Untertest *Flächengrößen Vergleichen* mehr als spezifische Gültigkeit hat – dass der Test
  tatsächlich zwischen reflexivem und impulsivem Flächenvergleichen zu differenzieren erlaubt, ist plausibel –, nämlich generalisierte Gültigkeit in Bezug auf
  andere, praktisch mehr relevante Entscheidungssituationen.

An anderen Objektiven Persönlichkeits*tests* ist zunächst der zwischenzeitlich das
Anspruchsniveau ähnlich erfassende *Objektive Leistungsmotivations Test* (OLMT;
Schmidt-Atzert, 2004) anzuführen; genaue „technische" Daten dazu sowie Infor-
mationen zu den Gütekriterien finden sich im *Anhang: Verfahrensbeschreibungen*.

Dann ist erstens der – wohl wegen seiner extrem geringen Wirtschaftlichkeit,
nämlich seines relativ hohen Zeitaufwands (für die Tp), bei Messung nur einer einzigen Persönlichkeitseigenschaft – für eine verlagsmäßige Veröffentlichung unattraktive *Rigiditäts-Test* (Siebenhandl, 1995) zur Messung der Flexibilität (im
Denken) zu nennen. Er besteht in Anlehnung an *Luchins'* Umfüllaufgaben aus
sechs materialverschiedenen Aufgabengruppen (unter anderem *Umfüllaufgaben,
Zahlenreihen-Fortsetzen, Labyrinthe*, und *Anagramme*), deren Lösung jeweils auf
zweifache Weise gefunden werden kann. Dem liegt das Konzept zugrunde, dass
Menschen mehr oder weniger dazu neigen, einmal gefundene Lösungswege zu fixieren, d. h. rigide beizubehalten, selbst wenn alternative, weniger komplizierte
Lösungswege für neue Aufgaben existieren.

Zur Illustration

Eine der Aufgabengruppen, nämlich das als *Umfüllaufgabe* gestaltete Item des
Rigiditäts-Tests beinhaltet neun Subitems, wovon die ersten fünf alle ausschließlich nach derselben Regel zu lösen sind: Ziel = B − A − 2 × C (vgl. in Abbildung 4.18); die letzten vier Subitems sind ebenfalls nach dieser Regel lösbar, allerdings zusätzlich auch jeweils einfacher. Die Tp muss bei der Bearbeitung der
Subitems den Rechengang formelmäßig angeben, so dass als Testwert die Anzahl
derjenigen Subitems eindeutig bestimmt werden kann, bei welchen sie den jeweils
einfacheren Lösungsweg statt des bewährten aufwendigen wählt.

Zum *Rigiditäts-Test* gibt es nicht nur erste Validierungsbefunde – er diskriminiert signifikant zwischen älteren und jüngeren Personen und insbesondere zwischen Personen, die einerseits in der Werbebranche arbeiten und andererseits als

A	B	C	$\longrightarrow$	Ziel
11	163	75	$\longrightarrow$	2
36	86	22	$\longrightarrow$	6
28	58	6	$\longrightarrow$	18
20	60	5	$\longrightarrow$	30
46	98	6	$\longrightarrow$	6
45	117	9	$\longrightarrow$	54
36	96	8	$\longrightarrow$	44
7	18	4	$\longrightarrow$	3

Abbildung 4.18: Aufgabengruppe 1 (*Umfüllaufgabe*) des *Rigiditäts-Tests* (Siebenhandl, 1995); die Zahlen unter A, B und C müssen jeweils derart in eine rechnerische Beziehung gebracht werden, dass die Zahl unter „Ziel" resultiert.

Buchhalter –, sondern er erfüllt auch das Gütekriterium Skalierung: Die sechs Aufgabengruppen (Items) sind mit einer entsprechenden Verallgemeinerung des *Rasch*-Modells verträglich. Dies spricht insbesondere dafür, dass die zu erfassen beabsichtigte Eigenschaft Flexibilität eine materialunabhängige ist. Schließlich belegt Krapf (2003), dass tatsächlich im Allgemeinen die aufwendigere Methode deswegen eingesetzt wird, weil die einfachere nicht „gesehen" wird, und nicht viele Personen zwar den einfacheren Lösungsweg erkennen, aber am aufwendigen Lösungsweg der Bequemlichkeit wegen festhalten.

Als zweites ist nochmals die Computer-Testbatterie LAMBDA anzuführen. Abgesehen von der Gewinnung von Lerntypen (vgl. in Abschnitt 4.1.2), realisiert sie nämlich auch den Ansatz Objektiver Persönlichkeits*tests*. Nach dem verlangten Auswendiglernen des weiter oben beschriebenen Organigramms und einem 15-minütigen Fülltest wird der Tp *Rechnen in Symbolen* (vgl. ebenfalls in Abschnitt 4.2.1) als eigener Untertest vorgegeben, allerdings in veränderter Darbietungsweise. Und zwar wird die erste Hälfte standardmäßig administriert, doch danach, quasi als Stressor, während des Lösungsversuchs jedes einzelnen Items die Prüfphase zum Organigramm laufend wiederholt. So soll Belastbarkeit gemessen werden, indem die Testleistungen im *Rechnen in Symbolen* für die beiden Testhälften verglichen werden. Damit ist LAMBDA der Prototyp Objektiver Persönlichkeits*tests*, die Stress bzw. Beanspruchung experimentell zu provozieren versuchen. Noch ausgereifter ist dieses Konzept in der Computer-Testbatterie BAcO-D (*Belastbarkeits-Assessment: computerisierte Objektive Persönlichkeits-Testbatterie – Deutsch*, in Vorb.; s. vorläufig Kubinger et al., 2002) realisiert.

Zur Illustration

Der Untertest *Belastbarkeit bei ungünstigen Arbeitsbedingungen* von BAcO-D instruiert die Tp, dass sie in einem „veralteten Betrieb" mit „veralteten Kommunikationsstrukturen" arbeitet. Aufgabe ist es, über den Computer fortlaufend einlangende Anfragen mit Hilfe von Dateiordnern im Computer zu beantworten, wobei die gewünschten Informationen in einen virtuellen Kalkulator am Bildschirm mit der Maus einzugeben sind (vgl. Abbildung 4.19 und 4.20). Zunächst kann die Tp ungestört arbeiten, später treten verschiedene Behinderungen auf, welche zwar die Ausführung der Aufgabe nicht prinzipiell verhindern, aber die Tp dabei doch energetisch-motivational beanspruchen. Zum Beispiel springt der Mauspfeil am Bildschirm „von selbst" einige Zentimeter nach oben, nach unten bzw. zur Seite; oder der Bildschirm „zittert" bzw. wird zeitweise schwarz, oder der Mauspfeil reagiert verzögert. Das Ausmaß an Belastbarkeit bei Beanspruchung durch ungünstige Arbeitsbedingungen wird im Wesentlichen über die individuelle Veränderung der Arbeitsgeschwindigkeit (Dauer bis zur Erledigung der Anfrage) und der Arbeitsqualität (Anzahl richtig bearbeiteter Anfragen) bestimmt, wie sie sich zwischen den beiden Testbedingungen mit und ohne Behinderung der Arbeitsbedingungen ergibt.

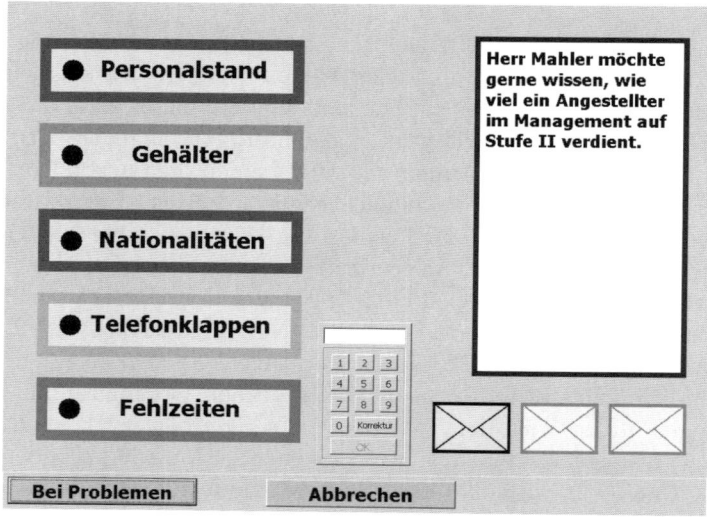

Abbildung 4.19: *Screenshot* zur Aufgabenstellung im Untertest *Belastbarkeit bei ungünstigen Arbeitsbedingungen* der Computer-Testbatterie BAcO-D.

Als drittes ist der *Lexikon-Wissen Test* (LEWITE; Wagner-Menghin, 2004) zu erwähnen. Abgesehen von der Intention, wie herkömmliche Tests zur Prüfung des Wortschatzes einer Tp *Verbal Comprehension* zu messen (vgl. in Abschnitt 4.1.2), versucht dieser Test mit seinem zweiteiligen Aufbau auch das wissensbezogene Selbstkonzept einer Tp zu erfassen. Diese wird nämlich anhand einer Wortliste zunächst aufgefordert, einzuschätzen, ob sie das jeweilige Wort „im Ernstfall" erklären könnte; danach erst folgt die Prüfung des tatsächlichen Wissens mittels Lückentexte im *Multiple-Choice*-Format. Eine große Diskrepanz zwischen vermeintlichem und tatsächlichem Wissen lässt auf besondere Überschätzung der eigenen Fähigkeit seitens der Tp schließen. Aber auch eine Diskrepanz in umgekehrter Richtung zeugt von einem unrealistischen Selbstkonzept. Übrigens gilt

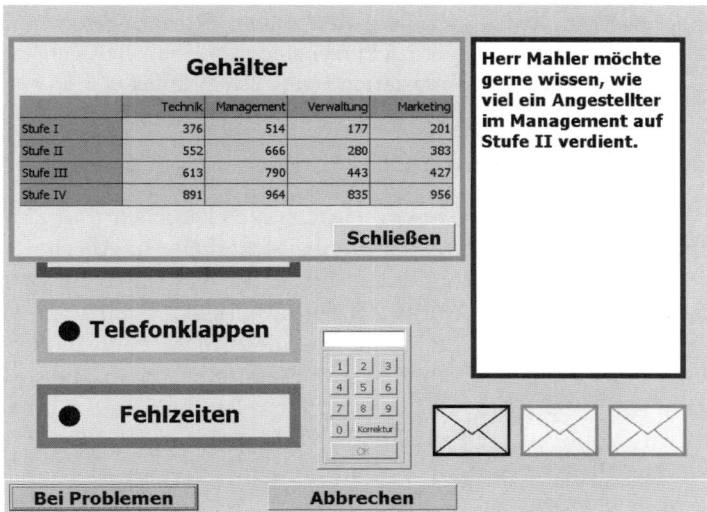

Abbildung 4.20: Screenshot zur Aufgabenstellung inklusive eingeblendetem Datenordner im Untertest *Belastbarkeit bei ungünstigen Arbeitsbedingungen* der Computer-Testbatterie BAcO-D.

für die Verrechnung der Items in Richtung Fähigkeitsüberschätzung das *Rasch-Modell*.

Bemerkung am Rand

Greenwald, McGhee und Schwartz (1998) initiierten mit ihrem schnell bekannt gewordenen *„Implicit Association Test"* zahlreiche Forschungsarbeiten. Allerdings ist seine Verwertung für die psychologisch-diagnostische Fallbehandlung wegen der mittlerweilen festgestellten extremen Situationsabhängigkeit eher kritisch zu sehen, so dass Gawronsky und Conrey (2004) sogar vorschlagen, in diesem Zusammenhang nicht von „Test" im Sinne eines psychologisch-diagnostischen Verfahrens zu sprechen, sondern – um der Rolle als neuer „Messmethode" im Zusammenhang mit kognitionspsychologischen Forschungsansätzen gerecht zu werden – von *Implicit Association Task*. Dessen ungeachtet beschreibt diese Methode gut das Prinzip Objektiver Persönlichkeits*tests*: Es wird versucht, durch den Vergleich von Reaktionszeiten in zwei Doppeldiskriminationsaufgaben implizite Einstellungen und andere „automatische" Assoziationen zu erfassen. Die Tp hat dabei die Aufgabe, eine Reihe von Objekten (Worte; Bilder) zunächst gemäß zweimal zwei Begriffen je gegensätzlicher Qualität (z. B. ängstlich *vs.* ruhig; Prüfung *vs.* Freizeit) mittels links-rechts-Taste zu klassifizieren. Danach müssen Objekte analog, nun aber gemäß einer – wie vermutet – kongruenten Begriffskombination (im Beispiel: ängstlich-Prüfung *vs.* ruhig-Freizeit) und schließlich gemäß einer – wie vermutet – inkongruenten Begriffskombination (ängstlich-Freizeit *vs.* ruhig-Prüfung) klassifiziert werden. Weist eine Tp die zu messen gesuchte Eigenschaft auf (im Beispiel:

Prüfungsangst), so ist für sie zu erwarten, dass die Reaktionszeiten bei kongruenten Begriffskombination wesentlich kürzer sind als bei inkongruenten (man spricht vom „impliziten Effekt der Assoziation" ängstlich-Prüfung).

4.2.5 Projektive Verfahren

Projektive Verfahren wurden bereits mehrfach angesprochen und zwar insbesondere in Bezug auf deren geringe Verrechnungssicherheit (in Abschnitt 2.1.2), deren nicht gegebene Interpretationseindeutigkeit (in Abschnitt 2.1.3) und äußerst fragliche Zumutbarkeit (in Abschnitt 2.8 Zumutbarkeit). Sieht man von dem mit dem Makel an Zumutbarkeit infolge mangelnder Augenscheinvalidität verbundenen Positivum der Undurchschaubarkeit der Messintention ab, die sie in gewisser Weise besitzen (in Abschnitt 2.9 Unverfälschbarkeit), dann sind damit bereits die grundsätzlichen Probleme der Projektiven Verfahren ausgeführt.

Die wissenschaftlich vertretbare Bedeutung Projektiver Verfahren für die heutige Praxis ist folgendem Zitat abzuleiten: „Während es in den dreißiger und vierziger Jahren noch möglich war, bei der Herausgabe von Lehrbüchern Psychodiagnostik mit projektiven Verfahren, ja gar nur mit dem RORSCHACH-Test, gleichzusetzen ..., hat das zunehmende Methodenbewußtsein besonders in den letzten zwei Jahrzehnten zu einem erheblichen Rückgang ihrer Anwendung ... geführt ... Projektive Verfahren werden heute vornehmlich als Hilfsmittel der Exploration und der Bildung diagnostischer Hypothesen empfohlen" (aus dem Lehrbuch von Guthke, Böttcher & Sprung, 1991, S. 138).

Und die tatsächlich praktische Bedeutung ergibt sich aus den Rechtsgrundlagen (vgl. auch in Abschnitt 1.7 Grundsätze): „Auch wenn eine Person freiwillig eine psychologische Untersuchung mitmacht, hat sie dennoch Anspruch auf die Wahrung der Unverletzlichkeit der Person und auf den Schutz der Intimsphäre. Dies ist insbesondere zu beachten bei ... projektiven Verfahren ... Die Anwendung projektiver Verfahren ist nur dann zulässig, wenn es dafür eine besondere Indikation gibt, etwa bei psychiatrischen Fragestellungen" (Heyse, 2003b, S. 364).

Bemerkung am Rand

In der beruflichen Eignungsdiagnostik gelten durch das Betriebsverfassungsgesetz (BetrVG; für Deutschland) Beschränkungen in der Durchführung psychologisch-diagnostischer Verfahren, obwohl diese als solches dort nicht eigens erwähnt werden. Rechtsauffassung ist jedoch, dass analoge Mitbestimmungstatbestände heranzuziehen sind, um das Persönlichkeitsrecht und die Interessen der Betroffenen zu wahren (vgl. z. B. Heyse, 2003b). Sofern ein Betriebsrat gewählt worden ist, hat dieser bei Personalmaßnahmen ein Mitbestimmungsrecht, das allerdings unterschiedlich weit geht, je nachdem, welches psychologisch-diagnostische Verfahren eingesetzt wird. Nach Püttner (1999, S. 55) bedürfen solche Verfahren unbedingt der Zustimmung durch den Betriebsrat, die bei der Auswertung einen Beurteilungs- und Bewertungsspielraum zulassen: „Da projektive Verfahren immer eine wertende Betrachtung beinhalten, unterliegt ihre Einführung nach § 95

Abs. 2 der Mitbestimmung." Dagegen führen Tests und Persönlichkeitsfragebogen nicht unmittelbar zu einer wertenden Schlussfolgerung, und fallen daher auch nicht unter die gesetzlichen Grundsätze einer „Beurteilung" im Zusammenhang mit Personalmaßnahmen.

Der in Abschnitt 2.1.2 gegebenen Erläuterung muss an dieser Stelle keine weitere Begriffsklärung hinzugefügt werden. Trotzdem seien ergänzend die bezeichnenden Unterschiede Projektiver gegenüber anderen diagnostischen Verfahren angeführt, insbesondere gegenüber Tests und Persönlichkeitsfragebogen:

- Bezüglich der Instruktion ist für Projektive Verfahren typisch, die Tp über die Messintention im Unklaren zu lassen. Im Gegenteil, manchmal wird sogar versucht, der Tp durch die Instruktion ein anderes als die gegebene Messintention zu suggerieren (vgl. z. B. beim TAT, weiter unten). Diese Strategie ist zwar der anzustrebenden Unverfälschbarkeit förderlich, wirft jedoch ethische Grundsatzprobleme auf.
- Projektive Verfahren zielen hauptsächlich auf unbewusste, der bewussten Reflexion jedenfalls nur schwer zugängliche Gegebenheiten ab. Die Anwendung solcher Verfahren impliziert daher ausreichende Kenntnisse tiefenpsychologischer Annahmen sowie insbesondere deren Akzeptanz seitens des Tl.

Bemerkung am Rand
„Hier genügt u. E. nicht die Unterstellung, daß sich das Unbewußte ‚irgendwie' im Tätigkeitsverlauf und im Tätigkeitsprodukt zeigt und daß der Diagnostiker dafür ein ‚Gespür' haben müsse. Wenn projektive Verfahren etwas anzeigen, was nicht durch andere Methoden erkennbar ist, so muß dies auch methodisch sauber aufweisbar sein" (Guthke et al., 1991, S. 142).

- Das Testmaterial Projektiver Verfahren ist in hohem Maß mehrdeutig und bietet daher der Tp viel Freiheit im Testverhalten, was gerade die „Materialisierung" des Unbewussten ermöglichen soll. Andererseits reduziert genau das die Objektivität, was seit langem unbestritten ist (vgl. z. B. Hörmann, 1964).

Bemerkung am Rand
In Abbildung 2.1 des Abschnitts 2.1.2 wurde explizit das Testverhalten in einem Projektiven Verfahren als Beispiel dafür demonstriert, wie wenig verrechnungssicher Tests sein können. Schon *Freud* (vgl. z. B. wieder Guthke et al., 1991) hatte das „Deuten" erhaltener Informationen als „Kunst" bezeichnet, die nicht in Regeln zu fassen wäre, sondern der Übung und Unvoreingenommenheit bedürfe. Und dem halten Guthke et al. (S. 143) entgegen: „... kann man sich ... oftmals nicht des Eindruckes erwehren, daß ... aus den Testergebnissen mehr Informationen abgeleitet werden, als Fakten vorliegen."

- Bezüglich ausgewählter anderer Gütekriterien muss global folgende Kritik gegeben werden:

– Reliabilität- bzw. Validitätsstudien gibt es kaum, eine Eichung nur in Ausnahmefällen (PFT) und die Skalierung ist, laut vorliegenden Analysen, eher un- als angemessen (s. zum *Rorschach*-Form-Deute-Verfahren Fischer & Spada, 1973; zum TAT Kempf, 1970; zum PFT Reiter, 1974).

„Die unzureichende methodenkritische Bearbeitung projektiver Verfahren entspricht der wissenschaftstheoretischen Grundhaltung der Testautoren. Beweisführungen über Zuverlässigkeit und Gültigkeit der projektiven Methoden wurden in der Vergangenheit von ihnen als nicht relevant abgelehnt. Mit gleicher Argumentation wurde auch auf eine Quantifizierung der Ergebnisse verzichtet" – letztere ließe nämlich befürchten, „daß ... die ‚Einmaligkeit der Persönlichkeit' zerstört wird" (Guthke et al., 1991, S. 149f.).

Zur Illustration

Setzen Anwender und Autoren apodiktisch auf die Einmaligkeit des Menschen und seine Persönlichkeit und akzeptieren also auf gar keinem Abstraktionsniveau zum zweckorientierten Vergleich verschiedener Personen oder Situationen irgendwelche Quantifizierungen, so machen sie Projektive Verfahren einer wissenschaftlichen Prüfung völlig unzugänglich. Sie ziehen sich auf eine Vorgehensweise des Erkenntnisgewinns zurück, die nur „systemimmanent", innerhalb der Tiefenpsychologie, schlüssig ist: Die subjektive Sicherheit des Anwenders ist es dann, die das Kriterium für die Richtigkeit der Interpretation darstellt. „Die Beliebtheit der Projektiven Verfahren scheint nicht zuletzt durch die Beliebigkeit des an sie anlegbaren theoretischen Interpretationsrahmens mitbestimmt zu sein" (Rollett, 2003, S. 342).

Bemerkung am Rand

Zum Beispiel Leichsenring und Hiller (2001) sprechen zwar davon, dass sich mittlerweile eine „metrische Ära" für Projektive Verfahren angebahnt habe, betonen aber gleichzeitig, dass ihre eigene verschiedentlich „vorgenommene positive Einschätzung projektiver Verfahren" nur soweit gelte, wie „Hinweise auf die Validität vorliegen. Sie gilt ausdrücklich nicht für unstandardisierte ‚wilde' Formen der Erhebung, Auswertung und Interpretation projektiver Verfahren" (S. 189). Aber selbst die neuerdings um Standardisierung bemühten Auswertungssysteme – vor allem *Exners „Comprehensive System"* zum *Rorschach*-Form-Deute-Verfahren (vgl. weiter unten) – seien mehr auf die Erfassung von Psychopathologie als auf Gesundheit aus, so dass durchaus die Gefahr bestünde, „psychisch Gesunde auf der Basis von projektiven Verfahren fälschlich als schwer gestört" einzuschätzen.

• Verbreitete Auffassung ist es heute (vgl. zuletzt Rollett, 2003), Projektive Verfahren lediglich als Hilfsmittel zur *Sammlung der typischerweise mit dem gegebenen Sachverhalt in Verbindung stehenden Informationen* (Anamneseerhebung) bzw. zur Unterstützung des entscheidungsorientierten Gesprächs (Exploration; vgl. in Abschnitt 3.2.2) zu empfehlen, also zum Hypothesenbilden über bestimmte Bedingungszusammenhänge.

Üblicherweise unterscheidet man zwischen drei Guppen Projektiver Verfahren, nämlich Form-Deute-Verfahren – abstraktes Bildmaterial ist dem persönlichen Eindruck nach auszulegen –, verbal-thematische Verfahren – zu mehrdeutigem Bildmaterial sind Geschichten zu erzählen oder es sind Satzanfänge zu vervollständigen – und zeichnerisch/gestalterische Verfahren – zu einem bestimmten Inhalt ist etwas zu zeichnen oder etwas mit bestimmten Utensilien zu produzieren.

Im Folgenden näher eingegangen wird auf
▶ *Rorschach*-Form-Deute-Verfahren,
▶ TAT (*Thematischer Apperzeptionstest*),
▶ PFT (*Rosenzweig Picture-Frustration Test*)
und
▶ MMG (*Multi-Motiv-Gitter für Anschluss, Leistung und Macht*) –
nur letzteres Verfahren wird auch im *Anhang: Verfahrensbeschreibungen* in Bezug auf „technische" Daten sowie Informationen zu den Gütekriterien beschrieben. Die übrigen Verfahren haben entweder gar keine bzw. großteils negative Befunde zu Gütekriterien – wobei diese dann nicht einmal verbindlichen Quellen entstammen, d. h. keinem autorisierten Manual (*Rorschach*-Form-Deute-Verfahren; TAT) – oder realisieren zwar zum Ausbildungsminimum zählende Konzepte, ihre Bedeutung ist dessen ungeachtet aber eher nur mehr historisch (PFT) bzw. im Wesentlichen selbst aus Sicht des Autors nur ein Mittel zur Exploration (TAT).

Bemerkung am Rand

Außer den hier näher behandelten sind verschiedentlich etliche weitere Projektive Verfahren im praktischen Einsatz. Sie heben sich allerdings in Bezug auf die gegebene Kritik keinesfalls positiv von den hier näher behandelten ab: *Baum-Test, Familie in Tieren, Lüscher-Test, Scenotest, Mann-Zeichen-Test, Verzauberte Familie, Wartegg-Zeichen-Test, Welt-Test*. Die meisten von ihnen, und zwar mit Ausnahme von *Familie in Tieren* und *Scenotest*, stehen so weit außerhalb der wissenschaftlichen Psychologie, dass es seit Jahrzehnten keine Neuauflagen, nicht einmal Rezensionen in Fachzeitschriften zu ihnen gibt. Zu *Familie in Tieren* gibt Petermann (1997) eine kritische Rezension, zum *Scenotest* Rollett (1997).

Zur Illustration

Wie schon in Abschnitt 2.1.2 angesprochen, geht es bei dem Projektiven Verfahren Familie in Tieren für das untersuchte Kind darum, seine Familie zeichnerisch als Tiere darzustellen (vgl. nochmals Abbildung 2.1). Schrott, Kubinger und Maitz (2001) untersuchten damit $n = 756$ (unausgelesene) Grundschüler insgesamt bis zu viermal, nämlich zu zwei Zeitpunkten mit einem Abstand von vier Wochen jeweils zweimal unmittelbar hintereinander (vgl. ein Beispiel in Abbildung 4.21). Mit den jeweils beiden aufeinander folgenden Testergebnissen wurde die (Retest-) Reliabilität bestimmt, mit jenen über das eine Monat hinweg die Stabilität. Ausgewertet wurde nach den wesentlichen, von der Autorin als relevant behaupteten Kriterien (Brem-Gräser, 2001): Tierart, Größe der Tierzeichnungen und Format (Hoch- oder Querformat) der Darstellung, Größenverhältnisse und

Reihenfolge der gezeichneten Tiere/Familienmitglieder, Gruppierungen der Tiere/Familienmitglieder (Lokalisation in verschiedenen Sektoren), Positionierung der Tiere/Familienmitglieder zueinander (Anordnung auf verschiedenen Ebenen), Richtung, in die die Tiere/Familienmitglieder schauen.

Der *Kappa*-Koeffizient bezüglich des entsprechenden Zusammenhangs je zweier Zeichnungen desselben Kindes über alle Kinder hinweg ergab dabei nur in den wenigsten Fällen einen Wert größer als 0,20, der höchste je beobachtete *Kappa*-Koeffizient betrug 0,37: Das heißt, kein Kriterium weist eine ausreichende Messgenauigkeit oder Stabilität auf.

Zusätzlich wurden $n = 8$ Psychologiestudentinnen mit abgeschlossener Diagnostikausbildung aufgefordert, zu 55 ausgewählten Zeichnungen dieser untersuchten Kinder Spontanhypothesen über die jeweilige Familiensituation aufzustellen. Sie wurden dabei nicht informiert, dass mehrere Zeichnungen jeweils von demselben Kind stammen. Ausgewertet wurde pro Psychologiestudentin, ob zwischen den Spontanhypothesen zweier Zeichnungen eines Kindes „Übereinstimmung", „ein gewisser Zusammenhang" oder „kein Zusammenhang" besteht. In 4 von 476 Fällen bestand tatsächlich „Übereinstimmung" (das sind 0,8 %), in 88 von 476 Fällen „ein gewisser Zusammenhang" (18,5 %). Die vorliegenden Ergebnisse sprechen für sich.

Rorschach-Form-Deute-Verfahren

Das eigentliche Verfahren des Psychiaters *Hermann Rorschach* besteht infolge dessen frühen Todes im Wesentlichen nur aus dem Testmaterial, das sind zehn „Tafeln" mit Tintenklecksen, die durch Vermischen schwarzer und anderer Farbe auf einem Blatt Papier und dessen nachträglicher Faltung entstanden sind (s. als Beispiel die Tafel VI in Abbildung 4.22). Die Aufforderung an die Tp besteht darin, auf die lapidare Frage zu antworten: „Was könnte das sein?" Veröffentlicht wurde das Material von *Rorschach* 1921 „als Technik wahrnehmungspsychologischer Experimente ... Seit dieser Zeit wurde der Indikationsanspruch dieser Methode zu einem mehrdimensionalen Persönlichkeitstest erweitert" (Guthke et al., 1991, S. 154). Er selbst sah die nach der Protokollierung vorzunehmende „Signierung" der Antworten einer Tp vor allem hinsichtlich bestimmter formaler Aspekte als bedeutungsvoll an. Allerdings liegen seine diesbezüglichen Konzepte lediglich fragmentarisch vor (vgl. Rorschach, 1992 – das ist die letzte unveränderte Auflage). So folgten etliche Weiterentwicklungen von Auswertungsrichtlinien, am bekanntesten wohl jene von Bohm (1996); sie erst machen das Testmaterial zum gebräuchlichen *Rorschach*-Form-Deute-Verfahren – landläufig auch „*Rorschach*-Test" (häufig gleich gar „der" *Rorschach*) genannt. Das mittlerweile am weitesten verbreitete, weil eine Vereinheitlichung und weitgehende Präzisierung suchende Signierungssystem ist jenes von Exner (1991b, 1991a).

Nach *Rorschach* interessieren vor allem folgende formale Aspekte, die letztlich tiefenpsychologisch orientiert interpretiert werden:

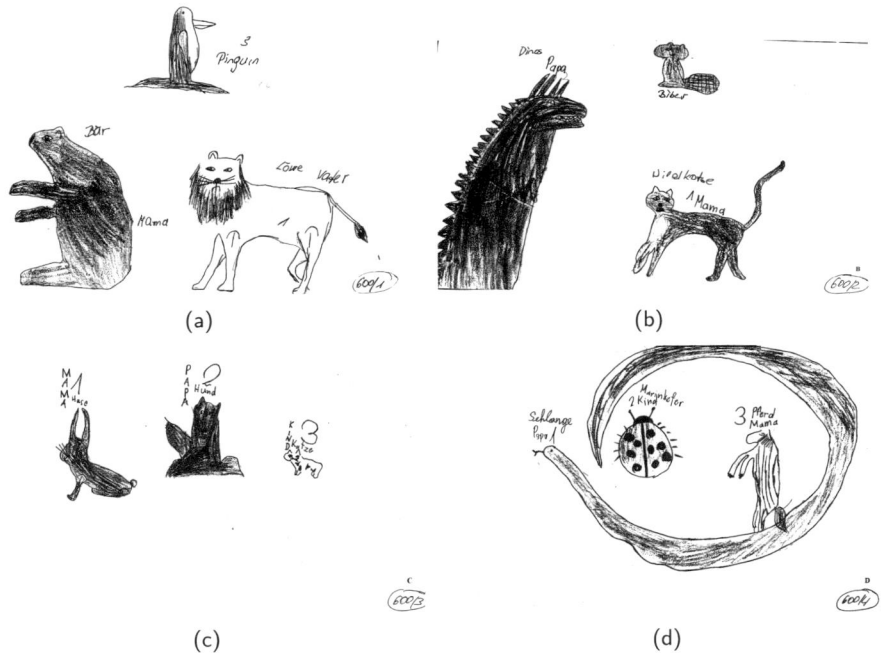

Abbildung 4.21: Die vier Zeichnungen von *Familie in Tieren* eines willkürlich gewählten Grundschülers zu zwei Zeitpunkten mit einem Abstand von vier
Wochen jeweils zweimal unmittelbar hintereinander (aus Schrott et al.,
2001, S. 151). Die Spontanhypothesen einer beliebigen Psychologiestudentin mit abgeschlossener Diagnostikausbildung lauteten: „Normale
Familie" (ad Zeichnung 600/1), „Der Vater schreit anscheinend viel.
Die Mutter und der Vater streiten sich. Er ist der böse Drache, sie
ist die wilde Katze" (ad Zeichnung 600/2), „Dem Kind sind die Eltern
wichtig" (ad Zeichnung 600/3), „Die Schlange (Vater) grenzt die Mutter und das Kind ein. Der Vater ist entweder sehr behütend oder sehr
dominant" (ad Zeichnung 600/4).

- *Erfassungsmodus*; dabei geht es darum, ob der Klecks einer Tafel insbesondere
  als Ganzes oder nur ein (Klein-) Detail bzw. die (Untergrund-) Figur zwischen
  einzelnen Kleckssteilen die Grundlage der konkreten Projektion („Deutung") der
  Tp ist.
- *Determinanten*; dabei geht es darum, ob die Deutung der Tp durch die Form
  oder Farbe des Kleckses, eine antizipierte Bewegung oder durch die Hell-Dunkel-
  Schattierung beeinflusst wurde bzw. ob die Deutung gut oder schlecht zum
  Klecks passt.
- *Inhalt*; dabei geht es unter anderem darum, ob es sich um eine Mensch- oder
  Tierdeutung handelt.

Abbildung 4.22: Tafel VI des *Rorschach*-Form-Deute-Verfahrens (mit freundlicher Genehmigung des *Hans Huber Verlags*).

- *Originalität*; dabei geht es darum, ob dieselbe Deutung von anderen Tpn sehr
  selten oder sehr häufig gegeben wird.

Zur Illustration

Präsentation 21 gibt die Vorstellung des *Rorschach*-Form-Deute-Verfahrens aus
dem bereits einmal herangezogenen „Testknacker" (Paczensky, 1976; vgl. in Abschnitt 4.2.2) kurz gefasst wieder. Obwohl kaum noch zur Personalauswahl herangezogen, eignen sich die angeführten Passagen gut, ein äußerst kritisches Bild
des *Rorschach*-Form-Deute-Verfahrens zu prägen, selbst für den ausschließlichen
Einsatz in klinischen Fragestellungen.

Präsentation 21: Kurz gefasste Zusammenstellung von wörtlichen Zitaten zum *Rorschach*-Form-Deute-Verfahren aus einem „Testknacker".

„Es kommt zunächst auf ruhige Gelassenheit an. Wenn der Testleiter die erste Tafel
mit einem grauschwarzen Tintenklecks hervorzieht und fragt, was man auf der Tafel
sehe, darf man weder Furcht noch Staunen zeigen. Wenn dann die nächste Tafel
unvermittelt rote Flecken zeigt, wenn schließlich die letzten drei Bilder in sinnver-
wirrenden Pastelltönen schillern, sollte kein Zögern, keine hochgezogene Augenbraue
andeuten, daß man etwa vom ‚Farbschock' gepackt ist, der nämlich ein ungeordne-
tes Gefühlsleben verrät. Jede Regung des Unbehagens wird als innerer Konflikt
verbucht: Die aufgeklärte Versuchsperson betrachtet also alle Tafeln mit Pokermie-
ne, dreht sie gelassen in der Hand und gibt gleichmäßige Deutungen, nicht zu knapp

und nicht zu weitschweifig ... Um eine gewinnende Persönlichkeit darzustellen, gilt es vor allem, Bewegung in die Kleckse hineinzusehen und möglichst für jede Tafel eine Ganzdeutung zu finden, das heißt eine Erklärung, die sämtliche Klecksteile einbezieht. Die Deutungen müssen ein ‚hohes Formniveau' haben: Sie müssen dem Testleiter überzeugend erscheinen und nicht allzu banal sein. Die Farbe muß sinnvoll in die Erklärung einbezogen, aber keinesfalls beherrschend sein" (Paczensky, 1976, S. 46f.). So „... werden etwa Tiere und Gegenstände geringer bewertet als menschliche Figuren, und doch sind sie notwendig, um primitivere Wesensschichten anzudeuten, die der Mensch schließlich auch braucht."

„Es gilt auch nicht als liebenswert, statt der Kleckse die leeren Zwischenräume zu deuten, denn damit beweist man Aufsässigkeit und Eigensinn. Aber ein oder zwei von diesen Aufsässigkeiten wirken doch ganz positiv und deuten ein Quentchen Selbstbehauptung an. Sosehr man sich schließlich um großzügige Ganzdeutungen bemühen sollte, darf auch nicht das Detail zu kurz kommen, denn es beweist Gründlichkeit und Realitätsbezug.

Obendrein sind noch eine ganze Reihe inhaltlicher Vorsichtsmaßregeln zu beachten: Wolken dürfen nur auf Karte 7 wahrgenommen werden, andernfalls bedeuten sie Ängstlichkeit ... Geschlechtsteile dürfen insgesamt ein- oder zweimal wahrgenommen werden; im Übermaß wirken sie sich aber äußerst nachteilig aus, deuten auf sexuelle Unreife, verborgene Impotenz und ähnliche Unannehmlichkeiten ... Für jede Karte gibt es auch bestimmte Vulgärantworten, die von sehr vielen Menschen gebracht werden und in mäßiger Anzahl (etwa 5 für den ganzen Test) auch wünschenswert sind, denn sie zeigen gesunde Anpassung. Doch mehr als acht Vulgärantworten lassen den Probanden platt und konventionell erscheinen" (S. 47).

„Karte 6 [Abbildung 4.22; Anm. d. Verf.] erinnert gemeinhin an ein Tierfell; außerdem lauert die Versuchung, an jeder Ecke Geschlechtsteile zu entdecken. Diese werden am besten positiv und symbolisch verarbeitet, etwa als ‚fruchtbares Tal' oder ‚Leuchtturm'. Wer in den seitlichen Details Königsköpfe sieht, beweist hohe Ansprüche" (S. 48).

„Phantasievolle Deutungen, in denen sich mehrere Teile zu einem sinnvollen Ganzen zusammenfügen, zeugen von kreativer Intelligenz und Organisationstalent. Aber Vorsicht: man darf nichts zusammen-,fabulieren', nicht fehlende Teile hinzuerfinden! Die Rorschach-Fans sind stolz darauf, daß sie verdeckte Geisteskrankheiten und andere Schäden entdecken können. Man sollte ihnen keinen Anlaß zum Entdeckerstolz bieten ... Es ist nicht leicht, den Rorschach-Test als rundum gewinnende Persönlichkeit zu bestehen" (S. 49).

„So bleibt dem Bewerber, der trotz aller Vorsicht ein negatives Psychogramm erreicht, wenigstens ein Trost: Er braucht nicht daran zu glauben. Die meisten seriösen Psychologen tun es auch nicht.

Die Frage, warum der Rorschach immer noch so viele Anhänger hat und nach wie vor weithin benutzt wird, ist nicht leicht zu lösen. Eine befriedigende Erklärung für dies verblüffende Phänomen wird wohl erst von künftigen Historikern der Psychologie gefunden werden und wahrscheinlich davon abhängig sein, daß wir mehr

> *über die Psychologie der Leichtgläubigkeit wissen müßten, als es heute der Fall ist.*
> *Indessen kann man den Grund des wissenschaftlichen Fortschritts der klinischen*
> *Psychologie wohl daran messen, mit welcher Geschwindigkeit und Gründlichkeit sie*
> *den Rorschach hinter sich läßt.'* (... [zit. aus] Jensen, ‚Rorschach-Test' in *Sixth*
> *Mental Measurement Yearbook* [ohne Jahresangabe; Anm. d. Verf.])" (S. 53).

Das *Comprehensive System* von Exner (1991a) ist der Versuch, die wichtigsten
(amerikanischen) „Schulen" zum *Rorschach*-Form-Deute-Verfahren zu einem einheitlichen Signierungssytem zu integrieren. Nur solche Signierungsvariablen sind
darin enthalten, die ausreichende Übereinstimmung in der Signierung bei verschiedenen Auswertern erreichten. Sie begründen auch einige Indizes zur Erfassung bestimmter klinischer Gruppen, unter anderem einen Schizophrenie-Index,
Depressions- und Suizidalitäts-Index, Coping-Defizit-Index sowie einen Zwanghaf-
tigkeits-Index.

Bemerkung am Rand
Tatsächlich besteht die Zielsetzung in der Anwendung des *Rorschach*-Form-Deute-
Verfahrens vorrangig in der klinisch-psychologischen Klassifikation, etwa gemäß
ICD-10. Geht man nun für bestimmte psychopathologische Krankheitsbilder von
einem prototypischen Reaktionsverhalten bei den einzelnen Tafeln des *Rorschach*-
Form-Deute-Verfahrens aus, so mag es auch zielführend sein, das Reaktionsverhalten eines Patienten mit dem solcher Prototypen zu vergleichen – vielleicht ist
dies sogar ähnlich praktikabel wie mit Hilfe strukturiert-standardisierter klinischer
Interviews zu ICD-10 bzw. DSM-IV; es handelt sich dann aber eben um Klassifizieren, nicht um *psychologisches Diagnostizieren*, weil mit der Zuordnung zu einer
bestimmten Klassifikationskategorie nicht primär Interventionen bzw. Maßnahmenvorschläge intendiert sind (vgl. in Abschnitt 1.1 Begriffsbestimmungen).

Zur Illustration
Franklin und Cornell (1997) bemerkten in einer Untersuchung mit dem *Rorschach*-
Form-Deute-Verfahren an hochbegabten weiblichen Jugendlichen, dass bei diesen
oft ein erhöhter *Exner*scher Schizophrenie-Index auftritt, so dass dieser dort ganz
im Gegenteil als Indiz kreativen Denkens zu interpretieren sei.

- Trotz des beobachtbaren Bemühens um Standardisierung und Vereinheitlichung
  des Signierungssystems, ist das *Rorschach*-Form-Deute-Verfahren grundsätzlich äußerst kritisch zu sehen. Immer wieder wird für den diagnostischen Wert
  des Verfahrens das Argument von Praktikern bemüht, erst eine umfassende
  Erfahrung mit den variantenreichen Reaktionskonstellationen erlaube es, die
  jeweils dafür verantwortliche typische Persönlichkeit zu erkennen. Eine solche
  umfassende Erfahrung ist aber schwerlich zu gewinnen.

Zur Illustration

Die Vielfalt möglicher Reaktionskonstellationen ist zu groß, um mit allen spezifischen Deutungsmustern Erfahrung zu haben. Spricht man tatsächlich jeder denkbaren Konstellation von Ganz-, Detail- und Kleindetail-Antworten, die im Laufe des Verfahrens gegeben werden, eine besondere Indikation zu, bedeutete das zum Beispiel bei insgesamt 20 bis 30 Antworten allein für den Erfassungsmodus bereits $\sum_{k=20}^{30} \binom{10+k-1}{k-1} = 3916$ zu „erfahrende" Reaktionskonstellationen.

TAT (Thematischer Apperzeptionstest)

Seiner bereits im Zusammenhang mit der PRF in Erinnerung gebrachten Persönlichkeitstheorie zufolge versuchte Murray (1938), aus einer Menge von Verhaltensweisen in vielen Situationen, also aus vielen bekundeten Motivationen, das Individualtypische einer Person, also ihre Motive (Bedürfnisse; *Needs*), abzuleiten. Zu diesem Zweck konfrontierte er seine Tpn mit mehrdeutigen Bildvorlagen, und zwar Szenen alltäglicher Lebenssituationen (vgl. nochmals die Abbildung 3.17 in Abschnitt 3.2.2). Die insgesamt 20 Bilder des TAT, zu denen die Tp jeweils – weil es sich um einen Test zur Erkundung der Phantasietätigkeit handle (!) – eine (dramatische) Geschichte erzählen soll, wurden nach ihrer „Valenz" (Aufforderungscharakter) in Bezug auf bestimmte Themen ausgewählt: Zum Beispiel die in Abbildung 3.17 gezeigte Szene hat Valenz zu den Themen Selbstverwirklichung und Zwang (sowie Hoffnung und Entmutigung).

Zur Illustration

Unterstützt wird die „Provokation" zum Geschichtenerzählen durch routinemäßig gestellte Fragen:

„Wie ist es zu der Situation gekommen?"

„Was passiert gerade?"

„Welche Gedanken und Gefühle haben die beteiligten Personen?"

„Wie wird die Geschichte weitergehen?"

Der TAT wurde erstmals 1943 publiziert; „MURRAY ... wollte ... sich ... damit ein Hilfsmittel zur Exploration im Rahmen der Psychological Clinic schaffen" (Revers, 1973, S. 9). Insofern ist dieses diagnostische Verfahren auch nur an den Ansprüchen einer Anamneseerhebung bzw. Exploration zu messen.

Bemerkung am Rand

Oft werden die Bilder des TAT als thematisch und gestalterisch antiquiert bewertet. Zu beachten ist aber, dass eben gerade diese Bilder gewisse Valenz besitzen – wenn auch nicht nachweisbar heute noch immer. Übrigens zeigte sich, dass der TGT-(S) (*Thematischer Gestaltungstest – Salzburg*; Revers & Allesch, 1985), der unter anderem der eher zeitgemäßen Darstellung (neuer) Szenen dienen sollte, von der Praxis kaum angenommen wurde.

PFT (Rosenzweig Picture-Frustration Test)

Das 1948 erstmals veröffentlichte Verfahren hat keine andere theoretische Annahme als die, dass sich die Tp mit der jeweils bildnerisch dargestellten, frustrierten

Person identifiziert, so dass sie stellvertretend für diese reagiert – eben proji-
ziert: Die Tp ist aufgefordert, die im Testheft pro Item leer gelassene Sprechblase
zweier *comic*-artig kommunizierender Personen dahingehend auszufüllen, „was die
andere Person auf dem Bilde antworten würde" (Rosenzweig, 1957; s. nochmals
Abbildung 3.18 in Abschnitt 3.2.2).

Erfasst werden soll das Verhalten in Frustrationssituationen bzw. in Situationen unter emotionalem Stress: „Jede Antwort wird ausgewertet nach der Richtung
der Aggression (die durch die Vereitelung hervorgerufen ist) und nach der Art
der Reaktion. Die Richtungen umfassen *Extrapunitivität* – die Aggression richtet
sich gegen die Umgebung –, *Intropunitivität* – die Aggression richtet sich gegen
das eigene Ich – und *Impunitivität* – die Aggression wird überhaupt umgangen
und der Versuch gemacht, die Frustration zu glossieren" Rosenzweig (1957, S. 1).
In Kombination dazu stehen die drei Varianten „*obstacle-dominance*" (das Hin-
dernis dominiert in der Antwort), „*ego-defense*" (der Ich-Bezug überwiegt) und
„*need-persistence*" (die Lösung der Situation ist betont). Für die Zuordnung einer
Antwort zu den neun Kombinationsmöglichkeiten steht innerhalb des Manuals
ein umfassender Signierungskatalog zur Verfügung. Die entsprechende individuelle Verteilung über alle 24 Items kann mit Hilfe von Eichtabellen normorientiert
interpretiert werden.

Bemerkung am Rand

Ignoriert wird im PFT, dass Aggression nur eine von vielen Reaktionsmöglichkeiten ist, über die der Mensch bei Frustration verfügt. So finden sich allein im
Fachlexikon Psychologie (Clauss, 1995) folgende Frustrationsfolgen: Aggression,
Regression, Fixierung, Resignation, Introversion, Ressentiment, Rationalisierung
sowie Kompensation.

- Die immerhin versuchte „Neu"-Eichung stammt bereits aus dem Jahr 1979 (vgl.
  Rauchfleisch, 1993).

MMG (Multi-Motiv-Gitter für Anschluss, Leistung und Macht)

Bereits in Abschnitt 4.2.3 wurde dieses semi-projektive Verfahren formal kurz
beschrieben (vgl. jetzt zur Illustration Abbildung 4.23). Inhaltlich geht es um die
Erfassung der drei Motive Anschluss, Leistung und Macht, und zwar jeweils in
Bezug auf „Hoffnung" im Umgang damit sowie in Bezug auf „Furcht" (vgl. zum
Hoffnungs- und Furchtaspekt im Zusammenhang mit Leistungsmotivation in Abschnitt 4.2.3). Das Anschlussmotiv bezieht sich auf die Interaktion mit (frem-
den) Personen, das Machtmotiv auf die Kontrolle anderer Personen. So bietet
das MMG sechs Testkennwerte an, *Hoffnung auf Anschluss, Furcht vor Zurückweisung, Hoffnung auf Erfolg, Furcht vor Misserfolg, Hoffnung auf Kontrolle* und
Furcht vor Kontrollverlust. Die Einsatzmöglichkeiten beziehen sich laut Manual
auf: Personalauswahl und -entwicklung sowie Klinische Psychologie; sicher aber
auch auf Berufs- und Ausbildungsberatung (ab 16 Jahren).

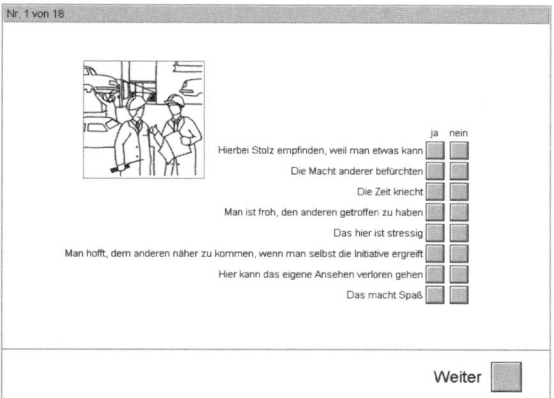

Abbildung 4.23: *Screenshot* des Items 1 in der computerisierten Version des MMG (mit freundlicher Genehmigung von *Dr. G. Schuhfried GmbH*)

- Als semi-projektives Verfahren trifft das MMG nicht voll die einleitend gegebene pauschale Kritik an Projektiven Verfahren in Bezug auf deren Gütekriterien (vgl. – wie angekündigt – daher dazu im *Anhang: Verfahrensbeschreibungen*); zumindest ist die Eichung derzeit noch aktuell.

4.3 Diagnostik hybrider Eigenschaften

Obwohl heutzutage die Nachfrage an psychologisch-diagnostischen Verfahren zur Erfassung des kreativen Potentials einerseits und zur Messung sozialer Kompetenzen andererseits gemäß Fragestellungen potentieller Auftraggeber eher die Regel als die Ausnahme ist, sind beide Themenbereiche wenig befriedigend theoretisch abgeklärt und noch weniger überzeugend operationalisiert. Theoretisch wie praktisch gehen sie bestenfalls auf das Intelligenzstrukturmodell von *J. Paul Guilford* zurück. Das Konstrukt „Kreativität" und die wesentlichen Ansätze, diese zu messen, beziehen sich auf die von ihm stammende Operation der nicht-konventionell logischen Informationsverarbeitung („*divergent production*"; vgl. z. B. bei Amelang & Bartussek, 2001); das Konstrukt „Soziale Intelligenz" (heute oft synonym: „Sozialkompetenz", „Empathie" oder gar „Emotionale Intelligenz" – s. weiter unten) und die wesentlichen Ansätze, wiederum diese zu messen, auf die das Verhalten betreffende („*behavioralen*") Denkinhalte bzw. Informationen, wie sie in seinem Modell als möglicher Input gegeben sind (vgl. ebenfalls z. B. bei Amelang & Bartussek, 2001).

Gemeinsam ist beiden Themenbereichen bzw. Konstrukten, dass sie als (situationsüberdauernde) Eigenschaften bzw. Verhaltensdispositionen stets auf ein mehr oder weniger bestimmtes Produkt ausgerichtet, also insofern explizit dem

Leistungsbereich zuzurechnen sind; andererseits tangieren sie den Persönlichkeitsbereich: Das (angestrebte) Produkt wird je nach „charakterlichen" Eigenschaften
leichter oder schwieriger erreicht. Trotzdem werden die entsprechenden psychologisch-diagnostischen Verfahren als *Tests* bezeichnet:

1. Kreativitätstests,
2. Soziale Intelligenztests.

4.3.1 Kreativitätstests

„*Kreativität*, … [ist ein] definitorisch noch nicht genügend scharf umgrenzter Begriff für ein Gefüge intellektueller und nichtintellektueller (motivationaler, ein-
stellungs- und temperamentsmäßiger) Persönlichkeitszüge, die als Grundlage für
produktive, originale, schöpferische Leistungen angesehen werden (im Sinne von
Prozessen des Umordnens, Planens, Entwerfens, Erfindens, Entdeckens)" (*Dorsch
Psychologisches Wörterbuch*; Häcker & Stapf, 2004, S. 516).

> **Bemerkung am Rand**
> „Anstoß für den Aufbruch der Kreativitätsforschung war J. P. Guilfords Vortrag
> über *Creativity* vor der *American Psychological Association* (1950), Anlass für
> den Durchbruch der entsprechenden Initiativen auf breiter Front der sog. Sputnik-
> Schock in den USA (1957)" (*Dorsch Psychologisches Wörterbuch*; Häcker & Stapf,
> 2004, S. 517).

Amelang und Bartussek (2001, S. 267) zitieren dagegen folgende Definition:

„Kreativität ist die Fähigkeit des Menschen, Denkergebnisse beliebiger Art hervor-
zubringen, die im Wesentlichen neu sind und demjenigen, der sie hervorgebracht
hat, vorher unbekannt waren. –

Es kann sich dabei um Imagination oder um eine Gedankensynthese, die mehr als
eine bloße Zusammenfassung ist, handeln. Kreativität kann die Bildung neuer Sys-
teme und neuer Kombinationen aus bekannten Informationen involvieren sowie
die Übertragung bekannter Beziehungen auf neue Situationen … Eine kreative
Tätigkeit muß absichtlich und zielgerichtet sein, nicht nutzlos und phantastisch –
obwohl das Produkt nicht unmittelbar praktisch anwendbar, nicht perfekt oder
gänzlich vollendet sein muß. Es kann eine künstlerische, literarische oder wissenschaftliche Form annehmen oder durchführungstechnischer oder methodologischer
Art sein."

Mit dieser Definition klingen die beiden vermutlich wesentlichen Kriterien an,
nämlich Neuheit einerseits und Nutzen andererseits. Problematisch ist dabei jedoch,

• wer letztlich darüber entscheidet, ob die in der Regel bloß relative Neuheit bzw.
  „Originalität" gegeben ist oder nicht bzw.,

- ob trotz statistischer Seltenheit, mit der das angeblich kreative Produkt realisiert wird, dieses tatsächlich in dem Sinn als „originell" zu werten ist, als es nicht von der Allgemeinheit logisch zu antizipieren war;
- welche (gesellschaftlichen) Interessen entscheiden, ob ein Produkt Nutzen hat oder nicht.

Immerhin besitzt diese Definition die Attraktivität, dass sie sich in einer Studie insofern „bewahrheitet" hat, als das Fremdurteil unter Bezug auf ein eigenes, laienhaftes Konzept der Kreativität zum selben Ergebnis führte wie unter Bezug auf sie (vgl. wieder Amelang & Bartussek, 2001).

Geht man von dieser oder ähnlichen Definitionen aus, dann interessieren all diejenigen Fähigkeiten, welche zur Bewerkstelligung eines kreativen Produkts förderlich sind. *Guilford* nennt dazu folgende (entnommen aus Guilford & Hoepfner, 1971 – die Übersetzungen vom Verf.):

- Problem*sensitivität*, das ist die Fähigkeit, Probleme überhaupt als solche zu erkennen,
- „*Fluency*", das ist im speziellen die Fähigkeit, (viele) Ideen und Assoziationen zu produzieren,
- *Flexibilität* (im Denken),
- *Originalität*, das ist die Neigung zu ungewöhnlichen Lösungsansätzen,
- (Fähigkeit zum) *Analysieren*, das ist, ein Ganzes in seine elementaren Bestandteile zu zerlegen,
- (Fähigkeit zum) *Synthetisieren*, das ist, Teile eines Ganzen zusammenzusetzen,
- (Fähigkeit zum) *Umgestalten*, das ist, Bekanntes in neue Zusammenhänge zu bringen,
- „*Penetration*", das ist die Fähigkeit, an der Problemlösung konsequent zu arbeiten

– offensichtlich können diese Fähigkeiten aber nicht für das angestrebte Produkt garantieren, selbst dann nicht, wenn bei einer Person jede einzelne in höchstem Maß ausgeprägt ist.

Im Wesentlichen beschäftigt sich *Guilford* mit Testkonzepten zur bereits angesprochenen nicht-konventionell logischen Informationsverarbeitung („*divergent production*"), dem „divergenten Denken": Diese Art zu denken, führt zu möglichst vielen verschiedenen Lösungen, die trotzdem alle die gestellten Anforderungen erfüllen. Verfügt eine Person über diese Fähigkeit im besonders hohen Ausmaß, ist für sie auch zu schließen, dass *Fluency*, *Flexibilität* und die Fähigkeit zum *Umgestalten* bei ihr entsprechend ausgeprägt ist – Originalität dagegen, wäre nicht notwendigerweise zu erwarten. Die Varianten dieser ursprünglichen, nie (in deutscher Fassung) verlagsmäßig vertriebenen Tests sind mannigfach (s. z. B. wieder Amelang & Bartussek, 2001) und reichen von

- der Aufgabe, so viele Dinge mit bestimmter Eigenschaft aufzuzählen wie in der Zeiteinheit möglich (man stelle sich z. B. vor: „*alles, was hohl ist*"); über
- die Aufgabe, so viele Anwendungsmöglichkeiten eines bestimmten Dings zu

nennen wie in der Zeiteinheit möglich (man stelle sich z. B. vor: *„alles, was man mit einem Bleistift tun kann"*); und

- die Aufgabe, so viele Sätze mit bestimmten Worten aufzuschreiben wie in der Zeiteinheit möglich (man stelle sich z. B. vor: *„Stecker-Auto-Bild-Wegweiser"*); bis zu

- der Aufgabe, so viele Gleichungen aus vorgegebenen Zahlen zu konstruieren wie in der Zeiteinheit möglich (man stelle sich z. B. vor: *„2-3-3-4-4-5-5-9-16-25"*).

Diese Aufgabentypen sind weitgehend repräsentativ und dokumentieren, dass es sich im Wesentlichen um einen Ansatz zur Erfassung der „Produktivität" (*Fluency*) handelt. Originalität fließt tatsächlich kaum ein, zumindest könnte sie nur durch besondere Verrechnungsvorschriften goutiert werden. So verwundert auch folgende Kritik an solchen Kreativitätstests nicht: „Sei kreativ, aber in angemessener Weise ... sei originell, und zwar gefälligst innerhalb der nächsten zehn Minuten ... sei spontan, aber bitte nur nach Aufforderung" (Flossdorf, 1978, S. 94). Ist die eigenständige Problemwahl unverzichtbar für kreative Prozesse, so müssen diese Konzepte als völlig verfehlt erachtet werden.

Trotzdem sind in der Tradition der Forschungen *Guilfords* vor allem die *Tests of Creative Thinking* von Torrance (1974) entstanden, und auf diesen aufbauend auch einige wenige Tests für den deutschsprachigen Raum. Zu erwähnen sind davon der *Kreativitätstest für Vorschul- und Schulkinder* (KVS-P; Krampen, Freilinger & Wilmes, 1996) und der *Test zum schöpferischen Denken – Zeichnerisch* (TSD-Z; Urban & Jellen, 1995). Beide sind sprachfreie Tests. Ersterer besteht aus mehreren Untertests, wovon einige die Aufforderung zu variantenreichen körperlichen Bewegungen stellen, andere zum (variantenreichen) Zeichnen; die Testleistungen der Tpn sind nach vorgegebenen Regeln in Bezug auf die Dimensionen *Ideenflüssigkeit*, *Originalität*, *Flexibilität*, *Elaboration* und *Imaginationsfähigkeit* zu interpretieren. Zweiterer bezieht sich lediglich auf eine (sinnfreie) „angefangene" Zeichnung, die von der Tp fertig gezeichnet werden soll; hier erfolgt die Auswertung nach zahlreichen gestalterischen Gesichtspunkten – z. B. Verbindungen zwischen Zeichnungsfragmenten oder Begrenzungsüberschreitungen. Allerdings sind beide Verfahren in Bezug auf ihre Gütekriterien, insbesondere in Bezug auf ihre Eichung problematisch, so dass sie auch nicht genauer dazu sowie hinsichtlich „technischer" Daten im *Anhang: Verfahrensbeschreibungen* beschrieben werden.

Zur Illustration

Eine Studie von Roth (1998) prüfte die Brauchbarkeit eines der Tests von Torrance (1974), des sog. *Circle-Test* (vgl. aber auch z. B. einen ähnlichen Untertest im KVS-P), für die Hochbegabtendiagnostik. Die Anweisung im konkret verwendeten Test lautet, ein A4-Blatt mit fünfmal drei regelmäßig angeordneten Kreisen nach Belieben, möglichst aber phantasievoll zu gestalten. Um das Ausmaß der Stabilität der damit zu gewinnenden „(kreativen) Produkte" festzustellen, wurde der Test dreimal insgesamt $n = 854$ (unausgelesenen) Grundschülern vorgegebenen: Erstmals im Klassenverband, danach als Hausarbeit und schließlich vier

Wochen später nochmals im Klassenverband. Das aus dem Datenmaterial abgeleitete Kategoriensystem beinhaltet nach dem Grad an „Kreativität" abgestuft
die Kategorien *Kreis als Rahmen* (mit beliebiger Zeichnung darin), *Kreis wird
in die Zeichnung inkludiert*, *Kreis wird in die Zeichnung inkludiert und es wird
deutlich hinausgezeichnet*, *mehrere Kreise werden integriert*, *alle Kreise werden
zu einem Gesamtbild integriert* und *Kreise werden ignoriert* sowie davon jeweils
unabhängig die Kategorien *seltenes* vs. *häufiges* inhaltliches Motiv (vgl. einzelne
Beispiele in Abbildung 4.24). Auf Grund einer Typisierung anhand dieser Kategorien pro Kind und Testzeitpunkt ergab sich zwischen jeweils zwei Zeitpunkten
eine Übereinstimmung von (nur) 0,34 bzw. 0,18 laut *Kappa*-Koeffizient – obwohl
zum Beispiel zwischen ersten und zweiten Testzeitpunkt exakt 50 % der Kinder
Produkte lieferten, die einem übereinstimmenden Typ zuzuordnen waren. Ohne
Revision des Kategoriensystems ist jedenfalls die Stabilität des Tests (zu) gering
zu erachten.

Für die *Psychologische Diagnostik* Bedeutung könnte grundsätzlich das heuristische „Komponentenmodell der Kreativität" von Urban (1995) bekommen, welches
versucht, das für das Zustandekommen kreativer Produkte notwendige Umfeld an
förderlichen Fähigkeiten bzw. Eigenschaften einer Person zu erklären (vgl. in Abbildung 4.25). Alle angeführten Komponenten stellen danach notwendige, nicht
aber hinreichende Bedingungen für kreative Prozesse dar. Das Modell bietet damit
einen alternativen Zugang für Fragestellungen, die Kreativität tangieren: Statt
die „Kreativität" *per se* zu messen – was nach den gemachten Ausführungen eben
nicht überzeugend gelingt –, können modellgemäß diejenigen Fähigkeiten bzw.
Eigenschaften getestet werden, die überhaupt erst die Chancen für eine Person er-
öffnen, kreative Produkte zu schaffen. Allerdings musste Litzenberger (2001) bei
dem Versuch, die im Modell lediglich genannten Komponenten diagnostisch zu
operationalisieren bzw. diese mit geeigneten psychologisch-diagnostischen Verfahren umzusetzen, feststellen, dass die damit erhobenen empirischen Daten, nämlich
Testwerte in 17 Verfahren, laut konfirmatorischer Faktorenanalyse nicht durch das
heuristische Modell erklärt werden können. Ob dies an der getroffenen Operationalisierung oder am Komponentenmodell selbst liegt, werden erst Folgestudien
zeigen.

4.3.2 Soziale Intelligenztests

Im Zusammenhang mit dem Konstrukt Sozialkompetenz ist die älteste Bezeichnung jene von *Edward L. Thorndike*: „Soziale Intelligenz". Im Diskurs, ob letztere
Bezeichnung nur einen Teil von Sozialkompetenz betrifft oder ein Synonym dafür
ist, mischen sich in letzter Zeit auch die Bezeichnungen „Emotionale Intelligenz"
und Fähigkeit zur „Empathie".
Zum Beispiel Kanning (2003) gibt der Bezeichnung Sozialkompetenz die Bedeutung eines Überbegriffs. Demnach zentriere sich Soziale Intelligenz primär auf

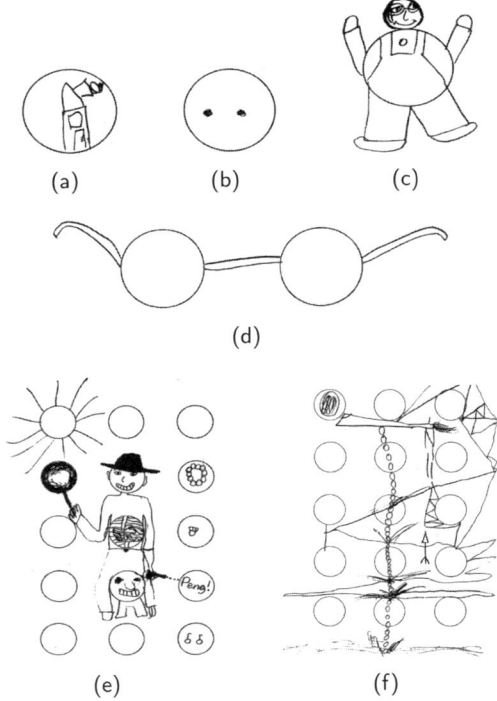

Abbildung 4.24: Sechs Beispiele von Testleistungen zum *Circle-Test* in Anlehnung an
Torrance (1974), mit unterschiedlichen Kategorien von „Kreativität".
Unter a) Haus – ein häufiges Motiv der Kategorie *Kreis als Rahmen*;
b) Steckdose – ein seltenes Motiv der Kategorie *Kreis wird in die Zeichnung inkludiert*; c) Mensch – häufiges Motiv der Kategorie *Kreis wird
in die Zeichnung inkludiert und es wird deutlich hinausgezeichnet*; d)
Brille – häufiges Motiv der Kategorie *mehrere Kreise werden integriert*;
e) Cowboy – *alle Kreise werden zu einem Gesamtbild integriert* und
f) Pfeil – *Kreise werden ignoriert* (aus Roth, 1998).

kognitive Aspekte, durchaus im Sinne von *Thorndike*: Soziale Intelligenz ist „die
Fähigkeit, andere zu verstehen und in zwischenmenschlichen Situationen klug zu
agieren" (Übersetzung von Amelang, Schwarz & Wegemund, 1989, S. 37). Emotionale Intelligenz beziehe sich dagegen auf die Fähigkeit, „die eigenen Emotionen
sowie die Emotionen anderer Menschen erkennen und voneinander unterscheiden
zu können" (Kanning, 2003, S. 23). Davon weicht die landläufige Auffassung von
Empathie, als der „Fähigkeit, sich in das Denken und Handeln sowie in die Lage
und Rolle anderer hineinzuversetzen und deren Reaktionen, Gefühle und Verhaltensweisen zu antizipieren" (Sowarka, 2000, S. 287) nicht wesentlich ab.

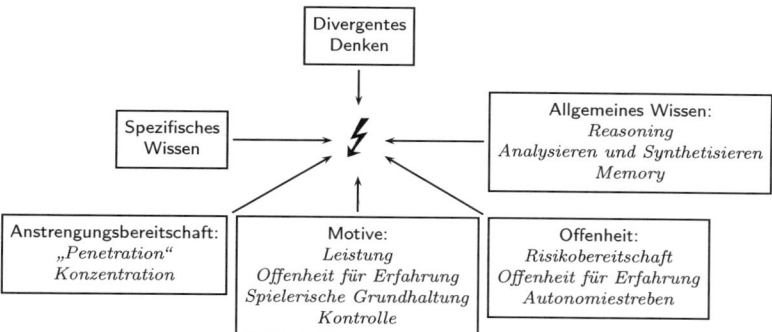

Abbildung 4.25: Das Komponentenmodell der Kreativität von Urban (1995 – hier stark simplifiziert sowie begrifflich in Anpassung an die Terminologie im Text modifiziert; das Symbol vom Verf.).

Bemerkung am Rand

Kanning (2003) gruppiert darüber hinaus die Vielzahl von Bezeichnungen, die in der Literatur zum Konstrukt Sozialkompetenz genannt werden, in drei Bereiche und zählt zu den sozialen Kompetenzen im perzeptiv-kognitiven Bereich z. B. „Perspektivenübernahme" sowie *Kontrollüberzeugung* (vgl. in Abschnitt 4.2.3), im motivational-emotionalen Bereich „Wertepluralismus" sowie *Emotionale Stabilität* (vgl. in Abschnitt 4.2.1), und im *behavioralen* Bereich Kommunikationsstil („Zuhören") sowie Extraversion (vgl. in Abschnitt 4.2.1).

Um die Vielfalt der bereits in der Alltagssprache etablierten Bezeichnungen noch weiter zu illustrieren, kann zum Beispiel auf Jeserich (2000) verwiesen werden, der unter Sozialkompetenz „Kontaktfähigkeit", „Kooperationsbereitschaft" und „Durchsetzungsfähigkeit" anführt.

Zum engeren Begriff der Sozialen Intelligenz sei hier eine Definition gegeben, die insbesondere Wert darauf legt, das entsprechend „kluge Agieren" von dem „Verstehen anderer" zu separieren:

Soziale Intelligenz ist die Fähigkeit, Gedanken, Gefühle und Intentionen anderer zu erkennen.

Damit soll das Konstrukt eingeschränkt werden auf das grundsätzliche Potential einer Person, sich überhaupt „sozial" verhalten zu können, ohne jede prognostische Spekulation, ob sie dies in konkreten Situationen auch tun würde.

Tatsächlich gibt es nur Testkonzepte, die noch auf *Guilford* (O'Sullivan & Guilford, 1966) zurückgehen, und außerdem deutschsprachig nie verlagsmäßig vertrieben worden sind. Die zahlreichen Varianten solcher Tests (s. zahlreiche Beispiele dazu am besten bei Guilford & Hoepfner, 1971) reichen von

- der Aufgabe, eine verbal beschriebene Stimmungslage der gezeichneten Mimik entsprechend einem der zur Auswahl gestellten Bilder zuzuordnen, über
- die Aufgabe, eine bildlich dargestellte Gestik einem der zur Auswahl gestellten Bilder mimischen Ausdrucks zuzuordnen, bis zu
- der Aufgabe, eine bildlich dargestellte Interaktion mehrerer Personen einer der zur Auswahl stehenden Beschreibungen des Interaktionsprozesses zuzuordnen.

Zur Illustration

Im Zusammenhang mit Entwicklungstests wurde bereits in Abschnitt 4.1.2 auf den WET hingewiesen, der die *sozial-emotionale Entwicklung* mittels Fotos von Personen erfasst, deren mimischer Gefühlsausdruck zu erkennen ist. Insofern folgt der entsprechende Untertest der Tradition von *Guilford* (vgl. in Abbildung 4.26).

Abbildung 4.26: Item 1 aus dem Untertest *Fotoalbum* des WET (aus Kastner-Koller & Deimann, 2002; – mit freundlicher Genehmigung des *Hogrefe Verlags*).

Die Kritik an solchen Tests liegt auf der Hand: Es „gehen die als ‚richtig‘ geltenden Lösungen auf ... die Testautoren und ihre Mitarbeiter als mutmaßlich kompetente Beurteiler zurück. Da vom Wesen der Aufgaben her ein ‚logisch richtig‘ gar nicht möglich ist, entbehrt ein derartiges Vorgehen nicht einer gewissen Problematik und ist möglicherweise einer der Gründe für die geringe Validität solcher Skalen" (Amelang & Bartussek, 2001, S. 158).

Auf der anderen Seite beinhalten die Testkonzepte von *Guilford* auch solche mit Bildgeschichten, wie sie sich spätestens seit *Wechsler* in einschlägigen Intelligenz-Testbatterien befinden: Eine ungeordnete Folge von Bildern muss logisch geordnet werden. Und zum Beispiel im AID 2 stellte sich für den Untertest *Soziale und Sachliche Folgerichtigkeit* (vgl. nochmals Abbildung 3.8) – übrigens genauso für den Untertest *Soziales Erfassen und Sachliches Reflektieren* – auf Grund der

Analysen nach dem *Rasch*-Modell heraus, dass die damit erfassten Sach- und Sozialbezüge eine einzige, gemeinsame Fähigkeit abbilden.

Ob nun tatsächlich Soziale Intelligenztests universell auf den kognitiven Aspekt beschränkt werden können oder sollen, *psychologisches Diagnostizieren* ist wohl weit darüber hinaus gehend gefragt: Woran Bedarf besteht, ohne dass Tests in der Tradition *Guilfords* darauf abzielten, sind psychologisch-diagnostische Verfahren zum Beispiel zur Erfassung der „Kooperationsfähigkeit", aber auch der „kollektiven Leistungsfähigkeit" einer Person. Während erstere, wie überhaupt Sozialkompetenz allgemein, gerade wegen des Mangels an geeigneten Tests – bzw. praktikablen Persönlichkeitsfragebogen – seit längerem durch das Assessment-Center zu erfassen versucht wird (vgl. aber dazu kritisch in Abschnitt 3.2.3), besteht betreffs der kollektiven Leistungsfähigkeit kaum noch ein entsprechendes Problembewusstsein: Der Alltag zeigt aber, dass es Personen gibt, die erst oder vor allem im Kollektiv herausragende Leistungen erbringen bzw. ohne die dasselbe Kollektiv wesentlich weniger leistungsstark ist.

Immerhin kann sich die *Psychologische Diagnostik* seit einiger Zeit darauf berufen, verschiedene Ansätze zur psychologischen Untersuchung von Gruppen und Teams entwickelt zu haben, die über die Methode des Assessment-Centers hinausgehen. Und in Abschnitt 5.1 Gruppen und Teams wird darauf auch genauer eingegangen.

Beschränkt auf das einzelne Individuum kann bis auf weiteres also – abgesehen von Anamneseerhebung und Exploration – nur auf Persönlichkeitsfragebogen und die systematische Verhaltensbeobachtung zurückgegriffen werden.

4.4 Biographie als mittelbare Diagnostik

In Abschnitt 1.1 Begriffsbestimmungen wurde als das Ziel *psychologischen Diagnostizierens* eines Menschen die Informationsgewinnung über psychische Eigenschaften genannt. Dabei mussten solche Eigenschaften als latent, d. h. nicht direkt beobachtbar akzeptiert werden. Der Weg zu diesem Ziel führte nun in den Betrachtungen bisher zumeist über provoziertes (Verbal-)Verhalten: Unter (je nach Erhebungstechnik mehr oder weniger) standardisierten Bedingungen wurden die Reaktionen der Tp auf gezielt gesetzte Reize registriert – eher nur ausnahmsweise wurde Verhalten als Aktion der Tp beobachtet, also Verhalten, das auch ohne Zutun des untersuchenden Psychologen passiert wäre oder zumindest wahrscheinlich ist, in vergleichbaren Situationen auch ohne Anwesenheit des Psychologen aufzutreten. Das provozierte Verhalten wurde dann interpretiert als (mit-) verursacht durch die eigentlich interessierende Eigenschaft (Verhaltensdisposition) der Tp. Der Umkehrschluss, die Tp müsse die interessierende Eigenschaft zu einem bestimmten Ausprägungsgrad haben, weil eben genau das konkrete Verhalten gezeigt wurde, lag und liegt auf der Hand.

Nun scheint ein solch komplizierter Zugang der Messung von Eigenschafts-
ausprägungen manchmal nicht notwendig, um dennoch eine Prognose über eine
Tp und ihr typisches Verhalten in der Zukunft geben zu können. Sieht man in
diesem Zusammenhang von der (sehr aufwendigen) Arbeitsprobe ab, die ziemlich
unmittelbar das künftig geforderte (Arbeits-) Verhalten prüft und insofern eine
bestmögliche Bewährungsprognose gibt (vgl. zur Arbeitsprobe nochmals in Abschnitt 2.3.1), so bleibt nur der biographische Ansatz. Ihm liegt die Idee zugrunde,
dass jenes Verhalten, welches eine Person in der Vergangenheit gezeigt hat, ein
brauchbarer, wenn nicht der beste Prädiktor für zukünftiges Verhalten ist.

Neben Bewerbungsunterlagen gibt ein biographisches Interview oder ein zumeist schriftlich vorgegebenes, jedenfalls standardisiertes Biographisches Inventar einen Einblick in die individuelle Lebensgeschichte. Über die bereits in Abschnitt 3.2 Erhebungstechniken gegebene grobe Beschreibung hinaus, ist letzteres
im Wesentlichen nach Jäger (2003b, S. 61f.) wie folgt zu definieren:

Ein *Biographisches Inventar* listet diejenigen lebensgeschichtlichen Ereignisse und
Bedingungen einer Person auf, welche als Indikatoren für Sozialisationsprozesse
und damit als Determinanten für das (leistungsbezogene) Erleben und Verhalten
in der Zukunft gelten.

Auf die formal große Ähnlichkeit Biographischer Inventare zu Persönlichkeitsfragebogen wurde bereits in Abschnitt 3.2.2 hingewiesen; der wesentliche Unterschied
besteht darin, dass es um (grundsätzlich) nachprüfbare Lebenslaufdaten, also um
Fakten geht.

Zur Illustration

Im Gegensatz zu der Analyse von Bewerberunterlagen, „die von der selben Grundüberzeugung ausgeht, fragt man beim biographischen Fragebogen jedoch nicht
nach konkreten Leistungen, die in einem unmittelbaren Bezug zur Berufstätigkeit stehen, sondern orientiert sich an mehr oder minder allgemeinen Fakten der
Biographie . . . So könnte man beispielsweise annehmen, dass eine sozial kompetente Person besonders viele Freunde habe oder ein Bewerber mit einem starken
Durchsetzungsvermögen auch schon in seiner Jugend – etwa in Vereinen – Füh-
rungsaufgaben übernommen hat. Man sucht mithin nach Ereignissen aus der Biographie des Bewerbers, die Aufschluss über zeitlich stabile und situationsübergrei-
fende Verhaltensdispositionen geben. Im Grunde fahndet man mit dieser Methode
nach den gleichen Merkmalen wie ein Persönlichkeitsfragebogen" (Kanning, 2002,
S. 522).

Von einschlägigen Verlagen vertriebene Inventare gibt es nicht. Das ist verständlich, wenn man zum Beispiel mit Kanning (2002) die Auffassung vertritt, dass ein
solches Inventar für jeden Arbeitsplatz spezifisch entwickelt werden muss.

Bei sachgemäß sorgfältiger Vorgehensweise wird dabei die zunächst willkürliche
Sammlung biographischer Items auch noch an einer Stichprobe beruflich mehr

sowie an einer Stichprobe beruflich weniger Erfolgreicher zu validieren versucht werden. Diejenigen Items, welche tatsächlich entsprechend diskriminieren, bilden letztlich das Inventar. Allerdings ist dieses Vorgehen nicht unproblematisch. Fragen der Art: *„Wie viele Reden oder Vorträge haben Sie in Ihrem Leben schon gehalten?"*, *„Wie oft waren Sie während Ihrer Schulzeit Klassensprecher?"*, mögen mit beruflichen Erfolgskriterien korrelieren (vgl. z. B. Schuler & Prochaska, 1992); fraglich ist aber, ob die damit mögliche Konsequenz vertretbar ist, nämlich einen Bewerber mit dem Argument abzulehnen, er wäre eben nie Klassensprecher gewesen.

Zur Illustration

„Es möge sich bei der Validierung eines biographischen Fragebogens herausstellen, daß in einem bestimmten Tätigkeitsfeld Personen, die in ihrer Familie Erstgeborene oder Einzelkinder waren, im Durchschnitt mehr Erfolg in einer Position als, sagen wir: höhere Führungskräfte haben als Spätgeborene. Läßt man diese Information als einen der Prädiktoren in die Einstellungsentscheidung eingehen, so verringert man damit die Chancen derjenigen, die weniger glücklich in der Familienkonstellation waren. Man könnte womöglich sagen: Man verlängert das durchaus nicht selbstverschuldete ‚Unglück', das jemand mit seiner Geschwisterreihenfolge hatte, in seine berufliche Zukunft" (Schuler, 1986, S. 6f.).

Abgesehen davon, dass die mit dem biographischen Ansatz angenommene „Parallelität" des Verhaltens zwischen Vergangenheit (und Gegenwart) und Zukunft für einen konkreten Einzelfall sehr kritisch zu sehen ist, besteht die Gefahr, dass einmal festgestellte typische Zusammenhänge zwischen biographischen Fakten und beruflichem Erfolg bald ihre Gültigkeit verlieren. Die im psychologischen Sinn zu verstehende „Halbwertszeit", nämlich die Zeit bis zum Bekanntwerden einzelner solcher Items in der (Hälfte der) betreffenden Population muss durchaus gering eingeschätzt werden. Und so könnte es beispielsweise bald passieren, dass aus dem Wissen um die Bedeutung des Klassensprecherstatus für die spätere Karriere fast alle Kinder in Zukunft Klassensprecher werden möchten.

Obwohl Stehle (1986) für Biographische Inventare eine vergleichsweise hohe Validität in Bezug auf den Berufserfolg angibt, nämlich 0,40 bis 0,70, ist diese mittlerweile auf Grund der Metaanalyse von Schmidt und Hunter (1998) drastisch geringer einzuschätzen. Trotz aller methodenkritischer Einwände, die gegen eine Metaanalyse vorgebracht werden können (vgl. z. B. Wottawa, 1996), dokumentieren die Ergebnisse eine deutliche Unterlegenheit der Biographischen Inventare, vor allem gegenüber Arbeitsproben, aber auch – für viele vielleicht überraschend – gegenüber herkömmlichen Intelligenztests (s. Genaueres in Tabelle 4.1). In die Metaanalyse gingen Untersuchungen der letzten 20 Jahre ein, wobei als Kriterium für Berufserfolg unter anderem das Vorgesetztenurteil sowie Produktions- bzw. Verkaufszahlen verwendet wurde.

Tabelle 4.1: Die mittleren Korrelationen einer Metaanalyse zwischen verschiedenen Se-
lektionsmethoden (teilweise psychologisch-diagnostische Verfahren) und
dem Berufserfolg (kurz gefasst nach Schmidt & Hunter, 1998).

Arbeitsprobe	0,54
Intelligenztest	0,51
Strukturiertes Einstellungsinterview	0,51
Persönlichkeitsfragebogen	0,41
Unstrukturiertes Einstellungsinterview	0,38
Assessment-Center	0,37
Biographisches Inventar	0,35
Interessenfragebogen	0,10
Graphologie	0,02

Bemerkung am Rand

Die Ergebnisse von Schmidt und Hunter (1998; vgl. Tabelle 4.1) belegen mehreres.

1. So sehr der Arbeitsprobe grundsätzlich triviale Validität zu attestieren ist (vgl. in Abschnitt 2.3.1), so ernüchternd ist der vorliegende (empirische) Befund; definitionsgemäß valide psychologisch-diagnostische Verfahren gibt es nicht.

2. Die höhere Validität herkömmlicher Intelligenztests in Bezug auf den Berufserfolg im Vergleich zu allem anderen – mit Ausnahme der Arbeitsprobe – stützt die häufig geäußerte Auffassung, wonach sich die Intelligenz einer Person in allen Bereichen beruflicher Tätigkeiten niederschlägt und sie daher für Prognosen besonders wichtig ist.

3. Die im Zusammenhang mit den *Taylor-Russel*-Tafeln in Abschnitt 2.3.3 als realistisch angenommene Größe der Validität eines Tests von 0,35 wird durchschnittlich von Intelligenztests und auch von Persönlichkeitsfragebogen sogar überschritten.

4. Die der Validität des Assessment-Centers entgegengebrachte Skepsis (vgl. in Abschnitt 3.2.3) erfährt Unterstützung: Das Assessment-Center ist insbesondere den Persönlichkeitsfragebogen nicht überlegen.

5. Die Interessen einer Person, wie sie mit Interessenfragebogen erfasst werden, haben für den späteren Berufserfolg praktisch keine Relevanz.

6. Die Graphologie ist kein geeignetes Mittel, die Berufseignung vorherzusagen (vgl. dazu auch nochmals in Abschnitt 3.2.3).

5 Besondere Merkmalsträger

In den vorausgegangenen Kapiteln galt das psychologisch-diagnostische Interesse grundsätzlich Einzelpersonen. Tatsächlich wurde in Abschnitt 1.1 *psychologisches Diagnostizieren* zunächst sehr eng definiert, nämlich auf einen einzelnen in Betracht stehenden Menschen. Immerhin angemerkt wurde auch dort schon, dass genauso Gruppen von Personen oder bestimmte Institutionen/Situationen das Zielobjekt *psychologisches Diagnostizierens* sein können.

Zwei besondere Arten von Merkmalsträger, über deren psychische/psychologische Charakteristika zielgerichtete Informationen, und zwar unter Zuhilfenahme gewisser psychologisch-diagnostischer Verfahren gewonnen werden können, interessieren dagegen nun im Folgenden:
1. Gruppen und Teams,
2. Arbeitsplätze;
im ersten Fall sind mehrere Personen als Gemeinschaft mit einer bestimmten Funktion versehen, im zweiten Fall ist eine gegebene mehr oder weniger komplexe Umwelt auf die Erbringung einer bestimmten Leistung aus.

5.1 Gruppen und Teams

Der Begriff „Gruppendiagnostik" mag primär mit wirtschaftlichen Organisationen in Verbindung gebracht werden und auf Fragestellungen bezogen sein, die die Produktivität einer Arbeitsgruppe bei Berücksichtigung einer gewissen (kollektiven) Arbeitszufriedenheit optimieren sollen. Genauer betrachtet geht es aber dabei auch um Fragestellungen, die nicht primär wirtschaftliche Interessen verfolgende Teams, etwa Sportmannschaften, betreffen können, so dass sogar Familien als besondere Gruppen von Personen angesprochen sind. Ganz im Gegenteil, psychologisch-diagnostische Ansätze der Familiendiagnostik, insbesondere solche, die auf der sog. „Systemischen Familientherapie" beruhen, haben mittlerweile oft Eingang in die laienhafte „Training-Coaching-Entwicklungs"-Szene der Wirtschaft gefunden, zum Beispiel im Rahmen von Unternehmensberatungen.

> **Erläuterung** zum Begriff „Systemische Familientherapie":
> Im Gegensatz zu den meisten anderen psychotherapeutischen Schulen beruht das, was heute unter „Systemischer (Familien-) Therapie" firmiert, genuin nicht auf einem einzigen Begründer, sondern auf einer Reihe von „Protagonisten", die letztlich zu einer gemeinsamen „Haltung" auf Seiten ihrer Vertreter führten. Viele dieser „Protagonisten" trugen dabei spezielle psychotherapeutische Techniken bei, die in

ihrer Gesamtheit ein besonders facettenreiches, schulentypisches Repertoire an Interventionsweisen darstellen. Zum Beispiel Brandl-Nebehay (1998) gibt eine gute Übersicht der Entwicklung. Im wesentlichen basiert die Systemische Therapie auf kybernetischen Ansätzen, wodurch linear-kausale Konzepte und Denkweisen durch solche abgelöst werden, die wechselseitige psychobiosoziale Beeinflussungen annehmen.

Bemerkung am Rand

Wichtig ist in diesem Zusammenhang, *Psychologische Diagnostik* und Psychotherapie auseinander zu halten, obwohl auch die besonderen Interventionsformen der Systemischen Familientherapie – eingebettet in die schulmäßige Gesprächsführung – dem Therapeuten „diagnostische Einblicke" ermöglicht: Um letztere geht es hier nicht. Auch die Beobachtung der Sitzordnung, das „Skulptur"-Stellen und die Analyse des sog. „Genogramms" (alles Routine-Techniken der Familientherapie; vgl. z. B. in dem Buch von Cierpka, 2003) sind hier nicht Thema. Sie entsprechen den Gütekriterien psychologisch-diagnostischer Verfahren, insbesondere der Objektivität, Messgenauigkeit, Validität und Eichung allein deshalb nicht, weil sie (auch) als Interventionen gedacht sind und daher einen solchen Anspruch gar nicht erheben.

Zur Illustration

Eine Methode, die der Gruppendiagnostik zugerechnet werden könnte, heutzutage jedoch mehr psychotherapeutische Funktion besitzt, ist das auf *Jakob L. Moreno* zurückgehende Soziogramm (vgl. z. B. Oswald, 1986). Auch dieser Methode muss das Manko angelastet werden, die einschlägigen Gütekriterien nicht zu erfüllen – sieht man von der zweifelhaften Objektivität, Messgenauigkeit, Validierung und Eichung ab, bleibt immer die Frage nach der Zumutbarkeit.

Das Soziogramm ist die graphische Veranschaulichung von Beziehungen innerhalb einer Gruppe von Personen, wobei zur Repräsentierung der (historisch) gelebten Beziehungen sozial-, emotions- oder leistungsbezogene Fragen gestellt werden. Diese Fragen verlangen seitens der jeweils befragten Person entweder die Wahl oder die Zurückweisung einer oder mehrerer Personen aus der Gruppe. Aus dem Soziogramm sind (direkt oder über einfache Indexe) personsspezifische und auch gruppenspezifische Eigenschaften zu „messen": Der leistungs- oder sympathiebezogene Wahlstatus einer Person und das Ausmaß an „Gruppenkohäsion". Betreffs Wahlstatus werden üblicher Weise die Rollen „Star", „Außenseiter/Randfigur" und „Abgelehnter/Aschenputtel" als besonders relevant interpretiert. Die Gruppenkohäsion bestimmt sich im wesentlichen aus den gegenseitigen Wahlen. Abbildung 5.1 zeigt ein Beispiel.

Das Soziogramm mag grundsätzlich dafür geeignet sein, Hypothesen über Bedingungszusammenhänge in Bezug auf die gegebene Fragestellung zu generieren. Eine größere Bedeutung kann ihm für *psychologisches Diagnostizieren* aber nicht zugestanden werden. Im Gegensatz zur systematischen Verhaltensbeobachtung handelt es sich außerdem wiederum bloß um verbal Behauptetes, nicht um real Gegebenes. Und für den Fall, dass aus dem Soziogramm die Sozialkompetenz (vgl. in Abschnitt 4.3.2) einer Person abgeleitet werden soll, das Soziogramm also nur individuenbezogen verwertet wird, ist vor einer vorschnellen Generalisierung des Ergebnisses nachdrücklich zu warnen (vgl. die analoge Problematik beim Assessment-Center in Abschnitt 3.2.3).

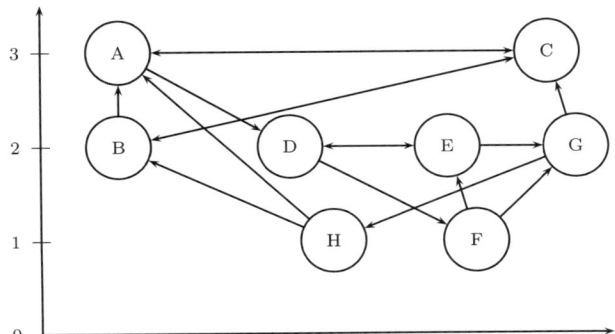

Abbildung 5.1: Beispiel eines Soziogramms. Die Anordnung der Personen entlang der Abszisse ist willkürlich, entlang der Ordinate gemäß der Anzahl erhaltener Wahlen. Der Einfachheit halber sind nur positive Wahlen eingetragen und dies auch nur auf einen Aspekt (z. B. Sympathie) bezogen – jede Person hatte hier die Möglichkeit, zwei Personen zu wählen.

Was nun familiendiagnostische Verfahren betrifft, können zunächst wieder (Persönlichkeits-) Fragebogen genannt werden. Allerdings sind diese, weil sie nichts wesentlich Neues bieten, schnell abgehandelt. Die Besonderheit beschränkt sich darauf, dass eben die Testwerte mehrerer Personen direkt zueinander in Beziehung gesetzt werden. Zum Beispiel die *Familienbögen* (Cierpka & Frevert, 1995) erfassen in Bezug auf die Dimensionen *Aufgabenerfüllung, Rollenverhalten, Kommunikation, Emotionalität, Affektive Beziehungsaufnahme, Kontrolle* und *Werte und Normen* nicht nur das Familiensystem als Ganzes und die eigene Funktion innerhalb der Familie, wie es jedes einzelne Familienmitglied erlebt, sondern vor allem alle Zweierbeziehungen aus der Sicht der jeweils beiden Betroffenen. Gar eine Typisierung von (Lebensabschnitts-) Partnern bzw. die Identifizierung eines typischen Paar-„Persönlichkeits"-Profils ermöglicht die Paardiagnostik mit dem Gießen-Test (Brähler & Brähler, 1993). Die psychoanalytisch orientierte und faktorenanalytisch begründete Fragebogenbatterien *Gießen-Test* (vgl. Näheres im *Anhang: Verfahrensbeschreibungen*) wird dabei verwendet, um sowohl Selbst- als auch Fremdbeurteilung der Persönlichkeit von Mann und Frau zu erheben und einander gegenüber zu stellen. Das entstehende Profil von vier Beurteilungen in fünf Skalen kann mit jenen von 16, in diversen klinischen Stichproben gewonnenen typischen Paarprofilen verglichen werden.

Zur Illustration

Mit der Arbeit von Kubinger, Alexandrowicz, Punter und Brähler (2003) gibt es zur *Paardiagnostik mit dem Gießen-Test* auch die Möglichkeit, ein konkretes Paarprofil mit typischen Paar-„Persönlichkeits"-Profilen zu vergleichen, wie sie in nicht klinischen Stichproben gefunden wurden. Interessanter Weise stimmen dabei trotzdem zwei der gewonnenen vier Typen mit klinischen Paarprofilen überein. Die Autoren verwenden für ihre vier Paartypen die markanten Bezeichnungen: „Dominante, positiv sozial resonante, dennoch traurig gestimmte Frau mit dominantem Mann"; „dominante Frau und gefügiger Mann"; „das gewöhnliche, völlig unauffällige Paar mit mehrfach unterschiedlichen Persönlichkeitsaspekten" (vgl. das typische Profil der vier Beurteilungen in fünf Skalen in Abbildung 5.2) und „das sozial unattraktive Paar mit traurig gestimmter Frau" (vgl. in Abbildung 5.3).

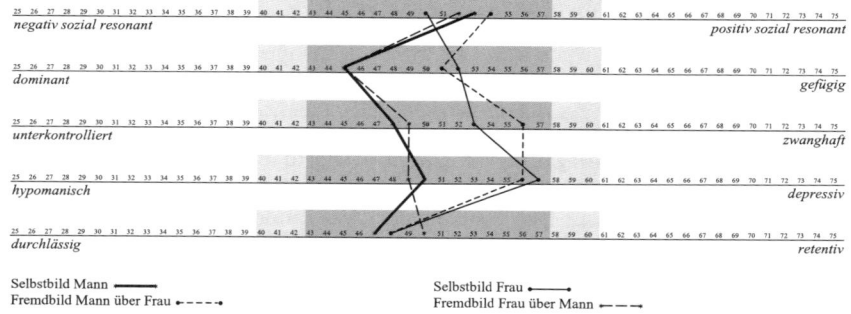

Abbildung 5.2: Paar-„Persönlichkeits"-Profil laut *Paardiagnostik mit dem Gießen-Test* nach Kubinger et al. (2003); „das gewöhnliche, völlig unauffällige Paar mit mehrfach unterschiedlichen Persönlichkeitsaspekten".

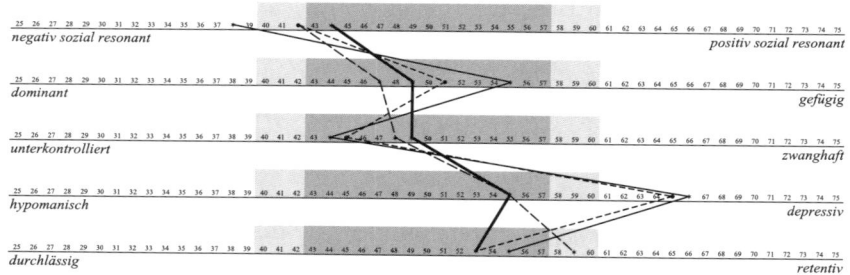

Abbildung 5.3: Paar-„Persönlichkeits"-Profil laut *Paardiagnostik mit dem Gießen-Test* nach Kubinger et al. (2003); „das sozial unattraktive Paar mit traurig gestimmter Frau".

Trotz der vordergründigen Attraktivität solcher familiendiagnostischer (Persönlichkeits-) Fragebogen, muss deren Bedeutung recht eingeschränkt beurteilt werden. Das liegt an der kritisch zu beurteilenden Validität vor allem wegen der grundsätzlichen Verfälschbarkeit, die bei Persönlichkeitsfragebogen eben gegeben ist – darauf, dass selbst im klinischen Anwendungsbereich eine authentische, unverfälschte Beantwortung nicht generell zu erwarten ist, wurde bereits in Abschnitt 2.9 Unverfälschbarkeit hingewiesen. So haben diese Fragebogen eher nur die Funktion des Hypothesenbildens über bestimmte Bedingungszusammenhänge, in gewisser Weise zur unmittelbaren Unterstützung des entscheidungsorientierten Gesprächs. Immerhin mag allein die Rückmeldung der Ergebnisse, die Offenbarung also der gegenseitigen Sichtweise – gleichwohl ob diese (bewusst und absichtlich) verfälscht wurde oder nicht – den diagnostischen Prozess beschleunigen und oft genug Interventionscharakter haben.

Zur Illustration

Familiendiagnostische (Persönlichkeits-) Fragebogen nützen letztlich wie Anamnesefragebogen der *Sammlung der typischerweise mit dem gegebenen Sachverhalt in Verbindung stehenden Informationen* (vgl. in Abschnitt 3.2.2). Zum Beispiel der FAN (*Fragebogen zu Angebot und Nachfrage in Partnerschaften*, unpubliziert; s. auch in Abschnitt 3.2.2) scheiterte testtheoretisch bei seiner Entwicklung insofern, als die Items nicht zu eindimensional messenden Skalen zu gruppieren waren; dennoch bewährt er sich in der Praxis der Fallbehandlung: Itemweise können wechselseitig die Angebote eines Partners den Nachfragen des anderen Partners gegenübergestellt werden, so dass in strukturierter Weise potentiell kritische Beziehungsaspekte abgeklärt werden.

Bemerkung am Rand

Punktuell betrachtet interessiert bezüglich der Anamnese im Zusammenhang mit Partnerschaften vielleicht auch die Geschwisterkonstellation der Partner innerhalb der Ursprungsfamilie. Vor allem Toman (2005) vertritt nämlich die Meinung, dass diese die Partnerwahl und das Partnerschaftsverhalten prägt. Immerhin gibt er (länger zurückliegende) Belege, wonach Ehen häufiger als sonst geschieden werden, wenn zwischen den Partnern ein „Rangkonflikt" besteht – das ist dieselbe bzw. eine sehr ähnliche Geschwisterposition innerhalb der jeweiligen Ursprungsfamilie – oder ein „Geschlechtskonflikt" – d. h. mindestens einer der beiden Partner hat nur ihm gleichgeschlechtliche Geschwister.

Wenn das Hypothesenbilden über Bedingungszusammenhänge bereits gegenüber dem Messen bestimmter Eigenschaften im Zusammenhang mit familiendiagnostischen Verfahren in den Vordergrund gerückt wurde, dann sind überhaupt noch Anamnesefragebogen bzw. Gesprächsleitfäden und Projektive Verfahren dazu anzuführen. Beides wurde in den vorausgegangenen Kapiteln ausführlich abgehandelt. Im Gegensatz zu den eben angesprochenen familiendiagnostischen (Persönlichkeits-) Fragebogen zielen beide konzeptionell gar nicht auf mehr als nur eine einzige Tp innerhalb einer Fallbehandlung ab.

Am ehesten auf das Messen von Eigenschaften aus – wenn auch keinesfalls in garantiert unverfälschbarer Weise – ist der FAST (*Familiensystem-Test*; Gehring,

1998). Trotz offensichtlicher Ähnlichkeit mit Projektiven Verfahren präferiert der Autor die Bezeichnung „Figurentechnik" für sein Verfahren – jedenfalls unterscheidet es sich von Projektiven Verfahren dadurch, dass die Interpretation des beobachteten Testverhaltens nicht nach tiefenpsychologischen Konzepten erfolgt. Die Tp erhält instruktionsmäßig genau festgelegt den Auftrag, die vorhandenen Figuren und Klötzchen als Vertreter der einzelnen Familienmitglieder auf dem gegebenen Brett so zu platzieren, dass deren Beziehungen untereinander repräsentiert werden. Neben der damit messbaren (emotionalen) *Kohäsion* soll auch noch die *Hierarchie* der Familienmitglieder als zweite (Beziehungs-) Dimension erfasst werden. Letztere ist seitens der Tp durch ein Unterlegen der Figuren mit den verschieden hohen Klötzchen auszudrücken (vgl. das Material des FAST in Abbildung 5.4). Was die Gütekriterien betrifft, ist der FAST den genannten familiendiagnostischen (Persönlichkeits-) Fragebogen kaum überlegen – abgesehen davon, dass es für ihn gar keine Eichung gibt. Dementsprechend ist auch ihm nicht mehr an Funktion zuzusprechen als die des Hypothesenbildens über Bedingungszusammenhänge.

Abbildung 5.4: Beliebige Darstellung der Beziehungsstruktur der Mitglieder einer Familie im FAST.

Zur Illustration

Abbildung 5.5 zeigt die Darstellung der familiären Beziehungsstruktur im FAST aus der Sicht eines Familienmitglieds, Frau T., und zwar einmal ohne und einmal mit D(avid). D ist der außereheliche Sohn von V (Herr T.), dem Ehemann von Frau T.; A(rno) und C(lemens) sind die beiden gemeinsamen Söhne des Ehepaars T. A, C und D sind 22, 15 und 9 Jahre alt. D lebt am Wochenende bei seinem Vater und damit auch bei Frau T., A und C. Vorstellungsgrund ist, auf Drängen der Mutter von D, das Stottern Ds bzw. das Streiten Ds mit C. Der FAST wird eingesetzt, um Hypothesen über Bedingungszusammenhänge zwischen dem Vorstellungsgrund einerseits und dem familiären Umfeld andererseits zu generieren. „Frau T. offenbart mit ihren Repräsentationen einschneidende Veränderungen in der Beziehungsstruktur ihrer Familie durch die Anwesenheit Davids: . . . [so] kommt es durch David zu einer im wesentlichen ‚linearen' Anordnung, aus der lediglich Arno herausfällt: Herr T. steht zwischen David und seiner Ehefrau, diese

zwischen Herrn T. und Clemens; so gesehen, kommen David und Clemens nicht
in Beziehung. – Immer jedoch drückt ihre Positionierung zu Herrn T. die (laut
Handanweisung) engstmögliche Kohäsion aus. Und immer stellt sie sich hierarchisch auf eine Stufe mit den Kindern" (Kubinger, 1997c, S. 261). Die wesentliche,
unter anderem darauf fußende Hypothese lautet: „Im Vordergrund steht eine von
Herrn T. in ihrer Bedeutung wahrscheinlich nicht wahrgenommene Irritation von
Frau T., Clemens sowie David selbst als Folge der ‚obligaten' Besuche Davids in
der Familie T." (S. 263).

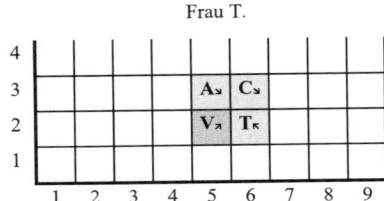 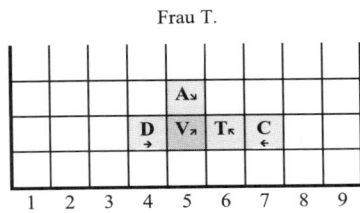

Abbildung 5.5: Schematisierte Darstellung der familiären Beziehungsstruktur im FAST
für die Familie T., einmal ohne und einmal mit D – aus der Sicht von
Frau T. Ein hellschattierter Hintergrund bedeutet eine Erhöhung der
Figur um 1 Einheit, mittelschattiert um 2 Einheiten; die Pfeile geben
die „Blickrichtung" an. (Aus Kubinger, 1997c, S. 256).

Aus all dem zu familiendiagnostischen Verfahren Gesagten folgt: Über die Funktion des Hypothesenbildens hinaus wird wohl nur eine systematische Verhaltensbeobachtung gehen.

Was organisations- bzw. arbeitspsychologische Verfahren zur Gruppendiagnostik betrifft, sind wieder vor allem Persönlichkeitsfragebogen anzuführen, die von
jedem einzelnen eines Teams (inklusive dem Leiter) beantwortet werden, um die
dabei erhaltenen Testwerte zu einander in Beziehung zu stellen. Allerdings gibt
es dazu kaum verfahrensimmanente, empirisch abgesicherte Konzepte für die Interpretation der Testwerte. Meistens wird lapidar auf einen Dialog der Teammitglieder hingewiesen, der auf Grundlage der erhaltenen Testwerte zum Zweck einer
„Teamentwicklung" zu führen wäre.

Zur Illustration

Relativ oft im praktischen Einsatz zum Ziel, ein Team in Richtung höherer Moti-
viertheit und Effizienz zu entwickeln, dürfte nach Einschätzung der Szene durch
den Verfasser die bereits in Abschnitt 4.2.2 genannte Persönlichkeits-Fragebogenbatterie MBTI sein (vgl. dort Genaueres).

Häufig in der Literatur zitiert, jedoch nicht durch einen einschlägigen Verlag
vertrieben, ist ein Persönlichkeitsfragebogen von Hermann (1991), der auf die
Feststellung der Präferenz einer Tp in Bezug auf vier verschiedene „Denkstile"
(Quadranten) abzielt: *Analytisch-logisch, konservativ-kontrolliert, emotional* und

kreativ-neugierig. Wenn potentielle Teammitglieder damit getestet worden sind, könne das Team zur Erreichung höchster Innovationen entsprechend zusammengestellt werden. „Im Idealfall umfaßt die Gruppe mindestens eine Person mit einer Präferenz in jedem Quadranten und ein oder mehrere Mitglieder mit einer dreifachen oder vierfachen Dominanz, so daß sie als Übersetzer dienen können" (S. 161). Und als Rechtfertigung für dieses naiv-simple „Modell" einer Teamzusammenstellung wird angeführt: „Mitglieder heterogener Teams sind hinsichtlich der bevorzugten Arten des Wissens so unterschiedlich, daß sie es oft als schwer – sogar anstrengend – empfinden, zusammen zu arbeiten. Es können zahlreiche Mißverständnisse und andere zwischenmenschliche Schwierigkeiten auftreten, wenn Unterschiede nicht erkannt und honoriert werden. Im Gegensatz dazu neigen Mitglieder homogener Gruppen dazu, ähnlich zu denken und leicht einen Konsens zu erreichen. ... Obwohl sie theoretisch fähig sind, alle Quadranten zu erreichen und zwischen ihnen umzuschalten, wählen die Mitglieder homogener Gruppen in ihrer Zielstrebigkeit oft den schnellen Konsens, ohne die volle Bandbreite der Möglichkeiten zu erwägen, bevor sie ihre Entscheidung treffen. Folglich liefern sie oft Ergebnisse, die adäquat sein können, aber selten überragend sind."

Tatsächlich eine bestehende Gruppe als unmittelbares Untersuchungsobjekt betrachten die beiden Fragebogenbatterien TKI (*Teamklima Inventar*; Brodbeck, Anderson & West, 2001) und FAT (*Fragebogen zur Arbeit im Team*; Kauffeld, 2004). Beide gehen auch weg von der Betrachtung der Persönlichkeit der Teammitglieder, weg also vom eigenschaftsorientierten *psychologischen Diagnostizieren* hin zur Erfassung situationsbedingter Gegebenheiten. So können sie auch leichter auf Entwicklungsmöglichkeiten einer Gruppe abzielen. Beide Verfahren verrechnen die Antworten der einzelnen Teammitglieder zu einem Index für das gesamte Team, das ist der Mittelwert der Personen-Testwerte. Dafür gibt es jeweils Eichtabellen, so dass auch eine normorientierte Diagnostik möglich ist. Das TKI versucht die Innovationsfähigkeit eines Teams zu messen. Dabei werden vier Faktoren für einen innovatorischen Output verantwortlich gemacht: *Vision* als ein übergeordnetes, wertgeschätztes Ziel, das leistungsmotivierend wirkt; *Aufgabenorientierung*; *Partizipative Sicherheit* in Bezug auf Einflussnahme bei Entscheidungen und vertrauensvollen Umgang miteinander; *Unterstützung für Innovation*. Der FAT ist konzeptionell einfacher, indem er sich im wesentlichen nur auf zwei Faktoren bezieht: *Aufgaben-* und *Beziehungsorientierung*.

Nicht eigentlich ein Beispiel für Gruppendiagnostik, aber immerhin ein Beispiel dafür, dass die Testwerte mehrerer Personen eines Teams zu einander in Beziehung gestellt werden, ist *Benchmarks* (Dalton, Lombardo, McCauley, Moxley & Wachholz, 1997). Bei dieser Persönlichkeits-Fragebogenbatterie geht es im Sinne eines sog. „360°-Feedbacks" darum, dass abgesehen vom Teamleiter, der sich selbst beurteilt, Fremdbeurteilungen von mindestens einem Vorgesetzten, mehreren Kollegen und mehreren Mitarbeitern vorgenommen werden. Im Mittelpunkt des diagnostischen Prozesses steht also wieder eine einzelne Person allein. Damit die Fremdbeurteilungen möglichst wenig durch bestimmte Antworttendenzen (*response sets*; vgl. nochmals in Abschnitt 3.1.1) beeinflusst werden, sind folgende Rahmenbedingungen zu erfüllen: Mit Ausnahme der Beurteilung durch den Vorgesetzten erfolgen alle Beurteilungen anonym; für die Beurteilungen durch Kollegen sowie durch Mitarbeiter werden lediglich Mittelwerte rückgemeldet; mindestens drei Kollegen sowie mindestens drei Mitarbeiter müssen dafür herangezogen werden. Immerhin gibt es für die (16) Skalen von *Benchmarks* (unter anderem *Entschlossenheit, Führen von Mitarbeitern, Teamorientierung, Aufrichtigkeit und Beherrschung, Flexibilität im Handeln*) Eichtabellen, die an Personen des mittleren Managements der Privatindustrie gewonnen wurden.

> **Erläuterung** zum Begriff „360°-Feedback":
> „... die formalisierte Rückmeldung an Führungskräfte auf der Basis sozialer Wahrnehmungsprozesse im Arbeitsalltag. Die Rückmeldung findet durch ... Vorgesetzte, Mitarbeiter, Kollegen ... statt. Das Ziel eines solchen Feedbacksystems besteht darin, den eingeschätzten Personen die Möglichkeit zur Selbstentwicklung zu geben" (*Dorsch Psychologisches Wörterbuch*; Häcker & Stapf, 2004, S. 218).

Selbstverständlich ist eine systematische Verhaltensbeobachtung zwar aufwendiger, aber letztlich aussagekräftiger als die besonders im gegebenen Zusammenhang gegenüber Verfälschungen anfälligen (Persönlichkeits-) Fragebogen. Tatsächlich hat sich ausgehend von *Bales'* Interaktionsanalyse (vgl. in Abschnitt 3.2.3) ein Klassifikationssystem von Gruppenprozessen etabliert, nämlich SYMLOG (*System for Multiple Level Observation of Groups*; Bales & Cohen, 1982). Neben *Aufgabenbezogenheit vs. Sozioemotionalität* als Rollendimension werden die Statusdimension *Einfluß vs. Macht* und die Sympathiedimension *Freundlichkeit vs. Unfreundlichkeit* erfasst. Die Beobachtungen betreffen mehrere Ebenen insofern, als zwischen verbalen und nonverbalen Äußerungen unterschieden wird und außerdem danach zu kategorisieren ist, ob sich eine Äußerung je Dimension auf die eigene Person, ein anderes Gruppenmitglied, die Gruppe als Ganzes, die äußere Umgebung, die Gesellschaft oder auf eine „Phantasie" bezieht.

Was schließlich sportpsychologische Verfahren zur Gruppendiagnostik betrifft, haben sich bisher dazu noch keine spezifischen Ansätze entwickelt. Wegen der fortschreitenden Professionalisierung solcher Teams mögen aber die bisher erwähnten Verfahren durchaus angemessenen Einsatz finden. Allerdings zeigte auch hier eine aufwendige Studie (Gaisrucker, 1982), dass letztlich die gehaltvollen Informationen über das Potential, das die Spielstärke eines Teams steigern könnte, nur durch eine systematische Verhaltensbeobachtung möglich ist.

5.2 Arbeitsplätze

Will man sich nicht auf Intuition oder auf „erfahrungsgeleitete" Vorstellungen bei der Festlegung der Anforderungen an eine berufliche Position oder Ausbildungsstelle verlassen, so bleibt nur eine sorgfältig durchgeführte psychologische Untersuchung der gegebenen Arbeitsbedingungen beim fraglichen Arbeitsplatz. Es ist also eine „Arbeitsplatzanalyse", oft auch nur kurz „Arbeitsanalyse" genannt, durchzuführen:

Eine Arbeitsplatzanalyse „ist in der Arbeitswissenschaft ein Oberbegriff für alle Methoden, die in systematischer Form die Arbeitsaufgaben ..., Arbeitsmittel und Arbeitstätigkeiten sowie Arbeitsbedingungen erfassen" –

(*Dorsch Psychologisches Wörterbuch*; Häcker & Stapf, 2004, S. 63). Sie „kann speziell zur Analyse der Aufgaben ..., des Arbeitsablaufs ... oder zur Untersuchung und Bewertung von Kriterien der Arbeitsgestaltung (Tätigkeitsanalyse) verwendet werden, aber auch zur Ermittlung von Qualifikationsanforderungen."

Primäres Ziel der Arbeitsplatzanalyse innerhalb der *Psychologischen Diagnostik* ist die Arbeitsplatzbeschreibung, um daraus ein Anforderungsprofil (vgl. in Abschnitt 3.3.1) für die Personalauswahl zu erstellen. Darüber hinaus kann die Arbeitsplatzanalyse, wenn sie branchenmäßig und nicht unternehmensspezifisch erfolgt, der Berufsberatung dienen (vgl. die Überlegungen zur Berufswahlreife im Zusammenhang mit Interessenfragebogen in Abschnitt 4.2.3). Schließlich kann die Arbeitsplatzanalyse der Optimierung der sog. „Arbeitsgestaltung" dienen.

Erläuterung zum Begriff „Arbeitsgestaltung":
„... in der Arbeitswissenschaft sowie der Arbeits- und Organisationspsychologie Oberbegriff für die systematische Gestaltung oder Veränderung der Aufgaben, Arbeitstätigkeiten und ihrer Organisation sowie der Arbeitsbedingungen nach Kriterien der menschengerechten Arbeit. Als grundlegende Kriterien ... werden ... unterschieden ...: (1) Schädigungslosigkeit und Erträglichkeit der Arbeit ..., (2) Ausführbarkeit der Arbeit ..., (3) Zumutbarkeit, Beeinträchtigungsfreiheit, Handlungs- und Tätigkeitsspielraum der Arbeit ..., (4) Zufriedenheit der Arbeitenden, Persönlichkeitsförderlichkeit der Arbeit ... und (5) Sozialverträglichkeit der Arbeit, Beteiligung der Arbeitenden an der Gestaltung" (*Dorsch Psychologisches Wörterbuch*; Häcker & Stapf, 2004, S. 64).

Bemerkung am Rand
„Die erfahrungsgeleitet-intuitive Methode mag im Einzelfall, bei Vorliegen umfangreicher Erfahrung mit der personalen Seite des jeweiligen Berufs, durchaus zu richtigen Zuordnungen führen. Sind diese Voraussetzungen nicht gegeben, verkommt sie aber zu einer ‚über den Daumen gepeilten' Abschätzung. Nicht selten werden derart spekulativ erstellte Eigenschaftslisten als Anforderungsprofile präsentiert. Hierin dürfte mit ein Grund für die häufig mangelnde Qualität eignungsdiagnostischer Prognosen liegen, denn auf diese Weise kann die Auswahl valider und angemessen differenzierter Indikatoren und diagnostischer Verfahren nicht gelingen" (Schaarschmidt, 2003, S. 39).

Bemerkung am Rand

Der Zugang, die relevanten Persönlichkeitseigenschaften anhand der im fraglichen Beruf erfolgreich Tätigen zu bestimmen, um daraus das Anforderungsprofil abzuleiten, ist nicht garantiert erfolgsversprechend: „Es lässt sich kaum entscheiden, inwieweit die als relevant ausgewiesenen Merkmale als Voraussetzungen in den Beruf eingebracht wurden oder Ergebnis von Veränderungen und Entwicklungen im Prozess der Berufsausübung selbst sind" (Schaarschmidt, 2003, S. 39).

Eine Arbeitsplatzanalyse sollte idealer Weise drei Informationsquellen berücksichtigen:

• Die (vorzugsweise: standardisierte) Befragung des Vorgesetzten,
• die Befragung eines Kollegen mit vergleichbarem Arbeitsplatz,
• die systematische Verhaltensbeobachtung der Tätigkeiten des betroffenen Arbeitsplatzinhabers während eines ganzen Arbeitstages, und zwar durch einen Außenstehenden, den Psychologen –

letzteres ist unter Umständen zu ersetzen durch das Führen eines „Arbeitstagebuchs" vom Arbeitsplatzinhaber selbst, also einer genauen Protokollführung seiner Arbeitsaktivitäten zu vorgegebenen Themenbereichen; in beiden Fällen ist entsprechendes jedoch mindestens einmal zu wiederholen.

Obligat eingesetzte Erhebungsinstrumente, das sind Fragebogen, Gesprächsleitfäden oder Kategoriensysteme zur Verhaltensbeobachtung, gibt es kaum, obwohl solche Instrumente bereits verlagsmäßig vertrieben werden. Am häufigsten in der Literatur zitiert wird wohl der FAA (*Fragebogen zur Arbeitsanalyse*; Frieling & Hoyos, 1978), der vor allem nach Verhaltensmerkmalen der Informationsaufnahme, Informationsverarbeitung und der Handlungsausführung fragt, aber auch das soziale Beziehungsgeflecht und Umgebungseinflüsse zu erheben versucht. Dazu wird ein „Beobachtungsinterview" durchgeführt, d. h., der Untersucher befragt und beobachtet den Befragten während der Durchführung seiner Tätigkeit gemäß einem standardisierten Leitfaden (z. B.: Wo und wie gewinnt der Beschäftigte die Information, die er bei der Ausübung seiner Tätigkeit verwendet?). Ebenfalls auf eine längere Tradition in Bezug auf entsprechende Vorläufer geht das TBS (*Tätigkeitsbewertungssystem*; Hacker, Fritsche, Richter & Iwanowa, 1995) zurück. Dieses ermöglicht unter anderem, beim Befragten den gegebenen Ist-Zustand sowie den erwünschten Soll-Zustand der Arbeit zu erheben. Schließlich sind die Verfahren RHIA/VERA-Produktion (Oesterreich, Leitner & Resch, 2000) und RHIA/VERA-Büro-Verfahren (Leitner et al., 1993) anzuführen – RHIA für „Verfahren zur Ermittlung von Regulationshindernissen in der Arbeitstätigkeit", VERA für „Verfahren zur Ermittlung von Regulationserfordernissen in der Arbeitstätigkeit". Interessant ist dabei, dass Anforderungen direkt den mit der Arbeit verbundenen Belastungen gegenübergestellt werden können, wobei sich das hier umgesetzte Belastungskonzept auf die Behinderung der Zielerreichung bezieht, die zum einen zusätzlichen Aufwand oder riskantes Handeln, zum anderen psychische Überforderung bedeutet.

Allein vom Aufwand her betrachtet ist verständlich, dass solche standardisierten Instrumente relativ wenig eingesetzt werden. Aber auch der hohe Abstraktionsgrad der erfassten Tätigkeiten geht wohl für viele Fragestellungen am Problem vorbei. So werden – wenn nicht gleich völlig unstandardisierte – im Zuge einer Arbeitsplatzanalyse zumeist halbstandardisierte Verfahren eingesetzt. Neben dem bereits angesprochenen Arbeitstagebuch ist hier vor allem die auf Flanagan (1954) zurückgehende Methode der kritischen Ereignisse (*Critical Incident Technique*) zu erwähnen. Dabei wird versucht, diejenigen Eigenschaften oder Verhaltenskomponenten zu identifizieren, die den Erfolg oder Misserfolg bei der fraglichen Aufgabenbewältigung (mit-) bestimmen (vgl. in Präsentation 22 eine beispielhafte Formulierung zur Erhebung kritischer Ereignisse).

Bemerkung am Rand
Trotz der Vorgabe gewisser Themenbereiche und trotz einer gewissen Standardisierung des Instruments ist das Arbeitstagebuch kritisch zu sehen:
- Die Menge an Informationen ist nicht nur aufwendig, sondern grundsätzlich schwierig auf den wesentlichen Gehalt zu komprimieren,
- die (schrift-) sprachliche Kompetenz des Tagebucherstellers/Arbeitsplatzinhabers dürfte die Verwertbarkeit der gewonnenen Informationen entscheidend beeinflussen,
- seltene Tätigkeiten genauso wie Routinetätigkeiten und automatisierte Verhaltensweisen werden kaum erfasst.

Präsentation 22: Eine beispielhafte Formulierung zur Erhebung kritischer Ereignisse (aus Reimann, 2004a, S. 112f.).

„Denken Sie an ein Beispiel für das Arbeitsverhalten eines Mitarbeiters, das besonders effektive oder ineffektive Arbeitsweisen veranschaulicht. Beschreiben Sie die Situation und das Verhalten möglichst konkret und stellen Sie sich dazu folgende Fragen:
1. Welche Umstände, Bedingungen haben zu diesem Verhalten geführt?
2. Wie lässt sich das Verhalten beschreiben, was war besonders effektiv/ineffektiv?
3. Welche Konsequenzen hatte das Verhalten?"

Ist die Arbeitsplatzanalyse abgeschlossen, müssen im Rahmen einer angestrebten Personalauswahl aus den festgestellten Tätigkeiten und Rahmenbedingungen im Sinne einer „Anforderungsanalyse" noch diejenigen Kompetenzen abgeleitet werden, welche eine erfolgreiche Arbeitsbewältigung voraussetzen bzw. diese ausreichend wahrscheinlich machen. Sieht man von Kompetenzen wie Fach- und Methodenkompetenz (Fachkenntnisse und Berufserfahrung), gelegentlich wichtigen körperlichen Voraussetzungen und formalen Qualifikationen ab, so geht es um psychologische Kompetenzen, nämlich besondere kognitive Fähigkeiten, gewisse Per-

sönlichkeitseigenschaften und regelmäßig um Sozialkompetenz. Je nach Anspruch
des Verantwortlichen geht es dabei auch darum, diejenigen Motive, Interessen
und Werthaltungen zu eruieren, welche für eine arbeitsbezogene Zufriedenheit
und daraus resultierende psychische Gesundheit des späteren Arbeitsplatzinhabers förderlich sind. Die operationale „Übersetzung" der primär verhaltensbezoge-
nen Anforderungen in psychologische Konstrukte konstituiert letztlich das Anforderungsprofil. Zu reflektieren ist dann nur mehr, ob verschiedene Anforderungen
und damit die Fachkompetenz sowie die festgelegten psychologischen Konstrukte
unterschiedlich zu gewichten sind bzw. einzelne davon als kompensierbar aufgefasst werden können oder bestimmte unabdingbar sind (vgl. zur Strategiewahl
zwischen kompensatorischen und konjunktiven, d. h. gewisse Mindestansprüche
auf jeden Fall zu erfüllenden Anforderungen nochmals in Abschnitt 3.3.2).

6 Gutachten

Schon in Abschnitt 1.7 Grundsätze wurden die *Richtlinien für die Erstellung Psychologischer Gutachten* (Berufsverband Deutscher Psychologen, 1988) zitiert, worin definiert ist (S. 3):

„Ein ... Psychologisches Gutachten ist eine wissenschaftliche Leistung, die darin besteht, aufgrund wissenschaftlich anerkannter Methoden und Kriterien nach feststehenden Regeln der Gewinnung und Interpretation von Daten zu konkreten Fragestellungen Aussagen zu machen."

Offensichtlich dokumentiert das psychologische Gutachten den diagnostischen Prozess, beginnend mit der Klärung der Fragestellung und inklusive dem Festsetzen der Intervention bzw. der Formulierung eines Maßnahmenvorschlags.

Haben die vorangegangenen Kapitel die wissenschaftlichen Methoden und Kriterien sowie die entsprechenden Regeln der Datengewinnung und teilweise auch der -interpretation ausführlich abgehandelt, so gilt es im Folgenden, die Methoden und Kriterien der Gutachtenerstellung selbst zu beschreiben. Allerdings ist wegen der weit weniger formalisierbaren Qualitätsmaßstäbe im Vergleich zu sämtlichen Gütekriterien – vor allem was die Objektivität, Messgenauigkeit, Validität, Eichung und Skalierung betrifft – die Palette all dessen, was im Zusammenhang mit der Gutachtenerstellung als wissenschaftlich gelten kann, viel größer; auch wenn es in den *Richtlinien für die Erstellung Psychologischer Gutachten* heißt: „Das Gutachten ist Antwort eines Experten, des Psychologen, auf Fragen, zu denen er aufgrund seines Fachwissens, des aktuellen Forschungsstandes und seiner Erfahrung Stellung nimmt" (Berufsverband Deutscher Psychologen, 1988, S. 3). Die wissenschaftliche Psychologie verfügt nämlich (noch) nicht über profunde Studien, wonach bestimmte Gestaltungsweisen die Verständlichkeit eines psychologischen Gutachtens nachweislich negativ bzw. positiv beeinflussen.

Bemerkung am Rand

Bestenfalls gibt es empirische Belege darüber, dass psychologische Gutachten in der Praxis oft genug nicht einmal den selbstverständlichen Erfordernissen entsprechen (vgl. Beispiele dazu weiter unten).

Gar nicht hat sich die Grundlagenforschung zur *Psychologischen Diagnostik* bisher damit beschäftigt, welches „Schicksal" psychologische Gutachten üblicher Weise nehmen, d. h., in welchem Ausmaß die getroffenen Maßnahmenvorschläge auch tatsächlich umgesetzt werden.

So müssen sich Regeln zur Gutachtenerstellung hauptsächlich aus Lehrmeinungen ableiten: Aus dem, was sich mehr oder weniger aus Routine und Erfahrung eingebürgert und bewährt hat, bzw. aus dem, was den Grundsätzen *psychologischen Diagnostizierens* (vgl. nochmals in Abschnitt 1.7 Grundsätze) gemäß, „billig" und fair scheint.

Solchen Betrachtungen widmet sich vor allem dieses Kapitel. Genauer geht es um

1. Allgemeine Regeln zur Gutachtenerstellung,
2. Gestaltungsprinzipien im Detail,
3. Häufige Fehler bei Gutachten der Praxis sowie um
4. Demonstrationsbeispiele psychologischer Gutachten.

Wichtig ist zuvor eine genaue begriffliche Abgrenzung. Vom Begriff „psychologisches Gutachten" sind nämlich die Begriffe „gutachterliche Stellungnahme", „psychologische Stellungnahme" und vor allem „(Untersuchungs-) Befund" strikt zu unterscheiden. Während laut den *Richtlinien für die Erstellung Psychologischer Gutachten* unter einer gutachterlichen Stellungnahme bloß die aus der Psychologie fundierte Antwort auf eine genau eingeschränkte Detailfrage zu verstehen ist (z. B.: „Wie ist das emotionale Milieu einzuschätzen, in der XY aufwuchs?"), bedeutet eine psychologische Stellungnahme die fachliche Bewertung eines bereits vorliegenden psychologischen Gutachtens oder auch einer gegebenen Fragestellung, ohne einer eigenen Datenerhebung. Demgegenüber ist unter einem (Untersuchungs-) Befund folgendes zu verstehen (sinngemäß laut Berufsverband Deutscher Psychologen, 1988, S. 4):

Ein psychologischer Befund ist die für Nicht-Psychologen verständlich aufbereitete Aussage über Ergebnisse einer psychologischen Untersuchung.

Die Unterscheidung zwischen Gutachten und Befund ist dabei nicht nur inhaltlich hilfreich, sondern auch rechtlich relevant, weil sie – unabhängig von der Disziplin, hier der Psychologie – zwei verschiedene Gesetzesbegriffe bedeuten (z. B. laut österreichischer Zivilprozessordnung, § 362 Abs. 1 ZPO): Danach ist ein Befund die Feststellung und Beschreibung von Tatsachen, die der Sachverständige durch Sinneswahrnehmung und mit wissenschaftlichen, künstlerischen oder gewerblichen Methoden ermittelt hat; und ein Gutachten ist die Schlussfolgerung aus den ermittelten Tatsachen durch Anwendung des Fachwissens oder die Bekanntgabe von Erfahrungssätzen zu einem bestimmten Sachverhalt. Im Sprachgebrauch allgemein beeideter gerichtlicher Sachverständiger (vgl. Götsch, 1997) wie in der Psychologie wird regelmäßig bzw. besser das Wort „Gutachten" auch im weiteren Sinn als: Gesamtheit von Befund und Gutachten, verwendet.

Das heißt, die rein deskriptiv abgefassten Ergebnisse der *Sammlung der typischerweise mit dem gegebenen Sachverhalt in Verbindung stehenden Informationen*, des *entscheidungsorientierten Gesprächs* (vgl. beides nochmals in Abschnitt 3.2.2), der *Tests*, Persönlichkeitsfragebogen, Projektiven Verfahren sowie gegebenenfalls von *Verhaltensbeobachtung, Biographischem Inventar, Assessment-Center* und *Arbeitsplatzanalyse* stellen innerhalb der *Psychologischen Diagnostik* (lediglich) den Befund[32] dar. Was ein Gutachten erst zum Gutachten macht, ist dann die Interpretation und regelmäßig das Festsetzen der Intervention bzw. des Maßnahmenvorschlags.

Bemerkung am Rand

In Kliniken finden wir oft die Situation vor, dass Psychologen in einer Fallbehandlung konsultatorisch bei gezogen werden, und dabei von ihnen nichts anderes als ein Befund erbeten wird, etwa wie der Laborbefund eines Labormediziners vom behandelnden (praktischen) Arzt.

Fraglich bei der eben geschilderten Praxis ist allerdings, ob die Auftraggeber des Befunds, nämlich Mediziner, die fachliche Qualifikation besitzen, den Befund psychologisch gutachterlich zu verwerten; rechtlich befugt sind sie es zum Beispiel in Österreich laut *Psychologengesetz* nicht (vgl. dazu schon in Abschnitt 1.7 Grundsätze).

Übrigens stellen in der Labormedizin Ergebnisberichte mit ausgewiesenen grünen Feldern als Zeichen für: „im Normbereich", und roten Feldern als Zeichen für: „außerhalb des Normbereichs" – weil noch ohne Schlussfolgerung – kein Gutachten dar, sondern eben einen Befund.

6.1 Allgemeine Regeln zur Gutachtenerstellung

Noch vor der eigentlichen psychologischen Untersuchung muss jedes Mal fachpsychologisch einschlägig überprüft werden, ob die betreffende Person (zum gegebenen Zeitpunkt) überhaupt einer Begutachtung in einer Art und Weise unterzogen werden kann, dass die erhaltenen Ergebnisse auch berechtigter Weise und schlüssig (in Bezug auf die konkrete Fragestellung) zu interpretieren sind – im engeren Sinn geht es um die Feststellung der „Testbarkeit". Was dabei als „fachpsychologisch einschlägig" gilt, ist nirgends reglementiert; dem Anfänger hilft vielleicht die exemplarisch in Präsentation 23 gegebene Checkliste.

Präsentation 23: Checkliste zur Feststellung der Testbarkeit eines Klienten (erstellt von und im Einsatz bei der *Test- und Beratungsstelle*[33] des Arbeitsbereichs Psychologische Diagnostik, Fakultät für Psychologie der Universität Wien) – die Fragen sind unmittelbar nur für den Begutachter/Tl selbst gemeint.

---

[32]In den *Ethischen Richtlinien der Deutschen Gesellschaft für Psychologie e. V. und des Berufsverbands Deutscher Psychologinnen und Psychologen e. V. – zugleich Berufsordnung des BDP* in der Fassung 1998 wird statt der Bezeichnung „Befund" die Bezeichnung „Untersuchungsbericht" verwendet.

- Ist die Person alkoholisiert?
- Steht die Person unter Einfluss von Drogen?
- Steht die Person unter Einfluss von Medikamenten (z. B. solche die die Leistungsfähigkeit und/oder Reaktionsfähigkeit beeinträchtigen)?
- Ist sie krank (z. B. fiebrig; hustet stark) oder stark ermüdet/erschöpft?
- Steht die Person unter einem psychischen Schock oder einem vergleichbaren Zustand, der eine Testung unmöglich macht? – Kriterien wiederum dafür können sein:
  - Person „träumt vor sich hin", schaut ins „Leere", wirkt jedenfalls abwesend,
  - reagiert auf Ansprechen nur unzureichend bzw. inadäquat,
  - erzählt ständig in situationsunangepasster Weise,
  - schwitzt, zittert,
  - steht scheinbar unmotiviert auf,
  - scheint nicht ruhig sitzen zu können,
  - stört andere bei der Testung.
- Kann die Person die Anweisungen (am Bildschirm) gut lesen – benötigt sie eine Brille?
- Kann die Person Handlungsanweisungen gut verstehen und dementsprechend handeln – ist das Instruktionsverständnis bei ihr gegeben?

Um sich als fallführender Psychologe auf die Aufgabe der Begutachtung (berufsethisch) einzustimmen, mögen einige weitere Punkte des Appells von Haubl (1984 – vgl. in Abschnitt 1.7 Grundsätze) dienen; sie repräsentieren die aktuell gültige Lehrmeinung:

- Der Psychologe muss bedenken, dass der Adressat einer Begutachtung erst dann die gutachterlichen Aussagen und Maßnahmen (-vorschläge) einsichtig akzeptiert hat, wenn er fähig ist, diese seinerseits, mit eigenen Erklärungen und Begründungen, zu verteidigen.
- Die Argumentationskette des Gutachtens muss für den Adressaten klar nachvollziehbar sein; insbesondere diejenigen Prämissen, welche sich ihm nicht ohne größeren Aufwand selbst erschließen, sind ihm deutlich zu machen.

Zur Illustration
In Hinblick auf künftige Qualitätssicherung psychologischer Gutachten macht Kubinger (1997b, S. 14) den Vorschlag: „,Wäre es nicht ein praktikabler Weg, die Testperson den von uns gegebenen Interventionsvorschlag samt der psychologenseits gegebenen Begründung in eigene Worte fassen zu lassen?' Wir hätten damit die beste Kontrolle, daß das, was wir vorhaben, was wir meinen und was wir raten auch tatsächlich entsprechend verstanden wird!"

---

[33]Bei der Erstellung federführend war Frau Dr. Margarete Litzenberger.

- Der Psychologe soll Achtung gegenüber dem Lebensentwurf des Klienten zeigen, egal wie sehr dieser ihn erschüttert oder befremdet. Die Sprache muss so gewählt werden, dass sie Takt und Achtung zum Ausdruck bringt.
- Die Begutachtung soll so dargestellt werden, dass der Adressat das Verfahren, in das er einbezogen war, wieder erkennt und gezielt nachfragen kann, wenn er etwas nicht versteht. Rhetorische Simplifizierung und Artistik ist zu vermeiden, der Adressat im Gegenteil zu motivieren, sich um eine einsichtsvolle Rezeption zu bemühen.

Zur Illustration

In den Grundsätzen der Berufsordnung des BDP heißt es explizit: „Gutachten müssen für den Adressaten inhaltlich nachvollziehbar sein" (vgl. in Präsentation 5 in Abschnitt 1.7 Grundsätze).

Was die schriftliche Dokumentation der Inhalte eines psychologischen Gutachtens betrifft, mag es zwar so sein, dass zum Beispiel im Bereich des Personalwesens Maßnahmen (-vorschläge) auf Grund *psychologischen Diagnostizierens* nicht obligatorisch in schriftliche Gutachten gefasst werden; irgendwelche schriftliche Aufzeichnungen, zumindest für das eigene Archiv, muss es aber allein gemäß der *Grundsätze der Berufsordnung des BDP* geben (vgl. nochmals in Präsentation 5 in Abschnitt 1.7 Grundsätze): „Der Psychologe ist verpflichtet, über Beratungen und Behandlungen aussagefähige Aufzeichnungen zu erstellen."

Bemerkung am Rand

Walter (1998, S. 80) fasst treffend das mit der schriftlichen Abfassung eines Gutachtens verbundene Dilemma und die dabei gegebene Herausforderung an den Psychologen zusammen: „Für Gutachter – vielleicht mit Ausnahme besonders versierter und routinierter – ist es anstrengend, Testergebnisse und Beobachtungen schriftlich zusammenzufassen, in einem übersichtlichen Text zu integrieren. Oft drücken die zunächst formulierten Texte nicht das aus, was man mitteilen möchte, obwohl man glaubt, die Ergebnisse korrekt dargestellt zu haben." Selbstverständlich wird jedoch die Situation nicht dadurch leichter oder gar besser, dass Gutachten nicht schriftlich abgefasst werden, und die wesentlichen Inhalte bloß mündlich „transportiert" werden!

Rauchfleisch (1994) beschäftigt sich mit dem Problem der angemessen inhaltlichen Darstellung einerseits und der Frage des sachlichen Umgangs mit dem Gutachten andererseits. Seine wesentlichen Aussagen seien im Folgenden sinngemäß, ebenfalls als aktuell gültige Lehrmeinung, wiedergegeben – und allenfalls vom Verfasser kommentiert:

- Grundsätzlich ist auf den Adressat des Gutachtens bzw. dessen Fachkenntnis zu achten. „Wird ein Bericht an psychologische Laien weitergegeben, so sollten darin Fachtermini vermieden werden. Besonders problematisch sind Begriffe, die aus der akademischen Psychologie stammen und Eingang in die Umgangssprache gefunden haben ... wie ‚Hysterie' und ‚Narzißmus' ... Sollten einzelne

Termini unvermeidbar sein, so müssen sie im Bericht zumindest genau definiert werden" (Rauchfleisch, 1994, S. 200). Dazu scheint dem Verfasser die Konkretisierung notwendig, als Adressat sowieso nur psychologisch vorgebildete Personen vorzusehen; das sind Absolventen anderer, aber solcher Studienrichtungen, in denen wenigstens wichtige psychologische Teilbereiche abgedeckt werden (vor allem Pädagogen, Lehrer; unter Umständen auch Mediziner), oder Personen mit Berufsausbildungen, in denen gesetzlich vorgeschriebene Einführungen insbesondere in die *Psychologische Diagnostik* vorgesehen sind (das sind vor allem Psychotherapeuten). Auf den Fall, dass die Tp selbst der Adressat ist (oder seine Angehörigen), wird weiter unten extra eingegangen.

- Grundsätzlich sollte sich das Gutachten strikt an die vom Auftraggeber gestellten Fragen halten. „Es gilt – in der Regel –, diese Fragen zu beantworten und nicht die ganze Fülle von Informationen weiterzuleiten, die dem Diagnostiker aus den durchgeführten Tests sichtbar geworden sind" (S. 202).

Bemerkung am Rand

Vor allem beim diagnostischen Anfänger ist dem zuwider laufend oft zu beobachten, dass er bestimmte Tests und/oder Persönlichkeitsfragebogen, unter Umständen bestimmte Projektive Verfahren einsetzt, die letztlich nur seine Neugier befriedigen, die für die Beantwortung der Fragestellung aber nicht zwingend erforderlich sind.

- Die bei der Begutachtung eingesetzten psychologisch-diagnostischen Verfahren müssen in jedem Fall alle namentlich angeführt werden; andernfalls ist das Gutachten selbst für einen Fachmann nicht nachvollziehbar.
- Unbedingt zu achten ist darauf, dass die Grenzen zwischen Ergebnisbeschreibung einerseits und der Interpretation der Ergebnisse andererseits nicht verwischt werden. Diese beiden Aspekte sind nämlich unbedingt für den Leser deutlich sichtbar voneinander zu trennen. Durch die strikte Trennung von Ergebnis und Interpretation hat jeder (fachkundige) Leser des Gutachtens die Chance, seine eigenen Schlüsse aus den Ergebnissen zu ziehen, noch bevor er die Interpretation des Gutachters kennt bzw. anstatt dass er sich dieser zwingend anschließen muss.
- Die psychologisch-diagnostische Fragestellung ist erstens überhaupt dezidiert zu beantworten, zweitens soll diese Beantwortung nicht bloß so erfolgen, dass dem Leser nur eine Fülle von Daten vorgelegt wird; vielmehr sind die gewonnenen Resultate zu erläutern und zueinander (gewichtend) in Beziehung zu setzen.

Bemerkung am Rand

Nichts ist schlimmer an einem Gutachten als am Ende die sinngemäße Bemerkung, dass es zur Beantwortung der Fragestellung noch weiterer Befunde (insbesondere psychologischer) bedarf. Bevor diese, psychologischen, nicht vorliegen, ist kein Fall abzuschließen; und ist der betroffene Psychologe, aus welchen Gründen auch immer, nicht in der Lage, diese Befunde zu besorgen, so ist ihm nicht der Vorwurf zu ersparen, diesen Umstand von Anbeginn gewusst haben zu müssen – um wenigstens die Tp entsprechend zu informieren. Sind die weiteren, notwendigen Befunde medizinischer Art, so hätte auch diese Möglichkeit der Psychologe von Anfang an berücksichtigen müssen. In jedem Fall dürfte kein Psychologe einen Fall zur diagnostischen Begutachtung übernehmen, wenn er nicht schon ohne Ergebnisse weiß, wie er am Ende, so oder so, raten wird können.

- „Wichtig ist bei der Abfassung ..., daß der Gutachter wertende Aussagen vermeidet und bei aller notwendigen Einfühlung in seinen ... [Klienten] doch zugleich eine kritische Distanz ihm ... gegenüber wahrt" (Rauchfleisch, 1994, S. 205).
- Zu einem sachgemäßen Umgang mit psychologischen Befunden gehört auch das ausführliche Gespräch des Psychologen mit dem Klienten über die Untersuchungsergebnisse und deren Bedeutung.

Bemerkung am Rand

„Dies gilt auch – vielleicht sogar: insbesondere – für Kinder, bei denen man fälschlicherweise häufig meint, man könne Resultate aus Untersuchungen nicht mit ihnen direkt besprechen, sondern müsse quasi ‚über ihren Kopf hinweg‘ mit den Eltern verhandeln" (Rauchfleisch, 1994, S. 207).

Zur Illustration

„Es muss das Recht bejaht werden, den Personen, die begutachtet wurden, Einsicht in die Unterlagen, die sie selbst betreffen, zu gestatten; dies gilt auch für jene Unterlagen, die keinen Einfluß auf die Begutachtungsergebnisse genommen haben, z. B. Gesamtergebnisse eines Tests, die nur zum Teil entscheidungsrelevant waren und so auch verwertet wurden. Ihnen kommt Urkundencharakter zu im Sinn des § 810 [Deutsches] BGB, da sie Auskunft geben, ob die Begutachtung dem Stand der Wissenschaft entsprechend durchgeführt wurden" (Salzgeber, 2001, S. 76).

- Anders als das obligatorische Beratungsgespräch am Ende einer psychologischen Untersuchung sollte die schriftliche Fassung eines Gutachtens nicht (automatisch) dem Klienten selbst gegeben werden. Es besteht sonst die Gefahr, dass es für Zwecke missbraucht wird, mit denen sich der Psychologe aus ethischen Erwägungen nicht mehr einverstanden erklären kann. Die schriftliche Fassung kann, weil ein Adressat ja nicht von vornherein bekannt ist, einerseits niemals diejenigen Informationen enthalten, welche für einen späteren Empfänger wichtig sein könnten; andererseits enthält sie vielleicht Details, die für den späteren Leser nicht geeignet sind. Die Weigerung, dem Klienten selbst das Gutachten auszuhändigen, ist also keinesfalls so zu verstehen, dass man dem Betreffenden Informationen vorenthalten wollte.

Bemerkung am Rand

In der Praxis bewährt sich, die Tp im abschließenden Beratungsgespräch zu ermun-
tern, sich selbst über dieses Gespräch und die Untersuchungsergebnisse Notizen zu
machen. Solche Aufzeichnungen haben dann für einen späteren Empfänger keine
praktische Relevanz.

Zur Illustration

„In Gesprächen über Intelligenzuntersuchungen kann sich mitunter ein Problem
daraus ergeben, daß manche Probanden gerne den aus ihren Testresultaten er-
rechneten Intelligenzquotienten erfahren möchten. Man kann einerseits der Ansicht sein, daß der Betreffende ein Recht darauf habe, nicht nur allgemein über
seine Testbefunde beraten zu werden, sondern auch die genaue Zahl seines Intelligenzquotienten zu erfahren. Andererseits sollte man aber bedenken, daß die
Mitteilung eines Intelligenzquotienten im Grunde den Probanden wenig sagt und
insbesondere zu einer verhängnisvollen ‚Zahlenakrobatik' führen kann, beispielsweise zu einem gegenseitigen Vergleichen von Zahlenwerten, die im Grunde, ohne
andere Informationen, wenig Aussagewert haben. Es ist deshalb zu empfehlen,
genaue Zahlenangaben zu vermeiden" (Rauchfleisch, 1994, S. 208) – dabei ist
nicht nur das inhaltliche Problem des *IQ* in Bezug auf die mit ihm implizit vorausgesetzte kompensatorische Wirkung unterschiedlicher Fähigkeiten zu beachten
(vgl. nochmals in Abschnitt 2.5.1), sondern allein das Problem der Messungenauigkeit und insbesondere der statistisch begründete nicht-lineare Zusammenhang
zwischen konkretem *IQ* und entsprechendem Prozentrang in der Population.

„Hingegen sollte der Proband nach einer Intelligenzuntersuchung sorgfältig darüber beraten werden, wo seine Begabungsschwerpunkte liegen und in welchen
Bereichen er weniger gute Resultate erbringt" (Rauchfleisch, 1994, S. 208).

Ergänzend wird noch von Boerner (2004) dringend empfohlen:
- Am Ende des Gutachtens ist eine Zusammenfassung zu geben. Sie soll die Fragestellung, die eingesetzten psychologisch-diagnostischen Verfahren, die damit
  gewonnenen wesentlichen Ergebnisse in interpretierter Form sowie die abschließend getroffene Maßnahme bzw. den abschließend gegebenen Maßnahmenvorschlag in wenigen Sätzen wiedergeben. Neue Aspekte sollte sie nicht enthalten.
  Durch eine Zusammenfassung prägen sich nämlich beim wiederholten Lesen die
  wichtigen Informationen besser ein bzw. konzentriert eine Zusammenfassung
  die Fallbehandlung auf die wesentlichen Aussagen. Davon abgesehen können
  Zusammenhänge, die in der Informationsfülle des Gutachtens selbst untergin-
  gen, wieder hergestellt werden. Sie genügt wohl auch allein, wenn der Adressat
  zum wiederholten Male die Begutachtung erfassen will.

Bemerkung am Rand

Wie sehr eine Zusammenfassung wichtig ist, so sehr verlockt sie den Leser, sich
gleich auf das Lesen dieser zu beschränken. Umgekehrt sollte diese Gefahr nicht
der Taktik Vorschub leisten, Gutachten von vornherein nur im Stil von Zusam-
menfassungen zu schreiben – die Nachvollziehbarkeit ginge verloren.

Schließlich rät der Verfasser nachdrücklich:

- Die Unterschrift des Psychologen unter das psychologische Gutachten ist dadurch rechtsverbindlich zu qualifizieren, dass explizit auf die berufsethischen Richtlinien hingewiesen wird, unter denen das Gutachten erstellt wurde:

  „Ich versichere, dieses Gutachten nach sorgfältiger psychologischer Testung und nach genauer Erhebung der im Gutachten zu beurteilenden Tatsachen nach bestem Wissen und Gewissen im Sinne der berufsethisch festgeschriebenen *Richtlinien für die Erstellung psychologischer Gutachten* abgefasst zu haben."

Erfolgte die Begutachtung darüber hinaus durch einen nach DIN 33430 zertifizierten Psychologen, kann noch hinzugefügt werden: „Darüber hinaus erfüllt das Gutachten die in der DIN 33430 (berufsbezogene Eignungsbeurteilung) festgelegten Qualitätsansprüche."

6.2 Gestaltungsprinzipien im Detail

Reglementierungen betreffs der formalen Gestaltung eines psychologischen Gutachtens helfen vor allem Anfängern, können aber niemals verbindlich gemeint sein. Abgesehen davon, dass es von der Fragestellung bzw. der jeweiligen Institution abhängig ist, wie genau Gutachten formal zu gestalten sind, darf mit solchen Reglementierungen beim Gutachter keinesfalls die Entfaltung eines persönlichen Stils bei der (schriftlichen) Aufbereitung des diagnostischen Prozesses verhindert werden. Dessen ungeachtet müssen bestimmte Rahmenbedingungen bei der Gestaltung eines Gutachtens gegeben sein.

So sollen einige wesentliche Informationen für den Leser eines psychologischen Gutachtens bereits aus dessen Deckblatt hervorgehen: Der fallführende Psychologe, die untersuchte Person, die Fragestellung sowie im Zweifelsfall der Fragesteller (Adressat); selbstverständlich das Datum der Abfassung des Gutachtens (ein Beispiel für ein solches Deckblatt gibt Abbildung 6.1).

Wichtig ist in jedem Fall, wenn auch nicht unbedingt schon am Deckblatt anzugeben, die Information über die Untersuchungstermine.

Der Aufbau selbst richtet sich dann am besten nach dem Ablauf des diagnostischen Prozesses, wie er in Abschnitt 1.1 Begriffsbestimmungen vorgestellt wurde. Boerner (2004), zum Beispiel, weist genauer darauf hin, dass im Zusammenhang mit der Klärung der Fragestellung das eigentliche Problem bzw. der Vorstellungsgrund samt Vorgeschichte ausführlich beschrieben werden muss, wozu auch die entsprechende Stellungnahme der untersuchten Person gehört.

Was den konkreten Text betrifft, ist vieles zu berücksichtigen. Wieder als aktuell gültige Lehrmeinung kann gelten (wenn nicht anders angegeben, nach Kubinger, 1997b):

Mag. Martina Frebort
(Klinische- und Gesundheitspsychologin)
Test- und Beratungsstelle des Arbeitsbereichs
Psychologische Diagnostik
Leiter: Univ.-Prof. Dr. Mag. Klaus Kubinger
Fakultät für Psychologie
Universität Wien
Liebiggasse 5 (Psychologicum)
A-1010 Wien

An das eigene Archiv

15.12.2004

Psychologisches Gutachten

**Betrifft: Psychologische Begutachtung von Karoline Schmied, geboren am
8.4.1977 in Wien.**

Zur Frage: Wodurch das Belastungserleben von Karoline Schmied bedingt und welche
Intervention zur Verringerung des Stresserlebens indiziert ist.

Abbildung 6.1: Beispiel für ein Deckblatt eines psychologischen Gutachtens.

- Bei der Darstellung der Vorgeschichte ist die jeweilige Informationsquelle eindeutig anzugeben. Um hervorzuheben, dass es sich dabei um Informationen handelt, die vom Psychologen unüberprüft bleiben müssen, sollten entsprechende Aussagen im Konjunktiv formuliert werden – grundsätzlich überprüfbare Fakten, wie Angaben zu Geburt, Geburtsort, Beruf und ähnliches, können allerdings durchaus im Indikativ stehen (vgl. Fisseni, 2004).

Zur Illustration

Boerner (2004, S. 19) gibt Formulierungsvorschläge, wie unüberprüfbare Informationen im Gutachten beschrieben werden können. Zum Beispiel: „Die Beziehungen zu den Eltern stellt der Pb [besser: Klient] als ... dar. / *Er legt ihnen zur Last, daß* / *es habe ihn gestört, daß* ... / *er habe vermißt, daß* ... / *habe sich immer gewünscht, daß* ...“

- Die besonders vorsichtige Verwertung der nicht wirklich prüfbaren Aussagen seitens der Testperson ist insbesondere auch beim Einsatz von Persönlichkeitsfragebogen angebracht (vgl. dazu die umfangreichen Ausführungen zur Verfälschbarkeit von Persönlichkeitsfragebogen in Abschnitt 2.9 Unverfälschbarkeit).

Zur Illustration

Wenn zum Beispiel eine Tp bei fast allen Fragen, die gemeinsam mit der Frage „Ich bin ungern mit Menschen zusammen, die ich noch nicht kenne" (aus dem FPI-R) die Skala *Extraversion* bilden, die Antwort „stimmt nicht" gibt, dann bedeutet das nicht zwingend, dass die betreffende Tp extravertiert ist, sondern nur, dass sie sich im Fragebogen dementsprechend darstellt. Genauso sollte daher auch das Ergebnis interpretiert werden, um die Möglichkeit deutlich zu machen, dass die Tp absichtlich und bewusst falsche Antworten gegeben hat oder auch (nur) gar nicht in der Lage ist, ihre „wahre" Persönlichkeit (selbstkritisch) zu beurteilen.

- Es ist stets zu hinterfragen, inwieweit mit dem Vorliegen von Ergebnissen in einem Leistungstest tatsächlich Fähigkeiten beurteilt werden können und nicht bloß die erbrachten (Test-) Leistungen (vgl. z. B. Boerner, 2004).
- Immer muss bei der Interpretation der Testwerte die mit dem jeweiligen psychologisch-diagnostischen Verfahren verbundene Messgenauigkeit berücksichtigt, das heißt der mögliche Messfehler mit einkalkuliert werden.
- Selbst wenn die mit einem bestimmten psychologisch-diagnostischen Verfahren erfassten Eigenschaften im Gutachten einführend beschrieben werden, ist bei der Interpretation der Testwerte wesentlich, nicht nur die Namen der (Unter-) Tests oder Skalen zu gebrauchen – diese sprechen nämlich in den meisten Fällen nicht für sich (vgl. dazu insbesondere nochmals die Ausführungen in Abschnitt 4.2.1). Vielmehr ist jedes Mal die Interpretation an den konkret gemessenen Eigenschaften zu orientieren.

Zur Illustration

In Präsentation 24 wird anhand des AID 2 ein Beispiel von Boerner (2004) gegeben, wie Interpretationen konzeptkonform gefasst werden können – die Namen der Untertests würden dem Laien offensichtlich nicht genügen.

Präsentation 24: Konzeptkonforme Interpretationsanleitungen zu einigen Untertests des AID 2 (vgl. in Präsentation 15, in Abschnitt 4.2.1, sinngemäß nach Boerner, 2004, S. 72).

1 *Alltagswissen*	XY ist im Vergleich zu seinen Altersgefährten *besser/genauso gut/weniger gut* in der Lage, sich Sachkenntnisse über Inhalte anzueignen, die in der heutigen Gesellschaft alltäglich sind.
2 *Realitätssicherheit*	XY kann die Wirklichkeit um die Dinge des Alltags vergleichsweise *leicht/durchschnittlich/weniger leicht* verstehen bzw. kontrollieren.
3 *Angewandtes Rechnen*	Es fällt ihm im Vergleich *leicht/ähnlich leicht/schwer*, bei der Problemlösung alltäglicher Aufgabenstellungen durch entsprechende Schlussfolgerungen die passenden Rechenoperationen anzuwenden.
4 *Soziale und Sachliche Folgerichtigkeit*	XY hat *(keine)/(durchschnittliche)/ Schwierigkeiten/Mühe*, die Abfolge des sozialen Geschehens bzw. alltäglicher Sachgegebenheiten zu verstehen und zu kontrollieren.
5 *Unmittelbares Reproduzieren*numerisch	Er verfügt unter verbal-akustischem Aspekt über eine *recht hohe/durchschnittliche/ziemlich schwache* Konzentrationsfähigkeit.

- Auf die Bezeichnung „Proband" sollte im Gutachten besser verzichtet werden. Die Übersetzung als „Versuchsperson" indiziert bei wenig wohlgesinnten Rezipienten den Eindruck, *Psychologische Diagnostik* mache mit den ihr anvertrauten Personen Versuche, sie experimentiere mit ihnen. Vorzuziehen sind daher, wenn sie passen, die Begriffe „Klient(in)" oder „Patient(in)", oder ganz unverfänglich: „Testperson".

  ### Bemerkung am Rand
  Der vom Testkuratorium herausgegebene Lehrtext zur DIN 33430 (Westhoff et al., 2004) verwendet einheitlich den Begriff „die zu untersuchende Person".

- Tabellarische Darstellungen der Ergebnisse vereinfachen zwar die Abfassung des Gutachtens für den Psychologen, es bleibt aber fraglich, ob der Adressat diese Information überhaupt rezipiert (liest) bzw. versteht, d. h. Quantoren (Zahlen und Mengen) in inhaltliche Vorstellungen transponieren kann. Sinn eines Gutachtens ist es ja gerade, die fachpsychologisch fundierten Befunde für den Adressaten verständlich aufzubereiten. Eine (schrift-) sprachliche Ergebnisbeschreibung darf daher niemals fehlen; sie macht aber umgekehrt die tabellarische Darstellung redundant.

- Die Testergebnisse sollen konsequent (auch) in Form von Prozenträngen angegeben werden, weil diese unmittelbar die Position der Testperson in Bezug auf die gemessene Eigenschaft innerhalb der Referenzpopulation beschreibt.

- „Fast selbstverständlich dürfte sein, daß bei der Abfassung des Gutachtens auf ein gewisses Maß an äußerer Form geachtet wird, damit durch Unsauberkeiten und Unübersichtlichkeiten nicht das Verständnis erschwert wird" (Boerner, 2004, S. 13). Beim Anspruch höchster Sorgfalt geht es jedoch nicht nur um die Verständlichkeit, sondern um die Vermeidung von *Halo*-Effekten seitens des Adressaten: Verfasser von Gutachten sind nicht davor gefeit, dass Rechtschreib-, Grammatik- oder Tippfehler generalisierend bewertet werden, indem beim Adressaten von beobachteten solchen Fehlern auf dann vermeintlich auch vorhandene inhaltliche Fehler geschlossen wird.

6.3 Häufige Fehler bei Gutachten der Praxis

Was die Qualität psychologischer Gutachten in der Praxis betrifft, gibt es zum einen gewisse Erfahrungswerte:
- Die häufigsten Beanstandungen bei psychologischen Gutachten von beeideten gerichtlichen Sachverständigen (Österreichs) beziehen sich nach Götsch (1997) auf eine unscharfe Ausdrucksweise, ausweichende Stellungnahmen sowie die fehlende Objektivierbarkeit von Befund und Gutachten.

  Bemerkung am Rand
  Die von Götsch (1997) heftig kritisierten (psychologischen) Gutachten stammen zwar von beeideten gerichtlichen Sachverständigen, in der überwiegenden Anzahl aber nicht von Psychologen – bekanntlich werden in der österreichischen Rechtspraxis solche Gutachten häufig von Psychiatern verfasst!

- Kubinger (1997b) bemängelt, dass generell die Grenzen der Aussagekraft zu wenig deutlich bzw. gar nicht aufgezeigt werden. So mag eine getroffene Schlussfolgerung nur in Bezug auf ausgewählte Situationen oder Bedingungen gültig sein; und regelmäßig gilt es, die Aussagekraft insofern einzuschränken, als bestimmte diagnostizierte Eigenschaften nicht zwingend ganz spezifische Verhaltensweisen zu prognostizieren erlauben.

Zum anderen existieren einige wenige empirische Studien, welche Fehler sowie Mängel in Bezug auf Transparenz und Nachvollziehbarkeit psychologischer Gutachten dokumentieren:
- Bauer (2000) stellte fest, dass sich zum Teil sogar für die universitäre Lehre gedachte Fallbeispiele *psychologischen Diagnostizierens* von ausgewählten praktisch tätigen Psychologen auf Tests und/oder Persönlichkeitsfragebogen beziehen, die dem aktuellen Forschungsstand widersprechen.
- Brugger (2001) beobachtete bei psychologischen Gutachten, die im Entlassungsverfahren aus der (mit Freiheitsentziehung verbundenen vorbeugenden) Maßnahme geistig abnormer Rechtsbrecher erstellt wurden, dass lediglich einer der vier untersuchten Gutachter die Testwerte bei seinen Gutachten wiedergibt. Außerdem entsprechen die verwendeten Tests und/oder Persönlichkeitsfragebogen bei allen untersuchten Gutachten zum Großteil nicht dem letzten Stand der Forschung bzw. ist deren Auswahl oft nicht nachvollziehbar.

- Terlinden-Arzt (1998) berichtet über die von ihr untersuchten psychologischen Gutachten für das Familiengericht, dass nur wenige Psychologen den Lesern die Möglichkeit geben, die verwendeten Verfahren nachzuvollziehen, insbesondere nicht beschreiben, welches Merkmal sie mit den einzelnen Verfahren erfassen wollten. Und Klüber (1998) ergänzt für dieselben Gutachten, dass die meisten von ihnen ein durchgängig nachvollziehbar dokumentiertes Vorgehen vermissen lassen; nur ein geringer Teil der Sachverständigen geht explizit hypothesengeleitet vor.

Zur Illustration

Dass berechtigte Beanstandungen an der Sachlichkeit, insbesondere der Verfahrensauswahl, der Transparenz und der Nachvollziehbarkeit psychologischer Gutachten auch weit reichende Konsequenzen haben können – auch (noch) ohne Bezug auf die DIN 33430 –, zeigt als ein Beispiel ein Urteil des (deutschen) Bundesgerichtshofs in Präsentation 25.

Präsentation 25: Urteil des Bundesgerichtshofs (aus Rode, 1999, S. 799).

„Am 30.7.1999 hat der Bundesgerichtshof ein interessantes Urteil zum Thema der Mindestanforderungen an strafprozessuale Glaubhaftigkeitsgutachten gesprochen. ... Ein Landgericht in Bayern hatte es abgelehnt, ein zweites Glaubhaftigkeitsgutachten in Auftrag zu geben, nachdem ein Angeklagter fachliche Mängel in dem ersten Gutachten aufgezeigt hatte. Der BGH stellte fest, daß nach anerkannten wissenschaftlichen Maßstäben im ersten Gutachten Mängel vorlagen. Die drei wesentlichen Mängel wurden wie folgt benannt:

1. Ein wesentlicher Teil des Begutachtungsprozesses ist die Bildung relevanter Hypothesen, dieses grundlegende Erfordernis wird im Erstgutachten nicht erfüllt.

2. Bei der Begutachtung hat sich der Sachverständige ausschließlich methodischer Mittel zu bedienen, die dem aktuellen wissenschaftlichen Kenntnisstand gerecht werden. Bei diesem Punkt wird ausdrücklich erwähnt, daß der Ausdeutung von Kinderzeichnungen sowie der Deutung von Interaktionen, die Kinder unter Einsatz sogenannter anatomisch korrekter Puppen darstellen, in forensisch-aussagepsychologischen Gutachten keine Bedeutung zukommt.

3. Die Darstellung der Begutachtung und der dabei erzielten Ergebnisse beim Erstgutachten genügt wissenschaftlichen Mindeststandards zum Teil ebenfalls nicht. Diese ist zwar in erster Linie dem Sachverständigen zu überlassen, steht aber unter dem Vorbehalt der Nachvollziehbarkeit und Transparenz der Begutachtung. Dies bedeutet, daß die diagnostischen Schlußfolgerungen vom Sachverständigen nachvollziehbar dargestellt werden müssen, namentlich durch Benennung und Beschreibung der Anknüpfungs- und Befundtatsachen. Zudem muß überprüfbar sein, auf welchem Weg der Sachverständige zu den von ihm gefundenen Ergebnissen gelangt ist.

Der BGH hob das Urteil der ersten Instanz auf, welches auf dem mit Mängeln behafteten Gutachten beruhte und verwies die Sache an das Landesgericht zurück.“

6.4 Demonstrationsbeispiele psychologischer Gutachten

Die im Folgenden gegebenen Gutachten dienen der Illustration der oben ausgeführten Regeln und Gestaltungsprinzipien. Sie erheben allerdings nicht den Anspruch, sämtliche vertretbaren Gestaltungsvarianten zu demonstrieren.

Obwohl sie praktischen Fällen entstammen[34], sind mit ihnen alle negativen Auswirkungen von „Lehr"-Gutachten verbunden; das Ziel einer Einführung ins *psychologische Diagnostizieren* macht nämlich manche Einschränkung notwendig:

1. Müssen die Fragestellungen alltägliche sein, d. h. diagnostisch standardmäßig zu lösen.
2. Muss es sich um Fragestellungen handeln, deren diagnostische Bearbeitung mit demjenigen Inventar psychologisch-diagnostischer Verfahren auskommen kann, welches durch das vorliegende Lehrbuch im Sinn eines Ausbildungsminimums abgedeckt wird, das ist im konkreten das Inventar der im *Anhang: Verfahrensbeschreibungen* erfassten Verfahren.

Letzteres bedeutet, dass ähnliche Fragestellungen von routinierten Praktikern sachlich begründet auch etwas anders angegangen werden (könnten). Insbesondere würden wohl manchmal ergänzende diagnostische Informationen erhoben werden. So ist auch die mit den folgenden Gutachten implizit gegebene Trennung zwischen Leistungs- und Persönlichkeitsdiagnostik eher dem didaktischen Konzept des Lehrbuchs angelehnt (vgl. die Einleitung zu Kapitel 4 Inhalte) als der routinemäßigen Praxis.

Die Beschränkung des Inventars psychologisch-diagnostischer Verfahren bringt es darüber hinaus mit sich, dass letztlich doch solche eingesetzt werden, die zum Beispiel in Bezug auf ihre Eichung und/oder Skalierung in den vorangegangenen Kapiteln des Buches kritisiert wurden. Dieser Umstand wird und soll (!) den Leser beunruhigen. Der „Not gehorchend" diene das der Provokation; aber ganz und gar nicht soll die zuvor gegebene Kritik desavouiert werden.

Wegen der letztlich doch gegebenen Ähnlichkeit im Stil der Abfassung der folgenden vier Gutachten sei nochmals, wie schon in Abschnitt 6.2 Gestaltungsprinzipien im Detail deutlich gemacht, dass jede Entfaltung eines persönlichen

---

[34]Die ausgewählten Gutachten wurden unter Anleitung des Verfassers im Rahmen einer Lehrveranstaltung „Übungen zur psychologischen Diagnostik" von Studierenden erstellt.

Das im Text empfohlene Deckblatt entfällt hier aus Gründen der Redundanz, wie auch die im Text empfohlene Bescheinigung darüber entfällt, dass die Abfassung des Gutachtens im Sinne der berufsethisch festgeschriebenen *Richtlinien für die Erstellung Psychologischer Gutachten* erfolgte. Ohne es auszuhändigen ist der Adressat jedes Mal die Tp selbst – Funktion des Gutachtens ist erstens: Grundlage für die abschließende Beratung, zweitens: Archivierung.

Zum Zweck des Datenschutzes wurden die Namen sowie personenbezogene Daten selbstverständlich aufs Unidentifizierbare geändert

Stils bei der (schriftlichen) Aufbereitung des diagnostischen Prozesses zulässig und förderlich ist, so lange die anzustrebende Sachlichkeit, d. h. Transparenz und Nachvollziehbarkeit, gewährleistet ist.

PSYCHOLOGISCHES GUTACHTEN

betreffend Thomas Amster, geboren am 13.02.1978, wohnhaft in Wien,
zur Frage: Ob seine Persönlichkeitsstruktur und Belastbarkeit für einen Auslandseinsatz bei „Ärzte ohne Grenzen" angemessen ist.

1 Bisheriger Sachverhalt

Thomas Amster ist derzeit am Allgemeinen Krankenhaus Wien an der Abteilung für Onkologie als Turnusarzt[35] tätig. Da er nach Abschluss der Turnusausbildung in wenigen Monaten berufliche Erfahrungen im Ausland sammeln möchte, plant er, sich bei der Organisation „Ärzte ohne Grenzen" zu bewerben. Bevor er jedoch die dazu übliche Auswahlprozedur durchläuft (Kontaktformular, Informationsabend, Bewerbungsbogen, individuelles Auswahlgespräch, Assessment-Center), möchte er vorab in einer psychologischen Untersuchung klären, ob er über die dazu erforderlichen Persönlichkeitsmerkmale verfügt.

2 Anforderungsprofil

„Ärzte ohne Grenzen" ist eine private internationale Organisation, die Menschen in Not hilft: Opfern von natürlich verursachten oder von Menschen geschaffenen Katastrophen sowie Opfern von bewaffneten Konflikten – und zwar ohne Diskriminierung und ungeachtet ihrer ethnischen Herkunft, religiösen oder politischen Überzeugung. Die Hauptaufgaben umfassen den Aufbau einer Gesundheitsversorgung, die medizinische Betreuung von Flüchtlingen, die Notversorgung bei Naturkatastrophen, Massenimpfungen gegen Epidemien, Ernährungszentren in Hungergebieten und die medizinische Versorgung in Kriegsgebieten.

„Ärzte ohne Grenzen" stellt folgende spezielle Anforderungen an seine Mitarbeiter:
- Engagement, Idealismus und Professionalität
- Berufsausbildung, mindestens zwei Jahre Berufserfahrung (bzw. abgeschlossener Turnus)
- sehr gute Englischkenntnisse; Französisch, Spanisch oder Portugiesisch und jede weitere Fremdsprache ist von Vorteil
- mindestens neun Monate Zeit für einen Ersteinsatz (bei Chirurgen und Anästhesisten auch nur drei Monate)
- Flexibilität
- Organisationstalent
- Improvisationstalent
- Fähigkeit zur Supervision und Weiterbildung
- Teamfähigkeit
- hohe psychische und physische Belastbarkeit

- Bereitschaft, im Sinne der humanitären Prinzipien von „Ärzte ohne Grenzen" zu arbeiten
- Für Allgemeinmediziner und Krankenpflegepersonal eine tropenmedizinische oder andere Spezialisierung (*Public Health*, Epidemiologie oder ähnliches).

3 Psychologische Untersuchung

Herr Amster unterzog sich am 21.01.2005 und am 23.01.2005 einer insgesamt mehrstündigen psychologischen Untersuchung, wobei neben einem ausführlichen Gespräch zur *Sammlung der typischerweise mit dem gegebenen Sachverhalt in Verbindung stehenden Informationen* folgende Verfahren zum Einsatz kamen:

- NEO-Persönlichkeitsinventar nach Costa und McCrae, Revidierte Fassung (NEO-PI-R)
- Arbeitsbezogenes Verhaltens- und Erlebensmuster (AVEM)
- *Arbeitshaltungen*

3.1 Informationen aus dem Gespräch

Thomas Amster ist 27 Jahre alt; er wurde am 13.02.1978 in Kroatien geboren und lebt seit seinem vierten Lebensjahr mit seiner Familie in Wien. Seine Mutter ist 54 Jahre alt und arbeitet als Sportmedizinerin in einer Wiener Privatklinik, sein Vater ist 61 Jahre alt und selbständiger Fotograf. Als Herr Amster 14 Jahre alt war, ließen sich seine Eltern scheiden und der Vater ging zurück nach Kroatien, wo er heute noch lebt. Dennoch haben er und sein um 5 Jahre jüngerer Bruder, der Biologie studiert, nicht nur zur Mutter, sondern auch zum Vater ein sehr gutes Verhältnis. Zu seinem Bruder habe er ein sehr fürsorgliches, inniges Verhältnis. Für ihn habe er sich immer verantwortlich gefühlt und auch viel Zeit mit ihm verbracht. Die Beziehung zu seiner Lebensgefährtin, welche er seit zwei Jahren kennt und mit der er noch nicht gemeinsam lebt, beschreibt er als „zufriedenstellend und gut". Nach dem Besuch eines Gymnasiums, wo er immer Klassenbester war und mit gutem Erfolg maturierte[36], legte er das Medizinstudium in der Mindestzeit ab. Neben dem Studium arbeitete er als Demonstrator im Sezierkurs, was ihm großen Spaß gemacht habe. Ab dem zehnten Semester des Studiums arbeitete er in einem molekularbiologischen Forschungslabor an der Abteilung für Onkologie des Allgemeinen Krankenhauses Wien, was ihn ebenfalls sehr interessiert habe, vor allem weil er sich zum ersten Mal selbstständig einem Projekt habe widmen können. In diesem Labor schrieb er auch seine Dissertation und bekam kurz darauf eine Turnusstelle an der Abteilung für Onkologie. Er absolvierte außerdem den TOEFL-Test und den USMLE, eine Nostrifikationsprüfung, die Ärzte brauchen, um in den USA praktizieren zu dürfen. Er könne sich keinen besseren Beruf vorstellen, kritisiert jedoch den bürokratischen Aufwand im Allgemeinen Krankenhaus Wien, ohne den man viel effizienter und vor allem patientenfreundlicher arbeiten könne.

Als seine Stärken sieht er seinen Leistungswillen, seinen Ehrgeiz, seine Fähigkeit zur Selbstorganisation, seine „soziale Ader", seine Toleranz und seine Fähigkeit, gut zuhören zu können. Seine Hobbys wären Sport, Lesen, Musik und Treffen mit seinen Freunden.

3.2 Testergebnisse

Die Testergebnisse sämtlicher Verfahren werden in Prozenträngen (PR) angegeben, wobei Werte zwischen 25 % und 75 % den Durchschnittsbereich bilden. Werte darunter sind unterdurchschnittlich und Werte darüber überdurchschnittlich. Zusätzlich sind, so berechenbar, sog. „Konfidenzintervalle" (in T-Werten) angeführt, die den Messfehler einkalkulieren lassen: Als durchschnittliche T-Werte sind all diejenigen zu bezeichnen, welche zwischen 43 und 57 liegen.

NEO-PI-R

Das NEO-PI-R ist eine Persönlichkeits-Fragebogenbatterie zur Erfassung der Eigenschaftsdimensionen *Neurotizismus*, *Extraversion*, *Offenheit für Erfahrung*, *Verträglichkeit* und *Gewissenhaftigkeit*. Als Vergleichsstichprobe dient die geschlechts- und altersspezifische Referenzpopulation (Männer/25–29 Jahre).

Neurotizismus PR = 28 $T = [38; 50]$	Neurotizismus erfasst die emotionale Empfindlichkeit bzw. die gefühlsmäßige Robustheit. Global erreicht Herr Amster hier einen Wert im unteren Durchschnittsbereich. Die von ihm im Fragebogen demonstrierte gefühlsmäßige Robustheit ist also als noch durchschnittlich zu interpretieren.
	Bezüglich der sechs Facetten der Dimension Neurotizismus ergibt sich folgendes:
Ängstlichkeit PR = 38 $T = [38; 56]$	Das Testergebnis ist so zu verstehen, dass sich Herr Amster als durchschnittlich ruhig, gelassen und unerschrocken beschreibt.
Reizbarkeit PR = 16 $T = [30; 50]$	Mit einem überdurchschnittlichen Testwert stellt sich Herr Amster als sehr ausgeglichen dar bzw. behauptet von sich, nicht sehr leicht wütend zu werden.
Depression PR = 67 $T = [46; 62]$	Der beobachtete Testwert im oberen Durchschnittsbereich bedeutet, dass sich Herr Amster hinsichtlich der Eigenschaften Bekümmertheit und Bedrücktheit nahezu unauffällig gibt.
Soziale Befangenheit PR = 50 $T = [40; 60]$	Was Verunsicherungen in sozialen Situationen betrifft, stellt er sich als völlig durchschnittlich dar.
Impulsivität PR = 10 $T = [25; 49]$	Das deutlich unterdurchschnittliche Testergebnis ist dahingehend zu interpretieren, dass laut Antwortverhalten von Herrn Amster er Versuchungen und Verlockungen selbstbeherrscht entgegentreten kann.
Verletzlichkeit PR = 24 $T = [34; 52]$	Mit einem knapp unterdurchschnittlichen Testwert gibt sich Herr Amster so, dass er seine Gefühle in schwierigen Situationen ziemlich gut im Griff hat, er eher stressresistent ist.

Extraversion PR = 69 $T = [48; 62]$	Extraversion erfasst die Geselligkeit eines Menschen, das Ausmaß an Geselligkeit, Durchsetzungsfähigkeit und Selbstbewusstsein. Global erreicht Herr Amster hier einen Wert im oberen Durchschnittsbereich.
	Bezüglich der sechs Facetten der Dimension Extraversion ergibt sich folgendes:
Herzlichkeit PR = 90 $T = [52; 74]$	Der überdurchschnittliche Testwert bedeutet hier, dass sich Herr Amster als überdurchschnittlich herzlich, warmherzig, freundlich und umgänglich darstellt.
Geselligkeit PR = 73 $T = [47; 65]$	Hinsichtlich Kontaktfreudigkeit und Geselligkeit demonstriert Herr Amster ein Ausmaß, das dem oberen Durchschnittsbereich in der Referenzpopulation entspricht.
Durchsetzungsfähigkeit PR = 16 $T = [31; 49]$	Mit einem unterdurchschnittlichen Testwert zeichnet Herr Amster von sich das Bild, dass er sich eher im Hintergrund hält und anderen das Reden überlässt.
Aktivität PR = 90 $T = [52; 74]$	Dem Testergebnis entsprechend schreibt sich Herr Amster ein überdurchschnittlich hohes Aktivitätsniveau und überdurchschnittliche Tatkräftigkeit zu; danach handelt er rasch und energisch, bei einem Hang zur Geschäftigkeit.
Erlebnishunger PR = 38 $T = [34; 60]$	Das Testergebnis bedeutet, dass er sich im Fragebogen durchschnittlich abenteuerlustig und risikobereit gibt.
Frohsinn PR = 62 $T = [44; 62]$	Er stellt sich mit einem durchschnittlichen Testwert als ebenso durchschnittlich fröhlich, heiter und vergnügt dar.
Offenheit für Erfahrungen PR = 84 $T = [54; 67]$	Offenheit für Erfahrung erfasst das Interesse einer Person, neue Erfahrungen zu machen und neue Erlebnisse zu haben, sich auf neue Ideen einzulassen sowie die Neigung zu unkonventionellen Wertorientierungen. Herr Amster erreicht in diesem Bereich global einen überdurchschnittlich hohen Testwert.
	Bezüglich der sechs Facetten der Dimension Offenheit für Erfahrung ergibt sich folgendes:
Offenheit für Phantasie PR = 46 $T = [40; 58]$	Herr Amster schreibt sich laut Testwert ein durchschnittlich lebhaftes Vorstellungsvermögen zu.
Offenheit für Ästhetik PR = 62 $T = [44; 62]$	Mit einem durchschnittlichen Testwert stellt er sich als durchschnittlich kunstsinnig, poetisch und musisch dar.

Offenheit für Gefühle PR = 28 $T = [34; 54]$	Der Bedeutung von Gefühlen schreibt Herr Amster ein Ausmaß zu, das dem unteren Durchschnittsbereich in der Referenzpopulation entspricht.
Offenheit für Handlungen PR = 92 $T = [53; 75]$	Der überdurchschnittliche Testwert ist so zu interpretieren, dass sich Herr Amster daran interessiert zeigt, Neues auszuprobieren und vielfältige Aktivitäten zu unternehmen.
Offenheit für Ideen PR = 97 $T = [60; 78]$	Hinsichtlich der intellektuellen Wissbegier, Neugier und Lernbegierde gibt sich Herr Amster deutlich überdurchschnittlich; nur 3 % der Referenzpopulation erzielen höhere Testwerte.
Offenheit für Werte PR = 86 $T = [48; 74]$	Er stellt sich mit einem überdurchschnittlichen Testwert als sozial, politisch und religiös kritisch dar bzw. als tolerant, aufgeschlossen und liberal.
Verträglichkeit PR = 35 $T = [38; 54]$	Verträglichkeit erfasst Einstellungen und gewohnheitsmäßige Verhaltensweisen einer Person in sozialen Beziehungen. Global erreicht Herr Amster in diesem Bereich einen durchschnittlich hohen Testwert.
	Bezüglich der sechs Facetten der Dimension Verträglichkeit ergibt sich folgendes:
Vertrauen PR = 81 $T = [50; 69]$	Laut Antwortverhalten im Fragebogen zeigt sich für Herrn Amster eine überdurchschnittlich hohe Grundüberzeugung, dass andere ehrlich sind und gute Absichten haben.
Freimütigkeit PR = 79 $T = [46; 70]$	Er beschreibt sich mit einem überdurchschnittlichen Testwert ebenso überdurchschnittlich offenherzig, aufrichtig und freimütig.
Altruismus PR = 14 $T = [28; 50]$	Das Testergebnis ist dahingehend zu interpretieren, dass sich Herr Amster in einem unterdurchschnittlichen Ausmaß an den Problemen anderer interessiert zeigt, er vielmehr auf eigenes Wohlergehen aus ist.
Entgegenkommen PR = 46 $T = [36; 62]$	Hinsichtlich seiner Reaktionen auf zwischenmenschliche Konflikte stellt sich Herr Amster als durchschnittlich nachgiebig und entgegenkommend dar.
Bescheidenheit PR = 16 $T = [30; 51]$	Das unterdurchschnittliche Testergebnis bedeutet, dass sich Herr Amster im Fragebogen so gibt, dass er anderen überlegen ist.
Gutherzigkeit PR = 14 $T = [27; 51]$	Der unterdurchschnittliche Testwert ist so zu werten, dass Herr Amster ein Bild von sich zeichnet, wonach er eher ein Realist ist, der rationale Entscheidungen auf Grundlage von Logik trifft.

Gewissenhaftigkeit $PR = 86$ $T = [55; 67]$	Gewissenhaftigkeit erfasst das Ausmaß an Zielstrebigkeit, Willensstärke und Entschlossenheit. Herr Amster erreicht hier global einen überdurchschnittlich hohen Testwert.
	Bezüglich der sechs Facetten der Dimension Gewissenhaftigkeit ergibt sich folgendes:
Kompetenz PR $= 54$ $T = [39; 63]$	Das durchschnittliche Testergebnis bedeutet, dass Herr Amster eine durchschnittlich hohe Überzeugung von sich demonstriert, fähig, vernünftig und effektiv zu handeln.
Ordnungsliebe PR $= 86$ $T = [50; 72]$	Er sieht sich laut seinem Antwortverhalten im Fragebogen als überdurchschnittlich ordentlich und systematisch.
Pflichtbewusstsein PR $= 66$ $T = [43; 65]$	Was sein Pflichtbewusstsein betrifft, gibt er an, Aufgaben durchschnittlich genau zu nehmen, durchschnittlich pflichtbewusst, sorgfältig und verlässlich zu arbeiten.
Leistungsstreben PR $= 98$ $T = [60; 80]$	Gemäß dem besonders hohen Testwert behauptet Herr Amster von sich, hohe Ansprüche an seine Leistung zu stellen und hart zu arbeiten, um seine Ziele zu erreichen. Nur 2 % der Referenzpopulation geben ein noch höheres Leistungsstreben an.
Selbstdisziplin PR $= 69$ $T = [47; 63]$	Herr Amster beschreibt seine Selbstdisziplin in Bezug darauf, begonnene Aufgaben trotz Langeweile oder Ablenkungen zu Ende zu bringen, als durchschnittlich im Vergleich zur Referenzpopulation ausgeprägt. Er gibt an, sich durchschnittlich gut selbst motivieren zu können, um Aufgaben zu Ende zu bringen.
Besonnenheit PR $= 62$ $T = [43; 63]$	Er stellt sich mit einem durchschnittlichen Testwert als durchschnittlich achtsam, planvoll und weitsichtig dar.

AVEM

Das Verfahren AVEM erfasst differenziert die Selbsteinschätzung des Verhaltens und Erlebens in Bezug auf Arbeit und Beruf. Es beinhaltet elf Skalen. Als Referenzpopulation dienen männliche leitende Angestellte.

Subjektive Bedeutsamkeit der Arbeit PR $= 39$ $T = [40; 55]$	Das durchschnittliche Testergebnis ist so zu interpretieren, dass der Stellenwert der Arbeit im persönlichen Leben von Herrn Amster laut seinem Antwortverhalten sehr ähnlich dem durchschnittlichen Antwortverhalten der Referenzpopulation ist.
Beruflicher Ehrgeiz PR $= 83$ $T = [52; 67]$	Herr Amster schreibt sich einen überdurchschnittlich hohen beruflichen Ehrgeiz zu.

Verausgabungsbereit- *schaft* PR = 41 $T = [40; 56]$	Seine Bereitschaft, persönliche Kraft für die Erfüllung der Arbeitsaufgabe einzusetzen, wird von ihm als durchschnittlich angegeben.
Perfektionsstreben PR = 29 $T = [37; 52]$	Sein Anspruch auf Perfektion seiner Arbeitsleistung liegt gemäß seines Antwortverhaltens im unteren Durchschnittsbereich.
Distanzierungsfähig- *keit* PR = 83 $T = [52; 67]$	Überdurchschnittlich hoch ist laut seiner Selbsteinschätzung seine Fähigkeit, sich von der Arbeit zu distanzieren und sich gut erholen zu können.
Resignationstendenz PR = 18 $T = [33; 49]$	Er antwortet danach, dass er bei Misserfolgen unterdurchschnittlich leicht/schnell resigniert.
Offensive *Problembewältigung* PR = 84 $T = [52; 68]$	Er schreibt sich eine überdurchschnittlich hohe optimistische und aktive Haltung gegenüber Herausforderungen und auftretenden Problemen zu.
Innere Ruhe und *Ausgeglichenheit* PR = 57 $T = [43; 60]$	Was seine innere Ruhe und Ausgeglichenheit betrifft, stellt er sich durchschnittlich dar.
Erfolgserleben im *Beruf* PR = 76 $T = [49; 65]$	Mit dem beruflich Erreichten ist er laut Selbstbeurteilung knapp überdurchschnittlich zufrieden.
Lebenszufriedenheit PR = 64 $T = [45; 62]$	Die Lebenszufriedenheit von Herrn Amster liegt laut eigenen Angaben im durchschnittlichen Bereich.
Erleben sozialer *Unterstützung* $PR = 64$ $T = [44; 63]$	Er offenbart eine durchschnittlich starke Überzeugung, im Leben von anderen unterstützt zu werden.

Insgesamt ist Herr Amster mit einer Wahrscheinlichkeit von 0,90 dem Typ G zuzuordnen, welcher sich durch ein gesundheitsförderliches Verhaltens- und Erlebensmuster auszeichnet.

Arbeitshaltungen

Die Computer-Testbatterie *Arbeitshaltungen* erfasst die Eigenschaften Anspruchsniveau, Frustrationstoleranz, Leistungsmotivation und Reflexivität vs. Impulsivität.

Reflexivität vs. Impulsivität PR = 92	Herrn Amster ist ein reflexiver Arbeitsstil zu attestieren; er arbeitet langsam, aber sehr genau.
Anspruchsniveau PR = 64	Er stellt durchschnittlich hohe Ansprüche an seine Leistungen.
Frustrationstoleranz PR = 24	Herr Amster erreicht einen knapp unterdurchschnittlichen Testwert; das bedeutet, er hat eine eher niedrige Frustrationstoleranz.
Leistungsmotivation PR = 41	Herr Amster zeigt auch bei wenig anspruchsvollen Aufgaben eine durchschnittlich hohe Leistungsmotivation.

4 Interpretation und Stellungnahme zur Fragestellung

Stellt man die Testergebnisse und die gewonnenen Informationen aus dem Gespräch den Anforderungen gegenüber, so lässt sich folgendes sagen – die abgeschlossene Berufsausbildung ist nach Beendigung der Turnusausbildung gegeben, über sehr gute Englischkenntnisse verfügt Herr Amster ohnehin.

Im NEO-PI-R beschreibt sich Herr Amster als gefühlsmäßig robust, sehr ausgeglichen und wenig reizbar, recht selbstbeherrscht und eher stressresistent insofern, als er seine Gefühle in schwierigen Situationen ziemlich gut im Griff habe. Er gibt den Eindruck, durchschnittlich kontaktfreudig und gesellig zu sein, überdurchschnittlich herzlich und umgänglich, aktiv, tolerant, aufrichtig. Des Weiteren demonstriert er eine hohe Grundüberzeugung, dass andere ehrlich sind und gute Absichten haben. Herr Amster zeigt somit durchaus Teamfähigkeit und die Bereitschaft im Sinne der humanitären Prinzipien von Ärzte ohne Grenzen zu arbeiten. Er beschreibt sich auch als wenig durchsetzungsfähig, jedoch tatkräftig und aktiv im Setzen von Handlungen, gibt an, interessiert an neuen Erfahrungen zu sein, wiss- und lernbegierig, zielstrebig und willensstark, er stellt sich als ordentlich dar mit hohen Ansprüchen an seine Leistung; laut seinen Angaben arbeitet er hart, um seine Ziele zu erreichen, was alles für Engagement, Organisationstalent sowie Fähigkeit zur Supervision und Weiterbildung spricht. Allerdings beschreibt er sich als wenig altruistisch, wonach er sich ungern in die Probleme anderer einlässt. Da er sich andererseits als realistisch gibt, nach seinen Angaben rationale Entscheidungen trifft, kann das gemeinsam mit der berichteten hohen Distanzierungsfähigkeit laut AVEM auch positiv gewertet werden für einen Arzt in Krisengebieten.

Des Weiteren beschreibt Herr Amster im Verfahren AVEM für sich ein gesundheitsförderliches Verhaltens- und Erlebensmuster. Er gibt hohen beruflichen Ehrgeiz, eine optimistische Haltung gegenüber Herausforderungen und Problemen sowie eine hohe Zufriedenheit mit dem beruflich Erreichten an. Bei Misserfolgen tendiere er nicht dazu, zu resignieren.

In dem Verfahren *Arbeitshaltungen* zeigt Herr Amster einen reflexiven Arbeitsstil, arbeitet also langsam, aber sehr genau; er lässt sich Zeit, um Entscheidungen zu treffen, was für den Beruf eines Arztes durchaus von Vorteil ist, der nicht dazu neigen sollte, übereilte und vielleicht falsche Entscheidungen zu fällen. Umgekehrt kann es bei der Tätigkeit in Krisengebieten erforderlich werden, wichtige Entscheidungen auch schnell zu treffen. Herr Amster stellt hohe Ansprüche an die eigene Leistung, weist jedoch eine niedrige Frustrationstoleranz auf, wenn er negative Rückmeldungen bekommt. Bei einer geistig wenig fordernden Routineaufgabe zeigt er sich durchschnittlich leistungsmotiviert.

Die Anforderungen Idealismus, Professionalität und Organisationstalent sind aus dem Gespräch als gegeben abzuleiten, ebenso wie seine grundsätzliche Teamfähigkeit.

Aufgrund der Testergebnisse, die die Eignung für die Tätigkeit bei „Ärzte ohne Grenzen" von Herrn Amster kaum gravierend einschränken, sondern die im Gegenteil, diese gut belegen, kann Herrn Amster dazu geraten werden, sich bei der Organisation „Ärzte ohne Grenzen" zu bewerben.

5 Zusammenfasung

Herr Thomas Amster unterzog sich am 21.01.2005 und am 23.01.2005 einer mehrstündigen psychologischen Untersuchung mit der Fragestellung, ob er über die erforderlichen Persönlichkeitsmerkmale verfügt, um sich nach Beendigung seiner Turnusausbildung bei der Organisation „Ärzte ohne Grenzen" zu bewerben.

An psychologisch-diagnostischen Verfahren kamen neben einem ausführlichen Gespräch zur *Sammlung der typischerweise mit dem gegebenen Sachverhalt in Verbindung stehenden Informationen* das NEO-PI-R, AVEM und die *Arbeitshaltungen* zur Anwendung.

Herr Amster beschreibt sich in den beiden Persönlichkeitsfragebogen als gefühlsmäßig robust, sehr ausgeglichen und wenig reizbar, recht selbstbeherrscht und eher stressresistent, gibt den Eindruck, durchschnittlich kontaktfreudig und gesellig zu sein, überdurchschnittlich herzlich und umgänglich, aktiv, tolerant, aufrichtig; er beschreibt sich auch als tatkräftig, gibt an, wiss- und lernbegierig, zielstrebig und willensstark zu sein und hohe Ansprüche an seine Leistung zu stellen. Er charakterisiert sich durch eine hohen Distanzierungsfähigkeit und ein gesundheitsförderliches Verhaltens- und Erlebensmuster. Im Test *Arbeitshaltungen* zeigt er einen reflexiven Arbeitsstil, d. h., er arbeitet langsam, aber sehr genau; er lässt sich Zeit, um Entscheidungen zu treffen. Aufgrund der Ergebnisse der psychologischen Untersuchung kann Herrn Amster dazu geraten werden, sich bei der Organisation „Ärzte ohne Grenzen" zu bewerben.

---

[35]Die sog. „Turnusausbildung" in Österreich entspricht in Deutschland weitgehend der früheren „AiP-Phase", also der Zeit als „Arzt im Praktikum" als Voraussetzung zur Zulassung zu einer Facharztausbildung. Der Abschluss der Turnusausbildung ist mit dem sog. „jus practicandi" gegeben, was zur selbständigen Berufsausübung (Niederlassungsfreiheit zur medizinischen Versorgung von Patienten) berechtigt.

[36]Die Matura entspricht in Österreich dem Abitur.

PSYCHOLOGISCHES GUTACHTEN

betreffend Laura Bawa, geboren am 30.10.1994, wohnhaft in Wien,
zur Frage: Ob Laura Bawa nach der Volksschule für den Besuch eines Gymnasiums geeignet ist.

1 Bisheriger Sachverhalt

Laura Bawa besucht derzeit die 4. Klasse Volksschule[37] in Wien. Lauras Eltern stehen nun vor der Entscheidung, welche weiterführende Schule Laura nach diesem Schuljahr besuchen soll. Die Eltern wünschen sich, dass Laura ein Gymnasium besucht. Durch die psychologische Untersuchung möchten sie abklären, ob Laura für einen solchen Schultyp geeignet ist.

2 Psychologische Untersuchung

Laura Bawa unterzog sich am 13.11. und 19.11.2004 einer mehrstündigen psychologischen Untersuchung. Neben einem ausführlichen Anamnesegespräch gemeinsam mit ihrer Mutter, Frau Bawa, kamen nachfolgende Tests zur Anwendung:

- AID 2
- CFT 20
- *Test d2*

2.1 Informationen aus dem Gespräch

Laura Bawa wurde am 30.10.1994 in Wien als Tochter des Ehepaares Roswitha und Gerhard Bawa geboren. Die Mutter von Laura ist 40, der Vater 47 Jahre alt. Frau und Herr Bawa sind als kaufmännische Angestellte in demselben Unternehmen beschäftigt, wobei Frau Bawa derzeit halbtags arbeitet, damit sie nachmittags ihre Kinder zu Hause betreuen kann – Laura hat eine um zwei Jahre jüngere Schwester, mit der sie ein Zimmer teilt; die Schwestern verstünden sich gut und spielten viel miteinander.

Nach Angaben von Frau Bawa verlief Schwangerschaft und Geburt von Laura ohne Komplikationen. Frau Bawa beschreibt sie als „von Geburt an" ruhiges und ausgeglichenes Kind. Sie sei auch ein sehr gesundes Kind – bisher gab es keine schweren Krankheiten oder Unfälle. Zur Entwicklung berichtet Frau Bawa, dass Laura im Alter von sechs bis sieben Monaten zu krabbeln und mit elf Monaten zu gehen begonnen hat. Im Alter von 15 Monaten habe Laura die ersten Worte und mit etwa 24 Monaten erste längere Sätze gesprochen.

Laura besuchte ab ihrem dritten Lebensjahr den Kindergarten. In diesen sei sie nicht gerne gegangen. Mit sechs Jahren wurde sie eingeschult, wobei sie sich nach kurzer Zeit in die Schule eingewöhnt habe. Laura erzählt, dass sie gerne in die Schule gehe; ihre Lieblingsfächer seien Religion und Sachunterricht, am wenigsten möge sie Deutsch, da sie hier „nicht so gut" sei. Im Jahreszeugnis der 3. Klasse erhielt Laura in Deutsch und Mathematik jeweils die Note „2", in allen übrigen Schulfächern die Note „1".

Laura gehe nach der Schule zunächst zu ihrer Oma, die in der Nähe der Schule wohnt. Von dort holt sie die Mutter spätestens um 15 Uhr ab. Frau Bawa erzählt, dass Laura das Erledigen der Hausaufgaben häufig hinausschiebe und dazu gemahnt werden müsse. Dann erledige sie jedoch die Hausaufgaben relativ selbständig, die Mutter helfe ihr teilweise dabei und kontrolliere die Aufgaben. Frau Bawa beschreibt ihre Tochter als wenig ehrgeizig; es sei Laura „nicht so wichtig, ob ihr etwas in der Schule gut gelingt". Laura sei froh wenn sie ihre Aufgaben erledigt habe und spielen dürfe, zumeist mit einer Freundin. Laura gibt an, dass sie in der Klasse viele Freundinnen habe. Sie besucht einmal wöchentlich den Turnverein und macht einen Reitkurs. An den Wochenenden mache die Familie häufig Ausflüge.

Bezüglich der weiteren Schullaufbahn wünschen sich die Eltern, dass Laura ein Gymnasium besucht. Allerdings, sagt Frau Bawa, möchte sie ihr Kind nicht überfordern und erwarten sich von der psychologischen Untersuchung eine Entscheidungshilfe. Laura meint, dass sie sich noch nicht überlegt habe, in welche Schule sie gehen möchte.

2.2 Testergebnisse

AID 2

Das AID 2 ist eine Intelligenz-Testbatterie für Kinder und Jugendliche. Mit elf Unter- und drei Zusatztests wird ein breites Spektrum von Fähigkeiten erfasst.

Die Ergebnisse werden in T-Werten angegeben. Als Durchschnitt gilt dafür der Bereich zwischen 43 und 57. Darüber hinaus erfolgt hier die Darstellung in Prozenträngen (PR), wobei ein Prozentrang von 25 bis 75 einer durchschnittlichen Leistung entspricht; ein Prozentrang unter 25 ist als unterdurchschnittlich, ein Prozentrang über 75 als überdurchschnittlich zu interpretieren. Zusätzlich wird (jeweils in Klammer) jener Bereich angegeben, in dem der um den Messfehler bereinigte T-Wert mit 95 % Sicherheit liegt. Referenzpopulation sind 10-jährige (Mädchen).

Intelligenzquantität PR = 38	Die untere Grenze der Intelligenzquantität im AID 2 entspricht bei Laura einem Prozentrang von 38, d.h. 62 % der 10-Jährigen erbringen bessere Minimaltestleistungen.
Range PR = 11	Die Spannweite der Testleistungen liegt mit einem Prozentrang von 11 % unter dem Durchschnitt. Dies bedeutet, dass die Fähigkeiten in den verschiedenen erfassten Bereichen sehr gleichförmig sind und wenig streuen.
Alltagswissen $T = 44\ [36; 53]$ PR = 27	Bei Aufgaben, die Sachkenntnisse über Inhalte prüfen, die in der heutigen Gesellschaft alltäglich sind, erbringt Laura eine gerade noch durchschnittliche Leistung.
Angewandtes Rechnen $T = 50\ [42; 58]$ PR = 50	Bei der Problemlösung alltäglicher Aufgabenstellungen, bei welchen durch entsprechende Schlussfolgerungen die jeweils passenden Rechenoperationen anzuwenden sind, erbringt Laura Bawa eine exakt durchschnittlich gute Leistung.
Unmittelbares Reproduzieren-numerisch	

vorwärts
$T = 46$
PR $= 34$
rückwärts
$T = 53$
PR $= 62$

Laura verfügt im verbal-akustischen Bereich über eine durchschnittlich hohe Aufnahmefähigkeit bei der Verarbeitung serieller (d. h. aufeinander folgender) Informationen: Sie erreicht beim Nachsprechen von Zahlenfolgen in gleicher sowie in umgekehrter Reihenfolge durchschnittlich hohe Testwerte.

Synonyme Finden
$T = 47$ [39; 56]
PR $= 38$

Bei Aufgaben, die Sprachverständnis bzw. den Wortschatz erfassen, zeigt sie eine durchschnittlich hohe Leistung.

Funktionen
Abstrahieren
$T = 33$
PR $= 4$

Das Testergebnis von Laura bei Aufgaben, bei denen man durch Abstraktion bzw. Verallgemeinerung zu einer Begriffsbildung gelangen muss, liegt weit unter dem Durchschnitt. 96 % der 10-Jährigen schaffen hier höhere Testwerte.

Soziales Erfassen und
Sachliches
Reflektieren
$T = 36$ [26; 45]
PR $= 8$

Auch bei Aufgaben, die das Verständnis für Sachzusammenhänge der gesellschaftlichen Umwelt prüfen, liegt die Leistung von Laura deutlich unter dem Durchschnitt.

Realitätssicherheit
$T = 50$ [36; 61]
PR $= 50$

Aufgaben, bei welchen die Wirklichkeit um Dinge des Alltags verstanden bzw. kontrolliert werden muss, meistert Laura durchschnittlich gut.

Soziale und Sachliche
Folgerichtigkeit
$T = 45$ [32; 58]
PR $= 31$

Aufgaben, bei welchen die Abfolge sozialen Geschehens bzw. alltäglicher Sachgegebenheiten verstanden bzw. kontrolliert werden muss, gelingen ihr ebenfalls durchschnittlich gut, zu lösen.

Kodieren und
Assoziieren

Kodiermenge
$T = 36$ [29; 43]
PR $= 8$
Assoziationen
$T = 42$ [30; 54]
PR $= 21$

Bei Aufgaben, in denen symbolische Informationen möglichst schnell zu verarbeiten sind, liegt die Menge der von Laura erbrachten Arbeitsleistung unter dem Durchschnitt. Sie verarbeitet Informationen sehr langsam. Die Anzahl beiläufig richtig eingeprägter Symbol-Zeichen-Zuordnungen liegt knapp unter dem Durchschnitt. Das spricht für eine nicht allzu hohe Fähigkeit zum beiläufigen Lernen.

Antizipieren und
Kombinieren-figural
$T = 53$ [37; 68]
PR $= 62$

Bei Aufgaben, die ein schlussfolgerndes Denken derart verlangen, dass Teile eines Ganzen erkannt werden müssen bzw. aus diesen Teilen das Ganze zu gestalten ist, schneidet Laura durchschnittlich gut ab.

Analysieren und Synthetisieren- abstrakt $T = 50$ [41; 59] PR = 50	Laura ist auch durchschnittlich gut in der Lage, komplexe geometrische Gestalten durch geeignete Strukturierung zu rekonstruieren.
Unmittelbares Reproduzieren- figural/abstrakt $T = 57$ PR = 76	Laura verfügt im visumotorischen Bereich über eine knapp überdurchschnittlich hohe Aufnahmefähigkeit bei der Verarbeitung serieller (d. h. aufeinander folgender) Informationen.
Merken und Einprägen $T = 55$ PR = 69	Ihre Behaltenskapazität (nach einmaligem Wiederholen) ist durchschnittlich gut.
Strukturieren- visumotorisch $T = 60$ $PR = 84$	Bei Aufgaben, die verlangen, dass komplexe abstrakte Gestalten in vorgegebene Teilkomponenten zerlegt wer- den, erreicht Laura ein überdurchschnittliches Testergebnis.

Aus der Ergebniskonstellation ist in Bezug auf ausgewählte Teilleistungsstörungen eine Schwäche im sprachgebundenen Bereich festzustellen.

CFT 20

Dieses Verfahren erfasst die Fähigkeit zum schlussfolgernden Denken im abstrakten figuralen Bereich bzw. die veranlagungsbedingte Komponente der Intelligenz. Zwei Zusatztests (*Wortschatztest* und *Zahlenfolgentest*) erlauben die Gegenüberstellung dieser Komponente jener, die aus Anlage und Umwelteinfluss gegenwärtig gegeben ist. Erstere korrespondiert also mit dem von schulischen und sozialisationsbeding- ten Einflüssen unabhängigen Intelligenzpotential, während letztere allfällige bisher fördernde Einflüsse mit ein bezieht.

Die Leistungen von Laura werden mit der Referenzpopulation von Schülern der 4. Grundschulklasse in Beziehung gesetzt. Die Ergebnisse sind wieder in T-Werten (inklusive Konfidenzintervallen) und Prozenträngen angegeben.

CFT 20 $T = 52$ [48; 56] PR = 58	Die Gesamtleistung von Laura liegt ziemlich genau im Durchschnittsbereich.
1. Halbteil PR = 39 *2. Halbteil* PR = 76	Auffällig ist die große Diskrepanz zwischen den beiden Halbteilen: Laura verbessert sich vom ersten auf den zweiten Teil bedeutend.
Wortschatztest $T = 48$ [41; 55] PR = 42	Die Leistungen bei Aufgaben, die den Wortschatz erfassen, sind bei Laura durchschnittlich gut.

Zahlenfolgentest $T = 46\ [41; 51]$ $PR = 34$	Auch Aufgaben zum schlussfolgernden Denken im numerischen Bereich meistert Laura durchschnittlich gut.

Test d2

Der *Test d2* prüft die visuelle selektive Aufmerksamkeit, aber auch die Ausdauer, mit der eine Person konzentriert arbeiten kann.

Die Ergebnisse werden in Standardwerten (SW) sowie in Prozenträngen (PR) angegeben. Als durchschnittlich gelten Standardwerte von 93 bis 107, das entspricht wieder Prozenträngen zwischen 25 % und 75 %. Zusätzlich wird (jeweils in Klammer) jener Bereich angegeben, in dem der um den Messfehler bereinigte Standardwert mit 95 % Sicherheit liegt. Referenzpopulation sind 10-Jährige.

Bearbeitungstempo $SW = 99\ [94; 104]$ $PR = 46$	Laura bearbeitet insgesamt durchschnittlich viele Items.
Fehleranteil $SW = 106\ [102; 110]$ $PR = 73$	Bei den grundsätzlich anspruchslosen Aufgaben macht sie Fehler, deren Anzahl in Relation zur Anzahl der bearbeiteten Aufgaben eine Leistungsgüte bedeutet, die im oberen Durchschnittsbereich liegt.
Konzentrationsleistung $SW = 104\ [99; 109]$ $PR = 66$	Insgesamt liegt die Konzentrationsleistung von Laura im durchschnittlichen Bereich.

Verhaltensbeobachtung:

Laura machte beim Anamnesegespräch und bei der Testung einen schüchternen und gehemmten Eindruck. Sie meinte jedoch, keine Angst vor den Tests zu haben. Während der Testung wirkte Laura konzentriert, aber desinteressiert und wenig motiviert. Ihr Arbeitstempo war langsam – dies fiel vor allem im AID 2 auf. Insbesondere bei Aufgaben, bei denen Laura Fragen beantworten musste, brauchte sie sehr lange, bis sie eine Antwort gab. Außerdem fiel hier eine sehr einfache und wenig differenzierte Ausdrucksweise auf – mehrmals meint Laura, sie wisse nicht, wie sie das sagen solle.

3 Interpretation und Beantwortung der Fragestellung

Laura Bawa erbringt in den Tests eine überwiegend durchschnittliche Leistung. Eine deutliche Schwäche zeigt sich in den sprachgebundenen Fähigkeiten. So erreicht Laura im AID 2 in den Untertests *Funktionen Abstrahieren* sowie *Soziales Erfassen und Sachliches Reflektieren* ein weit unterdurchschnittliches und im *Alltagswissen* ein gerade noch durchschnittliches Ergebnis. Auffällig ist die einfache, wenig differenzierte Sprache. Laut Angaben der Mutter hat Laura recht spät, im Alter von 15 Monaten erste Worte und mit etwa 24 Monaten erste längere Sätze gesprochen. Es ist daraus zu schließen, dass Lauras Sprachentwicklung verzögert war bzw. ist.

Eine weitere Schwäche zeigt sich im Untertest *Kodieren und Assoziieren*. Laura besitzt eine besonders langsame Informationsverarbeitungsgeschwindigkeit; sie merkt sich auch wenige Informationen durch beiläufiges Lernen. Die Beobachtung des Arbeitsverhaltens lässt auf ein generell langsames Arbeitstempo schließen.

Überdurchschnittlich hohe Leistungen erbringt Laura dagegen bei Aufgaben, bei denen komplexe abstrakte Gestalten in vorgegebene Teilkomponenten zerlegt werden müssen, und bei Aufgaben, die das Einprägen und Reproduzieren visueller Inhalte fordern; diese Fähigkeiten sind als Stärken von Laura zu bewerten.

Im schlussfolgernden Denken zeigt Laura insgesamt durchschnittlich gute Leistungen, wobei auffällt, dass sie im zweiten Halbteil weit bessere Testergebnisse als im ersten Halbteil erzielt. Da im zweiten Halbteil Aufgaben gleicher Art vorgegeben werden, ist zu schließen, dass Laura einige Zeit benötigt, um mit der Aufgabenart zurecht zu kommen, um ihr Leistungspotential auszuschöpfen.

Sie verfügt über eine durchschnittlich hohe Konzentrationsfähigkeit; sie arbeitet bei kognitiv wenig anspruchsvollen Aufgaben durchschnittlich schnell und sorgfältig.

Das Anamnesegespräch weist darauf hin, dass Laura gute Schulleistungen wenig wichtig sind. Sie wirkt auch bei der Testung desinteressiert, so dass insgesamt in Hinblick auf Lauras Arbeitshaltung eine eher niedrige Leistungsmotivation und eher wenig schulischer Ehrgeiz festzustellen ist.

Aufgrund der Schwäche im sprachlichen Bereich, der sehr geringen Informationsverarbeitungsgeschwindigkeit, verbunden mit einem generell langsamen Arbeitstempo bei anspruchsvollen Aufgaben sowie der wenig leistungsmotivierten Arbeitshaltung von Laura ist von einem Wechsel in ein Gymnasium nach der 4. Klasse Volksschule abzuraten.

Es ist stattdessen ein Übertritt in die Hauptschule zu empfehlen; in dieser bestehen geringere Leistungsanforderungen und weniger Leistungsdruck, auch was das Arbeitstempo betrifft. Der deutlichen Schwäche im sprachlichen Bereich sollte gezielt, wenn auch mit spielerischen Methoden entgegengewirkt werden. Frau Bawa wird diesbezüglich auf pädagogisches Lern- und Fördermaterial, das im Fachhandel erhältlich ist, hingewiesen.

4 Zusammenfassung

Laura Bawa, 10 Jahre, aus Wien, wurde bezüglich der Eignung für den späteren Besuch eines Gymnasiums psychologisch untersucht. Neben einem Anamnesegespräch kamen folgende Tests zur Beantwortung der Fragestellung zum Einsatz: AID 2, CFT 20 und Test d2. Laura Bawa erbringt zwar überwiegend durchschnittliche Leistungen, sowohl was Intelligenz als auch was Konzentrationsfähigkeit betrifft, hat aber doch auch eine deutliche Schwäche, nämlich in den sprachgebundenen Fähigkeiten. Außerdem ist ihr Arbeitstempo auffällig langsam. Ihre Arbeitshaltungen erweisen sich als wenig leistungsmotiviert, so dass vom Besuch eines Gymnasiums abgeraten wird. Eine gezielte Sprachförderung mit spielerischen Methoden, um der deutlichen Schwäche im sprachlichen Bereich entgegenzuwirken, wurde empfohlen.

---

[37]Das österreichische Schulsystem sieht als Grundschule eine vierjährige *Volksschule* vor; aufbauend darauf gibt es neben der *Hauptschule* die *Allgemeinbildenden Höheren Schulen*, das

PSYCHOLOGISCHES GUTACHTEN

betreffend Katharina Ciller, geb. am 27.11.1977 in Wien,
zur Frage: Ob Frau Ciller als Führungskraft im Marketing und Sales-Bereich geeignet ist.

1 Bisheriger Sachverhalt

Katharina Ciller ist seit sechs Jahren als Sekretärin eines großen Unternehmens tätig und besuchte daneben einen Fachhochschulstudiengang Marketing & Sales in Wien. Da sie diesen Studiengang nunmehr erfolgreich abgeschlossen hat, möchte sie sich für eine Führungsposition bewerben. Die entsprechenden Fachkenntnisse hat sie in ihrer Ausbildung erworben, sie ist sich jedoch unsicher, ob sie über die für eine Führungsposition erforderlichen Persönlichkeitsmerkmale verfügt.

2 Anforderungsprofil

Die Fachhochschul-Studiengänge für Finanz-, Rechnungs- und Steuerwesen, Marketing und Sales (Wien) geben folgende Anforderungen für Spitzenkräfte im Marketing und Verkauf an:
- analytische Fähigkeiten
- vernetztes Denken
- soziale Kompetenz
- Fremdsprachenkenntnisse
- spezialisiertes Fachwissen in den Bereichen Marketing, Kommunikation sowie Verkaufs- und Distributionsmanagement.

Laut Berufslexikon für akademische Berufe des (österreichischen) *Arbeitsmarktservice* werden im Wesentlichen folgende Berufsanforderungen an Führungskräfte, ManagerInnen und Sales-ManagerInnen gestellt.

Führungskräfte:
- Diplomatisches Geschick
- Fähigkeit zu delegieren, d. h., Aufgaben und Verantwortung an dafür geeignete Personen oder Gruppen übertragen zu können

ManagerInnen:
- hohes Maß an logisch-analytischem sowie wirtschaftsorientiertem Denkvermögen
- Flexibilität und Mobilität
- Einsatzbereitschaft
- Belastbarkeit
- perfekte Fremdsprachenkenntnisse
- Fähigkeit zur Arbeit mit Rechtsmaterien und Verwaltungsmaterialien
- hohes Maß an kommunikativer Kompetenz

Sales-ManagerInnen:
- fachliche Kenntnisse im jeweiligen Berufsfeld

---

sind Gymnasien mit unterschiedlichen Schwerpunktausbildungen. Das Notensystem ist fünfstufig.

- Verkaufsgeschick: Freude am Umgang mit Menschen, gute Sprachfertigkeiten, Überzeugungskraft
- Selbständigkeit
- Einsatzfreude
- Bereitschaft zu Reisetätigkeit und unregelmäßigen Arbeitszeiten
- Fähigkeit zu Stress-Management
- Hohes Maß an Kommunikationsfähigkeit: Verhandlungskompetenz, Repräsentationseignung

3 Psychologische Untersuchung

Mit Frau Ciller wurde am 15.03.2005 ein ausführliches Gespräch zur *Sammlung der typischerweise mit dem gegebenen Sachverhalt in Verbindung stehenden Informationen* geführt sowie einer jeweils ca. einstündigen Testung am 17.03.2005 und am 19.03.2005 durchgenommen; dabei kamen folgende Verfahren zur Anwendung:

- Bochumer Inventar zur berufsbezogenen Persönlichkeitsbeschreibung (BIP)
- Fragebogen zu Kompetenz- und Kontrollüberzeugungen (FKK)
- Leistungsmotivationsinventar (LMI)

3.1 Informationen aus dem Gespräch

Katharina Ciller ist 27 Jahre alt, lebt in Wien und ist seit sechs Jahren als Sekretärin im Sales-Bereich eines großen Unternehmens tätig. Ihre Mutter (53) Jahre ist Volksschullehrerin, ihr Vater (55) Hochbauingenieur. Ihre 30-jährige Schwester ist als Juristin tätig und ihr 24-jähriger Bruder studiert Publizistik und Kommunikationswissenschaften.

Frau Ciller gibt an, zu ihren Eltern selten Kontakt zu haben; zu ihren Geschwistern habe sie ein sehr gutes und enges Verhältnis und sehe diese recht oft. Auf die Wahl ihres Berufes und ihrer Ausbildung hätten ihre Eltern keinen Einfluss gehabt.

In ihrer Beziehung zu ihrem Freund, mit dem sie bereits seit drei Jahren zusammen in einer Wohnung lebe, sei sie nicht sehr glücklich. Er ist beruflich in der Gastronomie tätig und habe daher einen ganz anderen Lebensrhythmus als sie. Er komme erst spät in der Nacht nach Hause und schlafe auch länger als sie. Obwohl sie sich schon einige Male von ihm getrennt habe, wären sie doch immer wieder zusammen gekommen. Sie habe das Gefühl, ihn nicht loslassen zu können, obwohl sie spüre, dass er ihr emotional nicht gut tue. Im Großen und Ganzen empfinde sie ihre Beziehung derzeit als sehr belastend.

Ihre Schulzeit betreffend gibt Frau Ciller an, manchmal unzufrieden mit sich selbst gewesen zu sein, da sie gerne noch bessere Noten erzielt hätte. Nach der Matura[38] und vier Semestern Betriebswirtschaftsstudium, schloss sie neben ihrer beruflichen Tätigkeit als Sekretärin die Fachhochschule für Marketing und Sales in Wien ab und besuchte auch einige Fortbildungsseminare (Portfoliomanagement, Controlling für Führungskräfte). Als Hobby gibt sie an, gerne zu Reisen.

Der Bereich Sales und Marketing interessiere sie schon seit Beginn ihrer Arbeit in diesem Bereich. Obwohl ihr die Arbeit als Sekretärin immer viel Spaß gemacht habe, suche sie nun eine größere Herausforderung und wolle eine Position mit mehr

Verantwortung; sie möchte ihre eigenen Ideen umsetzen können. Es mache ihr auch nichts aus, dafür weniger Privatleben und unregelmäßige Arbeitszeiten zu haben.

Vor einer entsprechenden Bewerbung sucht sie psychologische Hilfe: Von der Testung und Beratung erwarte sie sich eine Abklärung, ob sie über die für eine Führungsposition notwendigen Persönlichkeitsmerkmale verfüge, da sie sich nicht sicher sei, ob sie bereits einer so großen Herausforderung gewachsen sei.

3.2 Testergebnisse

Im gegebenen Zusammenhang einschlägig zur Beantwortung der psychologischen Fragestellung sind die Verfahren: BIP, FKK, LMI.

Die Testergebnisse werden im Folgenden in Prozenträngen und zusätzlich entweder in Sten-Werten, Stanine-Werten oder T-Werten angegeben. Letztere sind verfahrensspezifisch gegeben; die Interpretation erfolgt immer gemäß den Prozenträngen. Diese geben an, wie viel Prozent der fraglichen Referenzpopulation einen Testwert erzielt haben, der höchstens jenem der untersuchten Person entspricht. Prozentränge unter 25 % können als unterdurchschnittlich in Bezug auf die erfasste Eigenschaft bezeichnet werden, Prozentränge über 75 % als überdurchschnittlich und solche zwischen 25 % und 75 % als durchschnittlich. Zusätzlich sind sog. „Konfidenzintervalle" (je Sten-, Stanine- und T-Wert; in eckiger Klammer) angeführt, die den Messfehler einkalkulieren.

BIP

Das BIP ist ein Verfahren zur Erfassung des Selbstbildes einer Person im Hinblick auf relevante persönlichkeitsbezogene Beschreibungsdimensionen aus dem Berufsleben. Mit insgesamt 14 Skalen werden die Bereiche Berufliche Orientierung, Arbeitsverhalten, Soziale Kompetenzen und Psychische Konstitution erfasst. Als Referenzpopulation dienen Absolventen wirtschaftlicher Studiengänge.

Berufliche Orientierung

Leistungsmotivation
Sten-Wert = 9
[7,2; 10,8]
PR = 96

Mit einem weit überdurchschnittlichen Wert schreibt sich Frau Ciller enorm hohe Anforderungen an die eigene Leistung zu, große Anstrengungsbereitschaft, um zu erreichen, was sie sich vorgenommen hat; sie bekundet besonders hohe Motivation zur fortwährenden Leistungssteigerung. Nur 4 % der Referenzpopulation erreichen höhere Werte.

Gestaltungsmotivation
Sten-Wert = 9
[7; 11]
PR = 96

Mit einem ebenfalls weit überdurchschnittlichen Testwert gibt Frau Ciller eine hohe Motivation an, subjektiv erlebte Missstände zu verändern sowie Prozesse und Strukturen ihrer Umwelt nach eigenen Vorstellungen gestalten zu wollen. Sie beschreibt sich dahingehend, Vorstellungen und Ideen mit hohem Engagement zu verfolgen, auch gegen deutliche Widerstände. Nur 4 % der Referenzpopulation erreichen höhere Werte an.

Führungsmotivation
Sten-Wert = 4
[2,8; 5,2]
PR = 23

Mit einem knapp unterdurchschnittlichen Wert bekundet sie eine geringe Motivation zur sozialen Einflussnahme und eine geringe Neigung zu Führungs- und Steuerungsaufgaben. Es widerstrebt ihr danach eher, in den Handlungsspielraum anderer einzugreifen oder sich in Gruppen um die Führung zu bemühen. Nach ihren Antworten schätzt sie sich als wenig autoritär ein und fühlt sich beim Erteilen von Anweisungen „nicht ganz wohl in ihrer Haut".

Arbeitsverhalten

Gewissenhaftigkeit
Sten-Wert = 7
[5,3; 8,7]
PR = 77

Mit einem knapp überdurchschnittlichen Wert beschreibt Frau Ciller für sich einen sorgfältigen Arbeitsstil, hohe Zuverlässigkeit, eine am Detail orientierte Arbeitsweise und den Hang zum Perfektionismus. Das Einhalten von Vereinbarungen und Fristen gibt sie als wichtig an. Gemäß ihren Antworten vertieft sie sich gerne in Einzelheiten und in die fundierte Lösung von Problemen.

Flexibilität
Sten-Wert = 6
[4,6; 7,4]
PR = 66

Mit einem durchschnittlichen Wert bekundet sie eine durchschnittliche Bereitschaft, sich auf neue oder unvorhergesehene Situationen einzustellen und Ungewissheit zu tolerieren. Sie gibt sich als durchschnittlich offen für Veränderungen.

Handlungsorientierung
Sten-Wert = 3
[1,5; 4,5]
PR = 11

Mit einem unterdurchschnittlichen Wert beschreibt sich Frau Ciller als häufig unsicher hinsichtlich des optimalen Vorgehens bei der Bewältigung ihrer Aufgaben. Sie stellt sich so dar, dass sie oft lange braucht, bis sie eine Tätigkeit aufnimmt oder eine Entscheidung in die Tat umsetzt. Weiter gibt sie an, dass sie leicht ablenkbar ist und es ihr schwer fällt, die Aufmerksamkeit auf die jeweils relevanten Aspekte zu richten. Nach ihren Antworten mag sie Tätigkeiten, die ein sehr rasches Handeln unter Unsicherheit verlangen, nicht so sehr.

Soziale Kompetenzen

Sensitivität
Sten-Wert = 6
[4,6; 7,4]
PR = 60

Mit einem durchschnittlichen Wert beschreibt Frau Ciller für sich ein durchschnittliches Einfühlungsvermögen und durchschnittliche Sicherheit in der Wahrnehmung der Befindlichkeit ihrer Gesprächspartner.

Kontaktfähigkeit
Sten-Wert = 6
[4,5; 7,5]
PR = 60

Mit einem durchschnittlichen Wert stellt sie sich als Persönlichkeit dar, die eine durchschnittlich ausgeprägte Fähigkeit hat, Beziehungen aufzubauen und zu pflegen; sie schreibt sich eine durchschnittliche Fähigkeit zu, auf bekannte und unbekannte Menschen zugehen zu können.

Soziabilität
Sten-Wert = 3
[1,2; 4,8]
PR = 11

Mit einem unterdurchschnittlichen Wert stellt sich Frau Ciller so dar, dass zwischenmenschliche Harmonie für sie wenig bedeutend ist, sie muss nicht von anderen als angenehm im Umgang und stets rücksichtsvoll wahrgenommen werden. Kritik und unangenehme Wahrheiten spricht sie laut ihren Angaben offen aus.

Teamorientierung
Sten-Wert = 5
[3,7; 6,3]
PR = 40

Mit einem durchschnittlichen Wert gibt Frau Ciller eine durchschnittliche Wertschätzung von Teamarbeit und Kooperation an sowie eine durchschnittliche Bereitschaft zur aktiven Unterstützung von Teamprozessen. Sie beurteilt im Fragebogen Teamarbeit nicht höher als die Arbeit einzelner.

Durchsetzungsstärke
Sten-Wert = 4
[2,6; 5,4]
PR = 23

Mit einem unterdurchschnittlichen Wert beschreibt sich Frau Ciller so, dass sie nicht dazu neigt, andere Menschen zu dominieren und in Gruppensituationen für die bedingungslose Durchsetzung ihrer Auffassung zu kämpfen. Kompromisse, nicht Dominanz und Autorität, gibt sie als ihre Verhaltensstrategie an. Wenn eine Einigung ausgehandelt werden muss, tendiert sie laut Antwortverhalten zur Nachgiebigkeit und beharrt nicht auf ihrem Standpunkt.

Psychische Konstitution

Emotionale Stabilität
Sten-Wert = 2
[0,6; 3,4]
PR = 4

Mit einem unterdurchschnittlichen Wert beschreibt sich Frau Ciller als jemand, der einige Zeit braucht, um über Misserfolge und Niederlagen hinwegzukommen. Sie fühlt sich demzufolge öfter entmutigt, unzulänglich und manchmal überfordert. Wenn sie bedrückt oder besorgt ist, gibt sie an, fällt ihr die Bewältigung ihrer Aufgaben mitunter schwer. 96 % der Referenzpopulation geben sich emotional stabiler.

Belastbarkeit
Sten-Wert = 3
[1,8; 4,2]
PR = 11

Mit einem unterdurchschnittlichen Wert stellt sich Frau Ciller als Person dar, die bei starken Belastungen schnell die Grenzen ihrer Leistungsfähigkeit erreicht. Muss sie sich über eine längere Zeit hinweg hohen Anforderungen stellen, fühlt sie sich gemäß ihrem Antwortverhalten erschöpft, gereizt und nervös, ihre Bereitschaft zur Auseinandersetzung mit weiter wachsenden Belastungen ist eher gering.

Selbstbewusstsein
Sten-Wert = 5
[3,5; 6,5]
PR = 40

Mit einem durchschnittlichen Wert bekundet Frau Ciller ein durchschnittlich hohes Selbstvertrauen bezüglich der eigenen Fähigkeiten und Leistungsvoraussetzungen.

Zusammenfassend kann gesagt werden, dass Frau Ciller in Bezug auf ihre berufliche Orientierung hohe Leistungsmotivation und hohe Gestaltungsmotivation, jedoch geringe Führungsmotivation angibt, in Bezug auf ihr Arbeitsverhalten hohe Gewissenhaftigkeit, aber geringe Handlungsorientierung. Was ihre sozialen Kompetenzen betrifft, beschreibt sie für sich eine geringe Neigung zu zwischenmenschlicher Harmonie und geringe Durchsetzungskraft. Ihre psychische Konstitution charakterisiert sie mit geringer emotionaler Stabilität und geringer Belastbarkeit.

FKK

Der FKK ist ein Fragebogen zur Erfassung des Selbstbilds eigener Kompetenz und Kontrollmöglichkeit über den Lauf des eigenen Lebens. Drei Aspekte generalisierter Kontrollüberzeugungen zusätzlich zum generalisierten Selbstkonzept eigener Fähigkeiten werden abgefragt: Internalität, soziale Externalität und fatalistische Externalität. Als Referenzpopulation dienen alle Erwachsenen.

Selbstkonzept eigener Fähigkeiten $T = 59\ [50; 68]$ $PR = 82$	Frau Ciller beschreibt sich in einem überdurchschnittlichen Ausmaß als selbstsicher, aktiv, tatkräftig und ideenreich, als sicher in neuartigen Situationen, mit vielen Handlungsalternativen und hohem Selbstvertrauen.
Internalität $T = 48\ [38; 58]$ $PR = 42$	Frau Ciller stellt sich so dar, dass sie durchschnittlich oft das Gewünschte oder Geplante erreicht und eigene Interessen eher erfolgreich vertreten kann. Erfolge beschreibt sie in durchschnittlichem Ausmaß als abhängig von eigener Anstrengung und persönlichem Einsatz; die eigenen Handlungen sind demnach durchschnittlich wirksam und effektiv.
Soziale Externalität $T = 52\ [42; 62]$ $PR = 58$	Frau Ciller beschreibt sich demzufolge auch als durchschnittlich abhängig von anderen Menschen, d. h., Ereignisse im Leben sieht sie als durchschnittlich fremd- bzw. eigenverursacht.
Fatalistische Externalität $T = 46\ [36; 56]$ $PR = 34$	Schließlich ergibt sich bei Frau Ciller ein durchschnittlicher Testwert in Bezug auf die Schicksalsgläubigkeit; Glück und Pech spielen nach ihren Angaben für den eigenen Erfolg eine durchschnittliche Rolle.

Zusammenfassend lässt sich sagen, dass Frau Ciller ein gutes Selbstkonzept über ihre eigenen Fähigkeiten beschreibt und in durchschnittlichem Ausmaß internale Kontrollüberzeugungen, wonach sie die Ereignisse in ihrem Leben eher ausgewogen fremd- sowie eigenverursacht sieht.

LMI

Das LMI (in seiner Kurzfassung) prüft die berufsbezogene Leistungsmotivation. Als Referenzpopulation dienen Wirtschaftsstudierende.

Berufsbezogene Leistungsmotivation Stanine-Wert $= 6$ $[4,7; 7,3]$ $PR = 69$	Frau Ciller gibt sich als durchschnittlich leistungsmotiviert.

4 Stellungnahme zur Fragestellung

So wie sich Frau Ciller darstellt, erfüllt sie durchaus einige der geprüften Anforderungen an eine Führungskraft im Marketing und Sales-Bereich, nämlich Selbstständigkeit, Flexibilität, Leistungsmotivation und Einsatzbereitschaft, dazu ist ihr die Fähigkeit zur Arbeit mit Verwaltungsmaterialien (durch ihre langjährige berufliche Erfahrung als Sekretärin), die Bereitschaft zu Reisetätigkeit und zu unregelmäßigen Arbeitszeiten (laut Aussage) sowie spezialisiertes Fachwissen (durch ihre Ausbildung erworben) zu attestieren. Jedoch beschreibt sie für sich, geringe kommunikative Kompetenz und Überzeugungskraft zu haben, wenig belastbar zu sein und vor allem keine Führungsmotivation bzw. Fähigkeit zu besitzen, Aufgaben und Verantwortung an andere Personen oder Gruppen zu delegieren, was alles besonders wichtige Anforderungen an eine Führungskraft sind. Auch ihre Darstellung, wonach sie in Entscheidungen eher zögert und eine geringe Handlungsorientierung hat, ist für eine Führungsposition, in der oft schnelle Entscheidungen sicher getroffen werden müssen, nicht günstig.

Aufgrund der beschriebenen nicht erfüllten Anforderungen kann Frau Ciller (derzeit) nicht zu einer Führungsposition geraten werden. Allerdings handelt es sich dabei um Anforderungsdefizite, die bei entsprechender Persönlichkeitsentwicklung und beruflicher Erfahrung später vielleicht nicht mehr bestehen werden. Unter Umständen sind dafür auch spezielle Trainings und Seminare förderlich.

5 Zusammenfassung

Frau Katharina Ciller unterzog sich am 15.03., am 17.03. und am 19.03.2005 einer mehrstündigen psychologischen Untersuchung wegen der Frage, ob sie über die für eine Führungsposition im Sales-Bereich notwendigen Persönlichkeitsmerkmale verfügt, weil sie nicht sicher sei, inwiefern sie einer solchen beruflichen Herausforderung gewachsen ist.

An psychologisch-diagnostischen Verfahren kamen neben einem ausführlichen Gespräch zur *Sammlung der typischerweise mit dem gegebenen Sachverhalt in Verbindung stehenden Informationen* das BIP, der FKK und das LMI zur Anwendung.

Es ergibt sich, dass Frau Ciller gemäß ihren Antworten in den genannten Verfahren durchaus einige der Anforderungen an eine Führungskraft im Marketing und Sales-Bereich erfüllt – neben der Fähigkeit zur Arbeit mit Verwaltungsmaterialien, der Bereitschaft zu Reisetätigkeit und zu unregelmäßigen Arbeitszeiten sowie dem spezialisierten Fachwissen; es sind das Selbstständigkeit, Flexibilität, Leistungsmotivation und Einsatzbereitschaft. Es ergibt sich aber auch, dass sie laut eigener Einschätzung geringe kommunikative Kompetenz und Überzeugungskraft hat, wenig belastbar ist und vor allem keine Führungsmotivation bzw. Fähigkeit hat, Aufgaben und Verantwortung an andere Personen oder Gruppen zu delegieren, und schließlich bei Entscheidungen eher zögert. Angesichts der gestellten Anforderungen an eine Führungskraft scheint Frau Ciller derzeit für eine Führungsposition nicht geeignet.

PSYCHOLOGISCHES GUTACHTEN

betreffend Holger Dobrak, geboren am 28. Oktober 1983 in Linz
zur Frage: Ob Herr Dobrak die Berufsreifeprüfung[39] erfolgreich absolvieren wird
können.

1 Bisheriger Sachverhalt

Herr Dobrak hat eine Doppellehre als Elektromechaniker und -maschinenbauer im
Februar 2003 abgeschlossen. Nach einem Jahr Zivildienst überlegt Herr Dobrak nun,
ein Hochschulstudium der Technik zu beginnen. Um zum Studium ohne Matura[40]
zugelassen zu werden, müsste Herr Dobrak die Berufsreifeprüfung absolvieren. Herr
Dobrak möchte durch die psychologische Untersuchung abklären, ob er aufgrund seiner kognitiven (geistigen) Fähigkeiten die Berufsreifeprüfung erfolgreich absolvieren
wird können.

2 Anforderungsprofil für die Berufsreifeprüfung

Die Berufsreifeprüfung setzt sich aus folgenden Teilprüfungen zusammen:

1. Deutsch (fünfstündige schriftliche Klausurarbeit mit Maturaniveau)
2. Mathematik (vierstündige schriftliche Klausurarbeit mit Maturaniveau)
3. eine lebende Fremdsprache (nach Wahl, fünfstündige Klausurarbeit oder eine
   mündliche Prüfung mit Maturaniveau)
4. Fachgebiet aus der beruflichen Praxis (fünfstündige schriftliche Klausurarbeit
   über ein Thema aus dem Berufsfeld des Prüfungskandidaten sowie eine mündliche
   Prüfung mit dem Ziel einer Auseinandersetzung auf höherem Niveau)

3 Psychologische Untersuchung

Mit Herrn Dobrak wurde zunächst am 7.12.2004 ein ausführliches Gespräch zur
*Sammlung der typischerweise mit dem gegebenen Sachverhalt in Verbindung ste-
henden Informationen* geführt. Anschließend und zu einem weiteren Termin, am
10.12.2004, wurden folgende psychologisch-diagnostische Verfahren vorgegeben:

- Intelligenz-Struktur-Test 2000 R (IST 2000 R)
- Lern- und Gedächtnistest (LGT-3)
- Inventar komplexer Aufmerksamkeit (INKA)

3.1 Informationen aus dem Gespräch

Holger Dobrak wurde am 28.10.1983 in Linz als einziges Kind von V. und K. Dobrak
geboren. Die Mutter ist von Beruf Chefsekretärin, der Vater ist als Autoverkäufer
angestellt. Als Herr Dobrak drei Jahre alt war, ließen sich seine Eltern scheiden.
Kurz nach diesem Ereignis erkrankte Herr Dobrak an *Asthma bronchiale*, an dem er
seitdem leidet. Seit einigen Jahren habe Herr Dobrak diese Krankheit mit Hilfe von
Medikamenten „unter Kontrolle". Ansonsten habe es keine schweren Erkrankungen
oder Entwicklungsauffälligkeiten gegeben.

Mit drei Jahren kam Holger Dobrak in den Kindergarten; Herr Dobrak gibt an,
sich an seine Kindergartenzeit kaum noch zu erinnern. Im Alter von sechs Jahren

---

[38]Entspricht in Österreich dem Abitur.

wurde er eingeschult. Die Volksschulzeit[41] beschreibt er als sehr negativ, die Volksschullehrerin sei sehr streng gewesen und habe großen psychischen Druck ausgeübt.
Er meint, „noch heute große Wut" auf diese Lehrerin zu haben. Obwohl er nicht gerne
in die Volksschule gegangen sei, hat er gute bis durchschnittliche Noten gehabt; die
niedrigsten Leistungen hätte er im Fach Deutsch erbracht. Mit seinen Mitschülern
habe er sich gut verstanden. Nach Abschluss der Volksschule besuchte Herr Dobrak
die Hauptschule. Seine Leistungen steigerten sich dort, was Herr Dobrak mit dem
Lehrerwechsel in Zusammenhang bringt. Er wurde – außer in Deutsch – in die erste
Leistungsgruppe[42] eingestuft. In der Klasse habe er sich prinzipiell wohl gefühlt.

Da sich Herr Dobrak seit seiner Kindheit für alles „Technische" interessiert habe,
entschloss er sich, nach der absolvierten Hauptschulzeit in die Höhere Technische
Lehranstalt (HTL) zu wechseln. Von Beginn an habe ihm dort das Schulklima nicht
gefallen, er habe in der Klasse keinen Anschluss gefunden. Er kritisiert das strenge
Verhalten der Lehrer sowie das starke Konkurrenzdenken, das in der Schule vor-
herrschend gewesen sei. Nach etwa zwei Monaten hat er begonnen, die Schule gelegentlich zu schwänzen. Durch das Fehlen sei er jedoch noch mehr zum Außenseiter
geworden und habe auch zunehmend Leistungsprobleme in der Schule gezeigt. Dies
habe ihn noch mehr frustriert, woraufhin er noch häufiger der Schule fernblieb. Als
seine damalige Freundin die Beziehung kurz vor Weihnachten beendet hatte, sei er
überhaupt nicht mehr zur Schule gegangen. Zuerst habe er das Schulschwänzen vor
seiner Mutter geheim gehalten, später natürlich nicht mehr. Herr Dobrak habe sich –
trotz Drängen der Mutter – geweigert, die HTL weiter zu besuchen. Heute bereue er
den Schulabbruch, da er wisse, dass er den Lehrstoff in der HTL „locker verstanden
hätte". Nach einem halben Jahr zu Hause fand Herr Dobrak – durch Vermittlung
seines Vaters – eine Lehrstelle als Elektromechaniker und Maschinenbauer. Er habe
sich zunächst darüber gefreut, einer beruflichen Tätigkeit nachzugehen. Nach seinen
Angaben sei er den Arbeitsanforderungen vollkommen gewachsen gewesen. Mit den
anderen Mitarbeitern habe es Konflikte gegeben, da er sich von den älteren Arbeitern oft ungerecht behandelt gefühlt habe; er wäre auch in manchen Dingen „zu
begabt für einen Lehrjungen" gewesen. Sobald die Situation in der Firma für ihn zu
belastend geworden sei, habe er sich öfters krank gemeldet. Nach seinen Aussagen
habe ihm der Schulstoff der Berufsschule keine Schwierigkeiten bereitet. Er habe jedoch so häufig gefehlt, dass seine Noten nur „durchschnittlich bis schlecht" gewesen
sind. Herr Dobrak kommentiert das häufige Fehlen so, dass er „einfach faul" gewesen
sei und ihn die Arbeit derart „ausgelaugt" hätte, dass er Pausen gebraucht habe. Er
hätte Schwierigkeiten gehabt, sich zum Lernen zu motivieren und habe daher immer
erst „auf den letzten Drücker" gelernt. Sein Vater habe bald vom häufigen Fehlen im
Betrieb erfahren und die Anwesenheit seines Sohnes in der Arbeit kontrolliert. Daraufhin wurden die Fehlstunden weniger. Im Februar 2003 bestand Holger Dobrak
die Lehrabschlussprüfung mit der Note „Gut", wobei seine Leistung im praktischen
Teil deutlich besser als jene im theoretischen Teil war.

Herr Dobrak arbeitete noch weitere vier Monate in demselben Betrieb, bevor er im
Juli 2003 mit der Absolvierung des Zivildiensts begann. Er habe zu diesem Zeitpunkt

beschlossen, nach dem Zivildienst nicht mehr in diesen Betrieb zurückzukehren. So arbeitet er nun als Leasingarbeiter im Bereich Informationstechnik. Er meint, dass die Tätigkeit ihm „ganz gut" gefalle, da sie sehr abwechslungsreich sei und man ihm aufgrund seiner guten Arbeit sehr viel Verantwortung übertrage. Er verstehe sich mit seinen Kollegen sehr gut, doch kritisiert er den „Umgang seiner Vorgesetzten mit den Arbeitern". Seine Arbeit sei außerdem körperlich sehr anstrengend und es würden ihm Zukunftsperspektiven fehlen. Er überlege deshalb seit längerer Zeit, eine weitere Ausbildung zu absolvieren. Aufgrund seines besonders hohen Interesses für den technischen Bereich möchte Holger Dobrak Technik studieren. Er habe sich bereits über das Studium und die dazu nötige Berufsreifeprüfung informiert. Er sei sich jedoch nicht sicher, ob er diese schaffen kann, da ihm das Lernen „nicht so liege"; er sei „mehr der Praktiker". Das Studium würde er sich durch Studienbeihilfe und „Nebenjobs" finanzieren.

In seiner Freizeit mache Herr Dobrak sehr viel Sport. Früher hat er vereinsmäßig Radrennfahren betrieben, heute fahre er nur noch „hobbymäßig" Rad. Seit einigen Jahren spiele Herr Dobrak in einer Band Gitarre. Ansonsten treffe sich Herr Dobrak gern mit Freunden, gehe gern ins Kino. Herr Dobrak gibt an, dass er einige sehr gute Freunde habe, im Moment aber keine Freundin. Er lebt derzeit noch bei seiner Mutter. Er will sich jedoch eine eigene Wohnung suchen. Auf jeden Fall möchte Holger Dobrak weiterhin in Linz leben, da hier seine Familie und sein gesamter Freundeskreis wohnen.

3.2 Testergebnisse

IST 2000 R
Die Intelligenztestbatterie IST 2000 R erfasst die verbale, numerische und figurale Intelligenz sowie die Merkfähigkeit. Mit einem Wissenstest werden außerdem die sozialisations- und wissensbezogenen Intelligenzfähigkeiten erfasst.

Die Leistungen von Holger Dobrak im IST 2000 R werden mit der altersspezifischen Norm der Gymnasiasten verglichen, da diese bildungsspezifische Referenzpopulation das von Herrn Dobrak angestrebte Bildungsniveau repräsentiert.

Die Testergebnisse werden in Standardwerten (SW) und Prozenträngen (PR) angegeben. Standardwerte von 94 bis 106 sowie Prozenträge von 25 bis 75 gelten als durchschnittlich, da in diesem Bereich 50 % der Referenzpopulation mit ihren Leistungen liegen. Für die Standardwerte wird zusätzlich das sog. „Konfidenzintervall" angegeben, welches den möglichen Messfehler berücksichtigt; mit 95 % Wahrscheinlichkeit liegt der wahre Testwert innerhalb dieses Intervalls.

Verbale Intelligenz	Erfasst wird die Fähigkeit zum schlussfolgernden Denken
$SW = 82$	im Zusammenhang mit sprachlichem Material. Herr Dobrak
$[75{,}50; 88{,}50]$	zeigt bei entsprechenden Aufgaben insgesamt eine Leistung,
PR = 3	die – verglichen mit gleichaltrigen Gymnasiasten – weit unter dem Durchschnitt liegt. 97 % der Referenzpopulation erreichen hier einen höheren Testwert.

Die verbale Intelligenz wird mit folgenden drei Untertests erfasst:

Satzergänzungen
(Sätze sind logisch zu
vervollständigen)
$SW = 94$ [88,26; 99,74]
PR $= 27$

Analogien
(logische Beziehungen
sind zu erkennen und
anzuwenden)
$SW = 87$ [76,09; 97,91]
PR $= 10$

Gemeinsamkeiten
(Oberbegriffe sind ge-
fragt)
$SW = 75$ [65,20; 84,80]
PR $= 1$

Numerische Intelligenz
$SW = 86$
[82,08; 89,92]
PR $= 8$

Geprüft werden die Rechenfertigkeit sowie die Fähigkeit,
logische Beziehungen zwischen Zahlen herzustellen. In diesem Bereich liegt das Testergebnis von Herrn Dobrak im
Vergleich zu den Gymnasiasten deutlich unter dem Durchschnitt.

Die numerische Intelligenz wird mit folgenden drei Untertests erfasst:

Rechenaufgaben
(Rechenoperationen sind
zu bewerkstelligen)
$SW = 80$ [71,68; 88,32]
PR $= 2$

Zahlenreihen
(Regeln sind zu erkennen
und anzuwenden)
$SW = 92$ [86,81; 97,19]
PR $= 21$

Rechenzeichen
(Rechenoperatoren sind
in Gleichungen zu vervollständigen)
$SW = 94$ [86,87; 101,33]
PR $= 27$

Figurale Intelligenz
$SW = 108$
[101,21; 114,79]
PR $= 79$

Gemessen wird die Fähigkeit, Proportionen von Flächen
und Räumen zu erfassen sowie logische Relationen zwischen
Figuren herzustellen. Herrn Dobrak leistet hier knapp Überdurchschnittliches.

Figurale Intelligenz wird mit folgenden drei Untertests erfasst:

Figurenauswahl
(Figurenteile sind einem
Ganzen zuzuordnen)
$SW = 114$
[105,02; 122,98]
PR $= 92$

Würfelaufgaben
(räumlich rotierte Würfel
sind zu identifizieren)
$SW = 103$
[95,16; 110,84]
PR $= 62$

Matrizen
(Regeln sind zu erkennen
und anzuwenden)
$SW = 99$
[88,26; 109,74]
PR $= 46$

Schlussfolgerndes
Denken
(*Faktorscore*)
$SW = 92$
[88,08; 95,92]
PR $= 21$

Der Testkennwert, der sich aus verbaler, numerischer und
figuraler Intelligenz zusammensetzt und die Fähigkeit zum
schlussfolgernden Denken erfasst, liefert für Herrn Dobrak
einen Testwert unter dem Durchschnitt.

Merkfähigkeit
$SW = 93$
[89,61; 96,39]
PR $= 24$

Gemessen wird die Fähigkeit zum aktiven Einprägen und
kurzfristigen Wiedererkennen von verbalen und figuralen Informationen. Herr Dobrak erzielt hier einen Testwert knapp
unter dem Durchschnitt. Die beiden Untertests zeigen ge-

nauer, dass Herr Dobrak beim Merken von figuralem Material eine bessere Leistung erzielt als von verbalem Material.

Merkfähigkeit wird mit folgenden zwei Untertests erfasst:

Merkfähigkeit verbal
$SW = 87\ [83{,}08; 90{,}92]$
$PR = 10$

Merkfähigkeit figural
$SW = 101\ [94{,}80; 107{,}20]$
$PR = 54$

Wissen
(*Faktorscore*)
$SW = 92$
$[86{,}12; 97{,}88]$
$PR = 21$

Der Testkennwert, der sich aus verbal-bezogenem, numerisch-bezogenem und figural-bezogenem Wissen zusammensetzt, liefert für Herrn Dobrak einen Testwert, der unter dem Durchschnitt liegt.

Wissen wird mit folgenden drei Untertests erfasst:

Wissen verbal
$SW = 93\ [85{,}41; 100{,}59]$
$PR=24$

Wissen numerisch
$SW = 84\ [76{,}41; 91{,}59]$
$PR = 5$

Wissen figural
$SW = 105\ [97{,}16; 112{,}84]$
$PR = 69$

LGT-3

Mit der Testbatterie LGT-3 wird Lern- und Merkfähigkeit erfasst. Die Testergebnisse werden in T-Werten und in Prozenträngen (PR) angegeben. Als durchschnittlich gelten T-Werte zwischen 43 und 57 sowie Prozentränge von 25 bis 75; in diesem Bereich liegen die Testleistungen von 50 % der Referenzpopulation. Diese stellen hier Personen mit höherer Schulbildung dar. Das Konfidenzintervall zur Berücksichtigung des möglichen Messfehlers wird jeweils zusätzlich angegeben.

Lern- und
Gedächtnisstandard
$T = 30\ [25; 35]$
$PR = 2$

In der Gesamtgedächtnisleistung erzielt Herr Dobrak einen Testwert, der weit unter dem Durchschnitt liegt. 98 % der Referenzpopulation zeigen eine bessere Leistung.

Figurales Gedächtnis
$T = 46\ [37; 55]$
$PR = 34$

Im figuralen Gedächtnis zeigt er eine durchschnittliche Leistung.

Verbales Gedächtnis
$T = 36\ [28; 44]$
$PR = 8$

Im verbalen Gedächtnis liegt seine Leistung deutlich unter dem Durchschnitt.

Die Ergebnisse in den einzelnen Untertests lauten:

Stadtplan
$T = 34\ [22; 46]$
$PR = 5$

In diesem Untertest wird eine landkartenartige, zweidimensionale Raumerinnerung gefordert. Der Testwert von Herrn Dobrak liegt dabei weit unter dem Durchschnitt. 95 % der Referenzpopulation erbringen hier bessere Leistungen.

Türkisch
$T = 43\ [33; 53]$
$PR = 24$

Dieser Untertest prüft das Lernen und Behalten von neuen verbalen Begriffen (Vokabeln). Herr Dobrak erbringt dabei eine knapp unterdurchschnittliche Leistung.

Gegenstände $T = 22\ [12; 32]$ PR < 1	Hier wird das Merken bildlich dargestellter Gegenstände erfasst. Herr Dobrak erzielt einen extrem unterdurchschnittlichen Testwert. Weniger als 1 % Der Referenzpopulation erreichen hier noch niedrigere oder einen genau so niedrigen Testwert.
Telefon $T = 46\ [35; 57]$ PR=34	In diesem Untertest geht es um das Behalten von Zahlen. Herrn Dobraks Einprägungsleistung ist dabei durchschnittlich.
Bau $T = 37\ [28; 45]$ PR $= 9$	Bei diesem Untertest wird das Merken von gegenstandsbezogenen Informationen (Zahlen und Namen) geprüft. Herr Dobrak schneidet hier deutlich unterdurchschnittlich ab.
Zeichen $T = 50\ [41; 59]$ PR $= 50$	Hier geht es um die Merkleistung beim Zuordnen von Mustern. Diese gelingt Herrn Dobrak durchschnittlich gut.

INKA

Der Test INKA dient der Erfassung der Konzentrationsfähigkeit. Die Testergebnisse werden in Standardwerten (SW) sowie in Prozenträngen (PR) angegeben, wobei ein Standardwert von 94 bis 106 und ein PR von 25 bis 75 als durchschnittlich gilt. Für den Z-Wert wird auch ein Konfidenzintervall zur Berücksichtigung des möglichen Messfehlers angegeben. Als Referenzpopulation dient hier diejenige der Abiturienten.

$SW = 96\ [88; 104]$ PR $= 34$	Herr Dobrak erreicht in diesem Test einen Standardwert von 96, d. h., seine Konzentrationsleistung liegt im durchschnittlichen Bereich.

4 Interpretation und Beantwortung der Fragestellung

Bei Aufgaben, die eine komplexe Konzentrationsleistung fordern, zeigt Herr Dobrak eine den Maturanten vergleichbare Leistung. Die intraindividuelle Stärke von Herrn Dobrak liegt – aufgrund des Intelligenzprofils – im figuralen Bereich. Er zeigt seine höchsten Leistungen im räumlichen Denken bzw. beim Herstellen von Beziehungen zwischen figuralem Material. Auch das Merken von bildhaften Inhalten fällt ihm leichter als das Einprägen von Texten.

Bei Aufgaben hingegen, die sprachliche und numerische Intelligenz messen, zeigt Herr Dobrak hingegen – in Relation zu Gymnasiasten – unterdurchschnittliche Leistungen. Diese Ergebnisse lassen schließen, dass sich für ihn in der Berufsreifeprüfung bei den Teilprüfungen Deutsch und Mathematik mit hoher Wahrscheinlichkeit Schwierigkeiten ergeben werden. Da Herr Dobrak außerdem über eine niedrige Merkfähigkeit verfügt – besonders im verbalen Bereich – wird er Schwierigkeiten haben, sich große Stoffmengen aus Lehrbüchern einzuprägen. Dies ist jedoch eine wichtige Grundvoraussetzung für die Vorbereitung zur Berufsreifeprüfung.

Herr Dobrak zeigte bereits in der Schulzeit einen anstrengungsvermeidenden Arbeits- und Lernstil, indem er bei Schwierigkeiten die Schule bzw. die Arbeit meidete. Bei der Vorbereitung auf die Berufsreifeprüfung sind ein hoher Lerneinsatz und ein hohes Maß an Selbstorganisation gefordert. Aufgrund der biographischen Informationen ist zu bezweifeln, dass Herr Dobrak über einen längeren Zeitraum hinweg eine ausreichend hohe, kontinuierliche und eigenständige Lernbereitschaft und -motivation erbringen wird können.

Insgesamt ist Herrn Dobrak aufgrund der niedrigen Leistungen sowohl in den verbalen und numerischen Intelligenzbereichen als auch in der Merkfähigkeit und aufgrund seines Arbeitsstils von der Berufsreifeprüfung abzuraten.

Aufgrund seiner Stärken im figuralen Intelligenzbereich und wegen seines technischen Interesses ist Herrn Holger Dobrak vielmehr zum Beispiel eine weitere Lehrausbildung zum Technischen Zeichner zu empfehlen. Eine solche Ausbildung stellt – im Vergleich zum Technikstudium – weniger hohe Anforderungen an die verbalen und numerischen Intelligenzfunktionen. Insbesondere sind nicht so umfangreiche theoriebezogene Stoffmengen zu bewältigen.

5 Zusammenfassung

Das Gutachten soll die Frage beantworten, ob Herr Holger Dobrak, geboren am 28.10.1983, die Berufsreifeprüfung, die zum Hochschulstudium berechtigt, erfolgreich ablegen wird können. Zur Beantwortung dieser Fragestellung wurden nach einem ausführlichen Gespräch zur *Sammlung der typischerweise mit dem gegebenen Sachverhalt in Verbindung stehenden Informationen* folgende psychologisch-diagnostische Verfahren verwendet: IST 2000 R, LGT-3 und INKA.

Aufgrund der Ergebnisse der psychologischen Untersuchung ist Herrn Dobrak vom Absolvieren der Berufsreifeprüfung abzuraten. Herrn Dobrak wird zu einer weniger anspruchsvollen Weiterbildung, etwa zum Technischen Zeichner, geraten.

---

[39]Im österreichischen Bildungssystem ermöglicht die sog. „Berufsreifeprüfung" Personen ohne Matura (Abitur) auf dem zweiten Bildungsweg ein Studium zu absolvieren. Die erfolgreich abgelegte Berufsreifeprüfung berechtigt Personen mit Lehrabschluss zum uneingeschränkten Hochschulzugang.

[40]Der Matura in Österreich entspricht in Deutschland das Abitur.

[41]Das österreichische Schulsystem sieht als Grundschule eine vierjährige *Volksschule* vor; aufbauend darauf gibt es neben der *Hauptschule* die *Allgemeinbildenden Höheren Schulen*, das sind Gymnasien mit unterschiedlichen Schwerpunktausbildungen. Nach der 8. Schulstufe besteht u. a. die Übertrittsmöglichkeit in *Berufsbildende Höhere Schulen*, z. B. der Höheren Technischen Lehranstalt (HTL). Beide Schultypen, *Allgemeinbildende* und *Berufsbildende Höhere Schulen*, schließen mit der Matura (entspricht Abitur) ab.

[42]Die Hauptschule wird in Österreich innerhalb einer Klasse in den drei Fächern Deutsch, Englisch und Mathematik in drei Leistungsgruppen geführt, wovon die erste formal das Anforderungsniveau von Gymnasien stellt.

7 Themenbereiche psychologisch-diagnostischer Fragestellungen

Im letzten Kapitel wurden vier simple, dessen ungeachtet typische Beispiele psychologisch-diagnostischer Fragestellungen mit jeweils einem in vollem Umfang wiedergegeben psychologischen Gutachten beantwortet. Sie entstammen alle einem umfassenden Themenbereich, den man als „Ausbildungs- und berufsbezogene Eignungsdiagnostik" bezeichnen kann.

Als Systematik aller Themenbereiche *psychologischen Diagnostizierens* bieten zum Beispiel Wottawa und Hossiep (1997) folgendes an: Wirtschaft, Bildung, Gesundheit, Recht. Innerhalb der Wirtschaft nennen sie: Berufsberatung, Bewerberauswahl, Auswahl von Führungskräften, Mitarbeiterbeurteilung, Feststellung der Wehreignung, Feststellung der Flugeignung. Bezüglich des Anwendungsfelds Bildung nennen sie, neben der Auswahl von Bewerbern für Ausbildungsberufe (inklusive Hochschulausbildung), gleich ganze Teildisziplinen der *Psychologischen Diagnostik*: Schulpsychologische Diagnostik, Hochbegabtendiagnostik. Auch beim Anwendungsfeld Gesundheit führen sie Teildisziplinen an: Entwicklungs-, Klinische- und Rehabilitationsdiagnostik. Schließlich geben sie als Teildisziplinen zum Anwendungsfeld Recht die Forensische Diagnostik einerseits und die Verkehrspsychologische Diagnostik andererseits an.

Diese Systematik dient zwar dem groben Überblick, ist aber in Bezug auf konkrete Fragestellungen viel zu wenig informativ. Insbesondere die dabei schlicht angeführten Teildisziplinen beziehen sich nicht auf unmittelbar illustrative psychologisch-diagnostische Fragestellungen. Das tun auch die bei Kubinger (2004, S. 94) teilweise noch weiter aufgeschlüsselten bzw. zusätzlichen Teildisziplinen nicht, immerhin lassen die dort unsystematisch aufgezählten Schwerpunkte[43] schon eher typische Fragestellungen erahnen: „*Rehabilitationsdiagnostik bei Erwachsenen; Entwicklungsdiagnostik und Erziehungsberatung bei Klein- und Vorschulkindern; Förderungsdiagnostik bei sozialpsychiatrischen Patienten; Diagnostik im Personalwesen des Öffentlichen Dienstes; Serviceorientierte Diagnostik bei Arbeitslosen; Klinisch psychologische Diagnostik bei Kindern mit Stoffwechselerkrankungen; Diagnostik beim Change Management im Öffentlichen Dienst; Diagnostik bei Generationskonflikten; Klinisch psychologische Diagnostik in der pädiatrischen Onkologie; Leistungsproblematik bei Jugendlichen; Ausbildungs- und Berufsberatung*

---

[43]Eigentlich: Titel von obligaten Lehrveranstaltungen.

bei Pflichtschulabgängern; Schulpsychologische Diagnostik bei Jugendlichen; Sport-psychologische Diagnostik bei Jugendlichen in Leistungszentren; Diagnostik bei Sprachstörungen; Leistungsdiagnostik bei jugendlichen Behinderten; Berufsförde-rungsorientierte Diagnostik bei Arbeitslosen."

Im Folgenden wird nun versucht, etwas genauer auf traditionelle Fragestellungen in der Weise einzugehen, dass verschiedene Populationen von Tpn samt deren Problemen, eventuell deren Wünschen und (Informations-) Defiziten, ihren wahrscheinlichen Prognosen und den im Zusammenhang stehenden Maßnahmenmöglichkeiten angesprochen werden. Ohne dass darauf näher einzugehen sein wird, spielt dabei auch eine Rolle, wer das (un-) mittelbare Interesse an der psychologischen Untersuchung hat. Dabei soll es um folgende Themenbereiche gehen – ohne Anspruch auf Vollständigkeit:

1. Ausbildungs- und berufsbezogene Eignungsdiagnostik
2. Ausbildungs- und berufsbezogene Rehabilitationsdiagnostik
3. Entwicklungsdiagnostik im frühen Kindesalter
4. Forensisch-psychologische bzw. rechtspsychologische Diagnostik
5. Neuropsychologische Diagnostik
6. Gerontopsychologische Diagnostik
7. Klinisch-psychologische Diagnostik

7.1 Ausbildungs- und berufsbezogene Eignungsdiagnostik

Psychologisch-diagnostische Fragestellungen zur Personalauswahl und -entwicklung unterscheiden sich nicht grundsätzlich von denjenigen, welche typischerweise im Zusammenhang mit einer Schul-, Laufbahn- und Bildungsberatung gestellt werden. Wenn es bei der Personalauswahl von bereits Ausgebildeten auch oft nur darum geht, ob ein bzw. welcher Kandidat das Anforderungsprofil (überhaupt bzw. am besten) erfüllt – eventuell unter Berücksichtigung kompensatorisch in Rechnung zu stellender Qualifikationen anstatt des Anspruchs, dass alle Anforderungen wenigstens im vorgegebenem Mindestausmaß gegeben sind –, so ist folgende Beschreibung von Eignungsdiagnostik jedenfalls illustrativ, was die Personalentwicklung, vor allem was Schul-, Laufbahn- und Bildungsberatung betrifft (im wesentlichen nach Eckardt & Hilke, 1994, S. 14f.):

Eignungsbegutachtung soll zu Erkenntnissen führen bezüglich der Fähigkeit und der Motivation des Betroffenen zur Bewältigung jeweils bestimmter beruflicher Anforderungen bzw. zu Aussagen über die Angemessenheit von Berufswegen für ihn in Hinblick auf seine Bedürfnisse, Ziele und Lebensorientierungen.

– Die Eignungsbegutachtung hat also alle beruflich bedeutsamen Aspekte der Persönlichkeit des Betroffenen zu erfassen.

In allen Fällen ist die Erstellung eines Anforderungsprofils nötig. Ist dieses für typische Ausbildungswege und Berufe, eventuell auch für bestimmte berufliche Funktionstätigkeiten auf eine recht oberflächliche Weise leicht zugänglich (vgl. in Abschnitt 3.3.1), so ist bei Besetzungen besonderer bzw. höherer Positionen ein Anforderungsprofil eigens und detailliert zu erstellen. Dafür wird wiederum oft eine Arbeitsplatzanalyse (s. nochmals in Abschnitt 5.2 Arbeitsplätze) nötig sein.

An publizierten, detaillierten Fallbeispielen zum Themenbereich ausbildungs- und berufsbezogene Eignungsdiagnostik gibt es: *Schullaufbahnberatung - Michael, 10 Jahre* (Görtz, 1997), *Berufswahlunterstützung - Alexander L., 16 Jahre* (Hilke & Hustedt, 1997), *Feststellung der Eignung zum Bundeswehroffizier - Der Offizierbewerber Anton O., 18 Jahre* (Meinardus, 1997), *Beurteilung des Entwicklungspotentials hochrangiger Spezialisten - Die Mitarbeiter Herr Dr. S. und Herr K. (Ph.D.) eines Chemieunternehmens* (Wottawa, 1997).

Was Entwicklungsmöglichkeiten betrifft, wird übrigens im Personalwesen oft von „Potentialanalyse" gesprochen.

Immer mehr spielt bei der Personalauswahl auch die Frage eine Rolle, ob ein Bewerber in ein bestehendes Team arbeitsprozesstechnisch, d. h. letztlich persönlichkeitsmäßig und arbeitshaltungsmäßig passt. Eine dazu weitergehende, nämlich organisationspsychologische Fragestellung lautet dann, welches Team zur Erreichung bestimmter Betriebsziele zusammengestellt werden kann/soll bzw. welche Maßnahmen für ein bestehendes, nicht optimal funktionierendes Team höhere Effizienz erwarten lassen (vgl. in Abschnitt 5.1 Gruppen und Teams).

7.2 Ausbildungs- und berufsbezogene Rehabilitationsdiagnostik

Sind einmal die Entscheidungen gefallen, also ist die Stellenbesetzung einmal erfolgt bzw. die Ausbildungs- oder Berufswahl getroffen, so kann es zu defizitorientierten Fragestellungen kommen: Die Gründe für ein aufgetretenes Leistungsversagen müssen identifiziert (vgl. insbesondere das Erklärungsmodell des Leistungsverhaltens in Abbbildung 4.13 in Abschnitt 4.2.3) und daraus unmittelbare Maßnahmen abgeleitet werden – eine unter vielen möglichen dieser Maßnahmen mag auch eine ausbildungs- und berufsbezogene Neuorientierung sein und als solche in eine (neuerliche) ausbildungs- und berufsbezogene Eignungsdiagnostik münden.

Ziel dieser Art von Rehabilitationsdiagnostik ist es also, die multiplen Bedingungsfaktoren, die für das festgestellte Leistungsversagen grundsätzlich verantwortlich sein können, bezüglich ihres Ausmaßes und der gegenseitigen Beeinflussung abzuklären. „Der praktisch tätige Psychologe interessiert sich besonders für jene Bedingungen, die die Entwicklung der Persönlichkeit, ihre Differenzierung und Strukturierung hemmen, schützen oder stimulieren, also für Risikofaktoren, protektive oder entwicklungsfördernde Faktoren" (Teichmann, Meyer-Probst & Roether, 1991, S. 9). Das heißt, die eingangs angesprochene Defizitperspektive muss immer auch durch eine Ressourcenperspektive begleitet werden.

An publizierten, detaillierten Fallbeispielen zum Themenbereich ausbildungs- und berufsbezogene Rehabilitationsdiagnostik gibt es: *Beratung und Betreuung bei Konzentrationsstörungen - Andrea M., 20 Jahre* (Westhoff & Hagemeister, 1997), *Eignungsbegutachtung bei Leistungs- und Verhaltensdefiziten in der beruflichen Tätigkeit - Dipl.-Ing. Conrad M., 34 Jahre* (Althoff, 1997), *Psychologische Abklärung und Beratung bei beruflichem Belastungserleben - Frau S., 49 Jahre* (Schaarschmidt & Fischer, 1997).

> **Bemerkung am Rand**
> Die Grenze zwischen Entwicklungsdiagnostik, pädagogisch-psychologischer Diagnostik und Diagnostik im Personalwesen einerseits sowie zwischen dem entsprechenden Selektionsaspekt (selektionsorientierte Diagnostik) und dem rehabilitativen Aspekt (förderungsorientierte Diagnostik) andererseits ist fließend und nicht eindeutig. Allein die pädagogisch-psychologische Diagnostik unterscheidet zwischen Fragestellungen bei (Schul-) Laufbahnentscheidungen und solchen bei Interventionsbedarf und zählt zu letzteren (vgl. z. B. Jäger, 2003c, S. 314): Erziehungsprobleme; Hochbegabung; Lern-, Aufmerksamkeits- und Konzentrationsstörungen; Verhaltensstörungen; Lese-Rechtschreibstörungen; Rechenschwäche. Die Frage der Hochbegabung ist aber auch eine Frage der Schulwahl bzw. eine Frage der Einschulung und damit Thema der Entwicklungsdiagnostik. Die Feststellung der Schulreife ist zwar selektionsdiagnostisch, oft genug aber förderdiagnostisch zu ergänzen. Die Zuweisung in eine Sonderschule für Lernbehinderte kann manchmal rehabilitativen Zweck haben.

Insbesondere die berufliche Rehabilitationsdiagnostik grenzt auch an Fragestellungen der arbeitspsychologischen Diagnostik an: Durch welche organisatorische, den Arbeitsprozess betreffende Maßnahmen lassen sich für einen konkreten Mitarbeiter psychische Phänomene wie Belastung (Stress), Arbeitsunzufriedenheit und *Burnout* sowie empfundenes Unfallrisiko oder Mobbing abbauen bzw. reduzieren?

7.3 Entwicklungsdiagnostik im frühen Kindesalter

Im Grunde gibt es erst bei Feststellung bestimmter Auffälligkeiten eines Kindes die Indikation zu einer Entwicklungsdiagnostik: Dann geht es um das Erkennen und gegebenenfalls genaue Abgrenzen einer Entwicklungsstörung, d. h. eines bestimmten Entwicklungsdefizits (gewisse Kompetenzen fehlen überhaupt) oder eines bestimmten Entwicklungsrückstandes (gewisse Kompetenzen treten erst deutlich verzögert auf), gelegentlich um das Erkennen einer beschleunigten Entwicklung. Allerdings ist bei entwicklungsgefährdeten Kindern, wie z. B. Frühgeborenen, auch eine obligatorische Diagnostik empfehlenswert, zur allenfalls frühzeitigen Erkennung von Handikaps; so können rechtzeitig förderungsorientierte Maßnahmen gesetzt werden.

Häufig ergeben sich entwicklungsdiagnostische Fragestellungen auch aus der Bitte um Erziehungsberatung wegen besonderer Verhaltensauffälligkeiten (z. B. Störung des Sozialverhaltens). Nicht immer, aber oft genug liegen diesen nämlich besondere Entwicklungsstörungen bzw. eine beschleunigte Entwicklung als wesentlicher Bedingungsfaktor zugrunde.

An publizierten, detaillierten Fallbeispielen zu diesem Themenbereich gibt es: *Förderberatung bei Entwicklungsretardation - Sebastian, 4;10 Jahre* (Deimann & Kastner-Koller, 1997), *Schulische Maßnahmen bei intellektueller Hochbegabung - Karl, 5;0 Jahre* (Stapf, 1997), *Erziehungsberatung im Kontext der Einschulung - Sherin, 5;10 Jahre* (Hofmann, 1997), *Einschulung bei Entwicklungsverzögerung - Martin L., 5;10 Jahre* (Kormann, 1997).

Kinder im Grundschulalter zeigen oft ein Leistungsversagen, das im weitesten Sinn mit Lernbehinderung assoziiert wird. Lese-Rechtschreibstörung und Rechenschwäche sind dabei die auffälligsten Symptome. Grundsätzlich hilft hier eine Teilleistungsstörungsdiagnostik (vgl. dazu schon in Abschnitt 1.6 Themen, Verfahren und Populationen).

Zur Illustration

Im Manual des AID 2 heißt es: „somit besteht oft nur mehr ein sekundärer Bedarf an intelligenzdiagnostischen Instrumenten im herkömmlichen Sinn. Diesem Trend versucht der AID 2 mehr noch als der AID nachzukommen. Waren es im AID vor allem visumotorische *vs.* (taktil-) kinästhetische Störungen, Störungen in der akustischen Speicherung sowie Differenzierungs- und Gliederungsschwächen im manuell-visuellen Bereich, die diagnostiziert werden wollten, so kommt im AID 2 vor allem die Teilkomponente ‚Serialität' (im manuell-visuellen Bereich) hinzu" (Kubinger & Wurst, 2000, S. 14).

So gesehen muss bei Leistungsversagen das Erklärungsmodell in Abbildung 4.13 in Bezug auf die dort genannte Determinante „intelligenzmäßige" Fähigkeiten ergänzt werden; letzteren liegen eigentlich zahlreiche Teilleistungsfähigkeiten zugrunde.

Bemerkung am Rand

Zumindest teilweise mit der Entwicklungsdiagnostik in Zusammenhang steht die Familiendiagnostik. Dort geht es unter anderem um Fragestellungen der Art: „Lässt das Beziehungsgefüge der Familie die nötige Unterstützung/Voraussetzung erwarten/begründen für empfehlenswerte Maßnahmen oder anstehende Entscheidungen bei ...", und zwar etwa Leistungs- bzw. Verhaltensauffälligkeiten des Kindes oder bei Sorgerechtsfällen, Adoption, Pflegschaftsfällen, bei Strafrechtsfällen. Und damit betreffen sie auch Fragestellungen der forensisch-psychologischen Diagnostik.

7.4 Forensisch-psychologische bzw. rechtspsychologische Diagnostik

Assoziiert man mit der Bezeichnung „forensisch[44]-psychologische Diagnostik" eher nur den Bezug zu strafrechtlichen Gerichtsverfahren, so geht es in diesem Zusammenhang beim *psychologischen Diagnostizieren* hauptsächlich um die Frage nach der Schuldfähigkeit eines Angeklagten und der Glaubhaftigkeit einer Zeugenaussage. Im weiteren Sinn sind aber auch Fragestellungen in der forensisch-psychologischen Diagnostik mit ein begriffen, die unter anderem das Zivilrecht, das Familienrecht, das Arbeitsrecht sowie spezielle Rechtsnormen des Verwaltungsrechts betreffen. Für alle auf die Justiz bezogenen psychologischen Untersuchungen zusammen bietet sich daher auch alternativ die Bezeichnung „rechtspsychologische Diagnostik" an.

Eine spezielle Rechtsnorm des Verwaltungsrechts stellt das Führerscheingesetz dar; die wesentliche Fragestellung der verkehrspsychologischen Diagnostik betrifft dabei die Fahreignung einer bestimmten Person. In das Zivilrecht fallen zum Beispiel Schadenersatz- und Schmerzensgeldforderungen, deren Berechtigung oft psychologisch untersucht wird. Das Arbeitsrecht betrifft vor allem die Fragestellung der Arbeitsfähigkeit.

Einen Schwerpunkt rechtspsychologischer Diagnostik begründet das Familienrecht. Neben der typischen Fragestellung nach der Regelung der elterlichen Sorge und des Umgangs bei Scheidung oder Trennung ist jene zur Erziehungsfähigkeit von Eltern bzw. zum Entzug der elterlichen Sorge hervorzuheben.

An publizierten, detaillierten Fallbeispielen zum Themenbereich forensisch-psychologische bzw. rechtspsychologische Diagnostik gibt es: *Begutachtung des Erinnerungsvermögens einer Zeugin mit mehrjährigem Drogenmißbrauch - Antje F., 20 Jahre* (Reichert, 1997), *Begutachtung der Schuldfähigkeit und der Therapieindikation (-motivation) unter justitiellem Zwang - Ein 34jähriger drogenabhängiger Straftäter* (Dahle, 1997), *Begutachtung der Schuldfähigkeit eines des Totschlags Angeklagten - Johann W., 52 Jahre* (Dietze, 1997), *Verkehrspsychologische Begutachtung und Nachschulung eines alkoholauffälligen Kraftfahrers - Markus B., 22*

---

[44]Lateinisch: forum = der Marktplatz; früher wurden Gerichtsverfahren, insbesondere der Strafvollzug meist auf dem Marktplatz durchgeführt. Daraus leitet sich die Bezeichnung „forensisch" für alles ab, was gerichtlichen oder kriminologischen Charakter hat.

Jahre (Bukasa, Christ & Hutter, 1997), *Psychologische Beurteilung eines Renten-*
begehrens - Herr S., 45 Jahre (Krafack, 1997).

Bemerkung am Rand

Fragestellungen der forensisch-psychologischen Diagnostik haben oft auch Bezug
zu solchen der klinisch-psychologischen bzw. der neuropsychologischen Diagnostik. Charakteristisch ist jedoch, dass die zu begutachtende Person typischerweise nicht aus eigenem Antrieb einer psychologischen Untersuchung unterzogen
wird. Insbesondere bei der Frage der Schuldfähigkeit eines Angeklagten basiert
die psychologische Entscheidungsfindung mehr auf der Exploration als auf anderen psychologisch-diagnostischen Verfahren. Und werden Persönlichkeitsfragebogen eingesetzt, so sind das oft solche, die nicht zum minimalen Standard des
Psychologen (gemäß Inventar im *Anhang: Verfahrenbeschreibungen*) zählen – wie
das auch für die klinisch-psychologische Diagnostik gilt und für die neuropsychologische Diagnostik in Bezug auf viele der verwendeten Leistungstests.

Im Zusammenhang mit Schadenersatz- und Schmerzensgeldforderungen und auch
im Zusammenhang mit der Fragestellung der Arbeitsfähigkeit stellt sich in der
psychologischen Untersuchung immer das Problem der Simulationsdiagnostik. Sie
nimmt, der Art der reklamierten Symptome entsprechend, oft Bezug zur neuropsychologischen Diagnostik (besonders oft werden Bewusstseinsstörungen, epilep-
tische Anfälle, Taubheit, visuelle Störungen sowie motorische und sensorische Beeinträchtigungen angegeben; vgl. z. B. Heubrock, 2003). Dementsprechend sind
verstärkte Bemühungen um die Entwicklung sog. „simulationssensibler" Tests zu
beobachten: Diese wirken vordergründig sehr schwierig, obwohl die Items grundsätzlich sehr leicht zu lösen sind, bzw. provozieren sie eine simulierende Tp dazu,
eine Testleistung zu erbringen, die mit der betreffenden neurologischen Störung
nicht in Einklang steht. Deutschsprachig gibt es dazu, verlagsmäßig vertrieben,
erst die *Testbatterie zur Forensischen Neuropsychologie* (Heubrock & Petermann,
2000); viel versprechende ergänzende Konzepte zur „Entlarvung" vorgetäuschter
Gedächtnisdefizite finden sich noch bei Schiemann (2003).

Bemerkung am Rand

Als Indiz für das Simulieren einer Tp kann immer schon gelten: Ein Versagen selbst
bei einfachsten Anforderungen, große Abweichungen der beobachteten Testwerte
von der Eichung in der relevanten klinischen Stichprobe oder auffällige Differenzen
zwischen den Testwerten in Tests, die dieselbe Fähigkeit erfassen.

Den Zwischenfällen der letzten Jahre entsprechend sowie der extremen Überbe-
legung in Haftanstalten in manchen Ländern kommt einer „Kriminalprognose",
d. h. einer Gefährlichkeitsprognose für Freigang bzw. vorzeitige Enthaftung immer mehr gesellschaftliche Bedeutung zu. Allerdings gehen derzeitige Methoden
kaum über statistische Aussagen hinaus: Sie zielen auf die Identifikation spezieller
Straftäterpersönlichkeiten mit bekanntermaßen hohem Gefährlichkeitspotential

ab oder sie sammeln Prädiktoren, die in Summe ein statistisch geringes, mittleres oder hohes Risiko prognostizieren.

Bemerkung am Rand

In diesem Zusammenhang sei nochmals auf die unselige Verwendung des MMPI im Rahmen der psychologischen Untersuchung zum österreichischen Waffengesetz hingewiesen (vgl. in Abschnitt 4.2.2).

7.5 Neuropsychologische Diagnostik

Zwar sind seit „der allgemeinen Verfügbarkeit moderner bildgebender Verfahren in der Medizin, wie insbesondere zerebraler Computertomographie (CT) und Kernspintomographie (MRT, Magnetresonanztomographie), ... strukturelle Läsionen des Gehirns sehr genau zu differenzieren und zu lokalisieren. Allerdings ist es auch möglich, dass zerebrale Erkrankungen, wie ein entzündlicher Prozess oder ein dementieller Prozess im Anfangsstadium oder die diffusen Auswirkungen eines Schädelhirntraumas, nicht mit neuroradiologischen Verfahren aktuell festgestellt werden (können). Bevor funktionell bildgebende Verfahren wie Positronen Emissions Tomographie (PET) oder funktionelle Kernspintomographie (fMRT) zur Objektivierung vermuteter zerebraler Stoffwechselstörungen eingesetzt werden, kann daher neuropsychologische Diagnostik einen begründeten Verdacht zum Vorliegen einer solchen Hirnfunktionsstörung liefern. Auch bei Kenntnis über Art und Ort einer Hirnschädigung ist eine differenzierte neuropsychologische Diagnostik bezüglich Art und Ausmaß der funktionalen Störungen unerlässlich, denn selbst sehr ähnliche Hirnschädigungen führen nicht zu gleichen Ausfällen oder psychischen Belastungen" (Willmes, 2003, S. 287).

Neuropsychologisches Diagnostizieren bezieht sich also auf die Abklärung des aktuellen kognitiven und emotionalen Zustands in Bezug auf eventuelle Funktionsstörungen. Es geht um die Objektivierung der aus einer Hirnschädigung resultierenden Einschränkungen von Aktivitäten und Leistungen bei Anforderungen des täglichen Lebens bzw. Einschränkungen in der Teilnahme am beruflichen und sozialen Leben seitens des Patienten. Wichtig ist oft die Beurteilung von Rehabilitationsmöglichkeiten, insbesondere der Möglichkeit einer späteren beruflichen Wiedereingliederung.

An publizierten, detaillierten Fallbeispielen zu diesem Themenbereich gibt es etliche in der Sammlung bei Gauggel und Kerkhoff (1997; s. z. B. jene von Glindemann und Maurer bzw. von Dunkel zur *Globalen Aphasie* bzw. zur *Krankheitsverarbeitung nach einem Schlaganfall*) sowie: *Abklärung und Prognose kognitiver Leistungsprobleme bei epileptischen Attacken - Daniela, 9 Jahre* (Bzufka & Neumärker, 1997), *Neuropsychologische Abklärung und Behandlung einer Patientin mit amnestischen Syndrom - Frau P., 41 Jahre* (Metzler, 1997), *Erfolgsprognose von Hirnleistungstrainings bei Alkoholmißbrauch - Eleonore H., 45 Jahre* (Beiglböck,

1997), *Berufliche Rehabilitation und Gedächtnistraining nach Virusencephalitis - Ein 56jähriger Hochschullehrer* (Roether, 1997), *Beurteilung des beruflichen Rehabilitationserfolgs bei drohender Frühberentung - Herr E., 57 Jahre* (Fügemann & Rust, 1997).

Neuropsychologische Diagnostik bei Personen in sehr hohem Lebensalter hat sich mittlerweile sogar zu einer eigenständigen Spezialdisziplin entwickelt, der gerontopsychologischen Diagnostik (vgl. dazu schon in Abschnitt 4.1.2).

7.6 Gerontopsychologische Diagnostik

Beim gerontopsychologischen Diagnostizieren geht es um eine detaillierte Funktions- bzw. Kompetenzdiagnostik in Hinblick auf alltagsrelevante Anforderungen. Vor allem interessiert die Abgrenzung zwischen altersgemäßer und pathologischer Minderleistung einer Person, verbunden mit einer Beurteilung der entsprechenden Prognose bzw. der Erfolgschance einschlägiger (psychologischer) Behandlungsweisen (Therapien). Insbesondere gilt es, allfällige Demenz-Entwicklungen frühzeitig zu erkennen bzw. diese von denkbaren anderen Störungen mit ähnlicher Symptomatik zu differenzieren. Darüber hinaus ist regelmäßig das Ausmaß an Selbstständigkeit des Betroffenen bei Alltagsaktivitäten bzw. das Ausmaß seiner Pflegebedürftigkeit als Folge pathologischer Entwicklungen in psychischen Funktionsbereichen zu beurteilen sowie seine Befindlichkeit und Lebensqualität. Schließlich macht die große Ähnlichkeit in der Symptomatik dementieller und depressiver Störungen häufig auch ein *psychologisches Diagnostizieren* zur entsprechenden Differenzierung notwendig.

> **Exkurs** zur Demenzentwicklung:
> „Das dementielle Syndrom, als Folge einer Krankheit des Gehirns, verläuft gewöhnlich chronisch oder fortschreitend unter Beeinträchtigung vieler höherer kortikaler Funktionen, einschließlich Gedächtnis, Denken, Orientierung, Auffassung, Rechnen, Lernfähigkeit, Sprache und Urteilsvermögen. ... Die kognitiven Beeinträchtigungen sind meist begleitet von Verschlechterung der emotionalen Kontrolle, des Sozialverhaltens oder der Motivation. ... Bei der Demenz kommt es zu einer deutlichen Abnahme der intellektuellen Leistungsfähigkeit und gewöhnlich zu Beeinträchtigungen in den persönlichen Aktivitäten des täglichen Lebens" (ICD-10; Dilling et al., 2000, S. 60).

Kognitive Defizite und sensumotorische Beeinträchtigungen sowie eine deutlich reduzierte Belastbarkeit machen bei Alten den Einsatz psychologisch-diagnostischer Verfahren, die für jüngere Menschen konzipiert wurden, problematisch bzw. schränken die diagnostische Aussagekraft der Testergebnisse drastisch ein. So gibt es eine Reihe speziell für die gerontopsychologische Diagnostik entwickelte Verfahren; eine Übersicht dazu findet sich etwa bei Fleischmann (2000).

An publizierten, detaillierten Fallbeispielen zu diesem Themenbereich gibt es: *Wahn und Halluzinationen nach Schlaganfall* (Lämmler & Bölte, 1997).

7.7 Klinisch-psychologische Diagnostik

Klinisch-psychologisches Diagnostizieren im eigentlichen Sinn – also nicht das Klassifizieren gemäß ICD-10 oder DSM-IV (vgl. in Abschnitt 1.1) – ist analog zu allen anderen Themenbereichen dann erforderlich, wenn gegebene oder vermutete Probleme einer bestimmten Person dahingehend zu beurteilen sind, ob bzw. welche Maßnahmen in entsprechend näher zu definierender Weise erfolgreich sind. Wesentlich dabei ist, alle auslösenden und vor allem alle aufrechterhaltenden Bedingungen für das Problem bzw. die fragliche Störung zu präzisieren, um daraus optimale Maßnahmen, gegebenenfalls klinische Interventionen (psychologische Behandlung, [Psycho-]Therapie) abzuleiten.

Im psychotherapeutischen Zusammenhang muss *Psychologisches Diagnostizieren* nicht unbedingt klinischen Bezug haben, sondern hat vielmehr oft gesundheitspsychologischen. Dazu zählen auch Fragestellungen, die sich zum Beispiel auf familiäre Konflikte oder auf andere Belastungsfaktoren der Befindlichkeit eines Menschen beziehen.

An publizierten, detaillierten Fallbeispielen zu diesem Themenbereich gibt es: *Therapieindikation bei sexuellem Mißbrauch eines Kindes - Der Stiefvater Herr L., 33 Jahre* (Deegener, 1997), *Therapieindikation einer laufenden Paartherapie - Zwei Familien mit dem gemeinsamen Vater Ingo T., 49 Jahre* (Kubinger, 1997c), *Rehabilitationspsychologische Beratung und Behandlung bei Asthma bronchiale - Frau N., 53 Jahre* (Kramer & Bengel, 1997).

Ein besonderer Aspekt klinisch-psychologischer Diagnostik bezieht sich auf die eine Person betreffenden Sozialbezüge. Es geht also um die soziale Integration der Person, ihre soziale Anpassung, ihr soziales Netzwerk bzw. die soziale Unterstützung, über die sie verfügt (vgl. z. B. Laireiter, Baumann & Stieglitz, 2001). Eine entsprechend systematische und standardisierte Erfassung ist allerdings in der Praxis noch selten.

8 Ausstehende Grundlagenforschung zum diagnostischen Prozess

Viele Belange *psychologischen Diagnostizierens* sind heute Standard in der *Psychologischen Diagnostik* (z. B. die Eichung psychologisch-diagnostischer Verfahren) und in den vorausgehenden Kapiteln auch ausführlich dokumentiert. Manche Belange sind wenigstens durch verbreitete Lehrmeinungen von anerkannten, praxisorientierten Wissenschaftlern weitgehend etabliert (z. B. die Abfassung von psychologischen Gutachten), wenn auch nicht umfassend genug empirisch abgesichert; auch dazu wurde hier vieles behandelt. Letztlich sind aber etliche Belange entweder gar noch nicht oder nur unzulänglich erforscht, die Praxis geht jedoch davon aus, dass sie wissenschaftlich abgesichert sind. Vor allem solchen Belangen gilt dieses abschließende Kapitel. Nicht weiter angesprochen werden sollen dagegen Lücken im psychologisch-diagnostischen Verfahrensinventar, nämlich was bestimmte typische Fragestellungen betrifft: Ein solches Manko wird seitens der Praktiker laufend reklamiert, bezieht sich aber nicht auf dringend erforderliche Grundlagenforschung zum diagnostischen Prozess.

Zur Illustration

Dass Bedarf an bestimmten psychologisch-diagnostischen Verfahren besteht bzw. Lücken im entsprechenden Inventar gegeben sind, sei an folgenden Fragen der Praxis exemplifiziert:

- Inwieweit ist das Talent zur Entwicklung von Computer Skills durch herkömmliche kognitive Leistungstests erfassbar?
- Mit welchem Testkonzept ist der Simulationsverdacht betreffs Verarbeitungslangsamkeit zu prüfen?
- Mit welchem Testkonzept ist der Simulationsverdacht betreffs Aufmerksamkeitsstörung zu prüfen?
- Mit welchem Testkonzept ist die Glaubhaftigkeit von (gerichtlichen) Aussagen zu prüfen?

Ohne besondere Systematik und ohne Anspruch auf Vollständigkeit betreffen offene Fragen an die Grundlagenforschung zum diagnostischen Prozess folgende Themen:

1. Optimierung des diagnostischen Prozesses
2. Compliance der Testperson
3. Gendereffekte innerhalb des diagnostischen Prozesses
4. Alternative Untersuchungsstrategien
5. Perfektionierung der psychologischen Technologie

8.1 Optimierung des diagnostischen Prozesses

Bereits in Abschnitt 3.3.1 wurde im Zusammenhang mit möglichen Untersuchungsstrategien das Problem angesprochen, wie und wo innerhalb des diagnostischen Prozesses die *Sammlung der typischerweise mit dem gegebenen Sachverhalt in Verbindung stehenden Informationen* erfolgen soll, um einen optimalen Untersuchungsablauf zu versprechen. Eine Reihe von offenen Fragen wurde dazu formuliert. Diesen Fragen sogar noch vorgeschaltet gibt es zum Beispiel nicht einmal darüber einen empirischen Befund, welchen Einfluss ein bestimmtes Verhalten der ersten Kontaktperson (oft die Sekretärin am Telefon) gegenüber dem Klienten/Patienten auf den späteren Verlauf des diagnostischen Prozesses nimmt. Gerade in Anbetracht des jüngst in der Psychologie gepflegten Forschungsinteresses am Effekt des sog. „*Priming*" sind hier besondere Beeinflussungen zu befürchten, die sich unter Umständen bis zum Maßnahmenvorschlag auswirken. Ein Katalog systematisch geplanter Experimente, die dazu durchzuführen wären, sollte allerdings diese Fragen beantworten.

> **Erläuterung** zum Begriff „*Priming*":
> „... (engl. Zündung) ... liegt ... vor, wenn das Auftreten eines Ereignisses A die Wahrscheinlichkeit des Auftretens eines Ereignisses B vergrößert, das mit A assoziiert ist" (*Dorsch Psychologisches Wörterbuch*; Häcker & Stapf, 2004, S. 729).

> **Zur Illustration**
> Denkbar ist, dass der bei der telefonischen Anmeldung zu einem Untersuchungstermin durch die Sekretärin vermittelte Zeitdruck beim Klienten/Patienten die Einstellung bzw. das Verhalten auslöst, auch dem behandelnden Psychologen gegenüber nur die wichtigsten Informationen zu geben, so dass er andere ebenfalls relevante nicht äußert.

Erhöhung der Effizienz – diese manchmal im Widerstreit mit der Zumutbarkeit – betrifft aber nicht nur Anamneseerhebung bzw. Exploration. Benötigt werden vielmehr insgesamt empirisch abgesicherte Empfehlungen über die Abfolge einzelner Schritte innerhalb des diagnostischen Prozesses. Einige wichtige Fragen in diesem Zusammenhang lauten:

- Was ist eher zumutbar: Das Transparentmachen aller gegebenen Rahmenbedingungen durch den Tl (inklusive der Aufklärung über die Inhalte sowie die möglichen Konsequenzen der Untersuchung) und die psychologische Untersuchung (Testung) am selben Tag oder an verschiedenen Tagen? – Effizienter ist es vermutlich am selben Tag.
- Was ist effizienter und eher zumutbar: Die Besprechung der Testergebnisse sowie des Maßnahmenvorschlags vor der schriftlichen Abfassung eines Gutachtens oder danach?
- Was ist eher zumutbar: Eine Vorbesprechung der Testergebnisse sowie des Maßnahmenvorschlags mit der Tp allein und eine Nachbesprechung mit den übrigen

Betroffenen oder eine einzige Besprechung mit allen Betroffenen gleichzeitig? – Effizienter ist, zumindest vordergründig, eine einzige Besprechung mit allen Betroffenen gleichzeitig.

Wieder wären mit einem Katalog systematisch geplanter Experimente die generellen Vor- und Nachteile dazu empirisch abzuklären; vielleicht sogar differenziert nach typischen Fragestellungen und/oder Personengruppen.

Kaum beachtet von der Grundlagenforschung der *Psychologischen Diagnostik* werden die Themen Testbarkeit und Instruktionsverständnis der Tp. Für die Praxis muss man seit jeher hoffen, dass der Psychologe über genügend (klinische) Erfahrung und Wissen verfügt, um abschätzen zu können, ob die Tp im Vollbesitz ihrer psychischen und physischen Kräfte ist – zumindest relativ zur gegebenen Fragestellung gesehen. Vor allem Alkohol- und Drogenkonsum, Schlafentzug und körperliche Erschöpfung, aktuelle *Life-events* oder gar Schockzustände sind wichtige Beeinträchtigungen, die bei entsprechender Intensität eine aussagekräftige Testung unmöglich machen. Dass es darüber hinaus etliche andere solche Beeinträchtigungen gibt, zeigt zum Beispiel die in Abschnitt 6.1 Allgemeine Regeln zur Gutachtenerstellung angebotene Checkliste. Nun bedarf es aber über eine solche, praxisgeleitet erstellte Checkliste hinaus wohl eigener psychologisch-diagnostischer Verfahren, die theoretisch begründet und empirisch validiert die Testbarkeit einer Person vorab prüfen können. Grundlagenforschung ist hier insofern gefordert, als diejenigen Indikatoren erst gefunden werden müssen, die extrem ökonomisch im Sinn von wirtschaftlich, dabei höchst objektiv und trennscharf zwischen „testbar" und „nicht testbar" diskriminieren können. Übrigens ist mangelndes Instruktionsverständnis für sich ein Grund, die Testung einer Person nicht durchzuführen; und zwar gilt dies dann nicht nur situationsbezogen, sondern grundsätzlich. Insbesondere kaum erforscht ist nun, mit welchen psychologischen Maßnahmen ein Instruktionsverständnis gewährleistet werden kann. Übungsitems sind dazu ein gutes, vielleicht aber nicht immer ein ausreichendes Mittel. Trotz erfolgreich absolvierter Übungsitems mutet es bei manchen Tpn nämlich manchmal an, als wüssten sie nicht, was genau von ihnen verlangt wird. Auf den Umstand, dass etliche Tpn akustisch besser als optisch wahrnehmen, wurde bereits in Abschnitt 2.10 hingewiesen; hiezu bedarf es also systematischer Untersuchungen, wie groß das Handikap solcher Personen bei lediglich optisch dargebotenen Instruktionen sein kann. Schließlich spricht selbstverständlich die fehlende *Compliance* (Mitmachbereitschaft) der Tp gegen eine Testung (vgl. dazu Genaueres in Abschnitt 8.2 Compliance der Testperson).

Zur Illustration

Allein bei Demonstrationen im Lehrbetrieb ist seitens Psychologiestudierender als Tpn regelmäßig zu erfahren, dass diese bei der Testung der *Familie in Tieren* (vgl. in Abschnitt 2.1.2) trotz definitiv eindeutiger Instruktion deutlich verunsichert nachfragen: „Soll ich mich selbst auch zeichnen?"; und nach der Testung mit dem *Circle-Test* zur Erfassung der Kreativität (vgl. in Abschnitt 4.3.1) rechtfertigen sich viele Studierende: „Dass ich über die Kreise hinauszeichnen darf, habe ich nicht gewusst."

Der Anspruch auf Optimierung des diagnostischen Prozesses betrifft freilich erst recht dessen Ende. Hier fehlt es an einer Theorie zur Verständlichkeit psychologischer Gutachten. In Abschnitt 6.3 Häufige Fehler bei Gutachten der Praxis wurden zwar empirische Studien zitiert, die Mängel in Bezug auf Transparenz und Nachvollziehbarkeit dokumentieren. Ergebnisse einer Grundlagenforschung der *Psychologischen Diagnostik* dahingehend, welche Bestimmungsstücke es genau sind, die ein psychologisches Gutachten für den Adressaten verständlich und welche, im Gegenteil, es miss- oder gar unverständlich machen, steht aber noch aus. Zusätzlich interessiert rein explorativ (vgl. auch schon in Kapitel 6 Gutachten): Welches Schicksal nehmen psychologische Gutachten üblicher Weise? Das heißt, in welchem Ausmaß werden Maßnahmenvorschläge tatsächlich umgesetzt?

Bemerkung am Rand

Die Frage nach dem Schicksal psychologischer Gutachten in der Praxis bzw. deren zweifelhafte Verständlichkeit vor allem in Bezug auf den Maßnahmenvorschlag für die Tp und/oder den Auftraggeber indizieren dringenden Forschungsbedarf deshalb, weil basierend auf der DIN 33430 für die baldige Zukunft mit entsprechenden Rechtsklagen zu rechnen ist.

Zur Illustration

Nicht einmal grobe Erfahrungsberichte oder kompetente Einschätzungen gibt es derzeit in Bezug auf den Grad an Objektivität eines entscheidungsorientierten Gesprächs oder in Bezug auf die Validität der im diagnostischen Prozess gemachten und vor allem interpretierten Gelegenheitsbeobachtungen seitens des Tl. Zu letzteren müsste überhaupt untersucht werden, ob sie nicht alternativ zu erklären sind, indem die Schlussfolgerungen vielleicht doch auf die Phänomene Projektion und Gegenübertragung (vgl. nochmals in Abschnitt 3.2.2) zurückgeführt werden könnten.

8.2 Compliance der Testperson

Über die Bereitschaft von Tpn hinaus, die Maßnahmenvorschläge am Ende des diagnostischen Prozesses umzusetzen bzw. mit zu tragen, ist vor allem die Mitmachbereitschaft bei der Untersuchung selbst für die *Psychologische Diagnostik* von Bedeutung. In Anbetracht dessen, dass psychologische Untersuchungen sehr oft anstrengend sind und häufig einen anderen Ausgang als den erhofften nehmen, und in Anbetracht dessen, dass psychologische Untersuchungen gelegentlich fremdbestimmt beauftragt wurden und nicht in der Autonomie der Tp liegen (vgl. in Abschnitt 1.5 Rechtfertigung), schließlich angesichts des oftmals negativen Image der Psychologie, der Psychologen und auch psychologisch-diagnostischer Verfahren (vgl. in Abschnitt 1.3 Voraussetzungen) ist die Kooperationsbereitschaft von

Tpn zumindest zu problematisieren: Allerdings gibt es keine wissenschaftlich belegten Erkenntnisse über Rahmenbedingungen oder Einflussnahmen, die ausreichende *Compliance* diesbezüglich erwarten lassen.

Im Vorfeld geht es dabei um das Gütekriterium Zumutbarkeit und dazu ist ein wesentliches Thema die Computerdiagnostik. Zwar ist das Argument überzeugend, wonach gerade das Ambiente des Computers die Bereitschaft einer Person zur psychologischen Untersuchung erhöhe. Trotzdem steht nach wie vor die ursprüngliche Skepsis zur Diskussion, was nämlich Personen ohne Computererfahrung oder zumindest ohne Alltagsroutine im Umgang mit Computern betrifft. Dabei geht es weniger um objektiv gegebene Handikaps (vgl. dazu in Abschnitt 3.1.4), sondern vielmehr um die subjektiv erlebte Beeinträchtigung, also darum, in welchem Ausmaß sich solche Personen überfordert und damit gegenüber anderen Tpn benachteiligt fühlen – und als Folge davon letztlich doch andere Testwerte erzielen. Dann stellt sich die Frage, wie speziell solche Tpn, aber auch andere, dadurch über Gebühr energetisch-motivational beansprucht werden, dass sie sich mit dem Computer allein gelassen fühlen; im weitesten Sinn geht es einfach darum, zu erforschen, welcher Grad an Nähe und Verfügbarkeit des Tl während der Testung am Computer für die erwünschte *Compliance* am förderlichsten ist.

Aber auch für Papier-Bleistift-Verfahren sind etliche Fragen betreffs der Zumutbarkeit noch offen. Zum Beispiel ist in Analogie zu Personen mit wenig Computererfahrung für Personen mit niedriger Bildungsschicht zu prüfen, inwieweit sich diese gegenüber anderen Tpn benachteiligt fühlen, selbst wenn es nur um Persönlichkeitsdiagnostik geht. Ganz konkret stehen Studien zu folgenden Detailfragen an (vgl. dazu aber auch schon in früheren Kapiteln, vor allem in Abschnitt 2.8 Zumutbarkeit):

- Ob die Instruktion eines Leistungstests explizit vorgibt oder auch nur implizit den Eindruck erweckt, dass eine falsch gegebene Antwort gewichtiger, und zwar negativ punktet im Vergleich zu einer fehlenden Antwort – d. h., der Tp für den Fall suggeriert wird, dass sie die Lösung nicht findet, besser keine Antwort zu geben als zu raten und dabei das Risiko einer falschen Antwort einzugehen: Welcher Typ von Persönlichkeit lässt sich tatsächlich dadurch beeinflussen bzw. vertraut diesbezüglich dem Testautor?
- Wie sehr beeinflusst es das Testverhalten und letztlich den Testwert einer Tp, wenn sie bei der Testung in einer Gruppe feststellen muss, dass die meisten anderen Tpn wesentlich langsamer/schneller arbeiten als sie selbst?
- Welche Palette von Hypothesen betreffs der Messintention – insbesondere bei Projektiven Verfahren, erst recht bei den allerdings zumeist computerisierten Objektiven Persönlichkeits*tests* – entwickeln Tpn und wie in Abhängigkeit davon verändert sich der Testwert?
- Wie hoch ist die energetisch-motivationale Beanspruchung für die Tp und welche Auswirkungen auf ihre Testwerte hat bei Intelligenz-Testbatterien die Vorschrift, jeweils nach einer bestimmten Anzahl falscher Antworten die Vorgabe

des betreffenden Untertests zu beenden, um mit dem nächsten zu beginnen (vgl. dazu in Abschnitt 2.6.2).

Genauso sind auch noch Fragen betreffs der *Compliance* von Tpn im Zusammenhang mit der Fairness offen. Dies betrifft besonders psychologische Untersuchung an ausländischem Klientel: Ausgehend von der Frage, ob eine zweisprachig vorgegebene Instruktion allein genügt, um ein der Tp entsprechendes und in faire Relation zu bringendes Testverhalten zu gewährleisten (vgl. dazu weiter unten, in Abschnitt 8.4 Alternative Untersuchungsstrategien), reicht dieses Thema bis zur Frage, welche verbalen Itemmaterialien zur Messung kognitiver Fähigkeiten doch derart kulturunspezifisch sind, dass eine globalisierte Messung über mehrere Sprachen/Kulturen hinweg mit demselben Itempool möglich ist.

8.3 Gendereffekte innerhalb des diagnostischen Prozesses

Grundsätzlich ebenfalls der Fairness zurechenbar, stellt sich für die Grundlagenforschung der *Psychologischen Diagnostik* die Frage nach allfälligen Gendereffekten. Selbstverständlich ist damit mehr gemeint als Niveauunterschiede in Testergebnissen, die herkömmlich ohnehin durch geschlechtsspezifische Eichtabellen aufgefangen werden. Interaktionseffekte zwischen dem Geschlecht des Tl und der Tp wurden bereits in Abschnitt 2.1.1 besprochen. Dort ging es um leistungsbeeinflussende Effekte; genauso sind solche Interaktionseffekte in Bezug auf die Verfälschung bei Persönlichkeitsfragebogen denkbar. Darüber hinaus scheinen allerdings auch noch Fragen relevant, von denen hier nur einige wenige scheinbar erstmals angedacht sind:

- Ist die Schwankungsbreite der Testergebnisse (im Sinn von Tagesverfassung) bei Männern und Frauen gleich?
- Wie wirkt sich bei der Vorgabe psychologisch-diagnostischer Verfahren in der Gruppe das Geschlechterverhältnis der Tpn untereinander auf die individuellen Testergebnisse aus?
- Unterscheiden sich männliche und weibliche Tl in ihrer Themen- und Wortwahl, Satzlänge und Redundanz zu Beginn einer Untersuchung (insbesondere bei der Computerdiagnostik) bei weiblichen und männlichen Tpn – und wie hängt das von der Persönlichkeit des Tl ab?
- Welchen Grad an fachlicher Kompetenz schreiben Personen, die in psychologische Untersuchungen (z. B. auch nur im Zuge von Anamneseerhebung und Exploration) involviert sind, deutlich jüngeren Tl zu, und zwar abhängig vom Geschlechtsverhältnis?

8.4 Alternative Untersuchungsstrategien

Andere als traditionelle diagnostische Zugänge scheinen einerseits erforderlich, andererseits haben sich solche, rückwirkend betrachtet, wenn sie einmal konzipiert worden sind, tatsächlich oft bewährt. Ein Beispiel, das dringend nach alternativen Untersuchungsstrategien verlangt, ist die Simulationsdiagnostik – auf sie wurde einleitend, aber auch schon früher hingewiesen (vgl. schon in Abschnitt 1.4 Gesellschaftspolitische Kritik und in Abschnitt 2.9 Unverfälschbarkeit); ein Beispiel, bei dem ein neuer Zugang von Erfolg begleitet war, sind die Lerntests im Zusammenhang mit dem Konstrukt der intellektuellen Lernfähigkeit *sensu Guthke* (vgl. in Abschnitt 4.1.2).

Wie bereits in Abschnitt 7.4 Forensisch-psychologische bzw. rechtspsychologische Diagnostik angesprochen, gibt es zwar vereinzelt Testkonzepte zu einer neuropsychologischen Diagnostik bei Simulationsverdacht. Trotzdem ist hier Innovation gefragt. Derzeit wird versucht, je reklamierter Beeinträchtigung diejenigen, vor allem kognitiven Kapazitäten einschlägiger Patienten zu identifizieren, welche trotz Beeinträchtigung typischer Weise gegeben sind, ohne dass Simulanten dies antizipieren oder in ihrem Verhalten angemessen umsetzen könnten. Psychologisches Know-how ist gefragt, um weniger durchschaubare Strategien als etwa den Einsatz von Lügenskalen (vgl. in Abschnitt 4.2.2) zur Entlarvung von Simulanten zu kreieren. Sind solche Strategien einmal gewonnen, ist unter anderem die im psychologischen Sinn zu verstehende „Halbwertszeit" gefragt und zu erforschen, d. h. die Zeit zu bestimmen, bis zum Bekanntwerden von Details dieser Strategie in der (Hälfte der) betreffenden Population (vgl. auch schon in Abschnitt 4.4 Biographie als mittelbare Diagnostik).

Bezug nehmend auf die wesentlichen Erkenntnisse im Zusammenhang mit den Lerntests *sensu Guthke*, nämlich dass regelmäßig die Posttests zwischen verschiedenen Gruppen differenzieren, obwohl die Prätests dies (noch) nicht tun (vgl. in Abschnitt 4.1.2), wurde bereits in Abschnitt 3.3.2 angedacht: Inwieweit nicht ganz allgemein erst die Ergebnisse einer Zweittestung die eigentlich diagnostisch relevante Information liefern. So gesehen wäre umfassend abzuklären, für welche Eigenschaften dies tatsächlich zutrifft.

Unter Umständen korrelieren solche Eigenschaften mit einem denkbaren Konstrukt bzw. kognitiven Stil: Schnell- *vs.* Spätstarter. Unsystematischen Beobachtungen der Praxis zufolge gibt es nämlich Unterschiede zwischen Personen nicht nur hinsichtlich ihrer individualtypischen Verarbeitungsgeschwindigkeit, sondern auch hinsichtlich der „prozessualen Entwicklung" letzterer. Das heißt, Personen mit verzögerter Auffassungsgabe oder längerer Aufwärm- bzw. Einstimmungs-Phase würden erst bei der Zweittestung ihr wahres Verhaltenspotential entfalten können. Ob eine solche Polarisierung in Schnell- und Spätstarter von der Problemstellung weitgehend unabhängig ist und also eine generalisierte darstellt, bleibt der künftigen Forschung zur Klärung überlassen. Vielleicht ist ja auch diesem von der Praxis vermuteten Phänomen allein durch den Einsatz ausreichend vieler sog. „*Warming-up*" Items zu begegnen?

> **Erläuterung** zum Begriff „*Warming-up*" Item:
> „Warming-up, eine kurze Zeitspanne im Sinne einer ‚Anlauf-‘ oder ‚Anwärmzeit‘, bevor mit der eigentlichen Tätigkeit ... begonnen wird, wodurch eine einleitende Einstellung und Anpassung an die Aufgabe vollzogen wird, ohne direkte Bekräftigung ... oder Übung mit sich zu bringen" (*Lexikon der Psychologie*; Arnold et al., 1997, S. 2530). *Warming-up* Items sind dann solche Items, die diesen Effekt bewirken sollen. Im weitesten Sinn geht es also um Aktivierung und Instruktionsverständnis, was mit ihnen erreicht werden soll.

Sofern nicht ohnehin bereits durch die neuen Ansätze zur Erfassung von Belastbarkeit abgedeckt (vgl. in Abschnitt 4.2.3), wäre vom Testkonzept her analog zu den Lerntests anzusetzen, um abzuklären, ob nicht relevante Unterschiede zwischen einzelnen Personengruppen erst durch eine bestimmte provozierte Beanspruchung erkennbar sind. Auch hier stellte sich dann die Frage, für welche Eigenschaften genau das zutrifft.

In gewisser Weise eine alternative Untersuchungsstrategie würde es bedeuten, bei den durchaus häufigen psychologischen Untersuchungen von Migrantenkindern und -jugendlichen der mindestens zweiten Generation diese zweisprachig zu testen bzw. jeweils angepasst an deren jeweils höhere Sprachkompetenz – gerade bei Fragestellungen zu Leistungsversagen sowie zur Schul- und Bildungsberatung scheint es angebracht, unter Umständen zwischen beiden Sprachen hin und her wechselnd zu testen. Dazu steht aber Grundlagenforschung zumindest dahingehend aus, wie sich die Testwerte verändern in Abhängigkeit von der Sprachkompetenz des Tl in der Muttersprache der Tp.

8.5 Perfektionierung der psychologischen Technologie

Wenn im Rahmen der *Psychologischen Diagnostik* von „psychologischer Technologie" gesprochen wird, dann ist damit nicht nur der Einsatz des Computers gemeint. Manches im diagnostischen Prozess ist nämlich als „Technik" zu werten, indem bestimmtes psychologisches Grundlagenwissen zu einem Regelwerk in Form einer Handlungsanweisung *psychologischen Diagnostizierens* gefasst ist. Das betrifft sowohl einzelne Elemente des diagnostischen Prozesses selbst als auch gewisse Konstruktionsregeln für die Entwicklung psychologisch-diagnostischer Verfahren. Allerdings ist einiges in der so verstandenen psychologischen Technologie keinesfalls perfektioniert (vgl. z. B. nur zum Instruktionsverständnis in Abschnitt 8.1 Optimierung des diagnostischen Prozesses). Es bedarf vielmehr (weiterer) Grundlagenforschung unter anderem zur Computerdiagnostik, insbesondere zum adaptiven

Testen, zum *Multiple-Choice*-Format und zur Verfälschbarkeit von Persönlichkeitsfragebogen. Zu allen diesen Themen wurde in entsprechenden Kapiteln bereits
der Bedarf an wissenschaftlichen Untersuchungen angedeutet. Darüber hinaus ist
teilweise sehr konkret zu fragen:

- Welche impliziten Annahmen treffen Tpn über den Programmaufbau eines
  psychologisch-diagnostischen Verfahrens, insbesondere was den Umfang der
  gestellten Anforderungen betrifft und die Möglichkeit einschlägige Soft- (z. B.
  Microsoft-Windows-) und Hardware-Funktionen (z. B. Maustasten) nutzen zu
  können?
- Welche Charakteristik haben Itemmaterialien, die wegen ihrer anfänglich deutlichen Lerneffekte *Warming-up* Items benötigen, um für adaptives Testen geeignet zu sein?
- Gibt es Tpn, die bei Leistungstests Items mit freiem Antwortformat gegenüber
  solchen mit *Multiple-Choice*-Format präferieren, und wenn ja, zeichnet diese
  Tpn eine bestimmte Persönlichkeit (bzw. Fähigkeit) aus?
- Hängt seitens der Tp die Präferenz bei Persönlichkeitsfragebogen für ein *Multiple-Choice*-Format mit wenigen (z. B. nur zwei) oder vielen Antwortmöglichkeiten bzw. mit einer geraden Anzahl von Antwortmöglichkeiten oder einer unge-
  raden Anzahl (mit in der Mitte neutraler Ausprägung) von ihrer Persönlichkeit
  ab?
- Tpn mit welchen Eigenschaften verfälschen Persönlichkeitsfragebogen (unter
  welchen Bedingungen) mehr, Tpn mit welchen Eigenschaften dagegen weniger
  – ist insbesondere das Ausmaß an Testerfahrung eine relevante Bedingung?
- Gibt es gewisse Indikatoren im Verhalten (z. B. Betrachtungszeiten, eventuell
  in Kombination mit dem Grad der Konsistenz der Antwortqualität) bei der
  Beantwortung eines Persönlichkeitsfragebogens, die genützt werden können, um
  das Verfälschen einer Tp zu erkennen – und führt allein die Warnung an die Tp,
  Computer könnten ihre Antworten auf Plausibilität prüfen, zum gewünschten
  Effekt?
- Gibt es für Tpn bei der Beantwortung eines besonders ausführlichen Persönlichkeitsfragebogens einen Zeitpunkt der „Erschöpfung", ab dem sie nicht mehr
  länger verfälschen?
- Kann bei Persönlichkeitsfragebogen das Einführen einer *Speed*-Komponente
  oder das Vorgeben jeweils einer Ankerantwort, die der typischen Antwort in
  der Referenzpopulation (vermeintlich) entspricht, das Ausmaß an Verfälschung
  reduzieren?

„Trotz vorhandener Unzulänglichkeiten gibt es kein Zurück auf dem Weg der diagnostischen Erfassung psychischer Wirklichkeiten, den die wissenschaftlich begründete Psychologie eingeschlagen hat. Wer heute folgenschwere Interventionen und prognostische Entscheidungen trifft, ohne die Möglichkeiten der instrumentellen Psychologischen Diagnostik ausgeschöpft zu haben, operiert wie ein Arzt, der die innersystemischen Zustandsbefunde aus dem Labor nicht anfordert. Entscheidungen nach Gut-Dünken, nach Selbst-Erfahrung und naivem Selbst-Verständnis führen auch zur Überbewertung der subjektiven diagnostischen Treffsicherheit - weil Mißerfolg generell schwer zu ertragen ist, ist er oft auch nicht ‚denk'-bar. Der Selbstgefälligkeit zur Sicherung der Selbstwertstabilität des Diagnostikers muß entgegengearbeitet werden: Das Bewußtsein, im diagnostischen und prognostischen Bereich nur unter Inkaufnahme einer gewissen Irrtumswahrscheinlichkeit aussagen zu können, d. h. das Bewußtsein, daß die auf psychologisch-diagnostischen Ergebnissen gründenden Interventionen von Natur aus Risikoentscheidungen sind, muß zu den elementaren Selbstverständlichkeiten des praktisch tätigen Psychologen, der praktisch tätigen Psychologin gehören. Er/Sie muß psychometrische Verfahren quasi als Supervisoren der Aktualgenese des eigenen, intrapsychischen, diagnostischen Prozeßgeschehens akzeptieren" (Teichmann, 1997, S. 8).

Teichmann, H. (1997). Psychologische Diagnostik im Konzept der lebenslangen Entwicklung. In K. D. Kubinger & H. Teichmann (Hrsg.), *Psychologische Diagnostik und Intervention in Fallbeispielen* (S. 7–14). Weinheim: PVU.

Anhang: Verfahrensbeschreibungen

In den vorausgehenden Kapiteln wurden immer wieder einzelne psychologisch-diagnostische Verfahren angesprochen und teilweise auch ausführlich vorgestellt. Vor allem in Kapitel 4 Inhalte wurden typische Repräsentanten von Intelligenz-Testbatterien, speziellen Leistungstests, faktorenanalytisch begründeten Fragebogenbatterien, *a-priori* dimensionalisierten Fragebogenbatterien, speziellen Persönlichkeitsfragebogen (-Batterien), Objektiven Persönlichkeits*tests* und (Semi-) Projektiven Verfahren eingehend behandelt. Allerdings wurde dort selbst für diese immer hinsichtlich der genauen „technischen" Daten sowie Informationen zu den Gütekriterien auf den vorliegenden *Anhang: Verfahrensbeschreibungen* verwiesen. Dieser Anhang erfüllt aber auch den Zweck, einen gewissen Überblick über das Inventar psychologisch-diagnostischer Verfahren zu geben. Dabei ist das Bestreben nach einem repräsentativen Überblick nicht nur in Anbetracht der Vielzahl selbst an verlagsmäßig einschlägig vertriebenen solcher Verfahren sehr schwierig, sondern vor allem in Anbetracht des gegenwärtigen Booms an laufend erfolgenden Neuerscheinungen praktisch unmöglich. Wirbt der Katalog 2004/05 der *Testzentrale* in Göttingen – der nahezu das komplette (deutschsprachige) Inventar anbietet – mit „mehr als 750" psychologisch-diagnostischen Verfahren, so beinhaltet der Ergänzungskatalog 2005 nun 68 zusätzliche, wenn auch teilweise erst „in Vorbereitung". Es muss daher ein Überblick unter einer gewissen Subjektivität in der Auswahl leiden, wenn auch eher nur was Verfahren betrifft, die eben nicht aufgenommen wurden. Außerdem verliert ein solcher Überblick vielleicht bald an Aktualität. Aus diesem Grund werden im Folgenden relativ wenige Verfahren nach einem einheitlichen Schema zusammengestellt. Immerhin sind das aber solche, die langjährige Bedeutung haben oder diese für die Zukunft versprechen.[45]

Allerdings scheinen die angesprochenen Einschränkungen in Bezug auf Repräsentativität und (langfristiger) Aktualität nicht sehr gewichtig: Im sog. „PSYNDEX *Tests*" (ehemals PSYTKOM; eine Datenbank des ZPID, *Zentrum für Psychologische Information und Dokumentation*) sind sehr ausführliche Verfahrensbeschreibungen wiedergegeben. Die Angaben beziehen sich auf das theoretische Konzept, die Vorgabedauer, den Altersbereich der Eichung, den Einsatzbereich, den Aufbau des Verfahrens (zumeist mit Demonstrationsitems) sowie auf die Gü-

---

[45]Die getroffene Auswahl bezieht sich insbesondere – in Bezug auf Fertigkeiten im praktischen Umgang mit psychologisch-diagnostische Verfahren – auf das minimale Ausbildungsziel für Psychologiestudierende am Standort des Verfassers. Nach seiner Kenntnis werden an anderen Standorten im deutschsprachigen Sprachraum kaum darüber hinausgehende Verfahren vermittelt.

tekriterien; zu den Gütekriterien werden auch weitergehende Studien beschrieben als im Manual des entsprechenden Verfahrens gegeben. Am Schluss findet sich zusätzlich eine bewertende, tendenziell zumeist wohlwollende *Evaluation*. Außerdem werden auf der *Website* von ZPID für alle publizierten Testrezensionen die Literaturhinweise gegeben. Solche Testrezensionen beschreiben ebenfalls jeweils ein einzelnes Verfahren, wobei je nach Autor der Rezension und je nach Publikationsorgan mehr oder weniger kritische Bewertungen vorgenommen werden. Früher häufiger als jetzt wurde vom *Testkuratorium der Föderation Deutscher Psychologenvereinigungen* zu ausgewählten Verfahren eine Testrezension durch eine herausragende fachliche Persönlichkeit beauftragt; dies ist auf der *Website* von ZPID ersichtlich.

Wichtiger Hinweis

Das ZPID ist die überregionale und zentrale Dokumentations- und Informationsstelle für das Fach Psychologie in deutschsprachigen Ländern, gleichzeitig eine Einrichtung der Universität Trier. Es produziert unter anderem Datenbanken, zum Beispiel auch PSYNDEX. Die Benutzung von PSYNDEX ist kostenpflichtig, allerdings haben an den meisten deutschsprachigen Universitäten Studierende einen kostenlosen Zugang – andere, kostenfreie Datenbanken und Verzeichnisse (z. B. Literaturliste mit erschienen Testrezensionen) findet man auf der *Website* von ZPID http://www.zpid.de.

Die Datenbank PSYNDEX besteht aus den beiden Datenbanksegmenten PSYNDEX *Literatur und AV-Medien* sowie PSYNDEX *Tests*. Letztere dokumentiert veröffentlichte und nicht-veröffentlichte psychologisch-diagnostische Verfahren, die in den deutschsprachigen Ländern entwickelt oder für den deutschsprachigen Raum adaptiert wurden. Die Datenbank enthält seit dem Erscheinungsjahr 1945 inzwischen über 5000 Testbeschreibungen (jährlicher Zuwachs ca. 200). Eine Aktualisierung erfolgt halbjährlich.

Zur Illustration

Die Verfahrensbeschreibung des hier häufig zitierten AID 2 in PSYNDEX *Tests* umfasst etwa zehn Manuskriptseiten und beinhaltet – um an dieser Stelle Informationen zu geben, die bisher noch nicht angesprochen wurden – u. a. *administration prerequisites*: „Der Testleiter soll in der Durchführung von psychologischen Einzelverfahren bei Kindern gut ausgebildet sein (z. B. Diplompsychologen, Sonderschullehrer, Beratungslehrer in Deutschland, Klinischer oder Gesundheitspsychologe in Österreich). Er muss das Testmaterial genau kennen, die Aufgabenpräsentationen mehrmals einüben, die Aufgabenlösungen kennen und mit der Handhabung des Protokollbogens vertraut sein. Die Testperson sollte möglichst umfangreich darüber informiert werden, ‚was wie bzw. wie lange warum geschieht' (Kubinger & Wurst, 2000, S. 85), um Testängste zu reduzieren und die Leistungsmotivation zu steigern. Die Testung sollte in einem ruhigen Raum, möglichst am Vormittag, stattfinden. Sie sollte höchstens für kurze Pausen unterbrochen werden." (Update Code: 200407; 05-03-01).

Die Darstellung der hier ausgewählten Verfahren erfolgt auf zweierlei Weisen (vgl. aber auch das Verzeichnis der Verfahrensabkürzungen). In Präsentation 26 sind sie nach ihrer Art gruppiert – mit der ergänzenden Angabe des Altersbereichs der Eichung sowie des Erscheinungsjahrs und einer Kennzeichnung, ob es sich um ein Papier-Bleistift-Verfahren (PP), ein Computerverfahren (C) oder eines handelt, das sowohl als Papier-Bleistift- als auch als Computerverfahren (PP/C) eingesetzt werden kann. Die Gruppierung nach der Verfahrensart bezieht sich auf: Intelligenz-Testbatterien, spezielle Leistungstests, Persönlichkeits-Fragebogenbatterien, spezielle Persönlichkeitsfragebogen, Objektive Persönlichkeits*tests* und Projektive Verfahren. Bei der Angabe des Erscheinungsjahres wurde zum Zweck größerer Transparenz immer für dasjenige Jahr (samt Auflagennummer) entschieden, ab dem sich – unter Umständen trotz Existenz einer neueren, nämlich als „korrigiert" oder „erweitert", „ergänzt", „überarbeitet" oder gelegentlich auch als „revidiert" bezeichneten Auflage – am Testmaterial nichts (mehr) sowie am Inhalt des Manuals nichts Essentielles geändert hat.[46] Im alphabetisch geordneten Verfahrenskatalog werden zusätzlich die Autoren angegeben, ob es sich (bei Papier-Bleistift-Verfahren) um ein Individual- oder Gruppenverfahren handelt sowie analog zum PSYNDEX der Aufbau des Verfahrens (in Bezug auf Untertests bzw. Skalen, Anzahl der Items, Antwortformat, Verrechnungsmodus etc.), sein Einsatzbereich, das theoretische Konzept, die Vorgabedauer und – sofern im Manual enthalten – Informationen zu den wesentlichen Gütekriterien. Letztere können allerdings aus Platzgründen nicht immer faktisch dargestellt werden und sind daher zumeist als eine zusammenfassende Wertung des Verfassers zu verstehen; um dies jeweils zu verdeutlichen, wird den Informationen dann jeweils die Bemerkung „Bewertung" vorangestellt[47]. Zur besseren Vergleichbarkeit wurden die Einsatzbereiche in wenige grobe Kategorien gefasst, und zwar entsprechend den in Kapitel 7 Themenbereiche psychologisch-diagnostischer Fragestellungen behandelten; sie sind des Öfteren so nicht im Manual des jeweiligen Verfahrens angeführt. Auch in Bezug auf das zugrunde liegende theoretische Konzept musste stark simplifiziert werden.

---

[46]Zum Beispiel der WIT ist erstmals 1983 erschienen; mit dieser Jahreszahl wird er hier geführt, weil die „2., revidierte Auflage 1994" keine substantiellen Änderungen mit sich brachte.

[47]Zum Beispiel beim BIP beruht die primär empfohlene Eichtabelle auf der gesamten Eichstichprobe, welche sich allerdings ungewichtet, und damit anteilsmäßig in Bezug auf die angestrebte Referenzpopulation nicht entsprechend, aus Anfallsstichproben zusammensetzt, denen unter anderem die geschlechtsspezifischen sowie die Eichtabellen für verschiedene Berufspositionen, berufliche Funktionsbereiche und Studienfächer zugrunde liegen; deswegen findet sich dort die Bewertung: Repräsentativität zweifelhaft.

Präsentation 26: Ausgewählte psychologisch-diagnostische Verfahren – nach Verfahrensart gruppiert, samt zutreffendem Altersbereich, Erscheinungsjahr und der Kennzeichnung als Papier-Bleistift-Verfahren (PP), Computerverfahren (C) oder beides (PP/C)[48].

Intelligenz-Testbatterien

AID 2	Adaptives Intelligenz Diagnostikum – Version 2.1	6–16	2000	PP
HAWIE-R	Hamburg-Wechsler Intelligenz Test für Erwachsene	16–74	1991	PP
HAWIK-III	Hamburg-Wechsler Intelligenz Test für Kinder – Dritte Auflage	6–17	2000	PP
IST 2000 R	Intelligenz-Struktur-Test 2000 R	≥ 15	2001	PP/C
K-ABC	Kaufman-Assessment Battery for Children, Deutsche Version	2;6–12;5	1991	PP
KFT 4-12+R	Kognitiver Fähigkeitstest für 4. bis 12. Klassen, Revision	Schulstufe 4–12 und älter	2000	PP
PSB-R 4-6	Prüfsystem für Schul- und Bildungsberatung für 4. bis 6. Klassen – revidierte Fassung	Schulstufe 4–6	2002	PP
PSB-R 6-13	Prüfsystem für Schul- und Bildungsberatung für 6. bis 13. Klassen – revidierte Fassung	Schulstufe 4–13	2003	PP
WIT	WILDE-Intelligenz-Test	14–38	1983	PP/C

Spezielle Leistungstests

ACIL	Adaptive Computergestützte Intelligenz-Lerntestbatterie	Schulstufe 5–9	1995	C
AMT	Adaptiver Matrizentest	Erwachsene	1997	C
APM	Advanced Progressive Matrices	11–40	1998	PP/C
CFT 1	Grundintelligenztest Skala 1	5;3–9;5	1997	PP
CFT 20	Grundintelligenztest Skala 2	8;7–70	1998	PP/C
Cognitrone	(Allgemeiner Leistungstest zur Erfassung der Aufmerksamkeit und Konzentration)	≥ 4	1986	C
Daueraufmerksamkeit	(Test zur Quantifizierung der Aufmerksamkeitsleistungen)	≥ 15	1986	C
3DW	Dreidimensionaler Würfeltest	≥ 13	1990	PP
FAIR	Frankfurter Aufmerksamkeits-Inventar	14–72	1996	PP
INKA	Inventar komplexer Aufmerksamkeit	14–72	2000	PP
LEWITE	Lexikon-Wissen Test	18-50	2004	C

LGT-3	Lern- und Gedächtnistest	≥ 16	1974	PP
MTA	Mechanisch-Technisches Auffassungsvermögen	≥ 15	1998	C
MTP	Mannheimer Test zur Erfassung des physikalisch-technischen Problemlösens	≥ 16	1980	PP
NVLT	Nonverbaler Lerntest	20–66	1994	C
Rechnen in Symbolen		Erwachsene	1994	C
Schlauchfiguren	(Test zur Prüfung des räumlichen Vorstellungsvermögens)	15–20	1983	PP/C
Signal-Detection	(Test zur Quantifizierung der Aufmerksamkeitsleistungen und der visuellen Differenzierungsleistung)	≥ 14	1986	C
Syllogismen		Erwachsene	1994	C
SPM	Standard Progressive Matrices	6–65	1998	PP/C
Test d2	(Aufmerksamkeits-Belastungs-Test)	9–60	2002	PP/C
Vigilanz	(Test zur Erfassung der Aufrechterhaltung der Aufmerksamkeit in einer monotonen Reizsituation)	6–17 und Erwachsene	1986	C
VLT	Verbaler Lerntest	18–76	1994	C
WMT	Wiener Matrizen-Test	14–18 und älter	1979	PP/C
WST	Wortschatztest	Erwachsene	1992	PP/C
ZVT	Zahlen-Verbindungs-Test	8–60	1987	PP

Persönlichkeits-Fragebogenbatterien

B5PO	Big Five Plus One Persönlichkeitsinventar	16–80	2003	C
BIP	Bochumer Inventar zur berufsbezogenen Persönlichkeitsbeschreibung	≥ 21	2003	PP/C
EPP-D	Eysenck Personality Profiler – Deutsche Form	≥ 14	1998	PP/C
FPI-R	Freiburger Persönlichkeitsinventar	≥ 16	2001	PP/C
Gießen Test		18–60	1991	PP/C
PRF	Deutsche Personality Research Form	≥ 17	1985	PP/C
NEO-PI-R	NEO-Persönlichkeitsinventar nach Costa und McCrae, Revidierte Fassung	16–50 und älter	2004	PP/C
PFK 9-14	Persönlichkeitsfragebogen für Kinder zwischen 9 und 14 Jahren	9–14	2004	PP/C
16 PF-R	16-Persönlichkeits-Faktoren-Test Revidierte Fassung	≥ 18	1998	PP/C

TIPI	Trierer Integriertes Persönlichkeitsinventar	≥ 17	2003	PP/C
Spezielle Persönlichkeitsfragebogen				
AIST/UST	Allgemeiner Interessen-Struktur-Test/Umwelt-Struktur-Test	≥ 14	1992	PP/C
AVEM	Arbeitsbezogenes Verhaltens- und Erlebensmuster	Erwachsene	2003	PP/C
DAI	Differentielles Leistungsangst Inventar	Schulstufe 8–13	1997	PP
FKK	Fragebogen zu Kompetenz- und Kontrollüberzeugungen	≥ 14	1991	PP/C
FKL	Fragebogen zur Kausalattribuierung in Leistungssituationen	13–15	1988	PP
FSKN	Frankfurter Selbstkonzeptskalen	≥ 13	1986	PP/C
GIS	Generelle Interessen-Skalen	13–18	1990	PP/C
IAF	Interaktions-Angst-Fragebogen	≥ 18	1997	PP/C
LMI	Leistungsmotivationsinventar	≥ 16	2001	PP/C
STAXI	State-Trait-Ärgerausdrucks-Inventar	≥ 14	1992	PP/C
SVF	Streßverarbeitungsfragebogen	20–64	2002	PP/C
SVF-KJ	Streßverarbeitungsfragebogen von Janke und Erdmann angepasst für Kinder und Jugendliche	Schulstufe 3–7	2001	PP/C
Objektive Persönlichkeitstests				
Arbeitshaltungen		≥ 14	1996	C
LEWITE	Lexikon-Wissen Test	18-50	2004	C
OLMT	Objektiver Leistungsmotivations Test	Erwachsene	2004	C
(Semi-) Projektive Verfahren				
MMG	Multi-Motiv-Gitter für Anschluss, Leistung und Macht	Erwachsene	2000	PP/C

---

[48] Bei den exklusiv mit „C" bezeichneten psychologisch-diagnostischen Verfahren ist das Erscheinungsjahr nicht eindeutig festgelegt, weil es sich um ein Computerverfahren handelt, das laufend vor allem in Bezug auf Eichung und Validierungsstudien ergänzt wird. Die hier gegebenen Angaben beziehen sich auf den Termin der Ersterscheinung, die im Verfahrenskatalog (s. weiter unten) angeführten „technischen" Daten sowie Informationen zu den Gütekriterien auf den aktuellen Stand (Redaktionsschluß: März 2005). Bei Verfahren, die mit „PP/C" gekennzeichnet sind, beziehen sich alle Angaben auf das Manual zum Papier-Bleistift-Verfahren.

ACIL   C

Adaptive Computergestützte Intelligenz-Lerntestbatterie
(Guthke, Beckmann, Stein, Vahle & Rittner, 1995)
Spezieller Leistungstest (Intellektuelle Lernfähigkeit), für die 5. bis 9. Schulstufe

Untertests	Adaptiver Analogien-Lerntest, Adaptiver Figurenfolgen-Lerntest, Adaptiver Zahlenfolgen-Lerntest
Einsatzbereich	Ausbildungs- und berufsbezogene Eignungsdiagnostik, Ausbildungs- und berufsbezogene Rehabilitationsdiagnostik, Neuropsychologische Diagnostik
Theoretisches Konzept	Lerntestkonzept von *Guthke*
Besonderheiten	*Power*-Tests, individuell verzweigende Testvorgabe mit insgesamt 88 Items, *Multiple-Choice*-Format (fünfkategoriell) – beim *Adaptiven Zahlenfolgen-Lerntest* freies Antwortformat; Verrechnung: Anzahl bearbeiteter Items plus Anzahl gegebener Hilfen
Vorgabedauer	ca. 40 Minuten
Reliabilität	0,81-0,93 (*Split-half*), 0,61-0,77 (*Cronbach-alpha*)
Stabilität	Keine Angaben im Manual
Validität	*Bewertung*: Faktorenanalytisch weitgehend konstruktvalidiert, Kriteriumsvalidität in Bezug auf bestimmte Lernprogramme und Schulnoten mittelmäßig bis niedrig
Eichung	$N = 772$ bis 954 (je Untertest); schulstufen- und schultypspezifische Eichtabellen. *Bewertung*: Repräsentativität zweifelhaft

AID 2   PP

Adaptives Intelligenz Diagnostikum – Version 2.1
(Kubinger & Wurst, 2000)
Intelligenz-Testbatterie, Individualverfahren, für 6;0- bis 15;11-Jährige

Untertests	Alltagswissen, Realitätssicherheit, Angewandtes Rechnen, Soziale und Sachliche Folgerichtigkeit, Unmittelbares Reproduzieren-numerisch, Synonyme Finden, Kodieren und Assoziieren, Antizipieren und Kombinieren-figural, Funktionen Abstrahieren, Analysieren und Synthetisieren-abstrakt, Soziales Erfassen und Sachliches Reflektieren
Zusatztests	Unmittelbares Reproduzieren-figural/abstrakt, Merken und Einprägen, Strukturieren-visumotorisch
Einsatzbereich	Ausbildungs- und berufsbezogene Eignungsdiagnostik, Ausbildungs- und berufsbezogene Rehabilitationsdiagnostik, Entwicklungsdiagnostik im frühen Kindesalter, Neuropsychologische Diagnostik
Theoretisches Konzept	Testkonzept von *Wechsler*; *Rasch*-Modell
Besonderheiten	*Power*-Tests sowie *Speed-* (*and-power-*) Tests, adaptives Testen mit insgesamt 497 Items, freies Antwortformat, zweikategorielle sowie in drei Untertests und einem Zusatztest drei-

	und mehr als dreikategorielle Verrechnung; Kurz- und Parallel-formen; besondere Testkennwerte: (Untere Grenze der) „Intelligenz*quantität*", *Range* der „Intelligenz"; Beiblatt für Beobachtungen der „Arbeitshaltungen"; Diagramm zum *Screening* von Teilleistungsstörungen
Vorgabedauer	ca. 75 Minuten (für drei Zusatztests weitere 10-15 Minuten)
Reliabilität	0,70-0,95 (*Split-half*); innere Konsistenz aufgrund der Geltung des *Rasch*-Modells gegeben
Stabilität	außer bei Merken und Einprägen 0,64-0,95 (1 Monat)
Validität	*Bewertung*: Diskriminante Validität (in Bezug auf WMT, MTP, 3DW, *Test d2* und AFS) gegeben; Übereinstimmungs-validität in Bezug auf ausgewählte spezielle Leistungstests mittelmäßig bis niedrig
Eichung	$N = 977$, adjustiert durch AID-Repräsentativerhebung ($N = 2144$); alters- und geschlechtsspezifische Eichtabellen. *Bewertung*: repräsentativ (auch für Österreich)
Ökonomie	adaptive Testvorgabe (*Branched-testing* bei acht Untertests)
Fairness	schichtspezifische Mittelwerte sind angegeben

AIST/UST   PP/C
Allgemeiner Interessen-Struktur-Test/Umwelt-Struktur-Test
(Bergmann & Eder, 1992)
Spezieller Persönlichkeitsfragebogen (Interessen), Gruppenverfahren, ab 14 Jahren

Skalen	Praktisch-technische Interessen, Intellektuell-forschende Interessen, Künstlerisch-sprachliche Interessen, Soziale Interessen, Unternehmerische Interessen, Konventionelle Interessen
Einsatzbereich	Ausbildungs- und berufsbezogene Eignungsdiagnostik
Theoretisches Konzept	*a-priori* (Hexagon-Modell von *Holland*)
Besonderheiten	insgesamt 60 Items, fünfkategorielles Antwortformat; Anforderungs- und Interessensprofile
Vorgabedauer	10-15 Minuten
Reliabilität	0,81-0,87 (*Split-half*)
Stabilität	0,61-0,83 (2 Tage bis 2 Jahre)
Validität	*Bewertung*: Faktorenanalytisch weitgehend konstruktvalidiert; Übereinstimmungsvalidität mit anderen Interessenfragebogen mittelmäßig
Eichung	$N = 4393$, geschlechtsspezifische Eichtabellen. *Bewertung*: repräsentativ für Schüler

AMT   C
Adaptiver Matrizen Test
(Hornke, Etzel & Rettig, 1997)
Spezieller Leistungstest (*Reasoning*), ab 14 Jahren

Einsatzbereich	Ausbildungs- und berufsbezogene Eignungsdiagnostik
Theoretisches Konzept	kognitionspsychologische Überlegungen (auf Basis von Konstruktionsregeln); *Rasch*-Modell
Besonderheiten	*Power*-Test, adaptives Testen mit 10 bis 35 aus 266 Items, *Multiple-Choice*-Format (achtkategoriell), zweikategorielle Verrechnung; drei Testformen (*Screening*, Standard, Precision)
Vorgabedauer	20-50 Minuten
Reliabilität	0,60 (*Screening*), 0,80 (Standard), 0,85 (Precision) – alle rückgerechnet aus den Standardschätzfehlern laut *Rasch*-Modell; innere Konsistenz aufgrund der Geltung des *Rasch*-Modells gegeben
Stabilität	keine Angaben im Manual
Validität	*Bewertung*: Inhaltliche (logische) Validität gegeben
Eichung	$N = 1356$; *Bewertung*: repräsentativ (auch für Österreich)
Ökonomie	adaptive Testvorgabe (*Tailored-testing*)

APM   PP/C
Advanced Progressive Matrices
(Heller, Kratzmeier & Lengfelder, 1998b)
Spezieller Persönlichkeitsfragebogen (*Reasoning*), Gruppenverfahren, für 11- bis 40-Jährige

Einsatzbereich	Ausbildungs- und berufsbezogene Eignungsdiagnostik
Theoretisches Konzept	Testkonzept von *Raven*
Besonderheiten	*Speed-and-power*-Test, 48 Items, *Multiple-Choice*-Format (achtkategoriell), zweikategorielle Verrechnung
Vorgabedauer	50 Minuten
Reliabilität	0,59-0,92 (*Split-half*), 0,75-0,91 (*Cronbach-alpha*)
Stabilität	0,58-0,82 (*3 Monate*)
Validität	Übereinstimmungsvalidität mit CFT 20 0,47-0,56; *Bewertung*: Faktorenanalytisch nicht konstruktvalidiert; Kriteriumsvalidität (Mathematik-Schulnoten) niedrig
Eichung	$N = 1469$; alters-, schul- und klassenspezifische sowie studienfachspezifische Eichtabellen. *Bewertung*: Repräsentativität zweifelhaft

Arbeitshaltungen   C
(Kubinger & Ebenhöh, 1996)
Objektiver Persönlichkeitstest, ab 14 Jahren

Untertests	Flächengrößen Vergleichen, Symbole Kodieren, Figuren Unterscheiden
Einsatzbereich	Ausbildungs- und berufsbezogene Eignungsdiagnostik, Ausbildungs- und berufsbezogene Rehabilitationsdiagnostik, Gerontopsychologische Diagnostik, Klinisch-psychologische Diagnostik

Theoretisches Konzept	Objektive Persönlichkeitstests *sensu R. B. Cattell*
Besonderheiten	Objektive Persönlichkeitstests *sensu R. B. Cattell*
Vorgabedauer	20-45 Minuten
Reliabilität	*Split-half*-Reliabilität: Berechnung nicht möglich; *Retest*-Reliabilität: Berechnung sachlich sinnlos
Stabilität	Keine Angaben im Manual
Validität	*Bewertung*: Kriteriumsvalidität (in Bezug auf berufliche und ausbildungsmäßige Bewährung) relativ hoch
Eichung	$N = 231$. *Bewertung*: repräsentativ
Unverfälschbarkeit	weitestgehend gegeben

AVEM   PP/C
Arbeitsbezogenes Verhaltens- Und Erlebensmuster
(Schaarschmidt & Fischer, 2003; 2., überarb. und erw. Aufl.)
Spezieller Persönlichkeitsfragebogen (Belastbarkeit), Gruppenverfahren für
Erwachsene

Skalen	Subjektive Bedeutsamkeit der Arbeit, Beruflicher Ehrgeiz, Verausgabungsbereitschaft, Perfektionsstreben, Distanzierungsfähigkeit, Resignationstendenz bei Mißerfolg, Offensive Problembewältigung, Innere Ruhe und Ausgeglichenheit, Erfolgserleben im Beruf, Lebenszufriedenheit, Erleben sozialer Unterstützung
Einsatzbereich	Ausbildungs- und berufsbezogene Rehabilitationsdiagnostik, Klinisch-psychologische Diagnostik
Theoretisches Konzept	Faktorenanalyse
Besonderheiten	insgesamt 66 Items, fünfkategorielles Antwortformat; Berechnung der Zugehörigkeitswahrscheinlichkeit zu einem von vier Typen
Vorgabedauer	ca. 10 Minuten
Reliabilität	0,76-0,90 (*Split-half*), 0,71-0,90 (*Cronbach-alpha*)
Stabilität	0,69-0,82 (3 Monate)
Validität	*Bewertung*: Übereinstimmungsvalidität (in Bezug auf entsprechende Skalen des FPI-R) mittelmäßig; Kriteriumsvalidität (in Bezug auf Herzinfarktpatienten) mittelmäßig
Eichung	$N = 14725$; geschlechts- und berufsgruppenspezifische Eichtabellen. *Bewertung*: Repräsentativität zweifelhaft

B5PO   C
Big Five Plus One Persönlichkeitsinventar
(Holocher-Ertl, Kubinger & Menghin, 2003; 2., vollst. überarb. Aufl.)
Persönlichkeits-Fragebogenbatterie, Gruppenverfahren, ab 20 Jahren

Skalen	Extraversion, Verträglichkeit, Gewissenhaftigkeit, Emotionale Kontrolle, Offenheit, Empathie

Einsatzbereich	Ausbildungs- und berufsbezogene Eignungsdiagnostik, Ausbildungs- und berufsbezogene Rehabilitationsdiagnostik
Theoretisches Konzept	*Big Five*-Persönlichkeitsmodell
Besonderheiten	insgesamt 66 Items, Analogskala als Antwortformat
Vorgabedauer	ca. 10 Minuten
Reliabilität	innere Konsistenz ist aufgrund der Geltung des Rasch-Modells gegeben
Stabilität	keine Angaben im Manual
Validität	*Bewertung*: Faktorenanalytisch konstruktvalidiert
Eichung	$N = 531$; alters-, geschlechts- und bildungsspezifische Eichtabellen. *Bewertung*: Repräsentativität zweifelhaft

BIP   PP/C

Bochumer Inventar zur berufsbezogenen Persönlichkeitsbeschreibung
(Hossiep, Paschen & Mühlhaus, 2003)
Persönlichkeits-Fragebogenbatterie, Gruppenverfahren, ab 20 Jahren

Skalen	Leistungsmotivation, Gestaltungsmotivation, Führungsmotivation, Gewissenhaftigkeit, Flexibilität, Handlungsorientierung, Sensitivität, Kontaktfähigkeit, Soziabilität, Teamorientierung, Durchsetzungsstärke, Emotionale Stabilität, Belastbarkeit, Selbstbewusstsein
Einsatzbereich	Ausbildungs- und berufsbezogene Eignungsdiagnostik
Theoretisches Konzept	*a-priori* (ohne besonderen Bezug)
Besonderheiten	insgesamt 210 Items, sechskategorielles Antwortformat; Formen für die Selbst- und Fremdbeurteilung
Vorgabedauer	ca. 60 Minuten
Reliabilität	0,72-0,91 (*Split-half*), 0,74-0,91 (*Cronbach-alpha*); sowie 0,65-0,88 (*Cronbach-alpha*) für Fremdbeurteilung
Stabilität	0,77-0,89 (8-10 Wochen), 0,69-0,80 (5-36 Monate)
Validität	*Bewertung*: Übereinstimmungsvalidität in Bezug auf u. a. NEO-FFI und 16 PF-R mittelmäßig; Kriteriumsvalidität (Berufs- bzw. Studienerfolg) niedrig
Eichung	$N = 9326$; alters- und geschlechtsspezifische Eichtabellen sowie Eichtabellen für verschiedene Berufspositionen, berufliche Funktionsbereiche und Studienfächer. *Bewertung*: Repräsentativität zweifelhaft

CFT 1   PP

Grundintelligenztest Skala 1
(Weiß & Osterland, 1997; 5. rev. Auflage)
Spezieller Leistungstest (*Reasoning*), Gruppenverfahren, für 5;3- bis 9;5-Jährige

Untertests	Substitutionen, Labyrinthe, Klassifikationen, Ähnlichkeiten, Matrizen

Einsatzbereich   Ausbildungs- und berufsbezogene Eignungsdiagnostik, Ent-
                            wicklungsdiagnostik im frühen Kindesalter, Neuropsychologi-
                            sche Diagnostik
Theoretisches Konzept   Intelligenztheorie von *Cattell*
Besonderheiten   insgesamt 108 Items, in zwei Untertests freies Antwortformat,
                            in drei Untertests *Multiple-Choice*-Format (fünfkategoriell),
                            zweikategorielle Verrechnung; quasi-Parallelformen (unter-
                            schiedliche Reihenfolge der Items)
Vorgabedauer   ca. 25 bis 50 Minuten
Reliabilität   Angaben nur für zwei Untertests 0,65-0,88 (*Split-half*)
Stabilität   keine Angaben im Manual
Validität   *Bewertung*: Faktorenanalytisch ansatzweise konstruktvalidiert,
                            Kriteriumsvalidität (in Bezug auf HAWIK und diversen Schul-
                            leistungstests) mittelmäßig
Eichung   Eichtabellen für die 5. Auflage an $N = 1500$ überprüft und
                            teilweise revidiert; alters- sowie schulstufenspezifische Eichta-
                            bellen. *Bewertung*: repräsentativ
Fairness   kein Unterschied zwischen deutschen und ausländischen Kin-
                            dern

CFT 20   PP/C
Grundintelligenztest Skala 2
(Weiß, 1998; 4., überarb. Aufl.)
Spezieller Leistungstest (*Reasoning*), Gruppenverfahren, für 8;7- bis 70-Jährige

Untertests   Series, Classifications, Matrices, Topologies
Zusatztests   Wortschatztest, Zahlenfolgentest
Einsatzbereich   Ausbildungs- und berufsbezogene Eignungsdiagnostik, Ausbil-
                            dungs- und berufsbezogene Rehabilitationsdiagnostik
Theoretisches Konzept   Intelligenztheorie von *Cattell*
Besonderheiten   *Speed-and-power*-Test, insgesamt 92 Items (Zusatztests insge-
                            samt 51 Items), *Multiple-Choice*-Format (fünfkategoriell), zwei-
                            kategorielle Verrechnung; quasi-Parallelformen (unterschied-
                            liche Reihenfolge der Items); geeichte Testwerte nur für den
                            Gesamttestwert als Summe der Testwerte je Untertest
Vorgabedauer   ca. 60 Minuten (für die Zusatztests ca. weitere 40 Minuten)
Reliabilität   0,90-0,95(*Split-half*)
Stabilität   0,77 (2 Wochen)
Validität   *Bewertung*: Faktorenanalytisch weitgehend konstruktvalidiert;
                            Kriteriumsvalidität (Mathematik-Schulnoten) mittelmäßig
Eichung $N = 5730$; alters-, schultyp- und schulstufenspezifische Eichta-
                            bellen. *Bewertung*: repräsentativ
Fairness   kein Unterschied zwischen deutschen und ausländischen Kin-
                            dern

Cognitrone   C
(ohne Autor, 1986)
Spezieller Leistungstest (Aufmerksamkeit und Konzentration), ab 4 Jahren

Einsatzbereich	Ausbildungs- und berufsbezogene Eignungsdiagnostik, Neuro-psychologische Diagnostik
Theoretisches Konzept	ohne besonderen Bezug
Besonderheiten	*Speed-and-power*-Test, Verrechnung: Gesamtzahl richtig erkannter Symbole (jeweils *Multiple-Choice*-Format, zweikategoriell), Anzahl der Fehler, durchschnittliche Reaktionszeit; verschiedene Testformen mit unterschiedlicher Reizkomplexität
Vorgabedauer	5-20 Minuten
Reliabilität	0,86-0,98 (*Split-half*)
Stabilität	keine Angaben im Manual
Validität	*Bewertung*: Übereinstimmungsvalidität mäßig
Eichung	Je Testform $N = 75$ bis 2819 für diverse Anfallsstichproben. *Bewertung*: nicht repräsentativ

DAI   PP
Differentielles Leistungsangst Inventar
(Rost & Schermer, 1997)
Spezieller Persönlichkeitsfragebogen (Leistungsangst), Gruppenverfahren für die 8. bis
13. Schulstufe

Skalen	Repertoire-Unsicherheit, Wissensbezogene Angstauslösung, Sozialbezogene Angstauslösung, Physiologische Manifestation, Emotionale Manifestation, Kognitive Manifestation, Strategie Gefahrenkontrolle, Strategie Situationskontrolle, Strategie Angstkontrolle, Strategie Angstunterdrückung, Externale Stabilisierung, Internale Stabilisierung
Einsatzbereich	Ausbildungs- und berufsbezogene Rehabilitationsdiagnostik, Klinisch-psychologische Diagnostik
Theoretisches Konzept	Modell zur differentiellen Leistungsängstlichkeitsdiagnostik von *Rost* und *Schermer*
Besonderheiten	insgesamt 146 Items, fünfkategorielles Antwortformat; Lang- und Kurzform
Vorgabedauer	ca. 30-60 Minuten
Reliabilität	0,55-0,95 (*Cronbach-alpha*)
Stabilität	keine Angaben im Manual
Validität	*Bewertung*: Faktorenanalytisch konstruktvalidiert, Übereinstimmungsvalidität (in Bezug auf STAI, IAF, SVF u. a.) niedrig
Eichung	$N = 3233$; geschlechtsspezifische Eichtabellen. *Bewertung*: repräsentativ

Daueraufmerksamkeit   C
(ohne Autor, 1986)
Spezieller Leistungstest (Aufmerksamkeit und Konzentration), ab 15 Jahren

Einsatzbereich	Ausbildungs- und berufsbezogene Eignungsdiagnostik, Foren-sisch-psychologische bzw. rechtspsychologische Diagnostik, Neuropsychologische Diagnostik
Theoretisches Konzept	vielfache Vorbilder
Besonderheiten	*Speed*-Test, Verrechnung: Gesamtanzahl richtiger Reaktionen (jeweils *Multiple-Choice*-Format, zweikategoriell), Anzahl der Fehler, durchschnittliche Reaktionszeit
Vorgabedauer	ca. 35 Minuten
Reliabilität	0,76-0,98 (*Split-half*)
Stabilität	keine Angaben im Manual
Validität	*Bewertung*: Inhaltliche Gültigkeit gegeben
Eichung	$N = 297$ bzw. 568; alters- und bildungsspezifische Eichtabellen. *Bewertung*: Repräsentativität zweifelhaft

3DW   PP[49]
Dreidimensionaler Würfeltest
(Gittler, 1990)
Spezieller Leistungstest (*Space*), Gruppenverfahren, ab 13 Jahren

Einsatzbereich	Ausbildungs- und berufsbezogene Eignungsdiagnostik
Theoretisches Konzept	vielfache Vorbilder; *Rasch*-Modell
Besonderheiten	wahlweise mit oder ohne *Speed* Bedingung, 18 Items, *Multiple-Choice*-Format (achtkategoriell), zweikategorielle Verrechnung; verschiedene Kurzformen
Vorgabedauer	15-30 Minuten
Reliabilität	0,83-0,88 (*Split-half*), 0,82-0,91 (*Cronbach-alpha*); innere Konsistenz aufgrund der Geltung des *Rasch*-Modells gegeben
Stabilität	keine Angaben im Manual
Validität	Kriteriumsvalidität (in Bezug auf einschlägige Schulnoten) 0,37, prognostische Validität (in Bezug auf einschlägige Schulnoten, nach 2 Jahren) 0,32. *Bewertung*: Extremgruppenvalidiert (Techniker vs. Nicht-Techniker)
Eichung	$N = 5423$; schulstufen-, schultyp- und geschlechtsspezifische Eichtabellen. *Bewertung*: repräsentativ (auch für Österreich)

EPP-D   PP/C
Eysenck Personality Profiler – Deutsche Form
(Eysenck, Wilson & Jackson, 1998)
Persönlichkeits-Fragebogenbatterie, Gruppenverfahren, ab 14 Jahren

---

[49]als A3DW (Adaptiver Dreidimensionaler Würfeltest) auch ein Computerverfahren

Skalen	aktiv-passiv, kontaktfreudig-kontaktscheu, selbstbewußt-schüchtern, ehrgeizig-anspruchslos, unsicher-sicher, schwer-mütig-lebensfroh, besorgt-gelassen, pedantisch-ungezwungen, spontan-besonnen, unzuverlässig-zuverlässig, sensationssu-chend-gefahrenmeidend, widerstandsfähig-empfindsam, han-delnd-reflektierend, hohe Offenheit-niedrige Offenheit
Einsatzbereich	Ausbildungs- und berufsbezogene Rehabilitationsdiagnostik, Klinisch-psychologische Diagnostik
Theoretisches Konzept	*a-priori* (Persönlichkeitsmodell von *Eysenck*)
Besonderheiten	insgesamt 176 Items, dreikategorielles Antwortformat
Vorgabedauer	20-35 Minuten
Reliabilität	0,70-0,82 (*Cronbach-alpha*)
Stabilität	keine Angaben im Manual
Validität	*Bewertung*: Faktorenanalytisch weitgehend konstruktvalidiert; Übereinstimmungsvalidität (in Bezug auf FPI-R, NEO-FFI) mittelmäßig
Eichung	$N = 2006$; altersspezifische Eichtabellen. *Bewertung*: repräsen-tativ (auch für Österreich)

FAIR PP/C
Frankfurter Aufmerksamkeits-Inventar
(Moosbrugger & Oehlschlägel, 1996)
Spezieller Leistungstest (Aufmerksamkeit und Konzentration), Gruppenverfahren, für 14- bis 72-Jährige

Einsatzbereich	Ausbildungs- und berufsbezogene Eignungsdiagnostik, Ausbil-dungs- und berufsbezogene Rehabilitationsdiagnostik
Theoretisches Konzept	ohne besonderen Bezug
Besonderheiten	*Speed*-Test, insgesamt 640 Items, Verrechnung: Anzahl bear-beiteter Items, Anzahl der Fehler (Linien-, Verpasser-, Falscher-Alarm- und Zusatz-Fehler); zwei Parallelformen (mit unterschiedlichen Zielitems)
Vorgabedauer	ca. 10 Minuten
Reliabilität	0,65-0,92 (*Split-half*), 0,85-0,91 (*Retest*, 5 bis 20 Minuten), 0,76-0,83 (Paralleltest)
Stabilität	keine Angaben im Manual
Validität	*Bewertung*: Übereinstimmungsvalidität (in Bezug auf *Test d2*) niedrig; diskriminante Validität (in Bezug auf Vorläufer des IST 2000 R) zweifelhaft
Eichung	$N = 1553$; altersspezifische Eichtabellen. *Bewertung*: repräsen-tativ

FKK PP/C
Fragebogen zu Kompetenz- und Kontrollüberzeugungen
(Krampen, 1991)

Spezieller Persönlichkeitsfragebogen (Kontrollüberzeugung), Gruppenverfahren, ab 14
Jahren

Skalen   Generalisiertes Selbstkonzept eigener Fähigkeiten, Internali-
                          tät in generalisierten Kontrollüberzeugungen, Sozial bedingte
                          Externalität, Fatalistische Externalität
Einsatzbereich   Ausbildungs- und berufsbezogene Eignungsdiagnostik, Aus-
                          bildungs- und berufsbezogene Rehabilitationsdiagnostik, Kli-
                          nisch-psychologische Diagnostik
Theoretisches Konzept   *a priori* (soziale Lerntheorie von *Rotter*)
Besonderheiten   insgesamt 32 Items, sechskategorielles Antwortformat
Vorgabedauer   10-20 Minuten
Reliabilität   0,63-0,87 (*Split-half*)
Stabilität   0,58-0,93 (2 Wochen bis 6 Monate)
Validität   *Bewertung*: Faktorenanalytisch konstruktvalidiert; diskrimi-
                          nante Validität (in Bezug auf FPI-R) gegeben
Eichung $N = 2028$ Erwachsene. *Bewertung*: repräsentativ
                          $N = 248$ Jugendliche (14-17 Jahre). *Bewertung*: Repräsentati-
                          vität zweifelhaft

FKL   PP
Fragebogen zur Kausalattribuierung in Leistungssituationen
(Keßler, 1988)[50]
Spezieller Persönlichkeitsfragebogen (Kontrollüberzeugung), Gruppenverfahren, für
13- bis 15-Jährige

Skalen   Anstrengung bei Erfolg, Begabung bei Erfolg, Schwierigkeiten
                          bei Erfolg, Zufall bei Erfolg, Anstrengung bei Mißerfolg, Bega-
                          bung bei Mißerfolg, Schwierigkeiten bei Mißerfolg, Zufall bei
                          Mißerfolg
Einsatzbereich   Ausbildungs- und berufsbezogene Rehabilitationsdiagnostik,
                          Klinisch-psychologische Diagnostik
Theoretisches Konzept   *a-priori* (soziale Lerntheorie von *Rotter*)
Besonderheiten   insgesamt 24 Items, fünfkategorielles Antwortformat
Vorgabedauer   15-25 Minuten
Reliabilität   0,68-0,86 (*Split-half*)
Stabilität   0,54-0,68 (10 Wochen)
Validität   *Bewertung*: Diskriminante Validität (in Bezug auf Schulangst)
                          gegeben; Kriteriumsvalidität (in Bezug auf Schulnoten) nied-
                          rig
Eichung $N = 3926$. *Bewertung*: repräsentativ

---

[50]z. Z. nur auslieferbar über die *Testzentrale der Schweizer Psychologen*

FPI-R   PP/C
Freiburger Persönlichkeitsinventar – Revidierte Fassung
(Fahrenberg, Hampel & Selg, 2001; 7. überarb. und neu normierte Aufl.)
Persönlichkeits-Fragebogenbatterie, Gruppenverfahren, ab 16 Jahren

Skalen	Lebenszufriedenheit, Soziale Orientierung, Leistungsorientierung, Gehemmtheit, Erregbarkeit, Aggressivität, Beanspruchung, Körperliche Beschwerden, Gesundheitssorgen, Offenheit, Extraversion, Emotionalität
Einsatzbereich	Forensisch-psychologische bzw. rechtspsychologische Diagnostik, Klinisch-psychologische Diagnostik
Theoretisches Konzept	Faktorenanalyse
Besonderheiten	insgesamt 138 Items, zweikategorielles Antwortformat; Anwendung des *Rasch*-Modells ohne die Ergebnisse bei der Konstruktion zu berücksichtigen
Vorgabedauer	10-30 Minuten
Reliabilität	0,71-0,84 (*Cronbach-alpha*)
Stabilität	0,63-0,85 (4 Wochen), 0,47-0,72 (1 Jahr) – Angaben für eine nicht-repräsentative Stichprobe
Validität	*Bewertung*: Konstruktvalidität zweifelhaft, Kriteriumsvalidität (in Bezug auf Selbst- und Fremdeinschätzung, Gießen-Test, SVF u. a.) niedrig
Eichung	$N = 3740$; alters- und geschlechtsspezifische Eichtabellen. *Bewertung*: repräsentativ

FSKN   PP/C
Frankfurter Selbstkonzeptskalen
(Deusinger, 1986)
Spezieller Persönlichkeitsfragebogen (s. unter Kontrollüberzeugung in Abschnitt 4.2.3),
Gruppenverfahren, für 13- bis 95-Jährige

Skalen	Selbstkonzept der allgemeinen Leistungsfähigkeit, der Problembewältigung, der Verhaltens- und Entscheidungssicherheit, des allgemeinen Selbstwertes, der eigenen Empfindlichkeit und Gestimmtheit, der Standfestigkeit gegenüber Gruppen und bedeutsamen anderen, Selbstkonzept zur eigenen Kontakt- und Umgangsfähigkeit, zur Wertschätzung durch andere, zur Irritierbarkeit durch andere, Selbstkonzept über Gefühle und Beziehungen zu anderen
Einsatzbereich	Ausbildungs- und berufsbezogene Rehabilitationsdiagnostik, Forensisch-psychologische bzw. rechtspsychologische Diagnostik, Klinisch-psychologische Diagnostik
Theoretisches Konzept	*a-priori* (ohne besonderen Bezug)
Besonderheiten	insgesamt 78 Items, sechskategorielles Antwortformat
Vorgabedauer	15-25 Minuten

Reliabilität	0,40-0,95 (*Split-half*), 0,45-0,94 (*Cronbach-alpha*)
Stabilität	0,35-0,77 (4 bis 5 Monate)
Validität	*Bewertung*: Übereinstimmungsvalidität (in Bezug auf Vorläufer des FPI) mittelmäßig bis niedrig; diskriminante Validität (in Bezug auf SPM, LGT-3, Test d2) gegeben
Eichung	$N = 568$ Schüler (13-20 Jahre), $N = 540$ Erwachsene; alters- und geschlechtsspezifische Eichtabellen. *Bewertung*: Repräsentativität zweifelhaft

GIS   PP/C
Generelle Interessen-Skala
(Brickenkamp, 1990)
Spezieller Persönlichkeitsfragebogen (Interessen), Gruppenverfahren, für 13- bis
18-Jährige

Skalen	Musik, Kunst, Architektur, Literatur, Politik, Handel, Erziehung, Medizin, Kommunikationstechnologie, Naturwissenschaft, Biologie, Natur/Landwirtschaft, Ernährung, Mode, Sport, Unterhaltung
Einsatzbereich	Ausbildungs- und berufsbezogene Eignungsdiagnostik
Theoretisches Konzept	*a-priori* (ohne besonderen Bezug)
Besonderheiten	insgesamt 48 Items, fünfkategorielles Antwortformat; Formen männlich/weiblich, dazu je eine Parallelform
Vorgabedauer	5-10 Minuten
Reliabilität	0,46-0,92 (*Cronbach-alpha*)
Stabilität	0,64-0,94 (2 Monate)
Validität	*Bewertung*: Faktorielle Konstruktvalidität nicht gegeben; Übereinstimmungsvalidität mit anderen Interessenfragebogen mittelmäßig bis niedrig
Eichung	$N = 9424$, geschlechts- und schultypspezifische Eichtabellen. *Bewertung*: repräsentativ

Gießen-Test   PP/C
(Beckmann, Brähler & Richter, 1991)
Persönlichkeits-Fragebogenbatterie, Gruppenverfahren, für 18- bis 60-Jährige

Skalen	Soziale Resonanz, Dominanz, Kontrolle, Grundstimmung, Durchlässigkeit, Soziale Potenz
Einsatzbereich	Klinisch-psychologische Diagnostik
Theoretisches Konzept	Faktorenanalyse
Besonderheiten	insgesamt 40 Items, siebenkategorielles Antwortformat; Formen für die Selbst- und Fremdbeurteilung
Vorgabedauer	10-15 Minuten
Reliabilität	keine Angaben im Manual
Stabilität	0,65-0,76 (6 Wochen)

Validität	*Bewertung*: Übereinstimmungsvalidität (in Bezug auf Vorläufer des MMPI-2) niedrig
Eichung	$N = 1575$. *Bewertung*: repräsentativ

HAWIE-R   PP
Hamburg-Wechsler Intelligenztest Für Erwachsene – Revision 1991
(Tewes, 1991)
Intelligenz-Testbatterie, Individualverfahren, 16- bis 74-Jährige

Untertests	Allgemeines Wissen, Bilderergänzen, Zahlennachsprechen, Bilderordnen, Wortschatz-Test, Mosaik-Test, Rechnerisches Denken, Figurenlegen, Allgemeines Verständnis, Zahlen-Symbol-Test, Gemeinsamkeitenfinden
Einsatzbereich	Forensisch-psychologische bzw. rechtspsychologische Diagnostik, Neuropsychologische Diagnostik, Gerontopsychologische Diagnostik, Klinisch-psychologische Diagnostik
Theoretisches Konzept	Deutsche Version der *Wechsler Adult Intelligence Scale – Revised* (WAIS-R) von *Wechsler*
Besonderheiten	*Power*-Tests sowie *Speed- (and-power-)* Tests, insgesamt 249 Items, freies Antwortformat, zwei oder dreikategorielle Verrechnung, gelegentlich mehr als dreikategorielle
Vorgabedauer	60-70 Minuten
Reliabilität	0,57-0,97 (*Cronbach-alpha*)
Stabilität	keine Angaben im Manual
Validität	*Bewertung*: Faktorenanalytisch konstruktvalidiert
Eichung	$N = 2000$; altersspezifische Eichtabellen. *Bewertung*: repräsentativ

HAWIK-III   PP
Hamburger-Wechsler-Intelligenztest für Kinder III
(Tewes, Rossmann & Schallberger, 1999)
Intelligenz-Testbatterie, Individualverfahren, für 6;0- bis 16;11-Jährige

Untertests	Bilderergänzen, Allgemeines Wissen, Zahlen-Symbol-Test, Gemeinsamkeitenfinden, Bilderordnen, Rechnerisches Denken, Mosaik-Test, Wortschatz-Test, Figurenlegen, Allgemeines Verständnis, Symbolsuche, Zahlennachsprechen, Labyrinth-Test
Einsatzbereich	Ausbildungs- und berufsbezogene Eignungsdiagnostik, Ausbildungs- und berufsbezogene Rehabilitationsdiagnostik, Entwicklungsdiagnostik im frühen Kindesalter
Theoretisches Konzept	Deutsche Version der *Wechsler Intelligence Scale for Children – Third Edition* (WISC-III) von *Wechsler*
Besonderheiten	*Power*-Tests sowie *Speed- (and-power-)* Tests, insgesamt 310 (6- bis 7-Jährige) bzw. 370 (8- bis 17-Jährige) Items, freies Antwortformat, zwei oder dreikategorielle Verrechnung, gelegentlich mehr als dreikategorielle

Vorgabedauer	50-70 Minuten (ohne die Untertests Symbolsuche, Labyrinth-Test)
Reliabilität	0,68-0,88(*Split-half*)
Stabilität	0,06-0,74 (7 bis 9 Monate)
Validität	*Bewertung*: Faktorenanalytisch annähernd konstruktvalidiert; Kriteriumsvalidität (in Bezug auf Schulnoten und Lehrerurteil) mittelmäßig
Eichung	$N = 1570$; altersspezifische Eichtabellen. *Bewertung*: Zumindest für Österreich Repräsentativität zweifelhaft

IAF   PP/C
Interaktions-Angst-Fragebogen
(Becker, 1997; 3., rev. und erw. Aufl.)
Spezieller Persönlichkeitsfragebogen (s. unter Leistungsangst in Abschnitt 4.2.3),
Gruppenverfahren, für 18- bis 65-Jährige

Skalen	Angst vor physischer Verletzung, vor Auftritten, vor Normüberschreitung, vor Erkrankungen und ärztlichen Behandlungen, vor Selbstbehauptung, vor Abwertung und Unterlegenheit, vor physischen und psychischen Angriffen, vor Bewährungssituationen
Einsatzbereich	Ausbildungs- und berufsbezogene Rehabilitationsdiagnostik, Klinisch-psychologische Diagnostik
Theoretisches Konzept	Faktorenanalyse
Besonderheiten	insgesamt 53 Items, sechskategorielles Antwortformat
Vorgabedauer	ca. 15 Minuten
Reliabilität	0,64-0,88 (*Cronbach-alpha*)
Stabilität	0,60-0,93 (5 Tage bis 12 Monate)
Validität	*Bewertung*: Konstruktvalidität nicht gegeben; extremgruppenvalidiert (Patienten mit sozialen Ängsten vs. Polizisten, Extremsportler); Übereinstimmungsvalidität mit anderen Angstskalen mittelmäßig
Eichung	$N = 861$; geschlechtsspezifische Eichtabellen. *Bewertung*: Repräsentativität zweifelhaft

INKA   PP
Inventar Komplexer Aufmerksamkeit
(Heyde, 2000; 2. erw. Aufl.)
Spezieller Leistungstest (Aufmerksamkeit und Konzentration), Gruppenverfahren, für
14- bis 63-Jährige

Einsatzbereich	Ausbildungs- und berufsbezogene Eignungsdiagnostik
Theoretisches Konzept	ohne besonderen Bezug; *Rasch*-Modell
Besonderheiten	*Speed-and-power*-Test, insgesamt 18 Items, freies Antwortformat, zweikategorielle Verrechnung; Rechts- und Linkshänderversion

Vorgabedauer	ca. 25 Minuten
Reliabilität	0,84 (*Cronbach-alpha*); innere Konsistenz aufgrund der Geltung des Rasch-Modells gegeben
Stabilität	keine Angaben im Manual
Validität	*Bewertung*: faktorenanalytisch konstruktvalidiert
Eichung	$N = 6950$; bildungs- und altersspezifische Eichtabellen. *Bewertung*: repräsentativ

IST 2000 R   PP/C
Intelligenz-Struktur-Test 2000 R
(Amthauer, Brocke, Liepmann & Beauducel, 2001)
Intelligenz-Testbatterie, Gruppenverfahren, für 15- bis 60-Jährige

Untertests	Satzergänzung, Analogien, Gemeinsamkeiten, Rechenaufgaben, Zahlenreihen, Rechenzeichen, Figurenauswahl, Würfelaufgaben, Matrizen, Merkfähigkeit (verbal), Merkfähigkeit (figural), Erweiterungsmodul: Wissenstest
Einsatzbereich	Ausbildungs- und berufsbezogene Eignungsdiagnostik
Theoretisches Konzept	Intelligenztheorie von *Thurstone* und von *Cattell* sowie *Berliner-Intelligenz-Strukturmodell*
Besonderheiten	*Speed-and-power*-Test, insgesamt 203 Items (plus 84 Items im Erweiterungsmodul), *Multiple-Choice*-Format (fünf- bis sechskategoriell), zweikategorielle Verrechnung; Erweiterungsmodul; zwei Parallelformen
Vorgabedauer	ca. 120 Minuten (plus 40 Minuten für das Erweiterungsmodul)
Reliabilität	0,88-0,97 (*Split-half*)
Stabilität	keine Angaben im Manual
Validität	*Bewertung*: Faktorenanalytisch konstruktvalidiert; diskriminante Validität (in Bezug auf *Test d2*) gegeben; Übereinstimmungsvalidität (in Bezug auf HAWIE-R, CFT 20 und SPM) mittelmäßig; Kriteriumsvalidität (Schulnoten) mittelmäßig bis niedrig
Eichung	$N = 3484$; alters- und bildungsspezifische Eichtabellen. *Bewertung*: repräsentativ

K-ABC   PP
Kaufman Assessment Battery For Children
(Melchers & Preuß, 1991)
Intelligenz-Testbatterie, Individualverfahren, für 2;6- bis 12;5-Jährige

Untertests	Zauberfenster, Wiedererkennen von Gesichtern, Handbewegungen, Gestaltschließen, Zahlennachsprechen, Dreiecke, Wortreihe, Bildhaftes Ergänzen, Räumliches Gedächtnis, Fotoserie, Wortschatz, Gesichter und Orte, Rechnen, Rätsel, Lesen/Buchstabieren, Lesen/Verstehen

Einsatzbereich	Ausbildungs- und berufsbezogene Rehabilitationsdiagnostik, Entwicklungsdiagnostik im frühen Kindesalter, Neuropsychologische Diagnostik
Theoretisches Konzept	Deutsche Version des K-ABC von *Kaufman & Kaufman* (Testkonzept von *Wechsler*)
Besonderheiten	*Power*-Tests sowie *Speed- (and-power-)* Tests, insgesamt 379 Items, freies Antwortformat, zweikategorielle Verrechnung
Vorgabedauer	30-85 Minuten
Reliabilität	0,69-0,93 (*Split-half*)
Stabilität	0,57-0,96 (19 Tage)
Validität	*Bewertung*: Faktorenanalytisch weitgehend konstruktvalidiert; Übereinstimmungsvalidiät (in Bezug auf Vorläufer von HAWIK III und AID 2) mittelmäßig
Eichung	$N = 3098$; altersspezifische Eichtabellen. *Bewertung*: repräsentativ (auch für Österreich)

KFT 4-12+R   PP
Kognitiver Fähigkeitstest für 4. bis 12. Klassen, Revision
(Heller & Perleth, 2000)
Intelligenz-Testbatterie, Gruppenverfahren, für die 4. bis 12. Schulstufe und darüber

Untertests	Wortschatz, Wortklassifikationen, Wortanalogien, Mengenvergleiche, Zahlenreihen, Gleichungenbilden, Figurenklassifikation, Figurenanalogien, Faltaufgaben
Einsatzbereich	Ausbildungs- und berufsbezogene Eignungsdiagnostik
Theoretisches Konzept	Intelligenztheorie von *Thurstone* und *Berliner-Intelligenz-Strukturmodell*
Besonderheiten	*Speed-and-power*-Test, insgesamt 195 Items pro Schulstufe, *Multiple-Choice*-Format (drei- und fünfkategoriell), zweikategorielle Verrechnung; zwei Parallelformen, Kurzform
Vorgabedauer	ca. 130 Minuten
Reliabilität	0,33-0,97 (*Kuder-Richardson*-Formel 20)
Stabilität	0,34-0,89 (3 Wochen)
Validität	*Bewertung*: Faktorenanalytisch weitgehend konstruktvalidiert; Kriteriumsvalidität (in Bezug auf Schulnoten) mittelmäßig
Eichung	$N = 6765$; schulstufen- und schultypspezifische Eichtabellen. *Bewertung*: repräsentativ

LEWITE   C
Lexikon-Wissen Test
(Wagner-Menghin, 2004)
Objektiver Persönlichkeitstest; Spezieller Leistungstest (*Verbal Comprehension*); für Erwachsene

Einsatzbereich	Ausbildungs- und berufsbezogene Eignungsdiagnostik,

	Forensisch-psychologische bzw. rechtspsychologische Diagnostik, Klinisch-psychologische Diagnostik
Theoretisches Konzept	Objektive Persönlichkeitstests *sensu R. B. Cattell* vielfache Vorbilder; *Rasch*-Modell
Besonderheiten	Objektive Persönlichkeitstests *sensu R. B. Cattell* *Power*-Test, adaptives Testen mit insgesamt 126 Items, *Multiple-Choice*-Format (zweimal vierkategoriell), zweikategorielle Verrechnung; drei adaptive Testformen (*Screening*, Standard, Precision), zwei konventionelle Testformen (leicht, schwierig)
Vorgabedauer	ca. 20 Minuten
Reliabilität	0,60 (*Screening*), 0,80 (Standard), 0,85 (Precision), 0,72 (leicht), 0,70 (schwierige Linearform) – alle rückgerechnet aus den Standardschätzfehlern laut *Rasch*-Modell; innere Konsistenz aufgrund der Geltung des *Rasch*-Modells gegeben
Stabilität	keine Angaben im Manual
Validität	*Bewertung*: Faktorenanalytisch konstruktvalidiert; diskriminante Validität (in Bezug auf *Rechnen in Symbolen, Syllogismen*) gegeben
Eichung	$N = 294$; geschlechts- und bildungsspezifische Eichtabellen. *Bewertung*: repräsentativ
Ökonomie	adaptive Testformen (*Tailored-testing*)

LGT-3   PP
Lern- und Gedächtnistest
(Bäumler, 1974)
Spezieller Leistungstest (*Memory*), Gruppenverfahren, ab 16 Jahren

Untertests	Stadtplan, Türkisch, Gegenstände, Telefonnummern, Bau, Firmenzeichen
Einsatzbereich	Ausbildungs- und berufsbezogene Eignungsdiagnostik
Theoretisches Konzept	ohne besonderen Bezug
Besonderheiten	*Speed-and-power*-Test, insgesamt 135 Items, *Multiple-Choice*-Format (vier- bis fünfkategoriell), zweikategorielle Verrechnung; zwei Parallelformen
Vorgabedauer	ca. 40 Minuten
Reliabilität	0,79-0,94 (*Split-half*), 0,51-0,69 (Paralleltest)
Stabilität	0,48-0,89 (1 bis 4 Wochen)
Validität	*Bewertung*: Konstruktvalidität zweifelhaft; Übereinstimmungsvalidität mit Merkaufgaben mittelmäßig
Eichung	$N = 1150$. *Bewertung*: Repräsentativität zweifelhaft

LMI   PP/C
Leistungsmotivationsinventar
(Schuler, Prochaska & Frintrup, 2001)
Spezieller Persönlichkeitsfragebogen (Leistungsmotivation), Gruppenverfahren, ab 16 Jahren

Skalen	Beharrlichkeit, Dominanz, Engagement, Erfolgszuversicht, Flexibilität, Flow, Furchtlosigkeit, Internalität, Kompensatorische Anstrengung, Leistungsstolz, Lernbereitschaft, Schwierigkeitspräferenz, Selbständigkeit, Selbstkontrolle, Statusorientierung, Wettbewerbsorientierung, Zielsetzung
Einsatzbereich	Ausbildungs- und berufsbezogene Rehabilitationsdiagnostik, Klinisch-psychologische Diagnostik
Theoretisches Konzept	ohne besonderen Bezug
Besonderheiten	insgesamt 170 Items, siebenkategorielles Antwortformat; Kurzform
Vorgabedauer	30-40 Minuten
Reliabilität	0,68-0,86 (*Cronbach-alpha*)
Stabilität	0,66-0,82 (3 Monate)
Validität	*Bewertung*: Kriteriumsvalidität (in Bezug auf Schulnoten) niedrig, Übereinstimmungsvalidität (in Bezug auf NEO-PI-R) mittelmäßig
Eichung	$N = 1671$; ausbildungs- bzw. berufsspezifische Eichtabellen. *Bewertung*: nicht repräsentativ

MMG   PP/C
Multi-Motiv-Gitter für Anschluss, Leistung und Macht
(Schmalt, Sokolowski & Langens, 2000)
Projektives Verfahren, Gruppenverfahren, für Erwachsene

Skalen	Hoffnung auf Erfolg, Furcht vor Misserfolg, Hoffnung auf Anschluss, Furcht vor Zurückweisung, Hoffnung auf Kontrolle, Furcht vor Kontrollverlust
Einsatzbereich	Ausbildungs- und berufsbezogene Rehabilitationsdiagnostik, Klinisch-psychologische Diagnostik
Theoretisches Konzept	ohne besonderen Bezug
Besonderheiten	14 Bilder zu 12 Statements, zweikategorielle Verrechnung
Vorgabedauer	ca. 15 Minuten
Reliabilität	0,61-0,76 (*Cronbach-alpha*)
Stabilität	keine Angaben im Manual
Validität	*Bewertung*: Faktorielle Konstruktvalidität nicht gegeben; Übereinstimmungsvalidität (in Bezug auf PRF) niedrig, Kriteriumsvalidität (in Bezug auf Präferenz von Videospielen) mittelmäßig
Eichung	$N = 1919$; geschlechtsspezifische Eichtabellen. *Bewertung*: nicht repräsentativ

MTA   C
Mechanisch-Technisches Aufassungsvermögen
(Liedl, 1998)
Spezieller Leistungstest (Technisches Verständnis), ab 15 Jahren

Einsatzbereich	Ausbildungs- und berufsbezogene Eignungsdiagnostik
Theoretisches Konzept	vielfache Vorbilder; *Rasch*-Modell
Besonderheiten	*Power*-Test, 16 Items, *Multiple-Choice*-Format (fünfkategoriell), zweikategorielle Verrechnung
Vorgabedauer	20-30 Minuten
Reliabilität	0,86 (*Split-half*), 0,84 (*Cronbach-alpha*); innere Konsistenz aufgrund der Geltung des *Rasch*-Modells gegeben
Stabilität	keine Angaben im Manual
Validität	*Bewertung*: Kriteriumsvalidität (in Bezug auf Umschulungserfolg in einem technischen Beruf) mittelmäßig bis niedrig
Eichung	$N = 259$ (+ 556 Berufsschüler); alters-, geschlechts- und bildungsspezifische Eichtabellen. *Bewertung*: Repräsentativität zweifelhaft

MTP   PP

Mannheimer Test zur Erfassung des physikalisch-technischen Problemlösens
(Conrad et al., 1980)
Spezieller Leistungstest (Technisches Verständnis), Gruppenverfahren, ab 16 Jahren

Einsatzbereich	Ausbildungs- und berufsbezogene Eignungsdiagnostik
Theoretisches Konzept	vielfache Vorbilder; *Rasch*-Modell
Besonderheiten	*Speed-and-power*-Test, 26 Items, *Multiple-Choice*-Format (vier- bis fünfkategoriell), zweikategorielle Verrechnung; zwei Parallelformen
Vorgabedauer	ca. 30 Minuten
Reliabilität	0,84 (*Split-half*); innere Konsistenz aufgrund der Geltung des Rasch-Modells gegeben
Stabilität	0,91 (2 Wochen), 0,79 (15 Monate)
Validität	*Bewertung*: Diskriminante Validität (in Bezug auf *Test d2*, Vorläufer des FPI-R und IST 2000 R) gegeben; Übereinstimmungsvalidität (in Bezug auf andere Tests zum Technischen Verständnis) mittelmäßig; prognostische Validität (in Bezug auf Ausbildungserfolg) niedrig
Eichung	$N = 10256$ berufsgruppenspezifische Eichtabellen. *Bewertung*: repräsentativ

NEO-PI-R   PP/C

NEO-Persönlickeitsinventar nach Costa und McCrae
(Ostendorf & Angleitner, 2004)
Persönlichkeits-Fragebogenbatterie, Gruppenverfahren, 16- bis 50-Jährige und ältere

| Skalen | Neurotizismus, Extraversion, Offenheit für Erfahrungen, Verträglichkeit, Gewissenhaftigkeit |
| Einsatzbereich | Ausbildungs- und berufsbezogene Rehabilitationsdiagnostik, Gerontopsychologische Diagnostik |

Theoretisches Konzept	*Big Five*-Persönlichkeitsmodell
Besonderheiten	insgesamt 240 Items, fünfkategorielles Antwortformat; Fremdbeurteilungsform
Vorgabedauer	30-40 Minuten
Reliabilität	0,53-0,92 (*Cronbach-alpha*)
Stabilität	0,48-0,91 (1 Monat), 0,53-0,78 (5 Jahre)
Validität	*Bewertung*: Faktorenanalytisch konstruktvalidiert; diskriminante Validität (in Bezug auf WMT) gegeben
Eichung	$N = 11724$; alters- und geschlechtsspezifische Eichtabellen. *Bewertung*: repräsentativ (auch für Österreich)

NVLT   C
Nonverbaler Lerntest
(Sturm & Willmes, 1994a)
Spezieller Leistungstest (*Memory*), für 20- bis 66-Jährige

Einsatzbereich	Ausbildungs- und berufsbezogene Rehabilitationsdiagnostik, Neuropsychologische Diagnostik, Gerontopsychologische Diagnostik
Theoretisches Konzept	ohne besonderen Bezug
Besonderheiten	*Speed-and-power*-Test, 160 Items, Verrechnung: Anzahl der richtig wiedererkannten Figuren (jeweils *Multiple-Choice*-Format, zweikategoriell), Anzahl der falsch wiedererkannten Figuren; Kurzform
Vorgabedauer	10-15 Minuten
Reliabilität	0,84-0,91 (*Split-half*)
Stabilität	keine Angaben im Manual
Validität	*Bewertung*: Inhaltliche Gültigkeit gegeben
Eichung	$N = 911$; bildungsspezifische Eichtabellen. *Bewertung*: Repräsentativität zweifelhaft

OLMT   C
Objektiver Leistungsmotivations Test
(Schmidt-Atzert, 2004)
Objektiver Persönlichkeitstest, für Erwachsene

Einsatzbereich	Ausbildungs- und berufsbezogene Eignungsdiagnostik, Ausbildungs- und berufsbezogene Rehabilitationsdiagnostik, Gerontopsychologische Diagnostik
Theoretisches Konzept	Objektive Persönlichkeitstests *sensu R. B. Cattell*
Besonderheiten	Objektive Persönlichkeitstests *sensu R. B. Cattell*
Vorgabedauer	ca. 20 Minuten
Reliabilität	0,81-0,97 (*Cronbach-alpha*)
Stabilität	keine Angaben im Manual

Validität	*Bewertung*: Diskriminante Validität (in Bezug auf ZVT, SPM, *Test d2*) gegeben; Kriteriumsvalidität (in Bezug auf Schulnoten) niedrig
Eichung	$N = 293$; *Bewertung*: repräsentativ

PFK 9-14   PP/C

Persönlichkeitsfragebogen für Kinder zwischen 9 und 14 Jahren
(Seitz & Rausche, 2004; 4., überarb. und neu normierte Aufl.)
Persönlichkeits-Fragebogenbatterie, Gruppenverfahren, für 9- bis 14-Jährige

Skalen	Emotionale Erregbarkeit, Fehlende Willenskontrolle, Extravertierte Aktivität, Zurückhaltung und Scheu im Sozialkontakt, Bedürfnis nach Ichdurchsetzung, Bedürfnis nach Alleinsein und Selbstgenügsamkeit, Schulischer Ehrgeiz, Bereitschaft zu sozialem Engagement, Neigung zu Gehorsam und Abhängigkeit gegenüber Erwachsenen, Maskulinität der Einstellung, Selbsterleben von allgemeiner Angst, Selbstüberzeugung, Selbsterleben von Impulsivität, Egozentrische Selbstgefälligkeit, Selbsterleben von Unterlegenheit gegenüber anderen
Einsatzbereich	Ausbildungs- und berufsbezogene Rehabilitationsdiagnostik, Klinisch-psychologische Diagnostik
Theoretisches Konzept	*a-priori* (ohne besonderen Bezug)
Besonderheiten	insgesamt 180 Items, zweikategorielles Antwortformat
Vorgabedauer	30-45 Minuten
Reliabilität	0,63-0,79 (*Cronbach-alpha*)
Stabilität	keine Angaben im Manual
Validität	*Bewertung*: Kriteriumsvalidität (in Bezug auf Veränderung infolge von psychologischen und psychotherapeutischen Interventionen) mittelmäßig; Übereinstimmungsvalidität (in Bezug auf einschlägige Skalen) mittelmäßig
Eichung	$N = 3749$; alters-, geschlechts- und schultypspezifische Eichtabellen. *Bewertung*: repräsentativ

PRF   PP/C

Deutsche Personality Research Form
(Stumpf, Angleitner, Wieck, Jackson & Beloch-Till, 1985)
Persönlichkeits-Fragebogenbatterie, Gruppenverfahren, ab 17 Jahren

Skalen	Leistungsstreben, Geselligkeit, Aggressivität, Dominanzstreben, Ausdauer, Bedürfnis nach Beachtung, Risikomeidung, Impulsivität, Hilfsbereitschaft, Ordnungsstreben, Spielerische Grundhaltung, Soziales Anerkennungsbedürfnis, Anlehnungsbedürfnis, Allgemeine Interessiertheit
Einsatzbereich	Ausbildungs- und berufsbezogene Eignungsdiagnostik

Theoretisches Konzept	Deutsche Version der PRF (motivationspsychologisch begründete Persönlichkeitstheorie von *Murray*)
Besonderheiten	insgesamt 234 Items, zweikategorielles Antwortformat; zwei Parallelformen
Vorgabedauer	25-50 Minuten
Reliabilität	0,53-0,85 (*Split-half*), 0,66-0,87 (*Cronbach-alpha*)
Stabilität	0,71-0,78 (1 Jahr)
Validität	*Bewertung*: Faktorenanalytisch konstruktvalidiert; Übereinstimmungsvalidität (in Bezug auf Vorläufer des 16 PF-R) mittelmäßig
Eichung	$N = 2209$; alters- und geschlechtsspezifische Eichtabellen. *Bewertung*: repräsentativ

PSB-R 4-6   PP
Prüfsystem für Schul- und Bildungsberatung für 4. bis 6. Klassen – revidierte Fassung
(Horn, Lukesch, Kormann & Mayrhofer, 2002)
Intelligenz-Testbatterie, Gruppenverfahren, für die 4. bis 6. Schulstufe

Untertests	Allgemeinwissen, Zahlenreihen, Buchstabenreihen, Figurale Reihen, Wortflüssigkeit, Gliederungsfähigkeit, Raumvorstellung, Gemeinsamkeiten finden, Zahlenaddition, Zahlenvergleich
Einsatzbereich	Ausbildungs- und berufsbezogene Eignungsdiagnostik
Theoretisches Konzept	Intelligenztheorie von *Thurstone*
Besonderheiten	*Speed-and-power*-Tests sowie *Speed*-Tests, insgesamt 304 Items, *Multiple-Choice*-Format (fünf- bis achtkategoriell), zweikategorielle Verrechnung; zwei Parallelformen
Vorgabedauer	ca. 60 Minuten
Reliabilität	0,63-0,93 (*Cronbach-alpha*)
Stabilität	keine Angaben im Manual
Validität	*Bewertung*: Kriteriumsvalidität (Schulnoten; Lehrerurteil) mittelmäßig; Übereinstimmungsvalidität (in Bezug auf CFT 20, KFT 4-12+R) mittelmäßig; diskriminante Validität in Bezug auf *Test d2* gering
Eichung	$N = 1559$; schulstufen- und schultypspezifische Eichtabellen. *Bewertung*: Repräsentativität zweifelhaft

PSB-R 6-13   PP
Prüfsystem für Schul- und Bildungsberatung für 6. bis 13. Klassen – revidierte
Fassung
(Horn, Lukesch, Mayrhofer & Kormann, 2003)
Intelligenz-Testbatterie, Gruppenverfahren, für die 6. bis 13. Schulstufe

Untertests	Allgemeinwissen, Zahlenreihen, Buchstabenreihen, Figurale Reihen, Wortflüssigkeit, Raumvorstellung, Gemeinsamkeiten finden, Zahlenaddition, Zahlenvergleich

Einsatzbereich	Ausbildungs- und berufsbezogene Eignungsdiagnostik
Theoretisches Konzept	Intelligenztheorie von *Thurstone*
Besonderheiten	*Speed-and-power*-Tests, insgesamt 291 Items, *Multiple-Choice*-Format (fünf- bis neunkategoriell) – für einen Untertest freies Antwortformat; zweikategorielle Verrechung; zwei Parallelformen
Vorgabedauer	ca. 45 Minuten
Reliabilität	0,55-0,89 (*Cronbach-alpha*) für 7 der 9 Untertests
Stabilität	keine Angaben im Manual
Validität	*Bewertung*: Faktorenanalytisch weitgehend konstruktvalidiert; Kriteriumsvalidität (in Bezug auf Schulnoten) mittelmäßig; Übereinstimmungsvalidität (in Bezug auf CFT 20) niedrig; diskriminante Validität (in Bezug auf Konzentrationstest) zweifelhaft
Eichung	$N = 7373$; schulstufen- und schultypspezifische Eichtabellen. *Bewertung*: Repräsentativität zweifelhaft

Rechnen in Symbolen   C
(Schmotzer et al., 1994)
Spezieller Leistungstest (*Reasoning*), für Erwachsene

Einsatzbereich	Ausbildungs- und berufsbezogene Eignungsdiagnostik
Theoretisches Konzept	vielfache Vorbilder; *Rasch*-Modell
Besonderheiten	*Power*-Test, 19 Items (davon werden nur 17 verrechnet), *Multiple-Choice*-Format (elfkategoriell), zweikategorielle Verrechnung
Vorgabedauer	20 bis 50 Minuten
Reliabilität	0,89 (*Cronbach-alpha*); innere Konsistenz aufgrund der Geltung des Rasch-Modells gegeben
Stabilität	keine Angaben im Manual
Validität	Übereinstimmungsvalidität (in Bezug auf WMT) 0,71
Eichung	$N = 236$ (und 165 Studierende). *Bewertung*: nicht repräsentativ

16 PF-R   PP/C
16-Persönlichkeits-Faktoren-Test Revidierte Fassung
(Schneewind & Graf, 1998)
Persönlichkeits-Fragebogenbatterie, Gruppenverfahren, ab 18 Jahren

Skalen	Wärme, Logisches Schlussfolgern, Emotionale Stabilität, Dominanz, Lebhaftigkeit, Regelbewußtsein, Soziale Kompetenz, Empfindsamkeit, Wachsamkeit, Abgehobenheit, Privatheit, Besorgtheit, Offenheit für Veränderung, Selbstgenügsamkeit, Perfektionismus, Anspannung; Impression Management, Infrequenz, Akquieszanz

Einsatzbereich   Ausbildungs- und berufsbezogene Eignungsdiagnostik
Theoretisches Konzept   Deutsche Version des 16 PF von *Cattell* (Faktorenanalyse)
Besonderheiten   insgesamt 184 Items, dreikategorielles Antwortformat
Vorgabedauer   ca. 30 bis 45 Minuten
Reliabilität   0,66-0,89 (*Cronbach-alpha*)
Stabilität   0,60-0,92 (1 Monat)
Validität   *Bewertung*: Konstruktvalidität zweifelhaft, Übereinstimmungs-
                             validität (in Bezug auf NEO-FFI, FPI-R, PRF, MMPI-2) mit-
                             telmäßig
Eichung $N = 1209$; alters- und geschlechtsspezifische Eichtabellen.
                             Bewertung: repräsentativ

Schlauchfiguren   PP/C
(Stumpf & Fay, 1983)
Spezieller Leistungstest (*Space*), Gruppenverfahren, 15- bis 20-jährige (männlich)

Einsatzbereich   Ausbildungs- und berufsbezogene Eignungsdiagnostik
Theoretisches Konzept   ohne besonderen Bezug
Besonderheiten   *Speed-and-power*-Test, 21 Items, *Multiple-Choice*-Format (fünf-
                             kategoriell), zweikategorielle Verrechnung; zwei Parallelformen
Vorgabedauer   12 Minuten
Reliabilität   0,76-0,80 (*Split-half*), 0,78 (*Cronbach-alpha*)
Stabilität   0,72 (14 Monate)
Validität   *Bewertung*: Übereinstimmungsvalidität (in Bezug auf Vorläu-
                             fer von IST 2000 R) niedrig; diskriminante Validität (in Bezug
                             auf LGT-3, *Test d2*) gegeben
Eichung $N = 727$ (männlich); bildungsspezifische Eichtabellen. *Bewer-
                             tung*: nicht repräsentativ

Signal-Detection   C
(ohne Autor, 1986)
Spezieller Leistungstest (Aufmerksamkeit und Konzentration), ab 14 Jahren

Einsatzbereich   Ausbildungs- und berufsbezogene Eignungsdiagnostik, Neuro-
                             psychologische Diagnostik
Theoretisches Konzept   Signalentdeckungstheorie der Mathematischen Psychologie
Besonderheiten   *Speed*-Test, Verrechnung: Gesamtanzahl richtiger Reaktionen,
                             Anzahl der Fehler, durchschnittliche Reaktionszeit
Vorgabedauer   ca. 15 Minuten
Reliabilität   0,74-0,85 (*Split-half*)
Stabilität   keine Angaben im Manual
Validität   *Bewertung*: Inhaltliche Gültigkeit gegeben
Eichung $N \leq 2589$ für diverse Anfallsstichproben; alters-, geschlechts-,
                             bildungsspezifische Eichtabellen *Bewertung*: nicht repräsenta-
                             tiv

SPM PP/C

Standard Progressive Matrices

(Heller, Kratzmeier & Lengfelder, 1998a)

Spezieller Leistungstest (*Reasoning*), Gruppenverfahren, für 6- bis 65-Jährige

Einsatzbereich	Ausbildungs- und berufsbezogene Eignungsdiagnostik
Theoretisches Konzept	Testkonzept von *Raven*
Besonderheiten	*Speed-and-power*-Test, 60 Items, *Multiple-Choice*-Format (achtkategoriell), zweikategorielle Verrechnung
Vorgabedauer	45-60 Minuten
Reliabilität	0,51-0,99 (*Split-half*), 0,41-0,99 (*Cronbach-alpha*)
Stabilität	0,90 (3 Monate); 0,54-0,66 (1 Jahr)
Validität	*Bewertung*: Übereinstimmungsvalidität in Bezug auf CFT 20 0,55; diskriminante Validität in Bezug auf ZVT 0,33; *Bewertung*: Kriteriumsvalidität (Mathematik-Schulnote) niedrig; Konstruktvalidität zweifelhaft
Eichung	$N = 2439$; alters-, schultyp- und klassenstufenspezifische Eichtabellen. *Bewertung*: Repräsentativität zweifelhaft

STAXI PP/C

State-Trait-Ärger-Ausdrucks-Inventar

(Schwenkmezger, Hodapp & Spielberger, 1992)

Spezieller Persönlichkeitsfragebogen (s. unter Aggressivität in Abschnitt 4.2.3), Gruppenverfahren, ab 14 Jahren

Skalen	Situationsbezogener Ärger (Zustandsärger), Eigenschaftsärger, nach innen gerichteter Ärger, nach außen gerichteter Ärger, Ärgerkontrolle
Einsatzbereich	Forensisch-psychologische bzw. rechtspsychologische Diagnostik, Klinisch-psychologische Diagnostik
Theoretisches Konzept	*a-priori* (*State/Trait*-Testkonzept von *Spielberger*)
Besonderheiten	insgesamt 44 Items, vierkategorielles Antwortformat
Vorgabedauer	ca. 10 Minuten
Reliabilität	0,71-0,95 (*Cronbach-alpha*)
Stabilität	0,20-0,95 (8 Wochen)
Validität	*Bewertung*: Faktorenanalytisch konstruktvalidiert; Übereinstimmungsvalidität (in Bezug auf SVF) niedrig
Eichung	$N = 990$; alters- und geschlechtsspezifische Eichtabellen. *Bewertung*: repräsentativ

SVF PP/C

Stressverarbeitungsfragebogen

(Janke, Erdmann & Kallus, 2002; 3., erw. Aufl.)

Spezieller Persönlichkeitsfragebogen (Belastbarkeit), Gruppenverfahren, für 20- bis 64-Jährige

Skalen   Bagatellisierung, Herunterspielen durch Vergleich mit anderen,
                                Schuldabwehr, Ablenkung von Situationen, Ersatzbefriedi-
                                gung, Suche nach Selbstbestätigung, Entspannung, Situations-
                                kontrollversuche, Reaktionskontrollversuche, Positive Selbst-
                                instruktion, Bedürfnis nach sozialer Unterstützung, Vermei-
                                dungstendenz, Fluchttendenz, Soziale Abkapselung, Gedank-
                                liche Weiterbeschäftigung, Resignation, Selbstbemitleidung,
                                Selbstbeschuldigung, Aggression, Pharmakaeinnahme
Einsatzbereich   Ausbildungs- und berufsbezogene Rehabilitationsdiagnostik,
                                Forensisch-psychologische bzw. rechtspsychologische Diagnos-
                                tik, Klinisch-psychologische Diagnostik
Theoretisches Konzept *a-priori* (ohne besonderen Bezug)
Besonderheiten   insgesamt 120 Items, fünfkategorielles Antwortformat; Kurz-
                                form
Vorgabedauer   ca. 15 Minuten
Reliabilität   0,65-0,93 (*Split-half*), 0,61-0,92 (*Cronbach-alpha*)
Stabilität   0,69-0,86 (4 Wochen)
Validität   *Bewertung*: Faktorielle Konstruktvalidität nicht gegeben; Über-
                                einstimmungsvalidität (in Bezug auf Vorläufer des FPI-R)
                                niedrig
Eichung $N = 288$. *Bewertung*: nicht repräsentativ

SVF-KJ   PP/C
Stressverarbeitungsfragebogen von Janke und Erdmann angepasst für Kinder und
Jugendliche
(Hampel, Petermann & Dickow, 2001)
Spezieller Persönlichkeitsfragebogen (Belastbarkeit), Gruppenverfahren, für die 3. bis
7. Schulstufe

Skalen   Bagatellisierung, Ablenkung/Erholung, Situationskontrolle,
                                Positive Selbstinstruktionen, Soziales Unterstützungsbedürf-
                                nis, Passive Vermeidung, Gedankliche Weiterbeschäftigung,
                                Resignation, Aggression
Einsatzbereich   Ausbildungs- und berufsbezogene Rehabilitationsdiagnostik,
                                Klinisch-psychologische Diagnostik
Theoretisches Konzept *a-priori* (ohne besonderen Bezug)
Besonderheiten   insgesamt 72 Items, fünfkategorielles Antwortformat
Vorgabedauer   10 bis 25 Minuten
Reliabilität   0,62-0,89 (*Cronbach-alpha*)
Stabilität   0,51-0,70 (6 Wochen)
Validität   *Bewertung*: Faktorenanalytisch konstruktvalidiert; Kriteriums-
                                validität (in Bezug auf „Wohlbefinden" vor und nach Sport-
                                wettbewerben) mittelmäßig
Eichung $N = 1123$; schulstufen- und geschlechtsspezifische Eichtabellen.
                                Bewertung: repräsentativ

Syllogismen   C
(Srp, 1994)
Spezieller Leistungstest (*Reasoning*), für Erwachsene

Einsatzbereich	Ausbildungs- und berufsbezogene Eignungsdiagnostik
Theoretisches Konzept	Aussagenlogik; *Rasch*-Modell
Besonderheiten	*Power*-Test, adaptives Testen mit 75 Items, sequentielle Vorgabe von vier Antwortmöglichkeiten, zweikategorielle Verrechnung
Vorgabedauer	ca. 30 Minuten
Reliabilität	innere Konsistenz aufgrund der Geltung des *Rasch*-Modells gegeben
Stabilität	keine Angaben im Manual
Validität	keine Angaben im Manual
Eichung	$N = 290$. *Bewertung*: nicht repräsentativ
Ökonomie	adaptive Testvorgabe (*Tailored-testing*)

Test d2   C
Aufmerksamkeits-Belastungs-Test
(Brickenkamp, 2002; 9., überarb. und neu normierte Aufl.)
Spezieller Leistungstest (Aufmerksamkeit und Konzentration), Gruppenverfahren, für
9- bis 59-Jährige

Einsatzbereich	Ausbildungs- und berufsbezogene Eignungsdiagnostik, Ausbildungs- und berufsbezogene Rehabilitationsdiagnostik
Theoretisches Konzept	Durchstreichtest
Besonderheiten	*Speed*-Test, 14 Durchgänge (Zeilen) mit je 47 Zeichen; Verrechnung: Gesamtanzahl bearbeiteter Zeichen, Anzahl der Fehler
Vorgabedauer	ca. 10 Minuten
Reliabilität	0,95-0,98 (*Split-half*), 0,95-0,98 (*Cronbach-alpha*)
Stabilität	0,89-0,94 (5 Stunden), 0,89-0,92 (12 Monate), 0,71-0,88 (23 Monate)
Validität	*Bewertung*: Übereinstimmungsvalidität (in Bezug auf andere Konzentrationstests) mittelmäßig; diskriminante Validität (in Bezug auf Vorläufer von IST 2000 R, HAWIE-R, FPI-R) gegeben
Eichung	$N = 3176$; altersspezifische Eichtabellen. *Bewertung*: repräsentativ

TIPI   PP/C
Trierer Integriertes Persönlichkeitsinventar
(Becker, 2003)
Persönlichkeits-Fragebogenbatterie, Gruppenverfahren, ab 17 Jahren

Skalen	Neurotizismus/geringe seelische Gesundheit, Extraversion/Offenheit, Unverträglichkeit, Gewissenhaftigkeit/Kontrolliertheit

Einsatzbereich	Ausbildungs- und berufsbezogene Rehabilitationsdiagnostik, Klinisch-psychologische Diagnostik
Theoretisches Konzept	*Big Five*-Persönlichkeitsmodell; verallgemeinertes *Rasch*-Modell
Besonderheiten	insgesamt 254 Items, sechskategorielles Antwortformat
Vorgabedauer	30 bis 45 Minuten
Reliabilität	0,68-0,94 (*Cronbach-alpha*)
Stabilität	0,64-0,89 (1 Jahr)
Validität	*Bewertung*: Faktorenanalytisch konstruktvalidiert; Übereinstimmungsvalidität (in Bezug auf FPI-R, NEO-PI-R) mittelmäßig
Eichung	$N = 1026$; alters- und geschlechtsspezifische Eichtabellen. *Bewertung*: repräsentativ

Vigilanz   C
(ohne Autor, 1986)
Spezieller Leistungstest (Aufmerksamkeit und Konzentration), für 6- bis 17-Jährige und Erwachsene

Einsatzbereich	Ausbildungs- und berufsbezogene Eignungsdiagnostik, Neuropsychologische Diagnostik, Klinisch-psychologische Diagnostik
Theoretisches Konzept	ohne besonderen Bezug
Besonderheiten	*Speed*-Test, Verrechnung: Gesamtanzahl richtiger Reaktionen, durchschnittliche Reaktionszeit; drei Testformen
Vorgabedauer	30-70 Minuten (je nach Testform)
Reliabilität	0,80-0,99 (*Split-half*), 0,65-0,98 (*Cronbach-alpha*)
Stabilität	keine Angaben im Manual
Validität	*Bewertung*: Inhaltliche Gültigkeit gegeben
Eichung	$N = 292$ Erwachsene, 619 Kinder und Jugendliche; alters- und geschlechtsspezifische Eichtabellen. *Bewertung*: repräsentativ

VLT   C
Verbaler Lerntest
(Sturm & Willmes, 1994b)
Spezieller Leistungstest (*Memory*), ab 18 Jahren

Einsatzbereich	Ausbildungs- und berufsbezogene Rehabilitationsdiagnostik, Neuropsychologische Diagnostik, Gerontopsychologische Diagnostik
Theoretisches Konzept	ohne besonderen Bezug
Besonderheiten	*Speed-and-power*-Test, 160 Items, Verrechnung: Anzahl der richtig wiedererkannten Wortkonstruktionen (jeweils *Multiple-Choice*-Format, zweikategoriell), Anzahl der falsch wiedererkannten Wortkonstruktionen; Kurzform
Vorgabedauer	10-15 Minuten

Reliabilität	0,76-0,91 (*Split-half*)
Stabilität	keine Angaben im Manual
Validität	*Bewertung*: Inhaltliche Gültigkeit gegeben
Eichung	$N = 410$; bildungsspezifische Eichtabellen. *Bewertung*: Repräsentativität zweifelhaft

WIT   PP/C
Wilde-Intelligenz-Test
(Jäger & Althoff, 1983)
Intelligenz-Testbatterie, Gruppenverfahren, für 14- bis 38-Jährige

Untertests	Grundrechnen, Gleiche Wortbedeutung, Analogien, Schätzen, Sprichwörter, Zahlenreihen, Spiegelbilder, Zahlen-Merken, Eingekleidete Rechenaufgaben, Buchstabenreihen, Gedächtnis, Beobachtung, Wortgewandtheit, Abwicklungen
Einsatzbereich	Ausbildungs- und berufsbezogene Eignungsdiagnostik
Theoretisches Konzept	Intelligenztheorie von *Thurstone*
Besonderheiten	*Speed-and-power*-Test, insgesamt 297 Items, *Multiple-Choice*-Format (drei- bis fünfkategoriell), zweikategorielle Verrechnung; zwei Parallelformen; verschiedene Kurzformen
Vorgabedauer	ca. 4 Stunden
Reliabilität	0,75-0,99 (*Split-half*)
Stabilität	0,17-0,88 (1 Jahr)
Validität	*Bewertung*: Übereinstimmungsvalidität (in Bezug auf Vorläufer von IST 2000 R) niedrig; prognostische Validität (in Bezug auf Lehrgangsabschlussprüfungen, nach 2 Jahren) mittelmäßig bis niedrig
Eichung	$N = 3236$, auf Daten bis aus 1962 zurückgehend; alters- und schultypspezifische Eichtabellen. *Bewertung*: Repräsentativität zweifelhaft

WMT   PP/C
Wiener Matrizen-Test
(Formann & Piswanger, 1979)
Spezieller Leistungstest (*Reasoning*), Gruppenverfahren, für 14- bis 40-Jährige und Ältere

Einsatzbereich	Ausbildungs- und berufsbezogene Eignungsdiagnostik
Theoretisches Konzept	Testkonzept von *Raven*; *Rasch*-Modell
Besonderheiten	*Speed-and-power*-Test, 24 Items, *Multiple-Choice*-Format (achtkategoriell), zweikategorielle Verrechnung
Vorgabedauer	ca. 25 Minuten
Reliabilität	0,83 (*Split-half*); innere Konsistenz aufgrund der Geltung des *Rasch*-Modells gegeben

Stabilität	keine Angaben im Manual
Validität	*Bewertung*: Übereinstimmungsvalidität (in Bezug auf SPM, Vorläufer des IST 2000 R) hoch
Eichung	$N = 2248$. *Bewertung*: Repräsentativität zweifelhaft

WST   PP/C
Wortschatztest
(Schmidt & Metzler, 1992)
Spezieller Leistungstest (*Verbal Comprehension*), Gruppenverfahren, für 20- bis 90-Jährige

Einsatzbereich	Ausbildungs- und berufsbezogene Rehabilitationsdiagnostik, Neuropsychologische Diagnostik, Gerontopsychologische Diagnostik
Theoretisches Konzept	vielfache Vorbilder; *Rasch*-Modell
Besonderheiten	*Power*-Test, 42 Items, *Multiple-Choice*-Format (sechskategoriell), zweikategorielle Verrechnung
Vorgabedauer	10 bis 15 Minuten
Reliabilität	0,95 *(Split-half)*; innere Konsistenz aufgrund der Geltung des *Rasch*-Modells
Stabilität	keine Angaben im Manual
Validität	*Bewertung*: Kriteriumsvalidität (in Bezug auf Ausbildungsabschluss) mittelmäßig
Eichung	$N = 537$. *Bewertung*: Repräsentativität zweifelhaft

ZVT   PP
Zahlen-Verbindungs-Test
(Oswald & Roth, 1987; 2., überarb. und erw. Aufl.)
Spezieller Leistungstest (*Perceptual Speed*), Gruppenverfahren, für 8- bis 60-Jährige

Einsatzbereich	Ausbildungs- und berufsbezogene Eignungsdiagnostik, Ausbildungs- und berufsbezogene Rehabilitationsdiagnostik, Entwicklungsdiagnostik im frühen Kindesalter, Neuropsychologische Diagnostik, Klinisch-psychologische Diagnostik
Theoretisches Konzept	Heuristisches Intelligenzmodell von *Roth, Oswald* und *Daumenlang*
Besonderheiten	*Speed*-Test, 4 Tafeln (Items), Verrechnung ist (indirekt) eine Messung der (Bearbeitungs-) Zeit
Vorgabedauer	5-10 Minuten
Reliabilität	0,89-0,97 (besonderes Maß)
Stabilität	0,84-0,97 (6 Monate)
Validität	*Bewertung*: Extremgruppenvalidiert (Gymnasiasten vs. Sonderschüler); Übereinstimmungsvalidität (in Bezug auf SPM und Vorläufer von IST 2000 R, PSB-R 6-13, HAWIE-R) mittelmäßig bis niedrig; diskriminante Validität (in Bezug auf

Test d2) zweifelhaft; Kriteriumsvalidität (in Bezug auf Schulnoten) niedrig

Eichung $N = 2109$; altersspezifische Eichtabellen. *Bewertung*: repräsentativ für 8- bis 16-Jährige; für über 16-Jährige Repräsentativität zweifelhaft

Anhang: Diagnostik-Info-Check '05

Wie in Lehrbüchern üblich, soll auch hier dem Leser die Möglichkeit gegeben werden, sich den Stoff durch entsprechende Aufgaben bzw. Fragen grundlegender als durch bloßes Lesen erarbeiten zu können. Auflösungen werden allerdings nicht gegeben: Alle nötigen Informationen lassen sich im Buch recherchieren. Somit animieren die folgenden 105 Fragen dazu, durch systematisches Suchen mit dem Buch so vertraut zu werden, dass es auch später als Nachschlagwerk hilfreich ist.

Der vorliegende *Diagnostik-Info-Check '05* beruht konzeptionell auf einem Vorläufer, der unter anderem in einer Studie zur Erhebung des Informationsstands von praktisch tätigen Psychologen zur *Psychologischen Diagnostik* eingesetzt wurde (Kubinger & Floquet, 1998). Dort stellte sich heraus, dass gerade diejenigen Items, welche die Bereitschaft zum *Up-dating* zu erfassen versuchen, ein berufspolitisch äußerst kritisches Bild vom Praktiker geben. Aus diesem Grund ist auch im Folgenden eine eigene Skala *Up-to-date* enthalten, die hauptsächlich nach dem Erscheinungsjahr bzw. nach der genauen Bezeichnung der aktuellen Version eines einschlägigen psychologisch-diagnostisches Verfahren fragt. Solche Fragen mögen für Studierende als Leser am eigentlichen Zweck vorbeigehen, nämlich das diagnostische Wissen zu prüfen und zu fördern: Natürlich ist es ein leichtes, die entsprechenden Informationen im Buch nachzuschlagen. Für Praktiker als Leser mit der Intention der Weiterbildung bzw. der Auffrischung ihres Wissens über die *Psychologische Diagnostik* mögen aber gerade diese Fragen ihren selbst vermuteten Informationsmangel bestätigen. Dabei geht es sicher nicht darum, zum Beispiel das Erscheinungsjahr eines Verfahrens exakt auswendig zu wissen, als vielmehr darum, dieses größenordnungsmäßig einordnen zu können, um letztlich einen Eindruck der Aktualität des Verfahrens zu haben.

Neben der Skala *Up-to-date* wird mit den übrigen Fragen angestrebt, folgende Skalen zu erfassen: *Grundlagenwissen, Statistik- und Testtheorie-Wissen, Verfahrensinventar-Kenntnis, Theoriewissen zur Differentiellen Psychologie* und *Verfahrensbezogenes Detailwissen*. Allerdings sind die einzelnen Skalen bis jetzt noch nicht testtheoretisch analysiert; alle Fragen sind daher auch gar nicht für irgendwelche anderen Auswertungen gedacht als schlicht dafür, dass jede für sich betrachtet als richtig oder nicht beantwortet bewertet wird. Die Zugehörigkeit[51] zu

---

[51]Der dennoch daran interessierte Leser sei aber soweit informiert, dass mit zwei Fragen zum *Grundlagenwissen* begonnen wird, danach kommt je eine Frage zu den Skalen *Statistik- und Testtheorie-Wissen, Verfahrensinventar-Kenntnis, Theoriewissen zur Differentiellen Psychologie, Verfahrensbezogenes Detailwissen* und *Up-to-date*, um dieses Design insgesamt 14 Mal zu wiederholen.

den einzelnen Skalen musste deshalb auch nicht speziell gekennzeichnet werden.

Für die angesprochenen Praktiker als Leser ist es denkbar, sich dem *Diagnostik-Info-Check '05* gleich zu stellen, noch ohne das Buch gelesen zu haben. Für Studierende als Leser ist dies keinesfalls empfehlenswert; das reifliche Studieren des Buchs zuvor ist unerlässlich.

Als Instruktion zum *Diagnostik-Info-Check '05* ist lediglich anzumerken, dass das hier öfter gewählte *Multiple-Choice*-Format anders als zumeist sonst gestaltet wurde: Sind insgesamt sechs Antwortmöglichkeiten geboten (markiert mit „o"), dann ist eine einzige davon richtig; sind jedoch insgesamt nur fünf Antwortmöglichkeiten geboten (markiert mit „•"), dann können beliebig viele davon richtig sein, auch einmal 0, also gar keine, 1 Antwortmöglichkeit, 2, 3, 4 oder sogar 5 Antwortmöglichkeiten, also alle.

Gutes Gelingen!

Diagnostik-Info-Check '05

© Kubinger 2005

1. Welche wissenschaftliche Methode liegt einem psychologischen Test zugrunde?

2. Die DIN 33430 dient einerseits Personalverantwortlichen bei der Qualitätssicherung und -optimierung von Personalentscheidungen, andererseits ....

3. Zumeist werden diejenigen Testleistungen als „durchschnittlich" bezeichnet, welche einen Prozentrang zwischen 25 und 75 entsprechen; so gesehen gilt ein *IQ* als durchschnittlich, wenn er zwischen
   - o 70 und 130
   - o 80 und 120
   - o 55 und 145
   - o 90 und 110
   - o 85 und 115
   - o 95 und 105
   liegt.

4. Zur Messung von Leistungsmotivation gibt es u. a. folgende psychologisch-diagnostische Verfahren:
   - • INKA
   - • FKK
   - • LMI
   - • MMG
   - • AMT

5. Das Gegenteil von selektiver (fokussierender) Aufmerksamkeit ist ....

6. FAIR und *Test d2* unterscheiden sich darin, dass
   - • FAIR statt „d" und „p" „Kreis" und „Quadrat" verwendet
   - • beim *Test d2* ein instruktionswidriges Bearbeiten verhindert wird, nicht beim FAIR

- beim FAIR ein instruktionswidriges Bearbeiten verhindert wird, nicht beim *Test d2*
- beim FAIR ausschließlich symmetrische Symbole verwendet werden
- der FAIR ein Computerverfahren ist, der *Test d2* nicht

7. Die DIN 33430 stammt aus dem Jahr
   ○ 1950
   ○ 1962
   ○ 1976
   ○ 1994
   ○ 2002
   ○ 2005

8. Die Reliabilität eines psychologisch-diagnostischen Verfahrens benötigt man zur .

9. Wie wird üblicherweise die Stabilität eines psychologisch-diagnostischen Verfahrens erfasst? Durch
   ○ Testwiederholung
   ○ Berechnung der konkurrenten Validität
   ○ Paralleltests
   ○ ein Experten-*Rating*
   ○ die Korrelation mit einem Außenkriterium
   ○ spezifisch objektive Vergleiche

10. Ein erreichter Prozentrang von 90 % einer Tp in einem Leistungstest bedeutet,
    - dass die Tp 90 % der Aufgaben gelöst hat
    - nur 10 % der je getesteten Personen bessere Leistungen erzielen
    - 90 % der Referenzpopulation schlechtere oder höchstens gleich gute Leistungen erzielen
    - die Testleistung zu 90 % als überdurchschnittlich zu bewerten ist
    - nur 10 % der Referenzpopulation bessere Leistungen erzielen

11. Für die Messung welcher Eigenschaft ist der ZVT ein typischer Repräsentant?

12. Das Gegenteil von „Hoffnung auf Erfolg" ist ....

13. Welche von den angeführten Bereichen erfasst das DAI:
    - Angstauslösung
    - Angstvermeidungsmanifestation
    - Angstmanifestation
    - Angstcopingstategien
    - Angststabilisierung

14. Einschlägige Psychologie-Verlage, die psychologisch-diagnostische Verfahren vertreiben, sind:
    - Germania Psychologica
    - Dr. G. Schuhfried GmbH
    - Harcourt Test Services
    - Kohlhammer
    - Hogrefe Verlag

15. Wann ist davon zu sprechen, dass ein Test Augenscheinvalidität hat?

16. Was versteht man unter diskriminanter Validität?
    • Die unterschiedlichen Meinungen der Experten im Zuge eines Experten-*Ratings*
    • Dass konstruktferne Tests mit dem interessierenden Test nicht korrelieren
    • Dass der Test in keinem Faktor hoch lädt
    • Die Gültigkeit des Tests bei manchen, nicht aber bei allen Personengruppen
    • Dass konstruktnahe Tests mit dem interessierenden Test hoch korrelieren

17. Standardmessfehler der *Klassischen Testtheorie* und Standardschätzfehler der *Probabilistischen Testtheorie* unterscheiden sich dadurch, dass
    • erster immer größer als zweiter ist
    • erster immer kleiner als zweiter ist
    • erster für alle Testwerte gleich ist, zweiter je Niveau verschieden sein kann
    • erster mit der Reliabilität zusammenhängt, zweiter nicht
    • erster von der Validität abhängt, zweiter nicht

18. In welchem Verfahren kann die „Passung" zwischen Interessen und den Anforderungen an die angestrebte Berufsausbildung geprüft werden?

19. Das Konstrukt Kontrollüberzeugung (*locus of control of reinforcement*) betrifft die Einstellung einer Person darüber,
    ○ wer oder was ihr Leben kontrolliert
    ○ wen oder was sie selbst kontrolliert
    ○ wem sie vertrauen kann
    ○ dass sie selbst viel Macht hat
    ○ dass Kontrolle wichtiger als Vertrauen ist
    ○ dass Befriedigungsaufschub manchmal notwendig ist

20. Die Abkürzung IPC bedeutet: ....

21. Wann erfolgte die letzte Eichung des FPI-R?

22. Sensitivität beschreibt den Prozentsatz
    ○ falsch positiver Diagnosen
    ○ falsch negativer Diagnosen
    ○ richtig positiver Diagnosen
    ○ richtig negativer Diagnosen
    ○ richtiger Diagnosen
    ○ falscher Diagnosen

23. Validierungsversuche über eine sog. MTMM-Matrix prüfen, ob psychologisch-diagnostische Verfahren einerseits sowohl konvergente als auch diskriminante Validität aufweisen, andererseits ob das zu erfassen gesuchte Konstrukt ....

24. Die herkömmliche Faktorenanalyse kann auf folgende Daten standardmäßig angewendet werden, ohne artifizielle Ergebnisse zu liefern:
    • Dichotome Daten
    • Intervallskalierte Daten
    • *T*-Werte
    • Centil-Werte

- Stanine-Werte

25. Nenne einen Lerntest: ....

26. Motivation verhält sich zu Motiv so wie Angst zu ....

27. Der überlappende Altersbereich von K-ABC und AID 2 liegt zwischen:
    ○ 2;6 und 7;6 Jahren
    ○ 4;6 und 12;6 Jahren
    ○ 6;0 und 12;11 Jahren
    ○ 6;0 und 15;11 Jahren
    ○ 6;0 und 8;6 Jahren
    ○ 7;6 und 12;11 Jahren

28. Der zuletzt publizierte Test zur Messung von „technischem Verständnis" ist: ....

29. Zum diagnostischen Prozess zählen: Klärung der Fragestellung, Auswahl der diagnostischen Verfahren, Anwendung und Auswertung der diagnostischen Verfahren, Interpretation und Gutachtenerstellung sowie: ....

30. Laut DIN 33430 ist die Angemessenheit der Normwerte (Eichtabellen) spätestens nach jeweils wie vielen Jahren zu prüfen?

31. Laut *Probabilistischer Testtheorie* sind teilweise richtig beantwortete Aufgaben
    ○ immer mit 1/2 Punkt zu verrechnen
    ○ immer mit 1 Punkt zu verrechnen, wenn eine falsche Antwort 0, eine richtige 2 Punkte zählt
    ○ je nach Anzahl der vorgegebenen Antwortmöglichkeiten mit 1, 2 usw. Punkten zu verrechnen
    ○ empirisch auf die faire Relation zu falschen und richtigen Antworten zu untersuchen
    ○ immer als falsch zu verrechnen
    ○ jedes zweite Mal als richtig, sonst als falsch zu verrechnen

32. Zu psychologisch-diagnostischen Verfahren, die Angst erfassen, zählen:
    - DSI
    - ACIL
    - FAF
    - AVEM
    - STAXI

33. Was versteht man unter *Reasoning*?

34. Neben der qualitativen Interpretation der „Arbeitskurve" erlaubt im *Test d2* folgender Testkennwert die Interpretation des Verlaufs der Leistungen über mehrere Teilzeiten: ....

35. Die aktuelle Fassung der *Wechsler*-Intelligenz-Testbatterie für Kinder heißt .....

36. Voraussetzung für adaptives Testen ist ....

37. Wenn ein Test mit passenden Items ergänzt wird, erhöht sich regelmäßig die
    ○ Objektivität
    ○ Validität

    ◦ Nützlichkeit

    ◦ Messgenauigkeit

    ◦ Fairness

    ◦ Ökonomie

38. Die Schwierigkeit eines Items bestimmt sich aus
    - der absoluten Lösungshäufigkeit
    - der relativen Lösungshäufigkeit
    - der Ratewahrscheinlichkeit
    - der Länge der Angabe
    - dem Itemparameter

39. Das Nachfolgeverfahren des NEO-FFI ist: ....

40. Die theoretische Konzeption des STAI unterscheidet zwischen Angst als *State* und Angst als ....

41. Neben Intelligenzquantität und einer qualitativen Beurteilung der „Arbeitshaltungen" können beim AID 2 noch zusätzliche Testkennwerte bestimmt werden. Zum Beispiel: ....

42. Testrezensionen findet man
    ◦ im PSYNDEX *Tests*
    ◦ in SYMLOG
    ◦ in der *Zeitschrift für Diagnostik und Testtheorie*
    ◦ im RHIA/VERA
    ◦ im LEWITE
    ◦ im Lehrbuch von Westhoff und Kluck (2003)

43. Eine Reduzierung des Rateeffekts beim *Multiple-Choice*-Format kann man erreichen durch
    - Anwendung des *Rasch*-Modells
    - Anwendung des *Rasch*-Modells mit Rateparameter
    - Anwendung des 3-PL Modells
    - Erhöhung der Anzahl der Distraktoren
    - Erhöhung der Anzahl richtiger Antwortmöglichkeiten

44. Unter Stichprobenunabhängigkeit versteht man, dass
    ◦ das *Rasch*-Modell gilt
    ◦ eines der *Birnbaum*-Modelle gilt
    ◦ alle Stichproben zum exakt gleichen Ergebnis führen
    ◦ die Parameterschätzungen in allen Stichproben statistisch gleich sind
    ◦ leistungsstarken und leistungsschwachen Testpersonen die Items gleich schwer fallen
    ◦ man für die Eichung keine repräsentativen Stichproben benötigt

45. Warum sollte der Eigenwert eines extrahierten Faktors innerhalb der Faktorenanalyse mindestens den Wert 1 haben?

46. Von welchem der folgenden berühmten Psychologen stammen psychologisch-diagnostische Verfahren, auf denen aufbauend noch immer aktuelle Versionen verlags-

mäßig (im deutschen Sprachraum) vertrieben werden:
- Raymond B. Cattell
- James McKeen Cattell
- Hans J. Eysenck
- Adolf O. Jäger
- Karl Bühler

47. Das konkurrierende Motiv zum Aggressionsmotiv heißt ....

48. Wie viele unabhängige Dimensionen liegen laut Faktorenanalyse der deutschen Fassung des 16 PF-R zugrunde?

49. Wann erfolgte die Publikation der Neunormierung des *Tests d2*?

50. Unter Profilinterpretation versteht man, dass
   o nicht alle erhaltenen Testwerte interpretiert werden
   o nur die über- und unterdurchschnittlichen Testwerte interpretiert werden
   o die über- und unterdurchschnittlichen Testwerte besonders hervorgehoben werden
   o nur die signifikant von einander abweichenden Testwerte interpretiert werden
   o nur die Leistungsspitzen interpretiert werden
   o der *IQ* als typisch für die Fähigkeiten einer Testperson interpretiert werden

51. Die *a-priori* Ratewahrscheinlichkeit beim *Multiple-Choice*-Format ist bei durchschnittlich leistungsstarken Testpersonen zumeist
   - gleich wie
   - größer als
   - kleiner als
   - kleiner, bei einer sehr großen Itemanzahl jedoch größer als
   - größer, bei einer sehr großen Itemanzahl jedoch kleiner als
   die faktische Ratewahrscheinlichkeit.

52. Der höchste praktisch erreichbare *IQ* beträgt ....

53. Nenne ein psychologisch-diagnostisches Verfahren, das Extraversion erfasst: .....

54. Neben Extraversion, Neurotizismus, Gewissenhaftigkeit und Verträglichkeit beinhaltet das *Big Five*-Persönlichkeitsmodell den Faktor ....

55. Neben dem *Zahlenfolgentest* beinhaltet der CFT 20 als Zusatztest: ....

56. Wann erfolgte die Publikation der Neunormierung des *Gießen-Test*?

57. Der Gegensatz von Spezifität ist ....

58. Unter dem Testgütekriterium Fairness versteht man
   - die ausreichende Messgenauigkeit des Tests
   - dass bei der Interpretation eines Testergebnisses alle Begleitumstände berücksichtigt werden
   - dass es zu keiner systematischen Benachteiligung bestimmter Personen kommt
   - dass die diagnostische Zielsetzung des eingesetzten Verfahrens der Testperson mitgeteilt wird
   - die maximale Nutzung der durch die Testung gewonnenen Informationen

- dass keine geschlechtsspezifischen Eichtabellen benötigt werden

59. Um einen Unterschied von 1 *IQ*-Punkt als signifikant interpretieren zu können, müsste die Reliabilität eines Tests einen Wert erreichen von ....

60. Der TAT wurde nach der motivationspsychologisch begründeten Persönlichkeits- theorie von *Murray* konstruiert; welcher Persönlichkeitsfragebogen basiert eben- falls auf diesem Konzept?

61. Die Materialien im *Berliner-Intelligenz-Strukturmodell* sind verbal (lexikalisch), fi- gural und ....

62. Der FAST erfasst außer Kohäsion der Familienmitglieder: ....

63. In welchem Jahr wurde der 16 PF-R in deutscher Fassung publiziert?

64. Die innere Konsistenz
    - entspricht der inhaltlichen Gültigkeit
    - entspricht der konkurrenten Validität
    - ist ein besonderes Maß der Reliabilität
    - bezieht sich auf das Ausmaß, mit dem die einzelnen Items eines Tests korrelieren
    - bezieht sich auf die Testleiterunabhängigkeit

65. Unter einem Objektiven Persönlichkeits*test* versteht man
    - einen besonders reliablen und validen Leistungstest
    - einen besonders validen Persönlichkeitsfragebogen
    - einen Test, der der Testperson ausreichend Einsicht in die Testabsicht gewährt
    - ein Verfahren, das Verfälschungen weitgehend unmöglich macht
    - einen Persönlichkeitsfragebogen mit einer Lügenskala
    - die Messung psychophysiologischer Parameter

66. Wie hoch muss die Reliabilität eines psychologisch-diagnostischen Verfahrens min- destens sein, um einen Testwert, der exakt mit dem Mittelwert der Referenzpopu- lation übereinstimmt, bei 95 % Sicherheit einen Prozentrang zwischen 25 % und 75 % zuschreiben zu können?

67. Nenne einen, abgesehen vom AID 2 verlagsmäßig vertriebenen Test, dessen Vorga- be adaptiv erfolgt: ....

68. Das Gegenteil von Reflexivität ist ....

69. *Wechsler* untergliedert seine Testbatterien in zwei Testteile: ....

70. Wann wurde der HAWIE-R veröffentlicht?

71. Von einem *Speed*-Test spricht man, wenn
    - bei bestimmten Testpersonen die Items mit verkürzter Bearbeitungszeit vorge- geben werden
    - die Testleistung ausschließlich nach der Schnelligkeit beurteilt wird
    - die Testleistung zusätzlich zur Leistungsgüte auch nach der Schnelligkeit beur- teilt wird
    - ein Test mit sehr schwierigen Items nach einer fixen Vorgabezeit abgebrochen wird
    - ein Test eine sehr kurze Durchführungsdauer hat

72. Unter Äquivalenzprüfung zweier Versionen eines psychologisch-diagnostischen Verfahrens versteht man, ...

73. Eine repräsentative Normierungsstichprobe ist mit hoher Wahrscheinlichkeit gewährleistet, wenn
    o die Anzahl der Testpersonen 2000 nicht unterschreitet
    o sich die Testwerte normalverteilen
    o das *Rasch*-Modell gilt
    o die Stichprobe zufällig der interessierenden Population entnommen wurde
    o die Stichprobe mehr als 5 % der interessierenden Population ausmacht
    o das Geschlecht, das Alter und die Bildung in der Stichprobe analog zur Population verteilt ist

74. Welcher Test enthält einen Subtest *Sprichwörter*?
    • KFT 4-12+R
    • CFT 1
    • HAWIE-R
    • AID 2
    • GIS

75. Das Gegenteil von Repressor ist ....

76. Die *Paardiagnostik mit dem Gießen-Test* führt als wesentliches Testergebnis zu .

77. Die neueste Version zum Intelligenz-Struktur-Test (IST) heißt ....

78. Wofür ist die Geltung des *Rasch*-Modells notwendig? Um
    • mit hoher Wahrscheinlichkeit Normalverteilung der Testwerte zu erhalten
    • sicherzustellen, dass die Anzahl gelöster Aufgaben einen fairen Testwert liefert
    • einen *Culture-Fair* Test zu erhalten
    • den Rateeffekt im *Multiple-Choice*-Format abschätzen zu können
    • den Standardmessfehler exakt bestimmen zu können

79. Von *Face-validity* eines Tests spricht man, wenn
    o die Validität des Tests unmittelbar einsichtig ist
    o der Test nicht validiert wurde
    o das, was der Test messen soll, für die Testpersonen offensichtlich ist
    o die Validität durch ein Experten-Rating bestätigt ist
    o die Items eines Tests hohe innere Konsistenz haben
    o der Test erfolgreich validiert wurde

80. Flächentransformation ist
    • eine Transformation nicht normalverteilter (ungeeichter) Testwerte in normalverteilte (geeichte)
    • eine Methode zur Berechnung der Prozentränge
    • eine Transformation der Anzahl gelöster Aufgaben in T-Werte
    • die Projektion einer bivariaten Normalverteilung auf eine Schnittebene
    • jede Umwandlung von z-Werten in T-Werte, Wertpunkte etc.

81. Welche Fähigkeit soll durch den Test *Schlauchfiguren* gemessen werden?

82. Das Gegenteil von *Fluid Intelligence* ist ....

83. Das Verfahren B5PO verwendet als Antwortformat ....

84. Der *Implicit Association Test* ist der Zielsetzung nach am ehesten vergleichbar mit ....

85. Ein relativ junger Begriff in der *Psychologischen Diagnostik* ist:
    - Ökologische Reliabilität
    - Stanine-Wert
    - Intelligenzquotient
    - Berufswahlreife
    - Posttest

86. Was ist unter Sinnhaftigkeitsprüfung von psychologisch-diagnostischen Verfahren zu verstehen?

87. Wie hängen Centil- und Stanine-Werte zusammen?
    - Gar nicht
    - Die Centil-Werte -1 bis $+1$ bzw. 9 bis 11 werden zusammengefasst zu Stanine-Werten 1 bzw. 9
    - $S = C + 2$
    - Die z-Werte heißen bei Leistungstests Centil-, bei Persönlichkeitsfragebogen Stanine-Werte
    - Die Standardabweichung der Centil-Werte wird bei den Stanine-Werten auf 1 gesetzt
    - $S = C + 2{,}5$

88. Das Verfahren EPP-D beruht auf der Persönlichkeitstheorie von ....

89. Belastbarkeit einer Person, als Konstrukt verstanden, ist ....

90. Der Untertest *Türkisch* ist aus welchem Test?

91. Ein neues, relativ allgemein verbindliches Signierungssystem für das *Rorschach-Form-Deute-Verfahren* ist ....

92. Die DIN 33430 hat den Rechtsstatus
    - eines Gesetzes
    - einer Verwaltungsverordnung
    - eines fachautorisierten Appells
    - der rechtsnächsten Norm
    - eines Vereinsstatus
    - einer Vereinbarung nach Verfassungsrecht

93. Die sequentielle Vorgabe der Antwortmöglichkeiten in einem Leistungstest – bei der sich die Testperson sukzessive für „richtig" oder „falsch" entscheiden muss –, dient ....

94. Ein in einem Leistungstest erreichter Standardwert (Z-Wert) von 90 entspricht einem
    - T-Wert von 40
    - IQ von 95
    - Prozentrang von 45
    - Stanine-Wert von 7

- ○ Centil-Wert von 2
- ○ z-Wert von 1

95. Zu den *Culture-Fair* Tests zählt:
    - SPM
    - WST
    - Syllogismen
    - FKK
    - FSKN

96. Das stabilste psychische/psychologische Merkmal eines Menschen ist allgemein: .

97. Welche Fähigkeit versuchen Tests zu messen, die das Ordnen von Bildern zu einer sinnvollen Bildgeschichte verlangen?

98. Das Nachfolgeverfahren des MMPI heißt: ....

99. Das Gütekriterium der Zumutbarkeit eines psychologisch-diagnostischen Verfahrens setzt die energetisch-motivationale und emotionale Beanspruchung einer Testperson in Relation zu ....

100. Die Alternative zur Selektionsdiagnostik ist die ....

101. Worauf ist bei faktorenanalytisch konstruierten Tests zu achten?
    - Ob die Rotation rechtwinklig oder schiefwinklig erfolgte
    - Ob die Testwerte pro Faktor nach den Faktor-*Scores* verrechnet werden
    - Auf die Größe der Eigenwerte der Faktorenlösung
    - Auf das Antwortformat der Items
    - Auf die Varianz der Variablen

102. Bei welchem Persönlichkeitsfragebogen zum Beispiel ist sowohl Selbst- als auch Fremdeinschätzung explizit vorgesehen?

103. Unter Gegenübertragung versteht man das Phänomen der Übertragung bei .....

104. Neben zum Beispiel *Burnout* erlaubt das Verfahren AVEM das Diagnostizieren des Personentyps ....

105. Unter welcher Bezeichnung ist *psychologisches Diagnostizieren* im Englischen geläufig?

Literaturverzeichnis

Alexandrowicz, R. (1999). *Normierung und Validierung des Begriffsbildungstests.* Unveröffentlichte Diplomarbeit, Universität Wien.

Althoff, K. (1984). Zur prognostischen Validität von Intelligenz- und Leistungstests im Rahmen der Eignungsdiagnostik. *Psychologie und Praxis, 28,* 144–148.

Althoff, K. (1997). Eignungsbegutachtung bei Leistungs- und Verhaltensdefiziten in der beruflichen Tätigkeit - Dipl.-Ing. Conrad M., 34 Jahre. In K. D. Kubinger & H. Teichmann (Hrsg.), *Psychologische Diagnostik und Intervention in Fallbeispielen* (S. 181–188). Weinheim: PVU.

Alwin, D. F., Cohen, R. L. & Newcomb, T. M. (1991). *Political attitudes of the life span: The Bennington Women after fifty years.* Madison: University of Wisconsin Press.

Amelang, M. & Bartussek, D. (2001). *Differentielle Psychologie und Persönlichkeitsforschung* (5. Aufl.). Stuttgart: Kohlhammer.

Amelang, M., Schäfer, A. & Yousfi, S. (2002). Comparing verbal and nonverbal personality scales: Investigating the reliability and validity, the influence of social desirability, and the effects of fake good instructions. *Psychologische Beiträge, 44,* 24–41.

Amelang, M., Schwarz, G. & Wegemund, A. (1989). Soziale Intelligenz als Trait-Konstrukt und Test-Konzept bei der Analyse von Verhaltensauffälligkeiten. *Zeitschrift für Differentielle und Diagnostische Psychologie, 10,* 37–57.

Amelang, M. & Zielinski, W. (2002). *Psychologische Diagnostik und Intervention* (3. Aufl.). Berlin: Springer.

American Psychiatric Association. (1994). *Diagnostic and statistical manual of mental disorders (DSM-IV)* (4. Aufl.). Washington, DC: American Psychiatric Press.

Amthauer, R., Brocke, B., Liepmann, D. & Beauducel, A. (2001). *Intelligenz-Struktur-Test 2000 R (I-S-T 2000 R).* Göttingen: Hogrefe.

Angleitner, A. (1997). Testrezension zu Minnesota Multiphasic Personality Inventory (MMPI). *Zeitschrift für Differentielle und Diagnostische Psychologie, 18,* 4–10.

Arendasy, M. & Gittler, G. (2003). IRT-basierter Vergleich zweier Varianten automationsgestützt erstellter Matrizenaufgaben. *Zeitschrift für Differentielle und Diagnostische Psychologie, 24,* 261–275.

Arnold, W., Eysenck, H. J. & Meili, R. (Hrsg.). (1997). *Lexikon der Psychologie.* Augsburg: Bechtermünz.

Atkinson, J. W. (1957). Motivational determinants of risk-tasking behavior. *Psychological Review, 64,* 359–372.

Atria, M., Bubla, E. & Pfundner, M. (2002). Paardiagnostik mit dem Fragebogen zu

Angebot und Nachfrage in Partnerschaften (FAN). *Psychologie in Österreich, 22,* 56–59.

Bader, P., Hofmann, K. & Kubinger, K. D. (1993). Zur Brauchbarkeit der Normen von Papier-Bleistift-Tests für die Computer-Vorgabe: Ein Experiment am Beispiel des Gießen-Tests. *Zeitschrift für Differentielle und Diagnostische Psychologie, 14,* 129–135.

Bales, R. F. & Cohen, S. P. (1982). *SYMLOG – Ein System für die mehrstufige Beobachtung von Gruppen.* Stuttgart: Klett-Cotta.

Bartussek, D. (1996). Faktorenanalytische Gesamtsysteme der Persönlichkeit. In M. Amelang (Hrsg.), *Enzyklopädie der Psychologie: Themenbereich C Theorie und Forschung, Serie VIII Differentielle Psychologie und Persönlichkeitsforschung, Band 3 Temperaments- und Persönlichkeitsunterschiede* (S. 51–105). Göttingen: Hogrefe.

Bauer, A. (2000). *Beurteilung und Qualitätssicherung von psychologisch-diagnostischen Gutachten.* Unveröffentlichte Diplomarbeit, Universität Wien.

Baumann, T. & Niemann, N. (2001). *Atlas der Entwicklungsdiagnostik.* Stuttgart: Thieme.

Bäumler, G. (1974). *Lern- und Gedächtnistest (LGT-3).* Göttingen: Hogrefe.

Becker, P. (1989). *Der Trierer Persönlichkeitsfragebogen (TPF).* Göttingen: Hogrefe.

Becker, P. (1997). *Interaktions-Angst-Fragebogen (IAF)* (3. Aufl.). Göttingen: Beltz.

Becker, P. (1999). Das Fünf-Faktoren-Modell der Persönlichkeit: Eine Zwischenbilanz. In W. Hacker & M. Rinck (Hrsg.), *Bericht über den 41. Kongreß der Deutschen Gesellschaft für Psychologie in Dresden 1998* (S. 191–203). Lengerich: Pabst.

Becker, P. (2002). Das four-plus-X factor model as a framework for the description of normal and disordered personality – a pilot study. *Trierer Psychologische Berichte, 29*(1).

Becker, P. (2003). *Trierer Integriertes Persönlichkeitsinventar (TIPI).* Göttingen: Hogrefe.

Beckmann, D., Brähler, E. & Richter, H. E. (1991). *Der Gießen-Test (GT)* (4. Aufl.). Bern: Huber.

Beckmann, J. F. (2003). Lerntest. In K. D. Kubinger & R. S. Jäger (Hrsg.), *Schlüsselbegriffe der Psychologischen Diagnostik* (S. 267–271). Weinheim: Beltz.

Beckmann, J. F. & Guthke, J. (1999). *Psychodiagnostik des schlussfolgernden Denkens: Handbuch zur Adaptiven Computergestützten Intelligenz-Lerntestbatterie für schlussfolgerndes Denken (ACIL).* Göttingen: Hogrefe.

Beiglböck, W. (1997). Erfolgsprognose von Hirnleistungstrainings bei Alkoholmißbrauch - Eleonore H., 45 Jahre. In K. D. Kubinger & H. Teichmann (Hrsg.), *Psychologische Diagnostik und Intervention in Fallbeispielen* (S. 231–240). Weinheim: PVU.

Benesch, M. (2000). *Die Beurteilung differential-diagnostischer Entscheidungen aus nutzentheoretischer Sicht: Ein Skalierungsexperiment als Wiederholung zu Kubinger (1984).* Unveröffentlichte Diplomarbeit, Universität Wien.

Bents, R. & Blank, R. (2004). *Golden Profiler of Personality (GPOP).* Bern: Huber.

Berger, A. (1999). *Die Entwicklung einer facettentheoretisch fundierten Gedächtnistestbatterie.* Unveröffentlichte Diplomarbeit, Universität Wien.

Bergmann, C. & Eder, F. (1992). *Allgemeiner Interessen-Struktur-Test/Umwelt-Struktur-Test (AIST/UST)*. Weinheim: Beltz.

Bernstein, B. (1959). Soziokulturelle Determinanten des Lernens. *Kölner Zeitschrift für Soziologie und Sozialpsychologie, 4,* 52–79.

Berufsverband Deutscher Psychologen. (1988). *Richtlinien für die Erstellung psychologischer Gutachten.* Bonn: Deutscher Psychologen Verlag.

Block, J. (1995). A contrarian view of the five-factor approach to personality description. *Psychological Bulletin, 117,* 187–215.

Boerner, K. (2004). *Das psychologische Gutachten* (7. Aufl.). Weinheim: Beltz.

Bohm, E. (1996). *Lehrbuch der Rorschach-Psychodiagnostik* (7. Aufl.). Bern: Huber.

Booth, J. (1995). Computerdiagnostik. In R. S. Jäger & F. Petermann (Hrsg.), *Psychologische Diagnostik* (3. Aufl., S. 186–197). Weinheim: PVU.

Borkenau, P. & Ostendorf, F. (1993). *NEO-Fünf-Faktoren Inventar (NEO-FFI)*. Göttingen: Hogrefe.

Boucsein, W. (1991). Arbeitspsychologische Beanspruchungsforschung heute – eine Herausforderung an die Psychophysiologie. *Psychologische Rundschau, 42,* 129–144.

Brähler, E. & Brähler, C. (Hrsg.). (1993). *Paardiagnostik mit dem Gießen-Test: Handbuch.* Bern: Huber.

Brandl-Nebehay, A. (1998). Geschichte der Systemischen Familientherapie. In A. Brandl-Nebehay, B. Rauscher-Gföhler & J. Kleibel-Arbeithuber (Hrsg.), *Systemische Familientherapie* (S. 17–59). Wien: Facultas.

Brandt, I. & Sticker, E. J. (2001). *Griffiths-Entwicklungsskalen* (2. Aufl.). Göttingen: Hogrefe.

Brem-Gräser, L. (2001). *Familie in Tieren* (8. Aufl.). München: Reinhardt.

Brickenkamp, R. (1990). *Die Generelle Interessen-Skala (GIS)*. Göttingen: Hogrefe.

Brickenkamp, R. (2002). *Test d2. Aufmerksamkeits-Belastungs-Test* (9. Aufl.). Göttingen: Hogrefe.

Briggs, K. C. & Briggs Myers, I. (1995). *Myers-Briggs Typenindikator (MBTI): Deutsche Bearbeitung von R. Bents und R. Blank* (2. Aufl.). Weinheim: Beltz.

Brodbeck, F. C., Anderson, N. & West, M. (2001). *Teamklima Inventar (TKI)*. Göttingen: Hogrefe.

Brugger, C. (2001). *Psychologische Sachverständigengutachten im Entlassungsverfahren aus der Maßnahme nach § 21 Abs. 2 StGB.* Unveröffentlichte Diplomarbeit, Universität Wien.

Bruner, J. S. & Postman, L. (1947). Emotional selectivity in perception and reaction. *Journal of Personality, 16,* 69–77.

Bukasa, B., Christ, R. & Hutter, M. (1997). Verkehrspsychologische Begutachtung und Nachschulung eines alkoholauffälligen Kraftfahrers - Markus B., 22 Jahre. In K. D. Kubinger & H. Teichmann (Hrsg.), *Psychologische Diagnostik und Intervention in Fallbeispielen* (S. 149–159). Weinheim: PVU.

Bulheller, S. & Häcker, H. (1998). *Advanced Progressive Matrices (APM): Manual.* Frankfurt/M.: Swets Test Services.

Bulheller, S. & Häcker, H. (Hrsg.). (1999). *Standard Progressive Matrices: Ausgabe 1999 mit der Parallelform und der SPM-Plus-Version.* Frankfurt/M.: Swets Test

Services.

Burkhardt, K., Zumkley, H. & Kornadt, H. J. (1987). Das Aggressions-Motiv-Gitter: Konstruktion und erste Ergebnisse. *Diagnostica, 33*, 339–353.

Buse, L. (1996). Differentielle Psychologie der Interessen. In M. Amelang (Hrsg.), *Enzyklopädie der Psychologie: Themenbereich C Theorie und Forschung, Serie VIII Differentielle Psychologie und Persönlichkeitsforschung, Band 3 Temperaments- und Persönlichkeitsunterschiede* (S. 441–475). Göttingen: Hogrefe.

Byrne, B. M. (1989). *A primer of LISREL: Basic applications and programming for confirmatory factor analytic models.* New York: Springer.

Byrne, D., Barry, J. & Nelson, D. (1963). Relation of the revised repression-sensitization scale to measures of self-description. *Psychological Reports, 13*, 324–334.

Bzufka, M. W. & Neumärker, K. J. (1997). Abklärung und Prognose kognitiver Leistungsprobleme bei epileptischen Attacken - Daniela, 9 Jahre. In K. D. Kubinger & H. Teichmann (Hrsg.), *Psychologische Diagnostik und Intervention in Fallbeispielen* (S. 69–78). Weinheim: PVU.

Campbell, D. T. & Fiske, D. W. (1959). Convergent and discriminant validation by the multitrait-multimethod matrix. *Psychological Bulletin, 56*, 81–105.

Cattell, R. B. (1966). The scree test for the number of factors. *Multivariate Behavioral Research, 1*, 245–276.

Cattell, R. B. (1973). *Die wissenschaftliche Erforschung der Persönlichkeit.* Weinheim: Beltz.

Cattell, R. B., Weiß, R. H. & Osterland, J. (1997). *Grundintelligenzskala 1 (CFT 1)* (5. Aufl.). Göttingen: Hogrefe.

Christiansen, E. (1983). *Die Arbeitskurve – Mainzer Revision.* Weinheim: Beltz.

Cierpka, M. (Hrsg.). (2003). *Handbuch der Familiendiagnostik* (2. Aufl.). Berlin: Springer.

Cierpka, M. & Frevert, G. (1995). *Die Familienbögen.* Göttingen: Hogrefe.

Clauss, G. (Hrsg.). (1995). *Fachlexikon Psychologie.* Frankfurt/M.: Harri Deutsch.

Conrad, W., Baumann, E. & Mohr, V. (1980). *Mannheimer Test zur Erfassung des physikalisch-technischen Problemlösens (MTP).* Göttingen: Hogrefe.

Costa, P. T. & McCrae, R. R. (1997). Longitudinal stability of adult personality. In R. Hogan & J. A. Johnson (Hrsg.), *Handbook of personality psychology* (S. 269–290). San Diego: Academic Press.

Cronbach, L. J. (1970). *Essentials of psychological testing.* New York: Harper & Row.

Cronbach, L. J. & Gleser, G. C. (1965). *Psychological tests and personnel decisions.* Urbana: University of Illinois Press.

Dahle, K. P. (1997). Begutachtung der Schuldfähigkeit und der Therapieindikation (-motivation) unter justitiellem Zwang - Ein 34jähriger drogenabhängiger Straftäter. In K. D. Kubinger & H. Teichmann (Hrsg.), *Psychologische Diagnostik und Intervention in Fallbeispielen* (S. 189–205). Weinheim: PVU.

Dalton, M. A., Lombardo, M. M., McCauley, C. D., Moxley, R. & Wachholz, J. (1997). *Benchmarks: Manual und Leitfaden für Berater, Deutsche Bearbeitung von R. Horn und G. Heyde.* Frankfurt/M.: Swets Test Services.

Deegener, G. (1997). Therapieindikation bei sexuellem Mißbrauch eines Kindes - Der

Stiefvater Herr L., 33 Jahre. In K. D. Kubinger & H. Teichmann (Hrsg.), *Psychologische Diagnostik und Intervention in Fallbeispielen* (S. 161–180). Weinheim: PVU.

Deimann, P. & Kastner-Koller, U. (1997). Förderberatung bei Entwicklungsretardation - Sebastian, 4;10 Jahre. In K. D. Kubinger & H. Teichmann (Hrsg.), *Psychologische Diagnostik und Intervention in Fallbeispielen* (S. 29–35). Weinheim: PVU.

Deusinger, I. M. (1986). *Die Frankfurter Selbstkonzeptskalen (FSKN)*. Göttingen: Hogrefe.

Dickenberger, D., Gniech, G. & Grabitz, H. J. (1993). Die Theorie der psychologischen Reaktanz. In D. Frey & M. Irle (Hrsg.), *Theorien der Sozialpsychologie* (2. Aufl., Bd. 1, S. 243–273). Bern: Huber.

Dieterich, R. (1977). *Psychodiagnostik.* München: UTB.

Dietze, H. (1997). Begutachtung der Schuldfähigkeit eines des Totschlags Angeklagten - Johann W., 52 Jahre. In K. D. Kubinger & H. Teichmann (Hrsg.), *Psychologische Diagnostik und Intervention in Fallbeispielen* (S. 277–290). Weinheim: PVU.

Dilling, H., Mombour, W. & Schmidt, M. H. (Hrsg.). (2000). *Internationale Klassifikation psychischer Störungen: ICD-10* (4. Aufl.). Bern: Huber.

DIN Deutsches Institut für Normung e. V. (2002). *Anforderungen an Verfahren und deren Einsatz bei berufsbezogenen Eignungsbeurteilungen: DIN 33430.* Berlin: Beuth.

Dörner, D., Kreuzig, H. W., Reither, F. & Stäudel, T. (Hrsg.). (1983). *Lohhausen: Vom Umgang mit Unbestimmtheit und Komplexität.* Bern: Huber.

Dunkel, A. (1997). Krankheitsverarbeitung nach einem Schlaganfall. In S. Gauggel & G. Kerkhoff (Hrsg.), *Fallbuch der Klinischen Neuropsychologie* (S. 414–424). Göttingen: Hogrefe.

Eckardt, H. H. & Hilke, R. (1994). *Psychologischer Dienst: Aufgaben und Praxis der Bundesanstalt für Arbeit.* Stuttgart: Kohlhammer.

Ehlers, B., Ehlers, T. & Makus, H. (1978). *Marburger Verhaltensliste (MVL).* Göttingen: Hogrefe.

Elliott, C. D. (1990). *Differential ability scales (DAS).* San Antonio: The Psychological Corporation.

Elliott, C. D., Smith, P. & McCulloch, K. (1996). *British ability scales II (BAS II).* Windsor: NFER-Nelson.

Engel, R. R. (1997). Replik zur Rezension des MMPI. *Zeitschrift für Differentielle und Diagnostische Psychologie, 18,* 10–15.

Engel, R. R. (Hrsg.). (2000). *Minnesota Multiphasic Personality Inventory-2 (MMPI-2).* Bern: Huber.

Exner, J. E. (1991a). *The rorschach: A comprehensive system, 1, basic foundations.* New York: Wiley.

Exner, J. E. (1991b). *The rorschach: A comprehensive system, 2, interpretation* (2. Aufl.). New York: Wiley.

Eysenck, H. J., Wilson, G. D. & Jackson, C. J. (1998). *Eysenck Personality Profiler (EPP-D): Deutsche Bearbeitung von Stephan Bulheller und Hartmut Häcker.* Frankfurt/M.: Swets Test Services.

Fahrenberg, J., Hampel, R. & Selg, H. (2001). *Das Freiburger Persönlichkeitsinventar*

– *Revidierte Fassung (FPI-R)* (7. Aufl.). Göttingen: Hogrefe.

Fay, E. (1993). HAWIE-R Hamburg-Wechsler Intelligenztest für Erwachsene, Revision 1991. *Diagnostica, 39*, 271–279.

Fehnemann, U. (1995). Recht. In R. S. Jäger & F. Petermann (Hrsg.), *Psychologische Diagnostik* (3. Aufl., S. 129–138). Weinheim: PVU.

Fill Giordano, R. (2004). *Entwicklung des Computertests LAsO (Lernen Anwenden – systematisch Ordnen): Fairness von Hypertext-Tests für Personen mit wenig PC-Erfahrung.* Unveröffentlichte Diplomarbeit, Universität Wien.

Fischer, G. H. (1974). *Einführung in die Theorie psychologischer Tests.* Bern: Huber.

Fischer, G. H. (1977). Linear logistic models for the description of attitudinal and behavioral changes under the influence of mass communication. In W. H. Kempf & B. H. Repp (Hrsg.), *Some mathematical models for social psychology* (S. 102–151). Bern: Huber.

Fischer, G. H. (1995). Derivations of the Rasch Model. In G. H. Fischer & I. W. Molenaar (Hrsg.), *Rasch models* (S. 15–38). New York: Springer.

Fischer, G. H. & Spada, H. (1973). *Die psychometrischen Grundlagen des Rorschachtests und der Holtzman Inkblot Technique.* Bern: Huber.

Fisseni, H.-J. (2004). *Lehrbuch der psychologischen Diagnostik* (3. Aufl.). Göttingen: Hogrefe.

Flanagan, J. C. (1954). The critical incident technique. *Psychological Bulletin, 51*, 327–358.

Fleischmann, U. M. (2000). Gerontoneuropsychologie – Diagnostik, Therapie und Intervention. In W. Sturm, M. Herrmann & C. W. Wallesch (Hrsg.), *Lehrbuch der Klinischen Neuropsychologie* (S. 663–673). Frankfurt: Swets & Zeitlinger.

Flossdorf, B. (1978). Kreativität und die Grenzen der Psychometrie. *Psychologie und Gesellschaft, 2*, 73–98.

Flynn, J. R. (1996). What environmental factors affect intelligence: The relevance of IQ gains over time. In D. K. Detterman (Hrsg.), *The environment – Current topics in human intelligence* (S. 17–29). Westport: Ablex-Publishing.

Formann, A. (1973). *Die Konstruktion eines neuen Matrizentests und die Untersuchung des Lösungsverhaltens mit Hilfe des linearen logistischen Testmodells.* Unveröffentlichte Dissertation, Universität Wien.

Formann, A. K. & Piswanger, K. (1979). *Wiener Matrizen-Test (WMT).* Weinheim: Beltz.

Franke, G. H. (2002). Faking bad in personality inventories: Consequences for the clinical practice. *Psychologische Beiträge, 44*, 50–61.

Franklin, K. W. & Cornell, D. G. (1997). Rorschach interpretation with high-ability adolescent females: psychopathology or creative thinking. *Journal of Personality Assessment, 68*, 184–196.

Frebort, M. (2002). *Evaluation einer Batterie Objektiver Persönlichkeitstests zur Auswahl von TierpflegeschülerInnen.* Unveröffentlichte Diplomarbeit, Universität Wien.

Frieling, E. & Hoyos, C. G. (1978). *Fragebogen zur Arbeitsanalyse (FAA).* Bern: Huber.

Fuchs, J. (2000). *Ein Vergleich der Bewertung von visuellen und audiovisuellen Instruk-*

tionen bei Computertests. Unveröffentlichte Diplomarbeit, Universität Wien.

Fügemann, C. & Rust, V. (1997). Beurteilung des beruflichen Rehabilitationserfolgs bei drohender Frühberentung - Herr E., 57 Jahre. In K. D. Kubinger & H. Teichmann (Hrsg.), *Psychologische Diagnostik und Intervention in Fallbeispielen* (S. 313–321). Weinheim: PVU.

Fuiko, R. (2003). *Entwicklungspsychologische Beurteilung von Kleinkindern: Eine vergleichende Evaluation verschiedener Entwicklungsdiagnostika anhand von früh- und reifgeborenen Kindern.* Unveröffentlichte Dissertation, Universität Wien.

Fuiko, R. & Wurst, E. (2003). Entwicklungsdiagnostik. In K. D. Kubinger & R. S. Jäger (Hrsg.), *Schlüsselbegriffe der Psychologischen Diagnostik* (S. 119–123). Weinheim: Beltz.

Funke, J. (1999). ILICA. Ein Simulationstest zur Erfassung des Entscheidungsverhaltens. In E. Fay (Hrsg.), *Tests unter der Lupe II* (S. 61–75). Lengerich: Pabst.

Gaisrucker, H. (1982). *Soziometrie von Interaktionen in Basketballmannschaften.* Unveröffentlichte Dissertation, Universität Wien.

Gauggel, S. & Kerkhoff, G. (Hrsg.). (1997). *Fallbuch der Klinischen Neuropsychologie.* Göttingen: Hogrefe.

Gawronsky, B. & Conrey, F. R. (2004). Der Implizite Assoziationstest als Maß automatisch aktivierter Assoziationen: Reichweite und Grenzen. *Psychologische Rundschau, 55*, 118–126.

Gehring, T. M. (1998). *Familiensystem-Test (FAST)* (2. Aufl.). Weinheim: Beltz.

Gittler, G. (1990). *Dreidimensionaler Würfeltest (3DW).* Weinheim: Beltz.

Glas, A. W. & Verhelst, N. D. (1995). Testing the Rasch model. In G. H. Fischer & I. W. Molenaar (Hrsg.), *Rasch models* (S. 69–95). New York: Springer.

Glindemann, R. & Maurer, G. (1997). Globale Aphasie. In S. Gauggel & G. Kerkhoff (Hrsg.), *Fallbuch der Klinischen Neuropsychologie* (S. 122–137). Göttingen: Hogrefe.

Gniech, G. (1976). *Störeffekte in psychologischen Experimenten.* Stuttgart: Kohlhammer.

Goethals, R. (1989). *Stichproben- und Populationsunabhängigkeit im Rasch-Modell: Am Beispiel einer Übersetzung eines Rasch-homogenen deutschsprachigen Tests ins Niederländische.* Unveröffentlichte Diplomarbeit, Universität Wien.

Gölzner, S. (1998). *Validierung von Vago: Vago – ein Computersimulationsverfahren zur Erfassung kooperativen Verhaltens.* Unveröffentlichte Diplomarbeit, Universität Wien.

Görtz, A. (1997). Schullaufbahnberatung - Michael, 10 Jahre. In K. D. Kubinger & H. Teichmann (Hrsg.), *Psychologische Diagnostik und Intervention in Fallbeispielen* (S. 79–87). Weinheim: PVU.

Götsch, G. (1997). Qualitätssicherung psychologischer Diagnostik bei Befundung und Begutachtung: Aus der Sicht des Hauptverbandes der allgemein beeideten gerichtlichen Sachverständigen Österreichs. *Psychologie in Österreich, 17*, 23–26.

Graichen, J. (1979). Zum Begriff der Teilleistungsstörungen. In R. Lempp (Hrsg.), *Teilleistungsstörungen im Kindesalter* (S. 43–62). Bern: Huber.

Greenwald, A. G., McGhee, D. E. & Schwartz, J. L. K. (1998). Measuring individual differences in implicit cognition: The Implicit Association Test. *Journal of Personality and Social Psychology, 74*, 1464–1480.

Grillmayr, H. (1981). *Lassen sich kriminelle Neigungen aus der Schrift erkennen?* Unveröffentlichte Dissertation, Universität Wien.

Grimm, H. & Schöler, H. (1991). *Heidelberger Sprachentwicklungstest (HSET)* (2. Aufl.). Göttingen: Hogrefe.

Grubitzsch, S. (1991). Wissenschaftshistorische Herausbildung psychologischer Testverfahren. In S. Grubitzsch (Hrsg.), *Testtheorie – Testpraxis: Psychologische Tests und Prüfverfahren im kritischen Überblick* (S. 65–97). Reinbek bei Hamburg: Rowohlt.

Guilford, J. P. (1970). *Persönlichkeit.* Weinheim: Beltz.

Guilford, J. P. & Hoepfner, R. (1971). *The analysis of intelligence.* New York: McGraw-Hill.

Gulliksen, H. (1950). *Theory of mental tests.* New York: Wiley.

Gunzelmann, T. & Oswald, W. D. (2003). Gerontopsychologische Diagnostik. In K. D. Kubinger & R. S. Jäger (Hrsg.), *Schlüsselbegriffe der Psychologischen Diagnostik* (S. 169–175). Weinheim: Beltz.

Guthke, J. (1977). *Zur Diagnostik der intellektuellen Lernfähigkeit.* Berlin: Deutscher Verlag der Wissenschaften.

Guthke, J. (1996). *Intelligenz im Test.* Göttingen: Vandenhoeck.

Guthke, J., Beckmann, J. F., Stein, H., Vahle, H. & Rittner, S. (1995). Adaptive Computergestützte Intelligenz-Lerntestbatterie (ACIL) [Software und Manual]. Mödling: Dr. G. Schuhfried GmbH.

Guthke, J., Böttcher, H. R. & Sprung, L. (Hrsg.). (1991). *Psychodiagnostik* (Bd. 2). Berlin: Deutscher Verlag der Wissenschaften.

Guthke, J., Räder, E., Caruso, M. & Schmidt, K. D. (1991). Entwicklung eines adaptiven computergestützten Lerntests auf der Basis der strukturellen Informationstheorie. *Diagnostica, 37*, 1–28.

Guthke, J. & Wiedl, K. H. (1996). *Dynamisches Testen: Zur Psychodiagnostik der intraindividuellen Variabilität.* Göttingen: Hogrefe.

Guttman, L. A. (1955). A generalized simplex for factor analysis. *Psychometrika, 20*, 173–192.

Häcker, H., Leutner, D. & Amelang, M. (Hrsg.). (1998). Standards für pädagogisches und psychologisches Testen. *Supplementum 1/1998 der Diagnostica und der Zeitschrift für Differentielle und Diagnostische Psychologie.*

Häcker, H., Schmidt, L. R., Schwenkmezger, P. & Utz, H. E. (1975). *Objektive Testbatterie, OA-TB 75.* Weinheim: Beltz.

Häcker, H., Schwenkmezger, P. & Utz, H. E. (1979). Über die Verfälschbarkeit von Persönlichkeitsfragebögen und objektiven Persönlichkeitstests unter SD-Instruktion und in einer Auslesesituation. *Diagnostica, 25*, 7–23.

Häcker, H. & Stapf, K. H. (Hrsg.). (2004). *Dorsch Psychologisches Wörterbuch* (14. Aufl.). Bern: Huber.

Hacker, W., Fritsche, B., Richter, P. & Iwanowa, A. (1995). *Tätigkeitsbewertungssystem (TBS). Verfahren zur Analyse, Bewertung und Gestaltung von Arbeitstätigkeit.*

Zürich: vdf Hochschulverlag.

Hacker, W. & Reinhold, S. (1999). *Beanspruchungsscreening bei Humandienstleistern (BHD)*. Frankfurt/M.: Swets Test Services.

Hambros, K. (2002). On reasonableness of personality inventories. *Psychologische Beiträge, 44*, 126–135.

Hampel, P., Petermann, F. & Dickow, B. (2001). *Stressverarbeitungsfragebogen von Janke und Erdmann angepasst für Kinder und Jugendliche (SVF-KJ)*. Göttingen: Hogrefe.

Hampel, R. & Selg, H. (1975). *Fragebogen zur Erfassung von Aggressivitätsfaktoren (FAF)*. Göttingen: Hogrefe.

Hank, P. & Schwenkmezger, P. (2003). Das Minnesota Personality Inventory-2 (MMPI): Testbesprechung im Auftrag des Testkuratoriums. *Report Psychologie, 28*, 294–303.

Hany, E. A. (2000). Diagnostischer Prozeß und Begutachtung. In K. A. Heller (Hrsg.), *Begabungsdiagnostik* (S. 322–374). Bern: Huber.

Haubl, R. (1984). Praxeologische und epistemologische Aspekte psychologischer Begutachtung. In H. A. Hartmann & R. Haubl (Hrsg.), *Psychologische Begutachtung* (S. 33–74). München: Urban & Schwarzenberg.

Hebenstreit, G. K. (2000). *Die Fehleranfälligkeit der Auswertung beim Adaptiven Intelligenz Diagnostikum (Kubinger & Wurst, 1991)*. Unveröffentlichte Diplomarbeit, Universität Wien.

Heckhausen, H. (1989). *Motivation und Handeln* (2. Aufl.). Berlin: Springer.

Heller, K. A., Kratzmeier, H. & Lengfelder, A. (1998a). *Matrizen-Test-Manual* (Bd. 1). Göttingen: Beltz.

Heller, K. A., Kratzmeier, H. & Lengfelder, A. (1998b). *Matrizen-Test-Manual* (Bd. 2). Göttingen: Beltz.

Heller, K. A. & Perleth, C. (2000). *Kognitiver Fähigkeitstest für 4. bis 12. Klassen, Revision (KFT 4-12+R)*. Göttingen: Hogrefe.

Hergovich, A. (1994). *Feldabhängigkeit*. Frankfurt/M.: Lang.

Hergovich, A. & Hörndler, H. (1994). Gestaltwahrnehmungstest [Software und Manual]. Frankfurt/M.: Swets Test Services.

Herle, M. (1999). *Zur Reliabilität von psychologischen Testergebnissen in Simulationsverfahren am Beispiel von ILICA und MAILBOX'90*. Unveröffentlichte Diplomarbeit, Universität Wien.

Herle, M. (2003). Profil, Test-. In K. D. Kubinger & R. S. Jäger (Hrsg.), *Schlüsselbegriffe der Psychologischen Diagnostik* (S. 337–339). Weinheim: Beltz.

Hermann, N. (1991). *Kreativität und Kompetenz*. Fulda: Paidia.

Hermans, H. J. M. (1976). *Leistungsmotivationstest für Jugendliche (LMT-J)*. Amsterdam: Swets & Zeitlinger.

Hesse, J. & Schrader, H. C. (2002). *Das Bewerbungshandbuch*. Frankfurt/M.: Eichborn.

Heubrock, D. (2003). Simulationsdiagnostik. In K. D. Kubinger & R. S. Jäger (Hrsg.), *Schlüsselbegriffe der Psychologischen Diagnostik* (S. 381–387). Weinheim: Beltz.

Heubrock, D. & Petermann, F. (2000). *Testbatterie zur Forensischen Neuropsychologie (TBFN): Neuropsychologische Diagnostik bei Simulationsverdacht*. Frankfurt/M.:

Swets Test Services.

Heyde, G. (2000). *Inventar komplexer Aufmerksamkeit (INKA)* (2. Aufl.). Frankfurt/M.: Swets Test Services.

Heyse, H. (2003a). Ethische Richtlinien – Deutschland. In K. D. Kubinger & R. S. Jäger (Hrsg.), *Schlüsselbegriffe der Psychologischen Diagnostik* (S. 124–126). Weinheim: Beltz.

Heyse, H. (2003b). Rechtsgrundlagen – Deutschland. In K. D. Kubinger & R. S. Jäger (Hrsg.), *Schlüsselbegriffe der Psychologischen Diagnostik* (S. 362–368). Weinheim: Beltz.

Hilke, R. & Hustedt, H. (1997). Berufswahlunterstützung - Alexander L., 16 Jahre. In K. D. Kubinger & H. Teichmann (Hrsg.), *Psychologische Diagnostik und Intervention in Fallbeispielen* (S. 89–107). Weinheim: PVU.

Hofmann, K. (1997). Erziehungsberatung im Kontext der Einschulung - Sherin, 5;10 Jahre. In K. D. Kubinger & H. Teichmann (Hrsg.), *Psychologische Diagnostik und Intervention in Fallbeispielen* (S. 45–54). Weinheim: PVU.

Hofmann, K. & Kubinger, K. D. (2001). Herkömmliche Persönlichkeitsfragebogen und Objektive Persönlichkeitstests im „Wettstreit" um Unverfälschbarkeit. *Report Psychologie, 26*, 298–304.

Hofstätter, P. R. (1971). *Differentielle Psychologie.* Stuttgart: Kröner.

Holland, J. L. (1997). *Making vocational choices: A theory of vocational personalities and work environments* (3. Aufl.). Odessa: Psychological Assessment Resources.

Holland, P. W. & Wainer, H. (1993). *Differential item functioning.* Hillsdale: Lawrence Erlbaum Associates.

Holocher-Ertl, S., Kubinger, K. D. & Menghin, S. (2003). Big Five Plus One Persönlichkeitsinventar (B5PO) [Software und Manual]. Mödling: Dr. G. Schuhfried GmbH.

Hörmann, H. (1964). Theoretische Grundlagen der projektiven Tests. In R. Heiss (Hrsg.), *Handbuch der Psychologie, Band 6 Psychologische Diagnostik* (S. 71–112). Göttingen: Hogrefe.

Horn, J. L. (1965). A rationale and test for the number of factors in factor analysis. *Psychometrika, 30*, 179–185.

Horn, R. (1986). *Alle wichtigen Tests zur Auswahl von Bewerbern.* München: Heyne.

Horn, W., Lukesch, H., Kormann, A. & Mayrhofer, S. (2002). *Prüfsystem für Schul- und Bildungsberatung für 4. bis 6. Klassen – revidierte Fassung (PSB-R 4-6).* Göttingen: Hogrefe.

Horn, W., Lukesch, H., Mayrhofer, S. & Kormann, A. (2003). *Prüfsystem für Schul- und Bildungsberatung für 6. bis 13. Klassen – revidierte Fassung (PSB-R 6-13).* Göttingen: Hogrefe.

Hornke, L. F. (2001). Benötigte Itemanzahlen beim mess- und entscheidungsorientierten adaptiven Testen. *Zeitschrift für Differentielle und Diagnostische Psychologie, 23*, 185–193.

Hornke, L. F., Etzel, S. & Rettig, K. (1997). Adaptiver Matrizentest (AMT) [Software und Manual]. Mödling: Dr. G. Schuhfried GmbH.

Hornke, L. F. & Rettig, K. (1989). Regelgeleitete Itemkonstruktion unter Zuhilfenahme kognitionspsychologischer Überlegungen. In K. D. Kubinger (Hrsg.), *Moderne Testtheorie – Ein Abriß samt neuesten Beiträgen* (2. Aufl., S. 140–162). Weinheim: Beltz.

Hossiep, R. (1994). Aus der Arbeit des Testkuratoriums – Das Assessment-Center. *Diagnostica, 40,* 89–104.

Hossiep, R. (2003). Assessment Center. In K. D. Kubinger & R. S. Jäger (Hrsg.), *Schlüsselbegriffe der Psychologischen Diagnostik* (S. 43–54). Weinheim: Beltz.

Hossiep, R., Paschen, M. & Mühlhaus, O. (2003). *Bochumer Inventar zur berufsbezogenen Persönlichkeitsbeschreibung (BIP)* (2. Aufl.). Göttingen: Hogrefe.

Irle, M. & Allehoff, W. (1984). *Berufs-Interessen-Test II (BIT II)*. Göttingen: Hogrefe.

Jäger, A. O. (1984). Intelligenzstrukturforschung: Konkurrierende Modelle, neue Entwicklungen, Perspektiven. *Psychologische Rundschau, 35,* 21–35.

Jäger, A. O. & Althoff, K. (1983). *Der WILDE-Intelligenz-Test (WIT)*. Göttingen: Hogrefe.

Jäger, A. O., Süß, H. M. & Beauducel, A. (1997). *Berliner Intelligenzstruktur-Test (BIS-Test)*. Göttingen: Hogrefe.

Jäger, R. S. (1983). *Der diagnostische Prozeß: Eine Diskussion psychologischer und methodischer Randbedingungen*. Göttingen: Hogrefe.

Jäger, R. S. (2003a). Arbeitsprobe. In K. D. Kubinger & R. S. Jäger (Hrsg.), *Schlüsselbegriffe der Psychologischen Diagnostik* (S. 42–43). Weinheim: Beltz.

Jäger, R. S. (2003b). Biographisches Inventar. In K. D. Kubinger & R. S. Jäger (Hrsg.), *Schlüsselbegriffe der Psychologischen Diagnostik* (S. 61–67). Weinheim: Beltz.

Jäger, R. S. (2003c). Pädagogisch-psychologische Diagnostik. In K. D. Kubinger & R. S. Jäger (Hrsg.), *Schlüsselbegriffe der Psychologischen Diagnostik* (S. 313–316). Weinheim: Beltz.

Jäger, R. S. (2003d). Prozess, diagnostischer. In K. D. Kubinger & R. S. Jäger (Hrsg.), *Schlüsselbegriffe der Psychologischen Diagnostik* (S. 348–354). Weinheim: Beltz.

Jäger, R. S. & Kubinger, K. D. (2001). Psychologische Diagnostik: Standortbestimmung und Perspektive. In R. K. Silbereisen & D. Frey (Hrsg.), *Perspektiven der Psychologie* (S. 157–173). Weinheim: PVU.

Jäger, R. S. & Petermann, F. (Hrsg.). (1995). (3. Aufl.). Weinheim: PVU.

Janke, W., Erdmann, G. & Kallus, W. (2002). *Stressverarbeitungsfragebogen (SVF mit SVF 120 und SVF 78)* (3. Aufl.). Göttingen: Hogrefe.

Jeserich, W. (2000). Assessment Center (AC). In W. Sarges (Hrsg.), *Management-Diagnostik* (3. Aufl., S. 717–728). Göttingen: Hogrefe.

Kaminski, G. (1988). Ökologische Perspektiven in psychologischer Diagnostik? *Zeitschrift für Differentielle und Diagnostische Psychologie, 9,* 155–168.

Kanning, U. P. (2002). Tipps für die Anwendung nicht-standardisierter Methoden. In U. P. Kanning & H. Holling (Hrsg.), *Handbuch personal-diagnostischer Instrumente* (S. 493–543). Göttingen: Hogrefe.

Kanning, U. P. (2003). *Diagnostik sozialer Kompetenzen*. Göttingen: Hogrefe.

Karner, T. (1993). *Eine empirische Anwendung des Modells von Müller für kontinuierliche Antwortskalen (mittels des computerisierten Myers-Briggs-Typenindikator)*. Unveröffentlichte Diplomarbeit, Universität Wien.

Karner, T. (2002). The volunteer effect of answering personality questionnaires. *Psychologische Beiträge*, *44*, 42–49.

Kastner-Koller, U. & Deimann, P. (2002). *Der Wiener Entwicklungstest (WET)* (2. Aufl.). Göttingen: Hogrefe.

Kauffeld, S. (2004). *Fragebogen zur Arbeit im Team (FAT)*. Göttingen: Hogrefe.

Kaufman, A. S. & Kaufman, N. L. (1983). *Kaufman assessment battery for children (K-ABC). Interpretive manual.* Circle Pines, MN: American Guidance Service.

Kempf, W. F. (1970). *Grundlagenuntersuchungen zum Thematischen Apperzeptionstest.* Unveröffentlichte Dissertation, Universität Wien.

Kersting, M. (1996). Ost-West-Leistungsunterschiede in Berufseignungstests in Abhängigkeit von der kulturspezifischen Wirkung einiger Aufgabenmerkmale. *Zeitschrift für Arbeits- und Organisationspsychologie*, *40*, 106–117.

Kersting, M. (2003). DIN 33430 – Entstehungsprozess, Ziele und Inhalte des neuen Qualitätsstandards für berufsbezogene Eignungsbeurteilungen. *DGP Informationen*, *48*, 2–6.

Keßler, M. (1988). *Fragebogen zur Kausalattribuierung in Leistungssituationen (FKL).* Weinheim: Beltz.

Kirton, M. (1987). *Kirton Adpation-Innovation Inventory.* Hatfield: Occupational Research Centre.

Kleber, E. W. (1978). Konzentration. In K. J. Klauer (Hrsg.), *Handbuch der Pädagogischen Diagnostik* (Bd. 2, S. 395–401). Düsseldorf: Schwann.

Kliegl, R., Smith, J. & Baltes, P. B. (1986). Testing-the-limits, expertise, and memory in adulthood and old age. In F. Klix & H. Hagendorf (Hrsg.), *Human memory and cognitive capabilities: Mechanisms and performances* (S. 395–407). Amsterdam: North-Holland.

Klinck, D. (2003). *Computergestützte Diagnostik.* Göttingen: Hogrefe.

Klüber, A. (1998). *Psychologische Gutachten für das Familiengericht.* Lengerich: Pabst.

Koller, M. (2001). *Die Angemessenheit der Normen im AID 2 für die nonverbale Instruktion.* Unveröffentlichte Diplomarbeit, Universität Wien.

Kormann, A. (1997). Einschulung bei Entwicklungsverzögerung - Martin L., 5;10 Jahre. In K. D. Kubinger & H. Teichmann (Hrsg.), *Psychologische Diagnostik und Intervention in Fallbeispielen* (S. 55–68). Weinheim: PVU.

Kornadt, H. J. (1982). *Aggressions-Motiv und Aggressions-Hemmung.* Bern: Huber.

Kornmann, R. (2003). Förderungsorientierte Diagnostik. In K. D. Kubinger & R. S. Jäger (Hrsg.), *Schlüsselbegriffe der Psychologischen Diagnostik* (S. 150–156). Weinheim: Beltz.

Krafack, A. (1997). Psychologische Beurteilung eines Rentenbegehrens - Herr S., 45 Jahre. In K. D. Kubinger & H. Teichmann (Hrsg.), *Psychologische Diagnostik und Intervention in Fallbeispielen* (S. 241–247). Weinheim: PVU.

Kramer, R. & Bengel, J. (1997). Rehabilitationspsychologische Beratung und Behandlung bei Asthma bronchiale - Frau N., 53 Jahre. In K. D. Kubinger & H. Teichmann (Hrsg.), *Psychologische Diagnostik und Intervention in Fallbeispielen* (S. 291–300). Weinheim: PVU.

Krampen, G. (1991). *Fragebogen zu Kompetenz- und Kontrollüberzeugungen (FKK).*

Göttingen: Hogrefe.

Krampen, G., Freilinger, J. & Wilmes, S. (1996). *Kreativitätstest für Vorschul- und Schulkinder (KVS-P)*. Göttingen: Hogrefe.

Krapf, B. (2003). *Validierungsstudie des Rigiditätstest nach Siebenhandl et al.* Unveröffentlichte Diplomarbeit.

Kubinger, K. D. (Hrsg.). (1983). *Der HAWIK – Möglichkeiten und Grenzen seiner Anwendung*. Weinheim: Beltz.

Kubinger, K. D. (1984). Nutzentheoretische Beurteilung differential-diagnostischer Entscheidungen. *Diagnostica, 30,* 249–266.

Kubinger, K. D. (1989). Aktueller Stand und kritische Würdigung der Probabilistischen Testtheorie. In K. D. Kubinger (Hrsg.), *Moderne Testtheorie – Ein Abriß samt neuesten Beiträgen* (2. Aufl., S. 19–83). Weinheim: Beltz.

Kubinger, K. D. (1993). Testtheoretische Probleme der Computerdiagnostik. *Zeitschrift für Arbeits- und Organisationspsychologie, 37,* 130–137.

Kubinger, K. D. (1995a). Einige Möglichkeiten und viele Grenzen der Computerdiagnostik. In K. Pawlik (Hrsg.), *Bericht über den 39. Kongreß der Deutschen Gesellschaft für Psychologie in Hamburg 1994* (S. 657–661). Göttingen: Hogrefe.

Kubinger, K. D. (1995b). Objektive Diagnostik. In K. Pawlik (Hrsg.), *Enzyklopädie der Psychologie: Themenbereich C Theorie und Forschung, Serie VIII Differentielle Psychologie und Persönlichkeitsforschung, Band 1 Grundlagen und Methoden der Differentiellen Psychologie* (S. 507–541). Göttingen: Hogrefe.

Kubinger, K. D. (1997a). Psychologische Diagnostik zwischen unrealistischen Erwartungen und ignoranten Vorbehalten. In K. D. Kubinger & H. Teichmann (Hrsg.), *Psychologische Diagnostik und Intervention in Fallbeispielen* (S. 15–27). Weinheim: PVU.

Kubinger, K. D. (1997b). Richtlinien zur Qualitätssicherung von psychologischen Gutachten. *Psychologie in Österreich, 17,* 10–16.

Kubinger, K. D. (1997c). Therapieindikation einer laufenden Paartherapie - Zwei Familien mit dem gemeinsamen Vater Ingo T., 49 Jahre. In K. D. Kubinger & H. Teichmann (Hrsg.), *Psychologische Diagnostik und Intervention in Fallbeispielen* (S. 249–268). Weinheim: PVU.

Kubinger, K. D. (1997d). Zur Renaissance der objektiven Persönlichkeitstests sensu R. B. Cattell. In H. Mandl (Hrsg.), *Bericht über den 40. Kongreß der Deutschen Gesellschaft für Psychologie in München 1996* (S. 755–761). Göttingen: Hogrefe.

Kubinger, K. D. (2001a). Zur Qualitätssicherung psychologischer Tests – Am Beispiel des AID 2. *Psychologie in Österreich, 21,* 82–85.

Kubinger, K. D. (2001b). Zur Zumutbarkeit in der Psychologischen Diagnostik. In J. F. Beckmann & P. Y. Herzberg (Hrsg.), *Dynamik im Testen* (S. 95–107). Landau: Verlag Empirische Pädagogik.

Kubinger, K. D. (2003a). On artificial results using factor analysis for dichotomous variables. *Psychology Science, 45,* 106–110.

Kubinger, K. D. (2003b). Systemisch Orientiertes Erhebungsinventar zum Sachverhalt eines symptombeladenen Kindes/Jugendlichen – Gesprächsleitfaden für den Routineeinsatz psychologischer Untersuchungen. *Familiendynamik, 28,* 252–260.

Kubinger, K. D. (2004). Psychologische Diagnostik – heute. In G. Mehta (Hrsg.), *Die Praxis der Psychologie* (S. 89–96). Wien: Springer.

Kubinger, K. D., Alexandrowicz, R., Punter, J. F. & Brähler, E. (2003). Paardiagnostik mit dem Gießen-Test – Typische Paarprofile in der „Normal"-bevölkerung. *Familiendynamik, 28*, 219–235.

Kubinger, K. D. & Deegener, G. (2001). *Psychologische Anamnese bei Kindern und Jugendlichen.* Göttingen: Hogrefe.

Kubinger, K. D. & Ebenhöh, J. (1996). Arbeitshaltungen – Kurze Testbatterie: Anspruchsniveau, Frustrationstoleranz, Leistungsmotivation, Impulsivität/Reflexivität [Software und Manual]. Frankfurt/M.: Swets Test Services.

Kubinger, K. D. & Farkas, M. G. (1991). Die Brauchbarkeit der Normen von Papier-Bleistift-Tests für die Computer-Vorgabe: Ein Experiment am Beispiel der SPM von Raven als kritischer Beitrag. *Zeitschrift für Differentielle und Diagnostische Psychologie, 12*, 257–266.

Kubinger, K. D., Fischer, D. & Schuhfried, G. (1993). Begriffs-Bildungs-Test (BBT) [Software und Manual]. Mödling: Dr. G. Schuhfried GmbH.

Kubinger, K. D. & Floquet, M. (1998). Psychologische Diagnostik: Zum Informationsstand von Psychologen – in Österreich. *Report Psychologie, 23*, 456–463.

Kubinger, K. D., Formann, A. K. & Farkas, M. G. (1991). Psychometric shortcomings of Raven's Standard Progressive Matrices, in particular for computerized testing. *European Review of Applied Psychology, 41*, 295–300.

Kubinger, K. D. & Goethals, R. (1988). Kritik am IQ aus testtheoretischer Sicht. In W. Schönpflug (Hrsg.), *Bericht über den 36. Kongreß der Deutschen Gesellschaft für Psychologie in Berlin 1988* (Bd. 1, S. 108–109). Göttingen: Hogrefe.

Kubinger, K. D. & Litzenberger, M. (2003). Zur Validität der Objektiven Persönlichkeits-Test-Batterie „Arbeitshaltungen". *Zeitschrift für Differentielle und Diagnostische Psychologie, 24*, 119–133.

Kubinger, K. D., Schrott, A., Ortner, T. M., Ziegler, A., Litzenberger, M. & Radinger, R. (2002). Entwicklung Objektiver Persönlichkeitstests zu den Eignungsmerkmalen „Belastbarkeit" und „Entscheidungsverhalten". *Untersuchungen des Psychologischen Dienstes der Bundeswehr, 36./37.*, 13–81.

Kubinger, K. D. & Teichmann, H. (Hrsg.). (1997). *Psychologische Diagnostik und Intervention in Fallbeispielen.* Weinheim: PVU.

Kubinger, K. D. & Wild, B. (1989). Die Optimierung der Meßgenauigkeit beim „branched"-adaptiven Testen. In K. D. Kubinger (Hrsg.), *Moderne Testtheorie – Ein Abriß samt neuesten Beiträgen* (2. Aufl., S. 187–218). Weinheim: Beltz.

Kubinger, K. D. & Wurst, E. (2000). *Adaptives Intelligenz Diagnostikum – Version 2.1 (AID 2).* Göttingen: Beltz.

Kühne, A. & Zuschlag, B. (2001). *Richtlinien für die Erstellung psychologischer Gutachten.* Bonn: Deutscher Psychologen Verlag.

Kupfer, J. & Brähler, E. (2002). Das Minnesota Multiphasic Personality Inventory. Revidierte Fassung (MMPI-2) von R. Hathaway & J. McKinley (2000). *Diagnostica, 48*, 52–55.

Laireiter, A. R., Baumann, U. & Stieglitz, R.-D. (2001). Soziodiagnostik: Soziales Netzwerk, Soziale Unterstützung und Soziale Anpassung. In R.-D. Stieglitz, U. Baumann & H. J. Freyberger (Hrsg.), *Psychodiagnostik in Klinischer Psychologie, Psychiatrie, Psychotherapie* (2. Aufl., S. 210–228). Stuttgart: Thieme.

Lämmler, G. & Bölte, S. (1997). Wahn und Halluzinationen nach Schlaganfall. In S. Gauggel & G. Kerkhoff (Hrsg.), *Fallbuch der Klinischen Neuropsychologie* (S. 302–309). Göttingen: Hogrefe.

Lang, A. (1978). Diagnostik und Autonomie der Person. In U. Pulver, A. Lang & F. W. Schmid (Hrsg.), *Ist Psychodiagnostik verantwortbar?* (S. 17–29). Bern: Huber.

Laux, L., Glanzmann, P., Schaffner, P. & Spielberger, C. D. (1981). *State-Trait-Angstinventar (STAI)*. Weinheim: Beltz.

Lefèvre, S. & Kubinger, K. D. (2005). Differentielles Stress Inventar (DSI) [Software und Manual]. Mödling: Dr. G. Schuhfried GmbH.

Lehrl, S. (1999). *Mehrfachwahl-Wortschatz-Intelligenztest (MWT Form B)* (4. Aufl.). Balingen: Spitta.

Leichsenring, F. & Hiller, W. (2001). Projektive Verfahren. In R.-D. Stieglitz, U. Baumann & H. J. Freyberger (Hrsg.), *Psychodiagnostik in Klinischer Psychologie, Psychiatrie, Psychotherapie* (2. Aufl., S. 183–191). Stuttgart: Thieme.

Leiss, U. (2003). *Erstellung und Erprobung einer optimalen Strategie zur Diagnostik von Teilleistungsschwächen*. Unveröffentlichte Dissertation, Universität Wien.

Leitner, K., Lüders, E., Greiner, B., Ducki, A., Niedermeier, R. & Volpert, W. (1993). *Analyse psychischer Anforderungen und Belastungen in der Büroarbeit – das RHIA/VERA-Büro-Verfahren*. Göttingen: Hogrefe.

Liedl, K. (1998). Mechanisch-Technisches Auffassungsvermögen (MTA) [Software und Manual]. Mödling: Dr. G. Schuhfried GmbH.

Lienert, G. A. & Raatz, U. (1998). *Testaufbau und Testanalyse* (6. Aufl.). Weinheim: PVU.

Lindenberger, U. (2000). Intellektuelle Entwicklung über die Lebensspanne: Überblick und ausgewählte Forschungsbrennpunkte. *Psychologische Rundschau, 51*, 135–145.

Litzenberger, M. (2001). *Die Operationalisierung des Komponentenmodell der Kreativität nach Urban*. Unveröffentlichte Diplomarbeit, Universität Wien.

Lohaus, A. & Schmitt, G. M. (1989). *Fragebogen zur Erhebung von Kontrollüberzeugung zu Krankheit und Gesundheit (KKG)*. Göttingen: Hogrefe.

Lückert, H. R. (1965). *Stanford-Binet-Intelligenztest (SIT)*. Göttingen: Hogrefe.

Lückert, H. R. (Hrsg.). (1969). *Begabungsforschung und Bildungsförderung als Gegenwartsaufgabe*. München: Reinhardt.

Maslach, C. & Jackson, S. E. (1986). *Maslach Burnout Inventory*. Palo Alto: Consulting Psychologists.

Meinardus, B. (1997). Feststellung der Eignung zum Bundeswehroffizier - Der Offizierbewerber Anton O., 18 Jahre. In K. D. Kubinger & H. Teichmann (Hrsg.), *Psychologische Diagnostik und Intervention in Fallbeispielen* (S. 109–121). Weinheim: PVU.

Melchers, P. & Preuß, U. (1991). *Kaufman-Assessment Battery for Children (K-ABC), Deutsche Version*. Frankfurt/M.: Swets Test Services.

Mellenbergh, G. J. & Linden, W. J. van der (1981). The linear utility model for optimal selection. *Psychometrika, 46*, 283–293.

Menghin, S. & Kubinger, K. D. (1996). Zur Legende: „Testpersonen beantworten dem Computer persönliche und intime Fragen offener als einem Testleiter" – Ergebnisse eines Experiments. *Zeitschrift für Differentielle und Diagnostische Psychologie, 17*, 163–169.

Metzler, P. (1997). Neuropsychologische Abklärung und Behandlung einer Patientin mit amnestischen Syndrom - Frau P., 41 Jahre. In K. D. Kubinger & H. Teichmann (Hrsg.), *Psychologische Diagnostik und Intervention in Fallbeispielen* (S. 221–230). Weinheim: PVU.

Metzler, P., Voshage, J. & Rösler, P. (1992). *Berliner Amnesietest (BAT)*. Göttingen: Hogrefe.

Mischel, W. (1973). Toward a cognitive social learning reconceptualization of personality. *Psychological Review, 80*, 252–283.

Mischel, W. (1974). Process in delay of gratification. In L. Berkowitz (Hrsg.), *Advances in experimental social psychology* (S. 249–292). New York: Academic Press.

Mittenecker, E. (1982a). Grundlagen, Ergebnisse und Probleme der Formdeuteverfahren. In K. J. Groffmann & L. Michel (Hrsg.), *Enzyklopädie der Psychologie: Themenbereich B Methodologie und Methoden, Serie II Psychologische Diagnostik, Band 3 Persönlichkeitsdiagnostik* (S. 186–257). Göttingen: Hogrefe.

Mittenecker, E. (1982b). Subjektive Tests zur Messung der Persönlichkeit. In K. J. Groffmann & L. Michel (Hrsg.), *Enzyklopädie der Psychologie: Themenbereich B Methodologie und Methoden, Serie II Psychologische Diagnostik, Band 3 Persönlichkeitsdiagnostik* (S. 57–131). Göttingen: Hogrefe.

Moosbrugger, H. & Hartig, J. (2003). Faktorenanalyse. In K. D. Kubinger & R. S. Jäger (Hrsg.), *Schlüsselbegriffe der Psychologischen Diagnostik* (S. 137–145). Weinheim: Beltz.

Moosbrugger, H. & Oehlschlägel, J. (1996). *Frankfurter Aufmerksamkeits-Inventar (FAIR)*. Bern: Huber.

Möseneder, D. & Ebenhöh, J. (1996). ILICA: Ein Simulationstest zur Erfassung des Entscheidungsverhaltens [Software und Manual]. Frankfurt/M.: Swets Test Services.

Murray, H. A. (1938). *Explorations in personality*. New York: Oxford University Press.

Murray, H. A. (1991). *Thematic Apperception Test* (3. Aufl.). Cambridge, MA: Harvard University Press.

Muthén, B. & Christoffersson, A. (1981). Simultaneous factor analysis of dichotomous variables in several groups. *Psychometrika, 46*, 407–419.

Oesterreich, R., Leitner, L. & Resch, M. (2000). *Analyse psychischer Anforderungen und Belastungen in der Produktionsarbeit: Das Verfahren RHIA/VERA-Produktion*. Göttingen: Hogrefe.

Orth, B. (1995). Meßtheoretische Grundlagen der Diagnostik. In R. S. Jäger & F. Petermann (Hrsg.), *Psychologische Diagnostik* (3. Aufl., S. 286–295). Weinheim: PVU.

Ortner, T. M. (2001). *Ein psychophysiologischer Validierungsansatz zur Belastbarkeitstestbatterie BAcO*. Unveröffentlichte Diplomarbeit, Universität Wien.

Ortner, T. M. (2002). Zur Lernfähigkeitsdiagnostik: Die dynamischen Testbatterien ACIL und LAMBDA, der differentialdiagnostische FOLT. *Psychologie in Österreich, 22*, 34–38.

Ortner, T. M. (2003). Anforderungsprofil. In K. D. Kubinger & R. S. Jäger (Hrsg.), *Schlüsselbegriffe der Psychologischen Diagnostik* (S. 20–23). Weinheim: Beltz.

Ostendorf, F. & Angleitner, A. (2004). *NEO-Persönlichkeitsinventar nach Costa und McCrae, Revidierte Fassung (NEO-PI-R)*. Göttingen: Hogrefe.

O'Sullivan, M. & Guilford, J. P. (1966). *Six factor test of social intelligence*. Beverly Hills: Sheridian Psychological Services.

Oswald, W. D. (1986). *Grundkurs Soziogramm*. Paderborn: Schöningh.

Oswald, W. D. & Roth, E. (1987). *Der Zahlen-Verbindungs-Test (ZVT)* (2. Aufl.). Göttingen: Hogrefe.

Paczensky, S. von (1976). *Der Testknacker*. Reinbek/Hamburg: Rowohlt.

Paunonen, S. V., Jackson, D. N. & Keinonen, M. (1990). The structured nonverbal assessment of personality. *Journal of Personality, 58*, 481–502.

Pawlik, K. (1976). Modell- und Praxisdimensionen psychologischer Diagnostik. In K. Pawlik (Hrsg.), *Diagnose der Diagnostik: Beiträge zur Diskussion der psychologischen Diagnostik in der Verhaltensmodifikation* (S. 13–43). Stuttgart: Klett.

Perleth, C. (2003). Kriteriumsorientierte Diagnostik. In K. D. Kubinger & R. S. Jäger (Hrsg.), *Schlüsselbegriffe der Psychologischen Diagnostik* (S. 259–261). Weinheim: Beltz.

Petermann, F. (1997). Testrezension zu Familie in Tieren – Die Familiensituation im Spiegel der Kinderzeichnung. *Zeitschrift für Differentielle und Diagnostische Psychologie, 18*, 90–92.

Petermann, F. & Stein, I. (2005). *Entwicklungstest 6 Monate – 6 Jahre (ET 6-6)* (2. Aufl.). Frankfurt/M.: Harcourt Test Services.

Pocza, C. (2003). *AID 2-ungarisch – Erprobung der Tauglichkeit eines „westlichen" Tests für eine Population im „Osten"*. Unveröffentlichte Diplomarbeit, Universität Wien.

Popper, K. R. (1976). *Logik der Forschung*. Tübingen: Mohr.

Preusche, I. (2003). *Fairness von Intelligenztests bei Kindern und Jugendlichen*. Unveröffentlichte Dissertation, Universität Wien.

Puchhammer, M. (1989). Simulationsstudien zur Schätzbarkeit der Parameter des Birnbaum-Modells. In K. D. Kubinger (Hrsg.), *Moderne Testtheorie – Ein Abriß samt neuesten Beiträgen* (2. Aufl., S. 259–270). Weinheim: Beltz.

Pulver, U., Lang, A. & Schmid, F. W. (Hrsg.). (1978). *Ist Psychodiagnostik verantwortbar?* Bern: Huber.

Punter, J. F. (2003). *Zur Fairness des Adaptiven Intelligenz Diagnostikum 2 in Bezug auf deutsch- und italienischsprachige Schüler*. Unveröffentlichte Diplomarbeit, Universität Wien.

Punter, J. F. & Kubinger, K. D. (2002). Was ist aus der Kritik der „Testrezensionen: 25 einschlägige Verfahren" (Zeitschrift für Differentielle und Diagnostische Psychologie, 18, Heft 1–2) geworden? *Psychologie in Österreich, 22*, 24–33.

Püttner, I. (1999). Rechtsfragen beim Einsatz von psychologischen Tests. *Personalfüh-*

rung, *4*, 54–57.

Rasch, D. & Kubinger, K. D. (2005). *Statistik für das Psychologiestudium: Mit Softwareunterstützung zur Planung und Auswertung von Untersuchungen sowie zu sequentiellen Verfahren.* Frankfurt/M.: Spectrum und Harcourt Test Services.

Rauchfleisch, U. (1993). *Handbuch zum Rosenzweig Picture-Frustration Test (PFT)* (Bd. 2). Bern: Huber.

Rauchfleisch, U. (1994). *Testpsychologie* (3. Aufl.). Göttingen: Vandenhoeck & Ruprecht.

Redtenbacher, H. (1992). *Eine PC-Version des DNPT von G. Spiel et al.: Ein Differentialdiagnostikum zur Überprüfung grundlegender Wahrnehmungsfunktionen.* Unveröffentlichte Diplomarbeit, Universität Wien.

Reichert, J. (1997). Begutachtung des Erinnerungsvermögens einer Zeugin mit mehrjährigem Drogenmißbrauch - Antje F., 20 Jahre. In K. D. Kubinger & H. Teichmann (Hrsg.), *Psychologische Diagnostik und Intervention in Fallbeispielen* (S. 123–133). Weinheim: PVU.

Reimann, G. (2004a). Arbeits- und Anforderungsanalyse. In K. Westhoff, L. J. Helfritsch, L. F. Hornke, K. D. Kubinger, F. Lang, H. Moosbrugger, A. Püschel & G. Reimann (Hrsg.), *Grundwissen für die berufsbezogene Eignungsbeurteilung nach DIN 33430* (S. 105–120). Lengerich: Pabst.

Reimann, G. (2004b). Rechtliche Rahmenbedingungen. In K. Westhoff, L. J. Helfritsch, L. F. Hornke, K. D. Kubinger, F. Lang, H. Moosbrugger, A. Püschel & G. Reimann (Hrsg.), *Grundwissen für die berufsbezogene Eignungsbeurteilung nach DIN 33430* (S. 15–22). Lengerich: Pabst.

Reiter, A. (1974). *Der Bilder-Frustrationstest von Rosenzweig aus psychometrischer Sicht.* Unveröffentlichte Dissertation, Universität Wien.

Rennen-Allhoff, B. & Allhoff, P. (1987). *Entwicklungstests für das Säuglings-, Kleinkind- und Vorschulalter.* Berlin: Springer.

Revers, W. J. (1973). *Der Thematische Apperzeptionstest (TAT).* Bern: Huber.

Revers, W. J. & Allesch, C. G. (1985). *Thematischer Gestaltungstest – Salzburg (TGT-(S)).* Weinheim: Beltz.

Rexilius, G. (1978). Grenzen der Testerei. In S. Grubitzsch & G. Rexilius (Hrsg.), *Testtheorie – Testpraxis* (S. 112–167). Reinbek bei Hamburg: Rowohlt.

Rode, I. (1999). Glaubhaftigkeitsgutachten: Urteil des Bundesgerichtshofs. *Report Psychologie*, *24*, 799.

Rodgers, D. A. (1975). MMPI test review. In O. K. Buros (Hrsg.), *Personality: Test and reviews II* (S. 460–467). The Highland Park, NJ: Gryphon Press.

Roest, F., Scherzer, A., Urban, E., Gangl, H. & Brandstätter, C. (1989). MAILBOX '90 [Software und Manual]. Wien/Weinheim: SciCon/Beltz.

Roether, D. (1997). Berufliche Rehabilitation und Gedächtnistraining nach Virusencephalitis - Ein 56jähriger Hochschullehrer. In K. D. Kubinger & H. Teichmann (Hrsg.), *Psychologische Diagnostik und Intervention in Fallbeispielen* (S. 301–311). Weinheim: PVU.

Rollett, B. (1997). Testrezension zu Scenotest. *Zeitschrift für Differentielle und Diagnostische Psychologie*, *18*, 102–104.

Rollett, B. (2003). Projektive Verfahren. In K. D. Kubinger & R. S. Jäger (Hrsg.), *Schlüsselbegriffe der Psychologischen Diagnostik* (S. 340–348). Weinheim: Beltz.

Rollett, B. & Bartram, M. (1998). *Anstrengungsvermeidungstest (AVT)* (3. Aufl.). Braunschweig: Westermann.

Roloff, H. (1988). *Klinisch-psychologische Untersuchung zur Epidemiologie von Teilleistungsschwächen sowie zum Problem ihrer Erfassung und differenzierten Abbildung.* Unveröffentlichte Dissertation, Universität Rostock.

Rorschach, H. (1992). *Psychodiagnostik* (11. Aufl.). Bern: Huber.

Rosenzweig, S. (1957). *Der Rosenzweig P-F Test (PFT): Deutsche Bearbeitung von H. Hörmann und W. Moog.* Göttingen: Verlag für Psychologie.

Roßmann, G. (1992). *Motivationale Effekte beim adaptiven Testen.* Unveröffentlichte Diplomarbeit, Universität Wien.

Rost, D. H. & Schermer, F. J. (1987). Auf dem Weg zu einer differentiellen Diagnostik der Leistungsangst. *Psychologische Rundschau, 38,* 14–36.

Rost, D. H. & Schermer, F. J. (1997). *Differentielles-Leistungsangst-Inventar (DAI).* Frankfurt/M.: Swets Test Services.

Roth, A. (1998). *Testtheoretische Analyse eines Kreativitäts-Konzepts: Torrance's Circle-Test im Zusammenhang mit Intelligenz und Anregungsmilieu.* Unveröffentlichte Diplomarbeit, Universität Wien.

Roth, E., Oswald, W. D. & Daumenlang, K. (1980). *Intelligenz.* Stuttgart: Kohlhammer.

Salzgeber, J. (2001). *Familienpsychologische Gutachten.* München: Beck.

Schaarschmidt, U. (2003). Arbeitsplatzanalyse (Arbeitsanalyse), psychologische. In K. D. Kubinger & R. S. Jäger (Hrsg.), *Schlüsselbegriffe der Psychologischen Diagnostik* (S. 37–42). Weinheim: Beltz.

Schaarschmidt, U. & Fischer, A. W. (1997). Psychologische Abklärung und Beratung bei beruflichem Belastungserleben - Frau S., 49 Jahre. In K. D. Kubinger & H. Teichmann (Hrsg.), *Psychologische Diagnostik und Intervention in Fallbeispielen* (S. 269–275). Weinheim: PVU.

Schaarschmidt, U. & Fischer, A. W. (2003). *Arbeitsbezogenes Verhaltens- und Erlebensmuster (AVEM)* (2. Aufl.). Frankfurt/M.: Swets Test Services.

Schermelleh-Engel, K. & Schweizer, K. (2003). Diskriminante Validität. In K. D. Kubinger & R. S. Jäger (Hrsg.), *Schlüsselbegriffe der Psychologischen Diagnostik* (S. 103–110). Weinheim: Beltz.

Schiemann, S. (2003). Entwicklung und Erprobung einer Testbatterie zur Diagnostik bei Simulationsverdacht. *Psychology Science, 45,* 80–100.

Schmalt, H. D., Sokolowski, K. & Langens, T. (2000). *Das Multi-Motiv-Gitter für Anschluss, Leistung und Macht (MMG).* Frankfurt/M.: Swets.

Schmidt, F. L. & Hunter, J. E. (1998). The validity and utility of selection methods in personnel psychology: Practical an theoretical implications of 85 years of research findings. *Psychological Bulletin, 124,* 262–274.

Schmidt, K. H. & Metzler, P. (1992). *Wortschatztest (WST).* Weinheim: Beltz.

Schmidt, L. R. (1975). *Objektive Persönlichkeitsmessung in diagnostischer und klinischer Psychologie.* Weinheim: Beltz.

Schmidt-Atzert, L. (2004). Objektiver Leistungsmotivations Test (OLMT) [Software und Manual]. Mödling: Dr. G. Schuhfried GmbH.

Schmotzer, C., Kubinger, K. D. & Maryschka, C. (1994). Rechnen in Symbolen [Software und Manual]. Frankfurt/M.: Swets Test Services.

Schmuck, P. (1996). *Die Flexibilität menschlichen Verhaltens*. Frankfurt/M.: Lang.

Schneewind, K. A. & Graf, J. (1998). *Der 16-Persönlichkeits-Faktoren-Test, Revidierte Fassung (16 PF-R)*. Göttingen: Hogrefe.

Schneewind, K. A., Schröder, G. & Cattell, R. B. (1983). *Der 16-Persönlichkeits-Faktoren-Test (16 PF)*. Göttingen: Hogrefe.

Schnepp, M. B. (1998). *LVT – Leseverständnistest für Schüler*. Unveröffentlichte Diplomarbeit, Universität Wien.

Schoppe, K. J. (1975). *Verbaler Kreativitätstest (VKT)*. Göttingen: Hogrefe.

Schraml, W. J. (1975). Das klinische Gespräch in der Diagnostik. In W. J. Schraml & U. Baumann (Hrsg.), *Klinische Psychologie* (Bd. 1, S. 267–296). Bern: Huber.

Schrott, A. (2003). Belastbarkeitsdiagnostik. In K. D. Kubinger & R. S. Jäger (Hrsg.), *Schlüsselbegriffe der Psychologischen Diagnostik* (S. 56–61). Weinheim: Beltz.

Schrott, A., Kubinger, K. D. & Maitz, P. (2001). Retest-Reliability and Stability of Draw Your Family as Animals. In K. W. Kallus, N. Posthumus & P. Jiménez (Hrsg.), *Current psychological research in Austria: Proceedings of the 4th scientific conference of the Austrian Psychological Society (ÖGP)* (S. 149–152). Graz: Akademische Druck- u. Verlagsanstalt.

Schuler, H. (1986). Der Einsatz biographischer Fragebogen zur Prognose des Berufserfolgs: Einleitende Überlegungen und Überblick. In H. Schuler & W. Stehle (Hrsg.), *Biographischer Fragebogen als Methode der Personalauswahl* (S. 1–16). Stuttgart: Verlag für Angewandte Psychologie.

Schuler, H. (1991). Assessment Center als Auswahl- und Entwicklungsinstrument: Einleitung und Überblick. In H. Schuler & W. Stehle (Hrsg.), *Assessment Center als Methode der Personalentwicklung* (2. Aufl., S. 1–35). Göttingen: Hogrefe.

Schuler, H. & Höft, S. (2001). Konstruktorientierte Verfahren der Personalauswahl. In H. Schuler (Hrsg.), *Lehrbuch der Personalpsychologie* (S. 93–134). Göttingen: Hogrefe.

Schuler, H. & Prochaska, M. (1992). Ermittlung personaler Merkmale: Leistungs- und Potentialbeurteilung von Mitarbeitern. In K. Sonntag (Hrsg.), *Personalentwicklungen in Organisationen* (S. 157–186). Göttingen: Hogerefe.

Schuler, H., Prochaska, M. & Frintrup, A. (2001). *Leistungsmotivationsinventar (LMI)*. Göttingen: Hogrefe.

Schuri, U., Keller, I. & Matthes von Cramon, G. (1994). Leistungsdiagnostik aus neuropsychologischer Sicht. In R.-D. Stieglitz & U. Baumann (Hrsg.), *Psychodiagnostik psychischer Störungen* (S. 138–148). Stuttgart: Enke.

Schwarz, M. (1986). *Versuchsleitereffekte beim HAWIK*. Unveröffentlichte Dissertation, Universität Wien.

Schwenkmezger, P., Hodapp, V. & Spielberger, C. D. (1992). *Das State-Trait-Ärgerausdrucks-Inventar (STAXI)*. Bern: Huber.

Seifert, K. H. (1984). Berufswahlreife. In Bundesanstalt für Arbeit (Hrsg.), *Handbuch der Berufswahlvorbereitung* (S. 186–197). Mannheim: TransMedia.

Seitz, W. & Rausche, A. (2004). *Persönlichkeitsfragebogen für Kinder zwischen 9 und 14 Jahren (PFK 9-14)* (4. Aufl.). Göttingen: Hogrefe.

Siebenhandl, H. (1995). *Entwicklung eines psychologischen Tests zur Erfassung des Konstrukts „Rigidität".* Unveröffentlichte Diplomarbeit.

Sowarka, B. H. (2000). Soziale Intelligenz und soziale Kompetenz. In W. Sarges (Hrsg.), *Management-Diagnostik* (3. Aufl., S. 365–382). Göttingen: Hogrefe.

Srp, G. (1994). Syllogismen [Software und Manual]. Frankfurt/M.: Swets Test Services.

Stapf, A. (1997). Schulische Maßnahmen bei intellektueller Hochbegabung - Karl, 5;0 Jahre. In K. D. Kubinger & H. Teichmann (Hrsg.), *Psychologische Diagnostik und Intervention in Fallbeispielen* (S. 37–44). Weinheim: PVU.

Stehle, W. (1986). Personalauswahl mittels biographischer Fragebogen. In H. Schuler & W. Stehle (Hrsg.), *Biographischer Fragebogen als Methode der Personalauswahl* (S. 17–57). Stuttgart: Verlag für Angewandte Psychologie.

Steindl, R. (2005). *On the psychometric properties of the AID 2-adapted english version: A field test and empirical analysis on a south african population.* Unveröffentlichte Diplomarbeit, Universität Wien.

Steuer, O. (1988). *HAWIK und HAWIK-R: Testtheoretische Analysen des HAWIK und seiner revidierten Form als Wiederholungsstudie und Weiterführung der Arbeit von Kubinger (1983), „Der HAWIK – Möglichkeiten und Grenzen seiner Anwendung".* Unveröffentlichte Dissertation, Universität Wien.

Stratemann, I. (1991). Eignungsdiagnostische Besonderheiten in den „fünf neuen Bundesländern". In H. Schuler & U. Funke (Hrsg.), *Eignungsdiagnostik in Forschung und Praxis* (S. 200–204). Göttingen: Verlag für Angewandte Psychologie.

Strunz, V. (2002). *Erstellung und Überprüfung einer systematischen Verhaltensbeobachtung zu Störung des Sozialverhaltens.* Unveröffentlichte Dissertation, Universität Wien.

Stumpf, H., Angleitner, A., Wieck, T., Jackson, D. N. & Beloch-Till, H. (1985). *Deutsche Personality Research Form (PRF).* Göttingen: Hogrefe.

Stumpf, H. & Fay, E. (1983). *Schlauchfiguren: Ein Test zur Beurteilung des räumlichen Vorstellungsvermögens.* Göttingen: Hogrefe.

Sturm, W. & Willmes, K. (1994a). Nonverbaler Lerntest (NVLT) [Software und Manual]. Mödling: Dr. G. Schuhfried GmbH.

Sturm, W. & Willmes, K. (1994b). Verbaler Lerntest (VLT) [Software und Manual]. Mödling: Dr. G. Schuhfried GmbH.

Süß, H. M. (2003). Intelligenztheorien. In K. D. Kubinger & R. S. Jäger (Hrsg.), *Schlüsselbegriffe der Psychologischen Diagnostik* (S. 217–224). Weinheim: Beltz.

Teichmann, H., Meyer-Probst, B. & Roether, D. (Hrsg.). (1991). *Risikobewältigung in der lebenslangen psychischen Entwicklung.* Berlin: Verlag Gesundheit.

Tent, L. & Stelzl, I. (1993). *Pädagogisch-psychologische Diagnostik: Theoretische und methodische Grundlagen.* Göttingen: Hogrefe.

Terlinden-Arzt, P. (1998). *Psychologische Gutachten für das Familiengericht.* Lengerich: Pabst.

Testkuratorium der Föderation deutscher Psychologenverbände. (1986). Beschreibung der einzelnen Kriterien für die Testbeurteilung. *Diagnostica, 32,* 358–360.

Tewes, U. (1991). *HAWIE-R. Hamburg-Wechsler Intelligenztest für Erwachsene Revision 1991*. Bern: Huber.

Tewes, U., Rossmann, P. & Schallberger, U. (1999). *Hamburg-Wechsler-Intelligenztest für Kinder – Dritte Auflage (HAWIK-III)*. Bern: Huber.

Tewes, U. & Wildgrube, K. (Hrsg.). (1999). *Psychologie-Lexikon* (2. Aufl.). München: Oldenbourg.

Toman, W. (2005). *Familienkonstellationen* (8. Aufl.). München: Beck.

Torrance, E. P. (1974). *Torrance tests of creative thinking*. Lexington, MA: Personnel Press/Ginn.

Tupes, E. C. & Christal, R. C. (1992). Recurrent personality factors based on trait ratings. *Journal of Personality, 60*, 225–252.

Turnheim, C. (1999). *Konstruktion eines Computertests zur Erfassung des „Represser-Sensitizer" Konstrukts*. Unveröffentlichte Diplomarbeit, Universität Wien.

Uguz, H. (2004). *Zur Fairness des AID 2 bei Kindern mit Türkisch als Muttersprache: Der Effekt auf die Testleitungen im AID 2-türkisch bei Testleitern mit Deutsch als Muttersprache*. Unveröffentlichte Diplomarbeit, Universität Wien.

Unterfrauner, E. (2004). *Entwicklung des Computer Lernpotential Instrumentariums für Kinder – CLIK*. Unveröffentlichte Diplomarbeit, Universität Wien.

Urban, K. K. (1995). Different models in describing, exploring, explaining and nurturing creativity in society. *European Journal for High Ability, 6*, 143–159.

Urban, K. K. & Jellen, H. G. (1995). *Test zum Schöpferischen Denken – Zeichnerisch (TSD-Z)*. Frankfurt/M.: Swets Test Services.

Wagner-Menghin, M. M. (2003a). Äquivalenzprüfung. In K. D. Kubinger & R. S. Jäger (Hrsg.), *Schlüsselbegriffe der Psychologischen Diagnostik* (S. 32–34). Weinheim: Beltz.

Wagner-Menghin, M. M. (2003b). Konzentrationstest. In K. D. Kubinger & R. S. Jäger (Hrsg.), *Schlüsselbegriffe der Psychologischen Diagnostik* (S. 249–254). Weinheim: Beltz.

Wagner-Menghin, M. M. (2003c). Messgenauigkeit. In K. D. Kubinger & R. S. Jäger (Hrsg.), *Schlüsselbegriffe der Psychologischen Diagnostik* (S. 282–286). Weinheim: Beltz.

Wagner-Menghin, M. M. (2004). Lexikon-Wissen-Test (LEWITE) [Software und Manual]. Mödling: Dr. G. Schuhfried GmbH.

Waldherr, K. (2001). *Differential Item Functioning-Analysen mithilfe der Familie der Rasch-Modelle*. Unveröffentlichte Dissertation, Universität Wien.

Walter, P. (1998). Gutachten als Kommunikationsprozeß: Explorative Untersuchungen sonderpädagogischer Gutachtenpraxis. In S. Grubitzsch (Hrsg.), *Psychodiagnostik* (S. 80–96). Pfaffenweiler: Centaurus.

Weber, M. (1999). *Motivationale Aspekte einer umfassenden computerunterstützten Leistungsdiagnostik von Lehrlingskandidaten*. Unveröffentlichte Diplomarbeit, Universität Wien.

Wechsler, D. (1956). *Die Messung der Intelligenz Erwachsener*. Bern: Huber.

Wegener, M. (2003). Rechtliche Verbindlichkeit der DIN 33430 für Behörden und Gerichte. *DGP Informationen, 48*, 7–11.

Weiß, R. H. (1998). *Grundintelligenztest Skala 2 (CFT 20)* (4. Aufl.). Göttingen: Hogrefe.

Weiß, R. H. & Osterland, J. (1997). *Grundintelligenztest Skala 1 (CFT 1)* (5. Aufl.). Göttingen: Hogrefe.

Weinert, A. B. (Hrsg.). (1982). *Deutscher CPI.* Bern: Huber.

Wellek, A. (1959). Der phänomenologische und der experimentelle Zugang zu Psychologie und Charakterologie. In H. von Bracken & H. P. David (Hrsg.), *Perspektiven der Persönlichkeitstheorie* (S. 219–233). Bern: Huber.

Westhoff, K. & Hagemeister, C. (1997). Beratung und Betreuung bei Konzentrationsstörungen - Andrea M., 20 Jahre. In K. D. Kubinger & H. Teichmann (Hrsg.), *Psychologische Diagnostik und Intervention in Fallbeispielen* (S. 135–148). Weinheim: PVU.

Westhoff, K., Helfritsch, L. J., Hornke, L. F., Kubinger, K. D., Lang, F., Moosbrugger, H., Püschel, A. & Reimann, G. (Hrsg.). (2004). *Grundwissen für die berufsbezogene Eignungsbeurteilung nach DIN 33430.* Lengerich: Pabst.

Westhoff, K., Hornke, L. F. & Westmeyer, H. (2003). Richtlinien für den diagnostischen Prozess – Zur Diskussion gestellt. *Report Psychologie, 28,* 504–517.

Westhoff, K. & Kluck, M. L. (2003). *Psychologische Gutachten schreiben und beurteilen* (4. Aufl.). Berlin: Springer.

Westmeyer, H. (2003). Diagnose, psychologische. In K. D. Kubinger & R. S. Jäger (Hrsg.), *Schlüsselbegriffe der Psychologischen Diagnostik* (S. 87–95). Weinheim: Beltz.

Wiesflecker, S. & Kubinger, K. D. (2005). Das „Systemisch Orientierte Erhebungsinventar" im Vergleich zur intuitiv-unstrukturierten Exploration: Ein Experiment in Bezug auf den psychologisch-diagnostischen Informationsgewinn. *Zeitschrift für Klinische Psychologie und Psychotherapie, 34,* 54–64.

Wild, B. (1986). *Der Einsatz adaptiver Teststrategien in der Fähigkeitsmessung.* Unveröffentlichte Dissertation, Universität Wien.

Wild, B. (1989). Neue Erkenntnisse zur Effizienz des „tailored"-adaptiven Testens. In K. D. Kubinger (Hrsg.), *Moderne Testtheorie – Ein Abriß samt neuesten Beiträgen* (2. Aufl., S. 179–186). Weinheim: Beltz.

Willmes, K. (2003). Neuropsychologische Diagnostik. In K. D. Kubinger & R. S. Jäger (Hrsg.), *Schlüsselbegriffe der Psychologischen Diagnostik* (S. 287–297). Weinheim: Beltz.

Witkin, H. A. & Goodenough, D. R. (1977). Field dependence and interpersonal behaviour. *Psychological Bulletin, 84,* 661–689.

Wittchen, H.-U., Freyberger, H. J. & Stieglitz, R.-D. (2001). Interviews. In R.-D. Stieglitz, U. Baumann & H. J. Freyberger (Hrsg.), *Psychodiagnostik in Klinischer Psychologie, Psychiatrie, Psychotherapie* (2. Aufl., S. 107–117). Stuttgart: Thieme.

Wottawa, H. (1996). Methoden der Evaluationsforschung. In E. Erdfelder, R. Mausfeld, T. Meiser & G. Rudinger (Hrsg.), *Handbuch Quantitative Methoden* (S. 551–566). Weinheim: PVU.

Wottawa, H. (1997). Beurteilung des Entwicklungspotentials hochrangiger Spezialisten

- Die Mitarbeiter Herr Dr. S. und Herr K. (Ph.D.) eines Chemieunternehmens. In K. D. Kubinger & H. Teichmann (Hrsg.), *Psychologische Diagnostik und Intervention in Fallbeispielen* (S. 207–219). Weinheim: PVU.

Wottawa, H. (2002). Einige wichtige Entwicklungen der Psychologischen Diagnostik im letzten Jahrzehnt. *Psychologie in Österreich, 22*, 3–5.

Wottawa, H. & Hossiep, R. (1987). *Grundlagen der psychologischen Diagnostik*. Göttingen: Hogrefe.

Wottawa, H. & Hossiep, R. (1997). *Anwendungsfelder psychologischer Diagnostik*. Göttingen: Hogrefe.

Zimbardo, P. G. & Gerrig, R. J. (1999). *Psychologie* (7. Aufl.). Berlin: Springer.

Zimmer, A. C. (1984). Risikoverhalten bei der Beantwortung von Mehrfach-Wahl-Aufgaben: Eine Untersuchung zur Anwendung von Item-Formaten. *Diagnostica, 30*, 267–281.

Verzeichnis der Verfahrensabkürzungen

ACIL	Adaptive Computergestützte Intelligenz-Lerntestbatterie für schlussfolgerndes Denken
AID	Adaptives Intelligenz Diagnostikum
AID 2	Adaptives Intelligenz Diagnostikum – Version 2.1
AIST/UST	Allgemeiner Interessen-Struktur-Test/Umwelt-Struktur-Test
ALS	Arbeitsleistungsserie
AMT	Adaptiver Matrizentest
APM	Advanced Progressive Matrices
AVEM	Arbeitsbezogenes Verhaltens- und Erlebensmuster
AVT	Anstrengungsvermeidungstest
BAcO-D	Belastbarkeits-Assessment: computerisierte Objektive Persönlichkeits-Testbatterie – Deutsch
BAS II	British Ability Scales II
BAT	Berliner Amnesietest
BBT	Begriffs-Bildungs-Test
B5PO	Big Five Plus One Persönlichkeitsinventar
BIP	Bochumer Inventar zur berufsbezogenen Persönlichkeitsbeschreibung
BIS-Test	Berliner Intelligenzstruktur-Test
BIT II	Berufs-Interessen-Test II
CFT 1	Grundintelligenztest Skala 1
CFT 20	Grundintelligenztest Skala 2
CPI	(Deutscher) California Psychological Inventory
DAI	Differentielles-Leistungsangst-Inventar
DAS	Differential Ability Scales
3DW	Dreidimensionaler Würfeltest
DSI	Differentielles Stress Inventar
EPP-D	Eysenck Personality Profiler – Deutsche Form
ET 6–6	Entwicklungstest 6 Monate – 6 Jahre
FAA	Fragebogen zur Arbeitsanalyse
FAF	Fragebogen zur Erfassung von Aggressivitätsfaktoren
FAIR	Frankfurter Aufmerksamkeits-Inventar
FAST	Familiensystem-Test
FAN	Fragebogen zu Angebot und Nachfrage in Partnerschaften
FAT	Fragebogen zur Arbeit im Team
FKK	Fragebogen zu Kompetenz- und Kontrollüberzeugungen
FKL	Fragebogen zur Kausalattribuierung in Leistungssituationen
FPI-R	Freiburger Persönlichkeitsinventar – Revidierte Fassung
FSKN	Frankfurter Selbstkonzeptskalen

GIS	Generelle Interessen-Skala
GPOP	Golden Profiler of Personality
HAWIE-R	Hamburg-Wechsler Intelligenztest für Erwachsene Revision 1991
HAWIK	Hamburg-Wechsler Intelligenztest für Kinder
HAWIK-R	Hamburg-Wechsler Intelligenztest für Kinder Revision 1983
HAWIK-III	Hamburg-Wechsler-Intelligenztest für Kinder III
HSET	Heidelberger Sprachentwicklungstest
IAF	Interaktions-Angstfragebogen
IST	Intelligenz-Struktur-Test
IST 2000 R	Intelligenz-Struktur-Test 2000 R
K-ABC	Kaufman Assessment Battery for Children
KFT 4-12+R	Kognitiver Fähigkeitstest für 4. bis 12. Klassen, Revision
KVS-P	Kreativitätstest für Vorschul- und Schulkinder
LAMBDA	Lernen auswendig, Merken, Belastbarkeit, Denken analytisch
LEWITE	Lexikon-Wissen Test
LGT-3	Lern- und Gedächtnistest
LMI	Leistungsmotivationsinventar
LMT-J	Leistungsmotivationstest für Jugendliche
MBTI	Myers-Briggs Typenindikator
MMG	Multi-Motiv-Gitter für Anschluss, Leistung und Macht
MMPI	Minnesota Multiphasic Personality Inventory
MMPI-2	Minnesota Multiphasic Personality Inventory-2
MTA	Mechanisch-Technisches Auffassungsvermögen
MTP	Mannheimer Test zur Erfassung des physikalisch-technischen Problemlösens
MVL	Marburger Verhaltensliste
MWT	Mehrfachwahl-Wortschatz-Intelligenztest
NEO-FFI	NEO-Fünf-Faktoren Inventar
NEO-PI-R	NEO-Persönlichkeitsinventar nach Costa und McCrae, Revidierte Fassung
NVLT	Nonverbaler Lerntest
OA-TB 75	Objektive Testbatterie
OLMT	Objektiver Leistungsmotivations Test
PFK 9-14	Persönlichkeitsfragebogen für Kinder zwischen 9 und 14 Jahren
PFT	Rosenzweig P-F Test
PRF	Deutsche Personality Research Form
PSB-R 4-6	Prüfsystem für Schul- und Bildungsberatung für 4. bis 6. Klassen – revidierte Fassung
PSB-R 6-13	Prüfsystem für Schul- und Bildungsberatung für 6. bis 13. Klassen – revidierte Fassung
RHIA/VERA	Verfahren zur Ermittlung von Regulationshindernissen in der Arbeitstätigkeit/Verfahren zur Ermittlung von Regulationserfordernissen in der Arbeitstätigkeit
16 PF	16-Persönlichkeits-Faktoren-Test

16 PF-R	16-Persönlichkeits-Faktoren-Test Revidierte Fassung
SPM	Standard Progressive Matrices
STAI	State-Trait-Angstinventar
STAXI	State-Trait-Ärgerausdrucks-Inventar
SVF	Streßverarbeitungsfragebogen
SVF-KJ	Streßverarbeitungsfragebogen von Janke und Erdmann angepasst für Kinder und Jugendliche
TAT	Thematischer Apperzeptionstest
TBS	Tätigkeitsbewertungssystem
TGT-(S)	Thematischer Gestaltungstest – Salzburg
TIPI	Trierer Integriertes Persönlichkeitsinventar
TKI	Teamklima Inventar
TPF	Trierer Persönlichkeitsfragebogen
TSD-Z	Test zum Schöpferischen Denken – Zeichnerisch
VKT	Verbaler Kreativitätstest
VLT	Verbaler Lerntest
WET	Wiener Entwicklungstest
WIT	WILDE-Intelligenz-Test
WMT	Wiener Matrizen-Test
WST	Wortschatztest
ZVT	Zahlen-Verbindungs-Test

Autorenverzeichnis

Alexandrowicz, R., 56, 290, 417, 430
Allehoff, W., 158, 250, 427
Allesch, C. G., 273, 434
Allhoff, P., 211, 434
Althoff, K., 16, 17, 74, 112, 154, 348,
    401, 417, 427
Alwin, D. F., 48, 417
Amelang, M., 20, 111, 136, 137, 160,
    179, 189, 213, 215, 237, 239,
    247, 249, 275–277, 280, 282,
    417, 424
American Psychiatric Association, 4,
    417
Amthauer, R., 128, 387, 417
Anderson, N., 294, 419
Angleitner, A., 219, 220, 222, 223, 230,
    231, 391, 393, 417, 433, 437
Arendasy, M., 148, 417
Arnold, W., 36, 39, 60, 61, 132, 166,
    168, 362, 417
Atkinson, J. W., 235, 417
Atria, M., 159, 417

Bader, P., 139, 418
Bales, R. F., 170, 295, 418
Baltes, P. B., 181, 428
Barry, J., 249, 420
Bartram, M., 89, 435
Bartussek, D., 20, 189, 213, 215, 237,
    239, 247, 249, 275–277, 282,
    417, 418
Bauer, A., 313, 418
Baumann, E., 152, 420
Baumann, T., 213, 418
Baumann, U., 354, 430
Bäumler, G., 193, 195, 389, 418
Beauducel, A., 76, 128, 387, 417, 427

Becker, P., 133, 214, 237, 386, 399, 418
Beckmann, D., 139, 384, 418
Beckmann, J. F., 202, 203, 373, 418,
    424
Beiglböck, W., 352, 418
Beloch-Till, H., 231, 393, 437
Benesch, M., 110, 418
Bengel, J., 354, 428
Bents, R., 224, 418
Berger, A., 194, 418
Bergmann, C., 250–252, 374, 419
Bernstein, B., 201, 419
Berufsverband Deutscher Psychologen,
    XIII, 30, 111, 301, 302, 419
Blank, R., 224, 418
Block, J., 214, 419
Boerner, K., 166, 309, 311, 313, 419
Bohm, E., 268, 419
Bölte, S., 354, 431
Booth, J., 138, 419
Borkenau, P., 213, 219, 419
Böttcher, H. R., 264, 424
Boucsein, W., 61, 419
Brähler, C., 289, 419
Brähler, E., 139, 230, 289, 290, 384,
    418, 419, 430
Brandl-Nebehay, A., 288, 419
Brandstätter, C., 150, 434
Brandt, I., 212, 419
Brem-Gräser, L., 39, 267, 419
Brickenkamp, R., 41, 151, 205, 254,
    384, 399, 419
Briggs, K. C., 222, 224, 419
Briggs Myers, I., 222, 224, 419
Brocke, B., 128, 387, 417
Brodbeck, F. C., 294, 419
Brugger, C., 313, 419

Bruner, J. S., 249, 419
Bubla, E., 417
Bukasa, B., 351, 419
Bulheller, S., 198, 200, 419
Burkhardt, K., 245, 420
Buse, L., 9, 420
Byrne, B. M., 87, 420
Byrne, D., 249, 420
Bzufka, M. W., 352, 420

Campbell, D. T., 56, 59, 420
Caruso, M., 424
Cattell, R. B., 199, 200, 217, 218, 420, 436
Christ, R., 351, 419
Christal, R. C., 213, 438
Christiansen, E., 152, 420
Christoffersson, A., 81, 432
Cierpka, M., 288, 289, 420
Clauss, G., 173, 195, 241, 243, 247, 274, 420
Cohen, R. L., 48, 417
Cohen, S. P., 170, 295, 418
Conrad, W., 152, 391, 420
Conrey, F. R., 263, 423
Cornell, D. G., 272, 422
Costa, P. T., 48, 420
Cronbach, L. J., 108, 110, 256, 420

Dahle, K. P., 350, 420
Dalton, M. A., 294, 420
Daumenlang, K., 197, 435
Deegener, G., 162, 164, 354, 420, 430
Deimann, P., 212, 282, 349, 421, 428
Deusinger, I. M., 240, 383, 421
Dickenberger, D., 133, 421
Dickow, B., 242, 398, 425
Dieterich, R., 67, 68, 421
Dietze, H., 350, 421
Dilling, H., 4, 43, 353, 421
DIN Deutsches Institut für Normung
    e. V., 25, 73, 421
Dörner, D., 139, 421
Ducki, A., 431
Dunkel, A., 352, 421

Ebenhöh, J., 113, 116, 146, 259, 375, 430, 432
Eckardt, H. H., 346, 421
Eder, F., 250–252, 374, 419
Ehlers, B., 168, 421
Ehlers, T., 168, 421
Elliott, C. D., 88, 421
Engel, R. R., 224, 228, 230, 231, 421
Erdmann, G., 242, 397, 427
Etzel, S., 200, 374, 426
Exner, J. E., 268, 272, 421
Eysenck, H. J., 36, 158, 222, 380, 417, 421

Fahrenberg, J., 133, 383, 421
Farkas, M. G., 89, 139, 430
Fay, E., 41, 192, 396, 422, 437
Fehnemann, U., 25, 422
Fill Giordano, R., 196, 422
Fischer, A. W., 242, 348, 376, 435
Fischer, D., 56, 430
Fischer, G. H., 37, 49, 84, 92, 266, 422
Fiske, D. W., 56, 59, 420
Fisseni, H.-J., 310, 422
Flanagan, J. C., 298, 422
Fleischmann, U. M., 353, 422
Floquet, M., 405, 430
Flossdorf, B., 278, 422
Flynn, J. R., 73, 422
Formann, A., 52, 61, 422
Formann, A. K., 47, 89, 401, 422, 430
Franke, G. H., 115, 422
Franklin, K. W., 272, 422
Frebort, M., 64, 258, 422
Freilinger, J., 278, 429
Frevert, G., 289, 420
Freyberger, H. J., 238, 439
Frieling, E., 297, 422
Frintrup, A., 235, 389, 436
Fritsche, B., 297, 424
Fuchs, J., 121, 422
Fügemann, C., 353, 423
Fuiko, R., 191, 211, 423
Funke, J., 146, 423

Gaisrucker, H., 295, 423
Gangl, H., 150, 434
Gauggel, S., 352, 423
Gawronsky, B., 263, 423
Gehring, T. M., 291, 423
Gerrig, R. J., 1, 2, 125, 440
Gittler, G., 130, 134, 148, 192, 380,
        417, 423
Glanzmann, P., 237, 431
Glas, A. W., 87, 423
Gleser, G. C., 108, 110, 420
Glindemann, R., 352, 423
Gniech, G., 35, 36, 133, 421, 423
Goethals, R., 91, 131, 423, 430
Gölzner, S., 59, 423
Goodenough, D. R., 248, 439
Görtz, A., 347, 423
Götsch, G., 302, 313, 423
Grabitz, H. J., 133, 421
Graf, J., 216, 218, 219, 395, 436
Graichen, J., 18, 423
Greenwald, A. G., 263, 423
Greiner, B., 431
Grillmayr, H., 172, 424
Grimm, H., 191, 424
Grubitzsch, S., 12, 13, 424
Guilford, J. P., 224, 277, 281, 424, 433
Gulliksen, H., 46, 424
Gunzelmann, T., 190, 424
Guthke, J., 201–204, 210, 264–266, 268,
        373, 418, 424
Guttman, L. A., 81, 424

Häcker, H., 15, 111, 115, 117, 123, 161,
        162, 165, 191, 198, 200, 207,
        209, 243, 246, 276, 295, 296,
        356, 419, 424
Hacker, W., 244, 297, 424, 425
Hagemeister, C., 166, 348, 439
Hambros, K., 114, 133, 425
Hampel, P., 242, 398, 425
Hampel, R., 133, 245, 383, 421, 425
Hank, P., 228, 230, 425
Hany, E. A., 12, 425
Hartig, J., 54, 432

Haubl, R., 30, 31, 304, 425
Hebenstreit, G. K., 41, 42, 425
Heckhausen, H., 231, 235, 257, 258, 425
Helfritsch, L. J., 439
Heller, K. A., 68, 89, 119, 198, 200,
        375, 388, 397, 425
Hergovich, A., 120, 141, 248, 425
Herle, M., 77, 146, 425
Hermann, N., 293, 425
Hermans, H. J. M., 235, 425
Hesse, J., 167, 425
Heubrock, D., 115, 351, 425
Heyde, G., 208, 386, 426
Heyse, H., 31, 264, 426
Hilke, R., 346, 347, 421, 426
Hiller, W., 266, 431
Hodapp, V., 245, 397, 436
Hoepfner, R., 277, 281, 424
Hofmann, K., 117, 139, 349, 418, 426
Hofstätter, P. R., 5, 214, 426
Höft, S., 10, 436
Holland, J. L., 250, 426
Holland, P. W., 94, 426
Holocher-Ertl, S., 145, 376, 426
Hörmann, H., 265, 426
Horn, J. L., 218, 426
Horn, R., 31, 49, 122, 426
Horn, W., 394, 426
Hörndler, H., 248, 425
Hornke, L. F., 4, 99, 148, 200, 374, 426,
        439
Hossiep, R., 28, 39, 173, 345, 377, 427,
        440
Hoyos, C. G., 297, 422
Hunter, J. E., 285, 286, 435
Hustedt, H., 347, 426
Hutter, M., 351, 419

Irle, M., 158, 250, 427
Iwanowa, A., 297, 424

Jackson, C. J., 158, 380, 421
Jackson, D. N., 160, 231, 393, 433, 437
Jackson, S. E., 244, 431

Jäger, A. O., 57, 74, 76, 112, 154, 185, 401, 427
Jäger, R. S., 3, 14, 18, 51, 177, 284, 348, 427
Janke, W., 242, 397, 427
Jellen, H. G., 278, 438
Jeserich, W., 174, 281, 427

Kallus, W., 242, 397, 427
Kaminski, G., 53, 427
Kanning, U. P., 279–281, 284, 427
Karner, T., 23, 89, 132, 133, 427, 428
Kastner-Koller, U., 212, 282, 349, 421, 428
Kauffeld, S., 294, 428
Kaufman, A. S., 88, 428
Kaufman, N. L., 88, 428
Keinonen, M., 160, 433
Keller, I., 205, 436
Kempf, W. F., 266, 428
Kerkhoff, G., 352, 423
Kersting, M., 28, 74, 428
Keßler, M., 240, 382, 428
Kirton, M., 249, 428
Kleber, E. W., 205, 428
Kliegl, R., 181, 428
Klinck, D., 139, 428
Klüber, A., 314, 428
Kluck, M. L., 162–166, 169, 410, 439
Koller, M., 119, 428
Kormann, A., 349, 394, 426, 428
Kornadt, H. J., 244, 245, 420, 428
Kornmann, R., 15, 428
Krafack, A., 351, 428
Kramer, R., 354, 428
Krampen, G., 240, 278, 381, 428, 429
Krapf, B., 147, 261, 429
Kratzmeier, H., 89, 200, 375, 397, 425
Kreuzig, H. W., 139, 421
Kubinger, K. D., 11, 12, 14, 33, 36–38, 40, 48, 49, 52, 56, 67, 73–75, 80, 81, 87–91, 101, 103–106, 110, 112, 113, 116, 117, 126, 129, 133, 135, 136, 138, 139, 144–146, 148, 152, 162, 164,
184, 186, 195, 209, 230, 244, 256, 259, 261, 267, 290, 293, 304, 309, 313, 345, 349, 354, 368, 373, 375, 376, 405, 418, 426, 427, 429–434, 436, 439
Kühne, A., 30, 430
Kupfer, J., 230, 430

Laireiter, A. R., 354, 430
Lämmler, G., 354, 431
Lang, A., 12, 13, 431, 433
Lang, F., 439
Langens, T., 236, 390, 435
Laux, L., 237, 431
Lefèvre, S., 244, 431
Lehrl, S., 190, 431
Leichsenring, F., 266, 431
Leiss, U., 180, 431
Leitner, K., 297, 431
Leitner, L., 297, 432
Lengfelder, A., 89, 200, 375, 397, 425
Leutner, D., 111, 424
Liedl, K., 145, 390, 431
Lienert, G. A., 5, 33–35, 46, 48–50, 63, 65, 94, 107, 431
Liepmann, D., 128, 387, 417
Linden, W. J. van der, 111, 432
Lindenberger, U., 9, 48, 431
Litzenberger, M., 259, 279, 430, 431
Lohaus, A., 240, 431
Lombardo, M. M., 294, 420
Lückert, H. R., 15, 96, 431
Lüders, E., 431
Lukesch, H., 394, 426

Maitz, P., 267, 436
Makus, H., 168, 421
Maryschka, C., 152, 436
Maslach, C., 244, 431
Matthes von Cramon, G., 205, 436
Maurer, G., 352, 423
Mayrhofer, S., 394, 426
McCauley, C. D., 294, 420
McCrae, R. R., 48, 420
McCulloch, K., 88, 421

McGhee, D. E., 263, 423
Meili, R., 36, 417
Meinardus, B., 347, 431
Melchers, P., 88, 387, 431
Mellenbergh, G. J., 111, 432
Menghin, S., 144, 145, 376, 426, 432
Metzler, P., 190, 195, 352, 402, 432,
    435
Meyer-Probst, B., 348, 437
Mischel, W., 48, 246, 432
Mittenecker, E., 116, 149, 432
Mohr, V., 152, 420
Mombour, W., 4, 421
Moosbrugger, H., 54, 206, 381, 432,
    439
Möseneder, D., 146, 432
Moxley, R., 294, 420
Mühlhaus, O., 377, 427
Murray, H. A., 160, 231, 273, 432
Muthén, B., 81, 432

Nelson, D., 249, 420
Neumärker, K. J., 352, 420
Newcomb, T. M., 48, 417
Niedermeier, R., 431
Niemann, N., 213, 418

Oehlschlägel, J., 206, 381, 432
Oesterreich, R., 297, 432
Orth, B., 79, 432
Ortner, T. M., 60, 174, 195, 196, 430,
    432, 433
Ostendorf, F., 213, 219, 220, 222, 223,
    391, 419, 433
Osterland, J., 200, 377, 420, 439
O'Sullivan, M., 281, 433
Oswald, W. D., 19, 190, 197, 288, 402,
    424, 433, 435

Paczensky, S. von, 225, 226, 229, 270,
    271, 433
Paschen, M., 377, 427
Paunonen, S. V., 160, 161, 433
Pawlik, K., 15, 433
Perleth, C., 68, 76, 388, 425, 433

Petermann, F., 3, 212, 242, 267, 351,
    398, 425, 427, 433
Pfundner, M., 417
Piswanger, K., 47, 401, 422
Pocza, C., 88, 433
Popper, K. R., 87, 433
Postman, L., 249, 419
Preusche, I., 36, 433
Preuß, U., 88, 387, 431
Prochaska, M., 235, 285, 389, 436
Puchhammer, M., 101, 433
Pulver, U., 12, 433
Punter, J. F., 88, 230, 290, 430, 433
Püschel, A., 439
Püttner, I., 264, 433

Raatz, U., 5, 33–35, 46, 48–50, 63, 65,
    94, 107, 431
Räder, E., 424
Radinger, R., 430
Rasch, D., 49, 67, 434
Rauchfleisch, U., 159, 274, 305–308,
    434
Rausche, A., 393, 437
Redtenbacher, H., 148, 434
Reichert, J., 350, 434
Reimann, G., 29, 298, 434, 439
Reinhold, S., 244, 425
Reiter, A., 266, 434
Reither, F., 139, 421
Rennen-Allhoff, B., 211, 434
Resch, M., 297, 432
Rettig, K., 148, 200, 374, 426
Revers, W. J., 159, 273, 434
Rexilius, G., 12, 13, 434
Richter, H. E., 139, 384, 418
Richter, P., 297, 424
Rittner, S., 203, 373, 424
Rode, I., 314, 434
Rodgers, D. A., 230, 434
Roest, F., 150, 434
Roether, D., 348, 353, 434, 437
Rollett, B., 89, 266, 267, 434, 435
Roloff, H., 74, 435
Rorschach, H., 158, 268, 435

Rosenzweig, S., 159, 274, 435
Rösler, P., 195, 432
Roßmann, G., 100, 435
Rossmann, P., 38, 385, 438
Rost, D. H., 238, 239, 244, 379, 435
Roth, A., 278, 280, 435
Roth, E., 19, 197, 402, 433, 435
Rust, V., 353, 423

Salzgeber, J., 307, 435
Schaarschmidt, U., 242, 296, 297, 348, 376, 435
Schäfer, A., 160, 417
Schaffner, P., 237, 431
Schallberger, U., 38, 385, 438
Schermelleh-Engel, K., 59, 435
Schermer, F. J., 238, 239, 244, 379, 435
Scherzer, A., 150, 434
Schiemann, S., 351, 435
Schmalt, H. D., 236, 390, 435
Schmid, F. W., 12, 433
Schmidt, F. L., 285, 286, 435
Schmidt, K. D., 424
Schmidt, K. H., 190, 402, 435
Schmidt, L. R., 115, 116, 424, 435
Schmidt, M. H., 4, 421
Schmidt-Atzert, L., 260, 392, 435
Schmitt, G. M., 240, 431
Schmotzer, C., 152, 395, 436
Schmuck, P., 249, 436
Schneewind, K. A., 216–219, 395, 436
Schnepp, M. B., 208, 211, 436
Schöler, H., 191, 424
Schoppe, K. J., 125, 436
Schrader, H. C., 167, 425
Schraml, W. J., 176, 436
Schröder, G., 217, 436
Schrott, A., 242, 267, 269, 430, 436
Schuhfried, G., 56, 430
Schuler, H., 10, 173, 235, 285, 389, 436
Schuri, U., 205, 436
Schwartz, J. L. K., 263, 423
Schwarz, G., 280, 417
Schwarz, M., 38, 436
Schweizer, K., 59, 435

Schwenkmezger, P., 115, 117, 228, 230, 245, 397, 424, 425, 436
Seifert, K. H., 252, 436
Seitz, W., 393, 437
Selg, H., 133, 245, 383, 421, 425
Siebenhandl, H., 260, 261, 437
Smith, J., 181, 428
Smith, P., 88, 421
Sokolowski, K., 236, 390, 435
Sowarka, B. H., 280, 437
Spada, H., 266, 422
Spielberger, C. D., 237, 245, 397, 431, 436
Sprung, L., 264, 424
Srp, G., 101, 399, 437
Stapf, A., 349, 437
Stapf, K. H., 15, 123, 161, 162, 165, 191, 207, 209, 243, 246, 276, 295, 296, 356, 424
Stäudel, T., 139, 421
Stehle, W., 285, 437
Stein, H., 203, 373, 424
Stein, I., 212, 433
Steindl, R., 88, 437
Stelzl, I., 24, 28, 437
Steuer, O., 82, 83, 89–91, 437
Sticker, E. J., 212, 419
Stieglitz, R.-D., 238, 354, 430, 439
Stratemann, I., 74, 437
Strunz, V., 171, 437
Stumpf, H., 192, 231–233, 393, 396, 437
Sturm, W., 194, 392, 400, 437
Süß, H. M., 76, 197, 427, 437

Teichmann, H., 195, 348, 430, 437
Tent, L., 24, 28, 437
Terlinden-Arzt, P., 314, 437
Testkuratorium der Föderation deutscher Psychologenverbände, 33, 111, 114, 118, 437
Tewes, U., 38, 40, 53, 57, 385, 438
Toman, W., 291, 438
Torrance, E. P., 278, 280, 438
Tupes, E. C., 213, 438

Turnheim, C., 249, 438

Uguz, H., 88, 438
Unterfrauner, E., 196, 438
Urban, E., 150, 434
Urban, K. K., 278, 279, 281, 438
Utz, H. E., 115, 117, 424

Vahle, H., 203, 373, 424
Verhelst, N. D., 87, 423
Volpert, W., 431
Voshage, J., 195, 432

Wachholz, J., 294, 420
Wagner-Menghin, M. M., 72, 139, 191, 205, 230, 262, 388, 438
Wainer, H., 94, 426
Waldherr, K., 94, 438
Walter, P., 305, 438
Weber, M., 114, 438
Wechsler, D., 55, 438
Wegemund, A., 280, 417
Wegener, M., 29, 438
Weinert, A. B., 52, 439
Weiß, R. H., 199, 200, 377, 378, 420, 439
Wellek, A., 2, 165, 439
West, M., 294, 419
Westhoff, K., 4, 162–166, 169, 312, 348, 410, 439
Westmeyer, H., 3, 4, 439
Wieck, T., 231, 393, 437
Wiedl, K. H., 201, 203, 204, 424
Wiesflecker, S., 164, 439
Wild, B., 99, 100, 102, 106, 430, 439
Wildgrube, K., 53, 438
Willmes, K., 120, 194, 352, 392, 400, 437, 439
Wilmes, S., 278, 429
Wilson, G. D., 158, 380, 421
Witkin, H. A., 248, 439
Wittchen, H.-U., 238, 439
Wottawa, H., 14, 28, 285, 345, 347, 439, 440
Wurst, E., 36–38, 40, 48, 52, 74, 75, 88, 103–106, 126, 136, 184, 186,

191, 195, 209, 349, 368, 373, 423, 430

Yousfi, S., 160, 417

Ziegler, A., 430
Zielinski, W., 136, 137, 179, 417
Zimbardo, P. G., 1, 2, 125, 440
Zimmer, A. C., 129, 440
Zumkley, H., 245, 420
Zuschlag, B., 30, 430

Sachwortverzeichnis

ACIL, 203, *373*

adaptives Testen, 95–98, 100, 101, 105, 186, 203, 363

Aggressionshemmungsmotiv, 244

Aggressionsmotiv, 244

Aggressivität, 235, 244, 246

AID, 48, 67, 87, 91, 93, 100, 104, 120, 136

AID 2, 36, 40, 67, 73–75, 77, 79, 88, 92, 93, 102, 103, 105, 107, 119, 120, 125, 136, 180, 184, 186, 188, 190, 192, 194, 197, 200, 282, *373*

AIST/UST, 251–253, *374*

akustische Speicherfähigkeit, 77, 78

Akzeptanz, 114, 141, 265

allgemeine Intelligenz, 197, 199

ALS, 207

AMT, 200, *374*

Analogskala, 133, 145

Anamnese, 6, 155, 161, 164, 176, 266

Anfallsstichprobe, 73

Anforderungsprofil, 174, 175, 296, 299, 346, 347

Angst, 235, 237, 238

Ängstlichkeit, *siehe* Angst

Anspruchsniveau, 257–260

Anstrengungsbereitschaft, 205

Antworttendenz, 131, 168, 295

APM, 200, *375*

Äquivalenzprüfung, 139

Arbeitsgestaltung, 296

Arbeitshaltung, 125, 168, 174, 256

Arbeitshaltungen, 116, 118, 256, 259, *375*

Arbeitskurve – Mainzer Revision, 206

Arbeitsplatzanalyse, 6, 156, 296, 297

Arbeitsprobe, 51, 139, 284, 286

Ärger, 244–246

Assessment-Center, 6, 10, 39, 150, 156, 172, 173, 283, 286

Aufmerksamkeit, 145, 189, 197, 204, 205, 207

Aufwandsminimierung, 94, 95

Augenscheinvalidität, 52, 113, 115

Außenkriterium, 61, 170

AVEM, 242, 243, *376*

AVT, 89

B5PO, 145, *376*

BAcO-D, 261

BAS II, 88

BAT, 195

Baum-Test, 267

BBT, 56

Befriedigungsaufschub, 246

Befund, 176, 302

Belastbarkeit, 60, 235, 241, 242, 246, 261

Benchmarks, 294

Beobachtungsfehler, 169

Beratung, 163, 176

Berliner-Intelligenz-Strukturmodell, 57

berufsbezogene Eignungsbeurteilung, 309

Berufseignungsdiagnostik, *siehe* Eignungsdiagnostik

Berufsordnung, 24, 25, 305

Berufswahlreife, 252

Bestenauswahl, 179

Big Five, 213–215

Binet-Simon-Test, 7

Biographie, 283, 284

Biographisches Inventar, 6, 284

BIP, *377*
Birnbaum-Modelle, 87, 101, 124, 129
BIS-Test, 76
BIT II, 158, 250
Branched-testing, 98, 102, 106
Burnout, 243, 348

Centil-Wert, 69
Cerebralschadensdiagnostik, 108, 110
CFT 1, 200, *377*
CFT 20, 199, 200, *378*
CIDI, 238
Circle-Test, 278, 357
Cognitrone, 207, *379*
Compliance, 355, 357, 358
Comprehensive System, 266, 272
Computer-Simulationen, 52, 59, 138,
          139, 145, 146
Computerdiagnostik, 38, 60, 101, 113,
          120, 137, 139, 176, 359, 362
Computertest, 145, 207
Computerverfahren, 22, 43, 120, 123,
          137, 138, 144, 147, 207
Copingstrategie, 242
CPI, 52
Critical Incident Technique, 298
Cronbach-alpha, 49
Crystallized Intelligence, 198, 200
Culture-Fair Test, 119, 198, 200

DAI, 238, *379*
DAS, 88
Daueraufmerksamkeit, 205, 207
Daueraufmerksamkeit, 207, *380*
Delay of Gratification, siehe Befriedi-
          gungsaufschub
Demenz, 190, 195, 353
Denver II Entwicklungsskalen, 212
Depression, 225, 353
DGPs, 26, 30
Diagnose, 1–3, 15, 43, 64, 77, 108, 110,
          163
diagnostischer Prozess, 3, 4, 124, 174,
          176, 177, 179, 301, 309, 355,
          356, 358, 360, 362

Differential Item Functioning, 94
DIN 33430, 25, 28–30, 73, 309, 312,
          314, 358
Diposition, 9
diskriminante Validität, 56, 57
Disposition, 10, 231, 235, 237, 275
Dissimulation, 132
Distraktor, 128
distributive Aufmerksamkeit, 205
divergentes Denken, 277
3DW, 130, 134, 192, *380*
360°-Feedback, 294, 295
3-PL Modell, *siehe Birnbaum*-Modelle
DSI, 244
DSM-IV, 228, 272, 354

Eichmaßstab, 66, 67, 69
Eichstichprobe, 66, 69, 72, 74, 93
Eichtabellen, 65, 69, 73, 121
Eichung, 65, 72, 93, 301
Eignungsbegutachtung, *siehe* Eignungs-
          diagnostik
Eignungsdiagnostik, 17, 264, 346, 347
1-PL Modell, *siehe Rasch*-Modell
Embedded Figures Test, 247
Emotionalität, *siehe* Neurotizismus
entscheidungsorientiertes Gespräch,
          162, 163, 166, 266, 302, 358
Entscheidungsstrategie, 124, 174, 177,
          178
Entwicklungsdiagnostik, 191, 213, 345,
          346, 348, 349
EPP-D, 222, *380*
Erfahrungsunabhängigkeit, 122
Erfassungsmodus, 269, 273
Erinnerungseffekt, 46, 122
ET 6–6, 212
Experten-*Rating*, 51
Expertensystem, 44, 139, 178
Exploration, 6, 155, 161, 162, 164, 264
Extraversion, 213, 219, 222, 281
Extremgruppenvalidierung, 59

FAA, 297

Face-validity, siehe Augenscheinvalidi-
        tät
FAF, 245
FAIR, 206, *381*
Fairness, 118, 121, 360
Faktor-*Score*, 185, 220
Faktorenanalyse, 53, 54, 56, 80, 81, 86,
        217, 219
Familie in Tieren, 39, 159, 267
Familienbögen, 289
Familiendiagnostik, 287
FAN, 291
FAST, 291
FAT, 294
Feldunabhängigkeit, 247, 248
FKK, 240, *381*
FKL, 240, *382*
Flächentransformation, 67, 69
Flexibilität, 247, 249, 260, 277
Fluency, 277
Fluid Intelligence, 198, 200
fokussierende Aufmerksamkeit, 205,
        207
Forced-choice-Format, 113, 132
förderungsorientierte Diagnostik, 15,
        18, 77, 180, 188, 200, 238
forensisch-psychologische Diagnostik,
        345, 350, 351
FPI-R, 245, *383*
freies Antwortformat, 40, 42, 124
Fremdbeurteilung, 289, 294, 295
Frustrationstoleranz, 246, 257, 258
FSKN, 240, *383*
Furcht vor Misserfolg, 235, 246, 258,
        274

Gedächtnis, *siehe Memory*
Gegenübertragung, 165
geistige Behinderung, 43
Gelegenheitsbeobachtung, 168, 169,
        173
Gendereffekte, 360
gerontopsychologische Diagnostik, 190,
        353
Geschlechtskonflikt, 291

Geschwisterkonstellation, 291
Gespräch, *siehe* entscheidungsorientier-
        tes Gespräch
Gesprächsleitfaden, 162, 163, 166, 253
Gestaltwahrnehmungstest, 248
geteilte Aufmerksamkeit, 205, 207
Gießen-Test, 142, 289, *384*
GIS, 254, *384*
Glaubhaftigkeit, 350
GPOP, 224
Grad der Bewährung, 87
Graphologie, 172, 286
Grundrate, 63, 108, 109
Gruppendiagnostik, 287, 288, 293, 295
Gruppenverfahren, 22, 38, 42, 120, 124,
        125, 134–136, 184

Halo-Effekt, 35, 36, 313
HAWIE-R, 40, 55, 65, 79, 80, 93, *385*
HAWIK, 38, 89
HAWIK-III, 38, 55, 56, 82, 89, 90, 97,
        135, *385*
HAWIK-R, 82, 89, 90
Hexagon-Modell, 250
Hochbegabtendiagnostik, 278, 345
Hoffnung auf Erfolg, 235, 246, 258, 274
HSET, 191
Hypothesenbilden, 168, 266, 291

IAF, 237, *386*
ICD-10, 4, 43, 228
idiographische Hypothese, 3
ILICA, 146
Implicit Association Test, 263
Impulsivität, 247, 257
Individualverfahren, 22, 36, 37, 40, 42,
        136
Informationsfunktion, 92, 98
Informationsverarbeitung, 19, 188, 197,
        247, 275
Informationsverarbeitungsgeschwindig-
        keit, 197
inhaltliche Gültigkeit, 51, 53
INKA, 208, *386*
innere Konsistenz, 48, 49, 57, 81, 92

Instruktionsverständnis, 121, 147, 304, 357

intellektuelle Lernfähigkeit, *siehe* Lernfähigkeit

Intelligenz*quantität*, 36, 67

Intelligenzquotient, 34, 66, 68

Intelligenztest, 7, 54, 183, 184, 188, 189

Interaktionsanalyse, 170, 295

Interessenfragebogen, 250, 253–255

Inter*rater*-Reliabilität, 171

Intervention, 3, 4, 43, 177, 238, 301, 303

Interview, *siehe* Anamnese, Exploration

Introversion, 224, 274

inzidentelles Lernen, 187, 195

IPC, 240

IQ, 34, 43, 66–68, 73, 90, 183, 188

IST, 185

IST 2000 R, 184–186, 190, 192, 193, 198, 200, *387*

Item *Bias*, 94, 118

K-ABC, 88, *387*

Kausalattribuierung, *siehe* Kontrollüberzeugung

KFT 4-12+R, 68, 127, 199, *388*

KKG, 240

Klassifizieren, 4, 354

Klassische Testtheorie, 46, 48, 49, 80, 83, 84

Kleinkindertest, 211

klinisch-psychologische Diagnostik, 354

klinische Urteilsbildung, 177

Klumpenerhebung, 74

kognitiver Stil, 235, 247, 249

Kohäsion, 292

kompensatorische Anforderungen, 178, 346

Komponentenmodell von *Urban*, 279

Konfidenzintervall, 49, 71

konkurrente Validität, *siehe* Übereinstimmungsvalidität

Konsistenzanalyse, 49

Konstrukt, 53

Konstruktvalidität, 53, 59

Konsumentenschutz, 24, 30

Kontrollüberzeugung, 235, 239, 240

konvergente Validität, 56

Konzentration, *siehe* Aufmerksamkeit

Kooperationsfähigkeit, 283

Kreativitätstest, 276, 278

kriteriumsorientierte Diagnostik, 76, 180

Kriteriumsvalidität, 61

Kuder-Richardson-Formel, 49

KVS-P, 278

LAMBDA, 195, 261

lautes Denken, 61

Leistungsangst, 235, 237, 238

Leistungsmotivation, 235, 246, 257

Leistungsprofil, 97, 100

Leistungsverhalten, 233, 235, 237

Leistungsversagen, 233, 237, 252, 347, 349

Leitfaden, *siehe* Gesprächsleitfaden

Lernbehinderung, 203, 349

Lernfähigkeit, 193, 201, 202, 204, 361

Lerntest, 201–203, 361

Lese-Rechtschreibstörung, 348, 349

LEWITE, 262, *388*

LGT-3, 193, *389*

Life-events, 9, 357

Likelihood-Quotienten-Test, 87

LMI, 235, *389*

LMT-J, 235

Locus of Control of Reinforcement, 239

Lösungshäufigkeit, 80, 81, 83

Lösungsstrategie, 126

logische Validität, 51

lokale stochastische Unabhängigkeit, 85

Lügenskala, 228, 230, 361

Lüscher-Test, 267

Mann-Zeichen-Test, 267

Manual, 28, 34, 39

Matching Familiar Figures Test, 247

Matrizentest, 47, 119, 126, 198

Maßnahmenvorschlag, 3, 4, 43, 176, 177, 301, 303
MBTI, 222, 224
Mehrfachwahlantwort, *siehe Multiple-Choice*-Format
Memory, 7, 189, 193
Menschenrechte, 24
Merkfähigkeit, 190, 193, 340
Messgenauigkeit, 46, 48, 92, 96, 100, 104–106, 311
MMG, 236, 274, *390*
MMPI, 8, 224, 228
MMPI-2, 224, 225, 228, 230
Mobbing, 348
Motivation, 114, 229, 231, 235, 244, 258, 346
Motorik, 19, 172, 212
MTA, 145, 210, *390*
MTMM, 56
MTP, 210, *391*
Multi-trait-multi-method-Matrix, *siehe* MTMM
Multiple-Choice-Format, 41, 42, 124, 125, 127, 129, 131, 145, 147, 363
MVL, 168
MWT, 190

Nachvollziehbarkeit, 27, 304, 308, 313
Need, 231, 273
NEO-FFI, 219
NEO-PI-R, 214, 219, 221, 222, 249, *391*
neuropsychologische Diagnostik, 120, 190, 195, 351, 352
Neurotizismus, 213, 219
Nomogramm, 70
nonverbale Kommunikation, 36
Normen, 64, 70
Normierung, 64, 65, 73, 93
normorientierte Diagnostik, 65, 76
Normwert, *siehe* Eichmaßstab
Notwendigkeits-Beweis des *Rasch*-Modells, 85
Number, 7, 189

Nutzenfunktion, 109, 110, 178
NVLT, 194, *392*
Nützlichkeit, 107, 109, 119, 207, 254

OA-TB 75, 115, 117
Objektiver Persönlichkeits*test*, 113, 115, 117, 147, 149, 214, 244, 246–249, 256, 257, 260, 261, 263
Objektivität, 34, 35, 37, 39, 43, 44, 265, 301, 358
Odd-even-Methode, 48
ökologische Validität, 52, 138, 173, 202, 208
Ökonomie, 94, 96, 137, 164
OLMT, 260, *392*

Paardiagnostik, 289
Paarprofil, 289
pädagogisch-psychologische Diagnostik, 76, 348
Paper-pencil Test, *siehe* Papier-Bleistift-Verfahren
Papier-Bleistift-Verfahren, 22, 134, 137–139, 145, 147, 359
Paralleltest, 46, 47, 93, 148
Paralleltest-Reliabilität, 46, 48
Perceptual Speed, 7, 189, 196, 197
Personalauswahl, 16, 52, 62, 167, 259, 274, 296, 298, 346, 347
Personalentwicklung, 15, 346
Personalwesen, 15, 174, 223, 347
Persönlichkeitsfragebogen, 52, 89, 113–115, 131–134, 144, 153, 158, 160, 170, 214, 233, 235, 363
Persönlichkeitsmerkmal, 5, 60
Persönlichkeitsprofil, 219
PFK 9-14, *393*
PFT, 159, 273
Postkorb, 150, 172
Potentialanalyse, 347
Power-Test, 123, 133
Press, 231
PRF, 231, 233, *393*
Primary mental Abilities, 7, 189

Priming, 356
Probabilistische Testtheorie, 33, 47, 84, 87, 90, 92, 95, 97, 98, 100, 103, 135
Profilinterpretation, 77, 188
Prognose, 2, 9, 10, 17, 18, 63, 201, 284
prognostische Validität, 62, 63
Projektion, 39, 165, 269
Projektive Verfahren, 39, 44, 113, 158, 264–267
Protokollbogen, 94
Protokollfehler, 169
Prozentrang, 43, 69, 312
Prozessdiagnostik, 201, 202
PSB-R 4-6, *394*
PSB-R 6-13, *394*
Psychologengesetz, 24–26, 303
Psychotherapie, 9, 288

Q-Sort-Methode, 158
Quotenstichprobe, 74

R-S-Skala, 249
Range der Intelligenz, 374
Rangkonflikt, 291
Rasch-Modell, 84–87, 89, 90, 97, 101, 127, 130, 201, 283
Rasch-Modell mit Rateparameter, 101, 129
Rateeffekt, 124, 127–129, 131
Ratewahrscheinlichkeit, 128, 130, 145
Raum-Lage-Orientierung, 19, 192, 210
Raumvorstellung, 121, 148, 192, 210
Reaktanz, 133, 145
Reaktionsschnelligkeit, 145, 210
Reasoning, 7, 47, 189, 198, 199
Rechenschwäche, 348, 349
Rechnen in Symbolen, 198, 261, *395*
rechtspsychologische Diagnostik, 350
Rechtsverbindlichkeit, 21, 29
Referenzpopulation, 66, 69, 76, 77
Reflexivität, 247, 257
Rehabilitationsdiagnostik, 347
Reliabilität, 45, 48, 49, 71, 83, 92
Repräsentativerhebung, 65, 72

Repräsentativität, 9, 72, 74
Repression, 247, 249
Response Set, siehe Antworttendenz
Retest-Reliabilität, 47
RHIA/VERA, 297
Rigidität, 247, 249
Rigiditäts-Test, 260
Risikoverhalten, 129
Rollenspiel, 172, 173
Rorschach-Form-Deute-Verfahren, 158, 268, 270, 272
Rosenthal-Effekt, 36

Scenotest, 267
Schlauchfiguren, 192, *396*
schlussfolgerndes Denken, *siehe Reasoning*
Schulreife, 348
Schwierigkeit, *siehe* Lösungshäufigkeit
Schwierigkeitsparameter, 101, 148
Score, 34
Scree-Test, 217, 218
Screening, 60, 105, 110, 186
16 PF, 8, 214, 217
16 PF-R, 215, 216, 218, 219, *395*
Sedimentationshypothese, 213
Selbsteinschätzung, 153, 154
Selbstkonzept, 170, 241, 262
Selektionsdiagnostik, 15, 18, 111, 179, 180, 244
Selektionsquote, 63, 108
selektive Aufmerksamkeit, 205, 207
Self-Assessment, 23
semi-projektive Verfahren, 236, 274
Sensitivität, 109
Sensitization, 247, 249
Sequentielle Diagnostik, 179
Serialität, 19, 180, 349
Signal-Detection, 207, *396*
Signierung, 268, 272
Simulant, 361
Simulationsdiagnostik, 351, 361
Simulationsverfahren, *siehe* Computer-Simulationen
Sinnhaftigkeitsprüfung, 146, 147

Skalierung, 79, 80, 84, 92, 93, 102, 124, 186
soziale Erwünschtheit, 52, 117, 132
Sozialer Intelligenztest, 279, 283
Sozialkompetenz, 248, 275, 279, 283, 288
Sozialschicht, 75, 77, 119
Sozialverhalten, 170, 171, 349
Soziogramm, 156, 288
Space, 7, 189, 192
Speed-and-power-Test, 123, 124, 133, 134, 136
Speed-Test, 123, 136
Spezifität, 109
Split-half-Reliabilität, 49
SPM, 89, 119, 198, *397*
Sprachverständnis, 191
Stabilität, 47, 48, 170
STAI, 237, 245
Standardmessfehler, 49, 84, 92, 96
Standardschätzfehler, 92
Standardwert, 69
Stanford-Binet-Simon Intelligence Scale, 96
Stanine-Wert, 69
State, 237
statistische Urteilsbildung, 177
STAXI, 245, *397*
Sten-Wert, 69
Stichprobenunabhängigkeit, 85, 87
Stress, 237, 241, 242
SVF, 242, *397*
SVF-KJ, 242, *398*
Syllogismen, 101, 131, 145, *399*
SYMLOG, 295
Systemische Familientherapie, 287

T-Wert, 69
Tailored-testing, 98, 101, 145, 148
TAT, 159, 273
Tätigkeitsanalyse, *siehe* Arbeitsplatzanalyse
Taylor-Russel-Tafeln, 63
TBS, 297
technisches Verständnis, 208

Teilleistungsstörung, 18, 19, 77, 186
Test d2, 41, 205, 244, *399*
Testbarkeit, 303, 357
Testing the Limits, 180, 181
Testkennwert, 34, 67, 84, 86, 219
Testknacker, 122, 225, 270
Testleitereffekt, 35, 37, 38
Testleiterunabhängigkeit, 35, 37, 39, 136
Testprofil, 77
Testwert, 34, 35, 39, 49, 65, 67–70, 72, 76, 79, 84, 97, 99, 110, 118, 146, 311
TGT-(S), 273
Theorie des Messens, 79
TIPI, *399*
TKI, 294
TPF, 133
Trait, 5, 231, 235, 237
Trennschärfe, 82
triviale Validität, 51
TSD-Z, 278
Typ-A, 243
Typisierung, 203, 242, 251, 289

Übereinstimmungsvalidität, 62
Übungseffekt, 35, 37, 47
Umfüllaufgabe, 249, 260
Unverfälschbarkeit, 114, 117
UST, *siehe* AIST/UST

Valenz, 273
Validierung, 57, 61, 63, 64
Validität, 50, 63, 64
Verbal Comprehension, 7, 189–191, 262
Verfälschbarkeit, *siehe* Unverfälschbarkeit
Verhaltensauffälligkeit, 18, 349
Verhaltensbeobachtung, 6, 53, 168–170, 172, 295, 297
verkehrspsychologische Diagnostik, 345, 350
Verrechnungsfairness, 84, 85, 89, 90
Verrechnungsmodus, 84, 85, 88, 90
Verrechnungssicherheit, 39–42, 124

Verzauberte Familie, 267
Vigilanz, 207
Vigilanz, 207, *400*
VKT, 125
VLT, 194, *400*
Vorhersagegültigkeit, *siehe* prognosti-
          sche Validität

Warming-up, 362, 363
Wartegg-Zeichen-Test, 267
Wechsler-Test, 7, 55, 66
Welt-Test, 267
Wertpunkt, 66, 68
WET, 212
WHO, 43, 238
Wirtschaftlichkeit, 94, 95, 125, 141, 207
WIT, 74, 112, 190, *401*
WMT, 47, 61, 70, *401*
Word Fluency, 7, 189
WST, 190, *402*

Z-Wert, *siehe* Standardwert
z-Wert, 66, 68
Zeit-Gutpunkte, 97, 135
Zumutbarkeit, 111–114, 124, 134, 264,
          356, 359
ZVT, 19, 20, 196, *402*
2-PL Modell, *siehe Birnbaum*-Modelle